Berufliche Schulen

Logbuch.FHR

Deutsch und Kommunikation

Herausgegeben von:
Manfred Maier

Erarbeitet von:
Dr. Werner Frizen
René Gyurcsik
Manfred Maier
Bianca Maring
Uli Mezger
Dr. Ulrich Nill
Dr. Maximilian Nutz
Björn Raddatz
Gaby Thedt-Kalf
Wolfgang Wittor

Ernst Klett Verlag
Stuttgart · Leipzig

Inhaltsverzeichnis

KOMMUNIZIEREN →

MIT LITERATUR UMGEHEN →

01 Wie Sie Kenntnisse über Kommunikation nutzen können

Was Sie wissen und was Sie lernen können

„Dass wir miteinander reden können, macht uns zu Menschen."
Karl Jaspers (1883–1969)

1. Erläutern Sie den Satz des Philosophen Karl Jaspers.

2. Berichten Sie von positiven und negativen Erfahrungen mit Kommunikation.

3. Erläutern Sie an diesen Beispielen, weshalb Kommunikation auch schwierig sein kann.

4. Entscheiden Sie, ob die Aussagen 1–10 richtig oder falsch sind.

Kommunikationsmodelle

1. Rhetorik befasst sich auch mit den Gefühlen der Zuhörer.
2. Informationsaustausch kann nur gelingen, wenn Sender und Empfänger über denselben Code verfügen.
3. Eine Nachricht muss wahr sein, sonst ist es keine Nachricht.
4. Wenn ich die Wörter und die Grammatik kenne, die in einer Aussage verwendet werden, dann kann ich die Aussage in jedem Fall verstehen.
5. Generell gilt: Je mehr Information eine Äußerung enthält, desto besser.
6. Die vier Seiten einer Nachricht sind: Herkunft, Inhalt, Adressat, Wirkung.

Verbale und nonverbale Kommunikation

7. Bei verbaler Kommunikation werden viele Verben verwendet, bei nonverbaler Kommunikation vor allem Hauptwörter.
8. Eine inkongruente Mitteilung ist eine, die völlig unlogisch ist.
9. In bestimmten Kommunikationssituationen ist die Körpersprache wichtiger als das, was inhaltlich gesagt wird.
10. Es kann eine gute Strategie sein, das Publikum bei einem Vortrag auf eigene Schwächen aufmerksam zu machen.

5. Vergleichen Sie Ihre Entscheidungen mit der Lösung im Kompetenzregister, S. 259.

6. Markieren Sie im Kompetenz-Logbuch auf der Seite für dieses Kapitel, in welchem Bereich Sie aufgrund der Ergebnisse von Aufgabe 4 Ihre Stärken sehen, und legen Sie Ihre persönlichen Schwerpunkte für den weiteren Lernprozess fest. **Online-Link** 803501-0001

A	B
Kommunikationsmodelle	Verbale und nonverbale Kommunikation

BASISKOMPETENZ A

A | B

So leiten Sie Erkenntnisse aus Kommunikationsmodellen ab

1 **a)** Erstellen Sie auf einem großen Bogen Papier eine Aufgabentabelle nach folgendem Muster.

Fragen / Kommunikationsmodell	Welche konkrete Fragestellung liegt dem Modell zugrunde?	Was sind die wichtigsten Erkenntnisse zu dieser Frage?	Welches sind die wichtigsten Begriffe der jeweiligen Theorie?	Was versteht man jeweils unter gelungener, was unter gescheiterter Kommunikation? + Beispiel
1 Rhetorik				
2 Signalübertragung				
3 Verstehen				
4 Vier Seiten				

b) Lesen Sie die Kompetenzbox und bearbeiten Sie die Aufgaben in der Tabelle.

KOMPETENZBOX

Kommunikationsmodell 1: Rhetorik

Rhetorik, die Lehre von der **Redekunst**, stammt aus der Antike und kann auch als ein **Kommunikationsmodell** verstanden werden. Schon vor mehr als 2000 Jahren befassten sich die Philosophen (z. B. Platon, Aristoteles) mit der Frage, wodurch eine Rede wirkungsvoll wird, d. h. wie es dem Redner gelingt, die Zuhörer zu überzeugen. Die Rhetorik des Aristoteles beschäftigt sich mit strategischer, zielgerichteter Kommunikation. Das wichtigste Modell ist dabei der Monolog vor einem Publikum (Hauptgattungen: Gerichtsrede, Festrede, politische Rede).

Was macht eine Rede wirkungsvoll?
Die Rhetorik bietet unterschiedliche Erklärungsansätze für die Wirkung einer Rede.

- Aristoteles (384 v. Chr. – 322 v. Chr.) unterscheidet drei **Überzeugungsmittel**:
  - die **Argumentation** (logos),
  - die **Gefühle**, die bei den Zuhörern hervorgerufen werden (pathos),
  - die **Persönlichkeit** des Redners (ethos).
- Das **Dreieck der Rhetorik** richtet die Aufmerksamkeit auf die Bedingungen für die Wirkung einer Rede.

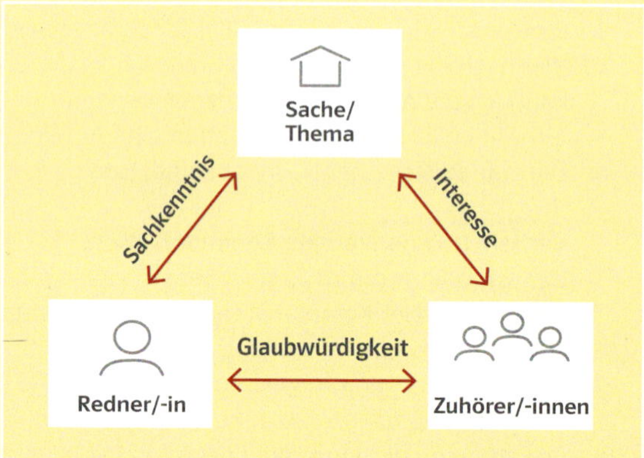

Dabei geht es um die drei wichtigsten Faktoren rhetorischer Kommunikation und um deren Beziehung zueinander:

- Redner – Thema → Wie groß ist die Sachkenntnis des Redners?
- Publikum – Thema → Wie groß ist das Interesse des Publikums am Thema?
- Redner – Publikum → Wie glaubwürdig erscheint der Redner dem Publikum?

2 Analysieren Sie die Kommunikation in den folgenden Situationen mithilfe des rhetorischen Modells.

A Fernsehdiskussion: Der Politiker Dr. Harald Schaub argumentiert mit viel Wissen und messerscharfer Logik, aber er geht auch sehr arrogant und herablassend mit seinen Gesprächspartnern um. Als das Publikum am Ende ein Urteil darüber fällt, wer recht hat, erhält er schlechte Werte.

B Der Verkäufer Gregor Müller versteht mehr von Computern als alle anderen in seinem Betrieb und er spricht lange über allerhand technische Details; dennoch verkauft er deutlich weniger als sein Kollege Strassner, der viel scherzt und lächelt und einen sehr guten Draht zu den Kunden hat.

C Simone Hauber hat ihre Präsentation über die Management-Technik der Balanced Scorecard im Profifußball sehr gut vorbereitet. Sie liefert Zahlen, Fakten und Diagramme. Dennoch blicken viele ihrer Zuhörer ständig auf die Uhr oder gähnen. Sie hatten gehofft, etwas über Fußball zu hören.

3 Führen Sie die Aufgabentabelle von S. 8 fort, indem Sie die Aufgaben von dort für das Kommunikationsmodell 2 (siehe Kompetenzbox) bearbeiten.

4 Analysieren Sie die Kommunikation in den folgenden Situationen mithilfe des nachrichtentechnischen Modells.

A Claudio sieht seinen Freund Manfred auf der anderen Seite der stark befahrenen Straße und ruft: „Hallo!"

B Das spanische Au-pair-Mädchen Elena sieht Manfred und ruft: „Hola!" Manfred denkt: „Häh?"

C Manfred ruft Elena an, um sich mit ihr zu verabreden. Aber bei ihrer Familie findet gerade eine Kindergeburtstagsparty mit Gelächter, Geschrei und Gekreische statt. Manfred ist nicht sicher, ob Elena ihn verstanden und ob sie zugesagt hat.

D Wie vereinbart, warnt Peter seine Schwester, indem er dreimal gegen den Heizkörper klopft. Katja hört das Klopfen und wirft rasch die Zigarette aus dem Fenster. Der Vater hat das Klopfen ebenfalls gehört. „Was ist bloß wieder mit dieser Heizung los?", denkt er sich.

KOMPETENZBOX

Kommunikationsmodell 2: Technisches Modell der Signalübertragung

Eines der bekanntesten Kommunikationsmodelle ist mathematisch-technischen Ursprungs und geht auf Claude E. Shannon (1916 – 2001) zurück. Sein Ziel war es, die **Signalübertragung** zu verstehen und zu beschreiben, um nachrichtentechnische Übertragungssysteme (z. B. Telefon) zu verbessern.

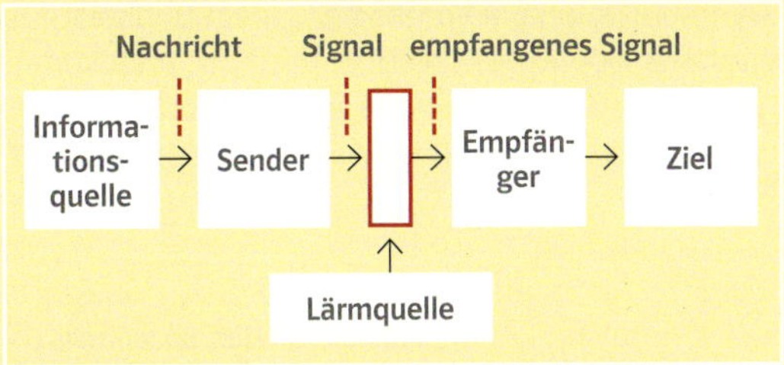

Eine Nachricht kann für Shannon alles sein, was sich in Signale umwandeln lässt, ein Bild, ein Klang, ein Wort, eine sinnlose Aneinanderreihung von Zeichen. Die Bedeutung der Nachricht spielt für die Theorie keine Rolle.

Die Nachricht stammt von einer **Informationsquelle** (z. B. Menschen, Maschinen), wo sie ausgewählt oder produziert wird, z. B. indem ein Mensch an ein Mikrofon klopft. Die Nachricht (das Klopfgeräusch) wird durch den **Sender** in ein **Signal** umgewandelt (z. B. elektromagnetische Wellen), und zwar nach einem bestimmten Muster oder **Code**.
Die gesendeten Signale können sich von den empfangenen Signalen unterscheiden, da es bei der Übermittlung **Störungen** (Lärm oder Rauschen) geben kann, die zu einer Veränderung der Signale führen. Wenn die Störung zu groß ist, ist das empfangene Signal nicht mehr zu identifizieren, es geht im Rauschen unter.
Der **Empfänger** wandelt die Signale wieder in eine Nachricht (Klopfgeräusch) um. Dazu muss der Empfänger über denselben Code verfügen und die nötige technische Ausstattung (z. B. geeignete Antenne, Transistor, Lautsprecher usw.) haben.

Dieses Modell lässt sich auch direkt auf **menschliche Kommunikation** anwenden, auch wenn dies von manchen Experten bezweifelt wird. Die **Informationsquelle** wäre dann das Gehirn des einen Menschen, das **Ziel** das Gehirn des anderen.

BASISKOMPETENZ A

5 Führen Sie die Aufgabentabelle von S. 8 fort, indem Sie die Aufgaben von dort für das Kommunikationsmodell 3 (siehe Kompetenzbox) bearbeiten.

KOMPETENZBOX

Kommunikationsmodell 3: Grundlagen des Verstehens

Während viele **Kommunikationstheorien** darstellen, wie bei der Kommunikation ein **Paket mit Informationen** vom Sender zum Empfänger transportiert wird, gehen andere Theorien davon aus, dass durch die Kommunikation ein Vorgang angeregt und gesteuert wird: Der Hörer packt nicht einfach das angekommene Paket aus, sondern muss aktiv (re-)konstruieren, was mit der empfangenen Äußerung gemeint sein könnte.

Die **Bedeutung** der verwendeten Wörter und Sätze reicht oft nicht, um die **Absichten des Sprechers** in der konkreten Situation zu ermitteln. Das **Verstehen** ist demnach ein schwieriger Prozess und man kann nicht von einer automatischen **Übereinstimmung von Meinen – Sagen – Verstehen** ausgehen.

Der englische Sprachphilosoph Paul Grice (1913–1988) hat sich mit der Frage befasst, unter welchen Bedingungen das **Verstehen einer Äußerung** überhaupt gelingen kann. Eine Grundvoraussetzung ist für ihn, dass der Hörer davon ausgeht, dass der Sprecher ihm etwas **Sinnvolles mitteilen** will.
Grice nennt diese Grundannahme das **Kooperationsprinzip**: „Mach deinen Gesprächsbeitrag jeweils so, wie es von dem akzeptierten Zweck oder der akzeptierten Richtung des Gesprächs, an dem du teilnimmst, gerade verlangt wird."

Dies ist kein wohlmeinender Appell, sondern ein Grundsatz, der jeder Kommunikation zugrunde liegt. Wir gehen davon aus, dass sich unsere Partner an dieses Prinzip halten, auch wenn dies in Wahrheit vielleicht gar nicht der Fall ist.
Im **Kooperationsprinzip** sind nach Grice vier weitere **Maximen** (Leitsätze) enthalten:

1. **Quantität**: Der Partner gibt mir so viel Information, wie es für den Zweck erforderlich ist, nicht mehr und nicht weniger.
2. **Qualität**: Der Partner bemüht sich darum, mir Informationen zu geben, die wahr sind.
3. **Relevanz**: Der Partner hält das Gesagte für bedeutsam für das Gesprächsthema.
4. **Klarheit**: Der Partner versucht sich klar und verständlich auszudrücken.

Natürlich können diese **Maximen** in einem Gespräch absichtlich oder unabsichtlich **verletzt** werden. Dies kann zum **Scheitern von Kommunikation** führen, falls keine Klärung im Gespräch erfolgen kann.

6 Untersuchen Sie die folgenden Situationen mithilfe des Verstehens-Modells.

A Johannes bestellt in der Dönerbude: „Einmal mit Soße und scharf."
B Susanne liest eine Kinoanzeige. „Wie spät ist es denn?", fragt sie ihren Freund Johannes. Johannes antwortet: „Ach, komm! Kino ist doch blöd!"

7 Klären Sie bei den folgenden Situationen, ob die Maximen der Kooperation eingehalten wurden.

A Ein Mann, der um 18:10 Uhr an einer Bushaltestelle fragt, wie spät es ist, könnte theoretisch folgende Antworten bekommen:
- „Die Eisbären spüren den Klimawandel schon jetzt."
- „Gleich 8."
- „10 nach."
- „Es ist 18:10 Uhr mitteleuropäischer Zeit. In London ist es jetzt erst 17:10 Uhr, in Moskau dagegen bereits 20:10 Uhr."

- „Vor genau 40 Minuten entsprach die Anzahl der Minuten, die seit 15:00 Uhr vergangen waren, dem Dreifachen der Minuten, die Sie von 19:00 Uhr abziehen müssen, um die korrekte Uhrzeit zu ermitteln!"

B Der Schüler Moritz betritt mit 20 Minuten Verspätung das Klassenzimmer. Die Lehrerin fragt vorwurfsvoll: „Wo kommen Sie denn jetzt her?" „Von zu Hause", antwortet Moritz lächelnd.

8 Führen Sie die Aufgabentabelle von S. 8 fort, indem Sie die Aufgaben von dort für das Kommunikationsmodell 4 (siehe Kompetenzbox) bearbeiten.

KOMPETENZBOX

Kommunikationsmodell 4: Das Vier-Seiten-Modell

Friedemann Schulz von Thun (geb. 1944) begreift sein Modell als einen Beitrag zur **Kommunikationspsychologie**. Es soll die Antwort auf die Frage liefern, warum Kommunikation so spannend, aber auch spannungsreich und störanfällig sei.
Die Antwort auf diese Frage liegt in einem Befund, der anatomisch zunächst überrascht: Wir sprechen, so Schulz von Thun, alle mit **vier Zungen bzw. Schnäbeln** und hören mit **vier Ohren**. Auf seiner Internetseite (http://www.schulz-von-thun.de/buch/reden1.html) wird erläutert, was damit gemeint ist.

„Wenn ich als Mensch etwas von mir gebe, bin ich auf vierfache Weise wirksam. Jede meiner Äußerungen enthält, ob ich will oder nicht, vier Botschaften gleichzeitig: […]

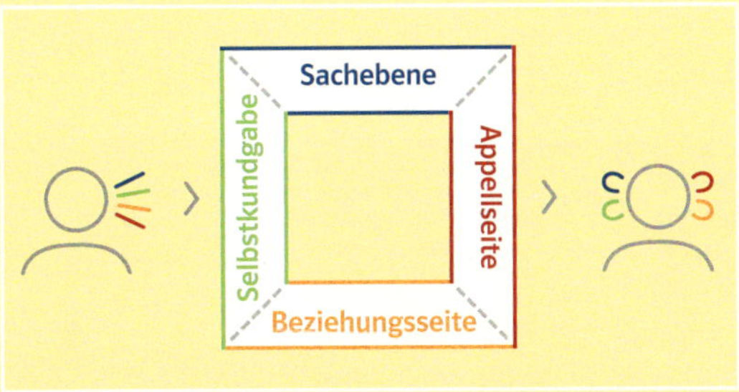

Nach: http://www.schulz-von-thun.de/mod-komquad.html

Auf der ***Sachebene*** *des Gesprächs steht die Sachinformation im Vordergrund, hier geht es um Daten, Fakten und Sachverhalte. Dabei gilt zum einen das Wahrheitskriterium wahr oder unwahr (zutreffend/nicht zutreffend), zum anderen das Kriterium der Relevanz (sind die aufgeführten Sachverhalte für das anstehende Thema von Belang/nicht von Belang?) und zum Dritten erscheint das Kriterium der Hinlänglichkeit (sind die angeführten Sachhinweise für das Thema ausreichend oder muss vieles andere auch bedacht sein?). […]*

Selbstkundgabe*: Wenn jemand etwas von sich gibt, gibt er auch etwas von sich. Jede Äußerung enthält auch, ob ich will oder nicht, eine Selbstkundgabe, einen Hinweis darauf, was in mir vorgeht, wie mir ums Herz ist, wofür ich stehe und wie ich meine Rolle auffasse. Dies kann explizit (‚Ich-Botschaft') oder implizit geschehen. Dieser Umstand macht jede Nachricht zu einer kleinen Kostprobe der Persönlichkeit, was dem Sender nicht nur in Prüfungen und in der Begegnung mit Psychologen einige Besorgnis verursachen kann. […]*

Die ***Beziehungsseite****: Ob ich will oder nicht: Wenn ich jemanden anspreche, gebe ich (durch Formulierung, Tonfall, Begleitmimik) auch zu erkennen, wie ich zum anderen stehe und was ich von ihm halte – jedenfalls bezogen auf den aktuellen Gesprächsgegenstand. […]*

Appellseite*: Wenn jemand das Wort ergreift und es an jemanden richtet, will er in der Regel auch etwas bewirken, Einfluss nehmen; den anderen nicht nur erreichen, sondern auch etwas bei ihm erreichen. Offen oder verdeckt geht es auf dieser Ebene um Wünsche, Appelle, Ratschläge, Handlungsanweisungen, Effekte etc. […]"*

Nach: Friedemann Schulz von Thun: Miteinander reden, Rowohlt, Reinbek bei Hamburg 1981, S. 13 f.

9 Analysieren Sie die Kommunikation in den folgenden Situationen mithilfe des Vier-Seiten-Modells.

A „Kalt hier", sagt die Chefin. „Ich mache das Fenster zu", antwortet Azubi Önder.
B „Kalt hier", sagt die Chefin. „Finde ich nicht", antwortet Azubi Philipp.
C „Ich habe keinen Bock, diesen Mist zu machen!", schreit der neue Azubi Christof, als der Meister ihm erklärt, wie man richtig feilt. „Der ist bestimmt nicht lange bei uns", flüstert Önder Philipp zu.
D „Das ist keine saubere Arbeit", meint der Meister, der Philipps Werkstück begutachtet. „Hat der wieder eine Laune", denkt sich Philipp.

10 **a)** Finden Sie zu jedem Grundsatz mindestens eine Begründung aus einem der vier Kommunikationsmodelle.

b) Verdeutlichen Sie jeweils mit einem eigenen Beispiel, was gemeint ist.

Grundsätze für das eigene Kommunikationsverhalten
A Mit allem, was ich sage oder schreibe, gebe ich auch meine persönliche Visitenkarte ab. Deshalb achte ich z. B. darauf, dass ein Brief keine Fehler enthält.
B Wenn ich mit einem Vortrag Erfolg haben möchte, muss ich berücksichtigen, was meine Zuhörer eigentlich interessiert und was für sie bedeutsam ist.
C Wenn ich mit jemandem einen wichtigen Sachverhalt klären muss, sollte ich überprüfen, ob das, was ich ihm bisher dazu mitgeteilt habe, richtig bei ihm angekommen ist.
D Um einen Vortrag richtig zu planen, muss ich mich auf meine Zuhörer einstellen. Es ist wichtig, dass ich nicht zu viele Kenntnisse voraussetze, aber auch, dass ich nicht Dinge erkläre, die längst klar sind.
E Auch wenn ich mit jemandem über Fußball oder das Wetter rede, spürt diese Person, was ich von ihr halte. Deshalb achte ich darauf, dass ich stets respektvoll mit Menschen umgehe, die mir wichtig sind.
F Wenn ich ein bedeutsames Gespräch führen muss (z. B. mit einem Kunden oder in einer Prüfung), achte ich darauf, dass ich auch als Person so wirke, wie dies für mich zweckdienlich ist, z. B. seriös und kompetent. Dabei helfen Kleidung und Auftreten.
G Ich werde nur verstanden, wenn mein Gesprächspartner dieselbe Sprache spricht wie ich. Das überlege ich mir genau, wenn ich z. B. Fremdwörter benutze oder Dialekt spreche.
H Der Spruch auf diesem T-Shirt ist falsch. Ich muss aktiv dabei mithelfen, dass ich richtig verstanden werde.

A | B

So verbessern Sie das Zusammenspiel von verbaler und nonverbaler Kommunikation

„Man kann nicht nicht kommunizieren."

1 Nutzen Sie die Informationen aus der Kompetenzbox und erläutern Sie den berühmten Satz von Paul Watzlawick.

KOMPETENZBOX

Verbale und nonverbale Kommunikation

Man spricht von **verbaler Kommunikation**, wenn die (mündliche oder schriftliche) Verständigung über die Bedeutung der benutzten Wörter stattfindet. In einer älteren Begrifflichkeit von Paul Watzlawick wird diese Art von Kommunikation **digital** genannt.

Daneben gibt es **nonverbale** (bzw. **analoge**) Kommunikation (z. B. Gestik, Mimik), zu der auch die **akustischen Merkmale** (Stimme, Lautstärke, Betonung usw.) einer verbalen Äußerung gerechnet werden können.

verbal	→	das **WAS des Gesagten** (Inhalt)
nonverbal	→	das **WIE des Sagens** (Mimik, Gestik, Sprechweise)

Passen diese beiden Anteile zusammen (z. B. „Ich freue mich!" mit strahlendem Lächeln), spricht man von einer **kongruenten Mitteilung**, widersprechen sie sich (z. B. „Ich freue mich!" mit verbissenem Gesichtsausdruck), von einer **inkongruenten Mitteilung**.

Inkongruente Mitteilungen verwirren die Adressaten zunächst einmal. Oft messen sie dann den nonverbalen Anteilen größere Bedeutung bei, vor allem, wenn es um Gefühle und Befindlichkeiten geht. Verbal kann man sich leicht verstellen, die Körpersprache dagegen ist nicht ohne Weiteres vollkommen zu kontrollieren.

2 **a)** Lesen Sie diesen Text.

Der 55-38-7-Mythos

Schon im Jahr 1967 führte der amerikanische Psychologe Prof. Albert Mehrabian eine Studie durch, deren Ergebnis sensationell zu sein schien. Es ging um die Erkenntnis, dass die Wirkung einer Botschaft zu 55 Prozent von der Körpersprache, zu 38 Prozent von der Stimme und nur zu 7 Prozent vom Inhalt des gesprochenen Wortes abhänge (d. h., die Informationsübermittlung verläuft zu 93 Prozent nonverbal, zu 7 Prozent verbal). Zumindest ist dies die verallgemeinerte Fassung des Ergebnisses, das so oder ähnlich als wissenschaftlich erwiesene Tatsache in vielen Kommunikationsseminaren verbreitet wird.

b) Setzen Sie sich mit den folgenden Thesen auseinander und überprüfen Sie dabei im Gedankenexperiment, ob der 55-38-7-Mythos der Realität entspricht.

These A
Die neue Mathelehrerin spricht leider kaum Deutsch. Sie kann ihren Unterricht aber auch auf Polnisch halten. Wenn die Kinder über 90 Prozent der Inhalte einer Mathestunde mitbekommen, dann reicht das schon.

These B
Es ist vollkommen überflüssig, ausländische Filme zu synchronisieren. Eigentlich braucht man auch keine Untertitel. Auf die 7 Prozent kann man verzichten.

c) Finden Sie weitere Beispiele, die den Mythos bestätigen oder ihm widersprechen.

d) Finden Sie eigene Beispiele für Situationen, in denen es vorwiegend auf die verbale bzw. nonverbale Kommunikation ankommt.

3 Wählen Sie eine der Übungen mit dem folgenden Übungstext oder einem Text Ihrer Wahl aus.

Übung 1: Redeangst überwinden – sicher auftreten

1 Denken Sie sich einen Satz aus, der tiefsinnig klingt, aber unsinnig ist (z. B. „Lieber Ostern als Western.", „Alle denken an sich. Nur wir denken an uns." usw.).
2 Merken Sie sich diesen Satz. Warten Sie, bis Sie aufgerufen werden.
3 Wenn Sie aufgerufen werden, gehen Sie zunächst nach vorne, stehen Sie fest auf beiden Beinen, wenden Sie sich Ihrem Publikum zu, blicken Sie kurz in die Gesichter und machen Sie dann eine kleine Pause.
4 Sprechen Sie Ihr Publikum an („Sehr geehrte Damen und Herren!"), machen Sie wieder eine kleine Pause (ohne Räuspern oder „äh" etc.), sprechen Sie dann Ihren Satz, und zwar so, als sei dieser Satz ungeheuer bedeutsam. Bedanken Sie sich dann beim Publikum („Ich danke Ihnen!").
5 Warten Sie den Applaus ab. Gehen Sie danach wieder auf Ihren Platz.

Übung 2: Körpersprache zur Redebegleitung bewusst einsetzen

Bereiten Sie sich auf den Vortrag des Übungstextes vor, und zwar so, dass die folgenden Gefühle und die folgende Einschätzung des Publikums deutlich werden.

- Sie fühlen sich ruhig und sicher, weil Sie wissen, dass Sie sich mit Ihrem Thema sehr gut auskennen. Sie haben eine positive Einstellung zu Ihrem Publikum. Es liegt Ihnen viel daran, dass diese Leute Sie verstehen.

Übungstext:

Butterbrot

Zur Herstellung eines Butterbrotes benötigen Sie die folgenden Zutaten und Gegenstände: ein Stück Butter, ein Brot (z. B. Schwarzbrot, möglichst frisch), ein Brotmesser, ein Speise- oder Vespermesser. Halten Sie zunächst den Brotlaib mit der linken Hand fest und schneiden Sie mit dem Brotmesser mit ruhigen und gleichmäßigen Sägebewegungen eine etwa zwei Zentimeter dicke Scheibe ab. Vorsicht! Verletzungsgefahr! Benutzen Sie jetzt das zweite Messer, um von der Butter eine dünne Schicht abzuschaben. Wenn die Butter sehr kalt ist, gelingt dies nur mit Schwierigkeiten. Deshalb sollten Sie stets zimmerwarme Butter verwenden, um den Erfolg der Prozedur nicht zu gefährden. Bestreichen Sie jetzt Ihre Brotscheibe gleichmäßig mit der Butter. Fertig! Guten Appetit!

! TIPP Achten Sie bei Ihrem Vortrag auf Folgendes:
- Stehen Sie sicher auf beiden Beinen, drücken Sie die Kniekehlen nicht ganz durch, sondern gehen Sie ganz leicht in die Hocke.
- Machen Sie immer wieder kleine Pausen, in denen Sie Ihr Publikum anlächeln und überprüfen, wie das Gesagte ankommt.
- Vermeiden Sie Verzögerungslaute, wie z. B. „äh" usw.
- Verwenden Sie Gestik bewusst und kontrolliert. Achten Sie darauf, dass Sie Ihre Hände mit den Handflächen nach oben einsetzen und dass Sie sie im Bereich der Körpermitte halten, d. h. oberhalb des Gürtels und unterhalb der Brust.

4 **a)** Bereiten Sie in ca. 15 Minuten einen Kurzvortrag von etwa 2 Minuten Dauer vor. Das Thema können Sie selbst wählen.

- 10 Minuten Vorbereitung des Inhalts (Stichworte auf einem Kärtchen)
- 5 Minuten Vorbereitung der Vortragsstrategien (siehe Tipps).

b) Tragen Sie Ihren Vortrag vor.

! TIPP Mithilfe der folgenden Strategien können Sie die Wirkung Ihres Vortrags verbessern.

1. Strategie: positive Einstellung – positive Körpersprache

Der Sprecher sollte sich klarmachen, welche guten Seiten seine Situation hat, welche angenehmen Aspekte das Thema für ihn mit sich bringt, worin die Qualitäten seiner Zuhörer bestehen usw. Darüber hinaus sollte er – schon bei der Vorbereitung – lächeln! Die Körpersprache (Lächeln) drückt nicht nur die innere Befindlichkeit aus, sie beeinflusst diese auch. Eine positive Körpersprache führt zu einer positiven Einstellung, diese wiederum beeinflusst die Körpersprache usw.

2. Strategie: Schwierigkeiten ansprechen

Es kann sinnvoll sein, dass man Schwierigkeiten nicht überspielt (was meist ohnehin nicht gelingt), sondern dass man das Publikum ausdrücklich auf Probleme aufmerksam macht: „Mir fällt gerade ein, dass ich etwas Wichtiges vergessen habe." „Sie merken es bestimmt. Ich bin ziemlich aufgeregt." Dieses Mittel – das man freilich nicht überstrapazieren sollte – wirkt entwaffnend und sichert oftmals die Sympathie der Zuhörer.

Sprachliche Übungen

1 Verbessern Sie die folgende E-Mail an einen Freund, der Probleme mit seinem Drucker hat, indem Sie die Sätze klar formulieren und deren Reihenfolge verändern.

A Schau erst einmal, ob das Kabel an dem Ding richtig dran ist und ob das auch im Computer fest drinsteckt. Da muss es aber passen, deshalb muss es richtig rum sein.
B Pass auf, dass das grüne Lämpchen leuchtet. Es sind ja viele Knöpfe an dem Ding, aber das grüne Lämpchen ist vorne an der linken Ecke. Dann ist es an.
C Wenn das nicht leuchtet, dann kann es nur eines sein. Guck einfach, ob der Stecker drin ist. Das muss aber auf beiden Seiten der Fall sein. Du sollst also nicht nur an der Wand gucken, du musst auch an dem Apparat gucken.
D Da gibt es eigentlich gar nicht so viele Möglichkeiten, warum das nicht geht. Eigentlich ist es fast immer nur so, dass es am Strom liegt. Sonst kann es fast gar nichts sein. Nur das andere Kabel, das auch zum Computer geht, könnte es auch noch sein. Also eigentlich kein Problem.

2 Formulieren Sie die folgenden Sätze so um, dass sie den Beziehungsaspekt nicht beeinträchtigen, also höflich und respektvoll klingen, ohne dass sich der Inhalt verändert.

BEISPIEL: *Mensch, Karl-Heinz, mach doch deine verdammte Arbeit allein und lass mich in Ruhe!*
→ *Tut mir leid, Karl-Heinz, ich kann dir im Moment nicht helfen, ich habe selber gerade Probleme und muss mich darauf konzentrieren.*

A Marta, räum den Tisch ab, aber flott!
B Rede keinen Dreck, du Depp. Das war nie im Leben Abseits.
C Müller, Ihr blödes Fahrrad steht schon wieder vor meiner Garage.
D Auf, hilf mal mit, du faules Stück!
E Martin, ich verzichte auf deine Hilfe. Wenn ich das Programm nicht zum Laufen bringe, schaffst du das erst recht nicht.

3 Kopieren Sie den folgenden Text, setzen Sie die nötigen Kommas und kennzeichnen Sie die direkte Rede korrekt.

Das war ein Musterbeispiel gekonnter Rhetorik. Wollt ihr ewig so weitermachen? rief uns der Redner zu. Ihr merkt doch schon gar nicht mehr was um euch herum passiert. Die Zuhörer blickten ihn gespannt an. Eins ist klar! rief er beschwörend. So kann es auf keinen Fall bleiben. Rings um mich herum sah ich ernste Gesichter im Publikum. Er fuhr fort: Wenn es uns jetzt nicht gelingt das Ruder herumzureißen dann ist es zu spät. Genau so ist es sagte eine Frau neben mir leise. Es war jetzt mehr ein Schreien als der Redner fragte: Wollt ihr das wirklich? Die Menschen schüttelten heftig ihre Köpfe. Endlich spricht das mal jemand aus rief einer. Wollt ihr eines Tages fragte der Redner euren Kindern erklären dass ihr so weitermachen wolltet? Nein! riefen die Leute Nein! und immer wieder Nein! Dann gibt es nur eins! sagte er betont. Er machte eine kleine Pause und fügte hinzu: Wir müssen etwas ändern! Ein unbeschreiblicher Jubel brach aus. Genau! riefen die Leute und So ist es! und Bravo! Sie fielen einander weinend in die Arme.

4 Notieren Sie die folgenden Sätze in der richtigen Groß- und Kleinschreibung.

A es gibt lustige, traurige und ärgerliche gespräche. am schlimmsten sind die ärgerlichen.
B kommunikation betrifft jeden: alt und jung, arm und reich.
C eine gute rede enthält viel wahres, allerlei aufrüttelndes, wenig ärgerliches und nichts langweiliges.
D sätze wie die folgenden haben einen geringen informationswert: die fleißigen sind fleißig, die faulen sind faul, die großen sind groß und die kleinen klein.

5 Entscheiden Sie bei den folgenden Sätzen, ob „scheinbar" oder „anscheinend" besser passt.

A Er ging (scheinbar/anscheinend) auf das Friedensangebot ein, bereitete tatsächlich aber schon den nächsten Angriff vor.
B Er war schon seit Montag nicht mehr in der Schule. Er ist (scheinbar/anscheinend) krank.
C (Scheinbar/Anscheinend) liebt sie ihn. So, wie sie ihn immer anschaut.
D Ich freue mich, dich wiederzusehen. Aber du hast mich (scheinbar/anscheinend) vergessen.

Prüfungsvorbereitung

Lächeln eines Kindes sagt Eheglück voraus
Maria Gerber

Sie haben als Kind immer strahlend gelächelt? Glückwunsch, denn Ihre Ehe wird wahrscheinlich nicht mit einer Scheidung enden. Das fanden US-Forscher heraus, als sie die Intensität des Lächelns von Kindern auf Familienfotos untersuchten – und sie in einen Zusammenhang mit ihrem Eheleben stellten.

Für das Experiment fragten Forscher um Matthew Martenstein an der Universität in Indiana mehr als 650 Erwachsene zwischen 21 und 87 Jahren, ob sie bereits eine Scheidung hinter sich hatten. Die Probanden mussten den Forschern außerdem mehrere Familienfotos zeigen, auf denen sie am Ende ihrer Schulzeit zu sehen waren.

Die Intensität des Lächelns ordnete Martenstein einer Skala von eins bis zehn zu. Dabei achtete er sowohl auf den Ausdruck in den Augen als auch auf die Muskelanspannung beim Lachen. Für ein strahlendes Lächeln gab es eine Zehn; der finstere Blick bekam eine Eins zugeordnet. Das Ergebnis ist eindeutig: Die Intensität des Lächelns sagte voraus, ob die Ehe des Probanden zu irgendeinem Zeitpunkt in seinem Leben geschieden wird.

Für die Jugendlichen mit dem schwächsten Lächeln sah es schlecht aus: Ihre Wahrscheinlichkeit, geschieden zu werden, ist dreimal so hoch wie die derer, die auf dem Foto grinsen. „Je schwächer der Proband lächelte, desto wahrscheinlicher ist es, dass er im späteren Leben eine Scheidung erleben wird", sagt Martenstein.

http://www.welt.de/wissenschaft/article3555255/Laecheln-eines-Kindes-sagt-Eheglueck-voraus.html, 14.04.2009, abgerufen am 21.01.2010

Aufgaben:

1) Fassen Sie den Text kurz zusammen.

2) Nutzen Sie Ihre Kenntnisse über Kommunikation und formulieren Sie eine Erklärung für das überraschende Forschungsergebnis.

MUSTERLÖSUNG

Texterörterung

1) Der Text, der im Internet auf der Seite von „Die Welt" am 14.4.2009 veröffentlicht wurde, gibt Auskunft über das überraschende Ergebnis einer wissenschaftlichen Studie, die in den USA durchgeführt worden sei. Die Forscher hätten ermittelt, dass sich auf der Grundlage von Familienfotos voraussagen lasse, ob die Kinder, die auf diesen Bildern zu sehen sind, später als Erwachsene eine Ehescheidung haben würden oder nicht. Der entscheidende Faktor sei dabei das Lächeln, das die Kinder auf den Fotos zeigten. Je intensiver dieses Lächeln, desto geringer sei die Wahrscheinlichkeit, dass die Betreffenden später eine Scheidung erleben würden.

← *Der erste Satz gibt einen Überblick darüber, worum es überhaupt geht und woher die Information stammt. Die Wiedergabe der Inhalte erfolgt zur Sicherheit im Konjunktiv, obwohl in diesem Falle keine Meinungsäußerungen oder Ähnliches wiedergegeben werden.*

2) Wir wissen es schon lange: Es gibt Situationen, in denen die nonverbalen Anteile der Kommunikation bedeutsamer sind als die verbalen. Das sind vor allem solche Situationen, bei denen Gefühle eine wichtige Rolle spielen. Auch in einer Ehe oder einer Partnerschaft sind die Fragen, was der Partner fühlt, wie es ihm geht, welche Gefühle er für einen hat, sehr wichtig. Sie können darüber entscheiden, ob eine Ehe funktioniert oder ob sie scheitert.

← *Die Argumentation muss folgende Zusammenhänge klären: Lächeln auf Fotos → viel Lächeln im späteren Leben → weniger Probleme in der Ehe*

Es gibt bestimmt sehr viele verschiedene Gründe, die zum Scheitern einer Ehe führen. Das Gefühl, vom Partner nicht geschätzt und geliebt zu werden, ist aber sicher einer davon. Dieses Gefühl kann sich auch dann einstellen, wenn die beiden über das Wetter oder über die Müllabfuhr reden. Wir wissen aus der Kommunikationspsychologie (Schulz von Thun), dass bei jeder Kommunikation die Beziehungsebene eine Rolle spielt. Also erfährt der andere ständig, was ich von ihm halte, auf die eine oder auf die andere Weise.

Prüfungsvorbereitung

Diese Einschätzung muss nicht der Wahrheit entsprechen. Sie entsteht dadurch, dass der Ehepartner weitgehend unbewusst Schlüsse aus dem zieht, was er sieht, hört und fühlt. Auch das lehrt uns die Kommunikationstheorie (Theorie des Verstehens): Das Verstandene muss nicht mit dem Gemeinten identisch sein. Wenn der andere viel lächelt, wird sich zunächst einmal das Gefühl einstellen, dass mit dessen Gefühlen und mit der Beziehung alles in Ordnung ist. Wir wissen auch von der Rhetorik, dass Glaubwürdigkeit vor allem durch die Persönlichkeit des Sprechers entsteht. Darum sorgt das Lächeln für gute Voraussetzungen, was die Ehe angeht, auch wenn es natürlich Probleme geben kann, die dadurch nicht zu lösen sind.

Es scheint also nachvollziehbar, dass Menschen, die als Kinder herzlich lächeln konnten (wie sich auf den Fotos zeigte), später weniger Probleme in ihrer Ehe haben. Ob jemand gern und viel lächelt oder nicht, ist ein Persönlichkeitsmerkmal, das vermutlich angeboren ist. Deshalb kann man schließen, dass Kinder, die auf Fotos lächeln, dies auch als Erwachsene tun werden. Und darum haben sie auch größere Chancen, dass ihre Ehen nicht zerbrechen.

← *Bezüge zur Kommunikationstheorie:*

- *Bedeutung der nonverbalen Kommunikation*
- *Beziehungsebene im Gespräch*
- *Konstruktion des Verstehens*
- *Rhetorik: Glaubwürdigkeit*

Erkenntnisse aus der Kommunikationstheorie müssen mit der Argumentation verbunden werden.

Kompetenz-Logbuch

Online-Link 803501-0001

→ Insgesamt bewerte ich die Lektion mit folgendem Smiley.
→ Diese mir selbst gesteckten Ziele habe ich erreicht.
→ Dies hat mir Schwierigkeiten bereitet.
→ So habe ich mich beteiligt und in die Gruppe eingebracht.
→ Das will ich noch lernen.
→ Diese konkreten Schritte werde ich dazu unternehmen.

Projekte

1 Kommunikation mit Außerirdischen

Überlegen Sie in der Gruppe, wie Kommunikation mit Außerirdischen aussehen könnte und welche Bedingungen gegeben sein müssten, damit diese Kommunikation funktioniert (z. B. müssten die Aliens Sinnesorgane haben, mit denen sie unsere Äußerungen wahrnehmen könnten). Stellen Sie ein „Gespräch" schematisch auf einem Plakat dar und erläutern Sie Ihre Überlegungen an einem Beispiel.

2 Was ein Gespräch bewirken kann

Sammeln Sie Gespräche (z. B. aus Filmen, Romanen, Dramen, aber auch aus Ihrer eigenen Erinnerung), die eine große Wirkung haben, z. B. weil sie einem Gesprächspartner Hoffnung geben, ihn glücklich oder unglücklich machen usw. Schreiben Sie die Gespräche aus der Erinnerung in direkter Rede auf oder benutzen Sie den Originaltext (wenn verfügbar). Fassen Sie diese Gespräche in einem Leseheft zusammen.

3 Körpersprache spielerisch erproben

Erstellen Sie Karten, auf denen Sie eine bestimmte Befindlichkeit beschreiben (z. B.: Du könntest platzen vor Wut und würdest jeden, der dir begegnet, am liebsten in der Luft zerreißen.). Diese Karten verteilen Sie an die Spieler. Diese spielen nach einer kurzen Vorbereitung ihre „Rolle" vor. Die anderen versuchen, die „Rolle" zu erraten, und erklären, warum sie die Befindlichkeit richtig erkannt bzw. nicht erkannt haben.

4 Körpersprache in Film und Fernsehen untersuchen

Wählen Sie aus Filmen, Fernsehdiskussionen usw. Szenen aus, in denen sich zwischen den Beteiligten etwas Entscheidendes abspielt. Spielen Sie dann die entsprechende Szene ohne Ton mehrmals vor und lassen Sie diejenigen, die die Szene vorher noch nicht kannten, analysieren, was hier geschieht, wie die Personen zueinander stehen, was sie empfinden usw.

5 Wissenswertes über die Redekunst

Informieren Sie sich über die Geschichte der Rhetorik. Achten Sie dabei besonders auf Beispiele von berühmten Reden, die große Wirkung erzielten. Stellen Sie Ihre Ergebnisse in geeigneter Weise vor.

6 Geschichten, mit Körpersprache erzählt

Untersuchen Sie, wie in Stummfilmen – weitgehend ohne Sprache – Geschichten erzählt werden. Sehen Sie sich einen Film an, z. B. „The Kid" (Charlie Chaplin), und untersuchen Sie einzelne Szenen.

02 Wie Sie Motivation verstehen und beeinflussen können

Was Sie wissen und was Sie lernen können

1. Erklären Sie, welche Annahmen über Motivation in diesem Witz zum Ausdruck kommen.

2. Beschreiben Sie genau, woran Sie erkennen können, wie hoch bzw. gering Ihre Motivation ist, sich mit dem Thema Motivation auseinanderzusetzen.

3. Entscheiden Sie, ob die Aussagen 1–11 richtig oder falsch sind.

Beim traditionellen Neujahrsrudern verlor unsere Mannschaft haushoch gegen die Konkurrenz. Der Vorstand setzte eine Kommission ein, um die Gründe zu klären. Ergebnis nach neun Monaten: „Wahrscheinlich lag es daran, dass im Boot acht Steuermänner saßen und nur ein Ruderer." Lösungsvorschlag des Vorstands: „Den Ruderer besser motivieren."

Arten von Motivation

1. Motivation ist nicht notwendigerweise immer etwas Gutes.
2. Nur ein Verbrecher hat ein Motiv.
3. Menschen können nur durch Geld motiviert werden.
4. Essen, Trinken, Sex: Mehr Bedürfnisse gibt es nicht.

Rolle der Arbeit im Leben

5. Die Arbeit ist wichtig für das Selbstbewusstsein und das Selbstwertgefühl.
6. Es gibt keine anderen Quellen für das Selbstwertgefühl.
7. Für manche Menschen ist Arbeit ihr wichtigster Lebensinhalt.

Modell der Arbeitsmotivation

8. Leistung hängt allein von der Anstrengung ab.
9. Leistung hängt allein vom Können ab.
10. Wenn man es wirklich will, kann man alles schaffen.
11. Wenn man erfahren hat, dass Anstrengung nichts nützt, senkt das die Motivation.

4. Vergleichen Sie Ihre Ergebnisse mit der Lösung im Kompetenzregister, S. 259.

5. Markieren Sie im Kompetenz-Logbuch auf der Seite für dieses Kapitel, in welchem Bereich Sie aufgrund der Ergebnisse von Aufgabe 3 Ihre Stärken sehen, und legen Sie Ihre persönlichen Schwerpunkte für den weiteren Lernprozess fest. **Online-Link** 803501-0002

A	B	C
Arten von Motivation	**Rolle der Arbeit im Leben**	**Modell der Arbeitsmotivation**

BASISKOMPETENZ A

A | B | C

So unterscheiden Sie verschiedene Arten von Motivation

1 a) Lesen Sie die Kompetenzbox.

KOMPETENZBOX

Motivation – Motiv

Begriffsbestimmung
Mit dem psychologischen Begriff der Motivation (von lateinisch „motus" = Bewegung) erklärt man den **Drang zu einer bestimmten Aktivität** beim Menschen. Anders als in der Alltagssprache, wo Motivation eigentlich immer etwas Positives bezeichnet (Leistungsbereitschaft), ist dieser Begriff zunächst einmal wertfrei, man kann im psychologischen Sprachgebrauch also durchaus nach der Motivation eines Verbrechers fragen.

Umgangssprachlich (z. B. in Krimis) ist nicht von der Motivation eines Täters, sondern von dessen **Motiv** die Rede. Psychologen dagegen verstehen unter Motiven **die inneren Anlagen einer Person** (z. B. Habgier, Geltungsbedürfnis, Ehrgeiz, Fleiß usw.), die relativ stabil sind, d. h. die über längere Zeit immer wieder auftauchen.
Diese inneren Anlagen führen aber nur dann zu einer Handlung, wenn andere Faktoren diese Handlung begünstigen, z. B.
- **Anreize**, die sich aus der Situation ergeben (z. B. günstige Gelegenheit durch Leichtsinn des Opfers) oder
- der **Wegfall hemmender Faktoren** (keine Angst vor Strafe aufgrund von übermäßigem Alkoholgenuss, Gruppendruck usw.).

Die Motivation des Täters ergibt sich also aus dem **Zusammenspiel aller Faktoren** (Habgier in Verbindung mit zu viel Alkohol und der Auffassung, dass es eine günstige Gelegenheit gebe, führt zu dem Raub).

b) Erläutern Sie die folgende Visualisierung aufgrund der Informationen aus der Kompetenzbox.

Handlung			
hemmende Faktoren		fördernde Faktoren	
innere Anlage	äußere Umstände	innere Anlage	äußere Umstände

2 Erklären Sie mithilfe dieses Schemas die mögliche Motivationslage der Menschen in den folgenden Situationen.

Situation A
Sabine Müller findet im Stadtpark einen Geldbeutel, in dem sich 70 Euro und ein Schülerausweis befinden. Sie bringt den Geldbeutel ins Fundbüro.

BEISPIEL:
Fördernde Faktoren für ihr lobenswertes Verhalten könnten gewesen sein: Ehrlichkeit, Mitgefühl mit dem Besitzer, Angst vor Strafe usw. (innere Anlagen), aber auch das Foto auf dem Schülerausweis (die Person bleibt nicht mehr anonym, Mitgefühl wird geweckt), die Menschen, die sie beobachteten usw. (äußere Umstände).
Hemmende Faktoren für das Verhalten: Möglicherweise war Sabine durchaus in Versuchung, das Geld zu behalten, z. B. weil sie Wünsche hatte, die sich mit 70 € erfüllen ließen, weil sie sich unbeobachtet fühlte usw.

Situation B
Mit einer Haarnadel holt Josef Schöpfle 50 € aus dem Sparschwein seiner kleinen Schwester. Er kauft sich davon ein neues Computerspiel.

Situation C
6:30 Uhr: Der Wecker klingelt. Sabine Müller steht auf, wäscht sich, zieht sich frische Kleidung an, frühstückt und geht zur Arbeit.

Situation D
6:30 Uhr: Der Wecker klingelt. Susanne Hofer macht ihn aus und dreht sich um. Sie hat spontan beschlossen, heute nicht zur Arbeit zu gehen und „blauzumachen".

3 Erläutern Sie, was mit dem umgangssprachlichen Begriff „innerer Schweinehund" gemeint ist.

4 Visualisieren Sie die Informationen aus der Kompetenzbox.

KOMPETENZBOX

Selbstmotivation und Fremdmotivation

Motivation lässt sich auch danach einteilen, ob der motivierende Impuls von der Person selber kommt (Selbstmotivation) oder ob eine andere Person motivierend eingreift (Fremdmotivation).

Eine weitere Art der Unterscheidung wird mit dem etwas sperrigen Begriffspaar intrinsische und extrinsische Motivation vorgenommen (wird teilweise mit Selbst- bzw. Fremdmotivation gleichgesetzt).

Intrinsische Motivation
Bei der intrinsischen Motivation kommt der Anreiz aus der Aufgabe, der Arbeit oder dem Problem selbst. Die Person ist motiviert, weil sie **Lust** hat, **die Aufgabe zu bewältigen**, die Arbeit zu erledigen, das Problem zu lösen. Dabei wird die Tätigkeit zum **Selbstzweck**.
Ein Extremfall von intrinsischer Motivation ist das sogenannte **Flow-Erlebnis** oder das Fließen. Dieser Begriff bezeichnet einen Zustand höchster Konzentration, in dem die handelnde Person völlig in ihrer Aufgabe aufgeht und die Welt um sich herum vergisst. Der Flow-Zustand wird als höchst beglückend empfunden und befähigt die betreffende Person zu Höchstleistungen.

Extrinsische Motivation
Anders ist es bei der extrinsischen Motivation. Hier ist die Auseinandersetzung mit der Aufgabe/der Arbeit/dem Problem lediglich **Mittel zum Zweck**.
Das eigentliche Ziel ist ein anderes, nämlich eine **Belohnung** (z.B. Lob, Prämie, Anerkennung, Beförderung usw.) zu bekommen, die mit der Erledigung der Aufgabe verbunden ist. Darin liegt dann auch der **Anreiz für die Handlung**.
Diese unterschiedlichen Arten der Motivation können kombiniert auftreten.

5 Notieren Sie Beispiele aus Ihrem Erfahrungsbereich, die verdeutlichen, was mit den verschiedenen Arten von Motivation gemeint ist.

6 Werten Sie Situation B nach diesem Muster aus.

Situation	Intrinsische Motivation	Extrinsische Motivation (Anreiz)	Selbst-motivation	Fremd-motivation (Person)
Situation A (Annika)	*Freude am Schreiben*	*zunächst Wunsch, eine gute Note zu bekommen*	*nach dem Anstoß durch die Lehrerin*	*Lehrerin*

Situation A
Annika sitzt vor einem leeren Blatt. Deutschaufsatz! Sie soll eine Erzählung über einen Eisbären schreiben! Was soll das denn? Frau Kugler, die Deutschlehrerin, nickt dem Mädchen aufmunternd zu. Annika denkt daran, dass sie dringend eine gute Note in Deutsch braucht. Sie fängt an, zunächst stockend, und schließlich schreibt sie so schnell, dass ihre Hand verkrampft, ohne noch ein einziges Mal abzusetzen. Als die Zeit um ist, hat sie sieben Seiten geschrieben. Sie lächelt zufrieden.

Situation B
Serdar wohnt in einer Wohngemeinschaft. Da fühlt er sich eigentlich sehr wohl, wenn da nur nicht das Abspülen wäre. Serdar steht in der Küche, blickt auf die schmutzigen Teller, das Besteck mit den eingetrockneten Essensresten, die verschmierten Gläser. Ausgerechnet heute hat er Küchendienst. Serdar denkt jetzt nur noch an Flucht. Da kommt Sabine in die Küche und lächelt ihn an: „Oh je, das ist wirklich hart heute. Ich sage dir, was wir machen. Ich gehe in die Konditorei und hole uns einen leckeren Kuchen. In der Zwischenzeit machst du hier sauber, und danach trinken wir schön Kaffee zusammen!" Serdar seufzt und greift zum Spüllappen.

7 Lesen Sie die Kompetenzbox und visualisieren Sie die darin enthaltenen Informationen.

KOMPETENZBOX

Pyramide der Bedürfnisse (Maslow)

Wenn man Motivation verstehen möchte, ist es wichtig zu wissen, welche **Motive** oder **Bedürfnisse** Menschen überhaupt haben. Der amerikanische Psychologe Abraham Maslow veröffentlichte 1943 ein Modell, das die menschlichen Bedürfnisse in 5 Gruppen zusammenfasst und diese in die hierarchische Ordnung einer Pyramide mit 5 Stufen bringt.

5. Stufe:
Selbstverwirklichung (Ausleben von Talent und Kreativität, Sinnsuche, Erleuchtung, Erfüllung des eigenen „Lebensauftrags" usw.)

4. Stufe:
Bedürfnis nach **Wertschätzung** durch andere (Respekt, sozialer Status, Macht, Geld, Einfluss, Anerkennung usw.)

3. Stufe:
Bedürfnis nach **Anschluss** und sozialem Kontakt und Kommunikation (Zugehörigkeit zu Familie, Freundeskreis, Partnerschaft usw.)

2. Stufe:
Bedürfnis nach **Sicherheit** (Schutz vor Gefahren, Sicherheit der Wohnung, des Arbeitsplatzes usw.)

1. Stufe:
Körperliche **Grundbedürfnisse** (Atmen, Essen, Trinken, Wärme usw.)

Einfluss der Bedürfnisse auf die Motivation

Maslow nimmt an, dass die Bedürfnisse der höheren Stufen erst dann spürbar werden, wenn die grundlegenden Bedürfnisse der darunterliegenden Stufen befriedigt sind.
Die Motive der unteren Stufen (bis zu einem Teil der 4. Stufe) werden als **Defizitbedürfnisse** bezeichnet, d. h., dass es zu Unzufriedenheit führt, wenn diese Bedürfnisse nicht befriedigt werden, dass sie ihre motivierende Kraft aber verlieren, wenn sie befriedigt sind (Aussicht auf Essen motiviert nicht, wenn jemand satt ist).
Anders ist dies bei den oberen Bereichen der Pyramide (5. Stufe und teilweise 4. Stufe). Diese Bedürfnisse werden auch als **Wachstumsmotive** bezeichnet. Es sind Bedürfnisse, die nicht gestillt werden, sondern fortbestehen.

Eine wichtige Ergänzung zu Maslows Erkenntnissen ist die **Selbstbestimmungstheorie der Motivation** von Deci und Ryan, die betont, dass ein Mensch nicht nur ein Getriebener seiner Bedürfnisse ist, sondern dass er diese auch kontrollieren und eine Wahl treffen kann. So kann man sich z. B. oft entscheiden zwischen einer **unmittelbar befriedigenden Erfahrung** (z. B. jetzt ein Computerspiel spielen) und einem **langfristig erreichbaren Handlungsergebnis** (jetzt nicht spielen, sondern lernen, um ein gutes Ergebnis bei der Klassenarbeit zu erreichen).

8 Verdeutlichen Sie Maslows Theorie anhand der folgenden Situationen.

Situation A
Jasmin und ihr neuer Freund Matej verbringen den ersten gemeinsamen Urlaub in Kroatien. Sie waren 16 Stunden mit dem alten Polo unterwegs, aber jetzt sind sie am Ziel. Matej möchte gleich an den Strand. „Leute treffen, Party machen", sagt er. Jasmin will davon nichts wissen. „Erst einmal müssen wir ein Hotelzimmer suchen", meint sie, „ich habe keine Lust, im Freien zu übernachten!"

Situation B
Silvio ist glücklich. Sein neues Bild ist fertig. Silvio hat die halbe Nacht durchgearbeitet. Aber es hat sich gelohnt. Das Bild ist noch schöner geworden, als er anfangs gedacht hatte. Jetzt erst einmal entspannen! Da fällt sein Blick auf einen Entwurf, den er vor Wochen begonnen und dann in die Ecke gestellt hatte. Mit den Farben stimmt etwas nicht! Wenn der Hintergrund türkis wäre, käme das Mädchen im Vordergrund viel besser zur Geltung. Silvio greift zum Malkasten.

9 Finden Sie eigene Beispiele, die Maslows Theorie veranschaulichen.

A | **B** | C

So können Sie die Rolle der Arbeit im Leben einschätzen

Arbeit ist für mich ein notwendiges Übel. Ich arbeite, um mir die Freizeit leisten zu können.

1 Nehmen Sie Stellung zu dieser Aussage und erläutern Sie, was Menschen Ihrer Meinung nach zur Arbeit motiviert.

2 Erklären Sie, welche Rolle der Arbeit von dem Psychotherapeuten Bernd Sprenger in einem Interview zugeschrieben wird.

Bei der Arbeit kann man sein Können zeigen, und im besten Fall gibt's Lob oder auch mal eine Gehaltserhöhung oder Beförderung. In einer Gesellschaft, in der es um Leistung, Status und Fortschritt geht, ist die Arbeit deshalb eine ganz wesentliche Quelle für das Selbstwertgefühl.

Stern Nr. 22, 26.05.2009. Das Interview führte Katharina Kluin.

3 Bestimmen Sie aufgrund dieser Aussage, welche psychologischen Konsequenzen der Arbeitsplatzverlust für die Betroffenen haben kann.

4 Arbeiten Sie heraus, welche Rolle die Arbeit für die Zeitschrift „Business Punk" spielt.

Und da war sie, die Idee: Wir machen ein Magazin für alle, die etwas bewegen und Erfolg haben wollen. Für die ein Job mehr ist als ein Job, weil er ihr Leben definiert und sie antreibt. Die bereit sind, sich für ein Projekt reinzuknien. Für die Uhrzeiten nur eine Art Richtgeschwindigkeit sind und Schlaf ein notwendiges Übel, weil sie nach Büroschluss mit Kollegen oder Freunden feiern. Auch mal bis in den frühen Morgen. Wer dieses Leben kennt, ist bei Business Punk richtig.

http://www.business-punk.com, abgerufen am 28.01.2010

5 Erläutern Sie, welche Rolle Arbeit und Privatsphäre (Partnerschaft, Familie, Freunde, Hobbys usw.) für Ihr persönliches Lebensglück spielen.

BASISKOMPETENZ C

A | B | C

So wenden Sie ein Modell der Arbeitsmotivation an

1 Betrachten Sie das Motivationsmodell von Porter und Lawler genau und ordnen Sie jedem Begriff eine der folgenden Fragen zu.

A Passt die Leistung, die von der Person verlangt wird, zu deren Verständnis von den eigenen Aufgaben oder empfindet sie die geforderte Leistung als unangemessen?

B Wie befriedigt ist die Person vom Ergebnis ihrer Arbeit und der Anerkennung, die sie erhalten hat?

C Was wäre aus der Sicht der Person eine faire und angemessene Anerkennung für die geleistete Arbeit?

D Wie viel Dank und Anerkennung von anderen (z. B. Lob, Prämie) erhält die Person dafür, dass sie die Arbeit erledigt hat?

E Wie viel Genugtuung und Befriedigung bezieht die Person aus der Erledigung der Arbeit?

F Wie gut, wie schnell und wie effektiv erledigt die Person ihre Arbeit?

G Wie viel Mühe gibt sich die Person bei der Erledigung der Arbeit?

H Welche Kompetenzen und Eigenschaften, die bei der Erledigung der Arbeit hilfreich sind, hat die Person?

I Wie verlockend ist für die Person in der gegenwärtigen Situation die Belohnung, die durch Anstrengung und Leistung zu erreichen wäre?

J Wie groß ist nach Meinung der Person deren Chance, durch Anstrengung und Leistung zu einem positiven Ergebnis zu kommen?

Motivationsmodell von Porter und Lawler

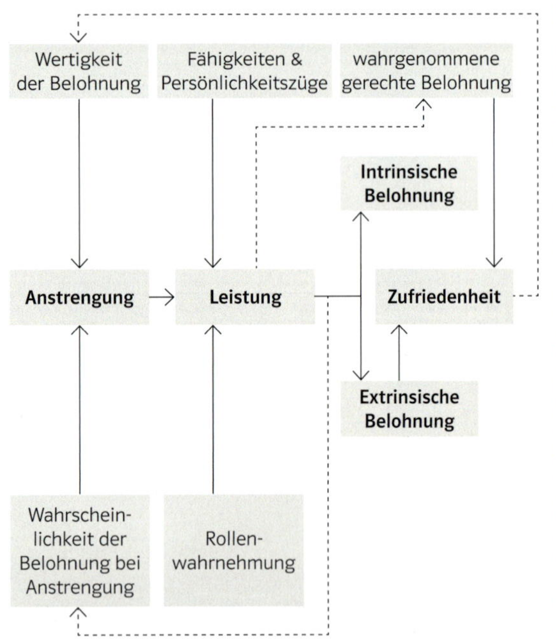

Nach: http://classic.unister.de/Unister/wissen/sf_lexikon/ausgabe_stichwort5877_116.html, abgerufen am 11.03.2010

2 Entscheiden Sie jeweils, welche Aussagen sich dem Diagramm entnehmen lassen.

A Das Diagramm gibt Auskunft darüber,
1 was es in einem Unternehmen so alles zu tun gibt.
2 wie verschiedene Mitarbeiter/-innen auf dieselben Bedingungen reagieren.
3 was Mitarbeiter/-innen tun müssen, wenn sie im Beruf Erfolg haben wollen.
4 wie Faktoren, die für die Motivation bedeutsam sind, sich gegenseitig bedingen.

B Das Diagramm
1 bildet einen festgesetzten Zeitpunkt ab (Momentaufnahme).
2 zeigt eine Entwicklung (einen Prozess) über einen längeren Zeitraum ohne klaren Anfang und klares Ende.
3 zeigt eine Entwicklung (einen Prozess), die von einem Anfangspunkt hin zu einem Endpunkt verläuft.
4 zeigt Rückkoppelungen, d.h., dass die Ausgangsbedingungen des Prozesses durch dessen Ergebnisse verändert werden.

C Aus dem Diagramm lässt sich ablesen,
1 durch welche Faktoren die Leistung von Mitarbeiterinnen und Mitarbeitern beeinflusst wird.
2 durch welche Faktoren die Anstrengung von Mitarbeiterinnen und Mitarbeitern beeinflusst wird.
3 durch welche Faktoren die Zufriedenheit von Mitarbeiterinnen und Mitarbeitern beeinflusst wird.
4 durch welche Faktoren die Fähigkeiten und Persönlichkeitszüge von Mitarbeiterinnen und Mitarbeitern beeinflusst werden.
5 durch welche Faktoren die Rollenwahrnehmung von Mitarbeiterinnen und Mitarbeitern beeinflusst wird.

D Ein Ergebnis dieser Analyse ist, dass
1 Leistung von der Anstrengung abhängt.
2 alle Mitarbeiter/-innen gleich viel leisten, wenn sie das gleiche Maß an Anstrengung investieren.
3 Leistung zu Zufriedenheit führen kann.
4 Zufriedenheit die Grundvoraussetzung für Leistung ist.
5 Verhalten durch Erfahrung bekräftigt werden kann (positive Verstärkung).
6 Verhalten durch Erfahrung abgeschwächt werden kann (negative Verstärkung).
7 es bei der Zufriedenheit vor allem auf die intrinsische und nicht auf die extrinsische Belohnung ankommt.
8 sich Leistung immer lohnt, egal wie groß oder klein die Belohnung ist.
9 die Leistung egal ist, solange man sagen kann, man habe alles gegeben.

3 Finden Sie Beispiele aus Ihrem Leben (z.B. Schule, Sport, Arbeit) und bestimmen Sie mithilfe des Modells von Porter und Lawler, was Sie tun können, um Ihre Leistung positiv zu beeinflussen.

4 Wenden Sie das Modell von Porter und Lawler an und entscheiden Sie, ob Motivation nach dem Muster dieser Karikatur funktioniert.

http://www.fotosearch.de/bthumb/ILW/ILW004/braucl0180s.jpg, abgerufen am 08.03.2010

Sprachliche Übungen

1 **a)** Bilden Sie nach dem Muster unten je drei Aufforderungssätze (Imperative).

A schneller laufen
B weitergehen
C weniger essen
D mich anrufen
E sich nicht aufregen
F nicht erschrecken
G mehr lesen
H ihr helfen

MUSTER

Ausdrücke	Anrede an eine Person (du)	Anrede an mehrere Personen (ihr)	Höfliche Anrede an eine oder mehrere Personen (Sie)
A schneller laufen	*Lauf(e) schneller!*	*Lauft schneller!*	*Laufen Sie schneller!*

b) Fügen Sie Ihren Aufforderungssätzen am Satzanfang oder am Satzende eine passende Anrede (*mein Freund, Josefina, ihr Lieben, geschätzte Geschäftsfreunde*) hinzu. Achten Sie dabei auf die Kommasetzung.

BEISPIEL:
Josefina, laufe schneller!

c) Ergänzen Sie die Sätze aus b) durch eine nachgestellte Erläuterung, die Sie mit „und zwar", „nämlich", „z. B." oder „insbesondere" einleiten und durch Komma abtrennen.

BEISPIEL:
Josefina, laufe schneller, und zwar sofort!

2 Bilden Sie die folgenden betonten Aufforderungen (Bewahre **du** …) auch für die Anrede an mehrere Personen (ihr) und die Höflichkeitsform (Sie). Achten Sie dabei auf die Groß- und Kleinschreibung der Pronomen.

A Bewahre du dir deine Unabhängigkeit!
B Lasse du dich nicht ins Bockshorn jagen!
C Verlasse du dich nur auf deinen eigenen Verstand!

3 **a)** Ordnen Sie die verschiedenen Möglichkeiten einer Aufforderung den passenden grammatikalischen Erklärungen zu.

A Könntest du aufhören!
B Jetzt wird aufgehört!
C Hörst du jetzt auf!
D Würdest du aufhören!
E Du sollst jetzt aufhören!
F Du hörst jetzt auf!
G Aufhören!
H Hör jetzt auf!

1 Aussagesatz
2 Imperativ
3 Passiv
4 Infinitiv
5 Fragesatz mit „würde"
6 Fragesatz
7 Aussagesatz mit Modalverb
8 Fragesatz mit Modalverb im Konjunktiv II

b) Bilden Sie die verschiedenen Formen der Aufforderung mit den folgenden Wörtern.

A anfangen
B aufstehen
C austrinken
D aufpassen

c) Bestimmen Sie, welche Formen Sie als besonders grob und direkt, welche Sie als indirekt und höflich empfinden.

d) Nennen Sie sprachliche Möglichkeiten, eine Aufforderung höflich und zurückhaltend zu äußern (z. B. durch Betonung, Hinzufügen von Wörtern).

4 Trennen Sie die Sätze durch Komma ab.

A Ein berühmter Test den ein amerikanischer Psychologe in den 60er Jahren durchführte untersucht die Frage ob die Testperson etwas Angenehmes aufschieben kann oder nicht.
B Das wurde an Kindern erprobt denen man die Wahl ließ ob sie eine Süßigkeit (Marshmallow) die bei amerikanischen Kindern sehr beliebt ist und die man bei uns als „Mäusespeck" kennt auf der Stelle essen wollten oder ob sie diese „Belohnung" stattdessen ein paar Minuten aufschieben konnten.
C Die Kinder die warteten bekamen dafür wie man es ihnen versprochen hatte zwei Marshmallows die sie dann mit Vergnügen verschlangen.

Prüfungsvorbereitung

DIE ZEIT: An den Hängen des Vesuv stehen die Villen der Wohlhabenden dicht an dicht – dabei kann der Vulkan jederzeit wieder ausbrechen. Warum wohnen die Menschen dort?

Andreas Ernst: Der unmittelbare Nutzen in diesem Fall – ein einzigartiger Ausblick – liegt nah, das Risiko hingegen liegt fern in der Zukunft. Das wägt man ab und entscheidet zugunsten der Gegenwart. Nur wenn in der eigenen Lebensspanne eine Katastrophe eingetreten ist, wenn man sie also am eigenen Leib gespürt hat, reagiert man auf die Gefahr anders. Wir arbeiten sehr kurzfristig, wenn wir unser Gedächtnis verwalten. Eine erzählte Katastrophe ist für uns letztlich keine.

ZEIT: Wie sollen dann Europäer angesichts des Klimawandels umlernen? Es geht uns hier und jetzt gut. Der Schaden ist anderswo, später.

Ernst: Neben der Bequemlichkeit gibt es aber das menschliche Bedürfnis, nachhaltige Spuren zu hinterlassen. Je älter man wird, desto spürbarer wird das. Die Frage, wie es mit der eigenen Straße, dem eigenen Dorf, der eigenen Stadt in den nächsten fünfzig Jahren weitergehen soll, stellt sich jedem. Und dann überlegt man doch, was sich tun lässt.

ZEIT: Sie erforschen seit Jahren das Zusammenspiel von Motivation, Information und Handlungsveränderungen. Eine Ihrer Erkenntnisse haben Sie auf die Formel gebracht: „Denn sie tun nicht, was sie wissen.“ Haben wir es also in Sachen Klimawandel weniger mit einem Wissens- als einem Umsetzungsproblem zu tun?

Ernst: Man muss nicht sehr gebildet sein, um zu begreifen, dass Ressourcen endlich sind. Und man muss keine Details der klimatischen Zusammenhänge kennen, um zu sehen, dass die enorme industrielle Belastung der Atmosphäre eine Veränderung des Handelns in eine bestimmte Richtung dringend nahelegt: nämlich sehr wenig an endlichen Ressourcen zu verbrauchen. Aber beim Handeln sind wir noch nicht so weit. Wir haben es beim ökologischen Umbau der Gesellschaft mit einem komplizierten Ineinander von Hindernissen und Möglichkeiten zu tun.

[...]

ZEIT: Bedürfnisse, die man sich angewöhnt hat, wie das Autofahren, Duschen oder das Kaffeetrinken, müsste man sich doch auch wieder abgewöhnen können. Goethe hat nie geduscht. Luther hat nie gemeint, jetzt unbedingt einen Kaffee zu brauchen, Marx brauchte nicht Auto zu fahren. Sind Bedürfnisse nicht auch beeinflussbare Illusionsfabrikate?

Ernst: Von Illusionen würde ich nicht sprechen, denn Illusionen entbehren der Realität. Das gilt etwa für die Bedürfnisse, Auto zu fahren oder warm zu duschen, nicht. Sie knüpfen ja an eine soziale und kulturelle Realität an. Außerdem: Werbung schafft Bedürfnisse nicht, sie entfesselt sie nur. Wir alle suchen beim Konsum den angenehmen, den bequemen Weg, wenn wir die Wahl haben. Und alle anderen wollen es prompt auch so oder ähnlich haben. Menschen wollen Dinge konsumieren, die ihnen gefallen, ob deren Ökobilanz günstig ausfällt oder nicht. Und dann gewöhnen sie sich dran. Ich fürchte, es funktioniert wie bei der Ratsche am Schraubendreher: Ein Verhalten, das nach mehr drängt, rastet bald auf einem hohen Niveau ein, und dann kommt man nicht mehr zurück.

ZEIT: Sie denken auch über Handlungsspielräume nach. Wie können in dieser Situation die verschiedenen klimapolitischen Akteure möglichst vernünftig handeln, um die Sperre in der Ratsche vielleicht doch wieder zu lösen?

Ernst: Fangen wir mit dem Staat an. Der Staat kann die Standards benennen, die er für wünschenswert hält; er kann Regeln setzen, denen sich alle gleichermaßen unterwerfen, und er kann Gesetze erlassen wie das deutsche Erneuerbare-Energien-Gesetz, das signalisiert: Der Staat unterstützt eine Gesellschaft beim Umlernen.

[...]

ZEIT: Und was kann das Individuum besser als die Gruppe?

Ernst: Der Einzelne ist zumeist nicht sehr motiviert, sich vernünftig zu verhalten, weil er sich sagt, dass er nur einer unter Milliarden ist und also sein Handeln nicht wirksam sein kann. Wenn man die Lage nur vom Individuum her sieht, liegt es nah, zu sagen: Das Klima ändert sich, der Mensch jedoch nicht. Aber sobald das Individuum merkt, es ist nicht allein, sondern zu mehreren, ist es in der Lage, anders zu handeln und neue Verhaltensweisen zu erproben. Ohne sich der Unterstützung anderer zu vergewissern, und sei sie ideeller Natur, ist das Individuum heute schwach. Die Zeiten der Heros sind vorbei. Die Institutionen und Sachverhalte sind zu komplex geworden. Allerdings zeigt sich auch, etwa in der Widerstandsforschung, dass einzelne Menschen mit ihrem Handeln geradezu ansteckend wirken können, also für andere ermutigend und musterbildend. Es macht nur Spaß, aus dominierenden Gruppen auszuscheren, wenn man nicht allein ist, und Einzelne können dafür die Richtung weisen.

Das Gespräch führte Elisabeth von Thadden.

DIE ZEIT, 03.12.2009, http://www.zeit.de/2009/50/Interview-Ernst, abgerufen am 10.12.2009

Prüfungsvorbereitung

Aufgaben:

1) Geben Sie wieder, wie der Umweltpsychologe Andreas Ernst in dem Interview das oft unvernünftige Verhalten von Menschen erklärt.

2) Setzen Sie sich mit diesen Auffassungen auseinander. Benutzen Sie dabei Ihre Kenntnisse über Motivation.

MUSTERLÖSUNG

Texterörterung

Warum handeln Menschen nicht immer so, wie es ihnen ihre Vernunft vorgibt? Mit der Bedeutung dieser Frage für das Thema Klimaschutz befasst sich der Umweltpsychologe Andreas Ernst in einem Gespräch mit der Redakteurin Elisabeth von Thadden, das am 03.12.2009 in der Zeitung DIE ZEIT veröffentlicht wurde.

← Mit der Einleitung führen Sie Ihren Leser zu Ihrem Text hin. Dazu gehört, dass Sie das Thema benennen und den Text, mit dem Sie sich auseinandersetzen, kurz vorstellen.

Schon zu Beginn des Gesprächs erklärt Ernst das Kernproblem mit einem aufschlussreichen Beispiel. Er wird gefragt, warum Menschen an den Hängen des Vesuv wohnten, obwohl es dort gefährlich sei, weil ein Vulkanausbruch drohe. Ernst hat dafür eine einfache Erklärung parat: Der Nutzen des spektakulären Ausblicks sei unmittelbar vorhanden, während die drohende Gefahr in weiter Ferne liege und darum verdrängt werden könne.

← Achten Sie bei der Inhaltswiedergabe darauf, dass Sie
- *sich auf das Wichtigste beschränken,*
- *die wiedergegebenen Aussagen klar als Fremdmeinung kennzeichnen (z.B. durch Redeeinleitung oder Konjunktiv),*
- *den Zusammenhang der Aussagen verdeutlichen (z.B. Schlussfolgerung, Forderung, Beispiel usw.).*

Eine ganz ähnliche Problematik sieht Ernst auch bei dem Verhalten von Menschen im Hinblick auf Umweltfragen. Er macht deutlich, dass es nicht schwierig sei, die grundlegenden Zusammenhänge zu begreifen, dass z.B. unsere Lebensweise für die Veränderung des Klimas verantwortlich sei und dass diese darum geändert werden müsse. Aber auch bei diesem Thema führe das Wissen nicht zu vernünftigem Handeln, kritisiert Ernst, da der Nutzen der Unvernunft näher liege und bequem sei. Dieses Problem habe Ernst, so seine Gesprächspartnerin von Thadden, auf die Formel gebracht „Denn sie tun nicht, was sie wissen."

Aber Ernst sieht auch Anlass zur Hoffnung. Neben der Bequemlichkeit, die zu unvernünftigem Handeln führe, habe der Mensch auch das Bedürfnis, Spuren zu hinterlassen und an einer positiven Zukunft seiner Umgebung mitzuarbeiten.

Ich finde die Argumentation von Herrn Ernst sehr einleuchtend. Wir wissen aus der Motivationspsychologie, dass Handlungen oft das Ergebnis von inneren Konflikten sind und dass es neben den Faktoren, die eine Handlung begünstigen, auch solche gibt, die sie hemmen und verhindern. Für das unvernünftige Handeln spricht demnach, dass Bedürfnisse (auf Maslows Pyramide die Grundbedürfnisse) unmittelbar befriedigt werden, z.B. durch eine warme Dusche am Morgen. Alles, was wir brauchen, ist durch unseren Lebensstil bequem erreichbar.

← Bei dem erörternden Teil haben Sie mehrere Möglichkeiten. Sie können Aussagen des Textes bestätigen, einschränken oder ganz infrage stellen. Wichtig ist, dass ein deutlicher Bezug zum Thema erkennbar bleibt und dass Sie eigene Gedanken einfließen lassen.

Wir wissen aber auch, dass es eine wichtige Eigenschaft von Menschen sein kann, dass sie diese Bedürfnisse kontrollieren können, um zu höheren Zielen zu gelangen. Die Frage lautet also: Wie können wir uns selbst und andere motivieren, vernünftig zu handeln und das Klima zu schützen, statt zur Umweltzerstörung beizutragen?

Prüfungsvorbereitung

Zuerst einmal muss dieses höhere Ziel konkret und greifbar werden. Man muss sich und anderen klarmachen, warum es so wichtig ist, unsere Welt zu erhalten. Dabei hilft es, wenn man sich genau vor Augen führt, was verloren geht, wenn sich das Klima verändert, z. B. indem man sich einen Film über die bedrohten Eisbären anschaut.

Auch mit einem höheren Ziel (zum Klimaschutz beitragen) lassen sich Bedürfnisse befriedigen. Andreas Ernst nennt es „Spuren hinterlassen“, Maslow würde von Selbstverwirklichung sprechen. Daraus kann große Motivation entstehen, die hilft, den „inneren Schweinehund“, dem das Klima egal ist, zu besiegen.

Dazu muss dieses Ziel aber auch erreichbar erscheinen, d. h., man muss die Erfahrung machen, dass sich durch ein verändertes Verhalten auch am Problem etwas ändern lässt.

Schließlich sollte sich für die Betroffenen die Änderung ihres Verhaltens lohnen. Wenn sie auf die Bequemlichkeit des klimaschädlichen Verhaltens verzichten, erwarten sie dafür eine Gegenleistung. Diese „Gegenleistung“ kann in einer intrinsischen Belohnung bestehen, wenn die „Kaltduscher“ nämlich erkennen, dass ihr Verhalten tatsächlich etwas bewirkt, dass andere z. B. dem eigenen Vorbild folgen, dass sich der Klimawandel verlangsamt usw. Sie duschen kalt, wissen dabei aber, dass sie damit etwas Gutes tun. Es kann aber auch extrinsische Belohnungen geben, z. B. indem man von sich und anderen Anerkennung für ein solches Verhalten bekommt.

Was ergibt sich nun aus diesen Überlegungen? Die Menschen sind, so wie sie nun einmal sind, die Sklaven ihrer Triebe? Nicht ganz. Schließlich hat sich ja gezeigt, dass wir unser Verhalten steuern können. Dabei kann uns das Wissen über Motivation helfen. Wir müssen weiter an uns arbeiten, „dann klappt es auch mit dem Klima“!

← *Der Schluss rundet den Aufsatz ab. Das kann z. B. durch ein Fazit geschehen oder durch einen Ausblick auf ein anderes Problem usw.*

Kompetenz-Logbuch

Online-Link 803501-0002

- → Insgesamt bewerte ich die Lektion mit folgendem Smiley.
- → Diese mir selbst gesteckten Ziele habe ich erreicht.
- → Dies hat mir Schwierigkeiten bereitet.
- → So habe ich mich beteiligt und in die Gruppe eingebracht.
- → Das will ich noch lernen.
- → Diese konkreten Schritte werde ich dazu unternehmen.

Projekte

1 Dem inneren Schweinehund auf der Spur

Stellen Sie dieses Tierchen möglichst konkret vor. Dazu können Sie ein Plakat erstellen oder eine Computeranimation basteln. In jedem Fall sollte deutlich werden, was man als den inneren Schweinehund bezeichnet, wie er sich in konkreten Situationen verhält und was sein Auftreten mit Motivation zu tun hat.

2 Motivationsgurus – ihre Botschaften – ihre Methoden

Suchen Sie sich einen der sogenannten Motivationsexperten aus, die durch Motivationsshows bekannt sind, sammeln Sie Informationen und fassen Sie diese Informationen in einem Handout zusammen. Ihr Papier soll Ihren Mitschülerinnen und Mitschülern eine Antwort auf die Frage geben, ob eine solche Show dabei helfen kann, die eigene Lebenssituation zu verbessern.

3 „Er hat ein Motiv!“ – Motivation in Krimis

Untersuchen Sie Krimis (z. B. „Tatort“) oder Thriller. Gehen Sie der Frage nach, welche Motivation die Täter zu Verbrechern macht. Beurteilen Sie, wie einleuchtend diese Motivation für Sie ist. Stellen Sie Ihre Ergebnisse in einer Präsentation vor.

4 Arbeitsmotivation

Führen Sie Interviews durch, bei denen Sie Menschen befragen, was sie zu ihrer Arbeit motiviert. Berücksichtigen Sie unterschiedliche Berufe. Besonders interessant wären Tätigkeiten, die zunächst sehr unangenehm zu sein scheinen. Präsentieren Sie Ihre Ergebnisse auf einer Wandzeitung oder in einer Broschüre, die Schülerinnen und Schüler mit dem Berufsleben vertraut machen soll.

5 Verhaltensforschung bei Tieren – Motivationsforschung beim Menschen

Informieren Sie sich im Internet über Verhaltensforschung. Suchen Sie Beispiele, die Sie besonders interessant finden. Vergleichen Sie diese Erklärungsansätze mit der Motivationsforschung beim Menschen. Wo gibt es Gemeinsamkeiten? Wo liegen die Unterschiede? Informieren Sie Ihre Klassenkameraden in geeigneter Form über Ihre Ergebnisse.

03 Wie Sie argumentieren

Was Sie wissen und was Sie lernen können

„Das ist ein Argument!“

1. **a)** Berichten Sie von Situationen, in denen Ihnen diese Aussage schon begegnet ist.
b) Erklären Sie, welche Bedeutung die Aussage hat.

2. Notieren Sie, ob die Aussagen 1–8 richtig (= r) oder falsch (= f) sind.

Eine Argumentation strukturieren

1. Wird eine These und eine dazugehörende Begründung mit Beleg und Beispiel genannt, spricht man von einer Argumentation.
2. In jeder Situation müssen alle Bestandteile einer Argumentation genannt werden.
3. Die Begründung ist das eigentliche Argument.
4. Beleg und Beispiel sind zwei Wörter für den gleichen Inhalt.

Schlüssig argumentieren

5. Man spricht von einer schlüssigen Argumentation, wenn die eigene Meinung begründet wird.
6. Wird nicht schlüssig argumentiert, geht die Überzeugungskraft verloren.
7. Eine schlüssige Argumentation ist logisch nachvollziehbar.
8. Eine Argumentation kann auch dann schlüssig sein, wenn nicht alle Bestandteile einer Argumentation explizit genannt werden.

3. Vergleichen Sie Ihre Entscheidungen mit der Lösung im Kompetenzregister, S. 259.

4. Markieren Sie im Kompetenz-Logbuch auf der Seite für dieses Kapitel, in welchem Bereich Sie aufgrund der Ergebnisse von Aufgabe 2 Ihre Stärken sehen, und legen Sie Ihre persönlichen Schwerpunkte für den weiteren Lernprozess fest. **Online-Link** 803501-0003

A	B
Eine Argumentation strukturieren	**Schlüssig argumentieren**

BASISKOMPETENZ A

A | B

So strukturieren Sie eine Argumentation

1 **a)** Lesen Sie die Kompetenzbox.

KOMPETENZBOX

Bausteine einer Argumentation

Das klassische Muster von Argumentationen basiert auf den folgenden Bausteinen:

	BEISPIEL:
These Behauptung, mit der Sie Ihren Standpunkt zu einem Problem oder einer strittigen Frage darlegen.	*Projektunterricht ist sinnvoll,*
Begründung Das eigentliche Argument, das erklärt, warum Sie dieser Meinung sind.	*denn da lernt man gemeinsam mit anderen, wie man selbstständig ein Thema angeht und sich intensiv damit beschäftigt.*
Beleg Zahlen und Fakten, Vergleiche aus anderen (Lebens-) Bereichen, Bezüge auf allgemein anerkannte Werte und Normen oder Autoritäten stützen Ihre Argumentation.	*John Dewey, einer der Ersten, der mit Schülern Projekte im Unterricht gemacht hat, sagte, dass wir nur wirksam lernten, wenn wir selber bestimmten, welche Erfahrungen wir machten.*
Beispiel Erfahrungen, ob Ihre eigenen oder diejenigen anderer Menschen, veranschaulichen Ihren Standpunkt.	*Im letzten Schuljahr machten wir an unserer Schule ein Projekt zum Thema „Märchen". Zuvor hatten wir Märchen im Unterricht behandelt. Gemeinsam haben wir entschieden, welche Themen wir behandeln wollen. Wir stellten einen Plan auf, was wir jeweils an den einzelnen Tagen vorhaben und wer für einzelne Tätigkeiten verantwortlich ist. Unsere Gruppe hatte die Idee, ein Märchenbuch mit den von unserer Klasse verfassten Märchen herauszugeben, es zu gestalten, zu drucken und zu präsentieren.*

Besonderheit
Es müssen nicht zwingend alle Bausteine einer Argumentation (These, Begründung, Beleg und Beispiel) explizit genannt werden. Je nach Gesprächssituation können auch einzelne Bausteine nicht ausgesprochen werden, da erwartet wird, dass sie dem Kommunikationspartner auch ohne direkte Aussprache (implizit) bekannt sind.

b) Nennen Sie die Grundbausteine der folgenden Argumentationen.

A Der Kauf von Elektroautos sollte gefördert werden, da diese Subventionen helfen, die Umwelt zu schützen. Eine Studie im Auftrag des Bundesumweltministeriums zeigt, dass durch eine Unterstützung in Höhe von 3 000 bis 5 000 Euro bei jedem Kauf eines Elektroautos insgesamt die Verkaufszahlen deutlich höher wären. Wenn dann der Strom für die Autos aus regenerativen Quellen kommt, hilft dies, den Kohlendioxidausstoß zu reduzieren. Mein Vater sagt, dass er sich dann auch ein Elektroauto kaufen will.

B Was mancher bei aller Freude über das Billigfliegen vergisst, ist die Tatsache, dass der Luftverkehr ein bedeutsamer Ozonkiller ist. So haben Wissenschaftler herausgefunden, dass die Treibhausgase, die von Flugzeugen entlassen werden, in den oberen Luftschichten dreimal so klimaschädlich wirken wie in den unteren Schichten. Wenn ich also eben mal nach Ibiza fliege, um dort genüsslich zu frühstücken und 2 Tage Party zu machen, habe ich gleichzeitig dazu beigetragen, den Schutzschild zu zerstören, der mir diesen Genuss ermöglichte.

C Es ist richtig, dass Kindertageseinrichtungen einen Bildungsauftrag haben, da Kinder in diesen Einrichtungen unter Anleitung leicht und schnell lernen. Ein Experte für Entwicklungspsychologie spricht davon, dass Kinder unter sechs Jahren von gut geschultem Personal mit einem geeigneten Plan dabei unterstützt werden, gemeinsam wichtige Fertigkeiten zu entwickeln. So können Kinder in diesem Alter beispielsweise sehr gut eine erste Fremdsprache kennenlernen.

2 **a)** Notieren Sie die Grundbausteine der Argumentation in den folgenden Beispielen getrennt auf kleine Zettel.

b) Legen Sie die Zettel auf dem Tisch aus und verändern Sie die Reihenfolgen oder lassen Sie einen Baustein weg. Diskutieren Sie die Wirkung.

c) Finden Sie einen weiteren Beleg oder ein weiteres Beispiel für die einzelnen Argumente.

A Martina im Gespräch mit ihrer Ausbildungsleiterin: „Ich finde, einem unhöflichen Kunden sollte auch mal gezeigt werden, dass man sich nicht alles gefallen lässt. Wenn man sich nicht ab und zu Luft macht und den Ärger herauslässt, kann man sich doch gar nicht so gut um die netten Kunden kümmern, weil man noch schlechte Laune hat. Wie man in den Wald hineinruft, so schallt es heraus, sagt man doch auch. Meine Freundin arbeitet bei einem Einzelhändler und hat am Wochenende einem Freund ihrer Chefin eine schlecht sitzende Hose verkauft; sie konnte sich einfach nicht konzentrieren, weil ihr immer noch die Szene mit dem vorigen Kunden durch den Kopf ging."

B Antwort ihrer Chefin: „Das sehe ich anders. Es muss immer das Ziel sein, zufriedene Kunden zu haben, denn ein unzufriedener Kunde redet schlecht über uns und wir verlieren vielleicht Kunden. Umfragen zeigen immer wieder, dass Mund-zu-Mund-Propaganda sehr wichtig ist. Noch heute Morgen hatte ich eine Kundin, die sagte, dass sie unser Geschäft erst nach einer Empfehlung durch eine gute Freundin wahrgenommen habe."

C Herr Meier in der Reflexion einer Besprechung: „Der Juniorchef hat sich bei Punkt 5 nicht durchgesetzt. Die Mitarbeiter vertrauen ihm nicht so sehr wie einem alten Hasen. Das ist wie in der Schule, da trauen die Schüler einem erfahrenen Lehrer auch eher zu, ihnen das Richtige beizubringen."

D Frau Peters: „Da habe ich andere Erfahrungen gemacht. Jüngere Leute haben oft neue Ideen bei Problemlösungen, weil sie meist nicht so festgefahren sind. Der Juniorchef hatte z. B. im letzten Monat für eine Produktpräsentation eine ganz neue Idee, die dem Kunden sehr gut gefallen hat."

KOMPETENZBOX

Argumentationskette

Um die Wirkung Ihrer Argumentation zu verstärken, können Sie die einzelnen Argumente miteinander in Verbindung setzen und zu einer Argumentationskette verknüpfen. Jedes einzelne Glied dieser Kette besteht aus Begründung, Beleg und Beispiel. Zuletzt sollte das stärkste Argument stehen.
Für die Suche nach Argumenten können Sie die Methode des **Brainstormings** einsetzen, indem Sie alle Gedanken, die Ihnen zu der strittigen Frage einfallen, ungefiltert in einer noch ungeordneten Stoffsammlung notieren.

3 Formulieren Sie eine Argumentationskette zu der strittigen Frage, ob Zensuren abgeschafft werden sollten. Orientieren Sie sich am Aufbau des Musters.

MUSTER

„Meiner Meinung nach ist Projektunterricht sinnvoll, weil man gemeinsam mit anderen lernt, wie man sich selbstständig ein Thema erarbeitet.

John Dewey, einer der Ersten, der nach dieser Methode unterrichtete, sagte, dass Lernen nur dann erfolgreich ist, wenn wir es selbst organisieren.

Im letzten Jahr haben wir ein Projekt zum Thema „Märchen" durchgeführt. Dafür haben wir uns vorher im Unterricht mit Märchen beschäftigt und anschließend entschieden, welche Schwerpunkte wir setzen wollten. Zusammen entwickelten wir einen Verlaufsplan und legten fest, wer für die einzelnen Bereiche zuständig sein sollte. Unsere Gruppe hatte die Idee, ein Märchenbuch herauszugeben, das von der Klasse selbst geschrieben wurde. Wir haben es selbstständig gestaltet, es drucken lassen und abschließend präsentiert.

Im Projektunterricht kann sich jeder auf das konzentrieren, was ihm am meisten liegt. Es werden oft Fähigkeiten gebraucht, die im normalen Unterricht nicht zur Geltung kommen.
Mein Banknachbar Alexander z. B. kann zwar sehr fantasievoll erzählen, hat aber Probleme mit der Rechtschreibung. Deshalb hielt er sich bei den Korrekturarbeiten zurück und beschäftigte sich stattdessen mit der Buchgestaltung. Er entwarf eindrucksvolle Skizzen, war an dem Layout beteiligt und gestaltete ein Plakat für die Buchpräsentation.

Da Projektunterricht in Gruppen stattfindet, wird außerdem die Teamfähigkeit geschult. Das ist ein wichtiger Aspekt, der im beruflichen Alltag oft gefordert ist. In der sechsten Klasse habe ich einmal mit zwei Mädchen zusammenarbeiten müssen, die ich nicht leiden konnte. Bei der Arbeit habe ich dann gemerkt, dass wir uns trotzdem gut ergänzten."

4 Notieren Sie je eine induktive und eine deduktive Argumentation für eine der beiden folgenden strittigen Fragen.

A Ist es richtig, das Klonen zu verbieten?
B Sollte der Alkoholkonsum auf öffentlichen Plätzen in Innenstädten am Wochenende verboten werden?

KOMPETENZBOX

Deduktive/induktive Argumentation

Eine Argumentationsweise nennt man deduktiv, wenn sie von einer Meinung ausgeht und diese anschließend argumentativ stützt sowie den Zusammenhang erläutert.

Es kann auch induktiv argumentiert werden, indem von einem Beispiel ausgegangen wird und man von Einzelfällen auf das Allgemeine schließt.

BEISPIEL FÜR INDUKTIVE ARGUMENTATION:
Bei dem Projektunterricht, den ich erlebt habe, war es ganz wichtig, dass wir Schüler intensiv an der Planung beteiligt waren. Wenn der Lehrer uns viel Freiraum für eigene Ideen gegeben hat, waren wir sehr motiviert und haben tolle Ergebnisse erarbeitet. Projektunterricht ist also sinnvoll, wenn den Schülern ermöglicht wird, ihre eigenen Erfahrungen und Vorstellungen in großem Maße einzubringen.

Besonderheit
Es ist umstritten, ob induktive Argumentationen gültig sind, da ein einziges Gegenargument die induktive Argumentation widerlegt.

A B

So argumentieren Sie schlüssig

1 **a)** Lesen Sie die Kompetenzbox.

KOMPETENZBOX

Schlüssig argumentieren

Eine schlüssige Argumentation ist für den Adressaten logisch nachvollziehbar, weil Argument, Beleg und Beispiel zur These passen und ihren Kern treffen. Die Gemeinsamkeiten zwischen den einzelnen Bausteinen einer Argumentation müssen oft nicht explizit ausgesprochen werden, da sie in der Begründung mitgedacht werden.

BEISPIEL:

Wenn man bestellte Waren online bezahlen möchte, sollte man vorsichtig sein und auf die Verschlüsselung der Informationen achten, weil dabei besonders sensible Daten übermittelt werden, die für Kriminelle sehr interessant sind und deren Missbrauch großen finanziellen Schaden bedeuten kann. Zwischenfälle mit Kunden von mehreren Kreditkartenunternehmen unterschiedlicher Größen beweisen dies. Ich habe sehr gute Erfahrungen mit dem Bezahlsystem XY gemacht, da ich mit diesem System besonders meine ersteigerten Waren sicher bezahlen kann.

b) Legen Sie dar, welche der folgenden Argumentationen Ihrer Meinung nach schlüssiger ist. Begründen Sie Ihre Entscheidung.

A Anna: Für sehr gefährlich halte ich Computerspiele, bei denen der Spieler am erfolgreichsten ist, der die meisten Gegner tötet, denn jeder Spieler ist folglich besonders stark motiviert, die Techniken und Strategien zu lernen, wie in dem Spiel andere Figuren möglichst effizient umgebracht werden. Da das Gehirn immer lernt, wie der Gehirnforscher Manfred Spitzer sagt, lernen die Spieler also planvolles Töten. Viele Spieler werden auch durch die große Anzahl an Toten in diesen Spielen abgestumpft. Als Resultat sehen sie Gewalt als normale Handlungsmöglichkeit in Konfliktsituationen an.
In einem Fernsehbericht über einen Amoklauf an einer deutschen Schule wurde gesagt, dass der Täter solche Spiele oft gespielt habe, er nicht mehr richtig zwischen Spiel und Realität habe unterscheiden können und seinen Amoklauf wie ein Spiel geplant habe.

B Ben: Ich finde, dass Computerspiele, in denen Spieler andere Figuren töten, überhaupt nicht gefährlich sind, da Menschen immer schon andere Menschen getötet haben. Es gab z. B. schon zur Zeit der Römer Kriege, in denen Menschen andere Menschen umgebracht haben. Und die hatten das garantiert nicht vorher mit einem Computerspiel geübt.

2 **Situation**

In Ihrem Betrieb sollen eventuell Dienstfahrräder angeschafft werden. Sie sind für die Anschaffung und machen sich die folgenden Notizen.

- ich fühle mich nach einer Fahrradtour ausgeglichen
- umweltschonend
- Umfragen zeigen, dass den Kunden wichtig ist, ob Unternehmen sich sozial und für die Umwelt engagieren
- preiswerter als Dienstautos
- gut für unser Image
- seitdem ich viel mit dem Fahrrad fahre, kenne ich die Stadt und die Umgebung viel besser und arbeite noch lieber hier
- gut für die Gesundheit der Mitarbeiter
- in der Gala steht, dass Leonardo DiCaprio oft mit dem Fahrrad durch New York fährt

- wir heben uns von den Konkurrenten ab
- frische Luft auf der Fahrt zur Arbeit macht den Kopf für neue Ideen frei
- Google hat jedem Mitarbeiter ein Fahrrad geschenkt

Formulieren Sie eine schlüssige Argumentation zu der Situation. Sie können sich an diesem Muster orientieren.

MUSTER

Sollten Kinder einen eigenen Computer in ihrem Zimmer haben?

Kinder sollten in ihrem Zimmer keinen eigenen Computer haben, weil die Gefahr besteht, dass sie zu viel Zeit vor dem Computer verbringen. Computerspiele oder Chatportale üben einen hohen Reiz auf Kinder aus, sodass sie sich zu oft ablenken lassen. Die Folge davon sind u.a. schlechte Schulnoten. Durch den Computer bleibt ihnen auch weniger Zeit für andere Dinge, z.B. für das Lesen, das die Allgemeinbildung verbessert und die Fantasie anregt.
Übermäßige Computernutzung führt außerdem dazu, dass sich die Funktionen des Gehirns verändern. Die Bilder auf dem Monitor beeinflussen die Lern- und Merkfähigkeit der Kinder, sodass es ihnen zusehends schwerer fällt, den Schulstoff zu behalten.
In der Klasse meiner jüngeren Schwester lesen die Kinder, die viel am Computer spielen, – wenn überhaupt – nur die Bücher, die sie für die Schule lesen müssen. Meine Schwester hingegen liest ihre Lieblingsbücher mehrmals und bekommt gerade im Fach Deutsch gute Noten.

Die Gefahr des Internets besteht darin, dass Kinder und Jugendliche Erfahrungen aus zweiter Hand vermittelt bekommen. Virtuelle Welten wie „Second Life" oder die „Sims" sind für sie ein Ersatz für die Wirklichkeit. Die Folge davon ist, dass die Kinder keinen Bezug mehr zu realen Dingen haben. Viele wissen z.B. gar nicht mehr, wie eine Erdbeere schmeckt.

Junge Leute schalten zudem häufig den Computer an, wenn sie sich allein fühlen. So wurden 2009 für das LBS[1]-Kinderbarometer 10 000 Kinder und Jugendliche zu ihrer Mediennutzung befragt und jedes fünfte Kind zwischen neun und vierzehn Jahren sagte, es tröste sich mit dem Computer, wenn es ihm schlecht gehe. Angebote wie z.B. die Website Facebook werden besonders oft angeklickt, um mit anderen zu chatten. Obwohl keine realen Kontakte zwischen den Personen bestehen, sind Jugendlichen solche Verbindungen wichtiger als die Beziehungen zu ihren Freunden.

1 LBS = Landesbausparkasse

3 Herr Meier ist gegen die Anschaffung von Dienstfahrrädern. Entwickeln Sie an seiner Stelle eine schlüssige Argumentation.

4 Argumentieren Sie schlüssig.

A Sollte man eine Tageszeitung abonnieren?
B Sollten Betriebe (ab einer Größe von 10 Mitarbeitern) gezwungen werden, junge Menschen auszubilden?
C Ist die Einführung von Umweltzonen in Städten sinnvoll?
D Sollte die Schule grundsätzlich erst um 9:00 Uhr beginnen?

Sprachliche Übungen

1 **a)** Schreiben Sie die Sätze in korrekter Groß- und Kleinschreibung, trennen Sie sie durch Komma ab und verbessern Sie den Satzbau in den Nebensätzen.

b) Formulieren Sie eine Regel für die Stellung des konjugierten Verbs in Sätzen, die durch unterordnende (subordinierende) Konjunktionen wie *obwohl*, *weil* und die Konjunktion *denn* eingeleitet werden.

A jeder sollte einen telefon- und internetanschluss haben weil er ist dann immer gut zu erreichen.
B fotohandys sind sehr beliebt obwohl es besteht eine große gefahr des datenmissbrauchs.
C fotos werden manchmal ohne erlaubnis der abgelichteten person ins netz gestellt obwohl das bedeutet eine verletzung der persönlichkeitsrechte.
D viele kritisieren die aufstellung von handysendemasten denn sie erzeugen eine hohe strahlenbelastung.
E der absatz von e-books ist nicht so hoch wie erwartet obwohl es werden immer mehr gekauft.
F man benötigt kein großes bücherregal weil die dateien lassen sich auf einem datenträger speichern.

2 **a)** Schreiben Sie die Sätze neu, verändern Sie den Satzbau, indem Sie mit einem anderen Satzteil beginnen, und füllen Sie die jeweilige Lücke grammatikalisch richtig entweder mit dem Wort *wie* oder *als* aus.

b) Formulieren Sie die Regel, in welchem Fall das Wort *als* verwendet wird.

A Die Insolvenz einer Bank hat für die Menschheit eine geringere Auswirkung ______ der Klimawandel.
B Vom Klimawandel sind die Salomonen-Inseln stärker betroffen ______ Nepal, weil die Inseln nur wenige Meter über Normalnull liegen und aufgrund eines steigenden Meeresspiegels schneller von der Landkarte verschwinden werden ______ das höher gelegene Nepal.
C Privathaushalte müssen genauso ihre Emissionen drosseln ______ Unternehmen, weil sie auch am Ausstoß des CO_2 beteiligt sind.
D Innerhalb der EU ist der Handel mit „Verschmutzungsgutscheinen" eine ebenso wirksame Maßnahme gegen den Klimawandel ______ Umweltschutzgesetze.
E Wenn nämlich die Kohlendioxidemissionen eines Unternehmens geringer ______ erlaubt sind, darf das Unternehmen die übrig gebliebenen Emissionsgutscheine an einer Börse verkaufen.

3 Schreiben Sie die Sätze mit dem richtigen Wort aus der Klammer auf. Begründen Sie Ihre Entscheidung.

A Es ist in (keiner, keinster) Weise einzusehen, warum Videokameras auf öffentlichen Plätzen installiert werden sollen, denn dadurch wird das Persönlichkeitsrecht verletzt.
B Der (einzige, einzigste) Grund für eine Videoüberwachung wäre, die Passanten vor kriminellen Handlungen zu schützen.
C Es gibt aber auch Menschen, die eine solche Videoüberwachung begrüßen, weil sie sich dann (sicher, am sichersten) fühlen.
D Der (optimale, optimalste) Schutz vor Diebstahl und Gewalttaten wäre natürlich eine höhere Polizeipräsenz, weil die Beamten im Falle einer Straftat gleich eingreifen könnten.
E Zugleich bliebe das Persönlichkeitsrecht am Bild (maximal, am maximalsten) gewahrt.

4 **a)** Notieren Sie den Singular des Substantivs und die korrekte Pluralform bzw. korrekten Pluralformen.

b) Überprüfen Sie Ihre Lösung mithilfe eines Nachschlagewerks.

A Pizzas, Pizzen, Pizza, Pizze
B Antibiotika, Antibiotikum, Antibiotikas
C Visa, Visen, Visum
D Status, Statusse, Staten
E Fokusse, Fokus, Foki

5 Schreiben Sie den Satz mit dem richtigen Kasus auf.

A Gemäß dem Gesetz/des Gesetzes hat jeder das Recht am eigenen Bild.
B Jede erkennbare Wiedergabe einer Person in Medien mittels eines Fotos/einem Foto, einer Karikatur/eine Karikatur, einer Zeichnung/eine Zeichnung, einer Fotomontage/eine Fotomontage muss von der betreffenden Person schriftlich bewilligt werden.
C Wegen dem Gesetz/des Gesetzes mussten schon einige Unternehmen Fotos aus Internetseiten herausnehmen, da die abgebildete Person auf Unterlassung geklagt hatte.
D Trotz strenger Regelungen/strengen Regelungen gibt es immer wieder Verstöße gegen das Persönlichkeitsrecht.

Prüfungsvorbereitung

Aufgaben:

1) Fassen Sie die Kernaussagen des folgenden Textes ausführlich zusammen.

2) Erörtern Sie die Konsequenz des Prokrastinierens für die Einzelperson und die Gemeinschaft.

Auf den letzten Drücker

14.02.2008

Katrin Blawat

Was du heute kannst besorgen, das verschiebe nicht auf morgen, heißt es. Aber wer wichtige Aufgaben vertagt, statt sie sofort zu erledigen, macht alles richtig – solange das Aufschieben nicht krankhaft wird. [...]

Joseph Ferrari, Psychologe an der DePaul University in Chicago, hat den Ernst der Lage erfasst. Seine Studienobjekte sind Menschen, die stundenlang die Wohnung aufräumen, statt sich an die längst fällige Steuererklärung zu setzen, Menschen, die die Toilette auf Hochglanz schrubben, um nicht über ihre Altersvorsorge nachdenken zu müssen, und solche, die sich vor Jahren ein Sportprogramm vorgenommen, es aber nie begonnen haben. Ferrari forscht über all jene, die Unangenehmes und Mühsames stets auf den nächsten Tag verschieben. Oder den übernächsten. Oder den darauffolgenden.

Prokrastinieren sagt Ferrari dazu. Das heißt auf Lateinisch „vertagen“. In dieser Disziplin haben es seine Probanden zur Meisterschaft gebracht. Sie lassen Dinge, die sie selbst als wichtig, aber unangenehm ansehen, so lange unerledigt, bis die letzte Frist verstrichen ist. Oder sie stürzen sich kurz vor knapp in die Arbeit, verzichten auf Essen und Schlaf, um in letzter Sekunde fertig zu werden.

Umfragen in Europa, den USA, Kanada, Peru und Chile ergaben, dass weltweit 20 Prozent der erwachsenen Bevölkerung ein ernsthaftes Problem mit ihrer Aufschieberei haben. Überdurchschnittlich häufig sind Studenten betroffen, denn die wenig strukturierten Studienpläne und Abgabetermine, die selbst die Dozenten nicht ernst nehmen, machen sie besonders anfällig fürs Prokrastinieren. [...]

„Mindestens 70 Prozent aller Studenten, die mit Lern- und Leistungsstörungen zu uns kommen, leiden unter einem Aufschiebeproblem“, sagt auch Hans-Werner Rückert, der die psychologische Studienberatung der FU Berlin leitet.

Nicht faul, sondern schlecht organisiert

Vehement verteidigt Ferrari die Aufschieber gegen den Vorwurf der Faulheit. Wer faul ist, nimmt sich gar nicht erst vor zu arbeiten und tut konsequenterweise auch nichts. Prokrastinierer dagegen wissen, dass sie etwas tun und wie sie es angehen müssten – nur an der Selbstorganisation und der Umsetzung ihrer Entscheidung hapert es.

Falsch ist daran zweierlei: Die richtige Arbeitsstimmung kommt nicht vom Nachdenken oder Vorbereiten, sondern vom Handeln. Erst mal anfangen mit der ungeliebten Aufgabe, dann wird man sich zumindest irgendwann daran gewöhnen, lautet der Rat des Psychologen. „Außerdem überschätzen wir, was wir in einem begrenzten Zeitraum schaffen können“, sagt Fred Rist von der Universität Münster. Sein Tipp: weniger vornehmen, dafür mehr Ziele erreichen. [...]

Zwei Aufschiebetypen

Anhand von Fragebögen haben Psychologen Persönlichkeitsprofile entwickelt, anhand derer sich grob zwei Aufschiebetypen unterscheiden lassen: Der Vermeidungsaufschieber leidet unter Versagensängsten und der Annahme, seine Umwelt stelle sehr hohe Ansprüche an ihn. [...]

Der Erregungsaufschieber dagegen braucht den Adrenalinschub, der ihn erst angesichts einer nahenden Abgabefrist kreativ werden lässt, dann aber zur Not tage- und nächtelang am Stück. [...]

Beide Aufschiebetypen sind gut beraten, es mit der altbekannten To-do-Liste zu versuchen. „Ohne die geht gar nichts“, sagt Rist [...].

Damit die Liste ihren Schrecken verliert, sollten auch Belohnungen wie Kaffeetrinken oder Computerspielen daraufstehen. Dann wird sie zum wichtigsten Hilfsmittel, mit dem Prokrastinierer den klassischen Dreischritt lernen, der sie von ihrem Übel befreien kann: hinsetzen, anfangen, durchhalten.

http://www.sueddeutsche.de/wissen/695/301692/text/, abgerufen am 17.01.2010

Prüfungsvorbereitung

MUSTERLÖSUNG

Texterörterung

Katrin Blawat beschäftigt sich in ihrem Artikel „Auf den letzten Drücker", der am 14.02.2008 auf der Internetseite der Süddeutschen Zeitung veröffentlicht wurde, mit einer Studie über das Problem des Aufschiebens. Die Betroffenen werden auch als „Prokrastinierer" (von lateinisch „procrastinare" = vertagen) bezeichnet. Beispiele seien Menschen, die unter anderem lieber die Wohnung aufräumten, anstatt wirklich dringende Aufgaben zu erledigen. Ausgehend von der These, dass das Aufschieben von wichtigen Aufgaben in Ordnung sei, aber zum Problem werde, wenn es krankhaft werde, führt Blawat verschiedene Forschungsergebnisse von Wissenschaftlern an, die sich mit dem Phänomen des Prokrastinierens beschäftigen. Blawat verweist in ihrem Artikel auf Umfragen von Forschern, die ergäben, dass weltweit 20 Prozent der Erwachsenen ein Problem mit der Prokrastination haben. Besonders häufig seien Studenten betroffen, weil ihnen eine genaue zeitliche Struktur der Studienpläne fehle und selbst die Dozenten Abgabetermine von Arbeiten nicht ernst nähmen.

← Nennen Sie in der Einleitung Textsorte, Titel, Autorin, Erscheinungsdatum und -ort.

← Klären Sie Fachbegriffe, die das Verständnis des Textes behindern oder erschweren. Nennen Sie die Hauptaussage des Textes.

← Verwenden Sie bei der Textwiedergabe indirekte Rede, um zu verdeutlichen, von wem die Äußerung stammt, oder nennen Sie eindeutig die Quelle.

Die Beobachtung, es gebe eine hohe Rate studentischer Prokrastinierer, stützt Katrin Blawat zusätzlich mit einer Aussage von Hans-Werner Rückert, dem Leiter der psychologischen Studienberatung der FU Berlin, wonach mindestens 70 Prozent der Rat suchenden Studenten unter einem Aufschiebeproblem litten.

Gegen das gängige Vorurteil, Prokrastinierer seien faul, wehrt sich der Psychologe Joseph Ferrari. Laut seinem Verständnis sei jemand faul, der sich erst gar nicht vornehme zu arbeiten und der konsequenterweise auch nichts tue. Dies treffe auf Prokrastinierer nicht zu. Bei ihnen hapere es lediglich an der Selbstorganisation und der Umsetzung ihrer Entscheidung.

Psychologen unterscheiden anhand von Forschungsergebnissen zwei Typen von Prokrastinierern: den Vermeidungsaufschieber – er leide unter Versagensängsten – und den Erregungsaufschieber – er brauche dagegen den Adrenalinschub und arbeite zur Not tage- und nächtelang am Stück.

Als Ausweg aus der Aufschiebefalle empfiehlt der Psychologe Fred Rist von der Universität Münster den Betroffenen, es mit einer To-do-Liste zu versuchen und dabei Belohnungen einzubauen. Der Prokrastinierer müsse den „klassischen Dreischritt" lernen: „hinsetzen, anfangen, durchhalten".

Die Konsequenzen des Prokrastinierens sind schwerwiegender als das unangenehme Gefühl, sich einer Aufgabe gestellt, sie aber nicht bewältigt zu haben.

← Die zweite Teilaufgabe beginnen Sie mit einem neuen Absatz, in dem Sie inhaltlich an das vorher Gesagte anknüpfen.

Der Verzicht auf Essen und Schlaf, um eine Aufgabe auf den letzten Drücker zu beenden, ist eine physische und psychische Belastung. Körperliches Unwohlsein, Schlafmangel und Nervosität wegen des Zeitdrucks führen zur Konzentrationsschwäche. Unbemerkt schleichen sich Fehler ein, die aufgrund des Zeitmangels nicht mehr korrigiert werden können.

← Gemäß der Aufgabenstellung gehen Sie zuerst auf die Konsequenzen des Prokrastinierens für die Einzelperson ein.

Prüfungsvorbereitung

Besonders fatal ist dies, da der Prokrastinierer das Image eines mittelmäßigen Kollegen, Studenten oder Mitschülers erhält. Dass dann kein Team Interesse daran hat, solch einen Menschen in eine Arbeitsgruppe aufzunehmen oder an einem prestigeträchtigen Projekt teilhaben zu lassen, liegt auf der Hand, denn die gesamte Gruppe muss befürchten, in ein schlechtes Licht gerückt zu werden.

← Greifen Sie die Aussagen des Textes auf, fügen Sie eigene Gesichtspunkte hinzu. Falls Sie Argumenten im Text zustimmen, erwähnen Sie diese und führen eigene Beispiele an.

Wer ständig Aufgaben aufschiebt, fühlt sich unwohl, lebt unter ständigem Druck. Das schlechte Gewissen macht ihn unglücklich. Die Lockerheit und Unbekümmertheit geht verloren. Dies spüren auch die Menschen in der Umgebung und vermeiden womöglich den Kontakt, den sie als anstrengend empfinden.

← Die Konsequenzen des Prokrastinierens sind in dem Beispiel für die Einzelperson und die Gemeinschaft eng miteinander verwoben. Deshalb bietet es sich an, ähnlich wie beim Reißverschlussverfahren, auf die Folgen für die Gemeinschaft einzugehen und sich dann wieder auf die Einzelperson zu konzentrieren.

Die Aufschieberei kann auch die gleichen negativen Folgen wie Stress auslösen: Mit der Zeit wird sogar der Körper reagieren und Stresssymptome anzeigen.

Besonders im Berufsleben kann die Strategie des Aufschiebens zum Verhängnis werden. Es kann zu einem Karriereknick und infolgedessen zu finanziellen Einbußen kommen. In einer Gesellschaft, die Erfolg honoriert, ist für Menschen, die alles aufschieben und nichts erledigen, kein Platz. Das betrifft auch die Studierenden. Mit dem Prokrastinieren verlängern sie nicht nur ihr Studium, sondern auch ihre finanzielle Belastung oder Abhängigkeit.

All diese Konsequenzen beschränken die Lebensqualität der Prokrastinierer. Dabei wissen sie im Grunde, dass sie mit wenig Aufwand ihren Zustand verändern könnten. Eine einfache To-do-Liste würde für den Anfang genügen.

Ob die Umgebung durch einen Prokrastinierer in Mitleidenschaft gezogen wird, ist davon abhängig, wie sehr man aufeinander angewiesen ist. In einem Groß- und Außenhandel müssen z. B. die Kollegen im Verkauf/Einkauf sich gegenseitig zuarbeiten. Wenn der Kollege im Einkauf es versäumt, das Lager aufzufüllen, weil er zu wenig Artikel geordert hat, dann kann der Kollege im Verkauf den Kunden nicht rechtzeitig beliefern. Als Folge davon könnte der Kunde zur Konkurrenz gehen. Der Umsatz würde zurückgehen und möglicherweise müssten sogar Arbeitsplätze aufgegeben werden.

Auch innerhalb einer Familie können durch einen Prokrastinierer Probleme auftreten. Denn im Haushalt müssen Aufgaben übernommen und pflichtgemäß erfüllt werden. Geschieht dies nicht, dann kann es zu Schuldzuweisungen und Konflikten kommen, die die Beziehungen schwer belasten.

Wichtige Aufgaben zu vertagen hat meines Erachtens nur negative Konsequenzen. Der Aufschub mag im ersten Moment als Befreiung angesehen werden, langfristig bleibt er aber eine Belastung, die physische, psychische und finanzielle Auswirkungen hat.

← Formulieren Sie ein Fazit, das zu Ihrer vorherigen Argumentation passt.

Jedoch gehört das strategische „Aussitzen" für mein Verständnis nicht zum Prokrastinieren, weil es mit der Hoffnung verbunden ist, dass die Aufgabe von anderen erledigt wird oder unbeachtet untergeht, weil sie nicht mehr wichtig ist.

← Abgrenzung zu anderer Form des Aufschiebens

Prüfungsvorbereitung

Kompetenz-Logbuch

Online-Link 803501-0003

- Insgesamt bewerte ich die Lektion mit folgendem Smiley.
- Diese mir selbst gesteckten Ziele habe ich erreicht.
- Dies hat mir Schwierigkeiten bereitet.
- So habe ich mich beteiligt und in die Gruppe eingebracht.
- Das will ich noch lernen.
- Diese konkreten Schritte werde ich dazu unternehmen.

Projekte

1 Gesprächspartner überzeugen und eine Rückmeldung erhalten

Bilden Sie eine Gruppe zu viert. Einigen Sie sich, welche der folgenden Gesprächssituationen Sie zuerst spielen möchten. Die Diskussion muss in jedem Moment bei jedem Thema sachlich und freundlich bleiben.

Gesprächssituation 1
Sie sind 18 Jahre alt geworden, besitzen einen Führerschein und möchten sich vom Ersparten einen Gebrauchtwagen kaufen. Sie entscheiden sich für ein Auto, für das der Händler 3 000,00 € verlangt. Sie wollen aber nur 2 500,00 € zahlen.

Gesprächssituation 2
Nach der Erlangung der Fachhochschulreife möchten Sie ein Jahr nach Australien, dort ein halbes Jahr jobben und ein halbes Jahr reisen, um Ihre Englischkenntnisse zu verbessern. Sie wissen, dass Ihr Vater wünscht, dass Sie möglichst zügig Ihr Studium beginnen. Ihnen fehlt aber das Geld für den Flug und ein Startkapital. Sie diskutieren mit Ihrem Vater.

Gesprächssituation 3
Elena und Felix haben ihre Tanzkurse schon längst hinter sich. Felix geht zwar ab und zu mit Elena tanzen, aber Tanzen ist nicht gerade seine Leidenschaft. Elena tanzt dagegen fürs Leben gern. In einer Tanzschule wird ein Kurs in modernen Tänzen angeboten, nicht ganz preiswert und zweimal wöchentlich. Sie möchte diesen Kurs mit Felix machen. Felix hatte vom ersten Tanzkurs schon genug und dieser ist ihm zu teuer und zu häufig.

Zwei Personen (A und B) aus Ihrer Gruppe führen das Gespräch, die beiden anderen beobachten und schreiben in Stichwörtern auf,
- zu welchem Zeitpunkt der Verhandlung bzw. der Diskussion sich A von B oder umgekehrt überzeugen ließ,
- welche Belege und Begründungen in einem besonderen Maß dazu beigetragen haben.

Nach dem Rollenspiel äußern sich zuerst A und B dazu, wie sie das Gespräch empfanden. Dann tragen die Beobachter ihre Notizen vor. Danach suchen Sie sich eine andere Gesprächssituation aus und wechseln die Rollen. Diejenigen, die gespielt haben, sind nun Beobachter. Die Rollen von A und B übernehmen jetzt die Schüler/innen, die vorher beobachtet haben.

2 Ein Fotoprotokoll gestalten

Situation
Marc ist wie Leonie nun seit zwei Jahren in der gleichen Firma im Außenhandel tätig. Von ihr erfährt er, dass der Geschäftsführer, Herr Hansen, Leonie auf die Messe in China mitnehmen möchte, damit sie einige der Lieferanten vor Ort kennenlernt. Marc findet das ungerecht. Er möchte diese Messe ebenfalls besuchen dürfen. Er hofft, dort weitere berufliche Erfahrungen zu sammeln und neue Kontakte zu knüpfen, die ihm später nützlich sein könnten. Außerdem interessiert ihn die chinesische Kultur schon lange.

Schreiben Sie einen Dialog zwischen Marc und Herrn Hansen. Spielen Sie den Dialog, den Sie mithilfe eines Fotoprotokolls festhalten. Erstellen Sie einen Fotostrip am Computer und fügen Sie in die Sprechblasen die Argumente von Marc und Herrn Hansen ein.

04 Wie Sie überzeugend Stellung nehmen

Was Sie wissen und was Sie lernen können

„Sag mal, was meinst du denn zu dem Thema?“

1. Berichten Sie von Situationen, in denen Ihnen die Frage in dieser oder in einer ähnlichen Form gestellt wurde.

2. Entscheiden Sie, ob die Aussagen 1 – 9 richtig oder falsch sind.

Einfache Stellungnahme

1. Argumentation und Argument sind zwei Begriffe für eine Sache.
2. Beispiele zur Stützung eines Arguments sind niemals Bestandteile einer Stellungnahme.
3. Eine Stellungnahme schließt mit einer Schlussfolgerung und einer Forderung ab, manchmal auch nur mit einem von beiden Bausteinen.

Überzeugungskraft einer Stellungnahme

4. In einer erweiterten Stellungnahme werden mehr Argumente angeführt als in einer einfachen.
5. Viele Argumente wirken auf jeden Fall überzeugender als wenige.
6. Mit sprachlicher Gewandtheit erhöhen Sie die Überzeugungskraft Ihrer Stellungnahme.

Schriftliche Stellungnahme

7. Der Aufbau einer schriftlichen Stellungnahme ist genauso frei wählbar wie der Aufbau einer mündlichen Stellungnahme.
8. Beim Verfassen einer schriftlichen Stellungnahme muss eine Phase der Reflexion eingeplant werden.
9. Eine schriftliche Stellungnahme unterscheidet sich nicht von einer Erörterung.

3. Vergleichen Sie Ihre Entscheidungen mit der Lösung im Kompetenzregister, S. 259.

4. Markieren Sie im Kompetenz-Logbuch auf der Seite für dieses Kapitel, in welchem Bereich Sie aufgrund der Ergebnisse von Aufgabe 2 Ihre Stärken sehen, und legen Sie Ihre persönlichen Schwerpunkte für den weiteren Lernprozess fest. **Online-Link** 803501-0004

A	B	C
Einfache Stellungnahme	**Überzeugungskraft einer Stellungnahme**	**Schriftliche Stellungnahme**

BASISKOMPETENZ A

A | B | C

So strukturieren Sie einfache Stellungnahmen

1 Lesen Sie die Kompetenzbox.

KOMPETENZBOX

Einfache Stellungnahme

Vorarbeit
- Eigene Position zu der strittigen Frage?
- Stoffsammlung, z. B. in Form einer Mindmap
- Thema inhaltlich eingrenzen
- Überlegen, wer vom Thema betroffen ist

Aufbau (Reihenfolge veränderbar)

Bausteine

A Strittige Frage

BEISPIEL: *Ist es richtig, dass die Polizei in unserer Stadt mehr Präsenz zeigen muss?*

B Eigener Standpunkt

BEISPIEL: *Meiner Meinung nach sollte die Polizei in unserer Stadt präsenter sein, …*

C Einfache Argumentation

Begründung (Argument), Beleg und Beispiel

BEISPIEL: *… weil mehr Polizisten auf den Straßen Gewalttäter abschrecken und das subjektive Sicherheitsgefühl der Menschen stärken.*
Die Kriminalstatistik von 2008 zeigt, dass in Nordrhein-Westfalen die Straßenkriminalität im Vorjahr deutlich abgenommen hat (um 6,7 Prozent). Die Polizei führt dies auf ihre Einsatzkonzepte mit verstärkter Präsenz der Fuß- und Fahrradstreifen zurück. So hat z. B. in Witten die starke Präsenz der Polizei in der Stadt dazu geführt, dass dort die Wahrscheinlichkeit, Opfer einer Gewalttat zu werden, sehr gering ist.

D Schlussfolgerung oder/und Forderung

BEISPIEL: *Wir sollten die positive Wirkung einer solchen Maßnahme nutzen und die Polizeipräsenz erhöhen, anstatt einfach den gegenwärtigen Zustand zu akzeptieren.*

Besonderheit
In mündlichen Stellungnahmen werden manchmal nur einzelne Bausteine benutzt, wenn z. B. das Erwähnen aller Bausteine überflüssig wäre.

2 Benennen Sie die Bausteine der folgenden Stellungnahme.

MUSTER

Hilft das Internet beim Lernen?

Ich halte das Internet für sehr hilfreich, da ich schnell an die Informationen gelangen kann, die ich beim Lernen brauche. In nur wenigen Sekunden ist es möglich, nützliche Seiten aufzufinden, z. B. bei Wikipedia. Mein Lehrer erzählte, dass er als Kind, wenn er eine Frage hatte, oft in die Stadtbücherei gefahren sei, um dort Lexika zu wälzen. Das sei sehr aufwändig gewesen. Heute gehe er häufig ins Internet, wenn er eine Information brauche. Er überprüfe aber die Ergebnisse, wenn er sich nicht ganz sicher sei, ob die Quellen verlässlich seien. Das Internet ist eine gute Lernhilfe, wenn mit den gefundenen Informationen kritisch umgegangen wird.

3 Verfassen Sie eine einfache Stellungnahme zu einer der folgenden strittigen Fragen.

A Helfen Schuluniformen, soziale Unterschiede in der Schule zu verdecken?
B Haben Unternehmen eine gesellschaftliche Verantwortung?

A | **B** | C

So steigern Sie die Überzeugungskraft Ihrer Stellungnahme

1 Lesen Sie die Kompetenzbox.

KOMPETENZBOX

Erweiterte Stellungnahme

Vorarbeit
- Eigene Position zu der strittigen Frage?
- Stoffsammlung, z. B. in Form einer Mindmap
- Thema inhaltlich eingrenzen
- Überlegen, wer vom Thema betroffen ist

Aufbau (Reihenfolge veränderbar)

Bausteine

A Einleitung + strittige Frage

BEISPIEL: *In der letzten Zeit wird in der Lokalpresse oft diskutiert, ob gegen die Gewalt in unserer Stadt mehr Polizisten hilfreich wären. Sollte die Polizei also mehr Präsenz zeigen?*

B Eigener Standpunkt

BEISPIEL: *Meiner Meinung nach müsste die Polizei in unserer Stadt präsenter sein, …*

C Erweiterte Argumentation (Argumentationskette)

Begründung (Argument) 1,
Beleg 1 und
Beispiel 1

BEISPIEL: *… weil mehr Polizisten auf den Straßen das subjektive Sicherheitsgefühl der Menschen stärken. Untersuchungen zeigen, dass in Städten, die die Präsenz ihrer Polizei erhöhen, die Bewohner sich sicherer fühlen.*
So hat z. B. in Witten die starke Präsenz der Polizei in der Stadt dazu geführt, dass dort die Wahrscheinlichkeit, Opfer einer Gewalttat zu werden, sehr gering ist und die Wittener sich in ihrer Stadt sicher fühlen.

Begründung (Argument) 2,
Beispiel 2 und
Beleg 2 usw.

BEISPIEL: *Außerdem schrecken mehr Polizisten auf den Straßen Gewalttäter ab.*
Erst letzten Samstag gab es vor der Diskothek „Bunker" eine Prügelei von zwei Jugendbanden, bei der mehrere Jugendliche verletzt worden sind. Zwei der neun Verletzten waren Unbeteiligte, die vor der Disko in der Schlange anstanden. Allein das Eintreffen der Polizei führte dazu, dass sich die Streithähne trennten, und manche versuchten zu fliehen.
Wenn mehr Polizisten auf der Straße Streife gingen, würden sich potenzielle Gewalttäter zurückhalten, weil sie sich beobachtet fühlten und Angst vor den Konsequenzen hätten.

D Schlussfolgerung oder/und Forderung

BEISPIEL: *Wir sollten daher die Polizeipräsenz insbesondere in problematischen Vierteln unserer Stadt erhöhen.*
Als Erstes sollte allerdings geklärt werden, wo die Brennpunkte von Gewalt in unserer Stadt tatsächlich sind, um die Wirksamkeit der Maßnahme zu erhöhen.

Besonderheit
Das Argument mit der stärksten Überzeugungskraft sollten Sie zum Schluss anführen.

2 **a)** Lesen Sie das folgende Muster einer erweiterten Stellungnahme und die Kompetenzbox.

b) Nennen Sie die eingesetzten Bausteine.

c) Geben Sie das Argument an, das eher ältere Menschen anspricht, sowie das Argument, das eher jüngere Leute überzeugt.

d) Stellen Sie dar, welche Mittel in der Stellungnahme eingesetzt werden, damit sie überzeugend ist.

MUSTER

Sind E-Books eine Alternative zu Büchern, besonders zu Lehrbüchern?

Meiner Ansicht nach können E-Books Bücher, besonders Lehrbücher, gut ersetzen. Mein älterer Bruder hat für einen Kurs an der Uni „Robinson Crusoe" als E-Book gekauft und war begeistert, dass er mit dem Laptop während des Kurses seine Anmerkungen einfügen oder bearbeiten konnte. E-Books bieten mehr Möglichkeiten als herkömmliche Bücher, weil man nicht nur Notizen einfügen, bearbeiten, speichern oder löschen, sondern auch im Text nach ausgewählten Begriffen suchen lassen kann.

Ein weiterer wichtiger Punkt ist, dass E-Books umweltfreundlicher sind, da sie die Umwelt viel weniger belasten als gedruckte Bücher. Eine Studie der Cleantech Group zeigte, dass bei der Produktion von E-Books wesentlich weniger Kohlendioxid freigesetzt wird als bei der Produktion gedruckter Bücher. Wenn unsere Schule die Lehrbücher durch E-Books ersetzte, müssten einige Bäume nicht gefällt werden.

Vor allem für Jungen sind E-Books motivierend, weil sie sich für jedes technische Gerät begeistern und es ausprobieren wollen. Ich selbst habe, nachdem ich ein Lesegerät geschenkt bekommen habe, Harry Potter sogar in der Bahn gelesen – auf Englisch.

E-Books sind, im Gegensatz zu unseren jetzigen Schulbüchern, immer aktuell. Man kann die letzte Version herunterladen und dann mit Material auf dem gegenwärtigen Stand lernen, ohne neue Bücher kaufen zu müssen. Vor allem in den Fächern Recht und Betriebswirtschaftslehre ändern sich oft die gesetzlichen Grundlagen, sodass wir mit E-Books immer auf dem neuesten Stand sein könnten.

Aber ich meine, dass die Lesegeräte wesentlich billiger sein müssten, damit auch Leute mit wenig Geld sich eines leisten könnten.

KOMPETENZBOX

Die argumentative Überzeugungskraft steigern

Argumentationsketten bilden
Sie gestalten Ihre Stellungnahme oft überzeugender, wenn Sie mit mehreren Begründungen (Argumenten), Belegen und Beispielen **Argumentationsketten** bilden und durch diese Erweiterung Ihrer Stellungnahme Ihre Sachkenntnis demonstrieren. Zudem erhöhen Sie die Wahrscheinlichkeit, dass die Adressaten durch Argumente angesprochen werden, die für sie bedeutsam sind.

Den situativen Kontext beachten
Zudem sollten Sie den situativen Kontext Ihrer Stellungnahme analysieren und sich fragen, wo Sie sich aus welchem Anlass äußern und wer Ihre Adressaten sind.
Beispielsweise überzeugen Sie Ihr Publikum bei einer öffentlichen Podiumsdiskussion anders von Ihrer Position zu einem politischen Thema als einen Freund bei einem Partygespräch.

Sich adressatengerecht ausdrücken
Die Sprache Ihrer Stellungnahme sollten Sie **adressatengerecht** gestalten, um keine Barriere zwischen Ihnen und Ihren Zuhörern aufzubauen.
Mögliche Fragestellungen sind: Welche Sprachebene erwarten die Adressaten, z. B. gehobene Sprache oder Umgangssprache? Wirken Fachbegriffe überzeugend? Erschweren komplexe Satzgefüge das Verständnis oder erhöhen sie Ihre Glaubwürdigkeit?

3 Verfassen Sie eine erweiterte Stellungnahme, in der Sie den Standpunkt vertreten, dass E-Books keine Alternative zu Büchern sind. Berücksichtigen Sie dabei besonders den Aspekt des Vergnügens, mit einem Buch umzugehen, sowie die Frage, ob E-Books für alle Generationen und Gesellschaftsschichten nützlich sind.

4 Verfassen Sie eine erweiterte Stellungnahme zu einer der folgenden strittigen Fragen oder zu eigenen Themen.

A Sollen Eltern bei der Berufswahl ihrer Kinder mitreden?
B Ist es sinnvoll, an Flughäfen Ganzkörperscanner einzusetzen, um Flugpassagiere zu durchleuchten?

5 **a)** Lesen Sie die Kompetenzbox.

KOMPETENZBOX

Adressatenorientierung

Stellungnahmen richten sich immer an mindestens einen Adressaten. Um Ihre Zielgruppe zu überzeugen, sollten Sie eine **adressatengerechte** Stellungnahme verfassen, indem Sie die Situation analysieren und sich in die Personen hineinversetzen:

- Welche Interessen haben die Adressaten?
- Sind sie gut durch viele Zahlen zu überzeugen oder sollten Sie besser moralisch und emotional argumentieren?
- Wird die Zielgruppe durch eine direkte Forderung eher motiviert oder verschreckt?
- Ist die Situation eher förmlich oder ungezwungen?
- Besteht Zeitdruck, sodass Sie sich möglichst kurzfassen und auf das Wesentliche beschränken sollten?

b) Legen Sie dar, welche Mittel die Rednerin in der folgenden Stellungnahme einsetzt, um sie adressatengerecht zu gestalten.

Situation
Kurz vor dem Ende der SMV-Sitzung wird das Thema besprochen, ob das bei einem Sponsorenlauf eingenommene Geld für einen guten Zweck gespendet oder für eine Schulfeier genutzt werden soll. Serife will eine Spende für das örtliche Tierheim durchsetzen und weiß, dass viele der anwesenden Schülerinnen und Schüler tierlieb sind, aber auch gerne feiern wollen.

„Ich finde, wir sollten einen Teil des Geldes an das Tierheim in der Alten Straße spenden, weil die armen Tiere unsere Unterstützung dringend brauchen. Erst gestern habe ich einen Artikel gelesen, in dem über einen Hund berichtet wurde, der vor einem halben Jahr ausgesetzt worden sei, eine Krankheit habe und Medikamente brauche und deshalb wahrscheinlich immer noch im Tierheim lebe. Der benötige sehr viel Futter, weil er extrem groß und schwer sei. Die Leiterin des Tierheims sagte, dass sie in Zukunft solche Hunde nur aufnehmen könnten, wenn sie mehr Spenden bekämen. In dem Artikel wurde auch mit Zahlen dargelegt, dass die Tierheime in den letzten zwei Jahren viel weniger Spenden bekommen hätten als in der Zeit davor.
Ich denke, dass wir mehr Freude daran haben werden, den Tieren etwas Gutes zu tun, als daran, das gesamte Geld für eine Feier auszugeben."

6 **Situation**
Ein Freund, der weiß, dass Sie Fußballfan sind und Ihren Lieblingsverein auch gerne zu Auswärtsspielen begleiten, bittet Sie, für einen Protestfilm an die Deutsche Fußballliga (DFL) eine kurze Stellungnahme zu der Frage abzugeben, ob die Bundesliga wieder einheitlich am Samstag um 15:30 Uhr spielen sollte. Um möglichst viele Stellungnahmen präsentieren zu können, ist die jeweilige Redezeit auf eine Minute beschränkt.

Verfassen Sie die Stellungnahme. Berücksichtigen Sie den Aspekt, dass es für die DFL wichtig ist, die Bundesliga besonders für junge Fans attraktiv zu gestalten, um sie nicht an andere Freizeitaktivitäten zu verlieren. Nutzen Sie die Informationen aus der Kompetenzbox.

KOMPETENZBOX

Aussagen verbinden

Um sich sprachlich überzeugend auszudrücken, sollten Sie Ihre Aussagen logisch verknüpfen. So kann man erkennen, ob z. B. eine Aussage eine andere begründet oder ob sie angibt, unter welcher Bedingung mit welchen Folgen etwas eintritt. Solche Verknüpfungen werden hauptsächlich durch Bindewörter hergestellt, die **Konjunktionen**.

Unterordnende (subordinierende) Konjunktionen leiten Nebensätze ein (z. B. *weil*), nebenordnende Konjunktionen leiten Hauptsätze ein (z. B. *denn*).

BEISPIELE:
kausal (weil, da, denn)
konditional (falls, sofern, wenn)
konsekutiv (sodass, folglich, deshalb)
konzessiv (obwohl, trotzdem, dennoch)
adversativ (aber, während, sondern)
final (damit, um … zu)

Hauptsatz und Nebensatz werden dabei durch Komma getrennt.

A | B | C

So verfassen Sie schriftliche Stellungnahmen

1 **a)** Lesen Sie die Kompetenzbox.

KOMPETENZBOX

Schriftlich Stellung nehmen

Vorarbeit Siehe Kompetenzbox S. 45 (Erweiterte Stellungnahme)

Aufbau Siehe Kompetenzbox S. 45 (Erweiterte Stellungnahme)

Besonderheit
Im Gegensatz zu mündlichen Stellungnahmen wird erwartet, dass Sie schriftliche Stellungnahmen im Aufbau nicht verändern.

Reflexion
1. Prüfen Sie
   - die sprachliche Richtigkeit (Rechtschreibung, Zeichensetzung und Grammatik)
   - die sachliche Stimmigkeit
   - den Aufbau und die Kohärenz (Ist der Inhalt logisch verknüpft?).
2. Nehmen Sie Verbesserungen vor.
3. Vergleichen Sie Ihren Text mit anderen Stellungnahmen und ändern Sie ihn, wo das nötig ist.

b) Entscheiden Sie, ob die Inhalte der folgenden kurzen Stellungnahme Ihrer Meinung nach logisch verknüpft sind.

Sollte die Grundschulzeit auf sechs Jahre verlängert werden?

In vielen europäischen Staaten beträgt die Grundschulzeit 6 oder gar mehr Jahre.

Meiner Meinung nach wäre dies auch bei uns vernünftig, weil es kaum möglich ist, die Fähigkeiten von Kindern im Alter von 10 Jahren nach vier Jahren Lernen in der Grundschule so gut einzuschätzen, dass den einzelnen Kindern die richtige weiterführende Schulform empfohlen wird. Es gibt Untersuchungen, die zeigen, dass viele Empfehlungen nicht gerechtfertigt sind. In dem Alter entwickeln sich Kinder noch so stark, dass Prognosen oft falsch sind. Ein Freund meines Bruders hat gerade Abitur gemacht, obwohl ihm nach der Grundschule der Besuch der Hauptschule empfohlen worden war.

Man überfordert die Grundschullehrerinnen und Grundschullehrer, wenn von ihnen verlangt wird, nach vier Jahren eine Empfehlung für eine weiterführende Schulform zu geben. Man sollte ihnen sechs Jahre Zeit für diese Einschätzung lassen.

2 **a)** Lesen Sie das folgende Muster einer schriftlichen Stellungnahme.

b) Nennen Sie die eingesetzten Bausteine (siehe Kompetenzbox S. 45).

MUSTER

Sind Praktika sinnvoll?

In vielen Bildungsgängen sind Praktika ein verpflichtender Teil der Ausbildung, teilweise werden Praktika nur empfohlen, teilweise werden sie freiwillig gemacht. Manche Betriebe nehmen sehr gerne Praktikanten, andere sehen in der Aufnahme von Praktikanten eher eine Störung des Betriebsablaufs. So stellt sich also die Frage, ob Praktika sinnvoll sind.

Ich finde sie sinnvoll, weil sie den Unterricht durch ihre Praxisnähe bereichern. In ausgewählten Fächern werden die Praktikumsphasen vor- und nachbereitet und abschließend in einem Bericht festgehalten. Ich habe in der 10. Klasse ein dreiwöchiges Praktikum in einem Baumarkt absolviert. Am letzten Tag wäre mir beinahe eine Holzpalette auf den Fuß gefallen. Da wir aber vorher in der Schule das Thema „Sicherheit am Arbeitsplatz" besprochen hatten, hatte ich im Betrieb auf Arbeitsschuhen bestanden. Nach dem Praktikum war mein Unfall Thema im Unterricht und einige andere Schülerinnen und Schüler sagten, dass in ihrem Betrieb nicht so viel Wert darauf gelegt worden sei, ob sie entsprechend gekleidet waren oder nicht. Wir haben anschließend intensiv über die Gründe diskutiert und ich habe viel über Sicherheit am Arbeitsplatz gelernt.

Praktika sind auch deshalb sinnvoll, weil sich Praktikanten in diesem Zeitraum dem Unternehmen von ihrer besten Seite präsentieren können. Dadurch steigen ihre Chancen, einen Ausbildungsplatz zu bekommen. Denn viele Unternehmen stellen nur Auszubildende ein, die sie durch ein Praktikum oder eine Probezeit kennengelernt haben. Ein Vorstellungsgespräch ist oft zu kurz, um beurteilen zu können, ob jemand ins Team passt. Eine falsche Entscheidung verursacht Kosten und Ärger.

Ein anderer Aspekt ist, dass Praktika bei der eigenen Berufswahl helfen. Erst der Arbeitsalltag zeigt, ob man für den angestrebten Beruf und den ausgewählten Betrieb geeignet ist. Beispielsweise hatte ich gedacht, dass die Ausbildung zum Einzelhandelskaufmann in einem Baumarkt mir entsprechen würde, aber nach den drei Wochen habe ich festgestellt, dass der Beruf mir nicht zusagt. Deshalb habe ich mich für einen höheren Schulabschluss entschieden, um mich z. B. später als Industriekaufmann zu bewerben.

Da ich dies erst in der letzten Woche meines Praktikums erkannt habe, bin ich der Ansicht, dass der Zeitraum eines Praktikums mindestens drei Wochen lang sein sollte. Dann lernt das Unternehmen die Praktikantin oder den Praktikanten besser kennen und die Praktikantin oder der Praktikant kann herausfinden, ob der Beruf und der Betrieb zu ihr oder ihm passen. Sollte ein Praktikum noch länger dauern, z. B. mehr als drei Monate, halte ich es für angemessen, dass der Betrieb eine Vergütung zahlt.

3 Nehmen Sie schriftlich Stellung

a) zu einer der folgenden strittigen Fragen.

A Ist es sinnvoll, wenn Kinder im Grundschulalter Computerspiele spielen?
B Sollten Schüler die Lektüren auswählen, die im Unterricht gelesen werden?
C Ist das Rauchverbot in der Gastronomie sinnvoll?
D Sollte es für Jugendliche ein Grundrecht auf einen Ausbildungsplatz geben?

b) zu einer der folgenden Aussagen.

A Heinrich Kreibich, Geschäftsführer der Stiftung Lesen: „Erst laufen, dann Rad fahren. Das heißt: Ohne Lesekompetenz keine Medienkompetenz."
B Iris Radisch: „Gute Bücher erklären und öffnen uns die Welt, wie niemand sonst es vermag."

4 **Situation**

In der Ruhrpost vom 16.10.2009 erschien ein Artikel mit der Überschrift „Wehrdienst soll verkürzt werden". Auf diesen Artikel bezieht sich der folgende Leserbrief.

Lesen Sie den Leserbrief. Arbeiten Sie die Einstellung des Verfassers zum Thema heraus. Vergleichen Sie diese mit Ihrer Einstellung.

LESERBRIEF zu Ihrem Artikel „Wehrdienst soll verkürzt werden" vom 16.10.2009

Haben Sie gedient?

Kaum setzen sich die Politikerinnen und Politiker mal etwas länger zusammen, kommen ihnen die wildesten Ideen. So durften wir vorgestern in der Zeitung lesen, dass sie planen, den Wehrdienst erneut zu verkürzen. Da fragt man sich doch ketzerisch: Warum nicht gleich nur noch sechs Wochen zur Überbrückung der Sommerferien nach dem letzten Schuljahr? Oder gleich nur noch sechs Tage, denn am Sonntag soll man ja nicht arbeiten?

Mir leuchtet nicht ein, wie der Wehrdienst als „eine Sache von gestern" bezeichnet werden kann, wenn junge Menschen dabei Disziplin und Respekt lernen – Tugenden, die heutzutage oft zu kurz kommen, die aber sehr wichtig sind, um ein verantwortungsbewusstes und selbstständiges Leben zu führen.

Ich wurde noch in einem meiner ersten Vorstellungsgespräche gefragt: „Haben Sie gedient?" Stolz habe ich geantwortet: „Ja, 15 Monate."

Wenn ich an die Jugendlichen denke, die nur für kurze Zeit ihren Wehrdienst ableisten werden, und an die Folgen für die Gesellschaft, bin ich bestürzt.

Björn Olemose, Bochum

5 Verfassen Sie einen eigenen Leserbrief zum Thema des Artikels in der Ruhrpost oder schreiben Sie einen Leserbrief auf den Leserbrief von Björn Olemose.

KOMPETENZBOX

Leserbrief

Ein Leserbrief ist meist eine Stellungnahme zu einem aktuellen Ereignis oder einem Zeitungs- oder Zeitschriftenartikel. Er wird in Printmedien oder online veröffentlicht.

Aufbau

- Angabe, zu welchem Artikel, welchem Thema der Leserbrief verfasst wird
- Formulierung einer Überschrift (kann evtl. von der Redaktion geändert werden)
- Einleitung: Bezug zum Thema deutlich machen
- Hauptteil: Argumentieren
- Schluss: Fazit ziehen

Besonderheit

Auswahl/Kürzung durch Redakteure, daher auf das Wesentliche beschränken, aber auch treffend formulieren und Aufmerksamkeit provozieren

Sprachliche Übungen

1 **a)** Schreiben Sie die folgenden Texte ab und trennen Sie die Sätze durch Komma voneinander ab.

A Ich vertrete die Ansicht dass keine Bundeswehrsoldaten im Ausland eingesetzt werden sollten weil solche Einsätze viel zu gefährlich sind. Es sind schon einige Soldaten gestorben obwohl vorher gesagt wurde dass die Gefahr nicht groß sei solange sich die einzelnen Soldaten besonnen verhielten. Wir sollten grundsätzlich auf friedliche Mittel setzen und den einzelnen Ländern beim Aufbau demokratischer Strukturen helfen sodass in Zukunft überall Demokratie herrscht.

B Folglich ist es nicht sinnvoll das komplette Geld für diesen Zweck auszugeben. Wir sollten bedenken dass es in unserer Stadt Bedürftige gibt die wir auch noch unterstützen sollten.

C Ich finde es falsch das Jugendfreizeitheim in unserem Viertel zu schließen denn wir haben nur sehr wenige Möglichkeiten unsere Freizeit anders sinnvoll zu verbringen. Dort können wir z. B. Billard spielen oder in Ruhe skaten. Es wird von den Politikern unserer Stadt gesagt dass die Angebote des Jugendfreizeitheims zu wenig angenommen würden aber das stimmt nicht denn es sind immer viele Jugendliche anwesend. Wir wüssten nicht wo wir nachmittags hingehen sollten falls die Stadt unser Jugendfreizeitheim schließen sollte.

b) Markieren Sie die Nebensätze, die durch eine Konjunktion eingeleitet werden.

2 Notieren Sie je eine Konjunktion aus Aufgabe 1, die Sie dieser Klassifizierung zuordnen können:

A Ursache
B Folge
C Bedingung
D Gegensatz
E Einschränkung

3 Bilden Sie aus den beiden Wörtern in der linken Spalte ein zusammengesetztes Adjektiv und setzen Sie es in der rechten Spalte in der korrekten Form ein.

A	Umwelt	freundlich	trotz der ____ Methode
B	Technik	begeistert	für die ____ Jugendlichen
C	Adressaten	gerecht	mit einer ____ Sprache
D	Medien	typisch	durch die ____ Eigenarten

4 Notieren Sie den Text und ergänzen Sie sinnvoll Konjunktionen.

	Konjunktionen	
Das Leben in der Stadt ist viel besser als auf dem Land,		die Bewohner von Städten viel mehr Möglichkeiten haben,
		in Städten gibt es viel mehr Angebote z. B. in der Kultur, in der Bildung oder auch im Sport.
Internationale Studien zeigen eine hohe Zufriedenheit der Bewohner von Städten,		ihre Stadt nicht zu groß und zu teuer ist.
Münster hat z. B. die richtige Größe,		sich die Münsteraner in ihrer Stadt besonders wohlfühlen.
London wird von vielen Besuchern als tolle Stadt angesehen,		die Lebenshaltungskosten dort sehr hoch sind.
		Englands Hauptstadt immer noch sehr populär bei Touristen ist,
landet die Stadt bei einem diesjährigen Ranking der Zeitschrift „The Economist" nur auf Platz 51 der lebenswerten Städte.		
		Berlin als die „coolste" Stadt Deutschlands gilt,
belegt Hamburg in diesem Ranking den besten Platz der deutschen Städte,		die Großstadt im Norden bietet insgesamt eine bessere Infrastruktur.
Vancouver ist Sieger des Rankings,		diese kanadische Großstadt die beste Infrastruktur hat.
		leben ihre Bewohner sehr gerne in dieser Stadt.
Berlin sollte seine Infrastruktur verbessern,		Deutschlands Hauptstadt lebenswerter wird.

Prüfungsvorbereitung

Aufgabe:
Verfassen Sie eine Stellungnahme zu einer der folgenden strittigen Fragen.

A Ist die Einführung von Studiengebühren sinnvoll?
B Sollte in jeder Schule mindestens ein Sozialarbeiter zur Verfügung stehen?
C Sollten Mütter so früh wie möglich nach der Geburt ihres Kindes wieder arbeiten?
D Ist es sinnvoll, ein allgemeines Wahlrecht ab 16 Jahren einzuführen?

MUSTERLÖSUNG

Stellungnahme: Sollte ein allgemeines Wahlrecht ab 16 Jahren eingeführt werden?

← Strittige Frage

In einigen Bundesländern können Jugendliche ab 16 Jahren bei Kommunalwahlen ihre Stimme abgeben. Es wird diskutiert, ob es sinnvoll wäre, dieses Recht auch auf alle anderen Wahlen auszuweiten.

← Einleitung (Verweis z. B. auf aktuelle Situation)

Ich befürworte ein allgemeines Wahlrecht für Jugendliche ab 16 Jahren, weil das die Parteien auf Bundes-, Landes- und Europaebene motivieren würde, sich mehr mit den Belangen junger Erwachsener auseinanderzusetzen. Sie müssten uns zuhören und unsere Sorgen und Wünsche ernst nehmen. Bereits bei den Kommunalwahlen in unserer Stadt hatte ich das Gefühl, dass die Anliegen der Jugendlichen stärker thematisiert werden als bei der Bundestagswahl.

← Standpunkt Begründung 1 (Auswirkung auf Parteien) Beleg 1

← Beispiel 1

Außerdem wäre das allgemeine Wahlrecht ab 16 Jahren ein Signal für unsere immer älter werdende Gesellschaft. Viele Studien zeigen, dass durch den demografischen Wandel der Anteil älterer Menschen an der Bevölkerung steigt. Dadurch rücken die Interessen der Älteren in den Vordergrund, während die der Kinder und Jugendlichen auf der Strecke bleiben, obwohl gerade sie am längsten von den politischen Entscheidungen betroffen sind. So sorgt z. B. die „Rentengarantie" dafür, dass trotz sinkender Löhne die Rente nicht gekürzt wird. Dabei belastet das Rentensystem schon jetzt die jüngeren Arbeitnehmer am stärksten.

← Begründung 2 (gesellschaftlicher Aspekt: Gerechtigkeit) Beleg 2

← Beispiel 2

Die Einführung des allgemeinen Wahlrechts ab 16 Jahren wäre außerdem für die Jugendlichen ein Anreiz, sich mehr für Politik zu interessieren. In vielen Berichten hört man von der Politikverdrossenheit der Jugendlichen. Je früher sich Bürger mit dem politischen Geschehen beschäftigen, desto motivierter sind sie, sich aktiv zu beteiligen. Weil in diesem Jahr viele aus unserer Klasse das erste Mal wählen durften, haben wir uns im Vorfeld der Kommunalwahl mit der aktuellen politischen Situation in unserer Stadt im Unterricht beschäftigt. Die Diskussionen waren sehr interessant, manchmal haben wir sogar in der Pause weiter diskutiert. Ich habe auch wesentlich interessierter den Lokalteil unserer Tageszeitung gelesen. Drei Schülerinnen unserer Klasse haben der Oberbürgermeisterin einen Brief geschrieben, weil ein Sportplatz in ihrer Nähe geschlossen werden sollte. Die Oberbürgermeisterin hat ihnen geantwortet und die Schließung nach Gesprächen mit den dort ansässigen Sportvereinen für ein Jahr ausgesetzt.

← Begründung 3 (gesellschaftlicher Aspekt: Interesse an Politik erhöhen) Beleg 3

← Beispiel 3

Darum plädiere ich dafür, dass für alle Wahlen ein Wahlrecht ab 16 Jahren eingeführt wird.

← Forderung (logische Ableitung aus dem Standpunkt)

Prüfungsvorbereitung

Kompetenz-Logbuch

Online-Link 803501-0004

- Insgesamt bewerte ich die Lektion mit folgendem Smiley.
- Diese mir selbst gesteckten Ziele habe ich erreicht.
- Dies hat mir Schwierigkeiten bereitet.
- So habe ich mich beteiligt und in die Gruppe eingebracht.
- Das will ich noch lernen.
- Diese konkreten Schritte werde ich dazu unternehmen.

Projekte

1 Forumsbeiträge

Suchen Sie ein Forum zu einem Ihrer Interessengebiete. Mischen Sie sich in die Diskussion ein, indem Sie Stellung nehmen. Präsentieren Sie Ihrer Klasse Ihre Beiträge und die Reaktionen der anderen Teilnehmer an der Forumsdiskussion.

2 Leserbriefe

Verfassen Sie Stellungnahmen zu aktuellen Themen, die in der Tageszeitung Ihrer Stadt behandelt werden. Schicken Sie diese als Leserbriefe an deren Redaktion. Machen Sie eine Aufstellung, welche Leserbriefe in welcher Form abgedruckt wurden. Untersuchen Sie, ob eine Tendenz bei der Auswahl erkennbar war.

3 Stellungnahmen als Präsentation per Computer

Stimmen Sie in der Klasse über ein spannendes Thema für Ihre Stellungnahmen ab. Bilden Sie je nach Standpunkt Gruppen. Verfassen Sie als Gruppe gemeinsam Ihre Stellungnahme. Präsentieren Sie Ihre Ergebnisse mit dem Programm Powerpoint oder einem anderen Präsentationsprogramm. Nutzen Sie für jeden Baustein Ihrer Stellungnahme eine Folie.

4 Stellungnahmen filmen

Verfassen Sie eine Stellungnahme zu einem brisanten politischen Thema. Präsentieren Sie Ihre Stellungnahme entweder in der Rolle des Chefredakteurs eines Fernsehsenders oder als Vertreter einer bedeutenden politischen Partei. Lassen Sie sich dabei filmen.

05 Wie Sie frei erörtern

Was Sie wissen und was Sie lernen können

1. Berichten Sie von Situationen, in denen Ihnen die Aussage in dieser oder in einer ähnlichen Form begegnet ist.

„Die Entscheidung wird nicht leicht sein. Vieles spricht dafür, einiges aber auch dagegen."

2. Entscheiden Sie, welche der folgenden Aussagen richtig, welche falsch sind.

Themenstellung erschließen und Stoffsammlung anlegen

1. Aus der Themenstellung kann man ablesen, welche Erörterungsart verlangt ist.
2. Die Themenstellung bei der Erörterung besteht immer aus einer Frage, die mit Ja oder Nein beantwortet werden kann.
3. Grundsätzlich enthält eine Erörterung Pro- und Kontra-Argumente.

Linear erörtern

4. Eine lineare Erörterung kann man ohne Einleitung und Schluss schreiben.
5. In einer linearen Erörterung muss man auch Gegenargumente anführen.
6. Oft werden in einer linearen Erörterung Ursachen und Folgen dargestellt.

Dialektisch erörtern

7. In einer dialektischen Erörterung werden Argumente steigernd angeordnet.
8. In einer dialektischen Erörterung muss man immer erst die Gegenargumente darlegen.
9. Dialektische Erörterung ist ein anderer Begriff für Pro-/Kontra-Erörterung.

3. Vergleichen Sie Ihre Entscheidungen mit der Lösung im Kompetenzregister, S. 259.

4. Markieren Sie im Kompetenz-Logbuch auf der Seite für dieses Kapitel, in welchem Bereich Sie aufgrund der Ergebnisse von Aufgabe 2 Ihre Stärken sehen, und legen Sie Ihre persönlichen Schwerpunkte für den weiteren Lernprozess fest. **Online-Link** 8035010-0005

A	B	C
Themenstellung erschließen und Stoffsammlung anlegen	Linear erörtern	Dialektisch erörtern

BASISKOMPETENZ A

A | B | C

So erschließen Sie die Themenstellung und legen eine Stoffsammlung an

„Hallo zusammen. Wir behandeln im Moment in Deutsch die freie Erörterung und ich habe damit große Probleme. Manchmal verstehe ich die Aufgabe nicht. Könnt ihr mir helfen?"
(Anfrage aus dem Internet)

1 Lesen Sie die Kompetenzbox und beantworten Sie die Anfrage.

KOMPETENZBOX

Erörtern

Erörtern heißt, mit sich selbst diskutieren, Argumente gegeneinander abwägen, Gesichtspunkte einander gegenüberstellen. Je nach Themenstellung werden Gegenpositionen zu den erwähnten Gesichtspunkten nur mitgedacht.

Das Thema erschließen
Bevor Sie ein Thema bearbeiten, müssen Sie genau untersuchen, was von Ihnen verlangt wird.
- Wird nur ein Aspekt im Thema (meist eine Frage) benannt, schreiben Sie in Ihr Konzept einen einleitenden Satz zur Beantwortung der Frage. Dieser Satz dient Ihnen danach als Überschrift für die Stoffsammlung.

BEISPIEL:
*Thema: Wie kann **die Atmosphäre in einer Klasse verbessert** werden?*
Einleitender Satz zur Beantwortung der Frage:
So kann die Atmosphäre in einer Klasse verbessert werden: [...]

(Überschrift für Ihre Stoffsammlung)

- Werden zwei oder mehr Aspekte im Thema abgefragt, schreiben Sie in Ihr Konzept zwei einleitende Sätze zur Beantwortung der Frage.

BEISPIEL: *Thema: Welche Ursachen und Folgen hat eine **schlechte Atmosphäre in einer Klasse**?*
Einleitende Sätze zur Beantwortung der Frage:

Diese Ursachen hat eine schlechte Atmosphäre in einer Klasse [...]	*Diese Folgen hat eine schlechte Atmosphäre in einer Klasse [...]*

(Überschriften für Ihre Stoffsammlung)

- Lässt sich die Frage in der Themenstellung durch Ja oder Nein beantworten, notieren Sie in Ihrem Konzept die zwei gegensätzlichen Antworten.

BEISPIEL:
*Thema: Ist eine **Videoüberwachung der Schulen** sinnvoll?*
Beantwortung der Frage:

Ja, sie ist sinnvoll [...]	*Nein, sie ist nicht sinnvoll [...]*

(Überschriften für Ihre Stoffsammlung)

Reflexion
Prüfen Sie, ob die notierten Sätze der Themenstellung entsprechen.

2 Entscheiden Sie, welcher einleitende Satz für Ihre Stoffsammlung sich korrekt am Thema orientiert und das Thema nicht ändert oder verfälscht.
Thema: Welche Auswirkungen hat intensiver Fernsehkonsum?

A Diese Auswirkungen hat der Fernsehkonsum.
B Diese Auswirkungen hat das Fernsehen.
C Diese Auswirkungen hat intensiver Fernsehkonsum.
D Das ist die Wirkung des Fernsehens.

3 Entscheiden Sie, mit welchen beiden Sätzen eine korrekte Antwort auf die Frage im Thema gegeben wird.

Thema: Sind Theaterworkshops als Klassenveranstaltungen während der Unterrichtszeit sinnvoll?

A Die Vorteile von Theaterworkshops sind […]	Die Nachteile von Theaterworkshops sind […]
B Das ist der Sinn von Theaterworkshops […]	Das ist die negative Auswirkung von Theaterworkshops […]
C Für manche Klassen sind Theaterworkshops sinnvoll […]	Andere Klassen sollten ein Anti-Aggressions-Training planen […]
D Als Klassenveranstaltung ist ein Theaterworkshop während der Unterrichtszeit sinnvoll, wenn […]	Ein Theaterworkshop ist abzulehnen […]
E Theaterworkshops sind als Klassenveranstaltung während der Unterrichtszeit sinnvoll, da […]	Theaterworkshops sind als Klassenveranstaltung während der Unterrichtszeit nicht sinnvoll, weil […]

4 Lesen Sie die Kompetenzbox.

KOMPETENZBOX

Eine Stoffsammlung anlegen

Stoff sammeln

- Sie notieren zunächst alles, was Ihnen spontan zu dem einleitenden Satz für Ihre Stoffsammlung einfällt.
- Benötigen Sie weitere Ideen, ergänzen Sie Ihre Notizen, indem Sie
  - verschiedene Lebensbereiche absuchen, z. B. *Politik, Wirtschaft, Gesellschaft, Technik, Kultur, Umwelt, Geschichte, Medizin,*
  - überlegen, welche Personen oder Personengruppen von dem Thema betroffen sind und welche Interessen sie haben (könnten).

Stoff strukturieren

- Markieren Sie die Notizen, die zusammengehörende Merkmale aufweisen, je mit einer Farbe als Gruppe.
  - Finden Sie Oberbegriffe für die einzelnen Gruppen.

BEISPIEL:
„Fahrzeug" als Oberbegriff für „Auto, Motorrad, LKW, Bahn"

! TIPP Bei vielen Themen können Sie eine Einteilung nach folgenden Aspekten nutzen:
1. individuell – gesellschaftlich
2. körperlich – geistig – seelisch
3. regional – national – global

5 **a)** Lesen Sie das Ergebnis einer ersten Auseinandersetzung mit dem Thema „Welche Folgen hat Schulangst?", bei der besonders der Lebensbereich „Medizin" berücksichtigt wurde. Fügen Sie weitere Punkte hinzu.

Nervosität – Magen-Darm-Störungen – depressive Verstimmungen – Lernstörungen – Konzentrationsstörungen – Ruhelosigkeit – Schlafstörungen

b) Erweitern Sie die Stoffsammlung, indem Sie die Lebensbereiche „Gesellschaft" und „Wirtschaft" untersuchen.

c) Strukturieren Sie Ihre Stoffsammlung, indem Sie zwischen körperlichen, geistigen und seelischen sowie gesellschaftlichen und wirtschaftlichen Auswirkungen unterscheiden.

6 **a)** Ordnen Sie die Gesichtspunkte (A – J) aus einer Stoffsammlung zum Thema „Warum entscheiden sich immer mehr Menschen dafür, als Single zu leben?" den Oberbegriffen „persönliche Unabhängigkeit" und „gesellschaftliche Entwicklungen" zu.

A Keine Rechenschaft gegenüber der Familie oder dem Freund/der Freundin
B Eigene Entscheidung, wann man nach Hause kommt
C Partnerschaften möglich ohne Zusammenleben
D Weniger Ehen werden geschlossen
E Für Freizeitaktivitäten, ob Disco oder Fernsehabend, keine Abstimmung mit anderen notwendig
F Alleinige Entscheidung, wie Wohnung eingerichtet wird
G Arbeitsstellen und damit Wohnorte werden häufiger gewechselt
H Freies Verfügen über das eigene Einkommen
I Mehr Ehen werden geschieden
J Eigene Entscheidung, wann und wie oft z. B. die Wohnung geputzt wird

b) Fügen Sie weitere Gesichtspunkte hinzu.

BASISKOMPETENZ B

A | **B** | C

So erörtern Sie linear

„Hallo. Der nächste Punkt, der mir Schwierigkeiten bereitet, ist der Aufbau. Ein Freund sagte, man könne den Text unterschiedlich aufbauen, er weiß aber auch nicht, wie man das genau macht. Könnt ihr mir da auch helfen?"

1 **a)** Berichten Sie von eigenen Erfahrungen: Haben Sie auch diese Probleme?

b) Studieren Sie anschließend die folgende Kompetenzbox und beantworten Sie die Anfrage.

KOMPETENZBOX

Linear erörtern (steigernd erörtern)

Aufbau

A Einleitung
Wecken Sie das Interesse des Adressaten, z. B. durch ein persönliches Erlebnis, ein (provozierendes) Zitat, ein Sprichwort oder einen aktuellen Bezug. Führen Sie anschaulich zum Thema hin.

BEISPIEL:
***Thema**: Welche Gründe gibt es für den Konsum illegaler Drogen?*
Einmal ist keinmal? Ein guter Freund von mir hat im letzten Jahr in unserer Stammdisco Ecstasy ausprobiert und vollkommen die Kontrolle über sich verloren. Er hat seit dem Vorfall Hausverbot. Ecstasy ist eine illegale Droge, die, im Gegensatz zu legalen Drogen wie Zigaretten und Alkohol, nicht frei auf dem Markt zu kaufen ist und nicht in der Öffentlichkeit konsumiert werden darf. Der Konsum von Drogen, vor allem über einen langen Zeitraum, hat starke negative Konsequenzen. Warum werden illegale Drogen dennoch überhaupt so stark konsumiert?

B Hauptteil
Bei einer **linearen Erörterung** sollten Sie die einzelnen Aspekte nach ihrer Wichtigkeit steigernd aneinanderreihen (= steigernd erörtern). Punkte, die besonders das Allgemeinwohl betreffen und folglich sehr bedeutsam sind, stehen am Ende.

BEISPIEL FÜR DIE ANORDNUNG DER ASPEKTE:
1. *Langeweile*
2. *Neugierde*
3. *Drucksituationen*
4. *Verdrängen von Problemen*
5. *Abhängigkeit*

C Schluss
Appellieren Sie an den Leser, bieten Sie einen Ausblick oder ziehen Sie ein persönliches Fazit.

BEISPIEL:
Ich habe die Erfahrung gemacht, dass illegale Drogen zum ersten Mal oft aus Neugierde probiert werden. Ob eine Person später noch mehr illegale Drogen konsumiert, entscheidet sich dadurch, wie viel Spaß dieser Mensch ohne Drogen hat und ob er mit Stress und Druck umgehen kann, ohne zu illegalen Hilfsmitteln greifen zu müssen. Der Konsum illegaler Drogen kann nur dadurch verringert werden, dass Kinder und Jugendliche so sehr gestärkt werden, dass sie keine Drogen brauchen.

Besonderheit
Entwickeln Sie durch Überleitungen einen **roten Faden** Ihrer Erörterung.

BEISPIELE:
- *Zunächst stelle ich fest, dass …*
- *Darüber hinaus …*
- *Zusätzlich …*
- *Neben dem Aspekt, dass …, ist anzuführen, dass …*
- *Bedeutsamer ist allerdings …*
- *Als wichtigstes Argument/Hauptargument ist zu sehen, dass …*
- *Es ist ratsam, …*
- *Wir sollten uns fragen, ob …*
- *Es wird sich zeigen, ob …*
- *In Zukunft wird …*

2 Begründen Sie, welche der folgenden Einleitungen Ihr Interesse weckt.

Thema
Die PISA-Studie zeigt auf, dass 52 Prozent der 15-jährigen Jungen in Deutschland nicht zum Vergnügen lesen. Erläutern Sie Ursachen für diese Entwicklung und mögliche Folgen. Entwickeln Sie Lösungsmöglichkeiten.

Einleitung A
„Lesen ist Denken mit fremdem Gehirn", das heißt, dass ich beim Lesen direkt erfahren kann, wie andere die Welt sehen, welche Werte und Einstellungen sie haben. Ohne größere Anstrengung kann ich meinen Erfahrungshorizont erweitern und bin besser auf neue Situationen im Leben vorbereitet. Es ist erstaunlich, wie viele Jungen nicht gern lesen, obwohl das Lesen viele Chancen und Möglichkeiten bietet.

Einleitung B
Beim Fußballspielen bewege ich mich, mit Computerspielen lenke ich mich ab und beim Lesen schlafe ich ein. Vielen meiner Freunde geht es ähnlich. Deshalb lese ich nur, wenn es nötig ist oder wenn ich dazu verpflichtet bin.

3 Verfassen Sie eine Einleitung zum Thema: Welche Auswirkungen hat intensiver Fernsehkonsum?

4 Bestimmen Sie, an welcher Stelle des Hauptteils zum Thema in Aufgabe 2 der folgende Abschnitt stehen müsste.

Als wichtigste Ursache für die Leseabstinenz sehe ich, dass Jungen wenig motiviert sind, ihre Zeit mit Lesen zu verbringen. Jungen sind in ihrer Freizeit gerne in der Gemeinschaft aktiv, indem sie Sport treiben und Freunde treffen. Lesen als Aktivität, die man eher alleine ausübt, ohne sich zu bewegen, motiviert viele Jungen wenig. Zudem ist es nicht förderlich für ihre Motivation, dass z. B. Comics oder Abenteuergeschichten, die sie ansprechen, von anderen als minderwertig angesehen werden.

5 Verfassen Sie

a) den Hauptteil,

b) den Schluss einer Erörterung zum Thema: Welche Auswirkungen hat intensiver Fernsehkonsum?

6 Erörtern Sie eines der beiden folgenden Themen.

Thema A
Ein gutes „Klima" ist die Voraussetzung, dass sich jeder bei seiner Arbeit wohlfühlt. Welche Forderungen stellen Sie an sich, Ihre Klassenkameraden und Lehrer, um ein solches „Klima" zu schaffen?

Thema B
Wie stellen Sie sich Ihren idealen Arbeitsplatz vor? Welche Anforderungen stellen Sie an Ihren Arbeitgeber?

BASISKOMPETENZ C

A | B | C

So erörtern Sie dialektisch

1 Lesen Sie die Kompetenzbox.

KOMPETENZBOX

Dialektisch erörtern (Pro und Kontra)

Aufbau

A Einleitung
Wecken Sie das Interesse des Adressaten, z. B. durch ein persönliches Erlebnis, ein (provozierendes) Zitat, ein Sprichwort oder einen aktuellen Bezug. Führen Sie anschaulich zum Thema hin. Nennen Sie die gegensätzlichen Standpunkte zur strittigen Frage.

B Hauptteil
Bei einer **dialektischen Erörterung** haben Sie die Wahl zwischen **zwei Möglichkeiten des Aufbaus**:

1.
Kontra:
Argument 1
Argument 2
Argument 3 usw.

Pro:
Argument 1
Argument 2
Argument 3 usw.

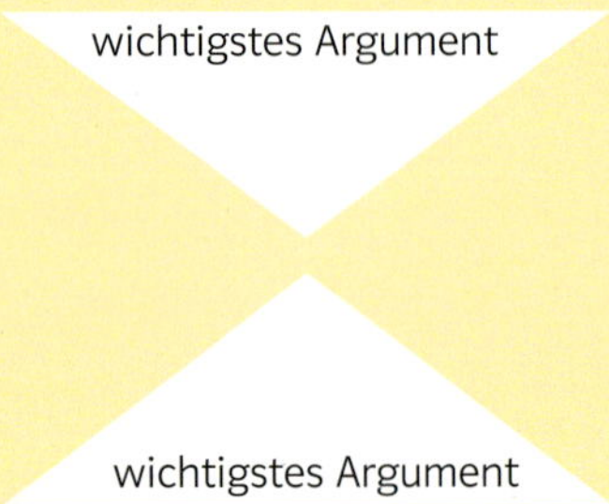

2.
Sie können Pro- und Kontra-Argumente abwechselnd aufführen (**Reißverschlussprinzip**).

Pro: Argument 1 → Kontra: Argument 1
Pro: Argument 2 → Kontra: Argument 2
Pro: Argument 3 → Kontra: Argument 3
usw.

C Schluss
Ziehen Sie ein persönliches Fazit, indem Sie sich durch Abwägen für eine Seite entscheiden oder einen Kompromiss finden (**Synthese**). Sie können auch an den Leser appellieren oder einen Ausblick in die Zukunft geben.

Der rote Faden

Entwickeln Sie durch Überleitungen einen **roten Faden** Ihrer Erörterung.

BEISPIELE:

A Einleitung
Die Frage, ob … wird immer wieder diskutiert.
Es ist zu prüfen, ob … oder ob …

B Hauptteil
Blockanordnung:
Zunächst …
Neben dem Aspekt, dass …, führen die Befürworter dieser Argumentation aus, dass …
Als wichtigstes Argument/Hauptargument ist anzusehen, dass …

Reißverschlussprinzip:
Zum einen … Zum anderen …
Einerseits … Andererseits …
Auf der einen Seite… Auf der anderen Seite …
… wohingegen die Gegenseite …

C Schluss
Die oben dargelegte Argumentation zeigt/macht deutlich, dass …
Wenn ich die beiden gegensätzlichen Standpunkte gegenüberstelle, ergibt sich als Kompromiss, dass …
Wir sollten daher …
Es wird sich zeigen, ob …
In Zukunft wird …

2 Schreiben Sie eine Einleitung zum Thema „Sollte der deutsche Staat mehr Geld für Bildung ausgeben?". Nutzen Sie die folgenden Informationen.

Deutschland in der OECD-Bildungsstudie

(dpa) Unter allem Durchschnitt
Berlin. Deutschland hinkt in der Bildung international hinterher. Nach einer Untersuchung der Organisation für wirtschaftliche Zusammenarbeit und Entwicklung (OECD), die am Dienstag in Berlin vorgestellt wurde, gibt die Bundesrepublik noch immer deutlich weniger für Bildung aus als die meisten anderen Industriestaaten. Auch die Zahlen der Studienanfänger und der Hochschulabsolventen liegen klar unter dem OECD-Schnitt. [...]
Während Spitzenreiter wie die USA, Korea und Dänemark einen Anteil von über sieben Prozent des Bruttoinlandsproduktes (BIP) in die Ausbildung investierten, erreichte Deutschland nach der Studie im Jahr 2006 lediglich einen Anteil von 4,8 Prozent. Unter den OECD-Ländern hätten lediglich Irland, Spanien, die Slowakei und die Türkei weniger für Bildung ausgegeben.

http://www.fr-online.de/in_und_ausland/wissen_und_bildung/aktuell/?em_cnt=1931814&, 03.12.2009, abgerufen am 15.02.2010

Bildungsausgaben

(AP/PHJ) So viel Geld steckt der Staat in deutsche Schüler
Der Staat gibt im Jahr rund 4900 Euro für jeden deutschen Schüler aus. Doch dies ist nur ein Durchschnittswert. An einigen Schulen betragen die Pro-Kopf-Ausgaben nur 2200 Euro, an anderen stolze 12800 Euro.

http://www.welt.de/wirtschaft/article3072274/So-viel-Geld-steckt-der-Staat-in-deutsche-Schueler.html, 22.01.2009, abgerufen am 24.03.2010

OECD: Akademiker bringen dem Staat mehr Geld, als sie ihn kosten

Nutzen liegt in Österreich fast 40000 Dollar über staatlichen Ausgaben – Großteil der Gesamtinvestition wird von Studenten selbst getragen

http://derstandard.at/1252036870250/OECD-Akademiker-bringen-dem-Staat-mehr-Geld-als-sie-ihn-kosten, 08.09.2009, abgerufen am 24.03.2010

3 Nennen Sie den Aufbau des Hauptteils der folgenden dialektischen Erörterung zum Thema in Aufgabe 2.

MUSTER

Der deutsche Staat sollte nicht mehr Geld für die Bildung seiner Bürger und Bürgerinnen ausgeben, weil in den nächsten Jahren weniger Steuereinnahmen zu erwarten sind und es wichtigere Aufgaben gibt. Es ist z. B. bedeutsamer, den Einsatz erneuerbarer Energien zu fördern und die vereinbarten Klimaschutzziele zu erreichen, da Wissenschaftler eine Klimakatastrophe prognostizieren, die das Überleben der Menschheit gefährdet.

Zudem werden die aktuellen Bildungsausgaben zu einem Großteil durch Kredite finanziert, sodass für die nächsten Jahre eine Neuverschuldung Deutschlands in Höhe von mindestens 5 Prozent des Bruttoinlandsprodukts erwartet wird.

Außerdem wird auch von Bildungsexperten angezweifelt, dass höhere Ausgaben für Bildung bessere Ergebnisse garantierten. Bildungserfolg sei nicht davon abhängig, wie viel Geld der Staat zur Verfügung stelle. Entscheidend sei zum einen, wie sehr der Einzelne sich anstrenge, und zum anderen, wie sehr er von Lehrern und Eltern unterstützt werde.

Andererseits kann es jedoch sinnvoll sein, wenn der Staat mehr Geld für die Bildung seiner Bürgerinnen und Bürger bereitstellt, weil Regierungen weltweit miteinander um Investoren konkurrieren und ein hohes Ausbildungsniveau einen Standortvorteil bedeuten kann. Denn die Unternehmen brauchen für ihre Produktion qualifizierte Facharbeiter. Eine Schulung von Mitarbeiterinnen und Mitarbeitern ist weniger kosten- und zeitintensiv, wenn diese bereits gut ausgebildet sind. Ein Land, das wie Deutschland ein hohes Lohnniveau und nur wenige Rohstoffe anzubieten hat, muss Unternehmen mit anderen Vorteilen wie z. B. einem hohen Ausbildungsniveau überzeugen.

Bildungsinvestitionen sind auch deshalb sinnvoll, weil sich Industriestaaten mit niedrigen Geburtenraten, wie z. B. Deutschland, um gut ausgebildete Zuwanderer bemühen müssen. Gut verdienende Fachkräfte machen ihre Entscheidung, wo sie leben wollen, z. B. davon abhängig, wie gut das Bildungssystem für die Kinder ist.

Auf lange Sicht lohnen sich für den Staat die Ausgaben, weil es dadurch mehr Menschen gibt, die besser ausgebildet sind und dementsprechend auch besser bezahlte Arbeitsplätze haben. Als Folge zahlen sie höhere Steuern und der Staatshaushalt profitiert. Ein gutes Beispiel hierfür ist Finnland, das ab 1995 seine Bildungsausgaben deutlich erhöhte und mittlerweile zu den wettbewerbsfähigsten Ländern der Welt gehört. Als ausschlaggebend für diesen volkswirtschaftlichen Erfolg wird das hohe Bildungsniveau der Finnen angesehen.

Letztlich ist als wichtigstes Argument anzuführen, dass es eine Aufgabe des Staates ist, für Chancengerechtigkeit zu sorgen. Chancengerechtigkeit bedeutet, dass jede Bürgerin und jeder Bürger die Möglichkeit bekommt, Erfolg im Leben zu haben. Das kann der Staat nur auf der Basis der allgemeinen Schulpflicht ermöglichen und eines Bildungssystems, dass für jeden durchlässig ist. Bildungsberichte stellen Deutschland in diesem Zusammenhang regelmäßig schlechte Zeugnisse aus.

4 Erläutern Sie, ob Sie den folgenden Schlussteil zum Thema in Aufgabe 2 auch so schreiben würden.

Die oben dargelegte Argumentation macht deutlich, dass der deutsche Staat mehr in die Bildung investieren sollte, da von diesen Investitionen die Zukunft dieses Landes mit wenigen Rohstoffen und hohem Lohnniveau abhängt. Im Hinblick auf die niedrige Geburtenrate bei gleichzeitiger Überalterung der Gesellschaft muss insbesondere in den Bereich der frühkindlichen Bildung investiert werden. Sonst wird der deutsche Staat schon in wenigen Jahren große Schwierigkeiten haben, im globalen Wettbewerb zu bestehen.

5 Erörtern Sie eine der folgenden strittigen Fragen.

A Ist es sinnvoll, wenn Kinder im Vorschulalter fernsehen?

B Kann der einzelne Bürger die Umwelt wirkungsvoll schützen?

6 Erläutern und erörtern Sie das folgende Zitat.

„Wer die Freiheit um der Sicherheit willen aufgibt, der wird am Ende beides verlieren."
(Benjamin Franklin, 1706 – 1790)

Sprachliche Übungen

1 Notieren Sie die Sätze in der korrekten Groß- und Kleinschreibung und fügen Sie Kommas ein, wo nötig.

A der profisport spielt eine wesentliche rolle in unserem modernen leben besonders durch die medien.
B ein großteil der bevölkerung hat ein starkes interesse an berichten und übertragungen z.b. der fußballbundesliga.
C jeder weiß dass für profifußballer jahresgehälter von über einer million euro nicht unüblich sind.
D während ihrer aktiven phase verdienen sie zwar viel geld aber nur für kurze zeit.
E profisportler sind beliebte werbeträger da sie einen hohen bekanntheitsgrad haben und für viele konsumenten etwas besonderes bedeuten.
F viele trainer klagen dass die werbeaktivitäten ihre profis nur ablenkten und zwar beträchtlich.

2 Schreiben Sie den folgenden Text so, dass ein roter Faden erkennbar ist, indem Sie strukturierende und überleitende Ergänzungen einfügen.

Von vielen privaten Sendern werden unrealistische und brutale Filme ausgestrahlt, die ein falsches Bild von der Realität vermitteln und gewalttätiges Verhalten fördern können. Im Fernsehen werden negative Vorbilder gezeigt. Deren Taten werden imitiert. Die Serie „Jackass" wurde in den USA verboten. Ein Junge hatte einen Stunt nachgemacht und sich dabei eine schwere Brandverletzung zugezogen.
Durch vermehrten Fernsehkonsum können auch gesundheitliche Schäden entstehen.
Man bewegt sich beim Fernsehen nicht, daraus können Übergewicht oder Bandscheibenprobleme resultieren. Nahezu ein Drittel der 9- bis 12-Jährigen wiegen zu viel für ihr Alter. Kinder dieser Altersstufe schauen am Wochenende im Schnitt ungefähr drei Stunden und unter der Woche zwei Stunden fern.
Soziale Kontakte können darunter leiden. Die Zeit, die man aktiv mit seinen Freunden verbringen könnte, wird passiv und oft alleine vor dem Bildschirm verbracht. Statt z.B. einen Spielabend mit seinen Freunden zu veranstalten, wird lieber ein Spielfilm angeschaut. Beim Abendessen läuft der Fernseher. Die Kommunikation innerhalb der Familie wird gestört.
Fernsehen kann bilden und informieren. Sender wie ARD, ZDF oder N24 zeigen in den Nachrichten, was Neues in der Welt passiert ist. Formate wie „37 Grad" dokumentieren anschaulich und informativ Themen wie z.B. „Erwachsen werden" oder „Gewalt an Kindern".
Fernsehen dient der Entspannung. Der Konsument muss sich nicht anstrengen und kann vom Alltag abschalten. Bei Komödien kann der Zuschauer lachen, bei Krimis genießt man die Spannung und Fantasyfilme laden dazu ein, in eine andere Welt abzutauchen.

3 Verfassen Sie eine verbesserte Variante der folgenden Einleitung einer Erörterung zum Thema „Ist Auswandern sinnvoll?".
Streichen Sie dabei Aussagen, die in Ihren Augen überflüssig sind, und ersetzen Sie Formulierungen, die Ihnen unsachlich erscheinen, durch passende.

Wer möchte nicht manchmal alles hinter sich lassen und etwas Neues anfangen? Als ich z.B. im letzten Jahr von meiner Freundin verlassen wurde, weil sie meinte, ich sei faul und wahnsinnig träge, was natürlich nicht stimmt, habe ich auch daran gedacht, ins Ausland zu gehen.
Ich fand Spanien sehr reizvoll, ich war da schon mal im Urlaub und kann auch etwas Spanisch. Ich bin dann aber doch geblieben, weil wir uns wieder versöhnt haben und unsere Beziehung noch viel toller geworden ist. Die meisten Menschen leiden einmal in ihrem langen Leben unter heftigem Fernweh. Sie können diese manchmal fürchterliche Sehnsucht dadurch zumindest für einen kurzen Zeitraum stillen, indem sie in den wohlverdienten Urlaub fahren. Doch immer mehr gehen einen Schritt weiter und wandern in das nahe oder ferne Ausland aus. Aber bevor man diese außerordentlich folgenreiche Entscheidung trifft, sollte man sich zunächst fragen: Ist Auswandern überhaupt sinnvoll?

4 Bilden Sie mit den angegebenen Begriffen je eine Wortzusammensetzung im Singular und – wo möglich – im Plural.

Verhältnis – Sportlerin – Verbot – Horizont – Möglichkeit – System – Wert – Grad – Niveau – Schutz

A Erfahrung
B Bekanntheit
C Durchschnitt
D Profi
E Haus
F Lösung
G Bildung
H Klima
I Ausbildung
J Lohn

Prüfungsvorbereitung

Aufgabe:
Erörtern Sie eines der folgenden Themen.

A „Computer und Internet", spottet der Professor [Volker Ladenthin], „sind die letzte Hoffnung darauf, das Lernen zu vermeiden." Setzen Sie sich kritisch mit dieser Aussage auseinander.

B Welche Ursachen hat gewalttätiges Verhalten gegenüber Mitmenschen? Welche Folgen hat es für das oder die Opfer?

C Ryanair, Germanwings und Easyjet machen es möglich: Fast jeder kann sich einen Flug innerhalb Europas leisten. Top für die Freiheit, Flop für die Umwelt? Erörtern Sie Vor- und Nachteile der nahezu uneingeschränkten Reisemöglichkeiten.

MUSTERLÖSUNG

Erörterung: Ist Auswandern sinnvoll?

Wohl jeder kennt das Gefühl von Fernweh, den Traum, alles hinter sich zu lassen und in etwas Neues, Unbekanntes aufzubrechen. Die meisten stillen ihre Sehnsucht dadurch, dass sie in den Urlaub fahren. Doch es gibt viele Menschen, die einen weiter gehenden Schritt wagen und ihren Lebensmittelpunkt für immer in ein anderes Land verlegen wollen. So stellt sich die Frage: Ist Auswandern sinnvoll?

← *Einleitung*
← *Themenfrage*

Ein wichtiger Einwand gegen das Auswandern ist zunächst, dass man, bis auf einige Habseligkeiten, dabei alles zurücklassen muss. Besonders schwer ins Gewicht fällt, dass Auswanderer meist einen großen Teil ihrer Freunde, Bekannten und Verwandten aufgeben müssen. Oft dürfen auch Haustiere nicht mitgenommen werden.

← *Gegenargument 1*
← *Beispiele*

Ein potenzieller Auswanderer muss nicht nur genügend Geld für den Flug oder die Beglaubigung von Dokumenten einplanen, sondern auch für die Verpflegung und die Miete, da er am Anfang noch nicht weiß, wo er günstig wohnen und einkaufen kann.

← *Gegenargument 2*
← *Beispiele*

Ein anderer Punkt, der gegen das Auswandern spricht, ist die große Anpassungsfähigkeit, die einem abverlangt wird. Das betrifft vor allem die Bräuche und Sitten, an die man sich gewöhnen muss. Auch Klima und Nahrung sind kritische Aspekte, die bedacht werden müssen. Wer bei heißem Wetter Kreislaufprobleme bekommt, sollte sich noch einmal überlegen, ob er in den Süden auswandern will.

← *Gegenargument 3*
← *Belege*
← *Beispiele*

Zu guter Letzt ist auch zu bedenken, dass viele Auswanderer unterschätzen, wie stark sie in der Heimat verwurzelt sind. Bei Auswanderern ist oft eine Sehnsucht nach der Heimat zu beobachten, die zu Heimweh wird und nicht selten zu einer Rückkehr führt. Dies belegen Befragungen von Menschen, die aus dem Ausland nach Deutschland zurückgekehrt sind.

← *Gegenargument 4*
← *Beispiel*
← *Beleg*

Auf der anderen Seite bietet das Auswandern auch einige Vorteile, die im Folgenden aufgezeigt werden.

← *These*

Ein Grund, der oft für das Auswandern genannt wird, ist das angenehmere Wetter. Der Auswanderer sucht sich ein Land aus, in dem klimatische Bedingungen herrschen, die ihm zusagen. Wer freut sich nicht, wenn draußen das Wetter herrscht, das er am liebsten hat, seien es nun Sonne und 40 Grad in Spanien oder Schnee und Eis in Norwegen.

← *Argument 1*
← *Beleg*
← *Beispiele*

Prüfungsvorbereitung

Ein weiterer Vorteil sind Sprachkenntnisse, die erweitert oder neu erworben werden. Nicht wenige Auswanderer erlernen die Sprache ihrer neuen Heimat sehr gut, weil sie ihr tägliches Leben sonst nicht bestreiten könnten.

← *Argument 2*
← *Beleg*

Viele Auswanderer reizt es außerdem, in einem fremden Land mit einer anderen Kultur konfrontiert zu werden, die den eigenen Horizont erweitert. So berichten z. B. viele Kanada-Auswanderer, dass sie sich durch die Hilfsbereitschaft und Offenheit der Kanadier haben beeinflussen lassen und diese Qualitäten für sich selbst übernommen haben.

← *Argument 3*
← *Beispiel*

Ein zentrales Argument für das Auswandern besteht darin, dass man nicht nur die Heimat hinter sich lässt, sondern auch die Probleme, deren Ursachen man in der wirtschaftlichen Lage, der Politik oder familiären Schwierigkeiten sieht. Befragungen von potenziellen Auswanderern zeigen, dass die meisten wegen ihrer Unzufriedenheit mit ihrer Situation in ihrem Heimatland auswandern wollen. Sie suchen eine Möglichkeit, alles besser zu machen, neue Kontakte zu knüpfen und ihr individuelles Glück zu finden. Besonders verlockend ist die Aussicht, in dem anderen Land eine besser bezahlte Arbeitsstelle zu finden oder durch niedrigere Lebenshaltungskosten seine wirtschaftliche Situation zu verbessern. Als Vorbild dienen die Erfolgsgeschichten der anderen Auswanderer. Das jüngste Beispiel dafür ist Conny Reimann, dessen Auswanderung nach Texas von einem Fernsehsender dokumentiert wurde. Aus ihm wurde in Deutschland eine bekannte Persönlichkeit mit eigenen Merchandisingprodukten.

← *Argument 4*
← *Beleg*
← *Beispiel*

Wenn ich die beiden gegensätzlichen Standpunkte gegenüberstelle, ergibt sich als mein persönliches Fazit, dass Auswandern besonders unter kulturellen Gesichtspunkten sehr reizvoll ist. Der Auswanderer sollte allerdings genau prüfen, ob er den Anforderungen gewachsen ist und über genügend Anpassungsfähigkeit und Eigenkapital verfügt. Ist dies nicht der Fall, dann bleibt ihm nichts anderes übrig, als in der Heimat sein Glück zu finden.

← *Synthese*
← *Forderung*

Kompetenz-Logbuch

Online-Link 803501-0005

- → Insgesamt bewerte ich die Lektion mit folgendem Smiley.
- → Diese mir selbst gesteckten Ziele habe ich erreicht.
- → Dies hat mir Schwierigkeiten bereitet.
- → So habe ich mich beteiligt und in die Gruppe eingebracht.
- → Das will ich noch lernen.
- → Diese konkreten Schritte werde ich dazu unternehmen.

Projekte

1 Sechs Hüte

Suchen Sie sich ein aktuelles Thema aus. Erörtern Sie dieses in einer Gruppe mit sechs (oder mehr) Gruppenmitgliedern, die alle Kopfbedeckungen mit unterschiedlichen Farben tragen, die für eine jeweils andere Denkweise stehen. (ALTERNATIVE: Malen Sie sechs Hüte mit den unterschiedlichen Farben.)
Der blaue Hut steht für ordnendes Denken in Strukturen, der gelbe Hut für die Vorteile, der schwarze Hut für die Nachteile, der grüne Hut für ungewöhnliche Assoziationen, der rote Hut für Gefühle und der weiße Hut für emotionsloses Sammeln aller Informationen. Sammeln Sie Stoff in einem Brainstorming. Rotieren Sie anschließend, indem Sie die Hüte weitergeben.

BEISPIEL:
Erörtern Sie die Themenstellung „Sollten Werbung und Sponsoring im Sport verboten werden?".

2 Gerichtsshows

Vergleichen Sie Auftritte in Gerichtsshows. Zeichnen Sie ein Plädoyer der Staatsanwaltschaft und der Verteidigung auf. Verfassen Sie (in der Rolle eines Staatsanwaltes) eine Gegenargumentation zu den Aussagen der Verteidigung. Spielen Sie in einem Rollenspiel diese Situation „vor Gericht" nach.

3 Talkshows untersuchen

Vergleichen Sie Auftritte in Talkshows. Finden Sie heraus, wie Themen in den unterschiedlichen Formaten erörtert werden.
Erstellen Sie eine Zensurenliste mit einer ausführlichen Begründung der Note.

4 Eine Talkshow durchführen

Suchen Sie ein aktuelles Thema und erörtern Sie dieses in einer Talkshow. Zeichnen Sie die Talkshow mit einer Videokamera auf.

06 Wie Sie partnerschaftlich Gespräche führen

Was Sie wissen und was Sie lernen können

„Mit dem kann man nicht reden."

„Das war schon heftig, was du da gesagt hast."

1. Berichten Sie von Situationen, in denen Sie dies oder etwas Ähnliches gedacht oder gesagt haben.

2. Entscheiden Sie, ob die folgenden Aussagen richtig oder falsch sind.

Höflich kommunizieren

1. Wenn ich zu meiner Chefin zu einem Gespräch gebeten werde und sie beim Eintritt noch telefoniert, ist es keine Verletzung der Höflichkeit, wenn ich mich schon mal auf den freien Stuhl setze.
2. Es ist unhöflich, den anderen nicht ausreden zu lassen.
3. Höflich ist, wenn man dem anderen auch bei Kritik die Möglichkeit gibt, sachlich zu widersprechen.
4. Es gehört zur Höflichkeit, dass man auch mal lügt, um den anderen nicht zu beleidigen.

Kritik äußern

5. Kritik sollte man immer sofort offen äußern.
6. Den Ablauf eines Kritikgesprächs muss ich nicht planen.
7. Kritik lässt sich nicht äußern, ohne den anderen zu verletzen.

Konflikte durch Mediation lösen

8. Das Mediationsverfahren wird nur angewandt, wenn man kein Geld für eine gerichtliche Auseinandersetzung hat.
9. Für eine Mediation ist ein fester Ablaufplan sinnvoll.

3. Vergleichen Sie Ihre Entscheidungen mit der Lösung im Kompetenzregister, S. 259.

4. Markieren Sie im Kompetenz-Logbuch auf der Seite für dieses Kapitel, in welchem Bereich Sie aufgrund der Ergebnisse von Aufgabe 2 Ihre Stärken sehen, und legen Sie Ihre persönlichen Schwerpunkte für den weiteren Lernprozess fest. **Online-Link** 803501-0006

A	B	C
Höflich kommunizieren	**Kritik äußern**	**Konflikte durch Mediation lösen**

BASISKOMPETENZ A

A	B	C

So kommunizieren Sie höflich

1 Lesen Sie die Angaben über die Situation und den Gesprächsausschnitt.

Situation

Felix kommt an diesem Morgen gar nicht glücklich ins Büro. Eine Kundin hatte sich gestern über ihn beklagt, heute muss er bei seiner Chefin vorsprechen.
Mit hängendem Kopf läuft er auf seinen Schreibtisch zu, murmelt etwas vor sich hin, was man als Gruß deuten könnte, schaltet den PC ein und bemerkt dann die Praline auf einer leuchtend gelben Serviette auf seinem Schreibtisch. „Schön", sagt er, schiebt sie beiseite und breitet seine Unterlagen auf dem freien Platz aus.
Laura beobachtet ihn. Sie wusste, dass er heute einen schweren Tag haben wird, deshalb legte sie ihm die Praline auf den Schreibtisch.

Kerstin: Oh nein, hier ist eine Fehlermeldung, dass meine Mail mit den Plänen, die ich gestern Abend noch an Herrn Siebert geschickt habe, nicht zugestellt werden konnte. Dabei hat die Zusammenstellung der Dateien so viel Zeit gekostet. Was soll ich nur machen?
Laura: Du Arme.
Manuela: Kerstin, das ist mir auch schon passiert. Vielleicht versuchst du mal …
Oliver: Nimm mal alle Bilder aus den Plänen heraus …
Manuela: Diesen Hinweis wollte ich dir gerade geben, aber …
Felix: Ich habe dir doch gestern gesagt, dass der Anhang viel zu umfangreich ist. Ich weiß nicht, wie man dann so dumm sein kann und einfach …
Kerstin: Jetzt hör mal, ich rede gerade nicht mit dir, so muffelig, wie du schon heute Morgen hier reingekommen bist …

2 Beschreiben Sie das Gefühl, das Sie hätten, wenn Sie in diesem Büro arbeiteten.

3 Lesen Sie die Kompetenzbox und nennen Sie die Regeln der Höflichkeit, gegen die in der Kommunikationssituation in Aufgabe 1 verstoßen wird.

KOMPETENZBOX

Höflich kommunizieren

Höflichkeit ist der Ausdruck von Respekt dem anderen gegenüber. Dies bedeutet:
- Sie verhalten sich so, dass der andere sich wohlfühlt und wertgeschätzt wird.

BEISPIELE:
Sie grüßen, sprechen Einzelpersonen mit Namen an.
Sie bedanken sich für Hilfen, Leistungen usw.
Sie loben die Arbeitsleistung anderer.
Sie lassen andere ausreden.
Sie betonen Gemeinsamkeiten, Sie signalisieren Zustimmung.

- Sie unterstützen diese Haltung durch Körpersprache, Gestik und Mimik.

BEISPIELE:
Sie wenden sich dem Gesprächspartner zu.
Sie halten den nötigen körperlichen Abstand.
Sie kommunizieren kongruent, das heißt: Körpersprache, Mimik, Gestik und Wortwahl stimmen mit dem überein, was Sie ausdrücken wollen.

- Sie erniedrigen und beleidigen den anderen nicht.

BEISPIELE:
Sie wählen eine sachliche Ausdrucksweise.
Sie heben nicht ständig Ihre Leistungen hervor.

- Sie äußern notwendige Kritik so, dass der andere nicht „sein Gesicht verliert" und eine Möglichkeit des Widerspruchs offen hat.

BEISPIELE:
Sie formulieren offene Fragen bei Einwänden.
Sie erwähnen Positives, bevor Sie Kritik äußern.
Sie geben wieder und ergänzen zunächst, was der andere gesagt hat.

4 Formulieren Sie in den folgenden Situationen eine Antwort, die sachlich bleibt, die eigenen Bedürfnisse nicht ganz aufgibt und die Befindlichkeit des Gesprächspartners berücksichtigt.

Situation A
Die Arbeitsbelastung in Ihrem Geschäft ist zurzeit so groß, dass Sie viele Überstunden angesammelt haben. Oft führen Sie noch bis spätabends Gespräche mit Kunden. Die Termine in den Arbeitsabläufen lassen sich nicht ändern. Ihre Abteilungsleiterin sieht aber, dass Sie dringend Entlastung brauchen. Sie bietet Ihnen an, dass Sie jeden Mittwoch Ihre Überstunden abbauen. Ihnen wäre es aber lieber, Sie könnten im Sommer etwas länger Urlaub machen, da Sie so gerne eine längere Reise nach Südamerika machen möchten. Sie wissen, dass ihr dieses Angebot während der laufenden Projekte schon sehr schwergefallen ist. „Ich denke, Sie werden sicherlich sehr zufrieden mit dieser Regelung sein", sagt sie noch zu Ihnen.

Situation B
Für die sehr gelungene Organisation des Betriebsausflugs bekommen Sie und Ihr Kollege ein Geschenk von Ihrem Juniorchef. Ihr Kollege erhält eine Flasche guten Weins, den Sie sehr mögen. Sie bekommen ein Buch über Gemüseaufläufe, weil Sie erzählt haben, dass Sie früher häufig gekocht hätten. Seit Jahren aber essen Sie in der Kantine und zu Hause kochen Sie so gut wie nie. Nach der Übergabe des Geschenks sagt der Juniorchef zu Ihnen: „Das ist doch das richtige Geschenk für Sie, nicht wahr?"

KOMPETENZBOX

Sich angemessen äußern

Wenn wir uns äußern, stehen wir oft in diesem Spannungsfeld:

Wie wir uns dann äußern, hängt davon ab, welcher Faktor uns am meisten bedeutet. Um die höchste Zufriedenheit zu erreichen, müssen wir oft allen drei Faktoren gerecht werden und somit einen Kompromiss eingehen.

BEISPIEL:
Sie werden zur Einweihungsparty in die neue Wohnung von guten Bekannten eingeladen. Mit ihrem Einrichtungsstil können Sie sich gar nicht anfreunden. Sie hätten erwartet, dass sie etwas mehr Geschmack haben. Plötzlich werden Sie von der Gastgeberin gefragt: „Na, wie gefällt dir unsere Wohnung?"
Sie antworten: „Die Wohnung ist gut geschnitten, ihr habt einen tollen großen Balkon mit schönem Ausblick. Ich glaube, ihr könnt stolz auf diese Wohnung sein. Ihr habt sie ganz nach eurem Geschmack eingerichtet und fühlt euch sicher wohl hier."

(Sie deuten an, dass Ihnen der Wohnungsstil nicht entspricht, betonen aber Dinge, die damit nichts zu tun haben, da Sie die Gastgeberin nicht beleidigen wollen, denn schließlich war die Einladung wohl auch mit der Erwartung verbunden, dass Sie die Freude der Bekannten teilen.)

BASISKOMPETENZ B

A | **B** | C

So äußern Sie Kritik

1 Lesen Sie das Gespräch mit verteilten Rollen.

Situation

Jürgen Stricker, Ausbildungsleiter, bekommt mit, wie der Auszubildende Turan Gülseven seinen Kollegen Alesio anbrüllt, wild gestikuliert, sich immer mehr auf Alesio zubewegt. Die Blicke der übrigen Auszubildenden richten sich gespannt nur noch auf die beiden. „Die werden sich doch nicht noch schlagen", denkt Herr Stricker und greift ein. „Hört mal, was ist denn hier los?" Turan kannte er von den ersten beiden Ausbildungsjahren als ruhigen, arbeitswilligen und ehrgeizigen Jungen. Aber in diesem Jahr macht er sich negativ bemerkbar. Erst letzte Woche wurde er gegen Sabrina ausfällig, er kommt häufig sehr spät in den Betrieb, muss sich bei Arbeitsbeginn erst noch umziehen, wirkt unkonzentriert und manchmal geistig abwesend.

„Es ging nur um das Fußballspiel Italien gegen die Türkei gestern Abend", sagt Sarah. „Wir haben uns über die Schiedsrichter-Entscheidungen etwas gewundert, die für beide Seiten manchmal etwas seltsam waren. Alesio hat gar nicht mitgeredet. Plötzlich griff ihn Turan an: ‚Ihr Italiener habt da wieder was gedreht …' Wir waren völlig überrascht von der Äußerung."

Turan: Herr Stricker, das ist eine Privatangelegenheit zwischen Alesio und mir. Das geht Sie gar nichts an.

Herr Stricker: Von wegen Privatangelegenheit. Du hast wohl vergessen, wo du bist. Hier wird gelernt und gearbeitet und sonst nichts. Und wenn ihr etwas anderes macht, dann geht mich das sehr wohl etwas an.

Turan: Ich weiß nicht, warum Sie nur mich anschauen. Jenny hat doch auch über das Spiel geredet, und zwar am meisten. Aber die sieht eben gut aus und ist blond, da lässt man das stillschweigend durchgehen.

Herr Stricker: Sie hat aber nicht gebrüllt und alle Kollegen gestört. Das ist nicht das erste Mal, dass du mir in der letzten Zeit aufgefallen bist.

Turan: Haben Sie wohl wieder was von Herrn Bast gehört? Der kann auch nur andere Kollegen anschwärzen, mich kann er überhaupt nicht leiden.

Herr Stricker: Es geht nicht um Herrn Bast, es geht um dich. Ich bin einfach unzufrieden mit deiner Entwicklung in letzter Zeit. Du verhältst dich auffällig im Betrieb, es kommen Klagen von der Berufsschule, du wirkst unkonzentriert, bist nicht bei der Sache, und das alles im dritten Jahr, in dem die Entscheidung über die Übernahme nach der Ausbildung ansteht.

Turan: Sie wollen mir also drohen?

Herr Stricker: Nein, aber klarmachen, dass es so nicht weitergehen kann. Ich werde dich in nächster Zeit genau beobachten.

2 Beschreiben Sie, welches Gefühl Turan und Herr Stricker jeweils am Ende des Gesprächs wohl haben.

3 Nennen Sie das sachliche Ergebnis dieses Gesprächs.

4 Lesen Sie die Kompetenzbox und bewerten Sie das Gespräch.

KOMPETENZBOX

Kritik äußern

Wertschätzung der Person

Bei aller Kritik, die man äußert, steht stets die Wertschätzung der Person im Vordergrund.

Wenn Sie ein Verhalten, ein Arbeitsergebnis oder einen Vorschlag kritisieren, besteht immer die Gefahr, dass sich die angesprochene Person in ihrem Wert herabgesetzt oder gekränkt fühlt oder mit heftiger Abwehr oder mit Angriffen reagiert.Um dieser Gefahr zu begegnen, sollten Sie die Kritik mit einer Wertschätzung der Person verbinden und den folgenden Ablauf beachten.

Ablauf eines Kritikgesprächs

- **Abstand schaffen – Rahmen organisieren**

Führen Sie das Gespräch möglichst in einem zeitlichen Abstand zum Ereignis, sodass Ihre größte Wut schon verklungen ist. Schaffen Sie sich einen geeigneten Rahmen für die Äußerung der Kritik (eigener „Raum", zeitlicher Abstand, Atmosphäre).

- **Ziel festlegen**

Machen Sie sich klar, welches Ziel Sie mit dem Gespräch anstreben.

- **Stellung beziehen: konkret – knapp – konstruktiv**
  • Nennen Sie konkrete Einzelfälle. Vermeiden Sie Verallgemeinerungen wie „immer“, „dauernd“, „man“, da sie zu Widerspruch reizen und leicht widerlegbar sind.
  • Kritisieren Sie kurz und übertreiben Sie nicht. Geben Sie dem anderen Zeit, auf Ihre Aussagen einzugehen.
  • Bleiben Sie sachlich. Kritisieren Sie die Verhaltensweise, nicht die Person. Suchen Sie möglichst nicht nach Schuldigen, sondern analysieren Sie Ursachen, um Fehlverhalten zukünftig zu vermeiden.

- **Auswirkungen aufzeigen**
  Zeigen Sie auf, welche Auswirkung das kritisierte Verhalten auf andere, Sie und Ihre Gefühle hat.

- **Stellungnahme erbitten**
  Geben Sie dem Gesprächspartner Gelegenheit, seine Sichtweise vorzutragen, um eventuell die eigene zu revidieren.

- **Positive Seiten nennen**
  Heben Sie auch positive Seiten hervor, damit die Kritik leichter angenommen werden kann.

- **Ziel vereinbaren**
  Vereinbaren Sie ein Ziel und einen Termin, an dem Sie die Erreichung des Ziels überprüfen wollen.

5 **a)** Lesen Sie das Gespräch (MUSTER) und beschreiben Sie, welches Gefühl Turan und Herr Stricker am Ende des Gesprächs wohl haben.

MUSTER

Herr Stricker: Stimmt das, was Sarah sagt? *(allgemeines Gemurmel, Bestätigungen)* Nun, Turan, ich wollte sowieso mal mit dir reden. Heute Morgen geht das nicht, es stehen einfach noch zu viele andere Dinge an. Aber um 16:00 Uhr könnten wir das Gespräch führen. Kommst du bitte in mein Büro?

Turan: Ja, in Ordnung.

Um 16:00 Uhr klopft Turan an der Tür, grüßt Herrn Stricker.

Herr Stricker: Hallo, Turan, schön, dass du da bist. Nimm doch bitte schon mal Platz. Ich gebe noch kurz Herrn Schubeck Bescheid. *Geht zu Herrn Schubeck, dem zweiten Ausbilder, nebenan und sagt zu ihm:* Sven, ich führe jetzt das Gespräch mit Turan, ich möchte dabei nicht gestört werden. Bis später. *Wieder zurück im Raum.* Kann ich dir einen Kaffee anbieten?

Turan: Ja, gerne.

Herr Stricker *(während er den Kaffee hinstellt)*: Hat sich die Sache zwischen Alesio und dir geklärt?

Turan: Ja, das war ziemlich harmlos. Ich weiß auch nicht, warum ich mich auf einmal so aufgeregt habe. Die anderen haben mir nachher auch noch einmal bestätigt, dass Alesio gar nichts über den Schiedsrichter gesagt habe.

Herr Stricker: Turan, ich habe dich in meinem Gedächtnis als einen ruhigen Menschen, der seine Arbeit sehr ordentlich macht und bestrebt ist, vorwärtszukommen. Ich erinnere mich noch an deinen Vater, wie er mir beim ersten Elterngespräch etwas Ähnliches über dich sagte. Da dachte ich: Mit diesem Jungen haben wir sicherlich eine gute Wahl getroffen.

Turan: Es freut mich, dass Sie mich so eingeschätzt haben. Aber ich weiß auch, dass Sie mich nicht hierher bestellt haben, um mir das mitzuteilen.

Herr Stricker: Wie erklärst du dir, dass so vieles in der Schule und hier anders läuft in letzter Zeit?

Turan: Sie haben mir das Stichwort gegeben: mein Vater. Mein Vater ist Fliesenleger, aber seine Knie machen nicht mehr mit. Er kann diesen Beruf nicht mehr ausüben. Seit einem Dreivierteljahr sucht er nun schon eine andere Stelle, findet aber keine. Deshalb will er unbedingt zurück in die Türkei. Meine Mutter will aber nicht. Und meine Geschwister und ich wollen natürlich auch nicht. Ich fahre zwar sehr gerne in die Türkei in Urlaub, aber meine Freunde, meine Arbeit habe ich hier. In der Türkei bin ich nur der Deutsche. Und deshalb wird bei uns gerade sehr viel diskutiert, auch gestritten, manchmal bis spät in die Nacht. An manchen Tagen fühle ich mich so orientierungslos und weiß mir nicht zu helfen.

Herr Stricker: Wie alt sind denn deine Geschwister?

Turan: Sie sind alle noch nicht volljährig, meine Schwester ist sogar erst 10. Und das wäre für mich ein Albtraum, wenn die Familie auseinanderbrechen würde. Ich mag meine Familie sehr.

Herr Stricker: Ich bin froh, dass du mir das alles erzählt hast. Du bist wirklich nicht gerade in einer beneidenswerten Situation. Aber welche Möglichkeiten siehst du, dass es dir in Zukunft besser geht und solche „Aussetzer" nicht mehr vorkommen?

Turan: Ich glaube, am leichtesten könnte ich mein Verhalten in der Schule ändern. Meine Noten sind ja recht ordentlich, aber diese Frau Wolf kann ich schlichtweg nicht ausstehen. Sie trägt an manchen Tagen Schmuck, den ich einfach geschmacklos finde und der überhaupt nicht zu ihr passt. Aber das sind eigentlich nur Kleinigkeiten, da könnte ich einfach meinen Mund halten und meine Bemerkungen unterlassen.

Herr Stricker: Hm.

Turan: Im Betrieb bin ich viel häufiger. Ich werde jetzt Alina bitten, dass sie mir einen Wink gibt, wenn ich beginne, über das Ziel hinauszuschießen. Sie hat mir diese Unterstützung schon einmal angeboten.

Herr Stricker: Das hört sich alles gut an, so wie ich das von dir bis vor ein paar Monaten gewohnt war. Dann treffen wir uns doch am besten wieder zu einem Gespräch heute in vier Wochen. Dann können wir sehen, ob du deine Vorsätze umgesetzt hast, denn ich würde schon gerne weiter mit dir zusammenarbeiten.

Turan: O.K. Herr Stricker, vielen Dank für das Gespräch und das Verständnis. Ich werde versuchen, mich wieder besser in den Griff zu bekommen.

b) Vergleichen Sie das sachliche Ergebnis dieses Gesprächs mit dem auf S. 70.

6 Verbinden Sie die sachliche Kritik mit einer Wertschätzung der Person.

Situation A
Schon vor einer Woche haben Sie der Schneiderin eine Hose zum Kürzen vorbeigebracht. Sie wollte sich nach zwei bis drei Tagen telefonisch bei Ihnen melden, sobald sie den Auftrag erledigt hätte.
Sie benötigen die Hose dringend heute Abend und rufen bei der Schneiderin an.

Situation B
Sebastian erzählt mit Vorliebe Blondinenwitze, vor allem, wenn seine drei blonden Arbeitskolleginnen in der Nähe sind. Sie finden das verächtlich und reden mit ihm.

Situation C
Ihr Freund merkt, dass Sie heute viel zu tun hatten und deshalb sehr abgespannt sind. Zum Ausgleich will er Sie ins Eiscafé und danach ins Kino einladen. Weil Sie nicht sofort reagieren, macht er weitere Vorschläge, sodass Sie sich schon etwas genervt fühlen. Sie möchten nämlich am liebsten zu Hause bleiben und nichts tun.

7 Äußern Sie Ihre Kritik, indem Sie Ich-Botschaften formulieren, dabei Ihre Wahrnehmung schildern, Ihre Schlussfolgerung ziehen und Ihre Gefühle ausdrücken.

Erfinden Sie zusätzliche Informationen, um die Aufgabe bearbeiten zu können.

A Lehrer zur Schülerin: „Du bist unkonzentriert."
B Monika zu ihrem Freund: „Du verstehst das nie."
C Chefin zu einem Angestellten: „Sie haben einfach keinen Respekt."

KOMPETENZBOX

Ich-Botschaften formulieren

Du-Botschaften
Kritische Aussagen werden oft als Du-Botschaften geäußert.

BEISPIELE:
- *Du störst.*
- *Deine Leistungen haben stark nachgelassen.*
- *Sie hören mir nicht zu.*

Dabei erhält die subjektive Einschätzung den Anschein der objektiven Wahrheit. Verstärkt wird die Wirkung dieser Aussage häufig noch durch Wörter wie „alle", „jeder", „immer", „nie" usw.

BEISPIEL:
Du störst ständig.

Durch solche Du-Botschaften fühlt sich die kritisierte Person abgestempelt und abgewertet und neigt eher zum Angriff oder Rückzug.

Ich-Botschaften
Meist ist Kritik leichter zu ertragen, wenn Sie sie in Ich-Botschaften äußern. Dabei wird die geäußerte Kritik deutlich als subjektive Einschätzung benannt. So wird eher die Bereitschaft gefördert, sich zu ändern. Der andere erhält die Chance, sich zu wehren und Stellung zu nehmen oder aus eigener Einsicht heraus positiv zu reagieren.

BEISPIEL:
Ich habe den Eindruck, Sie hören mir nicht zu.

Vollständige Ich-Botschaften
bestehen aus
- der Beschreibung der Wahrnehmung,
- der Schlussfolgerung daraus und
- dem Ausdruck der eigenen Gefühle.

BEISPIEL:
Ich habe beobachtet, dass du dich in der letzten Woche mit Sabrina, heute mit Alesio angelegt hast. In den ersten beiden Jahren ist das überhaupt nicht vorgekommen. Mir scheint, dass du in letzter Zeit aggressiver geworden bist. Das enttäuscht mich, weil ich weiß, dass du ganz anders sein kannst.

So lösen Sie Konflikte durch Mediation

1 Erklären Sie die Bedeutung des Begriffs „Vermittlung" (Übersetzung von Mediation).

2 Nennen Sie Konfliktsituationen, in denen eine Mediation eine mögliche Methode wäre, den Konflikt zu lösen.

KOMPETENZBOX

Mediation

Mediation ist ein Verfahren, bei dem man versucht, einen Konflikt so zu lösen, dass beide Konfliktparteien ein möglichst hohes Maß an Zufriedenheit erlangen. Eine Gewinner- und Verlierersituation soll also vermieden werden. Das **Mediationsverfahren** wird in beruflichen und privaten Konfliktfällen angewandt und ist besonders dann sinnvoll, wenn
- eine Situation sehr vielschichtig ist,
- ein Konflikt aufgrund von Schuldzuweisungen usw. nicht im direkten Gespräch gelöst werden kann,
- eine gerichtliche Auseinandersetzung vermieden werden soll.

Aufgabe des Mediators ist es, sich neutral zu verhalten, aber dafür zu sorgen, dass beide Konfliktparteien die Handlungsweise der anderen nachvollziehen können und zu einer einvernehmlichen Lösung kommen.

3 **a)** Einigen Sie sich auf eine Konfliktsituation, die man durch Mediation lösen könnte. Beschreiben Sie die Konfliktsituation genau.

b) Bereiten Sie ein Rollenspiel vor und legen Sie die Rollen für die Konfliktparteien, den Mediator und eine Beobachtergruppe (achtet auf den Ablauf, die Einhaltung der Rollen und Situation) fest.

c) Führen Sie das Rollenspiel durch.

d) Die handelnden Personen geben eine Rückmeldung darüber, wie sie sich während des Spiels gefühlt haben. Die Beobachtergruppe gibt eine Rückmeldung zum Rollenspiel und schätzt den Erfolg der Mediation ein.

4 Halten Sie das Ergebnis Ihres Rollenspiels schriftlich fest.

KOMPETENZBOX

Ablauf einer Mediation

Erster Schritt: Der Rahmen
- Der Mediator schafft eine ungezwungene Atmosphäre, erklärt das Ziel (eine einvernehmliche Lösung finden), vereinbart mit allen Beteiligten Vertraulichkeit über die Gesprächsinhalte, legt Gesprächsregeln fest (z. B. maximale Sprechzeit, keine persönlichen Angriffe, keine Unterbrechung des Redebeitrags).

Zweiter Schritt: Das Problem
- Die Konfliktparteien stellen über den Mediator das Problem dar.
- Der Mediator fasst die Aussagen der einzelnen Parteien zusammen, hebt dabei die Gemeinsamkeiten hervor und entschärft die Konflikte.

Dritter Schritt: Die Bedürfnisse
- Die Konfliktparteien äußern ihre Bedürfnisse, Wünsche, Interessen, reden miteinander (nicht übereinander).
- Der Mediator wird zum Moderator.

Vierter Schritt: Die Lösung
- Der Mediator zerlegt komplexe Konflikte in überschaubare Teilkonflikte, lässt die Konfliktparteien Lösungswege für den Konflikt sammeln.
- Die Lösungsmöglichkeiten münden in eine Tätigkeitsliste.

Fünfter Schritt: Das Protokoll
- Die Lösungen mit den jeweiligen Tätigkeiten werden schriftlich festgehalten.

Sechster Schritt: Die Kontrolle
- Es wird ein Zeitpunkt festgelegt, zu dem der Mediator die Einhaltung der Absprachen und die Umsetzung der vereinbarten Tätigkeiten überprüft.

Sprachliche Übungen

1 Bilden Sie die Sätze in der Sie-Form und schreiben Sie sie in der korrekten Groß- und Kleinschreibung auf. Trennen Sie die Sätze durch Komma ab.

A Wenn du dich hier unterhältst dann kann ich nicht verstehen was die anderen sagen und das stört mich.
B Du hast deine materialien die wir heute benötigen nicht dabei sodass ich dir eine andere aufgabe erteilen muss das wirft meine planung durcheinander und ärgert mich.
C Du hast versprochen dass du die getippte fassung heute ablieferst nun hast du aber nur deine Skizzen fertig sodass die gruppe mit ihrer arbeit in verzug gerät das ist ärgerlich für die gruppe.
D Wenn du das so formulierst kann dein gesprächspartner sehr beleidigt sein ich weiß nicht ob du das beabsichtigst.

2 Formulieren Sie nach der Beschreibung der Wahrnehmung je eine unterschiedliche offene Frage.

A Du hast für zwei Folien einen roten Hintergrund gewählt, für drei weitere einen grellen gelben …
B Du hast zu Beginn deiner Präsentation aufgezählt, welche Gesichtspunkte du ansprechen möchtest. Zwei Punkte hast du nun nicht erwähnt …
C Auf deinen Folien hast du nur Stichworte vermerkt, auf zwei Folien stand ein ausführlicher Text, den ich in der Kürze der Zeit nicht lesen konnte …
D Zuerst hast du die wesentlichen Punkte eurer Präsentation vorgetragen. Dies dauerte rund 15 Minuten. Danach sprach Ephraim rund 3 Minuten …
E Ephraim, du hast sehr frei gesprochen, dich von den Folien gelöst. Das hat einen souveränen Eindruck gemacht. Die dritte Folie hat nicht dem entsprochen, was du gesagt hast …
F Eric, du hast am Anfang kurz ins Publikum geschaut, dann deinen Blick auf die Inhalte deiner Folien gerichtet …

3 Notieren Sie eine positive Äußerung, bevor Sie diese Aussage machen.

A … Du hast bis jetzt noch nichts gesagt.
B … Heute machst du auf mich nicht den Eindruck, dass du konzentriert arbeitest.
C … Im Augenblick scheint bei dir einiges schiefzulaufen.

4 Antworten Sie in den folgenden Situationen, ohne zu lügen, aber auch ohne den anderen zu verletzen.

Situation A
Sie sind bei Frau und Herrn Heckler, Ihren zukünftigen Schwiegereltern, zum Essen eingeladen. Herr Heckler hat Nudelauflauf mit Spinat und Schinken gekocht. Voller Stolz präsentiert er sein Gericht. Frau Heckler bemerkt noch: „Wenn es dieses Gericht gibt, halte ich mich ganz aus der Küche raus. Mein Mann kocht das vorzüglich. Sie werden sehen. So krieg ich das nicht hin." Sie mögen keinen Spinat, schon als Kind mochten Sie ihn nicht. Sie wollen aber nicht gleich als wählerisch bei Ihren zukünftigen Schwiegereltern gelten. Nachdem Sie den ersten Bissen genommen haben, fragt Sie Herr Heckler: „Na, wie schmeckt's, junger Mann?"

Situation B
Eine Kollegin, mit der Sie mehrere Jahre zusammengearbeitet haben, wird Ihre Abteilungsleiterin, was Sie sehr begrüßen. Beim Stehempfang anlässlich des Einstands sagt ein älterer Kollege, den Sie sehr schätzen, zu Ihnen: „Viel zu jung für diese Aufgabe und dann auch noch eine Frau. Meinen Sie nicht auch?"

5 Formulieren Sie Du-Botschaften in vollständige Ich-Botschaften um. Denken Sie sich hierzu eine Situation aus, beschreiben Sie Ihre Wahrnehmung, ziehen Sie Schlussfolgerungen daraus und äußern Sie Ihre Gefühle.

A Auf dich kann man sich einfach nicht verlassen.
B Du drückst dich immer um die Arbeit.
C Sie sind zu anspruchsvoll.

6 Schreiben Sie die Sätze mit den korrekten s-Lauten und setzen Sie die nötigen Kommas.

A Wenn wir uns äu__ern mü__en wir auch die Situation unserer Adre__aten berücksichtigen.
B Es i__t in unserem Intere__e Erfolg zu haben.
C Dieses Ziel lä__t sich oft nur dadurch erreichen da__ wir Kompromi__e eingehen.
D Gewi__ ist da__ nicht immer einfach aber schlie__lich wei__ jeder da__ wir nicht vorankommen wenn wir uns in allen Situationen kompromi__los verhalten.
E Mei__t mu__ man sich nicht unangeme__en einschränken um zu einem Ergebni__ zu gelangen.

Prüfungsvorbereitung

Situation

Andrea und Mona halten eine Präsentation vor jungen Erwachsenen, von denen viele schon kleine Kinder haben. Sie bitten Patrick, ihnen nach der Präsentation ein Feedback zu geben, wie ihre Präsentation angekommen ist und was sie verbessern könnten.

Die Präsentation handelt von Straßenkindern in Deutschland. Ziel ist es, auf das Problem aufmerksam zu machen und den jungen Erwachsenen Hinweise zu geben, wie sie verhindern können, dass ihre Kinder zu Straßenkindern werden.

Zunächst begrüßt Andrea das Publikum und stellt sich kurz vor, danach stellt sich Mona vor und nennt das Thema und das Ziel der Präsentation (siehe oben). Andrea erklärt den Ablauf der Präsentation, der auf einem Flipchart notiert ist:

- *Begrüßung, Vorstellung und Ablauf*
- *Situation der Straßenkinder in Deutschland*
- *Hilfsorganisationen*
- *Internetadressen*

Zu Beginn der Präsentation zeigen sie einen dreiminütigen Film über Straßenkinder in Deutschland, zu dem Mona zuvor ein paar Hinweise gibt. Nach dem Film hält Andrea einen zehnminütigen Vortrag über die Situation von Straßenkindern in Deutschland, geht dabei auf das Verhalten, die Lebensweise, Zukunftsaussichten sowie Herkunft der Straßenkinder ein und gibt zu allen Bereichen statistische Informationen. Während dieser Ausführungen zeigt Mona insgesamt fünf Bilder von Straßenkindern auf Folie.

Mona fährt mit dem Vortrag fort, indem sie drei Hilfsorganisationen vorstellt und deren Arbeitsweise etwa sechs Minuten lang erläutert. Währenddessen hält Andrea Flyer der einzelnen Organisationen in die Höhe.

Zum Abschluss verweist Andrea darauf, dass Eltern viel mit ihren Kindern reden sollten, um zu verhindern, dass sie ebenfalls zu Straßenkindern werden, und ruft zur Unterstützung der Hilfsorganisationen auf. Mona weist darauf hin, dass die Flyer zur Ansicht auf dem Tisch ausliegen, und nennt die Internetadressen der drei vorgestellten Organisationen.

Patrick gibt folgende Rückmeldung:

Na, ihr habt uns ganz schön erschlagen mit dem Film und den Bildern. Ich hab immer gedacht, Straßenkinder gibt es nur in Brasilien und in Asien. Also gut, jetzt habe ich wieder was gelernt. Am Schluss ist das ein bisschen auf eine Bettlerei hinausgelaufen. Da habt ihr zu viel über die Hilfsorganisationen erzählt. Ich hab schon gedacht, jetzt läuft gleich noch eine Klingelbüchse herum oder ihr verteilt Formulare für Banküberweisungen. Die Leute hätten doch lieber etwas darüber gehört, wie sie bei ihren Kindern verhindern können, dass sie zu Straßenkindern werden. Das hätte ich völlig anders gemacht. Ich hätte nur ein Bild aufgehängt und dann den Leuten viele Tipps gegeben. Aber sonst war alles in Ordnung.

Aufgabe:

Formulieren Sie eine wertschätzende Rückmeldung. Bedenken Sie dabei, dass Andrea und Mona während dieser Phase nur zuhören sollen.

- Eröffnen Sie das Gespräch so, dass eine wohlwollende Atmosphäre entsteht.
- Beschreiben Sie zuerst, was Ihnen Positives aufgefallen ist.
- Äußern Sie nach Möglichkeit nicht mehr negative Punkte als positive.
- Werten Sie nicht, sondern beschreiben Sie, was Sie beobachtet haben.
- Formulieren Sie Kritik in Ich-Botschaften.
- Beenden Sie das Gespräch in dankbarer Anerkennung.

Prüfungsvorbereitung

MUSTERLÖSUNG

Rückmeldung (Feedback)

Ich freue mich, dass ich eine so informative, lebendige und engagierte Präsentation miterleben konnte. Vielen Dank dafür. Ihr habt mich gebeten, euch ein Feedback zu geben, das mache ich gerne.

← *Positive Einstimmung, subjektiv formuliert, nicht als Werturteil*

Mir ist aufgefallen, dass ihr eure Beiträge sehr gut aufeinander abgestimmt habt. Zuerst hat Andrea geredet, dann Mona, das ging immer hin und her. Bei längeren Redebeiträgen hat die Partnerin auch mitgewirkt. Du, Mona, hast die Bilder gezeigt und du, Andrea, die Flyer, als die jeweils andere redete.

← *Subjektiv, beschreibend*

An der Reaktion des Publikums auf den kurzen Film und an der Spannung während deines Vortrags, Andrea, lese ich ab, dass das Publikum Interessantes und Neues erfahren hat und die Länge der Beiträge angemessen war.

← *Interpretation ausdrücklich subjektiv dargestellt*

Das Publikum musste nicht nur zuhören, sondern konnte auch immer etwas sehen, während gesprochen wurde. Dies war bei der Vorstellung des Ablaufs der Präsentation auf dem Flipchart der Fall, beim Film, beim Vortrag von Andrea und bei der Vorstellung der Hilfsorganisationen durch Mona.

← *Beschreibend*

Bis hierhin dauerte die Präsentation etwa 20 Minuten. Dann hast du, Andrea, etwa eine Minute darüber geredet, was Eltern tun könnten, um zu verhindern, dass ihre Kinder zu Straßenkindern werden. Nach den einführenden Worten von Mona über das Ziel eurer Präsentation hätte ich allerdings mehr Informationen und längere Ausführungen erwartet.

← *Nach der Nennung von 3 positiven Aspekten Übergang zur Kritik*

← *Kritik subjektiv, als Ich-Botschaft formuliert*

Die Internetadressen, die du, Mona, am Schluss genannt hast, konnte ich mir nicht so schnell merken. Wenn sie beispielsweise auf dem Flipchart gestanden hätten, hätte ich sie mir notieren können.

← *Zweiter Kritikpunkt, ebenfalls als subjektive Erfahrung dargestellt*

Ich freue mich, dass ihr mich um diese Rückmeldung gebeten habt. Vielen Dank, dass ich durch euch wieder etwas lernen durfte.

← *Würdigung der Leistung, Dank*

Kompetenz-Logbuch

Online-Link 803501-0006

- Insgesamt bewerte ich die Lektion mit folgendem Smiley.
- Diese mir selbst gesteckten Ziele habe ich erreicht.
- Dies hat mir Schwierigkeiten bereitet.
- So habe ich mich beteiligt und in die Gruppe eingebracht.
- Das will ich noch lernen.
- Diese konkreten Schritte werde ich dazu unternehmen.

Projekte

1 Rollen spielen

Beschreiben Sie einen Konflikt in der Klasse oder einen Konflikt, den Sie gemeinsam wählen.
Spielen Sie den Konflikt in einem Rollenspiel durch und untersuchen Sie das Gesprächsverhalten der Teilnehmerinnen und Teilnehmer.

Legen Sie zuvor fest, was Sie untersuchen wollen. Informieren Sie die Teilnehmer/innen über Ihr Vorhaben und entscheiden Sie, wer welche Rolle übernimmt.
Werten Sie das Gespräch aus und stellen Sie die Ergebnisse in geeigneter Form vor.

2 Respektvolles Gesprächsverhalten im Unterricht fördern

Machen Sie eine Zusammenstellung von Äußerungen und Verhaltensweisen, an denen Sie ein respektvolles Sprachverhalten im Unterricht festmachen.
Beobachten Sie eine gewöhnliche Unterrichtsstunde und notieren Sie, wo Sie respektvolles Gesprächsverhalten beobachten und wo Sie es nicht feststellen konnten. Geben Sie der Klasse und der Lehrperson eine Rückmeldung über Ihre Beobachtungen.

3 Gesprächsverhalten in Diskussionsforen beobachten

Wählen Sie ein Diskussionsforum im Internet aus (z. B. schueler4um.de). Legen Sie sich jeweils auf eine Person fest, deren Gesprächsverhalten Sie beobachten. Notieren Sie die Anzahl der Beiträge „Ihrer" Person und untersuchen Sie das Gesprächsverhalten.

Schreiben Sie Ihre Beobachtungen auf und berichten Sie der Klasse.

07 Wie Sie Texte verstehen

Was Sie wissen und was Sie lernen können

„Ich verstehe nur Bahnhof."

1. Erklären Sie die Bedeutung dieser Redewendung.

2. Berichten Sie von Situationen, in denen es Ihnen ähnlich ging.

3. Entscheiden Sie, ob die Aussagen 1 – 11 richtig oder falsch sind.

Begriffe und Redewendungen verstehen
1. Das Wort „Lake" bedeutet Betttuch.
2. Telepathie bedeutet eigentlich „Fernfühlen".
3. Dass etwas nicht das Beste ist, wird mit der Redewendung „Das ist nicht das Wahre vom Ei" ausgedrückt.

Komplizierte Sätze verstehen
4. In dem Satz „Das Handy kann ich dir nicht kaufen" ist das Wort „Handy" das Subjekt.
5. „Obwohl" ist eine kausale Konjunktion.

Aufbau eines Textes verstehen und einen Abstract schreiben
6. Der Begriff „Verb" passt nicht in die Reihe: Subjekt, Prädikat, Objekt.
7. Sinnabschnitte eines Textes kann man in logische Beziehungen setzen.

Schaubilder und Karikaturen interpretieren
8. Die Überschrift eines Schaubildes zeigt dessen Aussage.
9. Bei der Interpretation einer Karikatur sind alle Teile der Zeichnung gleich wichtig.

Einen Text visualisieren
10. Man kann einen Text so formatieren, dass sein Inhalt leichter zu verstehen ist.
11. Textstrukturen können optisch dargestellt werden.

4. Vergleichen Sie Ihre Ergebnisse mit der Lösung im Kompetenzregister, S. 259.

5. Markieren Sie im Kompetenz-Logbuch für dieses Kapitel, in welchem Bereich Sie aufgrund der Ergebnisse von Aufgabe 3 Ihre Stärken sehen, und legen Sie Ihre persönlichen Schwerpunkte für den weiteren Lernprozess fest. **Online-Link** 803501-0007

A	B	C	D	E
Begriffe und Redewendungen verstehen	Komplizierte Sätze verstehen	Aufbau eines Textes verstehen und einen Abstract schreiben	Schaubilder und Karikaturen interpretieren	Einen Text visualisieren

BASISKOMPETENZ A

A | B | C | D | E

So verstehen Sie Begriffe und Redewendungen besser

1 Lesen Sie die Kompetenzbox.

KOMPETENZBOX

Unbekannte Wörter

Wenn Sie einen Text lesen, prüfen Sie genau, ob Ihnen einzelne Wörter unklar sind. Wenn Sie sich bei einem Begriff etwas unsicher fühlen, hilft es, z. B. Synonyme (Wörter mit ähnlicher Bedeutung) zu formulieren bzw. den Begriff zu definieren.

Nachschlagewerke
Wenn möglich benutzen Sie Nachschlagewerke. In Standardwerken zur deutschen Rechtschreibung sind viele Begriffe erklärt. Falls Sie dort nicht fündig werden, benutzen Sie ein Bedeutungswörterbuch oder für Fremdwörter ein Fremdwörterbuch.

Folgende Angaben sind **standardisiert**: Nach dem Begriff werden der bestimmte Artikel, die Genitivendung und dann die Pluralendung genannt. ⟨Angaben zur Herkunft⟩, (Zusatzinformationen), [Aussprache], Pfeil nach oben: Verweis, Angaben zur Trennung im Stichwort durch feine Trennlinien.

Text, der; -[e]s, -e ⟨lat.⟩ (Wortlaut, Beschriftung; [Buch]stelle)
Duden Band 1. Die deutsche Rechtschreibung. Bibliographisches Institut AG, Mannheim 2009, S. 1058

Beachten Sie auch, dass einige **Fremdwörter** sich in der Schreibweise nur unwesentlich unterscheiden, inhaltlich aber unterschiedliche Bedeutungen haben. Mitunter werden Fremdwörter neu gebildet. Hier kann es manchmal helfen, sich an Präfixen (Vorsilben) oder Suffixen (Endungen) zu orientieren.

2 Notieren Sie das Wort, das kein Synonym zum ersten Begriff ist.

A anmaßend – unbescheiden – vermessen – passend
B Medium – Melodienfolge – Bindeglied – Stoff
C behutsam – achtsam – gleichgültig – vorsichtig

3 Nennen Sie die passenden Begriffe und notieren Sie deren Bedeutung.

A Die Geschenke sind original/originell verpackt.
B Der Traum war erschreckend real/reell.
C Der Strandabschnitt ist ideal/ideell zum Schwimmen.
D Der Widerstand gegen Hitler war legal/legitim.
E Er konnte es rational/rationell nicht begründen, warum er die Tat begangen hatte.
F Bevor man ein Buch kaufen will, kann man erst einmal Rezessionen/Rezensionen durchlesen.
G Das Unternehmen muss auf der Fachmesse Präsens/Präsenz zeigen.

4 **a)** Ordnen Sie einen Wortteil aus der linken einem Wortteil aus der rechten Spalte zu und schreiben Sie den Begriff auf.

A Trans-	**1** -kinese
B Post-	**2** -aktivität
C Proto-	**3** -fer
D Ambi-	**4** -logie
E Demo-	**5** -tonie
F Bio-	**6** -valenz
G Psycho-	**7** -moderne
H Ko-	**8** -kratie
I Hyper-	**9** -operation
J Mega-	**10** -typ
K Mono-	**11** -analyse
L Tele-	**12** -fon

b) Klären Sie mithilfe eines Fremdwörterbuches die Bedeutung der einzelnen Wortteile.

5 **a)** Notieren Sie die Wörter, die mehrere Bedeutungen besitzen.

Dichtung – Dill – Division – Erbschaft – Erde – Frust – Fuhre – Futter – Fach – Kamm – Kapuze – Linse – Strom – Strophe – Wald – Watt – Zelle

b) Formulieren Sie je zwei Beispielsätze, aus denen die Unterschiede deutlich werden.

KOMPETENZBOX

Mehrdeutigkeiten

Manche Wörter haben verschiedene Bedeutungen. Wenn Sie nur eine Bedeutung in Betracht ziehen, können Ihnen manche Sätze sinnlos vorkommen. Prüfen Sie dann die Wörter, die für Sie keinen Sinn ergeben, auf Doppel- oder Mehrdeutigkeit.

Möglicherweise müssen Sie ein Wort anders aussprechen oder anders betonen, um den anderen Sinn zu erkennen. Am Satzanfang können verschiedene Wortarten, die man sonst durch Groß- und Kleinschreibung unterscheidet, zu Verwechslungen führen. Beachten Sie auch, dass eine Veränderung des Artikels manchmal zu anderen Wortbedeutungen (der, die, das Schöne) führen kann.

Bildliche Sprache in Form von Vergleichen und Metaphern ist auch mehrdeutig. Indem Sie sich die Bilder ganz konkret vorstellen, können Sie zu einem Textverständnis gelangen.

In vielen Bereichen werden auch Euphemismen (Beschönigungen) gebraucht, um unangenehme Dinge zu verschleiern (z. B. „Entsorgungspark").

Achten Sie auch besonders auf ironische Äußerungen, die das Gegenteil des Gesagten meinen.

6 Entscheiden Sie, welche Wörter

a) durch Groß- und Kleinschreibung oder

b) durch eine andere Aussprache einen anderen Sinn bekommen.

august - beinhaltung - gen - sucht - regen - modern - robben - weg - versendung - rage - sehnen - wachstube - staubecken - fort - rast

c) Schreiben Sie jeweils einen Satz auf, aus dem die Bedeutung des Wortes hervorgeht.

7 Bestimmen Sie, wodurch bei den folgenden Beispielen Mehrdeutigkeit möglich wird, indem Sie die Möglichkeiten (mehrere Wortbedeutungen, Aussprache, Wortart, Bild, Euphemismus, Ironie) den entsprechenden Beispielen zuordnen.

A Es erfolgte eine Preisanpassung.
B Der Strom war versiegt.
C Die Schuldenzunahme war ein voller Erfolg.
D „Weg vom Alltag" ist oft ein unerfüllter Wunsch.
E Die Blechlawinen schoben sich nur langsam voran.
F Das Hotel bietet schnellen Transfer zum Flughafen.

8 **a)** Stellen Sie sich die folgenden Sprichwörter und Redewendungen visuell vor.

b) Schreiben Sie jeweils eine allgemeine Aussage auf, die man aus den Visualisierungen bzw. den Redewendungen/Sprichwörtern ableiten kann.

BEISPIEL A:
Das Herz gilt als symbolischer Ort der Gefühle. Wenn man jemandem das Herz bricht, dann zerstört man seine Gefühle, macht ihn also sehr unglücklich.

A Jemandem das Herz brechen
B Wie Hund und Katze
C Jemanden ins kalte Wasser werfen
D Die Suppe auslöffeln müssen
E Auf Granit beißen
F Den richtigen Ton treffen

KOMPETENZBOX

Redewendungen

Wenn eine Formulierung wörtlich keinen Sinn ergibt, dann stellen Sie sich diese bildlich vor. Wenn die bildliche Vorstellung an sich keine Klarheit bringt, suchen Sie nach möglichen Bedeutungen, die Sie übertragen können (z. B. Eigenschaften oder Funktionen). **Sprichwörter** verweisen oft auf einen Einzelfall. Finden Sie die Bedeutung, die man daraus verallgemeinern kann. Wenn dies zu keinem Ergebnis führt, dann recherchieren Sie in Wörterbüchern oder im Internet.

9 Schreiben Sie jeweils die beiden Sprichwörter auf, die in den folgenden Sätzen gemischt wurden.

A Gottes Mühlen mahlen langsam, aber beißen nicht.
B Viele Köche kehren gut.
C Eine Krähe wäscht die andere.
D Auch ein blindes Huhn studiert nicht gern.
E Wer den Schaden hat, sollte nicht mit Steinen werfen.
F Wer Wind sät, der rostet.
G Sich regen ist aller Laster Anfang.

BASISKOMPETENZ B

A	B	C	D	E

So verstehen Sie auch komplizierte Sätze

1 Notieren Sie Subjekt und Prädikat der folgenden Sätze.

A Sie stellte die Vase auf den Tisch.
B Die Fußballmannschaft feierte ihren Sieg.
C Über den neuen Termin informieren wir Sie gerne.
D Meine Ankunft habe ich Ihnen rechtzeitig mitgeteilt.
E Die Reisebestätigung wurde mir zugeschickt.
F Ich wurde benachrichtigt.
G Den Unfallhergang hat der Zeuge genau beschrieben.

KOMPETENZBOX

Subjekt und Prädikat erkennen

Im Normalfall wird in der deutschen Sprache die **Kernaussage** eines Satzes durch **Prädikat und Subjekt** gebildet. Das Subjekt steht im Nominativ und gilt als handelndes (im Aktiv) oder als erleidendes Element (im Passiv). Das Subjekt des Satzes kann durch „Wer oder was?" erfragt werden.
Das Prädikat bezieht sich auf das Subjekt und enthält eine zum Subjekt passende finite Verbform. Das Prädikat lässt sich durch die Frage „Was tut oder erleidet das Subjekt?" erkennen.

Mit der „**Wegstreichprobe**" kann man in vielen Fällen durch Wegstreichen aller untergeordneten Satzteile Subjekt und Prädikat – und damit die Kernaussage – isolieren.

Beachten Sie, dass manche Prädikate ein Objekt benötigen, damit eine sinnvolle Satzaussage entsteht.

2 Schreiben Sie die folgenden Sätze nach Durchführung der Wegstreichprobe auf.

A Die richtigen Umgangsformen in Bezug auf die Mitmenschen gehören zu den wichtigsten sozialen Verhaltensweisen.

BEISPIEL:
Umgangsformen gehören zu Verhaltensweisen.

B Besonders bei Gesprächen im Rahmen einer Geschäftsbeziehung und speziell beim Abschluss eines möglichen Vertrags sollte man die Kleiderordnung beachten.
C Aufgrund interkultureller Unterschiede werden wichtige und fundamentale Benimmregeln oft sehr zum ökonomischen Nachteil nicht eingehalten.
D Sprachliche Kommunikation dient auch zur Vermeidung von möglichen Konflikten, ist nicht auf den reinen Austausch von Sachinformationen zwischen den Gesprächspartnern beschränkt.
E Besonders mehrmaliges Lob und anerkennende Worte sorgen bei den Kommunikationspartnern durch positive Signale für eine harmonische Stimmung und eine Wohlfühlatmosphäre.

3 Schreiben Sie den Hauptsatz auf (siehe auch Kompetenzbox, S. 83).

A Er ließ sich von seinem Freund zum Weiterspielen ermutigen, auch wenn er immer noch glaubte, dass sie keine Chance mehr auf einen Sieg hatten.
B Ich habe heute Morgen meine Nachbarin, die im Haus gegenüber wohnt, gesehen, als sie sich von ihrem Mann verabschiedete.
C Es war unglaublich schwer, ein Thema zu finden, das zugleich spannend und kontrovers ist und zu dem es obendrein genügend Recherchematerial gibt.
D Als er vor zwei Jahren einen Brief von seinem vermeintlich verstorbenen Bruder bekam, konnte er kaum glauben, dass dieser nun schon mehre Enkelkinder hatte.
E Es regnete in Strömen, als Anna mich gestern besuchen wollte und mich nicht erreichte, da ich aufgrund einer anderen Verabredung nicht in Kiel war, was ich heute natürlich bedaure.
F Als er in die Schule kam, hatte der Unterricht schon begonnen.

KOMPETENZBOX

Haupt- und Nebensätze unterscheiden

Sätze können in **Haupt- und Nebensätze** unterteilt werden, wobei der Hauptsatz übergeordnet ist und die **Hauptaussage** beinhaltet. Ein Nebensatz kann nie allein stehen.
Im Normalfall gelten folgende Regeln: Im Hauptsatz steht das Prädikat zwischen Subjekt und Objekt. Im Nebensatz steht die flektierte Form des Prädikats am Satzende.

Beachten Sie: Ist der Nebensatz dem Hauptsatz vorangestellt, ändert sich die Stellung des Prädikats im Hauptsatz.

Bei **adverbialen Nebensätzen** ist es wichtig, die **Konjunktionen** in ihrer Bedeutung zu verstehen und zu unterscheiden.

Bei **Attributsätzen** muss man die Bezüge richtig setzen, da sonst der Text falsch verstanden wird. Der Attributsatz kann sich auf jedes Satzglied (mit Ausnahme des Prädikats) oder auf den gesamten Hauptsatz beziehen. Die meisten Attributsätze sind **Relativsätze**, die mit einem Relativpronomen (der, die, das, welcher, welche, welches, was) oder einem **Pronominaladverb** (wo, womit, worüber, wozu, woran) eingeleitet werden.

4 **a)** Ordnen Sie die folgenden Konjunktionen ihrer Verwendung in der rechten Spalte zu.

b) Schreiben Sie Sätze auf, in denen diese Konjunktionen passend verwendet werden.

A nachdem	**1** modal (Art und Weise)
B falls	**2** temporal (Zeit)
C weil	**3** final (Absicht)
D obwohl	**4** kausal (Ursache)
E indem	**5** konditional (Bedingung)
F damit	**6** konzessiv (Einschränkung)
G sodass	**7** konsekutiv (Folge)

5 Notieren Sie das Relativpronomen oder das Pronominaladverb und schreiben Sie dessen Bezug auf.

A Man suchte nach einem Konsens, dem alle zustimmen konnten.
B Die anspruchsvollen Teilnehmer, denen nichts gut genug war, wollten den Saal verlassen.
C Gabrielle redete mit vielen Teilnehmern, woran zu erkennen war, dass sie eine Einigung suchte.
D Sean widersprach Gabrielles Angaben, die er als falsch bezeichnete.
E Die Temperatur im Saal, dessen Klimaanlage versagte, wurde im Laufe der Konferenz immer unerträglicher.
F Die Teilnehmer hörten ihm nicht zu, was ihn sehr ärgerte.
G Hatte er doch in seinen Ausführungen gezeigt, wozu man sich getroffen hatte.
H Dann wurde auch noch eine Fernsehsendung gezeigt, in der das Problem nur am Rande behandelt wurde.
I Der Kommentator sagte etwas, das unverständlich war.
J Schließlich wurde ein Kommuniqué verabschiedet, welches alle unterschreiben konnten.

A | B | **C** | D | E

So verstehen Sie den Aufbau eines Textes und schreiben einen Abstract

1 Lesen Sie die Kompetenzbox.

KOMPETENZBOX

Textabschnitte zusammenfassen

Um den Aufbau und die Struktur eines Textes zu verstehen, teilen Sie ihn in **Sinnabschnitte** ein und fassen Sie diese Sinnabschnitte auf einer **höheren Abstraktionsebene (Oberbegriffe)** zusammen. Diese Abstraktion muss alle wichtigen Teilaspekte des Textabschnittes beinhalten und darf sich nicht auf einzelne Punkte beschränken.
Hilfreich kann es sein, einen **„Vorrat" an wichtigen Oberbegriffen** zu haben.

2 Schreiben Sie einen Oberbegriff auf, der alle Begriffe vereint.

A Socke, Hut, Hemd, Jacke
B Wut, Trauer, Freude, Angst
C Ängstlichkeit, Mut, Feigheit, Stolz
D arbeiten, lesen, schwimmen, fernsehen
E Autobahn, Freizeit, Käseglocke, Ziffernblatt

3 Erstellen Sie eine Mindmap zum Thema „Reisen", indem Sie die folgenden Oberbegriffe durch Unterkategorien ergänzen.

Politik – Wirtschaft – Kultur – Verkehrswesen – Bildung – Familie – Arbeit – Sport – Medien

4 Lesen Sie den folgenden Text.

Essay über das Reisen
Was ist das eigentlich: „Reisen"? Völlig klar, oder?

Was ist das eigentlich: „Reisen"? Nicht wenigen ist das völlig klar – Sommer, Sonne, Strand und Party im Süden. All-inclusive, versteht sich. „Relaxen am Meer und braun werden", so die gängige Antwort auf die Frage nach den Urlaubsplänen … Doch ist das „Reisen"? Die Welt kennenlernen, den Horizont erweitern, kulturelle Erfahrungen machen? – In Ordnung, wenn man den Clubtanz oder den alltäglichen Cocktail an der Strandbar als kulturelle Bereicherung ansieht, dann schwelgt man auf Ibiza, Lloret und anderen „Touristen-Domizilen" im kulturellen Eldorado. Wahre Begeisterungsstürme kommen nach solchen Reisen jedoch selten auf – vielleicht, weil diese vermeintlichen Reisen keine wirklich erfüllenden Reisen sind; zumindest nicht im traditionellen Sinn.

Betrachten wir den Begriff „Reise" genauer. Entstanden ist er aus dem althochdeutschen Verb ‚risan', mit der Bedeutung, aktiv zu werden, aufzustehen, sich zu erheben, nicht jedoch, wie man heute annehmen könnte, von: eingeölt in einer Hängematte auf der Sonnenterrasse eines Hotels in El Arenal zu entspannen. So gesehen erschließen sich ganz neue Ideen darüber, was Reisen ursprünglich für eine Bedeutung gehabt haben könnte. Der Schlüssel zur Antwort auf diese Frage könnte darin liegen, herauszufinden, was es eigentlich Merkwürdiges ist, das uns heute zum Reisen bewegt.

Auf den ersten Blick wird klar, es ist die Motivation, die uns unterscheidet von Goethe und den anderen großen Denkern vergangener Epochen – die reisten, um sich zu bilden sowie des Interesses an anderen Kulturen wegen –, Beweggründe, die von uns kaum einen überzeugen werden. Vielmehr ist es das große Entspannen, das uns lockt, da, von Globalisierung verwöhnt, wir sowieso jede halbwegs größere Kultur und jeden mehr oder weniger relevanten Ort unseres Planeten kennen. „Galileo", „Welt der Wunder" und „Wikipedia" sei Dank …

Weshalb hat aber das Reisemotiv heute solch eigenartige Züge angenommen? Die Antwort liegt auf der Hand: „Das Massenreisen gehört zu den Eigentümlichkeiten unserer Zeit. Sonst reisten bevorzugte Individuen, jetzt reist jeder und jede." So stand es nicht im Demografiebericht des letzten Jahres, sondern so oder so ähnlich sagte das Theodor Fontane, wohlgemerkt vor über 100 Jahren. Das Phänomen, nicht zwingend sinnvolle Reisen zu unternehmen, ist also keine unrühmliche Errungenschaft unserer heutigen Gesellschaft, sondern ein Prozess mit langer Tradition – So müssen wir uns keine Gedanken machen und können den Party-Trip nach Spanien weiterplanen.

von mexx_ha

http://www.neon.de/kat/kaufen/reise/167504.html, 13.11.2006, abgerufen am 02.10.2009

5 **a)** Entscheiden Sie, welcher Satz den jeweiligen Abschnitt am besten wiedergibt, und schreiben Sie auf, welche Fehler der Alternativsatz beinhaltet.

b) Bilden Sie einen Oberbegriff für den Absatz. Präzisieren Sie den Oberbegriff durch ein einschränkendes Adjektiv (z. B. seltsame Speisen).

A Abschnitt 1
1 Der Autor zeigt auf, dass heutige Reisegewohnheiten nicht zu einer tiefen Befriedigung führen.
2 In diesem Teil des Textes geht es um den traditionellen Sinn des Reisens.

B Abschnitt 2
1 Hier legt der Autor dar, dass Reisen nicht nur Aktivität bedeutet.
2 Hier zeigt der Autor über die Wortherkunft einen möglichen Sinn des Reisens auf.

C Abschnitt 3
1 Es wird dargestellt, dass die Menschen heute keine Bildungsreisen mehr unternehmen.
2 Es wird dargestellt, warum die Menschen heute keine Bildungsreisen mehr unternehmen.

D Abschnitt 4
1 Zum Schluss wird darauf hingewiesen, dass man schon lange die Tradition der Bildungsreise verlassen habe.
2 Zum Schluss wird behauptet, dass die Massenreisen ein Phänomen unserer Zeit seien.

6 Nennen Sie jeweils den Satz, der die Funktion des Abschnitts und des Gesamttextes am ehesten trifft. Begründen Sie Ihre Wahl.

A Abschnitt 1
1 Nach der Fragestellung, was Reisen sei, wird die heutige Form des Reisens problematisiert.
2 Nach der Fragestellung, was Reisen sei, werden heutige Formen des Reisens dargestellt.

B Abschnitt 2
1 Die Schilderung des heutigen Reisens wird weitergeführt und mit der Bedeutung des Wortes verglichen, was zu Merkwürdigkeiten heutiger Reisen führt.
2 Die Problematik des heutigen Reisens wird durch die ursprüngliche Bedeutung des Wortes erhärtet und führt zur Gegenüberstellung von früherem und modernem Reisen.

KOMPETENZBOX

Textstruktur erkennen

Texte haben im Normalfall eine logische Struktur. Diese Struktur können Sie erkennen, indem Sie die einzelnen **Sinnabschnitte in Beziehung setzen**. Fragen Sie also, in welchem Verhältnis ein Abschnitt zum vorigen oder zum nächsten steht. Sie können die Struktur auch spielerisch erfassen, indem Sie den Text abschnittsweise lesen und danach notieren, worum es Ihrer Einschätzung nach im nächsten Abschnitt gehen wird. Ein Vergleich zwischen Ihrer Erwartung und dem Text selbst kann die Funktion eines Abschnittes verdeutlichen.

Wenn Sie alle Teile zusammenfügen, kommen Sie zu einer fundierten Einschätzung des Gesamttextes.

7 Erstellen Sie einen Abstract zu dem „Essay über das Reisen" (Aufgabe 4).

KOMPETENZBOX

Abstract

Unter einem Abstract versteht man meist eine kurze Inhaltsangabe. Der Abstract soll die Informationen enthalten, die den Leser zur Entscheidung führen, ob er das Original lesen will. Wissenschaftliche Artikel sollten einen Abstract von 100 – 150 Wörtern enthalten.

Schulische Abstracts werden oft über kürzere Artikel oder Artikelausschnitte erstellt und sollten dann aus ca. 100 Wörtern bestehen. Häufig wird in schulischen Abstracts die **indirekte Rede** verlangt.

So interpretieren Sie Schaubilder und Karikaturen

1 Betrachten Sie das Schaubild genau und lesen Sie die Kompetenzbox.

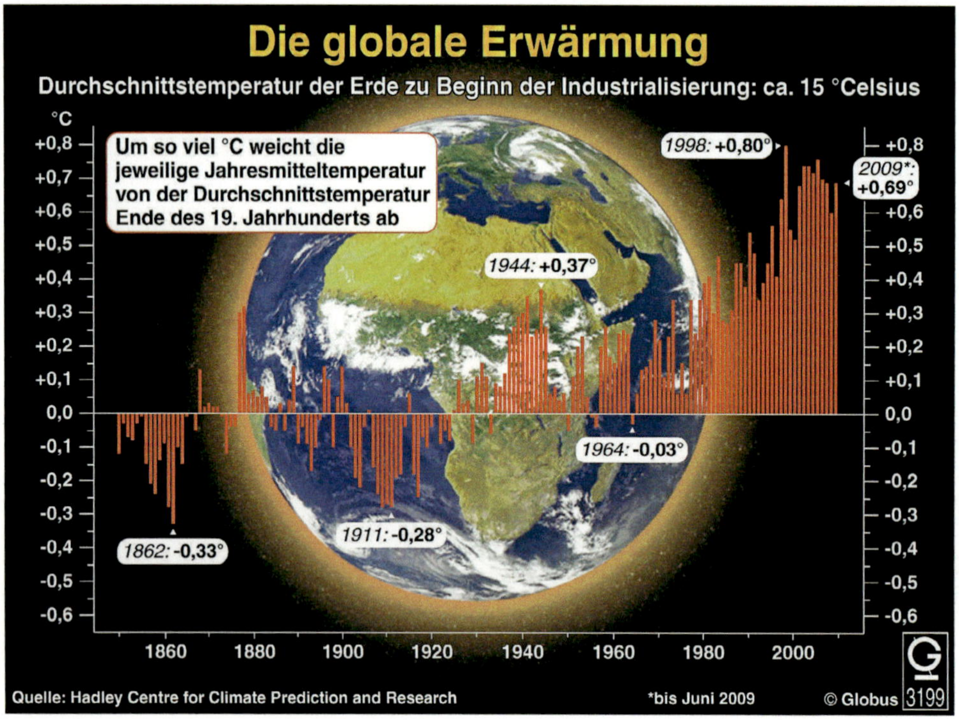

KOMPETENZBOX

Schaubilder: Themen und Einzelteile

- Informieren Sie sich bei Schaubildern erst einmal, worum es grundsätzlich geht. Meist geht dies aus der Überschrift oder dem Untertitel des Schaubildes hervor.
- Bestimmen Sie danach die **Bestandteile des Schaubildes** und benennen Sie diese. Machen Sie deutlich, worum es in diesen Bestandteilen geht.
- Beschreiben Sie dann die Daten und interpretieren Sie diese im Hinblick auf das Thema des Schaubildes.

2 Schreiben Sie einen Satz auf, der das Thema des Schaubildes genauer als die Überschrift wiedergibt.

3 Entscheiden Sie, ob die folgenden Aussagen richtig oder falsch sind, und schreiben Sie auf, warum Sie einzelne Aussagen als falsch ansehen.

A In dem Schaubild geht es um die jährliche Zunahme der Erderwärmung.
B In dem Schaubild geht es um die Zukunft der Erde.
C In dem Schaubild geht es um Erderwärmung während der letzten etwa 150 Jahre.
D Das Schaubild zeigt die Unterschiede zwischen der nördlichen und der südlichen Halbkugel.
E Das Schaubild zeigt Plus- und Minus-Temperaturen.
F Das Schaubild geht von einer Durchschnittstemperatur von 15 Grad Celsius aus.
G Die Nulllinie steht für 15 Grad Celsius.
H Links sind die Temperaturwerte in Grad Celsius angezeigt und rechts in Prozenten der Zu- oder Abnahme.
I 1988 war die Erderwärmung höher als 2009.
J Am kältesten war es 1911.
K Seit 1965 war es immer wärmer als 15 Grad Celsius.
L Die Durchschnittstemperatur der Erde betrug im Jahr 2009 15,69 Grad Celsius.

4 **a)** Begründen Sie, warum sich folgende allgemeine Aussagen nicht aus den Daten des Schaubildes ableiten lassen.

A Die Erde wird von Jahr zu Jahr wärmer.
B Die Menschen sind für die Erderwärmung verantwortlich.
C Die Erderwärmung muss gestoppt werden.

b) Formulieren Sie eine treffende allgemeine Aussage, die sich aus den Daten des Schaubildes ableiten lässt.

KOMPETENZBOX

Karikaturen

Karikaturen sind übertriebene und/oder satirische Darstellungen menschlicher Schwächen und/oder gesellschaftlicher Probleme. Karikaturen spitzen oft bewusst zu, um durch Widersprüche Probleme deutlicher zu machen. Bei der Beschreibung und Interpretation einer Karikatur können Sie **induktiv** (von der Beschreibung der Einzelheiten zur allgemeinen Aussage) oder **deduktiv** (von einer allgemeinen Interpretation zu den Einzelteilen) vorgehen. Wichtig ist es, dass Ihre Interpretation nicht nur auf einzelnen Bestandteilen aufbaut, sondern die wichtigsten Bildelemente und den Text einbezieht.

5 Lesen Sie die Kompetenzbox (links unten) und betrachten Sie die Karikatur.

Bundeszentrale für politische Bildung: GrafStat – Unterrichtsmaterial „Umweltbewusstsein/Klimaschutz", Andreas Rulle: M 01.03 Karikatur „Mit der Katastrophe leben lernen" (31.07.2007)

6 **a)** Diskutieren Sie, welche Bild- oder Textelemente in den folgenden Aussagen übersehen wurden.

A In dieser Karikatur geht es um die zunehmende Erderwärmung und das Verhalten der Menschen.
B In dieser Karikatur geht es um das Urlaubsverhalten moderner Menschen.
C Diese Karikatur zeigt, dass man sich nicht gedankenlos an den Strand legen sollte.
D Mit dieser Karikatur soll verdeutlicht werden, dass man sich mehr Gedanken machen soll.

b) Notieren Sie, wie sich die Aussage verändern würde, wenn man folgende Elemente wegließe.

A Die Entenfamilie
B Die Badekleidung
C Die Urlauber
D Die Aussage des Mannes
E Die Getränkedosen
F Der Strand
G Die Sonnenbrillen
H Die Steine am Strand
I Die Aussage unter dem Bild

c) Schreiben Sie die allgemeine Aussage dieser Karikatur auf, indem Sie auf deren wichtige Teile (Bild- und Textelemente) Bezug nehmen.

So visualisieren Sie einen Text

1 Lesen Sie die Texte A und B.

A Was ist das eigentlich: „Reisen"? Nicht wenigen ist das völlig klar – Sommer, Sonne, Strand und Party im Süden. All-inclusive, versteht sich. „Relaxen am Meer und braun werden", so die gängige Antwort auf die Frage nach den Urlaubsplänen … Doch ist das „Reisen"?

http://www.neon.de/kat/kaufen/reise/167504.html, 13.11.2006, abgerufen am 02.10.2009

B

Was ist das eigentlich: „Reisen"? Nicht wenigen ist das völlig klar – **Sommer, Sonne, Strand und Party** im Süden. **All-inclusive**, versteht sich. „**Relaxen am Meer** und **braun werden**", so die gängige Antwort (!) auf die Frage nach den Urlaubsplänen … Doch ist das „Reisen"?

2 **a)** Erklären Sie, wodurch sich die beiden Texte in Aufgabe 1 unterscheiden.

b) Erläutern Sie, welche Veränderungen im zweiten Text das Verstehen des Textes erleichtern oder erschweren.

c) Diskutieren Sie die Funktion der grafischen Darstellung des Textes und ob zusätzliche Grafiken oder Bilder es erleichtern würden, den Text zu verstehen.

KOMPETENZBOX

Texte formatieren und illustrieren

Am Computer können Sie Texte leicht bearbeiten, damit Sie diese besser verstehen. Eine spielerische Herangehensweise ist es, einzelne Begriffe oder inhaltlich zusammenhängende Begriffe unterschiedlich zu **formatieren**: Verändern Sie Größe, Farbe, Schriftart, Abstände und andere Einstellungen. Sie können diese Form der Visualisierung natürlich auch ohne Computer von Hand erstellen.

Der erstellte Text kann zusätzlich noch durch Zeichnungen oder Fotos bebildert werden. Entscheiden Sie selbst, wie viele **Illustrationen** sinnvoll sind.

3 **a)** Formatieren und illustrieren Sie einen oder weitere Abschnitte des Textes „Essay über das Reisen" (siehe S. 84 f.).

b) Notieren Sie die Gründe für die wichtigsten Formatierungen und Illustrationen.

c) Vergleichen Sie Ihre Lösungen.

4 Lösen Sie die folgenden Schachtelsätze so auf, dass die Bezüge der Satzglieder in einer hierarchischen Darstellung deutlich werden.

A Ich, der noch nie im Ausland war, reise demnächst nach Namibia, weil mich das Land interessiert, da es dort viele Nationalparks gibt, und ich von meinen Verwandten in Windhoek eingeladen wurde.

BEISPIEL:

Hauptsatz	*Ich,*		*reise demnächst nach Namibia,*			
Nebensatz 1. Grades		*der noch nie im Ausland war,*		*weil mich das Land interessiert,*		*und ich von meinen Verwandten in Windhoek eingeladen wurde.*
Nebensatz 2. Grades					*da es dort viele Nationalparks gibt,*	

B Mein Freund, der gerne Ski fährt, hat für uns einen Skiurlaub in Oberstdorf gebucht, ohne dass er mich gefragt hatte, ob ich denn mitwolle, da er genau weiß, dass ich lieber etwas anderes getan hätte.

C Obwohl ich kaum Geld hatte, war ich letztes Jahr mit meiner Freundin, die heute in Berlin, dieser beeindruckenden Stadt, studiert, an der Ostsee, wo wir tolles Wetter und viel Spaß hatten.

KOMPETENZBOX

Sätze visualisieren

Schachtelsätze können entsprechend ihren Bezügen visuell auf verschiedene Ebenen verteilt werden, sodass eine **hierarchische Darstellung** entsteht.

Eine andere Methode, Sätze klarer zu machen, ist es, die inhaltliche Satzaussage und die grammatikalische Struktur optisch darzustellen, sodass eine Grafik entsteht, die die **logische Struktur des Satzes** widerspiegelt. Die Darstellung baut auf der Wegstreichprobe auf und ordnet zusammengehörende Teile in einem **Strukturbild**. Dabei können auch mehrere Sätze in ein Strukturbild integriert werden, wenn sie inhaltlich eng verbunden sind.

5 Schreiben Sie für die folgenden Vorgaben hierarchischer Darstellungen Sätze auf, die den Vorgaben entsprechen.

a)

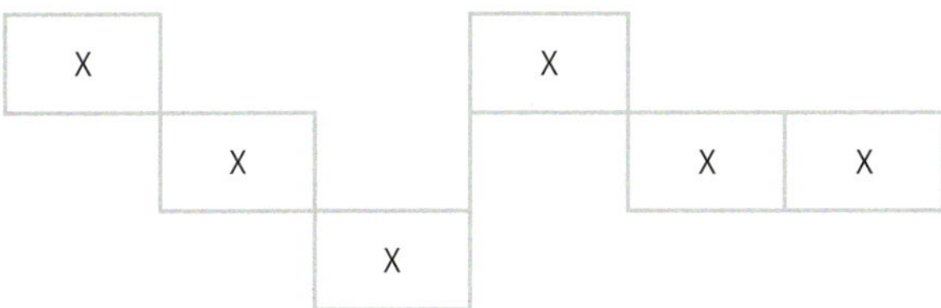

b)

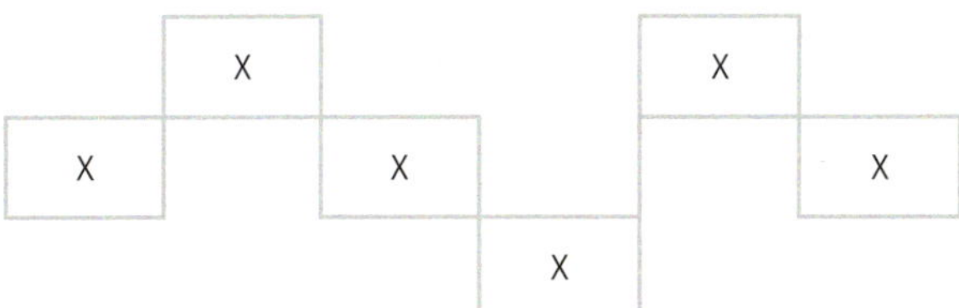

6 **a)** Schreiben Sie einen Satz auf, der das folgende Strukturbild inhaltlich wiedergibt.

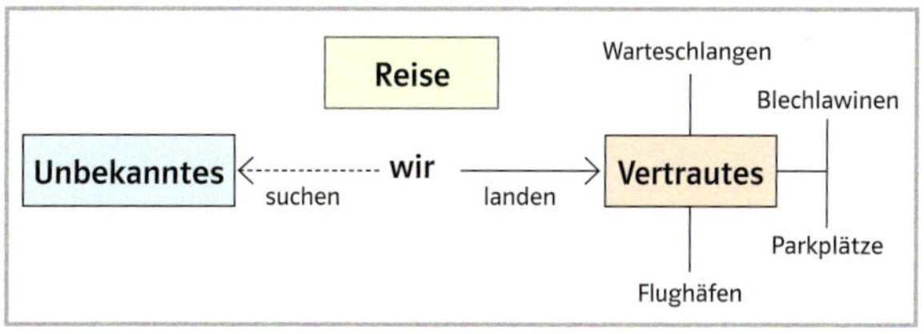

b) Vergleichen Sie Ihr Ergebnis mit dem Originalsatz, der als Ausgangspunkt für das Strukturbild diente, und erklären Sie die Unterschiede zu Ihrem Satz. (Siehe S. 92, Z. 1–6.)

7 Erstellen Sie jeweils ein Strukturbild zu den beiden Textabschnitten.

A

Das höchste Ideal des Reisens ist wohl die profunde Veränderung des Reisenden. Reisen, die solchen Ansprüchen genügen, sind aufwändig und anstrengend, sie erfordern Zeit und Mühsal, sie fordern den Einzelnen heraus – wenig haben sie gemein mit dem modernen, komfortablen Tourismus.

http://www.spiegel.de/reise/aktuell/0,1518,597060,00.html, abgerufen am 26.02.2010

B

Was die touristische Branche als pauschale oder individuelle Reise verkauft, ist oft die Vermeidung von wahrem Reisen. Der Sinn des Reisens ist auf den Kopf gestellt: Anstatt sich der Fremde auszusetzen, zahlt man Geld, um ihr aus dem Wege zu gehen.

http://www.spiegel.de/reise/aktuell/0,1518,597060,00.html, abgerufen am 26.02.2010

BASISKOMPETENZ E

8 Lesen Sie die Kompetenzbox.

KOMPETENZBOX

Textstrukturen optisch darstellen

Um einen Sachtext von kleinerem Umfang (ein bis drei DIN-A4-Seiten) visuell aufzuarbeiten, sollte man zuerst den Text in **Sinneinheiten** einteilen. Machen Sie die Inhalte eines Abschnittes deutlich, indem Sie die einzelnen Aspekte in drei bis maximal sechs Begrifflichkeiten (je maximal zwei Wörter) zusammenfassen. Finden Sie für diese **Einzelbegriffe** einen **Oberbegriff** für den Textabschnitt. Ordnen Sie die Begriffe sternförmig oder hierarchisch in einer Grafik an.

Verbinden Sie diese Einzelgrafiken durch Fragen oder Erklärungen, die die Beziehung zwischen den Sinneinheiten verdeutlichen.

9 **a)** Entscheiden Sie, ob in A, B oder C der zweite Abschnitt des Textes „Essay über das Reisen" (siehe S. 84 f.) richtig in Einzelbegriffe und einen Oberbegriff zusammengefasst wird.

A

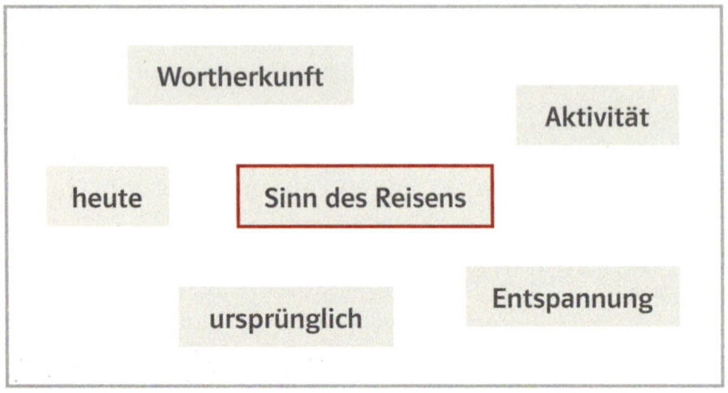

B

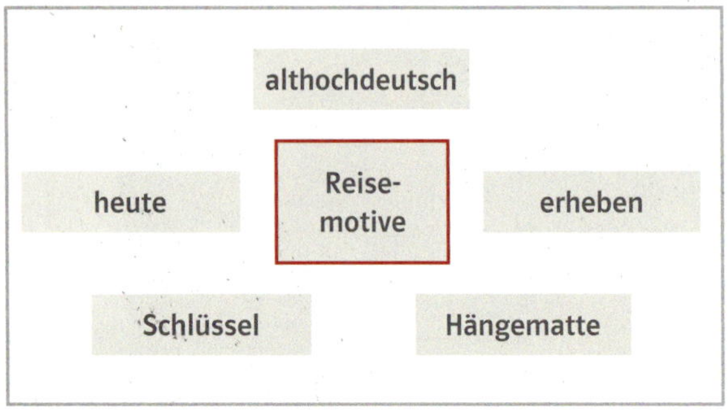

C

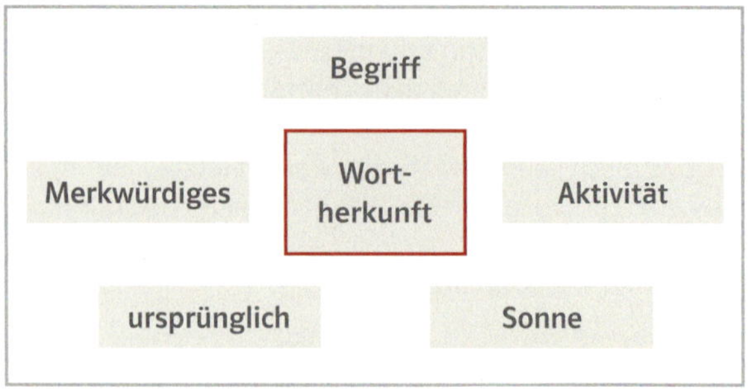

b) Visualisieren Sie die Abschnitte drei und vier (siehe S. 84 f.) wie in Aufgabe 9a).

c) Verbinden Sie die einzelnen Visualisierungen durch Fragen oder Erklärungen.

BEISPIEL:

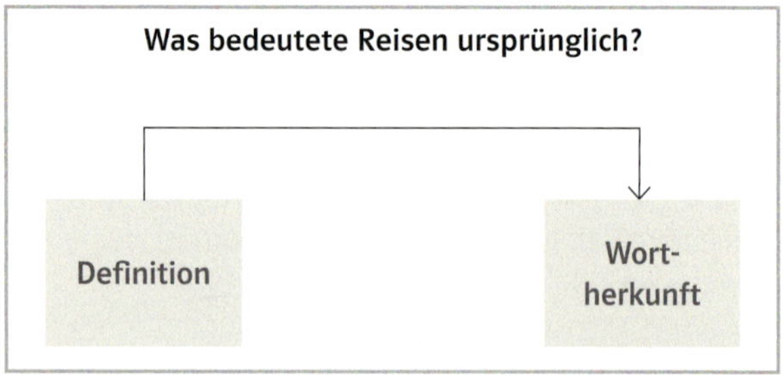

10 Strukturieren Sie mit der in Aufgabe 9 vorgegebenen Methode den Text „Setzt euch der Fremde aus!", der im Unterkapitel „Prüfungsvorbereitung" abgedruckt ist.

Sprachliche Übungen

1 Finden Sie je ein Synonym für folgende Begriffe.

A beschreiben
B verdeutlichen
C erklären
D hinweisen
E Aufsatz
F Argument
G Teil

2 Entscheiden Sie, welche Schreibweise richtig ist, und schreiben Sie das Wort korrekt auf.

A Karikatur – Karrikatur
B formattieren – formatieren
C Ilustration – Illustration
D Struktur – Strucktur
E viesualisiren – visualisieren
F Kategorie – Kattegorie
G Wiedergabe – Widergabe

3 Setzen Sie Konjunktionen sinnvoll ein.

A Man soll viel Wasser trinken, ______ Wasser reinigt die Haut.
B Ich nähme ab, ______ ich weniger äße.
C Ich habe zugenommen, ______ ich meine Diät eingehalten habe.
D Früher musste Essen nur satt machen, ______ es heute auch gesund sein soll.
E ______ meine Großmutter kochte, kam vieles noch frisch vom Markt.
F Ich esse täglich einen Apfel, ______ ich gesund bleibe.

4 Setzen Sie „dass" oder „das" ein.

A Ich möchte, ______ du mehr Wasser trinkst.
B Man sagt, ______ Wasser reinige den Körper.
C Andere betonen, ______ Wasser insgesamt notwendig sei.
D ______ Wasser gesund ist, ______ ist unbestritten.
E Aber es ist auch klar, ______ der Wasserkonsum nicht übertrieben werden darf.
F ______ wollte ich noch gesagt haben.
G ______ sollten Sie alle beherzigen.

5 Trennen Sie die Sätze durch Komma ab.

A Die Bionik sucht nach Lösungen die nach dem Vorbild der Natur funktionieren.
B Es wäre interessant wenn man Pumpen bauen könnte die nach dem Prinzip des Kapillarsystems der Pflanzen funktionierten da man diese einfach mit Sonnenenergie betreiben könnte.
C Es ließe sich sogar wie manche Bioniker behaupten auf ganz einfache Weise Trinkwasser herstellen das praktisch nichts kosten würde.
D Die Bionik lässt sich aber noch auf weitere Gebiete übertragen was sie zu einer interessanten Wissenschaft für die Zukunft werden lässt mit der natürlich auch viel Geld verdient werden kann auch wenn dies nicht das oberste Ziel der Wissenschaftler ist.

6 Schreiben Sie die Sätze mit der richtigen Schreibweise der s-Laute auf.

A Wer weit gerei__t i__t, der kann viel erzählen.
B Man wei__ nie, wa__ da__ Rei__en bringt: eine neue Erkenntni__, gro__artige Erlebni__e oder rie__ige Enttäuschungen.
C Mei__tens möchte man auch nicht vorher wi__en, wa__ man erleben wird.
D Manchmal mu__ man sich auch durchbei__en.
E Manchmal möchte man sich auch etwas lei__ten.
F Es stärkt das Selbstbewu__tsein, zu erkennen, da__ man auch schwierige Situationen mei__tern kann.

7 Setzen Sie ein passendes Wort ein und trennen Sie die Sätze durch Komma ab.

A ______ Reisen bringen kann weiß man nicht.
B Wer eine Reise macht ______ kann etwas erzählen.
C Er wusste nicht ______ er seine Reise finanzieren sollte.
D Es war die Reise ______ er schon immer machen wollte.
E Dies war es ______ er mit seinen Eltern besprechen wollte.
F ______ Schwerpunkte er hatte wusste er selbst nicht.
G Sie hatte an etwas gedacht ______ er vergessen hatte.

Prüfungsvorbereitung

Aufgabe:
Fassen Sie den folgenden Text mit eigenen Worten zusammen und erläutern Sie die Intention des Textes.

Setzt euch der Fremde aus!
Ilija Trojanow

Ein jeder ist unterwegs. Wir suchen das Unbekannte und landen oft im schmerzlich Vertrauten: Blechlawinen auf Autobahnen und Ringstraßen; Parkplätze, dichter besetzt als je ein Friedhof; Flughäfen, auf denen im Minutentakt Flugzeuge landen; kilometerlange Warteschlangen vor Seilbahnen und Museen.

Kaum ein Fleck der Erde ist vor unserer Mobilität sicher. Wo die Sonne hinscheint, steht schon eine Liege bereit. Wie die Heuschrecken schwärmen wir über jedem Schlaraffenort aus. Und wenn es uns abenteuert, tauchen wir zu Schiffswracks hinab, schweben in Heißluftballons über die Savanne oder brechen uns einen Weg durch das nicht mehr ganz so ewige Eis.

Wahrlich, wir sind viel unterwegs, aber reisen wir überhaupt noch? Wir fahren durch die Welt, aber wie viel erfahren wir von ihr? Sollte Reisen nicht über die Veränderung der Lokalität hinausgehen? Sollte Reisen nicht ein metaphysischer Akt des Erkennens sein? Wie sehr gilt für uns noch das maurische Sprichwort, nur der Reisende kenne den wahren Wert des Menschen?

Einst beinhaltete die Reise – als Metapher wie auch als Realität – ein hohes Maß an Läuterung und Wandlung. In den meisten Religionen galt das Reisen als rechte Lebensführung, als Instrument der Katharsis, als Mittel zur Erleuchtung …

Das höchste Ideal des Reisens ist wohl die profunde Veränderung des Reisenden. Reisen, die solchen Ansprüchen genügen, sind aufwändig und anstrengend, sie erfordern Zeit und Mühsal, sie fordern den Einzelnen heraus – wenig haben sie gemein mit dem modernen, komfortablen Tourismus.

Was die touristische Branche als pauschale oder individuelle Reise verkauft, ist oft die Vermeidung von wahrem Reisen. Der Sinn des Reisens ist auf den Kopf gestellt: Anstatt sich der Fremde auszusetzen, zahlt man Geld, um ihr aus dem Wege zu gehen.

Die Vermeidungstouren beginnen auf Prospekten und Landkarten, wo die ganze Welt verführerisch übersichtlich dargestellt ist, in kleinstem Maßstab, auf jedem Quadratzentimeter Informationen über Informationen, so verdichtet, dass man gar nicht durch das gespannte Netz fallen kann. Bevor man aufbricht, weiß man schon, wie die Fremde heißt und welche Ausfahrt zu ihr führt.

Wir trauen uns in jede Fremde, weil uns dort nichts passieren kann. Eine gewaltige Industrie garantiert, dass man von all jenen Irritationen, Verwirrungen und Überraschungen verschont wird, weswegen allein es sich lohnt, sein Zuhause – das Vertraute – zu verlassen. So bleibt das Gefühl der Befremdung auf der Strecke, das Gefühl, sich zu verlieren, das Gefühl, nicht zu verstehen, das Gefühl, nackt zu sein. Es entschwindet die existenzielle Überraschung …

http://www.spiegel.de/reise/aktuell/0,1518,597060,00.html, 12.01.2009, abgerufen am 26.02.2010

Prüfungsvorbereitung

MUSTERLÖSUNG

Textabsicht untersuchen

In dem Artikel von Ilija Trojanow, der am 12.01.2009 in Spiegel online unter dem Titel „Setzt euch der Fremde aus!“ veröffentlicht wurde, thematisiert der Autor den Sinn des Reisens.

← *Am Anfang werden die wichtigen Daten zum Text genannt: Autor, Titel, Datum, Textsorte und Thema.*

Zu Beginn seines Artikels stellt Trojanow das moderne Reiseverhalten dar, das darin bestehe, massenhaft alle interessanten Teile der Welt mithilfe technischer Vehikel zu besetzen.

← *Stellen Sie den Ausgangspunkt des Textes dar.*

Danach fragt er nach dem Sinn des Reisens, der sich seiner Meinung nach nicht auf eine Ortsveränderung beschränken könne. Er verweist dabei auf eine „metaphysische“ Seite des Reisens, die den Reisenden läutern, reinigen und zu spirituellen Erkenntnissen bringen könne. Die Veränderung des Menschen durch Reisen sei aber nur möglich, wenn Reisen Selbstüberwindung darstelle.

← *Geben Sie dann den weiteren logischen Zusammenhang an und fassen Sie die Inhalte zusammen.*

Dies werde aber durch die Tourismusindustrie verhindert und der Sinn des Reisens werde heute ins Gegenteil verkehrt.

← *Stellen Sie Bezüge/Verknüpfungen („Dies“) zwischen den einzelnen Abschnitten her, die dem logischen Aufbau des Textes entsprechen.*

So seien heutige Reisen „Vermeidungstouren“, da man durch gewaltigen Aufwand der Tourismusindustrie Unbekanntes auszuschließen versuche.

← *Wichtige Begriffe können Sie als Zitate in Ihre Zusammenfassung einfügen.*

Das sei aber der alleinige Sinn des Reisens: sich existenziell überraschen zu lassen, Dinge neu und fremd zu erleben und sich ohne schützende Hülle dem Andersartigen auszusetzen.

← *Beachten Sie, dass die Textwiedergabe in der indirekten Rede erfolgen sollte.*

Durch diese Argumentation wird deutlich, dass Trojanow den Massentourismus kritisiert und zu anderen, alternativen und ursprünglichen Formen des Reisens motivieren will. Dies wird schon in der Überschrift deutlich, die dazu auffordert, sich der Fremde auszusetzen, das Bekannte also zu verlassen.

← *Als Abschluss fassen Sie den Text insgesamt zusammen und klären die Absicht des Textes.*

Kompetenz-Logbuch

Online-Link 803501-0007

- → Insgesamt bewerte ich die Lektion mit folgendem Smiley.
- → Diese mir selbst gesteckten Ziele habe ich erreicht.
- → Dies hat mir Schwierigkeiten bereitet.
- → So habe ich mich beteiligt und in die Gruppe eingebracht.
- → Das will ich noch lernen.
- → Diese konkreten Schritte werde ich dazu unternehmen.

Projekte

1 Mehrdeutige Wörter sammeln

Legen Sie sich eine Liste von mehrdeutigen Wörtern an und suchen Sie im Internet nach Witzen, die auf der Mehrdeutigkeit beruhen.
Erstellen Sie dazu eine Wandzeitung.

2 Fremdwörter erfinden

Bilden Sie Ihre eigenen Wortkreationen mithilfe von Prä- und Suffixen. Welche davon gibt es wirklich? Schlagen Sie in einem Fremdwörterbuch nach.
Erstellen Sie ein Mini-Fremdwörterbuch für Ihre Klasse.

3 Fremdwort-Memory

Erstellen Sie ein Memory-Spiel, bei dem auf den Karten nur ähnlich klingende Fremdwörter (z. B. Rezession und Rezension) aufgedruckt sind.

4 Redewendungen-Quiz

Wahrheit oder Lüge: Recherchieren Sie den Ursprung/die Bedeutung von 3 ausgefallenen Redewendungen. Schreiben Sie die wahre und zwei falsche Erklärungen auf eine Karte.
Befragen Sie die Klasse und lassen Sie sie abstimmen. Es können Punkte gesammelt werden.
Gestalten Sie die Karten so, dass sie als „Spiel" weiterverwendet werden können.

5 Redewendungen visualisieren

Stellen Sie Redewendungen nonverbal dar und fotografieren Sie diese.
Erstellen Sie eine Ausstellung für Ihre Mitschülerinnen und Mitschüler. Evtl. können Sie dies noch mit einem Wettbewerb verbinden.
Anregungen: Welches ist das originellste Foto? Wer hat die Redewendung am besten erklärt?
Ergänzung: Übersetzen Sie die Redewendungen in die unterrichteten Fremdsprachen.

6 Materialsammlung

Sammeln Sie zu einem interessanten Thema (evtl. für eine Präsentation) Texte, Schaubilder und Karikaturen und erstellen Sie Abstracts dieser Quellen.

08 Wie Sie sich Informationen beschaffen

Was Sie wissen und was Sie lernen können

„Da muss ich mich erst schlaumachen."

1. Erzählen Sie von Situationen, in denen Sie dieser oder einer ähnlichen Aussage schon einmal begegnet sind, und diskutieren Sie, welche Bedeutung das Wort „schlaumachen" hat.

2. Entscheiden Sie, ob die Aussagen 1–9 richtig oder falsch sind.

Internetquellen

1. Jeder Internetbenutzer kann jeden Artikel in Wikipedia ändern.
2. Die Links in Wikipedia führen nicht nur zu anderen Beiträgen dieses Online-Lexikons.
3. Man weiß nie, wer hinter einer Website steckt. Deshalb darf man nicht glauben, was im Internet steht.

Sachbücher finden

4. Um gute Sachbücher zu finden, muss man sich nur an der Rangliste einer Online-Buchhandlung orientieren.
5. Im Internet findet man auch Literaturvorschläge von Vorlesungen oder Seminaren von Universitäten und Fachhochschulen, auch wenn man kein Student ist.
6. Die Schlagwörter, die Bibliotheken benutzen, sind durch Normen festgelegt.

Informationen aus Sachtexten festhalten

7. Ein Exzerpt ist die Inhaltsangabe eines Textes.
8. Im Normalfall sollte man seine Informationen in Verfasserkarteien festhalten.
9. Auf Schlagwortkarteikarten kann man auch persönliche Anmerkungen anbringen.

3. Vergleichen Sie Ihre Ergebnisse mit der Lösung im Kompetenzregister, S. 259.

4. Tragen Sie Ihre Ergebnisse in das Kompetenz-Logbuch für dieses Kapitel ein und legen Sie Ihre persönlichen Schwerpunkte für den weiteren Lernprozess fest. **Online-Link** 803501-0008

A	B	C
Internetquellen	**Sachbücher finden**	**Informationen aus Sachtexten festhalten**

BASISKOMPETENZ A

A | B | C

So arbeiten Sie mit Internetquellen

1 **a)** Erstellen Sie auf der Grundlage des Inhaltsverzeichnisses von Wikipedia zum Suchbegriff „Liebe" eine Mindmap, die Ihnen für eine Recherche zum Thema „Was ist Liebe?" geeignet scheint.

KOMPETENZBOX

Informationen bei Wikipedia suchen

Als Einstieg in die Recherche ist **Wikipedia** meist sinnvoll. Überprüfen Sie die Informationen durch andere Quellen, z. B. durch Lexika in Buchform. Bei längeren Artikeln bietet Wikipedia ein Inhaltsverzeichnis an. Am besten wandeln Sie dieses Inhaltsverzeichnis oder Teile davon in eine Mindmap um, die Sie während Ihrer Recherche ständig verbessern und erweitern.

Neben ersten Informationen sind in Wikipedia oft **weiterführende Links** (andere Artikel in Wikipedia, Internetseiten, Literatur) angegeben, die für Ihre Informationssuche hilfreich sein können.

Inhaltsverzeichnis [Verbergen]

1 Begriffliches
2 Liebe als intersubjektive Anerkennung
3 Klassifizierungen
3.1 Liebesempfindung
3.2 Liebesgefühle
4 Art des Liebesobjekts
5 Ausdrucksformen
6 Wissenschaftliches
6.1 Mythologie und Theologie
6.2 Biologie und Physiologie
6.2.1 Neurobiologie der Verliebtheit
6.2.2 Evolutionsbiologie der Liebe
6.3 Psychologie und Psychiatrie
6.4 Soziologie
6.4.1 Allgemeines
6.4.2 Systemtheoretische Ansätze
7 Sonstige Aspekte
8 Siehe auch
9 Literatur
9.1 Allgemeines
9.2 Philosophie
9.3 Psychologie
9.4 Soziologie und Kulturgeschichte
9.5 Belletristik
10 Weblinks

http://de.wikipedia.org/wiki/Liebe#Allgemeines, abgerufen am 04.01.2010

Beachten Sie: Sie können sich auch bei der Verfolgung von Links in den Weiten des Internets verlieren. Deshalb sollten Sie erst einmal nur die Links verfolgen, die Ihnen auch weitere Informationen versprechen.

b) Erweitern Sie die Mindmap durch Aspekte, die Ihnen zum Thema einfallen und die Ihnen wichtig erscheinen.

c) Schreiben Sie zusätzlich zu Ihrer Mindmap ein bis zwei konkrete Fragen an die Personen auf, die Ihnen Ihrer Meinung nach zu diesem Thema weiterhelfen könnten.
- Religionslehrer
- Biologen
- Kriminalbeamte
- Maler
- Verwandte
- Rechtsanwälte
- Sprachwissenschaftler
- Verhaltensforscher
- Psychologen
- Schriftsteller
- Freunde

2 **a)** Schreiben Sie aus den Links, die bei Wikipedia u. a. im Artikel zur Liebe auftauchen, die Begriffe auf, die Ihrer Meinung nach zu weiteren sinnvollen Informationen zum Thema führen könnten.

b) Ergänzen Sie Ihre Mindmap durch die Begriffe, die Ihnen aus dieser Zusammenstellung geeignet erscheinen.

Nächstenliebe, Person, Sexualität, Tradition, Freiheit, Angst, Leidenschaft, Verliebtheit, Sympathie, Religionen, Selbstliebe, Gehirnstrom, Rauschzustand, Moderne, Motivation, Sozialisation, Geld, Sammelleidenschaft

3 **a)** Schreiben Sie für die folgenden Informationsbedürfnisse eine geeignete Suchstrategie auf.

A Sie wollen den Begriff „Liebe“ von ähnlichen und gegenteiligen Begriffen abgrenzen.
B Sie suchen nach einer Veranstaltung einer Universität zum Thema Liebe.
C Sie haben von einem Buch gehört, in dem es darum gehen soll, dass die Liebe eine Kunst sei.
D Sie wollen ein Zitat zur „Liebe auf den ersten Blick“.
E Sie suchen ein Liebesgedicht, in dem es nicht um Sehnsucht, sondern um Glück geht.
F Sie suchen nach dem Zusammenhang von Liebe und hormonellen Vorgängen.
G Sie haben einen Liedtext („Love is just a four-letter word“) im Kopf und wollen den Zusammenhang und die Bedeutung des Satzes ergründen.
H Sie wollen erkunden, ob es im Tierreich Partnerschaften gibt, die über längere Zeiträume bestehen.
I Sie suchen nach Unterschieden der Liebesvorstellungen von Mann und Frau.
J Sie erkunden, ob die Liebe ein „universelles“ oder „göttliches“ Prinzip ist.

KOMPETENZBOX

Suchmaschinen einsetzen

Gezielt können Sie mit **Suchmaschinen** bei der Eingabe so vorgehen:

- 1 Stichwort: Internetseiten, in denen das Wort steht.
- 2 Stichworte: Internetseiten, in denen beide Worte stehen.
- 1 Stichwort und ein Stichwort mit Minuszeichen (-abc): Internetseiten, in denen das erste Wort steht, das zweite (mit dem Minuszeichen) aber nicht.
- Eine Wortfolge in Anführungszeichen („Dies ist ein Beispiel“): Internetseiten, in denen die Worte in dieser Reihenfolge stehen.

b) Beurteilen Sie Ihre Strategien und kontrollieren Sie diese im Internet.

4 Bewerten Sie die folgenden Aspekte für die Beurteilung einer Website von wichtig (10 Punkte) bis unwichtig (0 Punkte).

A Was sagt der Domain-Name aus?
B Wer ist der Inhaber der Website? (Quelle: www.denic.de)
C Wer erscheint im Impressum?
D Können bestimmte Interessen vermutet werden?
E Werden Quellen offengelegt?
F Wie viele Details und welche Hintergrundinformationen werden gegeben?
G Wie sind der Aufbau und die Sprache der Website?
H Wie umfangreich ist die Website?
I Wie aktuell ist der Artikel/die Website?
J Welche Qualität haben die Links?
K Gibt es eine versteckte Vermarktung?

KOMPETENZBOX

Quellenkritik im Internet

Im Internet finden Sie viele fragwürdige Informationen. Deshalb ist es besonders wichtig, die dort gefundenen Informationen auf ihre Glaubwürdigkeit zu überprüfen.

Möglichkeiten
1. Stimmt die Information mit anderen Quellen überein? Bedenken Sie hierbei, dass Webseiten sich gegenseitig zitieren können und manchmal voneinander abschreiben.
2. Lässt sich die Information auch in Fachbüchern finden?
3. Ist die Webseite seriös? (Domain-Namen, Inhaber, Impressum, Quellen, Aufbau und Sprache, Umfang, Aktualität, Qualität, Vermarktung)

5 Beurteilen Sie die mögliche Glaubwürdigkeit der folgenden Internetquellen:

A Youtube
B Spiegel online
C Weblogs
D 3sat
E Twitter

6 Wenden Sie die Kriterien für die Beurteilung von Internetauftritten auf Webseiten Ihrer Wahl an und vergleichen Sie Ihre Beurteilungen.

A | **B** | C

So finden Sie geeignete Sachbücher

1 Notieren Sie, wie Sie vorgehen können, um anerkannte Fachliteratur zu einem bestimmten Thema zu finden.

KOMPETENZBOX

Suchstrategie für Sachbücher

Anerkannte Standardwerke lassen sich über **Literaturlisten von (Pro-)Seminaren** an Universitäten oder Volkshochschulen herausfinden. Aber auch **Gespräche mit kompetenten Personen** helfen oft weiter. Informieren Sie sich auch über den Inhalt, den **Autor** und den Verlag. Außerdem geben **Ranglisten** bei Online-Buchhandlungen einen Informationsgehalt, der noch durch die Rezensionen (dort und im übrigen Internet) ergänzt werden kann. Am besten kombinieren Sie alles mit der **Recherche in einer Bibliothek**. Haben Sie ein gutes Standardwerk gefunden, wird Ihnen das **Literaturverzeichnis** in dessen Anhang zusätzlich weiterhelfen.

2 **a)** Entscheiden Sie, welche der folgenden Internetlinks zu einer Bücherliste einer universitären Einrichtung und welche zu privaten Homepages führen.

A www.tantra-seminar.de
B www.herzensenergie.com/Unterseiten/seminare.html
C cms.uni-konstanz.de/fileadmin/wiwi/ag-bruttel/liebesoek_outlineSS09.pdf
D www.philso.uni-augsburg.de/.../forschung.html

b) Schreiben Sie die Suchbegriffe auf, die Sie für die Suche nach einer Literaturliste einer Vorlesung oder eines Seminars einer Universität/Fachhochschule zum Thema „Hirnforschung" benutzen würden, und überprüfen Sie deren Wirksamkeit.

3 Beurteilen Sie die folgenden Bücher auf ihre mögliche Tauglichkeit für das Thema „Liebe und Gehirn" von vielversprechend (1) bis wahrscheinlich untauglich (6). Begründen Sie Ihre Bewertungen schriftlich.

A Die Alchemie von Liebe und Lust. Hormone steuern unser Liebesleben. Von Theresa L. Crenshaw, dtv, München (Taschenbuch – 1999)

Kurzbeschreibung

Wenn wir uns verlieben, uns urplötzlich und unwiderstehlich zu jemandem hingezogen fühlen oder von sexuellen Fantasien und Gelüsten überwältigt werden, dann sind stets chemische Reaktionen unseres Körpers im Spiel. Anhand vieler typischer Fallbeispiele enthüllt Theresa L. Crenshaw, wann und warum die Hormone verrückt spielen, und sie versorgt uns mit Hilfen und Tipps für eine erfüllte Sexualität in allen Lebenslagen. Theresa L. Crenshaw, Ärztin und Sexualforscherin, ist sowohl in der Forschung als auch in der therapeutischen Praxis tätig. Sie ist die Gründerin der Crenshaw Clinic in San Diego, einem der größten Zentren für die Behandlung sexueller Störungen in den USA. Sie war die Präsidentin der American Association of Sex Educators, Counselers and Therapists und hat eine Vielzahl wissenschaftlicher Studien publiziert.

http://www.amazon.de/Alchemie-Liebe-Hormone-steuern-Liebesleben/dp/3423361174, abgerufen am 11.02.2010

B Wie Partnerschaft gelingt, Spielregeln der Liebe. Von Hans Jellouschek, Herder, Freiburg (Broschiert – Januar 2009)

Kurzbeschreibung

Seine Ansichten über „Die Kunst, als Paar zu leben" haben Hans Jellouschek bekannt gemacht. Wie jede Kunst unterliegt auch das Zusammenspiel der Liebe bestimmten Regeln, die es zu verstehen und zu erlernen gilt, damit die Partnerschaft funktioniert. Um diese Grundordnungen geht es in diesem neuen Buch des bekannten Paartherapeuten. Wer weiß, nach welchen Gesetzen Partnerschaft „funktioniert", spart sich viele Probleme und erkennt auch in auftauchenden Beziehungskrisen die Chance zur Entwicklung und Vertiefung der Paarbeziehung.

http://www.amazon.de/Wie-Partnerschaft-gelingt-Spielregeln-Liebe/dp/3451059134, abgerufen am 11.02.2010

C Hector und die Geheimnisse der Liebe. Von François Lelord und Ralf Pannowitsch, Piper, München (Broschiert – September 2007)

Aus der Amazon.de-Redaktion

Warum verlieben wir uns in jemanden, der gar nichts von uns wissen will? Warum liebt manchmal der eine mehr als der andere? Kann man nicht für immer verliebt bleiben? Warum fühlt man sich in einer Liebesbeziehung manchmal so allein? Mit diesen Fragen sieht sich Hector beinahe täglich konfrontiert. Hector ist Psychiater und hat sich als Glücksexperte einen Namen gemacht. Seine Patienten sind in der Mehrzahl reich und erfolgreich, aber glücklich sind sie nicht. Sie alle leiden unter der Liebe, unter zu wenig Liebe, zu viel Liebe, unerwiderter Liebe, unter der Ehe, unter einer Affäre … Hin und wieder beschleicht Hector das Gefühl, dass es überhaupt keine glücklichen Liebesgeschichten mehr gibt. Eines Tages tritt ein großer Pharmakonzern mit einem seltsamen Auftrag an ihn heran: Er soll zusammen mit einem Professor ein Medikament entwickeln, das der Unstetigkeit der Liebe ein Ende bereitet …

http://www.amazon.de/Hector-Geheimnisse-Liebe-Francois-Lelord/dp/3492249914, geschrieben von Nathalie Schwering, abgerufen am 11.02.2010

D Das Gehirn und die Geheimnisse der Liebe. Von Manfred Spitzer, Galia Hörbuchverlag (Audio CD – März 2009) – Audiobook

Kurzbeschreibung

Was tut sich in unserem Gehirn, wenn wir uns verlieben? Gibt es Areale im Gehirn, die genau wie Sprachareale für Sprache für die Liebe zuständig sind? Ist Oxytocin ein Liebeshormon? Und was spielt sich beim Sex zwischen den Ohren ab? Der bekannte deutsche Hirnforscher Manfred Spitzer gibt darauf Antwort: witzig, lehrreich, unterhaltsam. Mit Gedichten und Musik.

http://www.buch24.de/shopdirekt.cgi?id=4753048&p=3&sid=21&static=0&type=QUE4714241, abgerufen am 11.02.2010

4 Lesen Sie die Kompetenzbox.

KOMPETENZBOX

Online-Recherche in einer Bibliothek

Einfach ist die Suche, wenn Sie **Titel** und **Autor** kennen. Dann müssen Sie nur die Daten in die entsprechenden Felder eingeben. Dabei reicht es oft, den Titel verkürzt einzugeben.

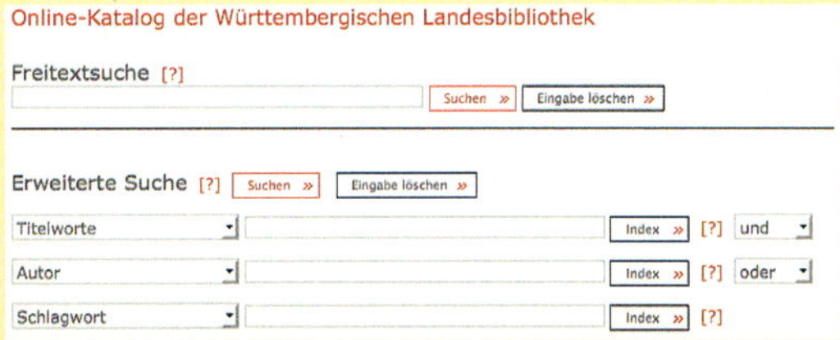

Wenn Sie diese Informationen nicht haben, dann müssen Sie auf die Suche gehen.
Die allgemeine Suche ist die **Freitextsuche**: Hier werden gleichzeitig verschiedene Kategorien nach dem eingegebenen Stichwort durchsucht. Meist sind dies Titel, Autor, Verlag und Schlagwort.

Die **Schlagwortsuche**, die im Singular durchgeführt wird, sucht nach normierten Begriffen, die den Inhalt eines Werkes beschreiben. Nicht jeder Begriff führt zum gewünschten Ergebnis. Im Index kann man nachschlagen, welche normierten Begriffe erfasst sind.

Besonderheiten: Sie können verschiedene **Eingaben verbinden** („und"/„oder") oder ausschließen („und nicht"). Wenn Sie den Suchbegriff nicht genau kennen, können Sie ihn trunkieren (abschneiden), indem Sie die Zeichenkette mit einem festgelegten Zeichen (meist „*" oder „?") abschließen, sodass nach allen Begriffen gesucht wird, die diese Zeichenfolge beinhalten.

5 Schauen Sie sich die Sucheingaben genau an und entscheiden Sie auf dieser Grundlage, welche der dann folgenden Aussagen stimmt. Begründen Sie Ihre Entscheidung.

A

Aussage 1

Folgendes Suchergebnis kann angezeigt werden, da der Titel und das Schlagwort im Buchtitel vorkommen. Der Autor ist auch richtig angegeben.

Aussage 2
Der folgende Buchtitel wird nicht angezeigt werden, da er nicht mit dem Schlagwort „Kunst" versehen ist.

> Autoren: Fromm, Erich; Funk, Rainer [Hrsg.]
>
> Die Antwort der Liebe: die Kunst des richtigen Lebens/Erich Fromm. Hrsg. von Rainer Funk. - Orig.-Ausg. - Freiburg im Breisgau; Basel; Wien: Herder, 2003. - 156 S.; 19 cm; (ger)
>
> (Herder-Spektrum; 5366)
> ISBN 3-451-05366-7
> Schlagwortketten:
> >> s. Liebe

B

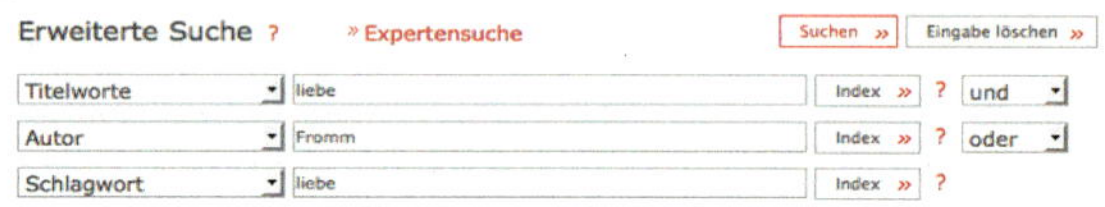

Aussage 1
Diese Suche ist nicht sinnvoll, da mit dieser Eingabe neben Buchtiteln des Autors „Fromm", in denen das Wort „Liebe" vorkommt, auch alle Buchtitel angezeigt werden, die mit dem Schlagwort „Liebe" versehen sind.

Aussage 2
Diese Suche ist sinnvoll, weil sie zu einem Werk des Autors „Fromm" führen kann, dessen Titel „Liebe" beinhaltet. Das Schlagwort Liebe unterstützt diese Suche.

C

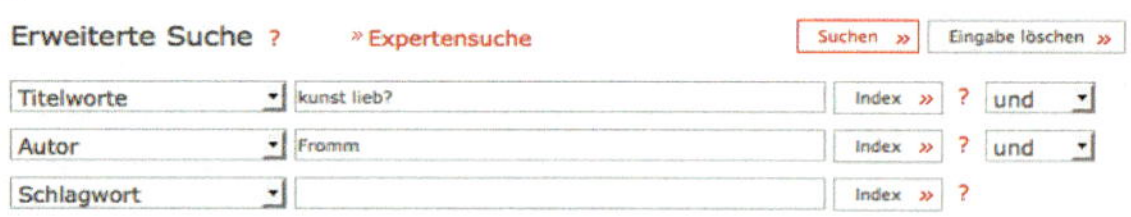

Aussage 1
Diese Suche kann dazu führen, dass die beiden folgenden Bücher angezeigt werden.

Aussage 2
Diese Suche kann nur zu einem der folgenden Bücher führen.

> Die Kunst des Liebens [Buch], Fromm, Erich, 2000
> Die Antwort der Liebe: die Kunst des richtigen Lebens [Buch], Fromm, Erich; Funk, Rainer [Hrsg.], 2003

6 Geben Sie für die folgenden Situationen die Eingaben an, die möglichst nur zu dem gewünschten Buchtitel führen.

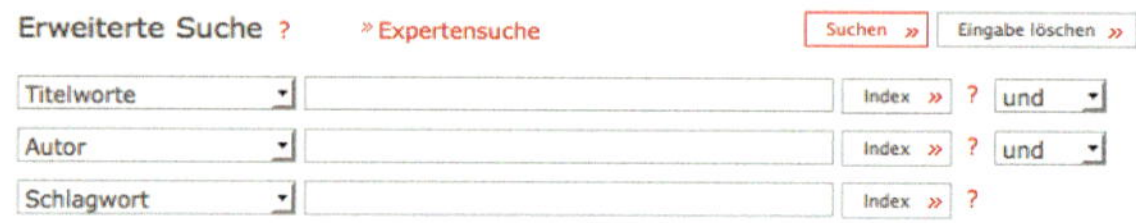

Situation A
Es wird ein Buch gesucht, das von einem Autor mit dem Namen „Frankfurt" geschrieben wurde und in dem es um die Liebe geht.

Situation B
Sie suchen ein Buch, dessen Autor Sie nicht kennen, dessen Titel aber „Zeit der Erinnerung" oder ähnlich lautet. Und irgendwie denken Sie auch, dass im Titel noch das Wort „Suche" vorkommt.

Situation C
Sie sind auf der Suche nach einem Buch, das die Sexualität aus biologischer Sicht erklärt.

7 Schreiben Sie für das Thema „Liebe" Schlagwörter auf, die verschiedene Aspekte der Liebe darstellen. Kontrollieren Sie, ob Ihre Schlagwörter im Index einer Bibliothek vorhanden sind.

A | B | C

So halten Sie Informationen aus Sachtexten fest

1 Lesen Sie die Kompetenzbox.

KOMPETENZBOX

Exzerpieren

Das **Exzerpt** („Auslese“) ist eine Art Leseprotokoll, das Zusammenfassungen, Fragestellungen, Zitate und auch Schlagworte zum Thema in Form von **Karteikarten** beinhalten kann.

Versehen Sie Ihre Karteikarten mit einem treffenden **Schlagwort**, damit Sie die Inhalte jederzeit abrufen können. Halten Sie die genaue Quellenangabe (Autor, Titel, Datum, Seite) fest.

Für schulische Arbeiten genügt oft die Erstellung einer **Schlagwortkartei**, die je nach Bedarf geordnet werden kann. Bei längeren Werken ist es von Nutzen, eine separate **Verfasserkartei** anzulegen, damit die Quellenangabe in der Schlagwortkartei verkürzt werden kann.

2 **a)** Lesen Sie den Text und die drei Karteikarten auf S. 102 dazu.

b) Beurteilen Sie die Karteikarten nach folgenden Gesichtspunkten.

A Schlagwort
B Übersichtlichkeit
C Angemessenheit/Vollständigkeit
D Verständlichkeit
E Zitate
F Bemerkungen
G Quellenangabe

Sehen: Das Aussehen weckt die Liebe

Auch wenn Verliebte gern die inneren Werte des Partners betonen, den Gleichklang der Seelen zitieren, den sie von Anfang an spüren konnten – für das Verlieben spielt das eine zweitrangige Rolle. Initialzünder ist das Aussehen. „Sehen ist einer der wichtigsten Sinne, immerhin sind 30 Prozent unseres Gehirns ausschließlich

mit der Verarbeitung von Sehreizen beschäftigt“, erklärt Andreas Bartels. Oft entsteht bereits mit den ersten Blicken das großartige Gefühl der Liebe. Entscheidend ist also das Aussehen des Mannes bzw. der Frau. Dabei fühlen sich Männer wie Frauen besonders von ebenmäßigen Zügen angezogen. Männer bevorzugen Frauen mit besonders glatten, weichen Gesichtern. Frauen mögen markante Gesichter. Maßgeblich beteiligt für das typisch männliche/typisch weibliche Aussehen sind die Geschlechtshormone Testosteron bzw. Östrogen …

Vom biologischen Standpunkt aus zeugt gutes Aussehen von Gesundheit und einem hohen Spiegel an Sexualhormonen – Voraussetzung für starke Nachkommen. Biologischer Sinn des Verliebens ist jedoch nicht nur die Fortpflanzung, also Kinder zu zeugen. Denn das kann auch ohne Liebe geschehen. Viel wichtiger ist tiefe Liebe zwischen Partnern ebenso wie zwischen Eltern und Kind, um den Nachwuchs unter besten Bedingungen aufzuziehen. Hierin liegt wahrscheinlich der biologische Sinn des Gefühls, vermutet Andreas Bartels.

„Frauen reagieren jedoch nicht so ausschließlich auf visuelle Reize wie Männer“, schränkt Biopsychologe Peter Walschburger ein. Sie suchen unbewusst nach einem verlässlichen Mann, der Sicherheit bietet. Das geschieht vor dem evolutionsbiologischen Hintergrund, dass sie durch eine Liebesbeziehung Kinder bekommen, jahrelang nur mit deren Versorgung beschäftigt und dabei auf Schutz und Unterstützung angewiesen sind. Das Aussehen allein ist deshalb für Frauen nicht ganz so wichtig wie für Männer. Sie müssen in ihm auch den Beschützer erkennen können …

Monika Preuk: Die Biochemie der Liebe. Unter: http://www.focus.de/gesundheit/gesundleben/partnerschaft/beziehung/tid-8889/partnerschaft_aid_237464.html, abgerufen am 05.01.2010

BASISKOMPETENZ C

Karteikarte A

Liebe

Aussehen ist Auslöser des Sich-Verliebens (Begründung: Sehen ist der wichtigste Sinn und beschäftigt 30 % des Gehirns)
- weiche Gesichter (durch Östrogen)
- markante Gesichter (durch Testosteron)

Aber: Frauen suchen verlässliche Männer, reagieren „nicht so ausschließlich auf visuelle Reize wie Männer" [Männerbild ???]

(Monika Preuk, Die Biochemie der Liebe)

Karteikarte B

Warum Liebe?

Verlieben/Liebe = bessere Erziehungsbedingung

Karteikarte C

Monika Preuk, Die Biochemie der Liebe

In: Focus online Partnerschaft, 14.07.2008
Preuk ist Focus-Online-Redakteurin
Fachliche Beratung: Dr. Andreas Bartels, Neurobiologe, Max-Planck-Institut für biologische Kybernetik, Tübingen; Prof. Dr. Eckart Rüther, Arzt und Psychiater, Klinik für Psychiatrie und Psychotherapie, Ludwig-Maximilians-Universität München; Prof. Dr. Peter Walschburger, Leiter des Arbeitsbereichs Biopsychologie, Freie Universität Berlin
http://www.focus.de/gesundheit/gesundleben/partnerschaft/beziehung/tid-8889/partnerschaft_aid_237462.html

Kapitel:
- Die Biochemie der Liebe
- Sehen: Das Aussehen weckt die Liebe
- Riechen: Was der Duft ausmacht
- Gehirn: Teils hyperaktiv, teils lahmgelegt
- Hormone & Co: Moleküle entzünden die Liebe
- Partnerschaft: Das Ende des Rauschs

3 Legen Sie drei Karteikarten für eine Schlagwortkartei zum Text „Sehen: Das Aussehen weckt die Liebe" von Monika Preuk an.

4 Erstellen Sie eine Mindmap auf der Grundlage Ihrer Karteikarten und ergänzen Sie diese mithilfe der Kapitelübersicht von Monika Preuks Artikel „Die Biochemie der Liebe", wie sie auf Karteikarte C abgebildet ist.

Sprachliche Übungen

1 Formulieren Sie Oberbegriffe für die folgenden Begriffspaare.

A Testosteron, Östrogen
B Ehe, Familie
C Vaterliebe, Mutterliebe
D Homosexualität, Heterosexualität
E Liebesbrief, Liebesgedicht
F Gewalt, Unterwerfung
G Kuss, Berührung

2 Formulieren Sie einen Oberbegriff für die folgenden Wortgruppen.

A Arbeit, Unternehmen, Konjunktur, Produktion, Absatz
B Oper, Malerei, Roman, Graffiti, Theaterstück
C Optik, Akustik, Wärmelehre, Mechanik, Kinetik

3 Finden Sie jeweils mindestens 4 Unterbegriffe.

A Energie
B Umwelt
C Politik
D Architektur
E Literatur
F Evolution

4 Finden Sie jeweils 5 Begriffe zu folgendem Wortstamm.

A lieb
B uhr
C leib
D schön
E familie
F hass

5 Schreiben Sie jeweils drei bedeutungsähnliche Begriffe/Sätze zu den folgenden Begriffen auf.

A Liebe
B Sympathie
C Gleichgültigkeit
D Selbstsucht
E Partner
F Ideal

6 Entscheiden Sie, welche Schreibweise der Norm entspricht.

A Emphatie – Empathie
B Sexualität – Sexuallität
C Monnogamie – Monogamie
D Philanthropie – Philantropie
E Bedürfnis – Bedürfniss
F Kommpliment – Kompliment
G Narzismus – Narzissmus

7 Formulieren Sie eine schriftliche Definition für die Begriffe von Aufgabe 6.

8 Formulieren Sie jeweils einen Fragesatz so, dass keine Rückfragen nötig sind.

A Sie wollen von einem Psychologen wissen, ob es Formen der Liebe gibt, die man als krankhaft bezeichnen kann.
B Es interessiert Sie, ob es berechtigt ist, religiöse Formen der Verehrung auch als Liebe zu bezeichnen.
C Es ist Ihnen unklar, ob Liebe immer auf eine Person gerichtet sein muss.
D Sie sind sich nicht sicher, ob es bestimmte Formen der Literatur gibt, die sich besonders mit der Liebe beschäftigt haben.
E Sie würden gerne die Titel der bekanntesten Liebesgeschichten erfahren.

9 Schreiben Sie in der richtigen Schreibweise und setzen Sie die fehlenden Kommas.

A wenn man sich mit einem thema beschäftigt ist es sinnvoll zuerst einmal ein lexikon zu befragen.
B auch der besuch einer buchhandlung oder einer bibliothek ist sinnvoll da man sich dort auch beraten lassen kann.
C das wissen von anderen personen sollte man nicht unterschätzen und vielleicht hat man in seinem bekanntenkreis sogar einen fachmann.
D die suche nach fachliteratur kann sehr zeitintensiv sein da es zu vielen themen oft eine unüberschaubare menge an literatur gibt.
E deshalb ist es wichtig dass man standardwerke zu seinem thema findet.
F auch wenn dies einige mühe kostet so lohnt es sich im endeffekt da man solide informationen erhält.

Prüfungsvorbereitung

Aufgabe:
Erstellen Sie aus dem folgenden Text drei sinnvolle Schlagwortkarteien.

„Gewalt kann von gesellschaftlichen oder wirtschaftlichen Institutionen ausgehen. Es bestehen Vorschriften und Regeln, die eingehalten werden müssen und die bei Nichtbeachtung durchgesetzt werden. Oft wird diese strukturelle Gewalt als unangenehm empfunden, aber nicht direkt als Gewalt angesehen. Wenige zahlen gerne ihre Steuern, wenige leisten gerne ihre Wehrpflicht ab und nicht alle kommen gerne ihrer Schulpflicht nach. Gewalt kann aber auch von Personen ausgehen und sich in psychischer oder physischer Form äußern. Die psychische Gewalt wird oft durch Kleinigkeiten ausgelöst und äußert sich in Beschimpfungen. Das Opfer wird beleidigt oder sogar gedemütigt. Diese verbale Gewalt ist die häufigste Gewaltform in unserer Gesellschaft. Oft wird sie durch Hinweise auf umgangssprachliche Gewohnheiten heruntergespielt. Zu Unrecht, denn verbale Gewalt kann starke psychische Probleme beim Opfer hervorrufen. Nicht ohne Grund ist Beleidigung eine Straftat. Aber auch nonverbale Gewalt kann diskriminierend wirken: Missachtung und herablassende Behandlung können ebenso als sehr unangenehm empfunden werden. Blicke, Gebärden und Körperhaltung können sogar deutlich Drohungen symbolisieren. Personale Gewalt äußert sich darüber hinaus in unmittelbarer körperlicher Einwirkung auf eine andere Person. Meist ist dann die Absicht dabei, diese Person zu schädigen und zu verletzen. Diese physische Gewalt kann sich sogar in Form des Vandalismus gegen Sachen richten. Dies fängt beim Beschmieren von Tischen oder Wänden an und geht bis zur Zerstörung von Mobiliar oder anderen Gegenständen. Erwähnen muss man noch die sexuelle Gewalt in diesem Zusammenhang, die von bloßer Belästigung bis zur Vergewaltigung reicht …"

Max Mustermann: Gewalt in unserer Gesellschaft. Stuttgart 2010, S. 34

MUSTERLÖSUNG

Karteikarten

Strukturelle Gewalt

Definition: institutionelle Gewalt

Merkmal: wird oft nicht als Gewalt erkannt

Beispiele: Wehrdienst, Steuern, Schule

(Max Mustermann, Gewalt in unserer Gesellschaft, Stuttgart 2010, S. 34)

← Die Karteikarten sind mit sinnvollen Schlagwörtern versehen.

← Die Quellenangabe ist auf jeder Karteikarte vorhanden, da keine Verfasserkartei angelegt wurde.

Psychische Gewalt

Einordnung: Form der personalen Gewalt

Formen: verbal (Beleidigung, Demütigung)
nonverbal (Missachtung, Drohgebärden)

(Max Mustermann, Gewalt in unserer Gesellschaft, Stuttgart 2010, S. 34)

← Die Karteikarten sind in sich nochmals strukturiert.

Prüfungsvorbereitung

Physische Gewalt

Einordnung: Form der personalen Gewalt

Formen: Verletzung von Personen
Vandalismus (Gewalt gegen Sachen)
Sexuelle Gewalt (von Belästigung bis Vergewaltigung)

(Max Mustermann, Gewalt in unserer Gesellschaft, Stuttgart 2010, S. 34)

← *Die Information ist kurz und knapp.*

Kompetenz-Logbuch

Online-Link 803501-0008

→ Insgesamt bewerte ich die Lektion mit folgendem Smiley.
→ Diese mir selbst gesteckten Ziele habe ich erreicht.
→ Dies hat mir Schwierigkeiten bereitet.
→ So habe ich mich beteiligt und in die Gruppe eingebracht.
→ Das will ich noch lernen.
→ Diese konkreten Schritte werde ich dazu unternehmen.

Projekte

Themenauswahl
Wählen Sie eines der folgenden Themen aus und führen Sie die unten genannten Projektarbeiten durch.

Themen
A Wodurch unterscheidet sich der Mensch vom Tier?
B Welche Wirkung haben Farben auf uns Menschen?
C Haben Träume einen Sinn?
D Welche Zusammenhänge gibt es zwischen „Outfit" und Persönlichkeit?
E Spiegelt die Wohnung den Charakter der Bewohner wider?
F Warum reisen wir?
G Die Zukunft meines Berufs
H Thema Ihrer Wahl (in Absprache mit Ihrer Lehrerin oder Ihrem Lehrer)

Projektarbeiten

1 Was ist wichtig? Mindmap

Sammeln Sie die wichtigsten Aspekte zu Ihrem Projektthema und erstellen Sie eine Mindmap.

2 Welche Bücher sind wichtig? Standardwerke

Finden Sie heraus, welche wichtigen Fachbücher es zu Ihrem Projektthema gibt. Halten Sie die Ergebnisse aus verschiedenen Suchstrategien fest und bewerten Sie Ihr Gesamtergebnis.
Suchstrategien: Interviews mit Fachleuten – Bibliothekssuche – Online-Buchhändler – Hochschulveranstaltung mit Literaturliste – Suchmaschine im Internet – Befragung von Bekannten

3 Glaubwürdig – unglaubwürdig. Internetsites

Erstellen Sie eine Liste von Internetseiten, deren Informationsgehalt Ihnen glaubwürdig erscheint. Begründen Sie deren Glaubwürdigkeit.

4 Wie sehen Sie das denn? Interviews

Formulieren Sie interessante Fragen aus Ihrem Projektthema und befragen Sie verschiedene Personen. Halten Sie die Ergebnisse fest.

5 Wie hat sich das alles entwickelt? Dokumentation

Erstellen Sie zu Ihrem Projektthema ein Portfolio, das Ihre Arbeit und Ihre Lernfortschritte dokumentiert.

6 Und so sieht es aus. Fotodokumentation

Halten Sie wichtige Aspekte Ihres Themas (bzw. Ihrer Mindmap) in Fotos fest und erstellen Sie eine geordnete Diashow. Benutzen Sie eigene Fotos oder das Internet als Quelle für Bilder.

09 Wie Sie Informationen strukturieren und visualisieren

Was Sie wissen und was Sie lernen können

„Ein Bild sagt mehr als tausend Worte."

1. Berichten Sie von Situationen, die Sie erlebt haben, auf die diese Aussage zutraf.

2. Erzählen Sie, warum Ihnen die Veranschaulichung besonders im Gedächtnis geblieben ist.

3. Entscheiden Sie, ob die Aussagen 1 – 12 richtig oder falsch sind.

Informationen strukturieren

1. Was man hört, behält man zu 30 Prozent.
2. Komplexe Strukturen lassen sich durch einfache Formelemente darstellen.
3. Dynamische Prozesse sind nicht visualisierbar.
4. Säulen- und Balkendiagramme unterscheiden sich unwesentlich.
5. Kreisdiagramme sind für Prozentangaben geeignet.
6. Die Informationsqualität reiner Zahlenangaben ist gering.

Folien und Plakate gestalten

7. Auf Folien sollte man nur einfache Hauptsätze schreiben.
8. Die Präsentation baut man um die Folien herum auf.
9. Bei der Schriftauswahl für Folien sollte man sich an Druckerzeugnissen orientieren.
10. Designer raten dazu, Bilder und Text möglichst zu trennen.
11. Für werbende Plakate gilt die AIDA-Regel.
12. Informationsplakate können viel Text enthalten.

4. Vergleichen Sie Ihre Ergebnisse mit der Lösung im Kompetenzregister, S. 259.

5. Markieren Sie im Kompetenz-Logbuch für dieses Kapitel, in welchem Bereich Sie aufgrund der Ergebnisse von Aufgabe 3 Ihre Stärken sehen, und legen Sie Ihre persönlichen Schwerpunkte für den weiteren Lernprozess fest. **Online-Link** 803501-0009

A	B
Informationen strukturieren	**Folien und Plakate gestalten**

A

B

So strukturieren Sie Informationen

1 Schreiben Sie auf, welche positiven und welche negativen Seiten die unten abgebildeten Inhaltsübersichten (A, B und C) zum Thema „Alkoholmissbrauch“ Ihrer Meinung nach haben.

KOMPETENZBOX

Gesamtübersichten erstellen

Dieses Deutschbuch gibt Ihnen auf den ersten Seiten in Form einer **hierarchischen Inhaltsangabe** einen Überblick über die Themen und Inhalte des Buches. Die hierarchische Struktur der Inhaltsangabe hilft bei der Orientierung und gibt deutliche Zuordnungen vor.

Es wäre auch möglich, die Inhalte des Buches in Form einer **Mindmap** darzustellen (zur Mindmap siehe Kapitel „Wie Sie sich Informationen beschaffen“).

Eine dritte Möglichkeit wäre, einen **Ablaufplan** in Form eines Flussdiagramms zu erstellen, der den Lernprozess möglichst genau vorgibt.

A Hierarchische Übersicht

Alkoholmissbrauch

1. **Körperliche Folgen**
   a. Leber
   b. Gehirn
   c. Herz und Kreislauf
   d. Immunsystem
   e. Muskeln
   f. Stoffwechsel
   g. Nerven
   h. Schleimhäute
2. **Alkohol und Schwangerschaft**
3. **Soziale Folgen**
   a. Verlust des Arbeitsplatzes
   b. Sozialer Abstieg
   c. Familiäre Konflikte
   d. Vereinsamung
   e. Gesetzeskonflikte
   f. Verwahrlosung
4. **Psychische Folgen**
   a. Persönlichkeitsveränderung
   b. Antriebslosigkeit
   c. Konzentrationsstörungen
   d. Gewalt
   e. Desorientierung
   f. Verfolgungswahn
5. **Ursachen**
   a. Ängste
   b. Probleme
   c. Gene
   d. Familie
6. **Therapie**
   a. Entgiftung
   b. Arzt
   c. Krankenhaus
   d. Anonyme Alkoholiker
7. **Literatur**
   a. Alkoholismus in der Kunst
   b. Sachbücher

B Mindmap

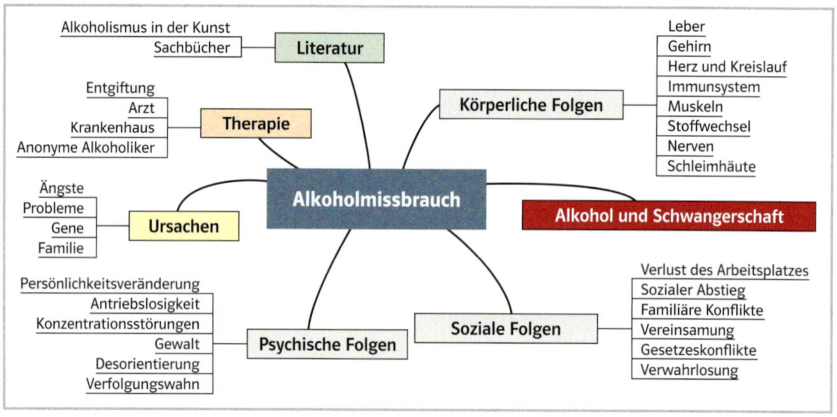

C Ablaufplan

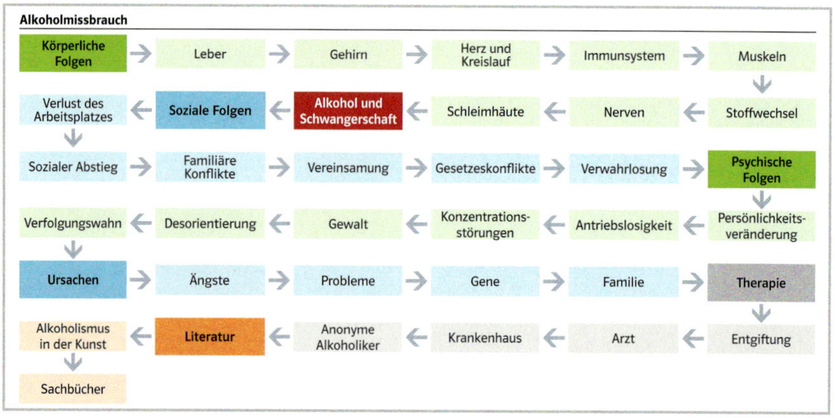

2 Schreiben Sie auf, wie man alle drei Inhaltsübersichten verändern oder ergänzen könnte, damit sie interessanter wirken.

3 Ordnen Sie die Behaltensquoten (rot) des Lernprozesses den in der Kompetenzbox erwähnten Lernwegen zu.

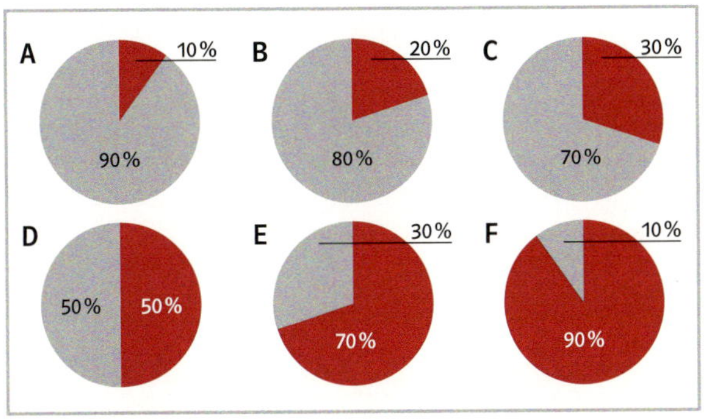

KOMPETENZBOX

Bedeutung der Visualisierung

Die Lernpsychologie hat nachgewiesen, dass der **Erfolg des Lernprozesses** davon abhängt, wie man lernt. Am besten ist es, wenn das Gelernte praktisch ausgeführt wird. Der geringste Lernerfolg ist dann gegeben, wenn man nur liest. Etwas besser schneidet Hören und noch besser Sehen ab. Eine Kombination von Hören und Sehen ist aber nochmals besser, wenn auch nicht so gut, wie wenn wir das Gelernte selbst aussprechen. Dies ist ein Grund dafür, dass Visualisierungen häufig eingesetzt werden.

Aber optische Darstellungen bieten noch weitere Vorteile: So können **komplexe Vorgänge veranschaulicht** werden, sodass überhaupt erst ein Lernprozess zustande kommt.

Zusätzlich können Visualisierungen auch weitere Reize bieten, die **Aufmerksamkeit** oder **Emotionalität** wecken, was wiederum positive Auswirkungen auf das Lernen haben kann.

4 Notieren Sie, durch welche visuellen Reize man emotionale Aufmerksamkeit für folgende Themen in Ihrer Klasse erwecken kann, ohne auf das einfallslose Prinzip „sex sells" zurückzugreifen.

A Der Hunger in der Dritten Welt
B Umweltzerstörung
C Mathematik
D Ein Theaterstück
E Liebeslyrik

5 **a)** Notieren Sie, welche der folgenden Formen Ihnen geeignet scheint, bestimmte Sachverhalte darzustellen: Rückkoppelung (01), Idee (02), erfreuliches Ereignis (03), Wegweiser (04), Aggressivität (05), Richtungen (06), Achtung (07), Entscheidung (08), Auszeichnung (09), harte Rubrik (10), weiche Rubrik (11), Signal (12), auf den Punkt gebracht (13), Folge (14), zweiseitige Beziehung (15).

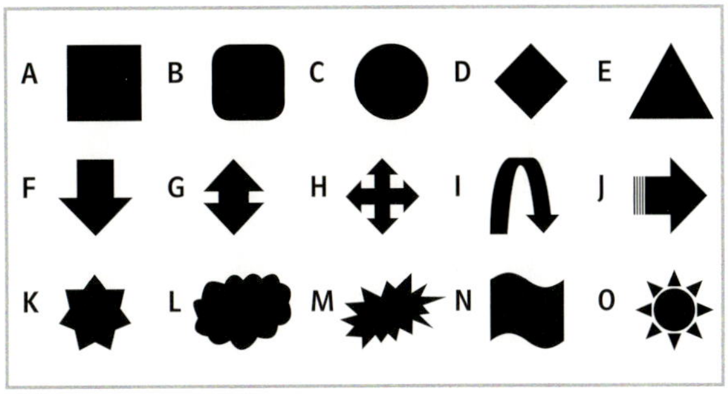

b) Schreiben Sie jeweils eine treffende Bezeichnung für die Elemente auf, die in einer Reihe stehen.

KOMPETENZBOX

Formen, Strukturen und Prozesse

Die einfachste Form der Visualisierung ist die Benutzung von Grundformen. Hier sollte man beachten, dass auch einfache Formen eine **unbewusste Wirkung** hervorrufen.

Will man **komplexere Strukturen oder Prozesse** darstellen, so genügt es oft, einfache Formen zu kombinieren und die Verbindungen zu verdeutlichen. Je nach Darstellung können so **statische oder dynamische Vernetzungen** verdeutlicht werden.

Diese Visualisierungen können am Computer entworfen, aber auch von Hand gezeichnet werden, sodass sie **universell** einsetzbar sind, da sie keiner besonderen zeichnerischen Fähigkeiten bedürfen.

Sie können auch **individuelle Formen bis hin zu eigenen Comics** erstellen.

6 Visualisieren Sie ein überschaubares Problem, indem Sie mindestens 3 unterschiedliche Grundformen kombinieren. Sie können dazu unterschiedliche Verbindungslinien benutzen und die Größen und Farben der Grundelemente variieren.

A Die Kommunikation in der Partnerschaft

BEISPIEL:

B Entscheidungsfindung in der Klasse
C Der Sinn von Feedback
D Die Folgen von Entscheidungen
E Der Ablauf einer Diskussion

7 Entscheiden Sie, welcher Diagrammtyp (siehe Kompetenzbox) für die Visualisierung der folgenden Fälle am besten geeignet ist. Begründen Sie Ihre Entscheidung.

A Einmalige Umfrage der SMV zur Schülerzufriedenheit
B Wöchentliche Sportleistung einer Person (Zeit für 5 000-Meter-Jogging)
C Besucher der schulischen Informationstage der letzten 5 Jahre
D Besucher der schulischen Informationstage der letzten 5 Jahre (nach Jungen und Mädchen getrennt)
E Altersdarstellung der Schülerinnen und Schüler
F Fieber- und Pulsmessungen (stündlich)
G Schülerzahlen der Schule
H Schülerzahlen der Schule (aufgeteilt nach Schülerinnen und Schülern)

KOMPETENZBOX

Diagramme

Diagramme sind grafische Darstellungen von Daten.

Säulendiagramm

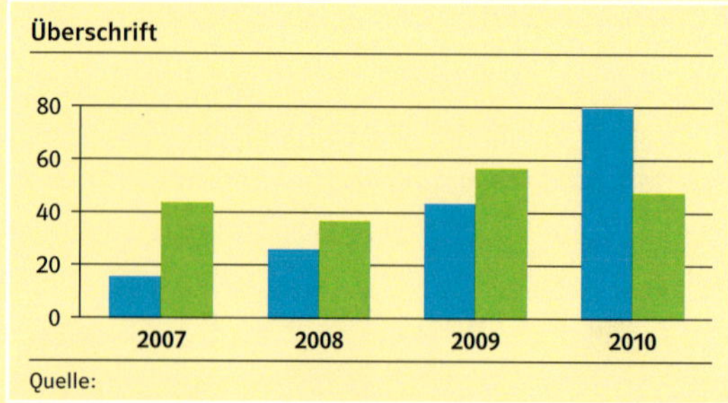

Additives Säulendiagramm

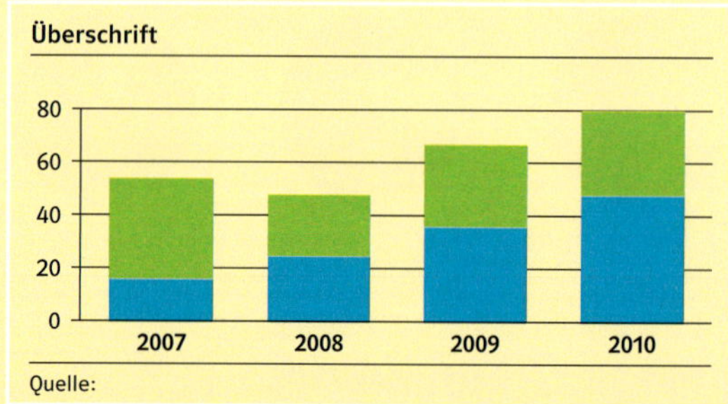

Das **Säulendiagramm** benutzt man, um Größen zu vergleichen, Entwicklungen darzustellen und um Rangfolgen zu illustrieren. Meist werden absolute Zahlen verwendet. Die Darstellung kann auch durch ein **additives Säulendiagramm** erfolgen, in dem mehrere Werte in einer Säule addiert sind. Man spricht von einem **Balkendiagramm**, wenn die x- und y-Achsen vertauscht sind.

Linien- oder Kurvendiagramm

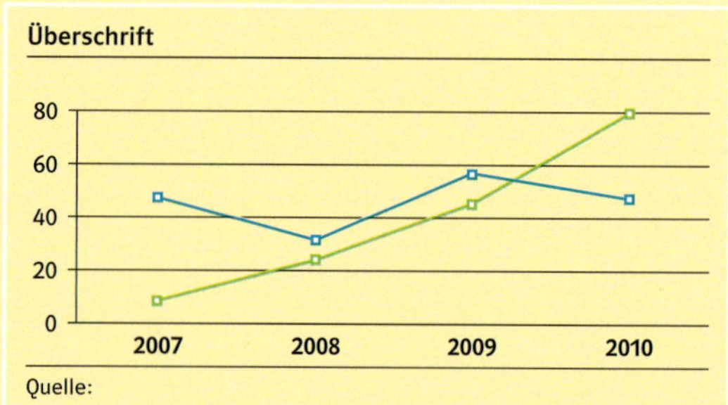

Das **Linien- oder Kurvendiagramm** zeigt den Verlauf von Entwicklungen im Vergleich verschiedener Größen an. Wie beim Säulendiagramm wird die x-Achse oft für die Zeitabstände benutzt.

Kreisdiagramm

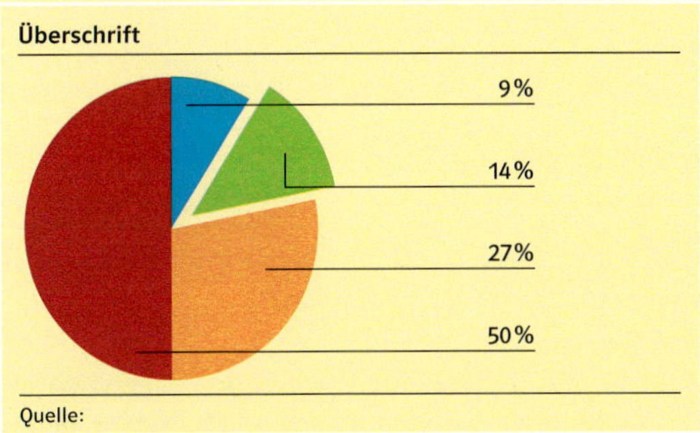

Das **Kreisdiagramm** zeigt Verteilungen im Verhältnis zum Ganzen; Teilmengen können optisch abgesetzt werden.
Dies sind die allgemein gebräuchlichsten Diagrammtypen. Beachten Sie, dass Möglichkeiten der **Manipulation durch Änderung der Bezugsgrößen** sehr einfach sind.

8 Erstellen Sie per Hand oder mit einer Tabellenkalkulation am Computer ein Diagramm für folgende Daten.

Studierende in Deutschland in absoluten Zahlen im Wintersemester 20XX/XX:
- Betriebswirtschaftslehre: 136 241 (davon 60 643 weiblich)
- Rechtswissenschaft: 78 406 (davon 39 862 weiblich)
- Germanistik: 73 176 (davon 55 813 weiblich)
- Medizin: 71 383 (davon 44 035 weiblich)

9 **Situation**
Die SMV sammelt seit mehreren Jahren Spendengelder für eine Partnerschule in Afrika. Es wurden folgende Beträge gespendet: 250 Euro im Jahr 2006, 350 Euro im Jahr 2007, 385 Euro im Jahr 2008 und 308 Euro im Jahr 2009.

a) Erstellen Sie ein Säulendiagramm, das das Anwachsen der Gesamtmenge der Spenden darstellt.
b) Erstellen Sie ein Säulendiagramm, das die Veränderungen des Spendenaufkommens in absoluten Zahlen darstellt.
c) Erstellen Sie ein Säulendiagramm, das die Zu- oder Abnahmen der jährlichen Spenden im Verhältnis zum Vorjahr dokumentiert.
d) Vergleichen Sie die drei Diagramme und begründen Sie, welches die Realität am besten wiedergibt.

10 Lesen Sie die Kompetenzbox.

KOMPETENZBOX

Informationsqualität

Informationsqualität besteht aus Korrektheit der Daten und ihrer Relevanz (Bedeutung). Viele Daten, die in Zahlenangaben vorgenommen werden, sagen nichts aus, wenn man keine Vergleichsgrößen kennt. Natürlich kann ein zeitlicher Vergleich schon Veränderungen oder Stagnation aufzeigen.
Aber was bedeuten diese Zahlen insgesamt? Ist die Zahl hoch oder gering? Dies können Sie nur durch **Vergleiche mit anderen Daten oder durch reale Bezüge** verdeutlichen, die für das Publikum verständlich und zusätzlich von Wert sind.

BEISPIEL:
So sagt die Größe von 160 GB Speicherkapazität vielen Menschen nicht viel. Wenn aber gesagt wird, dass diese Kapazität ausreicht, um 40 000 Lieder oder 200 Stunden Videos zu speichern, dann gewinnt diese Zahl an Relevanz und Qualität.

11 Notieren Sie mögliche Vergleiche folgender Datensätze mit anderen Daten oder mit realen Dingen.

A Die Höhe eines Notebooks wird mit 1,94 cm angegeben.

BEISPIEL:
Das Notebook wird aus einem Briefumschlag geholt. Die Aussage ist deutlich: Dieses Notebook ist so dünn, dass es ohne Probleme in einen Briefumschlag passt. Dazu wird kommentiert:
„Dieses Notebook ist an seiner dicksten Stelle dünner als das Notebook der Konkurrenz an seiner dünnsten."

B Im Jahr 2009 hat die SMV 308 Euro für die Partnerschule in Afrika gesammelt.
C Eine Patenschaft für ein Kind in der Dritten Welt kostet 25 Euro pro Monat.
D 8 Prozent von 1 680 Schülerinnen und Schülern haben in einer Umfrage der SMV angekreuzt, dass sie sich in der Schule gemobbt fühlen.
E Ein Studium kostet den Studierenden im Schnitt pro Monat ca. 750 Euro. Das Studium dauert etwa 4 Jahre.
F Der Eintritt zu einem Rockkonzert kostet 249 Euro.

A | B

So gestalten Sie Folien und Plakate

1 **a)** Notieren Sie, welche der Kriterien der Kompetenzbox in den beiden Folien umgesetzt sind und welche nicht.

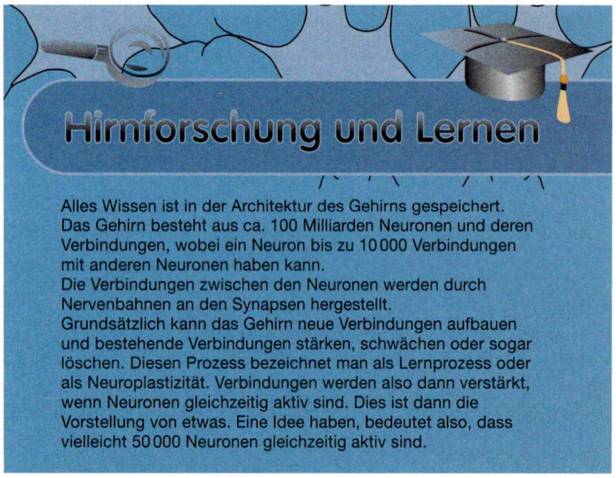

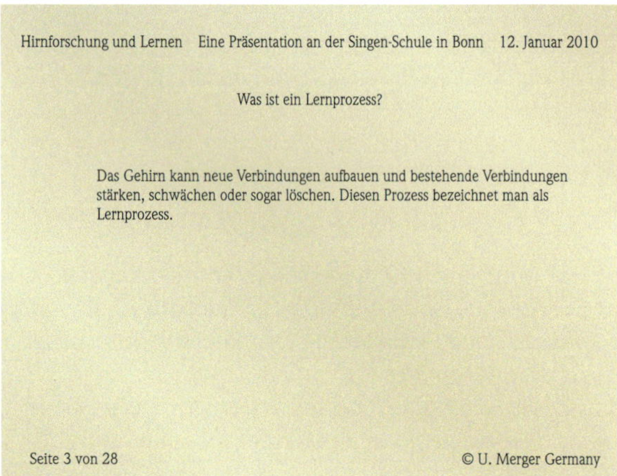

KOMPETENZBOX

Foliengestaltung

Ein wichtiges Prinzip für die Gestaltung der Folien ist die **Reduktion auf das Wesentliche (KISS**: „keep it short and simple"). Um diese Reduktion zu erreichen, müssen Sie subtraktiv und nicht additiv denken. Denken Sie also nicht: „Was könnte ich noch auf eine Folie packen?", sondern fragen Sie: „Was kann ich weglassen? Welche Information soll sich dem Zuschauer einprägen?"

Auch ist das **individuelle Layout** von Folien wichtig, um keine Langeweile im formalen Bereich zu erzeugen. Verwenden Sie also keine erkennbar vorgefertigten Layout-Elemente.

b) Notieren Sie Ihre weiteren Kritikpunkte an beiden Folien.

2 **a)** Diskutieren Sie, ob die Kopf- und Fußzeilen sinnvoll oder notwendig sind.

b) Finden Sie Alternativen zur Seitenangabe.

3 Vergeben Sie für die beiden Folien Schulnoten von 1 bis 6 zu den folgenden Kriterien.

A Inhaltliche Reduktion
B Herstellung von Betroffenheit
C Schriftgröße
D Lesbarkeit der Schrift
E Angemessenheit der Schriftart
F Einsatz von grafischen Grundelementen

KOMPETENZBOX

Text auf Folien

Auch beim Text gilt das **Prinzip der Reduktion** auf die zentrale Aussage. Es empfiehlt sich, überwiegend mit Stichworten zu arbeiten. Sätze sind aber als Zitate oder als Kernaussagen durchaus wichtig.

Folien sind nur eine Unterstützung Ihres mündlichen Vortrages, sie sollen also nur den wesentlichsten Teil optisch darstellen. Gestalten Sie den Inhalt des Textes so, dass eine interessierte Betroffenheit des Publikums hergestellt wird.

Um die Lesbarkeit zu gewährleisten, sollte man die **Schriftgröße** am Computer nicht unter 24 pt wählen. Dies entspricht ca. 6 mm Großbuchstabengröße für Standardschriften. Für **Folien** gilt: Benutzen Sie serifenlose Schriftarten (z. B. „Arial" im Gegensatz zu „Times"), damit die Schrift gut lesbar ist. Mit Schriftarten (**Fonts**) können Sie natürlich auch **Effekte** erzielen.

Legen Sie Prioritäten in der **Schriftgrößenverteilung** fest und platzieren Sie Texte in deutlichen Sinneinheiten. Arbeiten Sie auch mit grafischen Elementen.

4 **a)** Entscheiden Sie, welche Folie leichter in einen mündlichen Vortrag eingebaut werden kann.

b) Begründen Sie Ihre Ansicht.

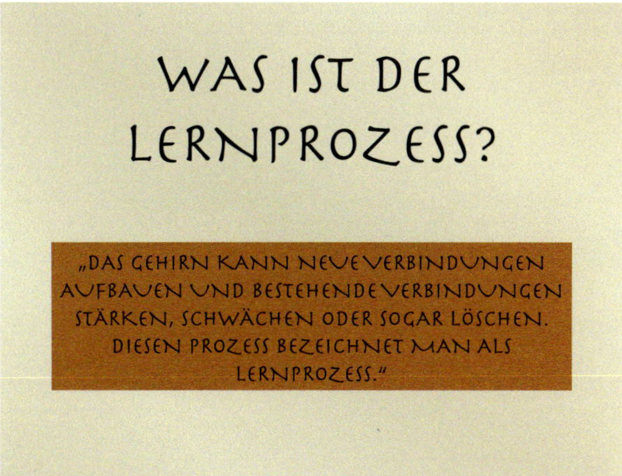

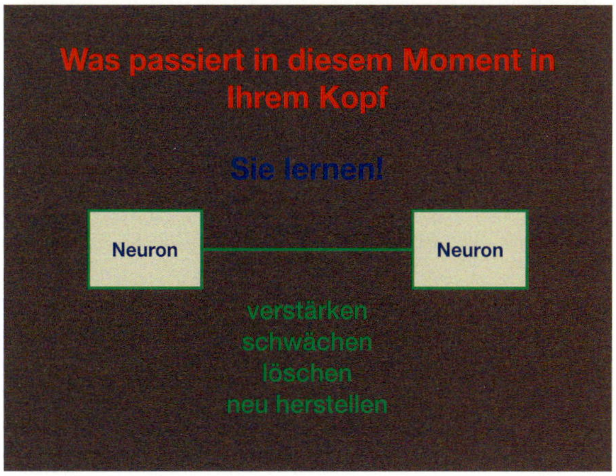

c) Schreiben Sie auf, welche mündlichen Informationen sinnvoll sind, um die beiden Folien in einen Vortrag einzubauen.

5 **a)** Erläutern Sie, in welcher Situation es sinnvoll ist, Folien schrittweise aufzudecken.

b) Belegen Sie Ihre Aussagen anhand der Folien in Aufgabe 4.

6 Lesen Sie die Kompetenzbox.

KOMPETENZBOX

Farben

Farben sprechen Menschen unmittelbar und emotional an. Setzen Sie Farben deshalb **gezielt und nicht übertrieben** ein.

Untersuchungen der Farbpsychologie zeigen: Unabhängig von persönlichen Erfahrungen und Erlebnissen ist die **Farbempfindung** der meisten Menschen ähnlich, auch wenn in manchen Bereichen Unterschiede zwischen Kulturen bestehen. Falls Sie also eine Präsentation für Mitglieder eines anderen Kulturkreises halten, bedenken Sie, dass Farben und Symbole für diese andere Bedeutungen haben können.

Um sich die Farbempfindungen bewusst zu machen, hilft es meistens, zu schauen, wo diese **Farben in Natur und Gesellschaft** vorkommen.

Verwenden Sie Farben, die dem Thema und der Zielgruppe und/oder Ihrem Ziel entsprechen. Beachten Sie aber, dass Farben interagieren, es also bei manchen Farbkombinationen sogar zu einem Farbflimmer kommen kann. Berücksichtigen Sie auch, dass Ihre Folien für Menschen mit Farbsehschwächen lesbar sein sollen. Im Internet finden Sie dazu Testseiten.

Schwarz, Grau und Weiß haben ebenfalls wesentliche Bedeutungen, dennoch gelten sie nicht als Farben.

BASISKOMPETENZ B

7 **a)** Erstellen Sie eine Tabelle nach folgendem Muster.

b) Ergänzen Sie die Tabelle stichwortartig.

Farbe: Bezeichnung	Vorkommen in Natur und Gesellschaft	Symbol für	Emotionale Wirkung
violett/purpur	Veilchen (sonst kaum), Würdenträger, Macht, Feminismus, Friedensbewegung	Geist, Spiritualität	mystisch, meditativ

8 **a)** Beurteilen Sie, ob die folgenden Farbkombinationen für das Thema und die Zielgruppe sinnvoll sind.

A Eine SMV-Vertreterin hält eine kleine Präsentation vor dem Lehrerkollegium, in der die Vorschläge der SMV zu einer Mensa dargestellt werden. Der Folienhintergrund ist purpur, die Schrift weiß.

B Eine Schülerin (Ausbildung zur Erzieherin) hält vor ihrer Klasse eine Präsentation zum Thema „Zweisprachige Erziehung von Kindern". Der Hintergrund ist schwarz, die Schriftfarbe rosa und hellblau.

C Eine Schülergruppe (Zahntechniker) präsentiert am Tag der offenen Tür ihrer Schule ihre Arbeitsergebnisse zum Thema „Zahnhygiene im Alltag". Der Folienhintergrund ist weiß, die Schriftfarbe rot und blau.

D Ein Schüler hält vor seiner Klasse (Modedesigner) eine Präsentation zum Thema „Das politische System in Deutschland". Es wird ein roter Folienhintergrund und schwarze Schriftfarbe gewählt.

b) Notieren Sie, welche Farbkombinationen Sie für die Situationen wählen würden, und begründen Sie dies mit Verweisen auf Inhalt, Zielgruppe und evtl. Ihre Ziele.

9 **a)** Ordnen Sie den Bildern in der rechten Spalte drei Themen der Aufgabe 8 zu.

b) Schreiben Sie in ganzen Sätzen auf, welche Inhalte und welche Gefühle Sie mit den Bildern verbinden.

c) Notieren Sie, welche inhaltlichen Aussagen durch die Bilder ersetzt werden können.

10 Beschreiben Sie ein Bild, das Sie benutzen würden, um zu Toleranz aufzufordern.

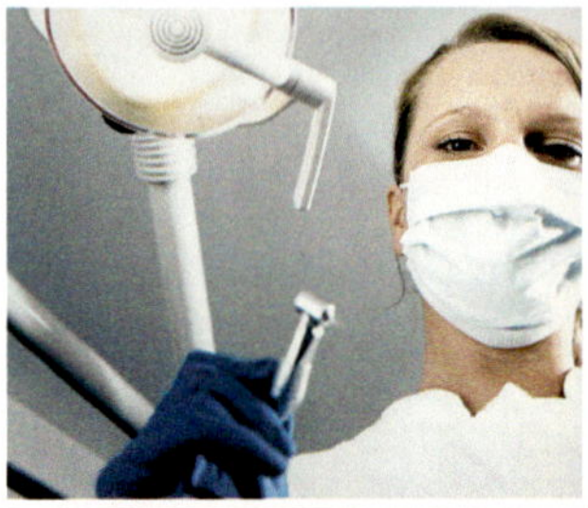

KOMPETENZBOX

Text und Bild

Bildliche Darstellungen wirken **emotional und erregen Aufmerksamkeit.** Deshalb sollten Sie auf Folien gezielt mit Bildern arbeiten. Beachten Sie aber, dass Bilder nicht mehr Gewicht bekommen, als Sie ihnen zukommen lassen wollen. Vor allem Gesichter können sehr dominant wirken. Das Design-Prinzip **„Bild zu Bild und Text zu Text"** bedeutet, dass sich Bilder und Text im Normalfall nicht überlagern sollten, weil sie sich gegenseitig zerstören. Das Prinzip **„Bild statt Text"** fordert, die Textteile wegzulassen, deren Inhalte durch Bilder repräsentiert werden können. Hier müssen Sie selbst entscheiden, wie weit Sie diesem Prinzip unter Berücksichtigung Ihrer Ziele und Ihres Themas folgen wollen.

11 **a)** Erklären Sie, welche Kreativtechniken in den Plakaten umgesetzt sind.

b) Beurteilen Sie die beiden Plakate, indem Sie die Kriterien der Kompetenzbox anwenden.

KOMPETENZBOX

Plakate

Werbende Plakate sind oft **provokativ** und **brechen mit gewohnten Denk- und Sichtweisen**. Dazu werden Kreativtechniken benutzt.

Wichtige **Kreativtechniken** sind: vergleichen, vergrößern, vereinfachen, verändern, ersetzen, umstellen, umkehren, mischen und anders verwenden.
Der **Slogan** sollte intuitiv erschlossen werden können und in wenigen Sekunden erfassbar sein. Dies ergibt im Idealfall maximal 7 Worte bei einer **Schriftgröße**, die mindestens 10 % der Plakathöhe einnimmt und mittig oder in der Nähe des Blickfangs platziert sein sollte. Alle Elemente sollten sich zur **AIDA-Formel** ergänzen: Aufmerksamkeit, Interesse, Drang, Aktion.

Beachten Sie die **Unterschiede zu Informationsplakaten oder Wandzeitungen**, die anderen Kriterien unterliegen. Zwar sollte sich das Thema auch hier deutlich von den anderen Elementen des Plakates absetzen, es muss aber keinen Slogan-Charakter haben.
Informationsplakate können auch wesentlich mehr Inhalte haben, wobei die einzelnen Bestandteile durch **Klarheit der Leserichtung** und durch **Überschriften** unterscheidbar sein müssen. Bilder können in diesen Fällen erklärenden Charakter haben. Während werbende Plakate professionell gedruckt sein sollten, können vor allem Wandzeitungen von Hand erstellt werden und auch Raum für Kommentare bieten.

12 Notieren Sie, welche Kreativtechnik Sie wie anwenden könnten, um die folgenden Slogans mithilfe eines Bildes provokativ für eine Anti-Alkohol-Werbung wirken zu lassen.

A Alkohol entspannt mich total.
B Alkohol hilft mir, meine Hemmungen zu überwinden.
C Ich habe keine Probleme mit Alkohol.
D Alkohol ist gesund, wenn man nicht zu viel trinkt.
E Alkohol bringt Power.
F Mit Alkohol steigt die Stimmung.
G Eine Party wird erst mit Alkohol lustig.
H Jeder trinkt doch Alkohol.
I Mit Alkohol sieht die Welt ganz anders aus.

13 Finden Sie Slogans und passende Bilder für folgende Werbeplakate und notieren Sie Ihre Ideen.

A Werbung für den freiwilligen Schulsporttag
B Werbung für Ihren Ausbildungsgang
C Werbung für Ihre Schule
D Eine Schulband soll gegründet werden
E Werbung für Patenschaften in der Dritten Welt

Sprachliche Übungen

1 Finden Sie für die folgenden Farbbezeichnungen jeweils mindestens 3 Begriffe, die Farbvarianten kennzeichnen.

A gelb
B rot
C blau
D grün

2 Schreiben Sie möglichst ausgefallene und wirksame Vergleiche für die folgenden Begriffe auf, um diese zu veranschaulichen.

A blau wie …
B groß wie …
C gering wie …
D wichtig wie …
E interessant wie …
F schön wie …
G etwas stagniert wie …
H etwas entwickelt sich wie …
I etwas steigt an wie …

3 Notieren Sie die folgenden Sätze in korrekter Groß- und Kleinschreibung.

A Die Farbe __ot ist die Farbe des Feuers.
B Das __range steht für Optimismus und Lebensfreude.
C Mit der __elben Farbe drückt man Heiterkeit aus.
D Mit __rün verbindet man den Wald und die Wiesen.
E Da das Meer __lau wirkt, verbindet man mit __lau Frische.
F Die Farbe der Inspiration und der Mystik ist __iolett.
G Wenn man Kühle ausdrücken will, ist man mit __eiß gut beraten.
H Dunkelheit wird durch __chwarz symbolisiert.

4 Ergänzen Sie einen passenden Begriff.

A ______ Information Qualitätseigenschaft besitzt, muss es auch Kriterien geben, diese zu messen.
B Wichtiger ______ alle anderen Größen ist die Relevanz von Information.
C Sie bestimmt, ______ Daten für die Zielgruppe nützlich sind.
D Relevanz wird aber auch ______ Vergleichbarkeit erzielt.
E Unklar ist aber noch, ______ Messinstrumente dafür zur Verfügung stehen.

5 Bestimmen Sie die richtige Zeitform in den einzelnen Zeilen.

A Aufmerksamkeit zu erregen ist schwer.
B Früher war dies einfacher.
C Man hatte es jedenfalls geglaubt.
D Die Informationsflut werde zunehmen.
E Was wird die Zukunft bringen?
F Ich werde meine Meinung ändern.
G Das haben ja schließlich viele getan.

6 Bilden Sie von dem Verb „visualisieren" die folgenden Formen.

A 1. Person Singular, Präteritum
B 3. Person Plural, Plusquamperfekt
C 2. Person Singular, Futur II
D 1. Person Plural, Perfekt
E 2. Person Plural, Präsens
F 3. Person Plural, Futur I
G 1. Person Plural, Präteritum
H 2. Person Singular, Perfekt

7 Wandeln Sie die folgenden Ellipsen von Folieninhalten in grammatikalisch vollständige Sätze für den mündlichen Vortrag um.

A Wählerisch? Solltest Du auch sein.
B Zu viele Träume?
C Ohne Ausbildung?
D Resignation?
E Perspektiven!

8 Verbinden Sie die folgenden Haupt- und Nebensätze durch eine passende Konjunktion.

A Werbende Plakate haben Erfolg, ______ sie oft gegen den guten Geschmack verstoßen.
B Der Slogan muss intuitiv erschlossen werden können, ______ er in kurzer Zeit verstanden werden soll.
C Ein Slogan wird einprägsam, ______ man ihn auf wenige Worte beschränkt.
D Ein Werbeplakat soll wirken, ______ die Werbebotschaft ankommt.
E Die Aufforderung sollte klar sein, ______ der Verbraucher weiß, was er tun soll.

Prüfungsvorbereitung

Aufgaben:

1) Erstellen Sie ein Diagramm für die folgenden Daten: Bei einem auf drei Jahre angelegten Projekt zur individuellen Förderung in Mathematik haben in den Jahren 2008 bis 2010 60 Schülerinnen und Schüler teilnehmen können. Die Durchschnittsnoten waren für diese Gruppe 2007 5,1 - 2008 4,6 - 2009 4,1 - 2010 3,3.
Das Programm soll ausgedehnt werden, der Freundeskreis der Schule wird die Kosten übernehmen.

2) Versehen Sie das Diagramm mit einem Slogan, der für eine individuelle Förderung wirbt.

3) Ergänzen Sie das Diagramm visuell.

4) Begründen Sie Ihre Farbwahl.

MUSTERLÖSUNG

Diagramm erstellen

← *Das Balkendiagramm eignet sich zur Darstellung von absoluten Zahlen, hier der Schulnoten, wobei hier auf die Note 6 verzichtet wurde, da sie in diesem Zusammenhang keine Relevanz besitzt.*

← *Der Slogan verbindet das Programm zur individuellen Förderung mit der Zukunftsperspektive der Schülerinnen und Schüler. Er beinhaltet implizit auch das Gegenteil: Wer nicht individuell fördert, verbaut Zukunftschancen.*

← *Die Fotos verdeutlichen den Slogan, indem zwei alternative Zukunftsentwürfe aufgezeigt werden, die die Zielgruppe emotional ansprechen.*

← *Die Hintergrundfarbe wurde für die Zielgruppe (ehemalige Lehrer, Eltern, Wirtschaftsvertreter) neutral gewählt. Blau hätte einen offiziellen Anstrich gegeben, die Farbe wurde aber nicht gewählt, da das Diagramm dann zu bunt geworden wäre. Wichtig sind hier die Signalfarben der Balken: Das Rot symbolisiert den Gefahrenbereich, aus dem man herauskommen muss, und Grün den Zielbereich.*

Kompetenz-Logbuch

Online-Link 803501-0009

- → Insgesamt bewerte ich die Lektion mit folgendem Smiley.
- → Diese mir selbst gesteckten Ziele habe ich erreicht.
- → Dies hat mir Schwierigkeiten bereitet.
- → So habe ich mich beteiligt und in die Gruppe eingebracht.
- → Das will ich noch lernen.
- → Diese konkreten Schritte werde ich dazu unternehmen.

Projekte

1 Visualisierung visualisieren

Erstellen Sie ein Plakat oder eine Wandzeitung zum Thema Visualisierung.
Bilden Sie eine Jury und lassen Sie die Plakate ausführlich bewerten.

2 Werbung für die Schule oder Ihren Beruf

Erstellen Sie Werbeplakate für Ihre Schule oder Ihren Beruf. Formulieren Sie dazu Slogans und visualisieren Sie diese durch eine Fotomontage.

3 Kreative Formen der Visualisierung

Informieren Sie sich im Internet über andere kreative Formen der Visualisierung (z. B. Comic, Fotoroman, Fotodrama, Film) und setzen Sie eine davon in die Praxis um.

4 Professionelle Visualisierungen

Erstellen Sie eine Sammelmappe mit interessanten professionellen Visualisierungen, die Ihren Beruf oder ein bestimmtes Unterrichtsthema betreffen.

5 Visualisierungs-Archiv

Legen Sie sich für eine Präsentation/Facharbeit ein Archiv an, in dem Sie wichtige visuelle Daten speichern.

6 Literatur-Visualisierungen

Informieren Sie sich im Internet über Projekte zur Visualisierung von Erzählungen oder Gedichten.
Wählen Sie eine literarische Vorlage aus und setzen Sie diese in Bilder um.

7 Wandzeitung

Erstellen Sie zu einem Unterrichtsthema eine Wandzeitung.

10 Wie Sie epische Kleinformen interpretieren

Was Sie wissen und was Sie lernen können

„Das ist ja fabelhaft!"

1. **a)** Erzählen Sie von Situationen, in denen Sie diesen Ausruf schon gehört haben.
b) Erläutern Sie, was man hierbei unter „fabelhaft" versteht.

2. Notieren Sie, ob die Behauptungen 1–10 richtig (= r) oder falsch (= f) sind.

Arten epischer Kleinformen

1. Zu den bekannten epischen Kleinformen gehören Fabel, Parabel, Anekdote, Kurzgeschichte.
2. Am Schluss einer Fabel wird immer ganz deutlich die Moral genannt.
3. In der Epoche der Moderne lösen sich gattungsspezifische epische Kleinformen in Erzählungen mit eigenem Stil auf.
4. Eine typische Kurzgeschichte hat einen Wendepunkt.
5. Eine Parabel ist prinzipiell uninterpretierbar.

Von der Analyse zur Interpretation

6. Man unterscheidet zwischen innerer und äußerer Handlung.
7. In der Einleitung einer schriftlichen Textinterpretation erwähne ich nur den Titel und den Autor des Textes.
8. Zu einer schriftlichen Textinterpretation gehört auch eine Inhaltsangabe.
9. In einer Interpretation geht man zunächst von der offensichtlichen Handlung aus.
10. In einem Interpretationsaufsatz liste ich immer alle sprachlichen Besonderheiten und Stilmittel auf, die ich im Text gefunden habe.

3. Vergleichen Sie Ihre Entscheidungen mit der Lösung im Kompetenzregister, S. 259.

4. Markieren Sie im Kompetenz-Logbuch auf der Seite für dieses Kapitel, in welchem Bereich Sie aufgrund der Ergebnisse von Aufgabe 2 Ihre Stärken sehen, und legen Sie Ihre persönlichen Schwerpunkte für den weiteren Lernprozess fest. **Online-Link** 803501-0010

A	B
Arten epischer Kleinformen	**Von der Analyse zur Interpretation**

BASISKOMPETENZ A

A B

So erkennen Sie Arten epischer Kleinformen

1 **a)** Lesen Sie die drei Texte.

b) Finden Sie Gemeinsamkeiten zwischen den drei Texten und erläutern Sie diese.

Text A: Das Lamm und der Wolf

Ein Lämmchen löschte an einem Bache seinen Durst. Fern von ihm, aber näher der Quelle, tat ein Wolf das Gleiche. Kaum erblickte er das Lämmchen, so schrie er:

„Warum trübst du mir das Wasser, das ich trinken will?"

„Wie wäre das möglich", erwiderte schüchtern das Lämmchen, „ich stehe hier unten und du so weit oben; das Wasser fließt ja von dir zu mir; glaube mir, es kam mir nie in den Sinn, dir etwas Böses zu tun!"

„Ei, sieh doch! Du machst es gerade wie dein Vater vor sechs Monaten; ich erinnere mich noch sehr wohl, dass auch du dabei warst, aber glücklich entkamst, als ich ihm für sein Schmähen das Fell abzog!"

„Ach, Herr!", flehte das zitternde Lämmchen, „Ich bin ja erst vier Wochen alt und kannte meinen Vater gar nicht, so lange ist er schon tot; wie soll ich denn für ihn büßen."

„Du Unverschämter!", so endigt der Wolf mit erheuchelter Wut, indem er die Zähne fletschte. „Tot oder nicht tot, weiß ich doch, dass euer ganzes Geschlecht mich hasset, und dafür muss ich mich rächen."

Ohne weitere Umstände zu machen, zerriss er das Lämmchen und verschlang es.

Das Gewissen regt sich selbst bei dem größten Bösewichte; er sucht doch nach Vorwand, um dasselbe damit bei Begehung seiner Schlechtigkeiten zu beschwichtigen.

Äsop, 6. Jh. v. Chr.

Text B: Der Wolf und das Lamm

Der Starke hat immer recht. Das werden wir sogleich sehen. Ein Lamm löschte seinen Durst in einem klaren Bache. Dabei wurde es von einem hungrigen Wolf überrascht.

„Wie kannst du es wagen", rief er wütend, „mir meinen Trank zu trüben? Für diese Frechheit musst du bestraft werden!"

„Ach, mein Herr", antwortete das Lamm, „seien Sie bitte nicht böse. Ich trinke ja zwanzig Schritte unterhalb von Ihnen. Daher kann ich Ihnen das Wasser gar nicht trüben." „Du tust es aber doch!", sagte der grausame Wolf. „Und außerdem weiß ich, dass du im vergangenen Jahre schlecht von mir geredet hast."

„Wie soll ich das wohl getan haben", erwiderte das Lamm, „ich war da ja noch gar nicht geboren."

„Wenn du es nicht tatest, dann tat es dein Bruder!"

„Ich habe aber keinen Bruder."

„Dann war es eben irgendein anderer aus deiner Familie. Ihr habt es überhaupt immer auf mich abgesehen, ihr, eure Hirten und eure Hunde. Dafür muss ich mich rächen."

Mit diesen Worten packte der Wolf das Lamm, schleppte es in den Wald und fraß es einfach auf.

Jean de la Fontaine, 17. Jh.

Text C: Der Wolf kam zum Bach

Der Wolf kam zum Bach. Da entsprang das Lamm. Bleib nur, du störst mich nicht, rief der Wolf. Danke, rief das Lamm zurück, ich habe im Äsop gelesen.

Helmut Arntzen: Kurzer Prozeß. Aphorismen und Fabeln. Nymphenburger Verlagshandlung, München 1966, S. 64

c) Charakterisieren Sie das Lamm in den drei Texten und stellen Sie den Charaktereigenschaften diejenigen gegenüber, die Sie normalerweise einem Lamm in einer Fabel zuschreiben würden.

KOMPETENZBOX

Epische Kleinformen

Zu den bekannten epischen Kleinformen gehören Fabel, Parabel, Anekdote, Kurzgeschichte. In der Moderne lösen sich diese literarischen Formen in Erzählungen mit eigenem Stil auf.

Fabel

Die herkömmliche literarische Gattung der Fabel ist ein kurzer Text, der dem Leser eine Moral, Lebensweisheit oder Wahrheit vermitteln will. Ein solcher Lehrsatz befindet sich meistens am Schluss als sogenannte Epimythie. Er kann aber auch als Einleitung vor dem Text stehen. Protagonisten (Hauptfiguren) sind Tiere oder leblose Dinge, die menschliche Züge tragen. Ihre Verhaltensweisen lassen sich auf den Menschen übertragen und spiegeln so auf eine anschauliche und gleichzeitig kritische Weise menschliches Handeln wider. In der klassischen Fabel wird z. B. das Lamm als dümmlich, naiv und unschuldig dargestellt, der Wolf dagegen als blutrünstig und gewalttätig. Der Fuchs gilt als listig, schlau und verschlagen.
Der modernen Fabel fehlen dagegen ein konkreter Schluss und die deutliche Nennung der Moral, der Lebensweisheit oder der Wahrheit. Diese muss der Leser vom Text ausgehend selbst identifizieren. Es gibt auch moderne Erzählungen, die Züge einer Fabel tragen.

2 Schreiben Sie in wenigen Sätzen auf, ob die Moral in der Fabel von Äsop auch heute noch gilt. Belegen Sie Ihre Meinung mit Beispielen.

3 Lesen Sie den Text und beschreiben Sie, was aus Ihrer Sicht das Besondere an dieser Erzählung ist.

Franz Hohler: Der Verkäufer und der Elch

Kennt ihr das Sprichwort „Dem Elch eine Gasmaske verkaufen"? Das sagt man im Norden zu jemandem, der sehr tüchtig ist, und ich möchte jetzt erzählen, wie es zu diesem Sprichwort gekommen ist.

Es gab einmal einen Verkäufer, der war dafür berühmt, dass er allen alles verkaufen konnte. Er hatte schon einem Zahnarzt eine Zahnbürste verkauft, einem Bäcker ein Brot und einem Obstbauern eine Kiste Äpfel. „Ein wirklich guter Verkäufer bist du aber erst", sagten seine Freunde zu ihm, „wenn du einem Elch eine Gasmaske verkaufst."

Da ging der Verkäufer so weit nach Norden, bis er in einen Wald kam, in dem nur Elche wohnten. „Guten Tag", sagte er zum ersten Elch, den er traf, „Sie brauchen bestimmt eine Gasmaske." „Wozu?", fragte der Elch. „Die Luft ist gut hier." „Alle haben heutzutage eine Gasmaske", sagte der Verkäufer. „Es tut mir leid", sagte der Elch, „aber ich brauche keine." „Warten Sie nur", sagte der Verkäufer, „Sie brauchen schon noch eine." Und wenig später begann er mitten in dem Wald, in dem nur Elche wohnten, eine Fabrik zu bauen. „Bist du wahnsinnig?", fragten seine Freunde. „Nein", sagte er, „ich will nur dem Elch eine Gasmaske verkaufen." Als die Fabrik fertig war, stiegen so viel giftige Abgase aus dem Schornstein, dass der Elch bald zum Verkäufer kam und zu ihm sagte: „Jetzt brauche ich eine Gasmaske." „Das habe ich gedacht", sagte der Verkäufer und verkaufte ihm sofort eine. „Qualitätsware!", sagte er lustig. „Die anderen Elche", sagte der Elch, „brauchen jetzt auch Gasmasken. Hast du noch mehr?" (Elche kennen die Höflichkeitsform mit „Sie" nicht.) „Da habt ihr Glück", sagte der Verkäufer, „ich habe noch Tausende." „Übrigens", sagte der Elch, „was machst du in deiner Fabrik?" „Gasmasken", sagte der Verkäufer.

P. S. Ich weiß doch nicht genau, ob es ein schwedisches oder ein schweizerisches Sprichwort ist, aber die beiden Länder werden ja oft verwechselt.

Franz Hohler: Der Verkäufer und der Elch. Aus: Franz Hohler: Ein eigenartiger Tag. Lesebuch. Verlag Luchterhand, Darmstadt und Neuwied 1979, S. 74 f.

4 **a)** Charakterisieren Sie den Verkäufer.

b) Nennen Sie ein Tier, das die gleichen Eigenschaften wie der Verkäufer aufweist.

5 Erläutern Sie, welche Gemeinsamkeiten die Geschichte von Franz Hohler „Der Verkäufer und der Elch" mit einer Fabel hat.

6 **a)** Lesen Sie den Text und beschreiben Sie die Wirkung, die er beim ersten Lesen auf Sie hat.

Franz Kafka: Gibs auf

Es war sehr früh am Morgen, die Straßen rein und leer, ich ging zum Bahnhof. Als ich eine Turmuhr mit meiner Uhr verglich, sah ich, dass es schon viel später war, als ich geglaubt hatte, ich musste mich sehr beeilen, der Schrecken über diese Entdeckung ließ mich im Weg unsicher werden, ich kannte mich in dieser Stadt noch nicht sehr gut aus, glücklicherweise war ein Schutzmann in der Nähe, ich lief zu ihm und fragte ihn atemlos nach dem Weg. Er lächelte und sagte: „Von mir willst du den Weg erfahren?“ „Ja“, sagte ich, „da ich ihn selbst nicht finden kann.“ „Gibs auf, gibs auf“, sagte er und wandte sich mit einem großen Schwunge ab, so wie Leute, die mit ihrem Lachen allein sein wollen.

Franz Kafka: Gesammelte Werke in zwölf Bänden. Band 8. Fischer Verlag, Frankfurt am Main 1994, S. 130

b) Geben Sie den Inhalt des Textes in eigenen Worten wieder.

7 Schreiben Sie zwei Fragen auf, die Sie sich beim Lesen des Textes gestellt haben, und stellen Sie Vermutungen auf, wie diese beantwortet werden könnten.

8 Entscheiden Sie, um welche Textform es sich Ihrer Meinung nach handelt. Begründen Sie Ihre Entscheidung.

KOMPETENZBOX

Parabel

Die Parabel ist eine kurze Erzählung. Der Sinn oder die Lebensweisheit wird in ein Ereignis verpackt, das aus einem anderen Vorstellungsbereich stammt und wie ein Gleichnis zu deuten ist. Die Auslegung einer Parabel ist nicht offensichtlich, sondern erschließt sich erst auf den zweiten Blick.
Zu den Arten von Parabeln zählen die didaktische (= lehrreiche) und die verrätselte Parabel. Kennzeichen der **didaktischen Parabel** ist die Konzentration auf eine Lehre bzw. Moral. Dagegen ist die **verrätselte Parabel** prinzipiell mehrdeutig und für vielfältige Interpretationen offen, weil das erzählte Geschehen nicht auf nur eine Erkenntnis oder eine Lehre reduziert werden kann. Als der vielleicht wichtigste Vertreter der modernen Parabel gilt Franz Kafka. Da die Übergänge zwischen den Textformen fließend sind, finden wir in der modernen Literatur häufig auch Kurzgeschichten mit parabelhaftem Charakter.

Anekdote

Schreibanlass für diese epische Kleinform sind lustige oder wundersame Begebenheiten, die historisch nicht verbürgt sind, aber plausibel erscheinen. Andererseits gibt es auch bedeutende Persönlichkeiten, die einem Autor Anstoß geben, eine Anekdote zu verfassen.
Die Anekdote enthält eine kurze Einleitung, einen zum Schluss hin konstruierten Spannungsaufbau sowie eine Pointe, die zur Lösung und Klärung beiträgt. Ziel dieser epischen Form ist es, den Leser entweder zu belehren oder zu unterhalten.
Die Blütezeit der Anekdote war die 2. Hälfte des 18. Jahrhunderts (Aufklärung) und das 19. Jahrhundert (Romantik, Realismus, poetischer Realismus). Als Meister der Anekdote gilt u. a. Heinrich v. Kleist.

9 Beschreiben Sie, wie es der Autor sprachlich schafft, die Atemlosigkeit der fragenden Person zu unterstreichen.

10 Deuten Sie die Formulierung „die mit ihrem Lachen allein sein wollen“.

11 Lesen Sie den folgenden Text und geben Sie die Situation und die Handlung kurz in eigenen Worten wieder.

Theo Schmich: Geier

Geier waren wir.

Unser Opfer war Harold. Manchmal kommt mir alles im Traume wieder.

Wir hocken auf dem Rand unserer Büroschränke. Mit kahlen, hässlichen, lauernden Geierköpfen. Unter uns, an seinem Schreibtisch, Harold.

Mit seiner Beförderung zum Prokuristen hatte Harolds Ende begonnen. Er strahlte an diesem Tage, schritt energiegeladen durch die Flure. Siegessicher. Er hatte es geschafft, er würde es weiterhin schaffen.

Wir, seine Kollegen, waren jenseits allen Neides. Längst schon hatte er uns überrundet, hatte seine Beförderung sich abgezeichnet. Unseren Neid hatten wir hinter uns gebracht, zu einem früheren Zeitpunkt. Und resigniert angesichts Harolds Energie. Jetzt standen wir auf. Nicht gegen Harold, sondern um aus sicherem Abstande seinen Kampf zu beobachten.

„Ob er es schafft?“

„Kaum. Zu viel Arbeit. Und es wird noch mehr, verlasst euch darauf!“

„Abwarten. Harold ist zäh.“

Die Geier bezogen ihre Posten.
Schon bald nach seiner Beförderung erschien Harold verändert. Betont freundlich war er bisher gewesen, frei von Launen. Nun wurde er gereizt, fuhr seine Untergebenen an. Meist zwar fand er hinterher eine Entschuldigung. Doch war dies nur ein Beweis dafür, wie schwer ihm bereits die Kontrolle über sich selbst fiel.
„Was habe ich gesagt? Es wird zu viel für ihn."
Vielsagend zwinkerten wir uns zu.
Harolds rechtes Augenlid begann zu zucken. Bemerkte Harold es nicht? Jedenfalls sah er uns beim Gespräch unbefangen an, während wir Mühe hatten, ihm nicht ins Gesicht zu lachen. Es war zu komisch, dies zuckende Augenlid!
Dann wurde Harold wieder stiller. Nicht eigentlich, dass er seine Gereiztheit überwand. Nur ihre „Wogen" schlugen weniger hoch. Harold verlor an Energie.
„Er schafft es nicht", urteilten wir einmütig und wiegten dabei unsere Köpfe. Keine schadenfrohe Feststellung! Ein leidenschaftsloses Urteil.
Harold hetzte von einer Aufgabe zur anderen, konnte aber nie etwas vollständig erledigen, da sich hinter jeder dringenden Arbeit eine noch dringendere versteckte. Seine Gesichtszüge wurden schlaffer. Die Mundpartie bekam etwas Raubtierhaftes. Der Glanz seiner Augen wurde matter. Doch gleichzeitig verengten sie sich zu lauernden Spalten.
„Urlaub!", sagte einer von uns.
Mit geringschätzigem Staunen sahen wir ihn an. Erkannte er die Situation nicht? Einen Urlaub konnte Harold sich nicht leisten. Zwar, seinen Posten erobern, hätte keiner von uns vermocht. Aber wir hätten seine Stellung erschüttert während seiner Abwesenheit, ihm Befugnisse entrissen, uns Entscheidungen angemaßt. Geier, die auf eine Schwäche ihres Opfers warteten.
„Mein Arm schmerzt, meine Schulter", klagte Harold. Für einen Augenblick empfanden wir Mitleid. Ein klagender Harold, das war neu, das war ungewohnt. Alarmierend! Schmerzen im Arm, in der Schulter. Herz.
„Zum Arzt", sagten wir.
Harold sah uns an, durch uns hindurch. Nickte schließlich langsam, als hätte er begriffen, und ging müde zurück an seinen Schreibtisch. Und er hatte begriffen!
„Ruhe!", würde der Arzt anordnen. Teure Medikamente, jedes Medikament hätte Harold sich leisten können. Aber keine Ruhe. Eines nur gab es: durchhalten, die Stellung festigen, ausbauen. Dann vielleicht: Ruhe. Andere drängten nach, auch wir. Eine Schwäche von ihm hätte uns gestärkt. Harold wusste das.
An einem Freitag sahen wir ihn zum letzten Male. Samstags war er zusammengebrochen. Er hatte noch gelebt, als man ihn ins Krankenhaus schaffte. So jedenfalls hörten wir, als wir montags darauf zur gewohnten Arbeit erschienen.

Aus: Theodor Karst (Hg.): Texte aus der Arbeitswelt seit 1961. Reclam, Stuttgart 1974, S. 81ff.

12 Entscheiden Sie, welche der folgenden Aussagen zum Text richtig sind. Belegen Sie Ihre Antwort anhand des Textes.

A Die Kollegen von Harold sind hilfsbereit.
B Anlass für die Handlung ist die Beförderung von Harold.
C Der Ich-Erzähler war auf Harold niemals neidisch.
D Handlungsort ist ein Unternehmen, in dem ein schlechtes Arbeitsklima herrscht.
E Der Ich-Erzähler berichtet im Rahmen einer inneren Handlung über die eigenen Gefühle, die er aufgrund von Harolds Karriere empfindet.
F Der Text spielt im Jahr 1960.
G Der Erzähler gibt die Handlung im Rückblick wieder.

KOMPETENZBOX

Kurzgeschichte

Die Kurzgeschichte ist gemessen an Fabel, Parabel und Anekdote eine relativ junge Form der Epik. Typische Kennzeichen dieser Form sind:
- die **Kürze**,
- der **Verzicht** auf **mehrere Handlungsstränge**,
- ein **unmittelbarer Einstieg** ins Geschehen,
- die personale Erzählhaltung,
- **Wendepunkt** und **offener Schluss**,
- **wenige** oder nur **eine** (oft nur durch Pronomen bezeichnete) **handelnde Figur**.

Kurzgeschichten fallen zwar unter die Gattung der Epik, sie erhalten jedoch aufgrund ihrer Kürze eine besondere Dichtheit der Sprache und eine Vielschichtigkeit, wie man sie sonst eher in der Lyrik findet. Der expressive Charakter neuester Kurzgeschichten wird durch die stark betonte Innenperspektive (z. B. durch inneren Monolog) noch verstärkt. Sprachlich sind Kurzgeschichten auch sehr ökonomisch aufgebaut. Man findet wenige Metaphern, Adjektive und viele einfache Hauptsätze.

13 Entscheiden Sie mithilfe der Kompetenzbox, ob es sich bei dem Text um eine Kurzgeschichte handelt.

BASISKOMPETENZ B

A | B

So gelangen Sie mithilfe der genauen Analyse zur Interpretation

1 Lesen Sie den Text.

Peter Jüde: Mamas Lachen

Der ICE hielt mitten auf der Brücke an. Nach einigen Sekunden setzte sich der Zug wieder in Bewegung, blieb aber auf Höhe des Doms erneut stehen. Jan konnte die Kirche in der Dunkelheit nur undeutlich erkennen. Plötzlich musste er die Augen zukneifen. Schlagartig war es hell geworden, weißes Licht umflutete den Dom. Er konnte ihn in allen Einzelheiten erkennen. Jan hatte den Schalter für den Strahler umgelegt.

Eine ungeheure Leistung, solch eine Kathedrale zu bauen. Schließlich konnte man den Dom nicht in einem Laden kaufen und ihn einfach auf die Platte stellen. Der Zug fuhr im Schritttempo in den Kölner Hauptbahnhof ein. Jan hatte eine schöne Fahrt gehabt. Der angestrahlte Dom, grandios. Es hatte alles funktioniert. Jan schaltete das Deckenlicht wieder an.

„Hallo, Jan." Tom stand in der Kellertür. Er hielt ein Kölschglas in der Hand, prostete Jan zu und trank. „Mensch, Jan, die Anlage ist wirklich gut." Tom schob sich seinen Cowboyhut in den Nacken. Dann trank er wieder einen Schluck und beugte sich über Jans Landschaft. „Wie du das immer hinkriegst. Sieht alles ziemlich echt aus." – „Am Dom habe ich ganz schön lange gearbeitet", sagte Jan. „Das war viel Arbeit, aber jetzt ist alles perfekt, auch die Schienen auf der Hohenzollernbrücke und hier am Hauptbahnhof sind neu. Ich habe gerade eine Testfahrt gemacht."

Tom nickte: „Sehr schön, dein Klein-Köln." Er lachte. Jan drehte sich weg, damit er die Bierfahne nicht riechen musste. „Komm nach oben, deine Mutter hat Berliner geholt." Jan trottete hinter Tom zur Tür. Zweimal drehte Jan den Schlüssel im Schloss und drückte anschließend die Klinke herunter, um zu prüfen, ob die Tür wirklich verschlossen war. Dann zog er den Schlüssel ab und steckte ihn in die Hosentasche. So hatte es Papa auch gemacht. Jedes Mal, wenn er den Keller verlassen hatte. Papa hatte sich nie verkleidet. Karneval hatten sie immer zusammen im Keller an der Modelleisenbahnanlage gebaut. Jedes Jahr war Köln größer geworden. Nur den Rosenmontagszug hatten sie sich zusammen angesehen. Mama, Papa, Jan.

Mama kam ihnen im Flur entgegen. Sie war als Bärbelchen verkleidet. Mit den blonden Zöpfen kam sie Jan fremd vor. Sie küsste Tom auf den Mund und bevor er sich wegdrehen konnte, küsste sie auch Jan auf den Mund. Als sie in der Küche verschwand, wischte er ihren Kuss wieder ab. Sein Handrücken war rot von ihrem Lippenstift. Er folgte Tom ins Wohnzimmer und setzte sich auf die Couch. Mama brachte die Schüssel mit Berlinern, die sie vor ihm auf den Tisch stellte. Mama sagte etwas, aber Jan verstand nichts, weil Tom gerade die Musik aufdrehte. Mama und Tom sangen mit, hielten sich an den Händen, Mama schwang ihren Hintern hin und her.

Jan biss in einen Berliner und starrte auf die Maserung des Tischs. Das nächste Lied setzte ein. Tom drehte die Musik etwas leiser, die beiden setzten sich zu ihm auf die Couch. Mama goss Kölsch nach. Mama trank viel Kölsch, seit Papa nach Rosenheim zu seiner Freundin gezogen war. Sie trank jeden Tag Kölsch. Immer abends vor dem Fernseher. Manchmal weinte sie, wenn sie glaubte, dass Jan schlief. Aber Jan beobachtete sie. Einmal hatte sie ihn bemerkt und hatte ihn in ihre Arme gezogen. Sie hatte gestunken. Jan hasste Bier. Menschen, die Bier tranken, stanken. Er schnappte sich drei Berliner, lief die Treppe hinunter in den Keller.

Vom Hauptbahnhof ging es mit der S-Bahn zum Hansaring. Er genoss den Blick auf die Hochhäuser im Mediapark, die Papa noch gebaut hatte. Als die S-Bahn am Hansaring wieder anfuhr, merkte er, dass etwas nicht stimmte. Poltern, eine Frau lachte. Plötzlich stand Mama in der Kellertür, hinter ihr Tom, der ihr von hinten eine Hand auf die Schulter legte. Die andere hielt das Kölschglas. Tom trank, Mama sang, sie sang laut. Tom nahm das Glas vom Mund und stimmte ein. „Bitte, geht weg", flüsterte Jan.

Mama und Tom tanzten auf Jan zu. Dabei ließ Tom die Hand von Mamas Schulter gleiten und griff an ihre Brust. Mama kreischte, drehte sich um, versuchte Tom eine Ohrfeige zu geben. Dabei verlor sie das Gleichgewicht. Sie klammerte sich an Tom. Tom wankte. Mama schrie. Zusammen stürzten sie auf das linksrheinische Köln. Die Platte brach in zwei Teile. Die S-Bahn, die gerade den Hansaring hatte verlassen wollen, flog durch die Luft und landete auf der Hohenzollernbrücke. Die Brücke gab nach und stürzte in den Rhein. Mamas Hintern begrub Nippes und Ehrenfeld mit einem Schlag. Den ICE, mit dem Jan eben noch die Testfahrt gemacht hatte, traf die Spitze eines Cowboystiefels, und der gesamte Zug sauste gegen die Kellerwand, fiel hinunter, zerschellte. Die Hochhäuser im Mediapark wurden von Bärbelchens Zöpfen eingerissen. Die Dombeleuchtung zischte, als sich ein Schwall Kölsch über sie ergoss. Und dann lachte Mama. Und Tom lachte. Mama und Tom lagen im zerstörten Köln und lachten.

Jan verließ den Keller. Zweimal drehte Jan den Schlüssel im Schloss und drückte anschließend die Klinke herunter, um zu prüfen, ob die Tür wirklich verschlossen war. Dann zog er den Schlüssel ab und steckte ihn in die Hosentasche.

Jan lief nach oben ins Wohnzimmer. Er zog die oberste Schublade der Kommode auf und nahm einen Briefumschlag und alle Briefmarken heraus. Dann setzte er sich in seinem Zimmer an den Schreibtisch und schrieb die Adresse seines Vaters auf den Briefumschlag und klebte die Briefmarken auf. Während er zur Wohnungstür ging, fummelte er den Kellerschlüssel aus der Hosentasche und steckte ihn in den Briefumschlag. Sorgfältig leckte er den Kleberand, drückte den Umschlag zu. Als er auf die Straße trat, gingen zwei Clowns an ihm vorbei und sangen. Unter Jans Schuhen knirschten Glasscherben. Aus einer Kneipe tönte Musik. Jan rannte zum Briefkasten. Er schloss die Augen, schob den Brief durch den Schlitz.

Auf dem Rückweg hörte Jan im Hausflur ein Poltern aus dem Keller und nahm auf dem Weg nach oben immer zwei Stufen auf einmal. Er schloss die Wohnungstür hinter sich. Ohne nachzudenken, stülpte er sich seinen Kopfhörer über und steckte ihn in die Stereoanlage ein. Dann drückte Jan auf „Play".

http://zuender.zeit.de/2008/48/sonntagstext-49-peter-juede-mamas-lachen, abgerufen am 14.01.2010

2 Beurteilen Sie, ob die folgenden Aussagen richtig sind, und belegen Sie Ihre Entscheidung, indem Sie - wo möglich - entsprechende Textstellen zitieren.

BEISPIEL ZU AUSSAGE A: *Der Aussage, dass Jan allein sein möchte, stimme ich zu, denn er sagt in Zeile 73 f. zu seiner Mutter und Tom: „Bitte, geht weg."*

A Jan möchte allein sein.
B Die Eisenbahn ist für Jan eine Erinnerung an seinen Vater.
C Jan ist seinem Vater böse, weil dieser nun eine Freundin hat.
D Jans Mutter leidet nicht unter der Trennung von Jans Vater.
E Jan verbringt den Rosenmontag im Keller, weil er es mit seinem Vater auch immer so gemacht hatte.
F Jan und seinem Vater bedeutete Rosenmontag nie besonders viel.

3 Schreiben Sie die Einleitung zu der Textinterpretation (siehe Kompetenzbox).

KOMPETENZBOX

Aufbau einer Textinterpretation:

1. **Einleitung**: Hier nennen Sie Autor, Textart, Titel, Erscheinungsjahr und fassen das Thema in einem Satz zusammen. Das Thema umfasst das der Handlung zugrunde liegende Problem. Tipp: Wenn Sie sich nicht sicher sind, um welche Textart es sich handelt (Kurzgeschichte, Parabel usw.), sprechen Sie vom „Text".
2. **Inhaltsangabe**
3. **Haupt- oder Gesamtaussage des Textes** (siehe Kompetenzbox „Thesen zum Text", S. 126) mit sprachlichen Besonderheiten.
   Erwähnen Sie sprachliche Besonderheiten nur dann, wenn diese eine Bedeutung für die Textwirkung und -analyse haben.
4. **Schlussteil**
   Im Schlussteil einer literarischen Textinterpretation erwartet man von Ihnen, dass Sie die Ergebnisse Ihrer Arbeit noch einmal reflektieren. Greifen Sie dazu Ihre wichtigsten Ergebnisse heraus und unterstreichen Sie deren Bedeutung (Resümee).
   Fragen Sie auch nach der Bedeutung der Textvorlage für Sie selbst oder die Gegenwart.

Reflexion
Lesen Sie Ihre Textinterpretation nochmals in aller Ruhe durch, korrigieren Sie die Sprache, überprüfen Sie die sachliche Richtigkeit Ihrer Interpretation und deren Aufbau/Kohärenz.

4 Fassen Sie den Text kurz zusammen.

5 Erläutern Sie, inwiefern Ihnen die Thesen zum Text (S. 126) einleuchtend erscheinen.

BEISPIEL ZU A: *Die Aussage, dass die Glasscherben auf etwas Kaputtes, Zerbrochenes hindeuten, ist korrekt. Die Zerstörung zeigt sich u. a. auch im Satz: „Mama und Tom lagen im zerstörten Köln und lachten."*

A Die Glasscherben deuten auf etwas Kaputtes, Zerbrochenes hin.
B Der Keller steht in der Geschichte stellvertretend für die Vergangenheit von Jans intaktem Familienleben.
C Jan dreht den Schlüssel im Schloss zweimal, um sicher zu sein, dass niemand außer ihm Zugang zu seinem Innersten hat.
D Jan dreht den Schlüssel im Schloss zweimal, um sicher zu sein, dass niemand aus dem Keller heraus kann.

KOMPETENZBOX

Thesen zum Text

Lesen Sie den Text mehrmals durch. Formulieren Sie anschließend, abhängig von der Aufgabenstellung, mindestens eine These dafür, wie der Text zu verstehen ist. Gehen Sie dazu zunächst vom Offensichtlichen, d.h. der Handlung, aus.

- Stellen Sie z.B. folgende Frage an den Text: Warum handeln die Personen auf die eine oder andere Weise?

Bleiben Sie nicht bei der ersten Antwort stehen, sondern stellen Sie Fragenketten. Somit dringen Sie in tiefere Bedeutungsebenen der Geschichte ein.
- Suchen Sie im Text auch Beispiele für das „Wie“.

Dies kann sich auf die Handlung, die Raum- und Zeitgestaltung, die Charakterisierung einer Person sowie auf Sprache beziehen.
Sammeln Sie Belege für Ihre Thesen im gesamten Text.
- Stellen Sie einen Bezug zwischen dem Titel und dem Text her und formulieren Sie in einem Satz die Haupt- oder Gesamtaussage des Textes.

KOMPETENZBOX

Handlung

Die **Erzählstruktur** von Prosatexten (vgl. auch epische Großformen) kann zum einen Vor- und Rückblenden, Auslassungen, Dehnung und Raffung der Zeit aufweisen.

Zum anderen wird zwischen äußerer und innerer Handlung unterschieden. Zur **äußeren Handlung** gehören die **Zeit**, der **Raum** und die **Figuren(konstellationen)** sowie der **Anlass** für die Handlung, also das, was von außen sichtbar ist.

Die **innere Handlung** bezieht sich auf die Bewusstseinsvorgänge wie Gedanken und Gefühle in den Figuren, die von außen nicht sichtbar sind. Für Kurzgeschichten ist es typisch, den Fokus des Geschehens mehr auf Bewusstseinsvorgänge der Hauptfigur zu verlagern. Dies geschieht häufig durch den personalen Erzählstil.

Charakterisierung

In epischen Texten werden den literarischen Figuren Eigenschaften zugeschrieben. Dies geschieht einerseits durch die äußere Erscheinung, das Aussehen, die Kleidung usw. Eine Person wird dazu durch ihre äußeren Handlungen und auch die Umgebung charakterisiert, in der sie handelt. Die inneren Eigenschaften der handelnden Person sind aber ebenso wichtig für die Charakterisierung und damit auch für die Deutung. Der Leser ist ständig aufgefordert, **Innen- und Außenperspektive** miteinander zu verbinden.

6 Stellen Sie die Personenkonstellationen und -eigenschaften in einer Mindmap ähnlich dem folgenden Muster dar und ergänzen Sie diese.

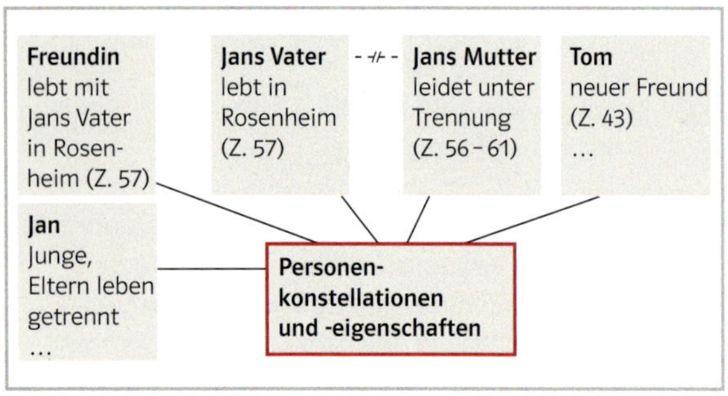

7 **a)** Sammeln Sie Textstellen, die das Verhältnis zwischen Jan, seiner Mutter und Tom beschreiben.

b) Erklären Sie in wenigen Sätzen das Verhältnis, das Jan zu seiner Mutter hat.

8 Entscheiden Sie, ob es sich um ein Symbol oder ein Bild handelt (siehe Kompetenzbox, S. 127), und begründen Sie Ihre Entscheidung.

BEISPIEL ZU A: *Bei der Taube handelt es sich um ein Symbol, denn die Taube steht im Allgemeinen für Frieden.*

BEISPIEL ZU B: *Der Himmel steht bildlich für Natur und Endlosigkeit. Er erzeugt beim Leser die Vorstellung von Unendlichkeit.*

A Taube
B Himmel
C Blut
D Wolken
E Der Schlüssel zu meinem Herzen
F Der Kellerschlüssel in „Mamas Lachen"
G Unter Jans Schuhen knirschten Glasscherben.

KOMPETENZBOX

Bilder/Symbole

Moderne epische Kurztexte zeichnen sich u.a. durch den sehr sparsamen Einsatz von Adjektiven aus. Daher muss die Vielschichtigkeit, die hinter der vordergründigen Handlung einer Kurzgeschichte liegt, auf andere Weise hergestellt werden.
So werden auch Begriffe, denen wir bestimmte Eigenschaften zuschreiben, benutzt, um Bilder und Stimmungen zu erzeugen.
Symbole dagegen sind Sinnbilder/Bedeutungsträger. Sie stehen stellvertretend für ein Konzept oder einen Begriff. Sie haben eine mitgemeinte abstrakte Bedeutung.
Die Unterscheidung zwischen Bild und Symbol hängt oft auch vom Zusammenhang ab, in welchem es steht.

9 Verfassen Sie in der Rolle von Jan einen Brief an den Vater, in dem Sie die Beweggründe dafür schildern, warum Sie den Schlüssel an den Vater schicken. Diskutieren Sie Ihre Ergebnisse in der Klasse.

10 **a)** Deuten Sie den Titel „Mamas Lachen".

b) Finden Sie einen alternativen Titel für den Text. Diskutieren Sie Ihre Ergebnisse in der Klasse.

11 Formulieren Sie in einem Satz die Hauptaussage des Textes.

12 Bestimmen Sie, ob es sich bei den folgenden Sätzen um para- oder hypotaktische Konstruktionen handelt.

BEISPIEL ZU A: *Es handelt sich um eine hypotaktische Konstruktion, in der der Hauptsatz nachgestellt ist und der Nebensatz durch die unterordnende Konjunktion „als" eingeleitet wird.*

A Als er auf die Straße trat, gingen zwei Clowns an ihm vorbei und sangen.
B Er zog die oberste Schublade der Kommode auf und nahm einen Briefumschlag und alle Briefmarken heraus.
C Mama sagte etwas, aber Jan verstand nichts, weil Tom gerade die Musik aufdrehte.
D Zweimal drehte Jan den Schlüssel im Schloss und drückte anschließend die Klinke herunter, um zu prüfen, ob die Tür wirklich verschlossen war.
E Er genoss den Blick auf die Hochhäuser im Mediapark, die Papa noch gebaut hatte.
F Schlagartig war es hell geworden, weißes Licht umflutete den Dom.

KOMPETENZBOX

Satzbau

Ein **einfacher Hauptsatz** besteht aus Subjekt und Prädikat.

BEISPIEL: *Er schläft.*

Es gibt aber auch Verben, die als Prädikat im Satz mindestens ein Objekt fordern.

BEISPIEL: *Der Diktator hat sich aus über hundert Bewerbern einen Schuhputzer ausgesucht. (Th. Bernhard)*

Satzverknüpfung

Parataxe (Satzreihe)
Wenn zwei oder mehrere Hauptsätze miteinander verbunden werden, bezeichnet man dies als Parataxe. Es handelt sich hierbei um eine Nebenordnung (para = neben, nebenher).

Hypotaxe (Satzgefüge)
In einem Satzgefüge wird ein Hauptsatz mit einem oder mehreren Nebensätzen verbunden.

13 Finden Sie kurze Sätze im Text und beschreiben Sie deren Wirkung auf den Leser.

Sprachliche Übungen

1 Wandeln Sie die elliptischen Sätze in vollständige Sätze einer Sie-Erzählerin um und schreiben Sie im Präteritum.

BEISPIEL: *5 Uhr! Kann es wirklich sein?*
→ *Es war bereits fünf Uhr, sie fragte sich, ob es wirklich schon so spät sein könne.*

A Weckerklingeln. Noch mal umdrehen.
B Dann aufstehen.
C Kaffee, Dusche, nur nicht trödeln.
D Kalte Füße. Bahn kommt endlich.
E Ticket vergessen, hoffentlich kommt keine Kontrolle.
F Da! Ein freier Platz. Schnell hinsetzen.
G Mist! Kontrolleur.
H Nur nicht auffallen. Kopf hinter der Zeitung verstecken, kalter Schweiß.

2 **a)** Erstellen Sie eine Tabelle nach dem folgenden Muster.

Adjektiv	**b)** ähnliche Adjektive	entgegengesetzte Bedeutung	**c)** Substantive

b) Finden Sie jeweils mindestens drei ähnliche und drei in ihrer Bedeutung entgegengesetzte Adjektive.

A müde
B künstlich
C eintönig
D warm
E einsam
F fremd
G kräftig

c) Bilden Sie zu jedem der Adjektive (auch zu den von Ihnen gefundenen) ein passendes Substantiv.

3 Verbinden Sie die nachstehenden Sätze mit der in Klammern stehenden Konjunktion und schreiben Sie die Sätze in der richtigen Satzstellung ab. Setzen Sie die Kommas korrekt.

A Schlagartig war es hell geworden, weißes Licht umflutete den Dom. (sodass) Er konnte ihn in allen Einzelheiten erkennen.
B Der Schrecken über diese Entdeckung ließ mich im Weg unsicher werden. (weil) Ich kannte mich in dieser Stadt noch nicht sehr gut aus.
C Ich kannte mich in dieser Stadt noch nicht sehr gut aus. (da) Der Schrecken über diese Entdeckung ließ mich im Weg unsicher werden.
D Ich war in großer Verlegenheit. (denn) Eine dringende Reise stand mir bevor. (da) Ein Schwerkranker wartete auf mich in einem zehn Meilen entfernten Dorfe.
E Er hatte häufig versucht, eine Erklärung für die Vorgänge zu finden. (obwohl) Es gelang ihm einfach nicht.
F Er gleitet langsam und lautlos vom Sitz. (anstatt) Er steht auf.
G Die Lage war nicht aussichtslos. (solange) Er versuchte sie zu retten.
H Er erschrak. (sodass) Er ließ sein Glas fallen.
I Er hörte nicht auf zu hungern. (trotzdem) Eine sorgfältig ausgewählte Mahlzeit wurde serviert.

4 Entscheiden Sie, wie der Satz korrekt lauten muss.

A Er versprach ihr, sie so bald (als/wie) möglich zu besuchen.
B Kafka war erfolgreicher (als/wie) Rilke.
C Seine Schwester ist genauso alt (als/wie) er.
D Schiller wurde nicht so alt (als/wie) Goethe.
E Seine Werke sind kostbarer (als/wie) ein Kleinwagen.
F Da hörten wir, (als/wie) es neune schlug, plötzlich die Haustür in den Angeln knarren.
G Er sprach (als/wie) der amerikanische Präsident zu uns.

5 Schreiben Sie die Sätze in korrekter Groß- und Kleinschreibung ab und setzen Sie Kommas, wo nötig.

A jans verhältnis zu seiner mutter ist im text nicht positiv.
B seine mutter und tom unternahmen nicht einmal den versuch ihn zu verstehen.
C jan mag es nicht dass seine mutter abends vor dem fernseher heimlich trinkt.
D dass er die tür abschließt und den schlüssel an seinen vater schickt wirkt wie ein stummer hilfeschrei.
E er hatte beschlossen sich nicht um sie zu kümmern und ging in sein zimmer.
F sie lachten anstatt sich bei ihm zu entschuldigen.
G es ist ein leichtes zu beweisen dass dieser text besonders heute eine gewisse gültigkeit besitzt.

Prüfungsvorbereitung

Aufgaben:

1) Benennen Sie die epische Kleinform und fassen Sie den Inhalt des Textes kurz zusammen.

2) Schreiben Sie eine Interpretation zum vorliegenden Text.

a) Erläutern Sie die Situation, in der sich die Protagonistin befindet. Belegen Sie Ihre Darstellung anhand geeigneter Textstellen.

b) Legen Sie dar, inwieweit der Text allgemeingültige Aussagen enthält, die sich auf eine außerliterarische Welt übertragen lassen.

MUSTERLÖSUNG

(1) Textarbeit als Vorbereitung für die Interpretation

Alles wie immer

← *Titel deutet auf Wiederholung/Bekanntes/Sicherheit (?) hin*

Aufwachen. Bitte nicht. Noch nicht. Augen auf, Körper hinterher. Auf dem Bettrand. Der Körper. Die Augen. Der Blick aus dem Fenster. Das ist zu klein, da ist der Himmel nicht zu sehen. Nur ein Haus gegenüber, es ist dasselbe wie gestern. Die Wohnung ordentlich, der Körper auch. Alles wie immer. Sie schließt die Augen noch einmal.

← *Direkter Einstieg in den Text mittels einer Ellipse*

← *Bitte – Person möchte im Zustand des Schlafens verharren*

← Z. 3 f.: *Gegensatzpaar: kleines Fenster – (unendlicher) Himmel*

← Z. 4: *wie gestern – das immer Gleiche, Unveränderte*

Seit Kurzem ist es, dass sie sich schon beim Aufwachen so langweilt, dass sie unbedingt die Augen wieder schließen muss vor Müdigkeit. Hinter dem geschlossenen Auge läuft der Film des Tages ab. Frühstück. Das Waschen. Das Bewegen, Kaffee, ein Ei. Ein kleines Kostüm, den kamelhaarfarbenen Mantel. Den Schlüssel nicht vergessen, die Schuhe nicht, den Kopf.

← *Langeweile bereits beim Aufwachen*

← *geschlossenes Auge/Film des Tages. Innenperspektive/inneres Auge*

← Z. 8 f.: *wie im Film Zuschauerin*

← Z. 9 f.: *Alltäglichkeit*

Raus aus der Wohnung. Die Straße runter, rechts herum, die Häuser haben sich nicht verändert über Nacht, kein noch so kleines Erdbeben, keine Feuerwand, sie stehen, grau, zementieren die Schritte auf den Boden, kein Weg geht nach rechts oder links. Die Frau folgt dem Weg wie auf dem Gefängnishof und biegt an der Kreuzung links ein. Ein Café.

← Z. 14: *Grau steht als Farbe für Eintönigkeit*

← *zementiert – unbeweglich*

← *Gefängnishof – Gefangensein*

Da ist ein Café, es hat Tische draußen und Stühle. Rote Stühle. Einmal nicht weitergehen müssen, ins Café gehen, den ganzen Tag dort sitzen, Leute anschauen, die an ihrer Stelle in ihr Leben gehen.

← *Café/rote Stühle – Antithese zum Grau der Häuser und des Alltags. Rot als Symbol für Leben, Leidenschaft, Liebe*

Nichts da, weiter in ein Haus, in den Lift, ins Büro. Da ist die Kollegin, die immer Probleme mit den Fingernägeln hat, die brechen ab, ansonsten keine Probleme. Das Neonlicht an, den Computer an, den Tag an. Die Uhr, nach Stunden draufge-

← *immer – keine Veränderung*

← *Neonlicht = Kunstlicht*

Prüfungsvorbereitung

schaut, es sind zehn Minuten vergangen. Dinge in den Computer tippen, was für Dinge ist egal. Posten, dahinter sind Zahlen, die zeigen, dass der Chef reich wird. Schön für ihn. Nach Ewigkeiten, die Augen tränen, vor dem Fenster kein Himmel, Mittagspause.

- ← *Uhr – Langeweile*
- ← *Gleichgültigkeit gegenüber der eigenen Tätigkeit*

Ein kleines Lokal am Fluss, die Augen auf den Fluss, die Gedanken hinterher. Ein Schiff müsste kommen, da läge sie drin, ein Mann würde rudern, den Fluss entlang, in den See, ins Meer, die Möwen, der Himmel, und nichts wäre mehr als Wasser und Himmel. Dann tönt innerlich eine Sirene, die Pause ist um, die Augen feucht, das Herz ganz schwer, ist auf dem Boot, die Frau geht ohne es zurück ins Büro, auch im Sommer kalt von Neonlicht. Wenn es dunkel ist, geht sie, kauft tiefgefrorene Suppe, trägt sie in die ordentliche Wohnung, kocht, isst, badet, geht zu Bett um acht, um fernzusehen.

- ← *Fluss – Natur + Sehnsucht*
- ← *Z. 30: Wasser + Himmel – Sehnsucht*
- ← *Z. 30: Sirene – Warnsignal*
- ← *Z. 33: tiefgefrorene Suppe – künstlich*
- ← *fernsehen – kleine, enge Kiste*

Das wird der Tag. Sie sitzt auf dem Bettrand und möchte weiterschlafen, wenn da nicht die Angst wäre, würde sie den Körper wieder in die Laken geben. Doch die Angst hält sie gerade, macht sie aufstehen, in die Küche gehen. Weiterschlafen, wohin?

- ← *Zurück am Ausgangspunkt – bisher nur Gedanken*
- ← *Z. 36: Angst – wovor?*
- ← *Z. 37: Weiterschlafen – Schlaf = Realitätsflucht, Traum, Geborgenheit*

Das kleine Kostüm an, das Ei, der Schlüssel kommt in die Tasche, die Angst nicht vergessen. Die Angst, zu sterben, im Bett, vor lauter Langeweile, und keine Hoffnung mehr, auf ein Wunder, ein Boot auf dem Fluss. Sie geht die Straße runter, rechts herum, die Häuser wie immer, kommt zu dem Café, die Sonne ist aufgegangen, die roten Stühle winken, sie lächeln, warum wohl?

- ← *best. Artikel – alles bekannt*
- ← *Z. 40: Langeweile – eigenes Leben*
- ← *Z. 41: Wunder/Boot/Fluss – Veränderung*
- ← *Z. 43: Sonne/rote Stühle – Farbe im grauen Leben*

Die Frau hält an, schaut zu Boden, da sind ihre Füße ohne Schuhe, die hat sie vergessen, zusammen mit der Angst und der Tasche zu Hause. So geht sie ins Café, auf einen roten Stuhl, der ist wie ein Thron, sie dreht das Gesicht der Sonne zu. Es wird ganz warm, so warm wie noch nie ein Gesicht gewesen ist und ein Lächeln kommt über die Wärme und wenn ich weiß, wie es wird, wie jede Minute meines Lebens aussieht, denkt sie, dann muss ich doch nicht dabei sein.

Sibylle Berg: Alles wie immer. Unter: http://www.zeit.de/online/2007/48/sibylle-berg-aufwachen, 30.11.2007, abgerufen am 15.02.2010

- ← *anhalten – sich besinnen*
- ← *Z. 44: nackte Füße – wie im Urlaub/Erdverbundenheit /Loslösung vom Materiellen/Befreiung von der Enge der Schuhe*
- ← *Z. 45: Angst in der Tasche eingesperrt – Befreiung*
- ← *Z. 46: Thron – Triumph*
- ← *Z. 46: Sonne – Wärme – Lächeln – sie bekommt ein Gesicht*
- ← *Z. 48: Entscheidung*
- ← *Z. 49: Bezug zum Titel – Nicht alles wie immer*

Prüfungsvorbereitung

(2) Literarische Textinterpretation (Kurzgeschichte)

Die Kurzgeschichte „Alles wie immer" von Sibylle Berg ist auf den Internetseiten der Wochenzeitung DIE ZEIT unter der Adresse http://www.zeit.de/online/2007/48/sibylle-berg-aufwachen erschienen. Sie beschreibt das eintönige Leben einer Frau und wie diese versucht, daraus auszubrechen.

← Nennen Sie in der Einleitung die Textart und die Quelle. Fassen Sie in einem Satz Ihre wesentliche Deutung der Geschichte in einem Satz zusammen.

In der Geschichte geht es um eine Frau, die morgens aufwacht und auf dem Rand ihres Bettes an den ihr bevorstehenden Tagesablauf denkt. Der erwartete Tagesablauf in ihren Gedanken wird genauso sein wie alle anderen Tagesabläufe. Die Frau führt ein eintöniges Leben und sie stellt sich vor, wie sie zur Arbeit gehen wird, was sie dort tun wird (sie arbeitet am Computer mit Zahlen und Posten), und sie hebt die Eintönigkeit und Langeweile ihres Lebens hervor. Sie träumt davon, von einem Mann mit einem Boot aus diesem Leben befreit zu werden.
Sie steht schließlich auf und der Tag beginnt scheinbar wie erwartet. Sie verlässt das Haus. An einem Café angekommen, erfährt der Leser, dass sie ihre Schuhe nicht angezogen hat, sie setzt sich im Café auf einen roten Stuhl und entschließt sich, an diesem Tag nicht wie gewohnt zur Arbeit zu gehen. Wenn sie ohnehin wisse, wie ihr langweiliges Leben verlaufen werde, müsse sie ja nicht dabei sein.

← Geben Sie den Inhalt der Geschichte in wenigen Sätzen wieder. Achten Sie darauf, dass Sie die Inhaltsangabe mit eigenen Worten und ohne wörtliche Zitate verfassen.

← Wenn Sie sinngemäß zitieren, benutzen Sie die indirekte Rede.

Der Text beginnt im Stil einer klassischen Kurzgeschichte und die Handlung setzt direkt ein. Mittels mehrerer Ellipsen („Aufwachen. Bitte nicht. Noch nicht", Z. 2) führt uns die Autorin unmittelbar in die Gedankenwelt der Hauptperson ein. Diese sitzt auf dem Rand ihres Betts in ihrer kleinen Wohnung, von der aus sie nicht einmal den Himmel sieht, und lässt ihren kommenden Tagesablauf vor ihrem inneren Auge ablaufen. Durch das Bild des „zu klein[en]" (Z. 3) Fensters, das der Unendlichkeit des Himmels entgegengesetzt ist, wird der Bezug von Innen- und Außenperspektive sehr deutlich. Sie fühlt sich beengt, „wie auf dem Gefängnishof" (Z. 15).
Ihr Leben läuft in ihrer Vorstellung wie in einem Film vor ihr ab. Hier ist das Bild des Zuschauens deutlich zu erkennen. Einen Film sieht man als unbeteiligter Zuschauer, die Frau, die im Text nur mit dem Pronomen „sie" bezeichnet wird, sieht ihr eigenes Leben quasi unbeteiligt von außen. Ihr Leben ist dermaßen eintönig, dass sie sich „schon beim Aufwachen" (Z. 7) langweilt und sich in den Schlaf zurücksehnt. Diese Eintönigkeit und Ereignislosigkeit setzt sich in der Beschreibung der Umgebung bis zur Unbeweglichkeit fort („grau, zementieren", Z. 14).
Gleiches gilt für ihre Arbeit, die für sie unendlich lang scheint, für die sie keinerlei Interesse hat. Es gibt auch keine bedeutenden zwischenmenschlichen Kontakte im Büro, nur eine Kollegin, die immer „Probleme mit den Fingernägeln" (Z. 21), also dem äußeren Schein hat, wird erwähnt. „Sie" arbeitet unter Neonlicht und kann auch bei der Arbeit den Himmel nicht sehen. Es herrscht eine eintönige, gefängnisartige, unnatürliche und emotionslose Stimmung. Der Text enthält wenige Adjektive, die Außensicht, die in den Gedanken der Sie-Erzählerin gespiegelt wird, wird vor allem durch Ellipsen, Substantive und kurze Hauptsätze als kalt, farb- und emotionslos beschrieben („Neonlicht, tiefgefrorene Suppe, ohne [Herz] zurück ins Büro").

← Beschreiben Sie die sprachlichen Mittel nur dann, wenn Sie einen Bezug zur Bedeutung des Textes herstellen können.

← Beschreiben Sie Gegensatzpaare und Bilder, die die Innen- und Außenperspektive aufzeigen.

← Bringen Sie Belege für Ihre Deutung aus dem Text.

← Geben Sie die Stimmung im Text mit Ihren eigenen Worten wieder und erläutern Sie die Wirkung der sprachlichen Mittel.

Dieser engen, kalten, emotionslosen und immer wiederkehrenden Szenerie wird ein Café entgegengesetzt. Dieses stellt das Gegenstück zur beschriebenen bekannten und immer gleichen Welt dar. Das Café wird in der Kurzgeschichte zweimal genannt.

← Erläutern Sie Brüche und Veränderungen in einer Kurzgeschichte.

Prüfungsvorbereitung

Zuerst in den gedanklichen Beschreibungen des folgenden Tagesablaufs, wo es vor allem durch die rote Farbe der Stühle, welche draußen stehen, charakterisiert wird. Es wird in einer Art Gegenentwurf zum Alltag von der Hauptperson der Wunsch beschrieben, „einmal nicht weitergehen [zu] müssen." (Z. 17 f.) Das Café zeigt eine offene, der Natur (und damit der Sehnsucht) zugewandte Disposition mit seinen Stühlen, deren rote Farbe Blut und Leben symbolisiert und die, weil sie draußen stehen, der Enge des übrigen Raumes entgegengesetzt sind.

Durch den Wunsch, sich wie ein Flaneur in das Café zu setzen und Leute anzuschauen, wird die Sehnsucht nach Befreiung von den Zwängen des Alltags deutlich. Eng damit verbunden ist auch das Bild des Bootes und des Mannes, der die Hauptperson des Textes mitnimmt, über den Fluss, bis zum Meer, wo es nur noch Meer und Himmel gibt und die Enge ihres realen Lebens nicht mehr existiert. (Z. 28 ff.)

„Sie" verlässt am Ende der Geschichte schließlich ihre Wohnung und bleibt am Café stehen. Wo um sie herum alles kalt, abweisend und leblos ist, werden die roten Stühle personifiziert und lächeln sie an. (Z. 43) Da erfährt der Leser, dass sie keine Schuhe trägt. Die nackten Füße symbolisieren Erdverbundenheit, Loslösung vom Materiellen und Befreiung von der Enge der Schuhe und des alltäglichen Lebens.

← Suchen Sie sprachliche Besonderheiten, Bilder und Symbole, die Ihre Thesen unterstützen.

Hier wird der für eine Kurzgeschichte typische Bruch in der Handlung sichtbar. Ab hier wird der Traum, sich aus den Zwängen zu befreien, real. Sie setzt sich auf einen roten Stuhl, der „wie ein Thron" (Z. 46) ist und für das Leben, die Liebe und Leidenschaft und auch ihre Selbstbestimmung steht. Sie triumphiert und wendet ihr Gesicht der Sonne zu, weg vom Grau und dem Neonlicht des Alltags.

← Nennen Sie auch deutlich formale Besonderheiten, die Ihnen aufgefallen sind. Hier der typische Bruch für eine Kurzgeschichte.

In diesem letzten Abschnitt wird die Veränderung auch sprachlich sehr deutlich. Anstelle der Distanziertheit der „Sie"-Erzählerin aus der bisherigen Geschichte tritt nun die Nähe des „Ich" (Z. 48). Durch das „Ich" wird die Person, die bisher nur alltäglich, langweilig und ängstlich war, ein Individuum, das sich als solches erfährt. Sie bekommt ein (warmes) Gesicht und wird zur selbstbestimmten, angstfreien Persönlichkeit.
Wie lange dieser Ausbruch aus dem tristen Alltag andauern wird, geht aus der Geschichte nicht mehr hervor. Das offene Ende ist ebenfalls typisch für eine Kurzgeschichte.

Allgemein kann man sagen, dass in dieser Kurzgeschichte zwei gegensätzliche Welten existieren, einmal die emotionslose, kalte, technische und entmenschlichte Arbeitswelt, die durch das Grau, die Enge, die ständige Wiederholung und Technik (Computer, Zahlen, Lift, Neonlicht, kleines Fenster, kein Himmel) beschrieben wird. Dieser Realität entgegengesetzt stehen das Leben, die Natur, der Traum, die Sehnsucht, die durch den Himmel, den Fluss, die Farbe Rot und den Schlaf dargestellt werden.

← Fassen Sie im Schlussteil Ihre wesentlichen Erkenntnisse nochmals zusammen.

Sibylle Bergs Kurzgeschichte behandelt wesentliche Phänomene und Probleme unserer heutigen Gesellschaft. Die Menschen vereinsamen zunehmend in der Stadt und bei der Arbeit. Ihre Arbeit, als kleiner Teil eines undurchschaubaren Großen, wirkt sehr entmenschlicht und sinnentleert. Dazu kommt, dass sich unsere Gesellschaft immer mehr zu einer Single-Gesellschaft wandelt, was oft zu Frust und Resignation führt. Menschen flüchten sich, wie die Protagonistin im Text, vor den Fernseher, sie leben in einer monotonen, künstlichen Welt, essen Tiefkühlkost und nehmen am

← Betten Sie diese, wenn möglich, in einen außerliterarischen Kontext ein.

Prüfungsvorbereitung

eigenen Leben nur wie Zuschauer teil. Gleichzeitig sehnen sie sich nach Veränderung und Menschlichkeit. Die Heldin der Geschichte hat es verstanden, vielleicht auch nur für einen Moment, innezuhalten und ihren Träumen und Sehnsüchten nachzugehen. Sie soll den Leser vielleicht dazu anregen, auch gelegentlich an seine Bedürfnisse, Träume und Wünsche zu denken und für einen Moment stehen zu bleiben und sich zu besinnen. Die Kurzgeschichte „Alles wie immer" zeigt uns durch ihren Schluss, dass eben nicht immer alles wie immer sein muss.

← *Setzen Sie den Titel des Textes mit diesem in Beziehung.*

Kompetenz-Logbuch

Online-Link 803501-0010

- → Insgesamt bewerte ich die Lektion mit folgendem Smiley.
- → Diese mir selbst gesteckten Ziele habe ich erreicht.
- → Dies hat mir Schwierigkeiten bereitet.
- → So habe ich mich beteiligt und in die Gruppe eingebracht.
- → Das will ich noch lernen.
- → Diese konkreten Schritte werde ich dazu unternehmen.

Projekte

1 Standbild

Erstellen Sie zum Text von Franz Kafka „Gibs auf" Standbilder. Bilden Sie dazu mehrere Gruppen und gliedern Sie den Text in für Sie sinnvolle Abschnitte. Geben Sie jedem der Abschnitte einen Titel. Gestalten Sie zu jedem der Titel ein Standbild und stellen Sie Ihre Versionen den anderen Gruppen vor.

2 Vergleich Film – Kurzgeschichte

Suchen Sie im Internet Informationen zum Film „Der Schwarzfahrer" von Pepe Danquart. Besorgen Sie sich eine Kopie des Kurzfilms und schauen Sie diesen gemeinsam an. Machen Sie einen Vergleich zwischen der alten Dame in Henning Venskes Kurzgeschichte „Eine schöne Beziehung" und der Frau im Film. Setzen Sie die Kurzgeschichte szenisch um und vergleichen Sie Ihre unterschiedlichen Darstellungen.

3 Schreiben einer Kurzgeschichte

Bilden Sie zunächst 5er-Gruppen. Nehmen Sie jeweils ein leeres Blatt zur Hand. Jedes Gruppenmitglied schreibt einen erfundenen **Namen** oben auf das Blatt und gibt dieses dann an den Nachbarn weiter. Danach wird der **Beruf** der Person auf das Blatt geschrieben und es wird weitergegeben. Nach diesem Muster folgen noch **Alter** und **besonderes Ereignis** im Leben. Gewalt, Sex und blutrünstige Handlungen sind verboten.
Sie erhalten nun „Ihre" Person wieder zurück. Schreiben Sie eine Kurzgeschichte mit „Ihrer" Person, beachten Sie die Ergänzungen der anderen und nehmen Sie das besondere Ereignis als Thema/Überschrift der Geschichte. Achten Sie auf die formalen Besonderheiten Ihrer Kurzgeschichte, die Sie in diesem Kapitel kennengelernt haben.
Stellen Sie Ihre Ergebnisse in einer Kurzgeschichtensammlung zusammen.

4 U-Bahn-Bekanntschaften

Schreiben Sie selbst eine Kurzgeschichte zum Thema „U-Bahn-Bekanntschaften". Wenden Sie hierbei Ihr gewonnenes Wissen über die Kurzgeschichte an.
Organisieren Sie eine Ausstellung mit Fotos und eine anschließende Lesung.

EINSTIEG

11 Wie Sie berichten und protokollieren

Was Sie wissen und was Sie lernen können

„So steht's aber im Protokoll."

1. Erklären Sie, welche Bedeutung dem Protokoll in dieser Aussage zukommt.

2. Berichten Sie von Ihren Erfahrungen mit Protokollen.

3. Entscheiden Sie, ob die folgenden Aussagen richtig oder falsch sind.

Sachlich berichten

1. Ein Bericht kann auch ein Zeitungsartikel sein.
2. Berichte sollen informieren und sich am Wissen möglicher Leser orientieren.
3. Berichte müssen sachlich sein, am Ende darf aber auch eine persönliche Einschätzung abgegeben werden.
4. Eine Meldung ist subjektiv, eine Nachricht objektiv.

Richtig protokollieren

5. Ein Protokoll dient als Beweismittel.
6. Im Protokoll müssen Sie sich nicht an den Aufbau halten, wie er in der Tagesordnung vorgegeben ist.
7. In einem Ergebnisprotokoll notieren Sie nur die wichtigsten Vorkommnisse und Ergebnisse.
8. Ein Verlaufsprotokoll zeichnet den Verlauf einer Sitzung nach, hält aber keine Redebeiträge fest.

4. Vergleichen Sie Ihre Entscheidungen mit der Lösung im Kompetenzregister, S. 259.

5. Markieren Sie im Kompetenz-Logbuch auf der Seite für dieses Kapitel, in welchem Bereich Sie aufgrund der Ergebnisse von Aufgabe 3 Ihre Stärken sehen, und legen Sie Ihre persönlichen Schwerpunkte für den weiteren Lernprozess fest. **Online-Link** 803501-0011

A	B
Sachlich berichten	**Richtig protokollieren**

BASISKOMPETENZ A

A | B

So berichten Sie sachlich

1 Lesen Sie die Kompetenzbox.

KOMPETENZBOX

Berichten

Der Bericht informiert über den tatsächlichen Ablauf eines Geschehens oder über einen Zustand. Man unterscheidet mehrere Arten des Berichts.

BEISPIELE:
- *Unfallbericht*
- *Tätigkeitsbericht*
- *Ausbildungsnachweis (Berichtsheft, meist stichwortartig geführt)*
- *Zeitungsbericht über Ereignisse, deren Hintergründe und Auswirkungen (mehr als 20 Zeilen)*
- *Nachricht (10 – 20 Zeilen)*
- *Meldung (informierender Zeitungstext, kürzer als zehn Zeilen)*

Vorarbeit
Überlegen Sie, was im Einzelnen geschehen ist, oder untersuchen Sie einen Zustand genau.

Aufbau
Beantworten Sie die W-Fragen
- bei einem Geschehen:
  - Wer?
  - Wann?
  - Wo?
  - Was?
  - Warum ist es geschehen?
  - Welche Folgen hat das Geschehen?
  (Die Reihenfolge können Sie verändern.)
- bei einem Zustand entsprechend der Situation und dem Auftrag.

Sprache
Sachlich, informativ

Zeitform
Präteritum

2 Lesen Sie den folgenden Redeauszug.

Rede von Bundeskanzlerin Angela Merkel anlässlich der UN-Klimakonferenz am 17.12.2009

Herr Präsident, meine Damen und Herren, liebe Kolleginnen und Kollegen, in Kopenhagen haben sich mehr als 100 Staats- und Regierungschefs versammelt, mehr als 100 Umweltminister, Tausende von Vertretern von Nichtregierungsorganisationen, viele junge Menschen, die mit uns fiebern und die sich fragen, ob wir in der Lage sind, eine Lösung für das Zukunftsthema, für die Frage der Erhaltung unserer Umwelt und für die Frage der Bewältigung des Klimawandels zu finden. Schaffen wir das, und zwar nicht irgendwann, sondern in den nächsten 24 Stunden? Genau das ist die Zeit, die wir bis zum Ende dieser Konferenz haben. […]

Deshalb sage ich: Es gibt hier ein breites Einvernehmen darüber, dass wir den Wissenschaftlern folgen und sagen, dass wir die Erderwärmung nicht mehr als um zwei Grad steigen lassen wollen, bezogen auf die Zeit vor der Industrialisierung. Das bedeutet, wir müssen die Treibhausgasemissionen bis zum Jahr 2050 halbieren, bezogen auf das Niveau von 1990. Darüber sind sich alle einig. Ich sage hier als Bundeskanzlerin der Bundesrepublik Deutschland, als Vertreterin eines klassischen Industrielandes, dass wir natürlich unseren Beitrag, den Beitrag der Industrieländer, allen voran erbringen müssen. Wir haben diesen Beitrag innerhalb der Europäischen Union definiert. Wir haben gesagt: Wir sind bereit, mindestens 80 Prozent der CO_2-Emissionen bis 2050 zu reduzieren, und wir sind bereit für ein mittelfristiges Ziel im Jahre 2020, nämlich die Reduktion um 20 Prozent, bezogen auf 1990, und, wenn andere Länder ebenfalls vergleichbare Anstrengungen vornehmen, um 30 Prozent.

Das ist das Angebot, dem sich auch viele andere Industrieländer angeschlossen haben. Ich hoffe, dass einige zu ihren jetzigen Angeboten noch etwas hinzufügen, damit wir dort hinkommen, wo uns die Wissenschaft hin haben will, nämlich zu dem Punkt, dass wir 2020 schon den richtigen Pfad eingeschlagen haben und eine Reduktion in Höhe von mindestens 25 Prozent geschafft haben. Wir haben die Chance, das zu erreichen, wenn wir miteinander arbeiten. Denn wir wissen auch:

Die Industrieländer allein können diese Aufgabe nicht schultern. Aber sie müssen ihrer Verantwortung gerecht werden.

Der zweite Teil der Verantwortung heißt für mich, dass die Länder, die unter dem Klimawandel besonders leiden, die ärmsten Länder dieser Erde – die kleinen Inselstaaten, die afrikanischen Länder, Bangladesch, um nur ein Beispiel zu nennen, und viele, viele andere, die nicht von der Industrialisierung profitieren und ihren Lebensstandard erhöhen konnten –, zu Recht von uns erwarten, dass wir ihnen beim Transfer von Technologien helfen und dass wir ihnen finanzielle Unterstützung geben. Damit müssen wir schnell anfangen – mit zehn Milliarden Dollar weltweit in den Jahren 2010, 2011 und 2012 und mit 100 Milliarden Dollar bis zum Jahr 2020, verstetigt über viele Jahre –, damit die ärmsten Länder ihren Beitrag leisten können.

Deutschland ist bereit, seinen fairen Anteil daran zu tragen. Dazu ist die Europäische Union bereit. […]

http://www.bundeskanzlerin.de/Content/DE/Rede/2009/12/2009-12-17-rede-merkel-un-klimakonferenz,layoutVariant=Druckansicht.html, abgerufen am 28.12.2009

3 Bewerten Sie die folgenden Überschriften für eine Nachricht über die Rede, ob sie sachlich und informativ sind.

A Deutschland rettet das Klima
B Allein können wir diese Aufgabe nicht schultern
C Merkel macht Druck
D Den Reden folgen keine Taten
E Klimakonferenz unter Zeitdruck
F Treibhausgasemissionen bis zum Jahr 2050 halbieren
G Wir sind wieder mal die Zahlmeister
H Deutschland als Vorreiter für den Klimaschutz
I Klimaschutz kommt kaum voran

4 Berichtigen Sie die Textpassagen, die in der folgenden Nachricht über die Rede falsch sind.

In einer Rede vor den Teilnehmern des UN-Klimagipfels warnte Bundeskanzlerin Angela Merkel (CDU) vor einem Scheitern der Verhandlungen. Merkel äußerte ihre Skepsis darüber, den Wissenschaftlern zu folgen, die eine Erderwärmung um mehr als zwei Grad befürworteten. Deutschland wolle die CO_2-Emissionen bis 2050 um mindestens 80 Prozent senken. In diesem Zusammenhang wies Frau Merkel darauf hin, dass nicht nur die Industriestaaten ihren Beitrag zum Klimaschutz zu leisten hätten. Dies ginge nur gemeinsam mit allen Staaten. Ferner betonte Merkel die Verantwortung aller Konferenzteilnehmer, die ärmsten Länder, die am stärksten unter dem Klimawandel zu leiden hätten, nicht nur finanziell, sondern auch beim Transfer von Technologien zu unterstützen.

5 Verfassen Sie eine Überschrift für eine Zeitungsmeldung über den Redeausschnitt.

6 Schreiben Sie

a) eine Kurzmeldung,

b) einen Zeitungsartikel über den Redeausschnitt.

7 Informieren Sie sich über die Ausbildungsplatzsituation in Deutschland und fertigen Sie einen kurzen Bericht dazu an.

BASISKOMPETENZ B

A | B

So protokollieren Sie richtig

1 Lesen Sie die Kompetenzbox.

KOMPETENZBOX

Protokollieren

Das Protokoll ist eine Sonderform des Berichts.

Arten des Protokolls

- Das **Verlaufsprotokoll** zeichnet den Verlauf der Kommunikationssituation nach. Dabei werden die wesentlichen Redebeiträge, Argumente, Einwände sowie Anträge festgehalten, um zu dokumentieren, wie es zu dem Ergebnis gekommen ist.
- Das **Ergebnisprotokoll** ist meist knapper gehalten, da nur Ergebnisse und Beschlüsse einer Sitzung niedergeschrieben werden.

Form des Protokolls

Protokoll der SMV-Sitzung des Berufskollegs Raabestraße, Magdeburg

Ort:	SMV-Raum, Berufskolleg Raabestraße, Magdeburg
Zeitpunkt:	11. März 20XX, 13:15 – 15:00 Uhr
Teilnehmer/-innen:	Paul Beimes (Schülersprecher), Olivia Larsen (stellv. Schülersprecherin), Jette Müller, Sebastian Holz, Sabrina Remisch, Christian Lücke, Frau Deite (Vertrauenslehrerin)
Sitzungsleiter:	P. Beimes
Protokollführerin:	J. Müller
Tagesordnung:	1. Begrüßung 2. Vorschläge der Schülervertretung zu den Umbaumaßnahmen und Terminplanung 3. Wohltätigkeitsaktion 4. Verschiedenes

Zu Tagesordnungspunkt (TOP) 1:
Herr Beimes begrüßt alle Anwesenden und dankt …
[…]

Zu TOP 4: Keine Wortmeldungen.

Protokollführerin: Jette Müller	Sitzungsleiter: Paul Beimes

Sprache

- Sachlich, präzise
- Präteritum, das Ergebnisprotokoll wird häufig im Präsens geschrieben
- Redebeiträge werden in indirekter Rede (verwenden Sie den Konjunktiv) verfasst.
- Ausnahme: Anträge werden wörtlich wiedergegeben.

2 **a)** Fassen Sie die Ergebnisse des folgenden Gesprächsausschnitts zur Protokollierung von TOP 2 (siehe Kompetenzbox) zusammen.

b) Geben Sie die unterstrichenen Äußerungen im Konjunktiv wieder, indem Sie unterschiedliche redeeinleitende Verben verwenden (sagen, meinen, darauf hinweisen, einwenden, hinzufügen …).

Frau Deite:

Der kommende Umbau verlangt uns allen viel ab. Am Ende wird unsere Schule völlig renoviert sein. <u>Die Schülervertretung erhält auf Beschluss der Schulkonferenz ein Mitspracherecht bei der Gestaltung des Aufenthaltsraumes, des Selbstlernzentrums und des Pausenhofes</u>. Wir müssen heute besprechen, wie die beiden Räume und der Pausenhof gestaltet werden sollen, und uns auf entsprechende Vorschläge zur Vorlage bei der Schulleitung einigen.

Paul Beimes:

Ich glaube nicht, dass wir heute Vorschläge für alle drei Bereiche erarbeiten können. Sollten wir nicht Arbeitsgruppen für jeden Bereich bilden und in jeder Arbeitsgruppe einen Vorschlag für einen Raum bzw. den Pausenhof erarbeiten?

Frau Deite:

Das halte ich für eine gute Idee. <u>Alle Gruppen müssen jedoch bis zum 15.04. ihren Vorschlag abliefern, da sich fünf Tage später die Baukommission trifft und die Schulleitung vorher gerne die Vorschläge zur Raum- und Platzgestaltung durchsehen will</u>.

Für uns heißt das, dass wir dann rund zwei Wochen Zeit hätten, um die Vorschläge zu skizzieren, und dann noch weitere zwei Wochen, um die Vorschläge nach der Diskussion hier zu überarbeiten.

Sebastian Holz:

Wenn wir Arbeitsgruppen bilden, melde ich mich für die Gestaltung des Pausenhofs, weil ich schon viele Ideen habe, wie man den Hof den Bedürfnissen der Schüler anpassen kann – mit Pflanzen, Farben und einem Beachvolleyballplatz. Dann könnten wir uns in der Pause sportlich betätigen.

Paul Beimes:

Das hört sich schon mal gut an, aber das müssten wir zunächst in den Arbeitsgruppen diskutieren und dann in zwei Wochen – wie Frau Deite vorschlug – hier in der Gruppe.

Sabrina Remisch:

Paul, wir haben uns ja auch schon Gedanken zum Aufenthaltsraum gemacht. Dann könnten wir doch daran weiterarbeiten. Unser Konzept stellen wir dann in vierzehn Tagen vor.

Paul Beimes:

Das ist richtig. Seid ihr einverstanden, dass Sabrina und ich das machen? Das scheint der Fall zu sein. Sebastian, übernimmst du dann mit Jette Müller die Planung für den Schulhof?

Christian hat ja die Idee des Selbstlernzentrums mit ein paar Lehrern entwickelt. Es bietet sich also an, dass du vielleicht eine Gruppe mit Olivia bildest. Ist das für euch in Ordnung? Ich sehe, ihr nickt.

Dann treffen wir uns übernächste Woche am Mittwoch mit den ausgearbeiteten Vorschlägen wieder. Bitte denkt daran, eure Vorschläge auch zu skizzieren.

3 Einigen Sie sich auf eine Verhandlungssituation, spielen Sie die Situation in einem Rollenspiel durch und protokollieren Sie die Ergebnisse.

Sprachliche Übungen

1 Schreiben Sie die Wörter mit den richtigen s-Lauten.

A Ergebni__
B sie beschlo__en
C Rei__fe__tigkeit
D schlie__lich
E die mei__ten Vorschläge
F die Kommi__ion beschlo__
G in der Di__ku__ion
H intere__anterwei__e

2 Geben Sie die wörtlichen Aussagen in indirekter Rede wieder. Wandeln Sie dabei die Personalpronomen in die dritte Person um.

A Peter stellt fest: „Ich sehe keinen Ausweg aus der schwierigen Lage."
B Lena sagt: „Peter, sei nicht immer so pessimistisch."
C „Dann müssen wir gemeinsam an einer Lösung arbeiten", betont Peter.
D Lena fügt noch hinzu: „Die Kommission trifft sich drei Tage später."
E „Wir werden die Ideen zur Umgestaltung pünktlich vorlegen", äußert Nils.
F Ferner bekundet er die Hoffnung: „Lena, du organisierst das bestimmt wieder perfekt."

3 Notieren Sie die Redebeiträge in indirekter Rede.

A „Alle Staaten müssen gemeinsam an einer Lösung zur Reduzierung des CO_2-Ausstoßes arbeiten", forderte die Kanzlerin.
B Daraufhin bemerkte der französische Präsident: „Das französische Volk trägt bereits jetzt aktiv dazu bei, indem es – wann immer möglich – Sonnenenergie einsetzt."
C „Diese Augenwischerei kann nicht länger hingenommen werden. Es mag nicht angenehm sein, aber sofortiges Handeln hat oberste Priorität", sagte ein Mitglied einer führenden Umweltschutzorganisation wütend.
D Der amerikanische Präsident legte für sich verbindlich fest: „Fortan benutze ich nur noch in Ausnahmefällen ein Privatflugzeug und im Weißen Haus führe ich die Mülltrennung ein. Schließlich ist die First Family ein Vorbild für alle Amerikaner."
E Der koreanische Delegierte sagte: „Solche Äußerungen sind doch wohl ein Witz."
F „Unser Land profitiert bisher nicht von der Industrialisierung", meinte ein asiatischer Politiker.

4 Verfassen Sie den folgenden Text sachlich und verwenden Sie angemessene Formulierungen.

Das zweite Halbjahr des ersten Ausbildungsjahres ist wirklich echt anstrengend. Letzte Woche musste ich ständig Zugversuche durchführen. Montags hat Frau Steffens mir noch gezeigt, wie das mit dem Einspannen der Stoffstücke geht und wie man die Gewichte einsetzt. Dienstags musste ich schon selbstständig arbeiten. Ständig kamen Kollegen aus der Produktion mit Stoffmustern, die ich auf ihre Reißfestigkeit testen sollte. Stundenlang musste ich irgendwelche Prüfprotokolle schreiben. Richtig gut finde ich, dass man mir vertraut und mich selbstständig arbeiten lässt. Wie man mit dem Stress umgeht, muss ich erst noch lernen.

5 Fassen Sie die folgenden Redebeiträge jeweils unter einem Gesichtspunkt zusammen. Verwenden Sie das Passiv, ohne die Einzelpersonen zu nennen.

A Johannes Flum: „Unser Verein ist zwar schon alt, aber das muss man ja nicht unbedingt an den Wänden erkennen. Die bräuchten einfach mal einen neuen Anstrich. Man kommt sich in diesem Versammlungsraum unseres Vereinsheimes sicherlich nicht wie daheim vor."
Markus Boll: „Und an diesem Fenster zieht es, das hält man kaum aus. Es schließt einfach nicht mehr dicht."
Anja Degen: „Dieser Fußboden trägt auch schon die Spuren mehrerer Generationen. Man könnte den doch einfach wieder mal abschleifen und neu versiegeln. Eigentlich mag ich Holzböden, aber ordentlich aussehen sollten sie schon."

B Sabrina Wintek: „Ich wusste nur vom Hörensagen, was wir auf unserer heutigen Sitzung besprechen. Das geht nicht."
Paul Hartmann: „Du hast recht. Wir sollten acht Tage vor der Sitzung eine schriftliche Einladung erhalten."
Esther Grau: „Es geht auch nicht, dass bei der Sitzung dann wichtige Daten als Diskussionsgrundlage fehlen, die Berichterstattung so aus dem hohlen Bauch heraus erfolgt – ohne fundierte Anschauungsmaterialien."
Sophia Grüner: „Da muss man sich nicht wundern, wenn die Beiträge teilweise völlig unstrukturiert sind."

Prüfungsvorbereitung

Aufgabe:
Erstellen Sie ein Ergebnisprotokoll. Ergänzen Sie fehlende Angaben. Verwenden Sie an passender Stelle auch unpersönliche Formulierungen wie z. B. „Es wurde entschieden, dass …"

Ausschnitt aus der Sitzung des Stadtteiljugendverbandes am 11.03.20XX

Christina Müller (C. M.): Kommen wir nun zu TOP 3: Wie gewinnen wir mehr Mitglieder, die aktiv an unserer Arbeit teilnehmen? Ich bitte um konstruktive Vorschläge.

Benedikt Ihns (B. I.): Meiner Meinung nach kommt es nicht so sehr auf die Masse an, sondern vielmehr auf engagierte Mitglieder. Bisher haben wir gute Arbeit geleistet, die meisten unserer Ziele erreicht. Ich gebe zu, wir könnten mehr Aufmerksamkeit in der Öffentlichkeit gebrauchen, doch kann mehr Aufmerksamkeit auch mehr Probleme bedeuten.

Pascal Rüpsch (P. R.): Natürlich gebe ich dir recht, wir haben bisher viel erreicht, doch viel heißt nicht automatisch genug. Mehr Mitglieder in unserem Verband hieße, die Arbeit auf mehr Schultern verteilen zu können und noch mehr Möglichkeiten zu haben, weitere Ziele zu realisieren.

Janet Hinze (J. H.): Darüber sollten wir gar nicht streiten. Wir brauchen neue engagierte Leute, schließlich sind wir alle ziemlich eingespannt und mehr Zeit sollten wir alle haben.

C. M.: Die Mehrheit ist also für die Rekrutierung neuer Mitglieder. Wie sollten wir vorgehen?

J.H.: Man könnte in die Schulen gehen, den Stadtteiljugendverband, seine Arbeit und Ziele vorstellen.

B. I.: Das ist doch sinnlos. Man redet, stellt sich vor und nichts passiert. Dafür ist mir meine Zeit zu schade.

J. H.: Wenn wir heute Zeit investieren, haben wir morgen Zeit gewonnen. Die Veranstaltungen dürfen nur nicht zu trocken sein.

P. R.: Ich würde die Vorbereitung des Vortrags übernehmen. Meine Schwester arbeitet in einer Werbeagentur und kann mir sicher dabei helfen.

C. M.: Dann ist das abgemacht, danke, Pascal. Wer organisiert die Termine in den Schulen?

B. I.: Ich halte das immer noch für Zeitverschwendung. Wichtiger wäre eine gute Presse.

J. H.: Wir wissen jetzt wirklich, was du denkst, du wiederholst dich. Christina, ich koordiniere die Mitgliederwerbung in den Schulen. Vielleicht kann Benedikt für eine „gute Presse" sorgen?

B. I.: Ich habe noch keine genaue Vorstellung, wie ich das bewerkstelligen soll, aber ich übernehme diese Aufgabe gerne.

C. M.: Schön. Am liebsten wäre mir ein Bericht mit Fotos, der unsere Arbeit anschaulich darstellt. Ruf doch mal in der Lokalredaktion der Zeitung an. Sollten wir nicht auch Plakate für unsere Aktionen entwerfen?

J. H.: Das wäre sicher nicht schlecht, ist aber auch sehr aufwändig und teuer.

P. R.: Da muss ich Janet recht geben. Ich glaube nicht, dass wir uns das leisten können.

B. I.: Man kann ja ein paar Sponsoren suchen.

C. M.: Gute Idee. Ich versuche, Sponsoren für unsere Sache zu gewinnen, denn durch Plakate erreichen wir viele Jugendliche. Als Erstes werde ich die Politiker ansprechen, die wir bereits aus den Stadtteilsitzungen kennen. Was meint ihr?

P. R.: Da gibt es keine Einwände.

C. M.: Jeder hat seine Aufgabe. Bitte berichtet bei der nächsten Sitzung, was ihr erreicht habt. Kommen wir zu TOP 4: Verschiedenes.

Prüfungsvorbereitung

MUSTERLÖSUNG

Ergebnisprotokoll

Protokoll
der Sitzung des Stadtteiljugendverbandes
(Auszug)

← *Anlass des Protokolls*

Ort:	Stadtbibliothek, Raum A 17, Kronenburg
Datum:	11.03.20XX
Beginn:	15:01 Uhr
Teilnehmer:	Siehe Anwesenheitsliste
Leiterin:	Christina Müller
Protokollant:	Benedikt Ihns

← *Protokollkopf in übersichtlicher Form gestalten*

Tagesordnung:
[…]

← *Tagesordnung*

3. Ideen zur Gewinnung neuer Mitglieder
[…]

Zu TOP 3:
Die derzeitigen Mitglieder des Stadtteiljugendverbandes beschließen mehrere Aktionen. Ihr Ziel ist es, neue Mitglieder anzuwerben, um die derzeitigen zu entlasten.

← *Ergebnisse und wesentliche Beiträge zusammenfassen*

- Zunächst soll in den Schulen mittels eines ansprechenden Vortrags für den Verband geworben werden. Pascal Rüpsch erklärt, dass er die Vorbereitung des Vortrags mithilfe seiner in einer Werbeagentur tätigen Schwester planen wolle.

← *Sprache: sachlich, genau, vollständige Sätze, indirekte Rede bei der Wiedergabe von Redebeiträgen*

- Janet Hinze übernimmt die Koordinierung der Veranstaltungstermine.

- Benedikt Ihns nimmt Verbindung mit der Lokalpresse auf und wirbt mit einem anschaulichen Bericht.

- Die Unterstützung der Vortragsreihe an den Schulen durch entsprechende Plakate stößt auf Skepsis. Es wird bemängelt, dass der Entwurf und die Herstellung von Plakaten aufwändig und teuer seien. Christina Müller schließt die Diskussion mit dem Vorschlag, sie wolle Sponsoren für diese Plakataktion suchen und zu diesem Zweck aus Stadtteilsitzungen bekannte Politiker ansprechen.

← *Unpersönliche Formulierungen, um mehrere Redebeiträge zusammenzufassen*

Auf der nächsten Sitzung des Stadtteiljugendverbandes sollen alle Mitglieder berichten, welche Fortschritte sie bei der Planung ihrer jeweiligen Aktionen erreicht haben.
[…]

Ende: 16:30 Uhr

← *Ende*

Benedikt Ihns	*Christina Müller*
Protokollant	Leiterin

← *Unterschriften*

Prüfungsvorbereitung

Kompetenz-Logbuch

Online-Link 803501-0011

- → Insgesamt bewerte ich die Lektion mit folgendem Smiley.
- → Diese mir selbst gesteckten Ziele habe ich erreicht.
- → Dies hat mir Schwierigkeiten bereitet.
- → So habe ich mich beteiligt und in die Gruppe eingebracht.
- → Das will ich noch lernen.
- → Diese konkreten Schritte werde ich dazu unternehmen.

Projekte

1 Zeitungsberichte vergleichen

Wählen Sie ein Ereignis aus und vergleichen Sie Berichte darüber in unterschiedlichen Zeitungen im Hinblick auf Inhalt, Stellenwert und Sachlichkeit.

2 Ein Unternehmen aus der Region

Informieren Sie sich über ein Unternehmen aus Ihrer Umgebung und erstellen Sie einen Bericht über

- die Anzahl der Beschäftigten und deren häufigste Berufe,
- die wichtigsten Produktions- oder Dienstleistungssparten,
- die Stellung auf dem Markt,
- die wirtschaftlichen Aussichten des Unternehmens.

3 Mein Praktikum

Schreiben Sie einen Bericht über Ihre Erfahrungen während eines Praktikums, das Sie absolviert haben. Gehen Sie auf folgende Punkte ein:

- Wie kam ich zu der Stelle?
- Was habe ich über das Unternehmen erfahren?
- In welche Tätigkeiten bekam ich einen Einblick?
- Wie schätze ich das Betriebsklima ein?
- Welchen Eindruck habe ich von der Arbeit, den Vorgesetzten, den Kolleginnen und Kollegen bekommen?
- Welche Chancen räume ich mir bei einer möglichen Bewerbung ein?

4 Von den Interviews zum Bericht

Entwerfen Sie einen Fragenkatalog zu einem von Ihnen bestimmten Thema. Interviewen Sie Passanten mithilfe des Fragenkatalogs und werten Sie die Ergebnisse aus. Fertigen Sie einen Bericht über Ihre Interviewreihe an.

5 Schulfunksendung

Bilden Sie zwei Gruppen und protokollieren Sie je eine Schulfunksendung im Radio oder Fernsehen, sodass die Gruppe, die den Beitrag nicht gehört oder gesehen hat, über den Inhalt ausreichend informiert wird. Kontrollieren Sie den Erfolg Ihrer Arbeit.

6 Gerichtsverhandlung

Organisieren Sie den Besuch einer Gerichtsverhandlung. Protokollieren Sie die Verhandlung. Verkünden Sie dann in einem Rollenspiel das Urteil aufgrund des Protokolls.

12 Wie Sie geschäftliche Schreiben wirkungsvoll verfassen

Was Sie wissen und was Sie lernen können

Das Ende einer Ära
Ab dem morgigen Tag stellt nun auch die Deutsche Post das Verlustgeschäft Briefzustellung ein. Die Einstellung der Briefzustellung geschieht zu einem denkbar ungünstigen Zeitpunkt. Bereits in der zweiten Woche funktioniert deutschlandweit der E-Mail-Verkehr nicht.
Berlin, 31.12.2019

1. Berichten Sie aus Ihrer eigenen Erfahrung, was für Sie der Wegfall der Briefzustellung und des E-Mail-Versands bedeuten würde.

2. Entscheiden Sie, ob die folgenden Aussagen 1 – 8 richtig oder falsch sind.

Geschäftliche Schreiben normgerecht gestalten
1. Es gibt zwar eine Norm für geschäftliche Schreiben, diese muss aber nur von Firmen und Behörden eingehalten werden.
2. Die Norm wird alle paar Jahre geändert und den Schreibgepflogenheiten angepasst.
3. Hält man die Norm nicht ein, kann der Empfänger dies als geringe Wertschätzung seiner Person interpretieren.

Höflichkeit wahren
4. Die Form eines Briefes hat nichts mit Höflichkeit oder Respekt zu tun.
5. Mit Fehlern in einem Brief bekunde ich dem Empfänger, dass er es nicht wert ist, dass ich mich groß anstrenge.
6. Solange man die Wahrheit sagt, kann man den Empfänger auch beschimpfen.

Zeitgemäß formulieren
7. „Ich würde mich über eine Antwort freuen" ist beispielsweise zeitgemäß formuliert, nicht aber „Ich freue mich über eine Antwort".
8. „Wir haben erfahren …" klingt besser als „Wir haben in Erfahrung gebracht …".

3. Vergleichen Sie Ihre Entscheidungen mit der Lösung im Kompetenzregister, S. 259.

4. Markieren Sie im Kompetenz-Logbuch für dieses Kapitel, in welchem Bereich Sie aufgrund der Ergebnisse von Aufgabe 2 Ihre Stärken sehen, und legen Sie Ihre persönlichen Schwerpunkte für den weiteren Lernprozess fest. **Online-Link** 803501-0012

A	B	C
Geschäftliche Schreiben normgerecht gestalten	Höflichkeit wahren	Zeitgemäß formulieren

BASISKOMPETENZ A

A | B | C

So gestalten Sie geschäftliche Schreiben normgerecht

1 **a)** Lesen Sie das folgende Musterschreiben.

b) Begründen Sie, warum es in diesem Fall sinnvoll ist, den Brief als Einschreiben zu versenden.

c) Nennen Sie die Elemente, die dem Empfänger die Bearbeitung des Anliegens erleichtern.

MUSTER

Tamara Tan
Bahnhofstraße 10
85609 München
080 7432679
Fax 080 74326716
E-Mail ttan@pdf.de

27. August 2010

Einschreiben
FeverAway Reisen
Herrn Fever
Am Bavariapark 19
80339 München

Rundreise nach Mali, Reise-Nr. YSE 2964

Sehr geehrter Herr Fever,

ich habe bei Ihnen am 1. Februar 2010 eine Mali-Rundreise gebucht. Diese sollte laut Katalog vom 12. bis 26. August 2010 stattfinden. Anstelle der gebuchten Rundreise war ich 14 Tage im Beach Hotel ohne Besuchsprogramm untergebracht, da nach Auskunft der Reiseleitung kein Reisebus vor Ort verfügbar war.

Ich bitte Sie deshalb, mir die Kosten für die ausgefallene Rundreise zu erstatten. Überweisen Sie also 1539 Euro auf mein Konto bei der

AZP Bank München, BLZ 371 491 00
Kontonummer 1564388.

Ich hoffe, Sie haben Verständnis für diese Forderung.

Mit freundlichen Grüßen

Tamara Tan

Tamara Tan

Anlagen
Kopie der Reiseunterlagen
Bestätigung der Reiseleitung vor Ort

2 Situation

Sie teilen einem Reiseveranstalter Ihre Unzufriedenheit über den Skiurlaub mit und bitten um Teilerstattung der Reisekosten in Höhe von 500 Euro (Gesamtkosten 1 390 Euro), da es jeden Tag das gleiche Essen gab und Sie auf einer Matratze auf dem Boden statt in einem Bett schlafen mussten.

Üben Sie die Form des Briefes, indem Sie auf dem PC oder handschriftlich das Schreiben verfassen. Fehlende Angaben ergänzen Sie.

KOMPETENZBOX

Form und Aufbau geschäftlicher Schreiben

Geschäftliche Schreiben werden auf der Grundlage der DIN 5008 verfasst (siehe Musterbrief, S. 146). Die Norm wird alle paar Jahre den Schreibgepflogenheiten entsprechend angepasst und ist nicht bindend. Es empfiehlt sich aber, sich an sie zu halten, um dem Empfänger das Gefühl zu geben, dass man ihn wertschätzt.

A Briefkopf (siehe Muster, S. 146)
- Vollständige Absenderangabe
- Datum
- Empfängeranschrift
- Betreff (nimmt den Briefinhalt vorweg, hat aber auch psychologische Wirkung)
- Anrede

BEISPIEL:
Sehr geehrte Damen und Herren,
Sehr geehrte Damen, sehr geehrte Herren,
Sehr geehrte Frau .../Sehr geehrter Herr ...
(zwingende höfliche Anrede, falls ein Name in der Anschrift genannt wird)

B Briefinhalt
- Anlass des Schreibens nennen
- Situation, Anliegen beschreiben
- Entscheidung/Forderung mitteilen und begründen
- Verbindlichen Schlusssatz formulieren (Hoffnung, Erwartung, Forderung)

C Schluss
- Grußformel
  BEISPIEL:
  Mit freundlichen Grüßen
  Mit freundlichem Gruß
- Unterschrift
- Wiederholung des Namens in Druckbuchstaben, falls Unterschrift schlecht lesbar
- Anlage bzw. Anlagen

3 Nennen Sie Situationen, in denen es für ein Unternehmen oder eine Behörde nützlich sein kann, das Datum in Briefen in der Schreibweise C anzuordnen.

MUSTER

Mögliche Schreibweisen des gleichen Datums

A 03.09.2010 oder 03.09.10
B 3. September 2010 oder 3. Sept. 2010
C 10-09-03

4 Zählen Sie auf, welche Kommunikationssituationen aufgrund der Bezugszeile (2. Zeile nach dem Betreff) in den vier Beispielen (siehe folgendes Muster) dem Schreiben schon vorausgegangen sind.

MUSTER

Betreffzeilen

BEISPIELE:
- *Bitte um Ausstellung einer Abstammungsurkunde*
- *Bitte um nähere Informationen zum Angebot „Spar 4"*
- *Bürgerbegehren zur Verkehrsberuhigung*
- *Widerspruch gegen Erhöhung Ihrer Gebühren*

Betreffzeilen mit Bezugszeilen

BEISPIELE:
- *Einspruch gegen Bußgeldverfahren*
  Ihr Schreiben vom 24. September 2010
- *Kündigung der Mitgliedschaft*
  Nummer W117853
- *Stornierung der Bestellung vom 11. Januar 2010*
  Bestellnummer 324 536
- *Stornierung der Buchung*
  Buchungsnummer 23-789-CV

BASISKOMPETENZ A

5 Formulieren Sie einen kurzen, aber inhaltlich passenden Betreff für ein Schreiben in folgenden Situationen.

Situation A
Auf dem Parkplatz eines Supermarktes finden nachts regelmäßig Autorennen statt, sodass Sie stundenlang nicht schlafen können. Sie schreiben an a) das Ordnungsamt, b) an den Leiter des Supermarktes.

Situation B
Sie erhalten eine zweite Mahnung für eine Rechnung, die Sie schon längst bezahlt haben. Auf die erste Mahnung haben Sie nicht reagiert, weil Sie drei Tage vor Eingang der Mahnung das Geld überwiesen hatten.

6 **Situation**
Dieses Bild zeigt den Blick, der sich Ihnen eröffnet, wenn Sie aus Ihrem Fenster schauen. Diesen Anblick ertragen Sie nicht mehr, Sie wollen etwas dagegen unternehmen.

Notieren Sie in Stichworten eine Gliederung für ein Schreiben an den Bürgermeister Ihrer Gemeinde zu der geschilderten Situation.

7 Beschreiben Sie die Wirkung, die die Schlusssätze auf den Briefempfänger haben.

MUSTER

Schlusssatz

BEISPIELE:
- *Bitte geben Sie mir Bescheid, wenn Sie zu einem Entschluss gekommen sind.*
- *So weit meine Informationen. Was denken Sie darüber?*
- *Es freut mich, bald von Ihnen zu hören.*
- *Ich bin auf Ihre Antwort gespannt.*
- *Hoffentlich wird sich das Missverständnis bald klären lassen.*
- *Nochmals herzlichen Dank für Ihre Bemühungen.*

8 Verfassen Sie ein geschäftliches Schreiben für folgende Situationen. Fehlende Angaben ergänzen Sie.

Situation A
Sie wollen sich vom Wehrdienst zurückstellen lassen, da Sie derzeit weiterhin die Schule besuchen und diese erst in einem Jahr abschließen werden. Eine Schulbescheinigung fügen Sie bei.

Situation B
Sie haben per Internet ein Notebook gekauft und eine zu hohe Rechnung mit der Lieferung des Notebooks erhalten. Sie reklamieren per E-Mail.

KOMPETENZBOX

E-Mails

Die DIN 5008 gilt auch für E-Mails.

Besonderheit
Im Anschluss an die Grußformel schreiben Sie unter Ihren Namen Ihren Absender mit Telefonnummer, Fax und E-Mail-Adresse.

! TIPP Achten Sie darauf, dass Ihre E-Mail-Adresse seriös wirkt.

A | B | C

So wahren Sie die Höflichkeit

1 Lesen Sie die Kompetenzbox.

KOMPETENZBOX

Höflichkeit im geschäftlichen Schreiben

Der Brief ist die „Visitenkarte" eines Unternehmens und die „Visitenkarte" der Verfasserin oder des Verfassers. Versuchen Sie also, einen guten Eindruck zu machen. Denn in Briefen geht es darum, den Empfänger für ein bestimmtes Ziel zu gewinnen oder Sympathien zu wecken, um überzeugender zu wirken.

Höflichkeit, ein respektvoller Umgangston, eine klare Struktur und verständliche Sprache sind die Grundlage für gelungene Schreiben.

Höflichkeit beginnt bei der äußeren Form (siehe Muster, S. 146), mit der Sie die Wertschätzung gegenüber dem Empfänger bekunden. Hierzu gehört auch die sprachliche Richtigkeit des Schreibens.

Höflichkeit zeigt sich aber auch im sprachlichen Ausdruck. Abwertende Ausdrücke und Aussagen gehören ebenso wenig in ein geschäftliches Schreiben wie Floskeln, Wiederholungen, abschweifende Ausführungen und unvollständige Angaben, weil sie eine **Missachtung der Bedürfnisse des Empfängers** ausdrücken.

2 Beschreiben Sie, welche „Visitenkarte" sich der Schreiber dieser Zeilen selbst ausstellt.

[...] Ewig musste ich warten, bis Ihr Mitarbeiter, ein Herr Schmitz, sein privates Gespräch gütigst unterbrach, um mich dann zu beraten. Leider hat der Mann keine Ahnung von seiner Arbeit. Keine meiner Fragen konnte er beantworten, technische Details sind ihm völlig unbekannt. Als ich ihm das sagte, forderte er mich auf, das Geschäft zu verlassen. Als Verkaufsberater ist Herr Schmitz eine richtige Niete.

3 Schreiben Sie den folgenden Briefauszug so um, dass die abwertenden Aussagen, Wiederholungen und Floskeln vermieden werden, sich aber an der Zielsetzung des Schreibens nichts ändert.

[...] Wie Sie wissen, ist der Fluglärm über unserem Dorf schon tagsüber an der Grenze des Erträglichen. Ich betone: an der Grenze. Oder waren Sie noch nie in unserem Ort? Und nun soll das Nachtflugverbot auf nur wenige Stunden reduziert werden, damit ein paar Geldgeier und ihre politischen Helfer zu mehr Reichtum gelangen. Die Älteren unter uns wohnten schon hier, als es noch keinen Flughafen gab, und wir Jüngeren wollen unseren Freundeskreis nicht aufgeben, nur weil manche Leute meinen, sie müssten zum Frühstück großkotzig nach Teneriffa jetten und am gleichen Abend noch in London ein Musical anschauen. Ich sage noch einmal ausdrücklich: Viele von uns sind länger hier ansässig, als der Flughafen besteht. Deshalb gilt unser Recht, nicht Ihr Unrecht.

4 Formulieren Sie den folgenden Text eindeutig, damit der Empfänger nicht nachfragen muss.

Hiermit möchte ich Ihnen mitteilen, dass es mir leidtut, dass ich nicht mehr Zeit zur Verfügung habe. Mich reizt es, die angebotene Tätigkeit zu übernehmen. Aber sie bedeutete einen großen Aufwand. Meine Tage sind an sich genügend mit Arbeit ausgefüllt. Es bleiben mir also nur wenige Stunden, um noch andere Aufgaben zu übernehmen.

5 Schreiben Sie knapp, ohne Inhalte zu wiederholen.

An jenem Tag hielt ich mich in der Schweiz auf und war dort mit dem Zug unterwegs. Das kann ich mit meiner Fahrkarte belegen.
[…]
Bereits im oberen Absatz habe ich Ihnen ausführlich geschildert, dass ich kein Vergehen begangen haben kann, da ich an jenem Tag gar nicht in Deutschland war. Somit werde ich das Bußgeld nicht bezahlen.

6 Formulieren Sie die ersten Sätze eines Schreibens jeweils so, dass Sie den Empfänger direkt ansprechen und ihm damit Respekt zum Ausdruck bringen.

A Vielen Dank für die Mail. Ich sende Ihnen die Antwort auf Ihre Fragen heute Abend.
B Ich habe das Protokoll noch einmal geändert und sende es Ihnen nun in der neuen Form.
C Die Bescheinigung habe ich erhalten. Vielen Dank.
D Ich schreibe Ihnen heute, weil Frau Schuler bis zum Wochenende nicht im Büro ist.

! TIPP Versuchen Sie, den Empfänger auch persönlich anzusprechen und schaffen Sie Gemeinsamkeiten.
Beispiele:
Wie Sie sicher wissen …
Bitte haben Sie Verständnis für meine Situation.

7 **Situation**
Sie sind in einem Chatroom von einer Teilnehmerin beleidigt worden. Unmittelbar nach der Äußerung haben Sie Ihre Gesprächsteilnehmerin aufgefordert, diese Beleidigungen zu unterlassen. Eine Entschuldigung erhielten Sie nicht. Jetzt haben Ihnen andere Teilnehmer des Chatrooms mitgeteilt, dass besagte Teilnehmerin Geschichten über Sie verbreitet und Sie dabei mit beleidigenden Begriffen bezeichnet. Sie wollen dies nicht länger akzeptieren und wenden sich schriftlich an die Chatroompartnerin.

Verfassen Sie ein Schreiben, in dem Sie die Beleidigung zurückweisen. Überprüfen Sie Ihren Brief mit einem Rechtschreibprogramm oder anderen Hilfsmitteln. Korrigieren Sie mögliche Fehler.

! TIPP Ihr Rechtschreibprogramm sollte auf dem neusten Stand sein.

A	B	C

So formulieren Sie zeitgemäß

1 Legen Sie eine Tabelle nach dem folgenden Muster an und vervollständigen Sie sie.

Schlechter Stil	Wirkung des Senders auf den Empfänger	Treffende Formulierungen
A Sie haben vergessen, worüber früher schon kommuniziert wurde. BEISPIEL: *Zwar gab es schon zwei Telefonate unserer Abteilung mit Ihnen, doch bitte ich Sie, uns den Sachverhalt noch einmal zu schildern.*	nachlässig, überheblich	
B Sie belehren und weisen zurecht. BEISPIEL: *Das könnte auch Ihnen nicht schaden.*	verhält sich respektlos, ignoriert bewusst bestimmte Dinge, versetzt sich nicht in die Lage des Empfängers	Sie werden sicherlich profitieren, wenn …
C Sie übertreiben. BEISPIEL: *Gerne werde ich die Protokolle der letzten vier Jahre noch einmal genau durchlesen.*		
D Sie benutzen Füllwörter. BEISPIEL: *Leider muss ich bedauerlicherweise darauf aufmerksam machen …*		
E Sie verwenden Floskeln. BEISPIELE: *Im Vertrauen auf eine gütliche Einigung verbleibe ich mit freundlichsten Grüßen.* *In der Hoffnung, dass es Ihnen gut geht, wende ich mich heute mit zwei weiteren Bitten an Sie.*		
F Sie verwenden Amtsdeutsch. BEISPIELE: *Bereits zweimal habe ich mich hinsichtlich der ungerechtfertigten Forderungen Ihrerseits an Sie gewandt.* *In Anbetracht der Knappheit meiner Bezüge fordere ich Sie auf, mir das Geld unverzüglich zu überweisen.*	bürokratisch, verstaubt, unangemessen	
G Sie benutzen unnötige Adjektive. BEISPIELE: *Das penetrante Ignorieren meiner Person durch Ihren Verkaufsberater …* *Das permanente Beharren auf den Positionen …*		Ihr Verkaufsberater ignorierte mich …
H Sie verwenden ungeläufige Begriffe und Abkürzungen. BEISPIELE: *Bei unseren Gesprächen ist mir das bspw. nie aufgefallen.* *Mein Bf v. 17.8. blieb unbeantwortet.*		

I Sie schreiben im Nominalstil. BEISPIELE: *In Abwägung aller Eventualitäten kann man zu dem Schluss gelangen, dass Ihre Forderungen unbegründet sind.* *Die Bezahlung der Rechnung erfolgte am …* *In genauer Betrachtung der Angelegenheit …*		Nachdem ich alle Möglichkeiten betrachtet habe, halte ich Ihre Forderungen für unbegründet.
J Sie verwenden häufig Hilfsverben. BEISPIELE: *Ich kann Ihnen versichern, dass wir pünktlich bei Ihnen sein werden.* *Ich würde mich freuen, wenn Sie mich zu einem Vorstellungsgespräch einladen würden.*	steht nicht voll hinter dem Gesagten, schwächt Wirkung ab	
K Sie schreiben passivisch. BEISPIELE: *Es wird von uns in Erwägung gezogen, dass …* *Auf meine Forderung wurde von Ihnen nicht eingegangen.*		Wir erwägen …
L Sie formulieren negativ. BEISPIELE: *Leider ist Ihnen in der Rechnung ein Fehler unterlaufen.* *Sie haben versäumt, auf den geänderten Beginn der Veranstaltung hinzuweisen.*		In der ersten Summenspalte sollte … stehen statt … Dadurch ändert sich auch der Endbetrag. Bitte senden Sie mir die korrigierte Rechnung zu.

2 Situation

Sie haben in einer Fernsehsendung von der Möglichkeit gehört, Filme mit Hilfe des PCs digital aufzuzeichnen. Sie sind jedoch vollkommen unerfahren auf diesem Gebiet. Im Elektronikmarkt konnte man Ihnen nicht weiterhelfen, da sprach man von PC-Erweiterungskarten, sogenannten DVB-Karten, die das empfangene Videosignal bereits digitalisieren und komprimieren. Der PC speichere das Video komplett in einer Datei. Der Verkäufer sprach von zwei unterschiedlichen Varianten, die Full Featured und Low Budget heißen. Sie schreiben an den Hersteller, um zu erfahren, ob es eine Dateigrößenbeschränkung gibt und ob man weitere Geräte benötigt, um die aufgezeichneten Filme in einem abspielbaren DVD-Format zu speichern. Ferner möchten Sie Informationen über die Unterschiede der Varianten erhalten.

Schreiben Sie zu der Situation einen privaten Geschäftsbrief. Fehlende Angaben ergänzen Sie.

3 Verfassen Sie mithilfe der folgenden Angaben ein Mahnschreiben. Achten Sie auf einen positiven Schlusssatz (siehe Muster, S. 148).

- Sie haben einen Kunden zuletzt vor vier Wochen an eine noch offenstehende Rechnung erinnert.
- Der Kunde Peter Marsden hat die Zahlungserinnerung wohl seit vier Wochen ignoriert, jedoch könnte er in den letzten Tagen gezahlt haben.
- Berücksichtigt wurden Buchungen bis zehn Tage vor dem Mahnschreiben.
- Es drohen gerichtliche Mahnung und Vollstreckungsverfahren, falls keine Zahlung erfolgt.
- Der noch ausstehende Rechnungsbetrag ist 55,00 Euro.
- Der Adressat ist seit Jahren Kunde Ihrer Firma. Bisher gab es nie Probleme mit der Bezahlung gelieferter Ware.

Sprachliche Übungen

1 Begründen Sie, ob 1 oder 2 richtig formuliert ist.

A 1 Wie Sie sehen werden: Der Text berichtet von einem Streit.
2 Wie Sie sehen werden: In dem Text wird über einen Streit berichtet.

B 1 Er hat ein psychologisches Problem.
2 Er hat ein psychisches Problem.

C 1 Sie haben sicherlich bemerkt: Der Autor macht sich über die Zustände lächerlich.
2 Sie haben sicherlich bemerkt: Der Autor macht sich über die Zustände lustig.

D 1 Die Entscheidung, die Mitarbeiter zu entlassen, ist rationell.
2 Die Entscheidung, die Mitarbeiter zu entlassen, ist rational.

E 1 Aufgrund der Fehlentscheidung des Managements kam es zu einer Inkompetenz.
2 Aufgrund der Fehlentscheidung des Managements kam es zu einer Insolvenz.

F 1 Die Firma erarbeitete eine solide Rendite.
2 Die Firma erarbeitete einen soliden Kredit.

G 1 Das Verdienst unserer Mitarbeiter ist zu niedrig.
2 Der Verdienst unserer Mitarbeiter ist zu niedrig.

2 Schreiben Sie die Sätze so, dass Sie Überflüssiges weglassen, treffend und zeitgemäß formulieren.

A Ich bitte Sie, in Erfahrung zu bringen, wann Ihr Monteur Zeit für uns hat.
B Nach reiflicher Überlegung können wir Ihnen diesen Vorschlag machen.
C Davon ausgehend, dass Sie einen Zahlungsausgleich vornehmen, verbleibe ich in der Hoffnung, in den nächsten Tagen von Ihnen zu hören.
D Ich schreibe Ihnen, um bei Ihnen einen Einkauf zu tätigen.
E Die besprochenen Maßnahmen werden zur Durchführung kommen.
F Es dauerte 25 Tage, bis es Ihnen gelang, meinen Auftrag zum Versand zu bringen.
G In Anbetracht der Dringlichkeit der vorgenannten Bestellung wären wir Ihnen sehr verbunden, wenn Sie den Auftrag einer umgehenden Erledigung zuführen würden.
H Ich spreche die Bitte aus, mir den Kaufpreis zu erstatten.
I Können Sie mir eine Zusicherung geben, dass das klappt?
J Nach dem Lesen Ihres Schreibens vom 17. dieses Monats muss ich mein Bedauern ausdrücken, dass wir zu keiner gütlichen Einigung gelangen.
K Ich muss Ihnen eine Mitteilung machen.
L Sie können mich kontaktieren, falls Sie eine Bestellung aufgeben möchten.
M In Erwartung Ihrer Antwort verbleibe ich …
N Sollten Sie unser Angebot in Erwägung ziehen, so konsultieren Sie uns alsbald.

3 Ersetzen Sie die unterstrichenen Ausdrücke durch zeitgemäße Begriffe und formulieren Sie die Sätze neu.

A Diese Hinweise gehen Ihnen noch <u>auf schriftlichem Weg</u> zu.
B Ich hoffe, Sie antworten mir <u>baldmöglichst</u>.
C <u>Für den Fall, dass</u> Sie diese Arbeit bis Dienstag nicht erledigen können, <u>lassen</u> Sie mir in Kürze eine Mail <u>zukommen</u>.
D <u>In Anbetracht</u> des engen Terminplans müssen wir uns noch <u>hinsichtlich</u> des Seitenumfangs unterhalten.

4 Formulieren Sie die Sätze so, dass Sie das Passiv vermeiden und flüssig schreiben.

A In absehbarer Zeit wird Ihnen ein Bescheid für die Lieferung zugestellt werden.
B Die Rechnung wurde nicht beglichen.
C Es wird erwogen, Ihren Vorschlag in das Projekt einzuarbeiten.
D Ihre Anfrage konnte aufgrund von datentechnischen Problemen nicht bearbeitet werden.
E Leider wurde uns der fällige Betrag nicht termingerecht übersandt.
F Ihr Schreiben wurde an den zuständigen Sachbearbeiter weitergeleitet.
G Am 11. Juni dieses Jahres wurde mir Ihrerseits eine Beitragserhöhung meiner Krankenversicherung um 20 Prozent mitgeteilt.
H Die Einzugsermächtigung wird von mir sofort widerrufen.

Prüfungsvorbereitung

Aufgabe:
Schreiben Sie einen Brief mithilfe der vorgegebenen Informationen. Ergänzen Sie fehlende Informationen. Beachten Sie, dass das geschäftliche Schreiben formale Kriterien erfüllen muss. Reduzieren Sie den Brief auf das inhaltlich Notwendige und nutzen Sie zeitgemäße, höfliche Formulierungen.

Situation
Als Sie vor sechs Monaten Ihre E-Mails bei einem kostenfreien Anbieter überprüfen wollten, erschienen ständig irgendwelche Werbecookies, die Sie, ohne diese zu lesen, weggeklickt haben. Unter diesen Werbeanzeigen muss ein Serviceabonnement Ihres E-Mail-Anbieters versteckt gewesen sein. Nach Auskunft Ihres E-Mail-Providers haben Sie online ein Abonnement abgeschlossen, das Ihnen neben einem größeren Speicherplatz auch ein Bonussystem verspricht. Es soll monatlich 22,50 Euro kosten, die Sie sich aber nicht leisten können. Auf Ihre Kündigung per E-Mail reagierte der Anbieter nicht, stattdessen schickte er Ihnen eine Mahnung.

MUSTERLÖSUNG

Geschäftliches Schreiben

¬
¬
¬
¬
Joshua Zumbriegel 11. Mai 2010
Sternweg 1
28359 Bremen
0421 747474
E-Mail zumbi@webber.com
¬
¬
¬
¬
webber GmbH
Kundendienst
Südstraße 12
02869 Görlitz
¬
¬
¬
Ihr Mahnschreiben vom 07. Mai 2010
Ihr Zeichen we/mz
¬
¬
Sehr geehrte Damen und Herren,
¬
im oben genannten Schreiben fordern Sie mich auf, monatlich € 22,50 für ein Serviceabonnement zu zahlen, das ich am 27.10.2009 online abgeschlossen haben soll. Ein solches Abonnement habe ich nie abgeschlossen.

An dem genannten Tag habe ich mein kostenfreies E-Mail-Konto auf Ihrem Server überprüft. Zahlreiche Werbecookies musste ich wegklicken, damit ich an meine E-Mails gelangen konnte. Höchstwahrscheinlich war unter diesen Werbeanzeigen

← ¬ = Freizeile
← Datum auf gleicher Höhe wie der Name des Absenders
← Vollständige Absenderangabe
← Empfängeranschrift
← Betreff (knapp und präzise)
← Bezug (auf vorhergehende Schreiben)
← Anrede
← Nennen Sie den Anlass des Schreibens.
← Sie beschreiben die Situation aus Ihrer Sicht.
← Begründen Sie Ihre Entscheidung.

Prüfungsvorbereitung

auch Ihr Serviceabonnement versteckt. Wissentlich habe ich keine Zustimmung zu diesem gegeben. Ich benötige eine derartige Serviceleistung nicht, da ich mit Ihrem bisherigen Angebot völlig zufrieden bin.

Ich hoffe, dass damit die Angelegenheit erledigt ist. Bestätigen Sie mir dies bitte bis zum 30. Mai 2010 schriftlich.

Mit freundlichen Grüßen

Joshua Zumbriegel

Joshua Zumbriegel

← *Formulieren Sie einen verbindlichen Schlusssatz.*

← *Grußformel*

← *Handschriftliche Unterschrift*

← *Wiederholung des Namens in Druckbuchstaben, falls die Unterschrift schlecht lesbar ist.*

Kompetenz-Logbuch

Online-Link 803501-0012

- Insgesamt bewerte ich die Lektion mit folgendem Smiley.
- Diese mir selbst gesteckten Ziele habe ich erreicht.
- Dies hat mir Schwierigkeiten bereitet.
- So habe ich mich beteiligt und in die Gruppe eingebracht.
- Das will ich noch lernen.
- Diese konkreten Schritte werde ich dazu unternehmen.

Projekte

1 Sprüche sammeln

Sammeln Sie Sprüche/Aphorismen, die man anlässlich eines Geburtstages versenden könnte. Ordnen Sie Ihre Sammlung in Hinblick auf unterschiedliche Empfängergruppen (z. B. Vorgesetzter, Vereinstrainer, Großeltern, Freunde usw.).

2 Verein unterstützen

Sie engagieren sich in einem Verein. Verfassen Sie Schreiben zu den folgenden Anlässen. Halten Sie sich dabei an die Regeln des geschäftlichen Schreibens, werden Sie jedoch nicht zu förmlich. Ihre Kreativität ist gefordert.

A Sie müssen neue Mitglieder werben.
B Eine Versammlung findet in Kürze statt.
C Ein befreundeter Verein feiert 130 Jahre Vereinsgeschichte. Sie gratulieren.
D Ihre Jugendgruppe wird immer kleiner. Sie möchten sich zu Trainingszwecken mit einem benachbarten Verein zusammenschließen.
E Ein Sponsor benötigt eine Spendenbescheinigung.
F …

3 Werbetrommel für guten Zweck rühren

Sie wollen einen kostenlosen Mittagstisch für bedürftige Kinder ins Leben rufen. Deshalb rühren Sie die Werbetrommel. Viele Schreiben müssen versendet werden. Hier ist eine Auswahl möglicher Adressaten.

A Sie suchen potenzielle Spender.
B Freiwillige Helfer müssen motiviert werden.
C Ohne die Unterstützung öffentlicher Stellen (Bürgermeister, Verwaltung) geht es nicht.
D Die Räume müssen renoviert und eingerichtet werden. Sie suchen engagierte Handwerker, die an die gute Sache glauben und unentgeltlich mithelfen. Für Möbelspenden sind Sie dankbar.
E …

13 Wie Sie sich erfolgreich bewerben

Was Sie wissen und was Sie lernen können

„Ich bewerbe mich gerade."

1. Erläutern Sie, welche Botschaft mit dieser Aussage transportiert werden könnte.

2. Entscheiden Sie, ob die folgenden Aussagen richtig oder falsch sind.

Stellenanzeigen auswerten
1. Man muss nicht auf alle Anforderungen und Qualifikationen eingehen, die in einer Stellenanzeige verlangt werden.
2. Hinderliche Aspekte für eine Einstellung kann man als positive Eigenschaft formulieren.

Bewerbungsanschreiben formulieren
3. Ein Bewerbungsanschreiben muss interessant geschrieben sein.
4. Ein Bewerbungsanschreiben sollte nicht einem bestimmten Aufbau folgen.

Den Lebenslauf zeitgemäß gestalten
5. Persönliche Angaben gehören nicht in einen Lebenslauf.
6. Der Lebenslauf muss bei jeder Bewerbung neu angepasst werden.

Sich auf ein Vorstellungsgespräch vorbereiten
7. Vor einem Vorstellungsgespräch sollte man sich über die Firma informieren.
8. Man macht einen interessierten Eindruck, wenn man als Bewerber/in auch Fragen stellt.

Arbeitszeugnisse entschlüsseln und formulieren
9. Arbeitszeugnisse enthalten grundsätzlich nur positive Aussagen.
10. Für Arbeitszeugnisse hat sich kein bestimmter Aufbau durchgesetzt.

3. Vergleichen Sie Ihre Ergebnisse mit der Lösung im Kompetenzregister, S. 259.

4. Markieren Sie im Kompetenz-Logbuch für dieses Kapitel, in welchem Bereich Sie aufgrund der Ergebnisse von Aufgabe 2 Ihre Stärken sehen, und legen Sie Ihre persönlichen Schwerpunkte für den weiteren Lernprozess fest. **Online-Link** 803501-0013

A	B	C	D	E
Stellenanzeigen auswerten	Bewerbungsanschreiben formulieren	Den Lebenslauf zeitgemäß gestalten	Sich auf ein Vorstellungsgespräch vorbereiten	Arbeitszeugnisse entschlüsseln und formulieren

A | B | C | D | E

So werten Sie Stellenanzeigen aus

1 Lesen Sie die zwei Stellenanzeigen.

A Werbeagentur: Mediengestalter
Unsere Full Service Agentur sitzt in Prüm/Eifel, genau dort, wo andere Urlaub machen. Wir stehen seit 10 Jahren für kreatives Design und effiziente Kampagnen. Unsere Kunden kommen aus allen Branchen – von Accessoires und Tourismus über Maschinenbau und Handwerk bis hin zu Nahrungs- und Genussmitteln. Zur Verstärkung unseres Teams suchen wir eine/n Mediengestalter/in für Print- und Onlinemedien (Vollzeit), die/der online und offline zu Hause ist. Screendesign und Programmierung (CSS, (X)HTML, PHP, MySQL, TYPO3) gehören ebenso zum Aufgabenfeld wie eine perfekte Reinzeichnung von umfangreichen Katalogen und Broschüren. Sehr gute Kenntnisse in QuarkXPress, Photoshop und InDesign setzen wir voraus – genau wie ein Auge für gutes Design und Typografie. Ideenreichtum, Eigenverantwortung, Perfektionismus, Schnelligkeit, Belastbarkeit, Teamfähigkeit, Neugier – wenn Sie sich in diesen Schlagworten wiederfinden und Spaß an der Arbeit in einem kleinen, engagierten Team haben, bewerben Sie sich umgehend bei uns. Wir freuen uns auf Ihre aussagekräftigen Bewerbungsunterlagen inkl. Arbeitsproben und Gehaltsvorstellung sowie möglichen Eintrittstermins.

Sie finden uns hier:

Philip – das Werbeexpertenteam
Liegenstraße 18
59192 Bergkamen
02307 181760
Fax 02307 181761
E-Mail maxphilip@werbeexperten.de

B Ausbildung zur Kauffrau/zum Kaufmann für Spedition und Logistikdienstleistung bei Luftcargo AG
Um Güter per Luftfracht zur richtigen Zeit am richtigen Ort bereitzustellen und unseren Kunden maßgeschneiderte Logistik-Dienstleistungen anzubieten, brauchen wir innovative, flexible Mitarbeiterinnen und Mitarbeiter. Als ausgebildete Kauffrau oder ausgebildeter Kaufmann für Spedition und Logistikdienstleistung arbeiten Sie beispielsweise im direkten Kundenkontakt am Import- und Export-Schalter, in der Abfertigung oder im Vertrieb. Sie sorgen für die Buchhaltung, lernen das Controlling kennen oder fertigen unsere Frachtflugzeuge ab. Suchen Sie einen Beruf, bei dem Sie als Teil eines reibungslosen Frachtablaufes mitagieren wollen? Dann kommen Sie zu einem Unternehmen, das in der Logistik zur Weltklasse zählt!

Voraussetzungen
- Guter Abschluss der Mittleren Reife, guter Abschluss der Höheren Handelsschule oder Fachhochschulreife
- Gute Kenntnisse der deutschen Rechtschreibung
- Gute Englischkenntnisse in Wort und Schrift
- Gute Mathematik-Kenntnisse
- Gutes räumliches und logisches Vorstellungs- und Denkvermögen

Form der Bewerbung
Bitte bewerben Sie sich online unter www.luftcargo.net. Für die Online-Bewerbung benötigen Sie die Daten Ihres Lebenslaufs und Ihre Schulnoten der letzten vier Halbjahre. Männliche Bewerber benötigen zusätzlich die Daten ihrer Wehr- bzw. Zivildienstpflicht. Wir laden ausgewählte Kandidaten zu einem Einstellungstest und anschließendem Gespräch mit den zukünftigen Ausbildern an unseren Stammsitz ein.
Bewerbungsfrist
Mindestens ein Jahr vor Ausbildungsbeginn, frühestens ab Juni des jeweiligen Vorjahres
Ausbildungsbeginn
Ca. 3 Wochen vor Ende der Sommerferien

Anschrift
Luftcargo AG
Köhlfleet 28
21129 Hamburg
040 234132
Fax 040 2341333
E-Mail fritzschmidt@luftcargo.de

! TIPP **Wo finden Sie Stellenangebote?**
- Internet (Achten Sie auf das Erstellungsdatum!)
  - Onlinestellenbörse
  - Onlinestellenmärkte von Zeitungen
- Stellenanzeigen in Zeitungen und Fachzeitschriften
- Jobbörse der Agentur für Arbeit

2 **a)** Schreiben Sie auf, welche der in der Anzeige geforderten Qualifikationen und Fähigkeiten Sie bereits besitzen, welche nicht.

b) Notieren Sie Formulierungen für die Fälle, in denen bei Ihnen Qualifikationen unzureichend vorhanden sind oder Eigenschaften fehlen, indem Sie Ihre Stärken hervorheben (siehe auch Kompetenzbox).

BEISPIEL:
Sie möchten sich gerne als Mediengestalter bewerben. Leider sind Ihre Erfahrungen mit Photoshop nur oberflächlich.

→ *In Photoshop habe ich nur Grundkenntnisse, da ich daheim immer mit MAGIX gearbeitet habe. Über genügend Erfahrungen im Bereich Bildbearbeitung verfüge ich also. So wird es mir rasch gelingen, mich in Photoshop einzuarbeiten.*

3 Notieren Sie Formulierungen zu folgenden problematischen Aspekten.

A Sie haben nicht die geforderte Ausbildung.
B Ihre letzte Arbeitsstelle haben Sie gekündigt.
C Ihnen wurde aus wirtschaftlichen Gründen gekündigt.

KOMPETENZBOX

Umgang mit problematischen Aspekten bei einer Bewerbung

Problem	Ursache	So formulieren Sie
häufiger Schulformwechsel (von der Realschule zur Hauptschule o. Ä.)	- Ortswechsel - persönliche Gründe	- *Meine Eltern haben sich beruflich weiterentwickelt, daher sind wir häufiger umgezogen. So kam es im schulischen Bereich zu Veränderungen.* - *Als Kind habe ich die zahlreichen Ortswechsel nur langsam verarbeiten können.* - *Der Wechsel geschah aus rein persönlichen Gründen. Ich übernahm die Vormundschaft für meine kürzlich verstorbene Großmutter, deren Pflege mich letztendlich gänzlich forderte.*
abgebrochene Schullaufbahn/ Ausbildung	- falsche Orientierung	- *Von frühester Jugend an wollte ich mit Tieren arbeiten. Ich stellte mir vor, Tierpfleger sei mein Traumberuf. Während der Ausbildung habe ich jedoch festgestellt, dass mein Berufsbild wenig mit der Realität gemeinsam hat. Aus diesen Gründen habe ich mich entschlossen, mich beruflich vollkommen neu zu orientieren.*
Lücken im Lebenslauf	- Depression - Elternzeit - Arbeitslosigkeit - Aushilfsjobs	- *Ich benötigte eine Zeit der Neuausrichtung. Mein Leben lief in eine von mir nicht gewünschte Richtung, deshalb nahm ich eine Auszeit, um mich neu zu orientieren.* - *In den folgenden Jahren widmete ich mich der Erziehung meiner Kinder.* - *Ich war auf der Suche nach einer geeigneten Stelle.* - *Ich nahm diverse 400-Euro-Angebote an, um die Abhängigkeit von staatlichen Hilfen zu vermeiden.*
schlechte Schulnoten	- Interessen - Schwächen in einer Fachrichtung - schlechter Abschluss	- *Meine Interessen liegen vor allem im praktischen handwerklichen Bereich.* - *Mein Schwerpunkt liegt im sprachlichen/naturwissenschaftlichen Bereich.* - *Als Schüler war ich phasenweise nicht so engagiert, wie ich hätte sein müssen. Mittlerweile folge ich stets – privat wie beruflich – festen Zeitplänen und führe meine Aufgaben konsequent durch.*
mangelnde Erfahrung	- Alter - andere Kenntnisse	- *Da ich jedoch flexibel und interessiert bin, weiß ich, dass ich mich schnell in die mir gestellten Aufgaben einarbeiten werde.* - *Zwar verfüge ich nicht über die erforderlichen Erfahrungen, doch habe ich in den Sommerferien in der Consultingfirma stets selbstständig gearbeitet und die Kunden individuell betreut.*

BASISKOMPETENZ B

A | **B** | C | D | E

So formulieren Sie Bewerbungsanschreiben

1 Listen Sie auf, was Sie in die Bewerbungsmappe für die Stellenanzeige A auf S. 158 aufnehmen müssen (siehe auch Kompetenzbox).

KOMPETENZBOX

Inhalt einer Bewerbungsmappe

Bewerbungsanschreiben liegt obenauf.

- **Deckblatt** (ist nicht unbedingt nötig, wird aber von manchen Personalabteilungen gerne gesehen)
- **Lebenslauf**
- Kopie Ihres letzten **Zeugnisses** und Ihres höchsten Abschlusses (beglaubigte Zeugnisse nur liefern, falls gefordert)
- Mögliche **Praktikanachweise**, die einen konkreten Bezug zu den Anforderungen der Stellenausschreibung haben
- **Nachweis** über Aktivitäten, die die in der Stellenanzeige geforderten **Qualifikationen** belegen

Denken Sie daran, dass eine Bewerbung Ihre Persönlichkeit widerspiegelt - bleiben Sie authentisch.

2 Erklären Sie, wie in dem Bewerbungsanschreiben

a) auf das Stellenangebot Bezug genommen wird,

b) das Interesse des Lesers geweckt wird,

c) die Fähigkeiten und Eignungen geschildert werden.

MUSTER

Carlotta Friese
Overather Str. 8, 53803 Much, Tel. 02245 3152,
E-Mail carlotta.friese@net.de

Reifen Michaelis
Frau Carola Steins
Gartenstraße 17
51098 Köln

18.08.XX

Bewerbung als Auszubildende zur Groß- und Außenhandelskauffrau
Ihre Anzeige im Overather Anzeiger vom 17.08.XX

Sehr geehrte Frau Steins,

Sie suchen eine Auszubildende zur Groß- und Außenhandelskauffrau. Ich suche die Chance, in einem großen Betrieb meine Ausbildung zu absolvieren, deshalb bewerbe ich mich bei Ihnen.

Flexibel und interessiert soll Ihre Auszubildende sein. Das bin ich. Meine besonderen Stärken liegen im Bereich Wirtschafts- und Betriebslehre sowie in den Sprachen, insbesondere Englisch. Der Umgang mit Kunden reizt mich. Durch meine Mitarbeit in der Schülervertretung habe ich gelernt, auf andere Menschen zuzugehen und mit ihnen zusammenzuarbeiten.

Im Juni nächsten Jahres werde ich die Prüfung zur Fachhochschulreife absolvieren, sodass ich am 01.07.XX meine Ausbildung bei Ihnen beginnen könnte.

Gern komme ich Anfang April für ein paar Tage zur Probearbeit. Ich freue mich, von Ihnen zu hören.

Mit freundlichen Grüßen

Carlotta Friese

Anlagen
Lebenslauf
Zeugnis (Kopie)
2 Praktikanachweise
1 Sprachzertifikat

3 Notieren Sie, wie ein Bewerbungsanschreiben aufgebaut ist.

4 Verfassen Sie ein Bewerbungsanschreiben zu einem der zwei Ausbildungsangebote auf Seite 158. Beachten Sie hierzu die Kompetenzbox.

KOMPETENZBOX

Bewerbungsanschreiben

- Beachten Sie die formalen Vorgaben eines Briefes (siehe Kapitel 12).
- Richten Sie das Schreiben an Ihre Ansprechpartnerin oder Ihren Ansprechpartner (nach Möglichkeit telefonisch oder im Internet recherchieren).

Aufbau	**Formulierungen (Beispiele)**
Schaffen Sie einen Bezug zum Stellenangebot.	- *In Ihrer Anzeige beschreiben Sie einen Arbeitsbereich, mit dem ich schon im Rahmen eines Jahrespraktikums in Berührung gekommen bin. Aus diesem Grund bewerbe ich mich um die Stelle.* - *Im Internet bin ich auf Ihre Stellenanzeige aufmerksam geworden. Das beschriebene Anforderungsprofil eines Elektronikers für Automatisierungssysteme hat mich neugierig gemacht, daher bewerbe ich mich …*
Wecken Sie das Interesse des Lesers.	- *Die ausgeschriebene Stelle entspricht genau meinen Interessen und Fähigkeiten.* - *Ich habe mich über Ihre Firma informiert und gehört, dass Sie sich sehr für Ihre Auszubildenden einsetzen. Dabei habe ich auch den Eindruck gewonnen, dass bei Ihnen ein gutes Arbeitsklima herrscht.*
Schildern Sie Ihre Fähigkeiten und Eignungen.	- *Umgang mit Kunden, Beherrschung modernster Bürotechnik, selbstständige Abwicklung des Warenein- und -ausgangs – all das habe ich während meines Jahrespraktikums kennengelernt.* - *Im Bereich Logistik habe ich Erfahrung, da ich vor dem Besuch der Fachoberschule eine Ausbildung als Fachlagerist absolviert habe.*
Nennen Sie den möglichen Arbeitsbeginn	- *Die Stelle könnte ich am … antreten.*
Fordern Sie den Adressaten auf, zu handeln.	- *Interessiert? Dann zögern Sie nicht, mich einzuladen. Für ein Gespräch stehe ich Ihnen jederzeit zur Verfügung. Sie erreichen mich unter der oben stehenden Telefonnummer …* - *Wann kann ich mich bei Ihnen persönlich vorstellen? Über eine Einladung freue ich mich.*
Bestätigen Sie Ihre Aussagen durch Ihre Unterschrift.	- Am besten unterschreiben Sie mit blauer Tinte (nicht einscannen). - Bei einer lesbaren Unterschrift ist es nicht unbedingt nötig, Ihren Namen in gedruckter Form unter Ihrer Unterschrift zu wiederholen.

Bewerbungsunterlagen
für die Position als
Mediengestalter für Print- und Onlinemedien

Werbung und mehr
Herrn Frank Smuts
Weyertal 7
50937 Köln

Marvin Welske
Platz der Republik 47
52052 Aachen
0241 432879
E-Mail m.welske@webservice.com

Anlagen
2 Zeugnisse
2 Praktikanachweise
10 Arbeitsproben

BASISKOMPETENZ C

A | B | C | D | E

So gestalten Sie Ihren Lebenslauf zeitgemäß

1 Erklären Sie, welche Informationen Sie aus dem Lebenslauf (Muster) herauslesen, die für eine Einstellung bedeutsam sein könnten.

MUSTER

Lebenslauf

Persönliche Daten

Name	Peter Schmitz
Anschrift	Rübenkamp 12 02826 Görlitz
Geburtsdatum und -ort	15.09.1991 Wiesenthal
Familienstand	ledig

Schulischer Werdegang und Ausbildung

08/1997 – 06/2006	Grundschule und Realschule, Abschluss FOR mit Qualifikation (Berechtigung zum Besuch der gymnasialen Oberstufe)
08/2006 – 06/2009	Ausbildung zum Konstruktionsmechaniker Maschinenbau Feinert, Görlitz Gewerbliche Berufsschule I, Görlitz Abschluss: Gesellenbrief
08/2009 – 06/2010	Fachoberschule (Fachrichtung: Maschinenbautechnik), Görlitz Voraussichtlicher Abschluss: Fachhochschulreife (FHR)

Görlitz, 24. Oktober 2009

Peter Schmitz

2 Entwerfen Sie Ihren eigenen Lebenslauf. Orientieren Sie sich am Muster.

TIPP **Onlinebewerbung**
In einigen Berufen (zum Beispiel im IT-Bereich oder bei Werbeagenturen) ist es durchaus üblich, sich per E-Mail oder auf Onlineportalen zu bewerben. Wählen Sie diesen Weg nur, wenn er in der Stellenanzeige ausdrücklich gewünscht wird.

Beachten Sie folgende Tipps bei Ihrer Onlinebewerbung:
- Gestalten Sie Ihre E-Mail sorgfältig wie ein geschäftliches Schreiben.
- Vermeiden Sie zu große Datenmengen im Anhang, damit beim Versenden keine Fehler auftreten.
- Wählen Sie ein gängiges Dateiformat (z. B. PDF).
- Formulieren Sie die Betreffzeile eindeutig (z. B. Bewerbung als Systemelektroniker).

A | B | C | **D** | E

So bereiten Sie sich auf ein Vorstellungsgespräch vor

1 Erstellen Sie jeweils eine Rangfolge der Antworten, die für den potenziellen Arbeitgeber am überzeugendsten sind.

Fragen bei einem Vorstellungsgespräch	Antworten der Bewerberin/des Bewerbers
1. Können Sie uns etwas über sich selbst erzählen?	*A Freizeit hat selbstverständlich einen hohen Stellenwert, aber erst die Arbeit, dann das Vergnügen.* *B Ich habe bereits zwei Praktika in Werbeagenturen absolviert, da mich die Branche persönlich sehr interessiert. Seit Langem beschäftige ich mich mit den Mechanismen, wie Werbung wirkt.* *C Ich bin sehr kreativ.*
2. Warum haben Sie sich bei uns beworben?	*A Nachdem ich mich für den Beruf des Speditionskaufmannes entschieden hatte, informierte ich mich über mögliche Betriebe. Bei Ihnen reizt mich besonders, dass Sie auch Kunden auf der Iberischen Halbinsel haben. Ich spreche bereits Spanisch und würde gerne noch Portugiesisch lernen.* *B Ich habe durch mein Praktikum bereits Erfahrung im Bereich Spedition bzw. Logistik und ich glaube, Ihr Unternehmen ist ziemlich erfolgreich.* *C Ich habe 28 Bewerbungen losgeschickt. Eine davon an Sie.*
3. Nennen Sie uns Ihre größte Stärke und Schwäche.	*A Mein Problem ist, dass ich morgens etwas Zeit zum Aufstehen benötige. In den letzten Jahren habe ich mir angewöhnt, zwei Wecker zu benutzen. Das klappt. Ich glaube, meine größte Stärke liegt darin, dass ich das, was ich mir als Ziel vorgenommen habe, konsequent verfolge.* *B Manchmal werde ich schnell ungeduldig, wenn etwas nicht so läuft, wie es soll. Aber im Grunde genommen kann mich nichts so schnell aus der Bahn werfen.* *C Ich verfüge über ein gesundes Selbstbewusstsein und meist läuft alles so, wie es soll, aber nobody is perfect.*
4. Wie gehen Sie mit Stress um?	*A Wenn es so richtig hektisch wird, bleibe ich die Ruhe in Person.* *B Nach einem stressigen Arbeitstag kann es schon mal vorkommen, dass ich schlecht schlafe. Da hilft ein ausgedehnter Abendspaziergang.* *C Stressige Situationen können mir schon zusetzen. Um Abhilfe zu schaffen, setze ich mich erst einmal in Ruhe hin und fertige eine Liste an, was in welcher Reihenfolge zu tun ist.*

2 Erstellen Sie eine Bewerbungsmappe mit folgenden Bestandteilen.

a) Bewerbungsanschreiben (zu einer Stellenanzeige Ihrer Wahl)
b) Deckblatt
c) Lebenslauf
d) Zeugniskopie
e) Nachweise (Praktika etc.)

3 Lesen Sie die Kompetenzbox.

KOMPETENZBOX

Vorstellungsgespräch

Vorbereitung

- Lesen Sie nochmals Ihre Bewerbungsunterlagen durch und achten Sie darauf, dass keine Unstimmigkeiten zwischen schriftlicher Bewerbung und Aussage im Vorstellungsgespräch entstehen.
- Informieren Sie sich über den Betrieb.
- Überlegen Sie sich, wie Sie sich selbst präsentieren wollen (Umgang mit Stärken und Schwächen).
- Formulieren Sie Fragen an Ihre Gesprächspartner. Was möchten Sie noch über den Betrieb/die Stelle wissen?
- Kleiden Sie sich angemessen. Nachlässige Kleidung signalisiert Desinteresse.
- Seien Sie ehrlich. Verschweigen Sie Ihre Schwächen nicht, heben Sie jedoch Ihre Stärken hervor.

BASISKOMPETENZ D

Ablauf
- Begrüßung/Small Talk („Haben Sie gut zu uns gefunden?")
- Das Unternehmen stellt sich vor.
- Sie stellen sich vor („Erzählen Sie uns etwas über sich.").
- Fragen zu Gründen der Bewerbung und zu den Qualifikationen
- Ihre Fragen
- Informationen (zur Stelle, Gehaltsvorstellung etc.)
- Abschluss, weiteres Vorgehen

Besonderheiten
- Sitzen Sie gerade, aber entspannt.
- Sprechen Sie in ganzen Sätzen.
- Bleiben Sie freundlich, aufmerksam und interessiert.

4 Führen Sie in Rollenspielen Vorstellungsgespräche durch. Nutzen Sie hierzu Ihre Bewerbungsmappen. Die Anforderungen an die Kandidatin/den Kandidaten sind durch die Stellenanzeigen vorgegeben.
Lassen Sie die Vorstellungsgespräche mithilfe des folgenden Rasters beobachten und beurteilen.

Kriterium	Stufe 1 **0 Punkte**	Stufe 2 **1 Punkt**	Stufe 3 **2 Punkte**
Der erste Eindruck	- wirkt unsicher, hilflos, nicht überzeugend	- wirkt zum Teil unsicher, zurückhaltend, abwartend	- wirkt selbstsicher, aufgeweckt, kompetent
Kleidung	- passt nicht zum Anlass - ungepflegt	- nur bedingt passend zum Anlass - zu freizeitmäßig	- passt zum Anlass
Sitzhaltung	- wechselt seine Sitzhaltung häufig, ist unruhig - wirkt verkrampft	- sitzt meist ruhig - wirkt nur manchmal etwas verkrampft	- sitzt ruhig und aufrecht - wirkt locker
Mimik/ Gestik	- weiß nicht, wohin mit den Händen - passen nicht zum Gesagten - führt unnötige Handbewegungen aus	- hält Hände meist ruhig, wenn geboten - passen nur gelegentlich nicht zum Gesagten	- Handbewegungen stören nie - Hände unterstützen das Gesagte angemessen
Sprache	- spricht häufig zu unverständlich - benutzt zu viele Füllwörter - spricht zu schnell oder zu langsam	- spricht meistens verständlich - benutzt kaum Füllwörter - spricht in der Regel angemessen schnell	- spricht lebendig, korrekt und verständlich - klarer, zielgerichteter Sprachgebrauch
Vorbereitung	- wirkt unvorbereitet	- wirkt an manchen Stellen des Gesprächs zu wenig vorbereitet	- wirkt gut vorbereitet
Darstellung der Qualifikationen	- nicht überzeugend - floskelhaft	- meist überzeugend - etwas allgemein gehalten	- überzeugend - differenzierte Darstellung
Umgang mit Schwächen und Stärken	- äußert sich zu Stärken und Schwächen in übertriebener Form	- stellt Stärken und Schwächen nicht immer angemessen dar	- souveräner Umgang mit Stärken und Schwächen
Fragen an die Firmenvertreter	- fragt nur Unwichtiges und Nebensächliches - fragt zu viel/fast nichts	- fragt Wichtiges und weniger Wichtiges - könnte noch mehr Fragen stellen	- fragt nur Wichtiges - stellt angemessen viele Fragen

So entschlüsseln und formulieren Sie Arbeitszeugnisse

1 Entschlüsseln Sie die folgenden Formulierungen mithilfe der Kompetenzbox.

A Anfangs arbeitete Herr Schmitz stets sorgfältig.
B Seine Leistungen haben in jeder Hinsicht unsere vollste Anerkennung gefunden.
C Weitgehend lernten wir sie als umgängliche Mitarbeiterin kennen.
D Wir haben uns im gegenseitigen Einvernehmen getrennt.
E Er zeigte sich im Wesentlichen für seine Arbeit aufgeschlossen.
F Herr Krüger hat sich engagiert für Arbeitnehmerinteressen eingesetzt.
G Er bewies viel Einfühlungsvermögen in die Probleme anderer Mitarbeiterinnen.
H Frau Plum scheidet aus unserem Unternehmen aufgrund eines reduzierten Auftragsvolumens aus.
I Sie zeigte stets Initiative, Fleiß und Ehrgeiz.
J Wir bedauern den Weggang von Frau Alt und danken ihr für ihre Mitarbeit.

KOMPETENZBOX

Formulierungen in Arbeitszeugnissen

Qualifizierte Arbeitszeugnisse, d. h. Arbeitszeugnisse mit Leistungsbeurteilung, sollen der Wahrheit entsprechen, jedoch das weitere Fortkommen des Arbeitnehmers nicht unnötig erschweren.

Deshalb dürfen Arbeitszeugnisse nur positiv formuliert werden. So müssen Sie Arbeitszeugnisse also auch „zwischen den Zeilen lesen", denn oft wird Negatives verschwiegen, indem es unerwähnt bleibt oder nur eine (nämlich die positive) Seite eines Sachverhalts betont wird.

Folgende Übersicht gibt Ihnen Anhaltspunkte, wie Sie Einzelformulierungen in Arbeitszeugnissen entschlüsseln. Bei der Gesamtbewertung muss aber immer der ganze Text betrachtet werden.

Note	Einzelformulierungen
1	- beherrscht sein Arbeitsgebiet - optimale Lösungen - hervorragende Fachkenntnisse - vollste Zufriedenheit - stets gut und sicher
2	- zur vollen Zufriedenheit - umfassende Fachkenntnisse - zuverlässig - engagiert
3	- stets sorgfältig/genau - gewissenhaft - vereinbarte Ziele erreicht
4	- Aufgaben bewältigt - solides Basiswissen - im Wesentlichen seinen Aufgaben gewachsen
5	- arbeitete im Wesentlichen zu unserer Zufriedenheit - hat sich bemüht, ihm gestellte Aufgaben zu erfüllen - arbeitete im Allgemeinen sorgfältig und zufriedenstellend
6	- bemühte sich um sinnvolle Lösungen - hat nach Kräften versucht, die Leistungen zu erbringen, die wir an diesem Arbeitsplatz normalerweise erwarten

Einzelformulierungen	Interpretation
… in gegenseitigem Einvernehmen	Arbeitgeber wollten (meistens) Arbeitnehmer entlassen.
… hatte ein gutes Verhältnis zu den Kollegen (über Verhältnis zum Arbeitgeber wird nichts ausgesagt)	Verhielt sich kumpelhaft gegenüber Arbeitskollegen, war beim Arbeitgeber sehr unbeliebt.
… war immer pünktlich (als einzige Verhaltensbeurteilung)	Über Arbeitnehmer gibt es sonst nichts Positives zu berichten.

2 Übersetzen Sie die Arbeitszeugnisse in eine eindeutige Sprache.

A

Herr Matthias Lehmann, geboren am 18.09.1986, war vom 01.08.2008 bis heute in der Personalabteilung als Sachbearbeiter beschäftigt.

Sein Tätigkeitsbereich umfasste die Zusammenarbeit mit Behörden wie etwa der Bundesagentur für Arbeit oder dem Finanzamt. Ferner bearbeitete und erstellte er die Arbeitsverträge. Das Pflegen und die Eingabe unseres Personalverwaltungsprogramms gelang ihm im Allgemeinen zufriedenstellend.

Herr Lehmann zeigte für seine Arbeit Verständnis und war stets bemüht, den an ihn gestellten Anforderungen gerecht zu werden. Er machte viele Verbesserungsvorschläge für Arbeitsabläufe.

Das Arbeitsverhältnis mit Herrn Lehmann wird im gegenseitigen Einvernehmen zum 30.04.2010 beendet.

B

Frau Natalie Szymor, geboren am 19. März 1986 in Rüdesheim, war vom 01.08.2006 bis zum 01.07.2008 in unserem Betrieb als Elektronikerin für Automatisierungstechnik tätig.

Frau Szymor erledigte selbstständig alle anfallenden Arbeiten wie Installation und Parametrierung pneumatischer oder hydraulischer sowie elektrischer Antriebe und Frequenzumrichter.

Sie zeigte sich als eine vielseitige und absolut verlässliche Mitarbeiterin sowohl im Betrieb als auch im Außendienst. Sie besitzt außerordentliche fachliche Fähigkeiten und Kenntnisse in der Automatisierungstechnik. Ihre schnelle Auffassungsgabe hilft ihr, auch ungewohnte Situationen zu meistern.

Frau Szymor war stets hoch motiviert. Sie wurde von Kunden, Kollegen und Vorgesetzten als freundliche und fleißige Mitarbeiterin geschätzt.

Frau Szymor verlässt uns – zu unserem großen Bedauern – auf eigenen Wunsch, um sich neuen Herausforderungen zu widmen. Wir wünschen ihr für die Zukunft alles Gute.

3 Verfassen Sie ein Arbeitszeugnis für den folgenden Arbeitnehmer.

Name: Andreas Linden
Geburtsdatum: 11.05.1987
Betriebszugehörigkeit: seit 01.03.2000
Stelle: Werbegrafiker

Er musste Prospekte und Kataloge selbstständig nach Kundenwunsch gestalten und umsetzen. Der kreative Teil gelang ihm stets, die drucktechnische Umsetzung führte jedoch zu erheblichen Mehrkosten. Vom Endprodukt waren die Kunden immer überzeugt.
Insgesamt war er eifrig, aber nicht besonders tüchtig, sodass man letztendlich mit seiner Leistung nicht zufrieden war.
Linden wurde aufgrund der Wirtschaftslage gekündigt. Gelegentlich war er für Vorgesetzte ein schwerer Brocken.

KOMPETENZBOX

Aufbau eines qualifizierten Arbeitszeugnisses

- Name, Geburtsdatum
- Dauer der Beschäftigung
- Tätigkeitsbeschreibung
- Leistungs-/Verhaltensbeurteilung
- Beendigung des Arbeitsverhältnisses
- Schlussformel
- Datum, Originalunterschrift des Ausstellers

Sprachliche Übungen

1 Notieren Sie die folgenden Bezeichnungen in korrekter Groß- und Kleinschreibung. Setzen Sie Bindestriche, falls notwendig.

BEISPIELE:
Print- und Onlinemedien, deutsch-französisches Unternehmen, 5-kb-Datei oder Hamburg-Harburg

A FACHHOCHSCHULREIFE
B SCHLOSSPLATZ
C PLATZDERREPUBLIK
D REPUBLIKPLATZ
E ADENAUERALLEE
F BEGONIENCHAUSSEE
G MAGDEBURGERRING
H HAMBURGERDAMM
I SCHRÖDERGASSE
J FRIEDRICHTHELENWEG
K CHARLESDECOSTA-STRASSE
L CHEMISCHTECHNI-SCHERASSISTENT
M KMANGABEN
N AUFUNDABBAU
O DASAUFDIELANGEBANK-SCHIEBEN

2 Formulieren Sie Haupt- und Nebensätze und trennen Sie die Sätze durch Komma ab.

A Deshalb frage ich nach. Ist meine Bewerbung für Sie noch von Interesse?
B Ich freue mich. Bald darf ich zu einem Vorstellungsgespräch kommen.
C Sie erhalten meine Bewerbung. Die angebotene Stellung als Webdesignerin passt genau zu meinem bisherigen beruflichen Werdegang.
D Ich weiß natürlich. Mit meiner Bewerbung sind noch nicht alle Ihre Fragen beantwortet. Ich freue mich auf das persönliche Kennenlernen.
E Die von Ihnen geforderte Berufserfahrung von zwei Jahren kann ich leider nicht vorweisen. Ich hoffe. Meine Qualifikationen überzeugen Sie so. Sie laden mich zu einem Vorstellungsgespräch ein.

3 Notieren Sie die Sätze aus geschäftlichen Briefen mit persönlicher Anrede in der richtigen Schreibweise.

A Ich bewerbe mich bei ihnen/Ihnen, da sie/Sie am Telefon mein Interesse an ihrer/Ihrer Firma noch verstärkt haben.
B Sollten sie/Sie einen anderen Einsatzbereich für mich haben, dann komme ich auch gerne zu einem Gespräch in ihre/Ihre Firma.
C Vielen Dank für ihre/Ihre ausführlichen Erklärungen am Telefon. Durch ihre/Ihre Aussagen und den Bericht einer Bekannten bin ich mir sicher, dass ich bei ihnen/Ihnen die richtige Stelle gefunden habe.

4 Schreiben Sie die Sätze im Indikativ und formulieren Sie höflich.

A An der von Ihnen ausgeschriebenen Stelle hätte ich großes Interesse.
B Ich bin überzeugt, dass ich für Ihren Betrieb der geeignete Kandidat wäre.
C Ich würde gern mindestens 40 000 Euro im Jahr verdienen.
D Ich könnte die Stelle sofort antreten.
E Ich würde mich freuen, wenn Sie mich zu einem persönlichen Gespräch einladen könnten.
F Ich könnte mir gut vorstellen, in dieser Abteilung zu arbeiten.

5 Schreiben Sie einfallsreich in ganzen Sätzen.

A Ihre Anzeige? Super.
B Die Aufgabe? Reizend.
C Die ausgeschriebene Stelle? Toll.
D Umzug? Kein Problem.
E Vorstellungsgespräch? O. K.

6 Verbessern Sie die Fehler und trennen Sie die Sätze durch Komma ab.

A Ich bin ein Mensch wo gerne Verantwortung übernimmt und der wo nicht verzweifelt wenn Anforderungen an ihn gestellt werden.
B Sie haben selbst gesagt weil Sie einen Teamplayer suchen diese Eigenschaft würde ich mir zuordnen.
C Ich bin es gewohnt weil ich bisher schon selbstständig arbeite deshalb auf diese Aufgabe freue ich mich.
D Während der Schulzeit habe ich häufig Ferienjobs angenommen damit ich jetzt schon einige Erfahrung in einigen Berufen habe und ich bin also nicht ein reiner Anfänger wo nur die Schule kennt.
E Es war für mich eine Selbstverständlichkeit da habe ich in meinem elterlichen Betrieb mitgearbeitet und praktische Erfahrungen gesammelt.
F Wenn ich mich für eine Aufgabe entschieden habe na klar ich mache sie dann zuverlässig selbst wenn es zwischendurch mal Schwierigkeiten das hält mich nicht vom Weg ab.

Prüfungsvorbereitung

Aufgabe:
Verfassen Sie ein Arbeitszeugnis mithilfe der folgenden Angaben und ergänzen Sie sie bei Bedarf.

Name: Chiara Willebrands
Betriebszugehörigkeit: 01.10.2008 bis heute
Stelle: IT-System-Kauffrau (Vollzeit)
Unternehmen: Telenetworking GmbH, Tucholskyring 16, 22525 Hamburg

Tätigkeiten in der Kundenabteilung
- Auftragssachbearbeitung
- Rechnungserstellung
- Reklamationssachbearbeitung
- Allgemeine Korrespondenz
- Unterstützung des Vertriebsleiters

Leistung
- Im direkten Umgang mit (auch schwierigen) Kunden einfühlsam und aufgeschlossen
- Erwartungen vollstens erfüllt
- Eigenständig, zuverlässig, flexibel
- Alle Tätigkeiten wie gewünscht durchgeführt
- Ließ Software anschaffen, die zu Kostenersparnis führte
- Immer ausgezeichnete Ideen, gab wertvolle Anregungen

Verhalten
- Zu Vorgesetzten und Mitarbeitern stets vorbildlich
- Förderte aktiv die Zusammenarbeit, übte und akzeptierte sachliche Kritik, war stets hilfsbereit und stellte, wenn erforderlich, persönliche Interessen zurück

Ende des Arbeitsverhältnisses
Wunsch der Arbeitnehmerin (Firma bedauert), da sie auswandert

MUSTERLÖSUNG

Arbeitszeugnis

Telenetworking GmbH
Tucholskyring 16
22525 Hamburg

← *Firmenanschrift*

Arbeitszeugnis

← *Überschrift*

Frau Chiara Willebrands, geb. am 15.09.1987, war bei uns vom 01.10.2008 bis zum heutigen Tag als IT-System-Kauffrau in unserem international operierenden Unternehmen aus dem Bereich Telekommunikation tätig. Ihre Aufgaben waren die Auftragssachbearbeitung und Rechnungserstellung bzw. Reklamationssachbearbeitung. Ferner kümmerte sie sich um die allgemeine Korrespondenz. Ein zentraler Aspekt ihrer Tätigkeit umfasste die Unterstützung des Vertriebsleiters. Ihr Arbeitsplatz befand sich in der Kundenabteilung. Sie hat während dieser Zeit alle ihr übertragenen Aufgaben stets zu unserer vollsten Zufriedenheit ausgeführt.

← *Name, Geburtsdatum, Dauer der Beschäftigung*

← *Tätigkeitsbeschreibung*

← *Leistungsbeurteilung*

Obwohl Frau Willebrands gerade erst ihre Ausbildung abgeschlossen hatte, als sie bei uns eintrat und daher nur über eine geringe berufliche Praxis verfügte, verrichtete sie alle Arbeiten mit außerordentlichem Geschick und regelmäßig fehlerfrei. Im direkten Umgang mit den Kunden war Frau Willebrands aufgeschlossen und einfühlsam. Auch Kunden mit schwieriger Persönlichkeitsstruktur wurden von ihr mit ausgezeichnetem Sachverstand und großem Einfühlungsvermögen betreut.

← *detaillierte Leistungsbeurteilung*

Prüfungsvorbereitung

Frau Willebrands war in der Lage, nicht nur den ihr unterstellten Mitarbeitern, sondern auch den bei uns im kaufmännischen Bereich eingesetzten Personen wertvolle Anregungen zum Umgang mit einer Software zu geben, die zu einer wesentlichen Zeit- und damit auch zu einer Kostenersparnis führten. Sie förderte aktiv die Zusammenarbeit, übte und akzeptierte sachliche Kritik, war stets hilfsbereit und stellte, wenn erforderlich, persönliche Interessen zurück.

← *Verhaltensbeurteilung*

Frau Willebrands verlässt uns auf eigenen Wunsch, da sie nach Kanada auswandert, um dort neuen Herausforderungen entgegenzusehen. Wir bedauern ihr Ausscheiden außerordentlich, haben aber volles Verständnis dafür, dass Frau Willebrands sich weiterentwickeln und neuen Aufgaben stellen möchte.

← *Beendigung des Arbeitsverhältnisses*

Wir bedanken uns bei Frau Willebrands für die bei uns geleistete Arbeit und wünschen ihr für ihre berufliche und private Zukunft alles Gute.

← *Schlussformel*

Hamburg, 04. Oktober 20XX

Uwe Georg Siegers

← *Datum, Originalunterschrift des Ausstellers*

Kompetenz-Logbuch

Online-Link 803501-0013

→ Insgesamt bewerte ich die Lektion mit folgendem Smiley.
→ Diese mir selbst gesteckten Ziele habe ich erreicht.
→ Dies hat mir Schwierigkeiten bereitet.
→ So habe ich mich beteiligt und in die Gruppe eingebracht.
→ Das will ich noch lernen.
→ Diese konkreten Schritte werde ich dazu unternehmen.

Projekte

1 Assessment-Center

Simulieren Sie ein Assessment-Center[1]. Bilden Sie hierzu Kleingruppen, die zum Beispiel aus zwei Kandidaten, einem Prüfer und einem Beobachter bestehen.

Vorbereitung

I

a) Verteilen Sie die Rollen.

b) Einigen Sie sich innerhalb der Gruppe, um welche Branche es sich handelt.

c) Suchen Sie eine Firma aus.

d) Informieren Sie sich im Internet über die Firma.

II

Formulieren Sie die Anforderungen, die an potenzielle Bewerber gestellt werden sollen.

III

Bereiten Sie sich jeweils auf Ihre Rolle vor.

a) Der Kandidat bereitet eine möglichst interessante Präsentation über seine eigene Person und sein Leben vor.

b) Der Beobachter und der Prüfer erstellen ein Kompetenzraster zur Bewertung des Kandidaten. Sie fertigen dazu eine Tabelle nach folgendem Muster an, untergliedern die Kriterien und notieren die jeweiligen Verhaltensweisen in den übrigen drei Spalten.

	Kriterium	Pkt.	Unerwünschtes Verhalten **0 Punkte**	Verhalten entspricht nur zum Teil den Erwartungen **1 Punkt**	Erwünschtes Verhalten **2 Punkte**
Vortrag	**Inhalt und Struktur**				
	Visualisierung und Umgang mit Medien				
	Sprache				
	Körpersprache				
	Reaktion auf Fragen				
Gruppengespräch	**Ideenreichtum**				
	Verhalten gegenüber dem Mitspieler				
	Diskussionsverhalten				
Gesamtpunkte					

Durchführung von drei Prüfungen

I

Der Kandidat präsentiert sich selbst und antwortet auf Nachfragen des Prüfers, der z. B. Unklarheiten erklärt haben und Details zu den präsentierten Punkten erhalten möchte.

Der Beobachter beurteilt die Präsentation anhand des Kompetenzrasters.

II

Die Kandidaten führen ein Gruppengespräch über ein Thema.

Beispiele:

– Ist die Höhe der Gehälter prominenter Fußballspieler gerechtfertigt?

– Ist eine erneute Rechtschreibreform sinnvoll? Eine der neuen Regeln könnte beispielsweise die Abschaffung der Großschreibung oder des Buchstabens ß/der Umlaute betreffen.

– Sollte es Frauenquoten bei der Besetzung von Managerposten geben?

III

a) Die Kandidaten stellen ihre Ideen für die Durchführung eines Betriebsausflugs vor.

b) Im folgenden Gespräch diskutiert der Prüfer mit nur einem Kandidaten dessen Ideen.

c) Der Beobachter fertigt Notizen zum Verhalten des Kandidaten und zu der Durchführbarkeit seiner Ideen an.

Auswertung

Der Beobachter und der Prüfer entscheiden sich für einen Kandidaten und begründen ihre Entscheidung.

1 assessment (engl.) = Beurteilung, Bewertung, Einschätzung

2 Vorstellungsgespräch im Rollenspiel

Führen Sie Rollenspiele zu Vorstellungsgesprächen durch. Nehmen Sie eventuell die Gespräche auf Video auf und analysieren Sie diese.

14 Wie Sie mit Konflikten umgehen

Was Sie wissen und was Sie lernen können

„Hier gibt es einen Konflikt."

1. Beschreiben Sie Situationen, in denen dieser Satz gefallen ist oder zu denen dieser Satz passen würde.

2. Entscheiden Sie, welche der folgenden Aussagen richtig, welche falsch sind.

Reaktion auf Angriffe

1. Bei Angriffen geht es nie um die Sache, nur um die Person.
2. Man kann nicht in jeder Situation in gleicher Weise kontrolliert auf einen Angriff reagieren.
3. Aktives Zuhören bedeutet, dass ich Kopfhörer zum Zuhören benutze.
4. Metakommunikation bedeutet, dass man nicht mehr kommuniziert.

Verhalten in Konfliktsituationen

5. In Konflikten verhält sich jeder gleich.
6. Konflikte sind nur schädlich.
7. In Konflikten können auch sonst verborgene Eigenschaften in uns zum Vorschein kommen.
8. Konflikte können sich auch „hochschaukeln".

Lösung von Konflikten

9. Jeder Konflikt lässt sich lösen, indem man einen Kompromiss schließt.
10. Konflikte können nur von Außenstehenden gelöst werden.
11. Um einen Konflikt zu lösen, muss zuerst der Konfliktpartner nachgeben.
12. Konflikte lassen sich nur lösen, indem man sich selbst ändert.

3. Vergleichen Sie Ihre Entscheidung mit der Lösung im Kompetenzregister, S. 259.

4. Markieren Sie im Kompetenz-Logbuch auf der Seite für dieses Kapitel, in welchem Bereich Sie aufgrund der Ergebnisse von Aufgabe 2 Ihre Stärken sehen, und legen Sie Ihre persönlichen Schwerpunkte für den weiteren Lernprozess fest. **Online-Link** 803501-0014

A	B	C
Reaktion auf Angriffe	**Verhalten in Konfliktsituationen**	**Lösung von Konflikten**

BASISKOMPETENZ A

A | B | C

So reagieren Sie auf Angriffe

1 Bestimmen Sie, bei welcher Aussage die Kritik an

a) der Person,

b) der Sache,

c) der Sache und der Person im Vordergrund steht.

A Ich vermute, dass Sie nicht so alt sind wie der Stil des Werbetextes, den Sie hier produziert haben. Für ein dynamisches Unternehmen – und als solches wollen wir gelten – völlig ungeeignet, allenfalls für ein kränkelndes Familienunternehmen.
B Ich wünsche mir eine Werbung, in der die Dynamik unseres Unternehmens besser zum Ausdruck kommt. Können Sie den Text bitte noch einmal überarbeiten?
C Haben Sie überhaupt die Aufgabe verstanden? Mir haben Sie erzählt, dass Sie schon etliche Preise für Ihre Texte erhalten haben.

2 **a)** Welche der oben genannten Aussagen sehen Sie als Kritik, welche als Angriff?

b) Beschreiben Sie das Gefühl, das Sie als Adressat der Kritik bzw. des Angriffs (Aufgabe 1, A – C) hätten.

3 Nennen Sie Möglichkeiten, wie Sie auf die Kritik (Aufgabe 1, A – C) jeweils reagieren würden.

4 **a)** Beschreiben Sie, wie das folgende Gespräch weiter verlaufen könnte, wenn Sie spontan reagieren würden.

Situation
Sie stehen mit ein paar Klassenkameraden auf dem Bahnsteig und warten auf den nächsten Zug, als ein schon älterer Mann aus dem eingefahrenen Zug steigt, etwas wütend wirkt und vor sich hin spricht: „Keine Erziehung haben die, das Elternhaus – wo ist das? Und mit den Schuhen auf der Sitzbank. Unglaublich!" Spontan kommt er auf Ihre Gruppe zu: „Wenn man jeden Morgen sauber und ordentlich angezogen zur Arbeit fährt, dann ekelt einen das an, wenn solche Halbwüchsigen ihre dreckigen Schuhe auf die Sitzbank legen." „Wir stehen doch aber ganz ruhig mit den Füßen auf dem Boden hier", entgegnen Sie. „Nun werden Sie auch noch frech. Mit Ihren schlampigen Klamotten macht es Ihnen natürlich nichts aus, auf einem verdreckten Sitz Platz zu nehmen. Sicherlich zahlen Sie auch nur die Hälfte."

b) Entscheiden Sie, welche Möglichkeiten Sie anwenden könnten, um den weiteren Gesprächsverlauf kontrolliert zu steuern (siehe Kompetenzbox, S. 173).

5 Formulieren Sie eine passende kontrollierte Reaktion für die folgenden Situationen am Telefon.

A Peter ist sauer, weil er seine Freundin Sarah seit fast zwei Wochen nicht mehr gesehen hat: „Du hast einfach keine Zeit mehr für mich. Einmal bist du beim Sport, dann musst du dich tagelang auf eine Präsentation vorbereiten, dann bist du mit deinen Eltern unterwegs und heute lernst du für eine Klassenarbeit. So verhält man sich doch nicht seinem Freund gegenüber."

B Oliver Gräfe: „Jetzt ist es kurz vor 17:00 Uhr. Sie haben mir versprochen, dass die Plakate heute fertig sein werden. Morgen müssen wir plakatieren. Wie stellen Sie sich das vor? Heute früh war bei Ihnen am Telefon eine Dame, die keine Ahnung von dem Auftrag hatte und mich vertröstete. Bei Ihnen gibt es wohl mehr Drückeberger als Drucker." Mark Tombert ist der Anruf peinlich, er weiß auch nichts von dem Druckauftrag.

C Monika Dreher ist etwas genervt: „Herr Stuck, ich sagte Ihnen bereits, wir schicken Ihnen keine Formulare mehr zu. Sie können das Formular im Internet herunterladen, die Adresse steht auf dem gelben Zettel, den Sie erhalten haben. Und ich nehme an, dass Sie lesen können."

KOMPETENZBOX

Kontrollierte Reaktion auf Angriffe

Spontane, unkontrollierte Reaktionen auf Angriffe bergen die Gefahr, dass die Situation eskaliert.

Kontrollierte Reaktionen können sein:

Bewusstes Ignorieren

BEISPIEL:
Ein Betrunkener greift Sie verbal an.

Auf Distanz gehen

BEISPIEL:
- *Einen Schritt zurücktreten, dem Gesprächspartner in die Augen schauen und Erregung kontrollieren.*
- *Kurzsilbig antworten: „So?", „Aha!"*

Aktiv zuhören

BEISPIEL:
Körper dem Gesprächspartner zuwenden, Blickkontakt halten und durch Nicken sowie kurze sprachliche Äußerungen („hm", „ja") das intensive Zuhören signalisieren.

Nachfragen – Bedürfnis äußern

BEISPIELE:
- *„Ich verstehe das gerade nicht. Können Sie mir das erläutern?"*
- *(Frage an das Publikum) „Was könnte damit gemeint sein?"*

Grenzen signalisieren

BEISPIEL:
„Sie können mich durchaus kritisieren, aber bitte in einem sachlichen und höflichen Ton."

Handlung aufschieben

BEISPIEL:
„Ich würde gerne morgen mit Ihnen darüber reden. Ist das in Ordnung?"

Sich innerlich wappnen

BEISPIEL:
Sich bewusst machen:
- *Botschaften können beim Empfänger anders ankommen, als der Sender sie gemeint hat.*
- *Wahrnehmung ist immer subjektiv und kann von vielen Faktoren abhängen.*

Metakommunikation
= Aus einer Außensicht über das Gespräch selbst reden, z. B. bei Störungen in der Gesprächsatmosphäre

BEISPIEL:
„Du hast Probleme in der Schule gehabt, hast mir davon erzählt, mich gebeten, dir zu sagen, wie ich reagiert hätte. Das habe ich getan, nun schimpfst du mit mir und wirst aggressiv."

BASISKOMPETENZ A

6 Geben Sie eine Rückmeldung über den Gesprächsverlauf in der folgenden Situation, indem Sie Herrn Kortes Gesprächsbeitrag in der Metakommunikation fortführen.

Stefan Schwarz *(jung und ungebunden, sitzt im Personalbüro wegen seines abgelehnten Urlaubsantrags)*
[...]

Herr Korte: „Herr Schwarz, das war kein böser Wille, dass ich Ihren Urlaubsantrag abgelehnt habe *(Stefan schaut interessiert)*, aber Sie wissen, dass bei uns zuerst die Anträge der Mitarbeiterinnen und Mitarbeiter berücksichtigt werden, die schulpflichtige Kinder haben. Die können aber nur in den Schulferien in Urlaub gehen."

Stefan Schwarz: „Aber warum denn, ich arbeite genauso viel wie die."

Herr Korte: „Das ist schon richtig. Aber letztes Jahr konnte Frau Giese nur eine Woche mit ihrem Kind in den Urlaub fahren, weil die restlichen Wochen schon blockiert waren."

Stefan Schwarz: „Ich habe ja nichts dagegen, dass Frau Giese 3 Wochen während der Sommerferien in den Urlaub fährt."

Herr Korte: „Wir wollten aber eine solche Situation wie im letzten Jahr verhindern. Die Klagen landen dann bei uns. Und wir können den Unmut verstehen. Deshalb achten wir darauf, dass Mitarbeiterinnen und Mitarbeiter mit Kindern im schulpflichtigen Alter in den Schulferien 3 Wochen Urlaub machen können."

Stefan Schwarz: „Meinen Unmut wollen Sie aber nicht verstehen. Ich will im August nach Spanien. Was spricht denn dagegen?"

Herr Korte: „ ... Was ich Ihnen eben gesagt habe. Ich kann Ihnen anbieten, dass Sie im Mai, Juni und Anfang Juli Urlaub nehmen."

Stefan Schwarz *(greift sich mit beiden Händen an den Kopf)*: „Im Mai – da ist doch tote Hose in Spanien, im Juni auch. Und Juli – meine Güte."

Herr Korte: „Sie können doch auch woanders Urlaub machen, es ist ja nicht meine Aufgabe, die Urlaubsplanung nach den Urlaubszielen der Belegschaft auszurichten *(Stefan rutscht unruhig auf dem Stuhl hin und her, zappelt mit den Händen)* oder nach den Wünschen einer einzelnen Person."

Stefan Schwarz *(gestikulierend mit der rechten Hand)*: „Ich hab doch nichts dagegen, dass alle mit ihren Kindern im August in Urlaub gehen. Aber ich will das gleiche Recht wie sie."

Herr Korte: „Wir brauchen aber auch eine gewisse Mitarbeiterzahl im Betrieb. Das können wir sonst unseren Kunden nicht zumuten *(Stefan blickt zum Fenster)*. Das bedeutet nicht, dass wir Ihnen irgendwelche Rechte absprechen. Und Aushilfskräfte können wir bei dieser anspruchsvollen Arbeit nicht einstellen."

Stefan Schwarz: „Wenn man will, kann man alles."

Herr Korte: „Da ist was Wahres dran. Das gilt aber auch für Sie ... *(Herr Korte wechselt in die Metakommunikation.)*

A | **B** | C

So verhalten Sie sich in Konfliktsituationen

1 Lesen Sie die Definition und sagen Sie dann in eigenen Worten, was einen Konflikt ausmacht.

Was ist ein Konflikt?
Bei einem Konflikt geht es um Handlungstendenzen (Auffassungen, Interessen, Aktivitäten o. Ä.), die scheinbar unvereinbar sind und als einschneidende Störung empfunden werden. Mindestens zwei Parteien sind beteiligt. Dies gilt auch für Konflikte mit sich selbst, also innere Konflikte, die durch das Verhalten anderer ausgelöst werden. Bei einem Konflikt wird einer der Beteiligten von einem anderen absichtlich oder unabsichtlich beeinträchtigt.
Nach: Florian Gommlich, Andreas Tieftrunk: Mut zur Auseinandersetzung, Konfliktgespräche. Falken Verlag, Niedernhausen 1999, S. 35

2 Veranschaulichen Sie die folgenden Aussagen von Glasl anhand eigener Beispiele.

Konflikte greifen unsere ganze Person an, und wir können uns ihren Wirkungen nur schwer entziehen. Je weiter ein Konflikt eskaliert, d. h., je tiefer wir uns darin verstricken, desto mehr droht er unser ganzes Denken, Fühlen und Wollen zu korrumpieren und unser Handeln zu beherrschen. Durch die Auseinandersetzungen mit unserem Gegner können uns tiefste Zweifel über die Streitobjekte, über den Sinn der Auseinandersetzung und über uns selbst befallen.
Friedrich Glasl: Selbsthilfe in Konflikten. Haupt Verlag/Verlag Freies Geistesleben, Stuttgart/Bern 2008, S. 38

3 Arbeiten Sie in Kleingruppen.

a) Ordnen Sie sich einer der folgenden Klassifizierungen zu, auch wenn diese Zuordnung nicht in jeder Situation zutrifft.

Konfliktscheu	Konfliktfähigkeit	Streitlust
Konflikte kosten Kraft, darum: Hände weg davon!	Aggressionen sind Energie: Ich leite sie positiv um!	In Konflikten erlebe ich mich selbst – sie steigern Vitalität!
Offene Konflikte zerstören unnötig vieles!	Konflikte helfen, sich von Überkommenem zu lösen!	Nur aus Chaos entsteht wirklich Neues!
Konflikte vertiefen nur die Gegensätze, Differenzen sind im Grunde doch nicht lösbar!	Unterschiede sind lebensnotwendig, das Arbeiten an Differenzen bereichert alle!	Konsens ist oft Illusion, denn: „Der Krieg ist der Vater aller Dinge!“

Ebd., S. 13

b) Beschreiben Sie abwechselnd in der Gruppe persönlich erlebte Konfliktsituationen und zeigen Sie auf, wie Sie und wie der Konfliktpartner sich verhalten haben.

c) Achten Sie als Zuhörer in der Gruppe auf das Verhalten der Konfliktparteien und spiegeln Sie es jeweils wider.

d) Anschließend überlegt die Gruppe, welchen Nutzen der Konflikt hatte, welchen Schaden er verursacht hat.

4 **a)** Beschreiben Sie, um welchen sachlichen Konflikt es sich in der folgenden Situation handelt.

Situation
Marias Freund Christopher wohnt in einem Dorf rund 50 km von ihr entfernt. Christopher verdient schon, Maria aber geht noch zur Schule. Wenn sie sich treffen, fährt Christopher meistens zu ihr, gerne würde sie aber auch öfter zu ihm fahren. Besonders am Wochenende ist die Anbindung des Dorfes an öffentliche Verkehrsmittel schlecht.
Da ihr Vater beabsichtigt, sein altes Auto zu verkaufen, fragt sie ihn, ob er es ihr nicht überlassen könne. Der Vater lehnt das sofort ab, er brauche das Geld sehr dringend, zudem habe sie keine Vorstellung, was ein Auto koste. Er habe erst ein Auto gekauft, als er das erste Geld

verdiente. Wenn man zur Schule gehe, müsse man eben auf einigen Luxus verzichten.
Maria ist verärgert, zumal eine ihrer Freundinnen in einer ähnlichen Situation von ihrem Vater einen Gebrauchtwagen zum Geburtstag geschenkt bekam.

b) Erzählen Sie, wie sich der Konflikt „hochschaukeln" könnte.

c) Erklären Sie, welche weiteren Bereiche (außer der Sache) beim Hochschaukeln eines Konflikts betroffen sind.

5 Spielen Sie in Kleingruppen dreimal einen Konflikt je 10 Minuten lang.

Person A denkt sich eine „böse" Person aus, der sie schon immer mal die Meinung sagen wollte usw.
Person B spielt diese „böse" Person.
Person C gibt jeweils eine Rückmeldung, indem sie das Konfliktverhalten von Person A und B beschreibt.
Nach Spiel 1 wechseln Sie die Rollen wie beschrieben.

Spiel 1

Person A	Person B	Person C
- ist aggressiv, frech, rücksichtslos … - gibt nach dem Spiel eine Rückmeldung über die Gefühle in dieser Rolle	- übt Widerstand aus, - versucht, A vom Konfrontationskurs abzubringen, zu drohen, zu schmeicheln, auszuweichen … - gibt nach dem Spiel eine Rückmeldung über die Angriffe	- gibt eine Rückmeldung über die Einhaltung der Rollen und die Wirkung des Verhaltens von A und B

Spiel 2

Person C	Person B	Person A
- ist konfliktscheu, hat starke Fluchtgedanken … - gibt nach dem Spiel eine Rückmeldung über die Gefühle in dieser Rolle	- übt Widerstand aus, - verstärkt Fluchtgedanken von C, - verhält sich schwierig … - gibt nach dem Spiel eine Rückmeldung über die Angriffe von C	- gibt eine Rückmeldung über die Einhaltung der Rollen und die Wirkung des Verhaltens von C und B

Spiel 3

Person A	Person B	Person C
- wahrt die Balance, - ist weder aggressiv noch scheu … - gibt nach dem Spiel eine Rückmeldung über die Gefühle in dieser Rolle	- übt Widerstand aus, - verhält sich schwierig … - gibt nach dem Spiel eine Rückmeldung über das Verhalten von A	- gibt eine Rückmeldung über die Einhaltung der Rollen und die Wirkung des Verhaltens von A und B

A | B | **C**

So lösen Sie Konflikte

1 Erklären Sie, was mit diesem Ausspruch gemeint ist: „Jetzt meldet sich wieder mein innerer Schweinehund."

2 Erläutern Sie, wie Glasl die zweite Seite im Menschen beschreibt (siehe Kompetenzbox).

KOMPETENZBOX

Zwei Seiten der Persönlichkeit

Der Konfliktforscher Friedrich Glasl stellt das tägliche Ringen und die Spannung in der Auseinandersetzung zwischen unserer moralischen Instanz und der Schattenseite unserer Persönlichkeit in diesem Schema dar.

moralische Instanz (Werte, Ideale)

↕

Alltags-Ich Alltagspersönlichkeit

↕

Schattenpersönlichkeit/Doppelgänger

Friedrich Glasl: Selbsthilfe in Konflikten. Haupt Verlag/Verlag Freies Geistesleben, Stuttgart/Bern 2008, S. 39

„Wir lassen uns in Situationen der Spannung, gereizt, wie wir sind, nur allzu leicht dazu verleiten, nicht aus unseren besseren moralischen Qualitäten heraus zu handeln. Stattdessen werden die ‚Tiere' des Doppelgängers in uns gereizt. Und allmählich beginnen sich diese zu wehren und mischen sich in unser Verhalten ein. Entrüstung und Wut kann uns überwältigen, bis wir – mehr oder weniger in blindem Zorn und besinnungslos – drauflosschlagen. Dies geschieht mit verletzenden Äußerungen oder gar Handgreiflichkeiten. In diesem Fall hat unser Doppelgänger die Oberhand behalten."

Ebd., S. 51

3 **a)** Bilden Sie Kleingruppen.

b) Nennen Sie Situationen, die Sie jeweils einem Verhalten zuordnen können.

Verhalten A Wir sind stark genug, die unangenehmen Seiten unserer Persönlichkeit zu unterdrücken.	**Verhalten B** Wir wahren keine selbstkritische Distanz zu unserem eigenen Handeln, sondern bekämpfen bei anderen die unangenehmen Aspekte unserer eigenen Persönlichkeit.
Verhalten C Die moralische Instanz ist ausgeschaltet und spielt beim Verhalten keine Rolle mehr.	**Verhalten D** Die Verantwortung für das eigene Tun wird abgelehnt. Wenn Fehler auftreten, liegt es nicht an der eigenen Person, sondern an den Umständen, die man nicht beeinflussen kann.

4 Lesen Sie die Kompetenzbox.

KOMPETENZBOX

Konflikte lösen – sich selbst ändern

Konflikte können unterschiedlich schwer sein und damit unterschiedlich stark belastend wirken. Einfache Konflikte kann man ohne professionelle Hilfe mit anderen lösen, wenn bestimmte Voraussetzungen vorhanden sind:

Kritische Distanz zu sich selbst
Das heißt, „dass ich **an mir selbst intensiv arbeite** und hierdurch meine Beziehungen zu meinen Mitmenschen umgestalte. Damit wird die wichtigste Grundlage für **aktive und konstruktive Konfliktbewältigung** geschaffen."

Friedrich Glasl: Selbsthilfe in Konflikten. Haupt Verlag/Verlag Freies Geistesleben, Stuttgart/Bern 2008, S. 58 f.

Nähe	Distanz
Ich arbeite mit Ausdauer an mir selbst, bilde meine Schattenseiten um.	Ich beobachte mit selbstkritischer Distanz mein eigenes Denken, Fühlen und Wollen.
Ich anerkenne meine eigene Verantwortung für die Folgen meines Handelns.	Ich übe verstehende Toleranz gegenüber den Bemühungen meiner Mitmenschen.

Ebd., S. 58 f.

Die Fähigkeit, Kompromisse einzugehen
Teile meiner selbst gesetzten Ziele gebe ich zugunsten einer anderen Person auf.

Bereitschaft zur Zusammenarbeit
Die sachliche Ebene steht im Vordergrund und persönliche Differenzen werden so weit wie möglich außer Acht gelassen.
Als Basis kann eine Vereinbarung (Gesprächs- und Verhaltensregeln) dienen, die die Zusammenarbeit begleitet.

Wir wollen weg von ...	Wir wollen hin zu ...

Schwere Konflikte lassen sich nur mit professioneller Hilfe lösen.

5 Beschreiben Sie einen Konflikt genau und machen Sie Vorschläge zur Lösung.

Sprachliche Übungen

1 Finden Sie zu den folgenden Definitionen ein Fremdwort mit der Vorsilbe Kon-. Achten Sie dabei darauf, dass der letzte Buchstabe der Vorsilbe manchmal an den folgenden Buchstaben lautlich angeglichen wird.

A Auseinandersetzung, Widerstreit
B gegenseitiges Zugeständnis
C Folgerichtigkeit
D Verbindung
E Gespräch, Unterhaltung
F Zugeständnis

2 Ersetzen Sie die Wörter in Klammern durch ein passendes Fremdwort (Adjektiv).

A sein (angriffslustiges) Verhalten
B eine (nicht annehmbare) Reaktion
C eine (unverschämte, bösartige) Behauptung
D seine (taktlosen, nicht verschwiegenen) Äußerungen
E sein (unbeständiger) Zustand

3 Bilden Sie je drei Adjektive und Substantive und schreiben Sie sie korrekt.

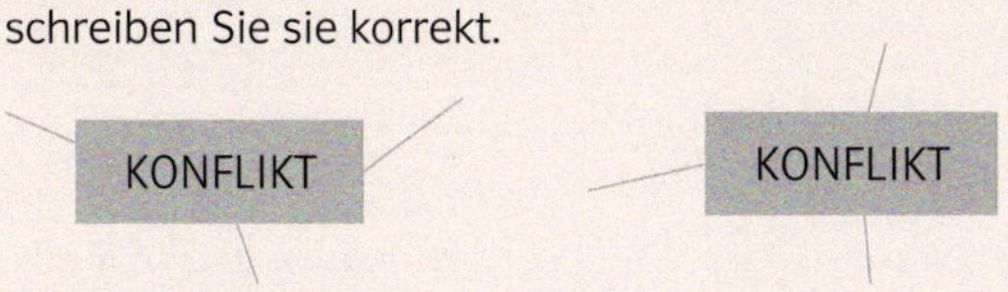

4 Reagieren Sie auf die folgenden Angriffe, indem Sie
a) nachfragen,
b) Grenzen aufzeigen.

A
Jetzt machen wir schon 2 Tage diese Übung und heute sollen wir sie wieder machen. Das ist auf Dauer langweilig. Solche Übungen sind zwar notwendig – das sehe ich ein –, aber fällt Ihnen denn nichts Besseres ein?

B
Ich habe mir keine Notizen von Ihrem Vortrag gemacht, ich hatte nämlich angenommen, dass Sie uns ein Manuskript aushändigen. Nun erhalten wir zwei wenig aussagende Blätter.

C
Die ganze Woche hast du bis spät am Abend gearbeitet. Aber am Sonntag würden wir ins Kino gehen, das hast du mir versprochen. Jetzt höre ich den ganzen Tag nur dein Gejammere, dass du müde seist und dass es dir nicht gut gehe.

5 Schreiben Sie den Text ab und fügen Sie in der Rolle des Zuhörers Aussagen und „Regieanweisungen" ein, die auf aktives Zuhören verweisen.

A
Manche behaupten, Konflikte seien überflüssig und behinderten uns nur in unserer Entwicklung. Ich sage Ihnen aber: Sie sind unvermeidbar und notwendig, um Entwicklungen und Phasen der Anpassung einzuleiten. Sie sind also ein fester Bestandteil unseres Zusammenlebens.

B
Es ist nicht einfach, Konflikte zu lösen, das wissen Sie alle aus eigener Erfahrung, denn die Ursachen von Konflikten sind in der Regel in einem komplexen System miteinander vernetzt. Es genügt nicht, den vermeintlich Schuldigen herauszufinden und auszuschließen.

C
Die Lösung von Konflikten kann häufig nur durch Reden und Verhandeln gefunden werden. Auch das wissen Sie. Dabei muss man sich mit rationalen wie irrationalen Dingen beschäftigen. Sie werden mir zustimmen, dass man mit logischen Analysen und Maßnahmen oft nicht weiterkommt.

D
Ein Konflikt kann nie einseitig gewonnen werden, sonst schwelt er weiter. Sie werden solche Situationen kennen. Es kann aber ein befriedigendes Ergebnis erzielt werden, wenn beide Parteien auf der sachlichen Ebene und auf der Beziehungsebene eine Übereinkunft finden.

6 Setzen Sie die fehlenden Buchstaben ein.

A Vo ____ au ____ etzung
B pro ____ e ____ ionell
C Instan ____
D Ba ____ an ____ e
E ko ____ ump ____ ren
F es ____ al ____ ren
G besi ____ un ____ los
H En ____ rü ____ tung

Prüfungsvorbereitung

Aufgaben:

1) Wechseln Sie in die Metakommunikation und formulieren Sie eine Rückmeldung (Feedback) Lisas über den Gesprächsverlauf am Ende der dargestellten Situation.

2) Nennen Sie eine weitere Stelle, an der Lisa schon in die Metakommunikation hätte wechseln können. Begründen Sie Ihre Entscheidung mit der Gesprächssituation (Eugens Gesprächsverhalten).

Situation

Lisa und Eugen wollen sich eine Wohnung einrichten und erkundigen sich schon mal nach passenden Möbeln. Im Küchenstudio finden sie zwei Küchen für sie sehr geeignet und geschmackvoll. Bei der einen ist Lisa mehr von der Funktionalität begeistert, bei der anderen sieht Eugen den Vorteil, dass sie eine sehr pflegeleichte Oberfläche besitzt.

Im Möbelhaus schauen sie sich Polstergarnituren an. Die ersten sind ihnen zu spießig, bei den weiteren äußert sich Eugen nicht. Lisa findet eine in einem grellen Grünton faszinierend: „Ach, die würde mir gefallen, mal was anderes als diese langweiligen Farben." Eugen legt den Kopf etwas zur Seite, verzieht die Mundwinkel, überlegt.

Im Gardinenstudio werden sie von der Verkäuferin begrüßt. Lisa teilt ihr mit, was sie sich gerne anschauen wollen. Eugen schaut auf das Handy, prüft die Uhrzeit. „Wie gefallen dir diese Vorhänge?", fragt Lisa. „In Ordnung", antwortet Eugen und zieht wieder das Handy aus der Hosentasche, während die Verkäuferin weitere Stoffe präsentiert. „Wir müssen erst noch ein wenig nachdenken. Vielen Dank für Ihre geduldige Beratung", sagt Lisa nach einer Weile zur Verkäuferin.

Als sie wieder auf der Straße sind, fragt Lisa Eugen: „Was ist mit dir los?" „Nichts!", antwortet Eugen. „Was soll schon sein?"

MUSTERLÖSUNG

Rückmeldung (Feedback) – Metakommunikation

(1)

„Eugen, wir waren nun in drei Geschäften, weil wir uns eine gemeinsame Wohnung einrichten wollen. Zwar hatten wir nicht vor, heute unbedingt etwas zu kaufen, aber wir wollten uns doch eingehend erkundigen, was für uns in die nähere Auswahl kommt.

Im Küchenstudio haben uns zwei Küchen gefallen, bei der einen hast du, bei der anderen habe ich größere Vorteile gesehen. Wir haben beide unsere Vorstellungen geäußert.

Im Möbelhaus waren wir uns bei der Ablehnung einiger Garnituren einig. Zu der Polstergarnitur, die mir besonders gefiel, hast du dich nicht geäußert, aber eine eher skeptische oder ablehnende Haltung gezeigt. Du selbst hast nicht gesagt, was dir gefallen könnte.

Im Gardinenstudio hast du zwar zu einem Vorhang deine Zustimmung in zwei Worten gegeben, bei der weiteren Warenpräsentation dich aber mit deinem Handy beschäftigt.

Deshalb habe ich dich gefragt, was mit dir los ist."

← *Der Verlauf des Gesprächs wird von außen betrachtet.*

← *Dabei wird jede Phase des Gesprächs beleuchtet und das jeweilige Gesprächsverhalten beschrieben.*

← *Wertungen werden vermieden, damit der Partner*

- *von sich aus die Chance hat, ein mögliches Fehlverhalten zu erkennen,*
- *nicht von der Sachebene abgelenkt wird,*
- *eine möglichst emotionslose Grundlage hat, auf die Darstellung zu reagieren.*

Prüfungsvorbereitung

(2)

Schon nach dem Besuch im Möbelhaus hätte Lisa in die Metakommunikation wechseln können, da sie sich bisher auf keinen Einrichtungsgegenstand einigen konnten. Während im Küchenstudio noch ein argumentativer Austausch zwischen Lisa und Eugen stattfand, der zwar nicht zu einer Einigung führte, war die Kommunikation am Ende des Besuchs im Möbelhaus gestört. Lisas Ausdruck der Freude wurde von Eugen nur noch nonverbal, und zwar ablehnend, beantwortet. Einigkeit bestand nur in der Ablehnung eines bestimmten Stils. Der gegenseitige Austausch von Wünschen fand nicht mehr statt, sodass das Ziel des ganzen Unternehmens in Frage gestellt war.

← *Begründete Darstellung, wann es zur spürbaren Störung des Gesprächs kommt.*

Kompetenz-Logbuch

Online-Link 803501-0014

- → Insgesamt bewerte ich die Lektion mit folgendem Smiley.
- → Diese mir selbst gesteckten Ziele habe ich erreicht.
- → Dies hat mir Schwierigkeiten bereitet.
- → So habe ich mich beteiligt und in die Gruppe eingebracht.
- → Das will ich noch lernen.
- → Diese konkreten Schritte werde ich dazu unternehmen.

Projekte

1 Konflikte untersuchen

Beschreiben Sie Konfliktsituationen. Bestimmen Sie jeweils, welche Aspekte bei der Entstehung des Konflikts mitgewirkt haben.

- Unterschiedliche Vorstellungen
- Sachzwänge
- Arbeitsabläufe
- Prioritäten
- Unterschiedliche Informationen
- Persönliches Verhalten

2 Checkliste des eigenen Verhaltens

Erstellen Sie eine Checkliste über das persönliche Verhalten in Konfliktsituationen, mit der Sie das eigene Konfliktverhalten überprüfen können.

3 Berichte über Konflikte

Schneiden Sie Artikel einer Tageszeitung an einem bestimmten Tag aus und listen Sie alle dargestellten Konflikte auf. Notieren Sie zu jedem Konflikt, was Sie über das Verhalten der Konfliktparteien und die Ursachen des Konflikts erfahren.

4 Konfliktmanagement

Finden Sie in Fachbüchern und im Internet Möglichkeiten des Konfliktmanagements und stellen Sie zwei Beispiele vor, die sich in einer von Ihnen beschriebenen Situation anwenden lassen.

5 Kriegerische Konflikte

Wählen Sie einen kriegerischen Konflikt in der Gegenwart oder in der Vergangenheit aus.
Recherchieren Sie in Zeitungen, Fachbüchern und im Internet, wie es vom schweren zum kriegerischen Konflikt kam. Untersuchen Sie dabei vor allem das Verhalten der Konfliktparteien und das Verhalten von Einzelpersonen.

6 Konflikte in der Literatur

Suchen Sie (evtl. mit Unterstützung Ihrer Lehrerin/Ihres Lehrers) einen (inneren) Konflikt in einem literarischen Werk und beschreiben Sie diesen unter den in der Einheit gelernten Gesichtspunkten.

15 Wie Sie textgebunden erörtern

Was Sie wissen und was Sie lernen können

„Dieser Zeitschriftenartikel hat mich überzeugt.“

1. Berichten Sie von Situationen, in denen Sie oder andere sich in dieser oder in einer ähnlichen Form geäußert haben.

2. Entscheiden Sie, welche der folgenden Aussagen stimmt.

Vorbereitung textgebundener Erörterungen

1. Es reicht, den Text kurz zu lesen und die Position des Autors zu kennen, bevor man mit dem Schreiben beginnt.
2. Eine Glosse dient vornehmlich der Information der Adressaten.
3. Bei der Vorbereitung der Texterörterung sucht man auch nach eigenen Argumenten.

Aufbau textgebundener Erörterungen

4. In der Einleitung geben Sie die Textquelle an, nennen die Position und Intention des Autors und die Hauptaussage des Textes.
5. Im Hauptteil geben Sie den Text möglichst ausführlich wieder.
6. Im Schlussteil äußern Sie Ihre grundsätzliche Einstellung zum Text.
7. Sprachliche Besonderheiten müssen Sie in textgebundenen Erörterungen nicht erwähnen.

Strategien trickreicher Beeinflussung

8. Es gibt auch trickreiche Mittel, um andere zu beeinflussen.
9. Keine Autorin und kein Autor wird je bewusst trickreiche Mittel anwenden, um die Sympathie der Adressaten zu erwerben.
10. Übertreiben, unterstellen und ausweichen sind Strategien trickreicher Beeinflussung.

3. Vergleichen Sie Ihre Entscheidungen mit der Lösung im Kompetenzregister, S. 259.

4. Markieren Sie im Kompetenz-Logbuch für dieses Kapitel, in welchem Bereich Sie aufgrund der Ergebnisse von Aufgabe 2 Ihre Stärken sehen, und legen Sie Ihre persönlichen Schwerpunkte für den weiteren Lernprozess fest. **Online-Link** 803501-0015

A	B	C
Vorbereitung textgebundener Erörterungen	Aufbau textgebundener Erörterungen	Strategien trickreicher Beeinflussung

BASISKOMPETENZ A

A | B | C

So bereiten Sie Ihre textgebundene Erörterung vor

„Hallo zusammen. Freies Erörtern hat in der letzten Woche gut geklappt, ich habe in der Arbeit eine gute Note bekommen. In der nächsten Stunde fangen wir mit textgebundenen Erörterungen an und ich möchte gerne vorbereitet sein. Gibt es Strategien, Texte richtig zu verstehen?"
(Frage in einem Internetforum)

1 Lesen Sie die Kompetenzbox und beantworten Sie die Anfrage.

KOMPETENZBOX

Textgebunden erörtern

In einer textgebundenen Erörterung setzen Sie sich mit der Position und dem Gedankengang einer Autorin oder eines Autors auseinander und legen begründet dar, ob Sie den Ausführungen zustimmen oder nicht.

Vorarbeit zur textgebundenen Erörterung
Lesen Sie die **Aufgabenstellung** genau und markieren Sie die Schlüsselbegriffe, die ausdrücken, welche Aktivitäten von Ihnen erwartet werden.

1. **Erschließen Sie den Text**, indem Sie ihn unter folgenden Aspekten untersuchen:
   - **Thema und Textsorte**
     - Überfliegen Sie den Text, um einen groben Überblick über das **Thema** zu gewinnen.
     - Teilen Sie den Text in **Sinnabschnitte** ein. Markieren Sie Schlüsselbegriffe (oft Substantive oder Verben). Notieren Sie den Inhalt der Abschnitte jeweils als Überschrift.
     - Bestimmen Sie die **Textsorte**:
       - informativer Text (z. B. Nachricht, Bericht),
       - argumentativer Text (z. B. Kommentar, Rezension),
       - appellativer Text (z. B. Werbeanzeige, politische Rede),
       - normativer Text (z. B. Gesetz, Gebrauchsanweisung).
     - Bestimmen Sie die **Haltung** der Autorin oder des Autors zum Thema und ihre/seine **Intention**.
   - **Argumentationsstruktur**
     (bei argumentativen und appellativen Texten)
     - Welche Thesen werden aufgestellt?
     - Welche Argumente werden angeführt?
     - Gibt es Belege und/oder Beispiele?
     - Zu welchen Schlussfolgerungen kommt die Autorin/der Autor?
   - **Sprache**
     - Unterstreichen Sie sprachliche Besonderheiten (z. B. Aufzählungen, rhetorische Fragen oder abwertende Ausdrücke).

2. Ziehen Sie **für sich eine Schlussfolgerung**: Hat Sie der Text vollständig, in Teilen oder gar nicht überzeugt?

3. Setzen Sie sich **kritisch** mit dem Text auseinander.
   - Halten Sie Ihre Überlegungen zu den Aussagen, die Sie nur teilweise oder gar nicht überzeugen, in einer **Stoffsammlung** fest. Beantworten Sie dabei die Fragen zu folgenden Aspekten:
   - **Logik und Überzeugungskraft**
     - Wie überzeugend sind die Argumente?
     - Wie schlüssig ist die Argumentation?
     - Wie überzeugend sind die Belege? Werden z. B. Daten und Fakten herangezogen oder moralische Gesichtspunkte genannt?
     - Inwieweit passen die angegebenen Beispiele zu den Argumenten?
     - Welche Rolle spielt die Sprache für die Überzeugungskraft?
   - **Auswirkungen**
     Welche Konsequenzen ergeben sich (z. B. für unterschiedliche Bevölkerungsschichten), wenn im Text Gefordertes umgesetzt wird?

2 Ordnen Sie zu, für welchen Teil der Aufgabenstellung Sie diese Aktivitäten ausführen müssen.

Aufgabenstellung	Aktivitäten
1. Geben Sie wieder, wie die Autorin zur Thematik steht. 2. Legen Sie dar, wie sie ihre Aussagen begründet. 3. Setzen Sie sich mit diesen Auffassungen kritisch auseinander.	**A** weitere Argumente aufführen **B** Position der Autorin darlegen **C** Argumentation darstellen **D** prüfen, ob Argumentation logisch ist **E** Thema herausfinden **F** prüfen, ob Belege überzeugen

3 Lesen Sie den Text von Iris Radisch. Notieren Sie in einem Satz das Thema des Textes.

Iris Radisch

Echt Natur

Die erste modelfreie „Brigitte" und die neue Schönheit
Ab sofort lässt die „Brigitte" ihre Mode von Laien statt von dünnen Profi-Models präsentieren

Es ist eine seit Monaten erwartete kleine Revolution – die erste ernst zu nehmende Frauenzeitschrift der Welt ist modelfrei. In der Brigitte werden die taillenbetonten Blusenkleider und die ärmellosen Tops im Batik-Look künftig nicht mehr von den gelernten Berufsschönheiten, sondern, wie im neuen Januarheft zu sehen, von Lehrerinnen, Restaurantbesitzerinnen und Verkäuferinnen präsentiert. Warum nur?

Entweder ist die gute alte Brigitte in Nöten und kann sich die teuren Damen des professionellen Gewerbes nicht mehr leisten, oder die Vorstellung darüber, was eine schöne Frau ist, befindet sich im Augenblick im freien Fall. Beides mag zutreffen, doch die Neudefinition weiblicher Schönheit ist die weitaus interessantere Nachricht. Das klassische Schönheitsideal der Makellosigkeit, das in seiner aktuellen Turbovariante nur noch mit allerhöchstem anthropotechnischem[1] Aufwand herzustellen ist, weicht, glaubt man der beliebten Frauenzeitschrift, neuer naturkindhafter Authentizität.

Doch wie vertragen sich naturtrübe Schönheiten wie du und ich mit einer Zeitschrift, deren Geschäftsgrundlage die Produktion immer neuer textilindustrieller Besitzwünsche ist? Offenbar in etwa so wie ein Echtholzarmaturenbrett und ein Porsche Cayenne. Also erstaunlich gut. Wir reiben uns die Augen und betrachten gerührt den Faltenwurf, der sich wie ein weitverzweigtes Flussdelta auf dem Gesicht der isländischen Songschreiberin Didda Jónsdóttir, 45, ausbreitet, die in der neuen Brigitte auf sieben Seiten barfuß am steinigen isländischen Meeresstrand Abendgarderobe präsentiert. Und bewundern Giuseppina Minopoli, 21, aus Italien, die unter dem knallroten Chiffonkleid den süßen Embonpoint[2] keck hervorstreckt.

Irgendwie schön, auch schön dünn sind die meisten dieser Naturmodelle immer noch. Nur sind sie im Unterschied zu den göttlichen Kleiderständern von früher jetzt mit Fettgewebe, Falten und Berufsangabe versehen. Der alte, in die Jahre gekommene Illusionismus der edlen Fleisch- und Leblosigkeit wird ersetzt durch die neue Illusion des Echten und Ungezwungenen. Das ist, zugegeben, ein deutscher Sonderweg, der die Anhänger klassischer formvollendeter Eleganz an die Verdrängung des Korsetts durch das labbernde deutsche Reformkleid erinnern mag.

Die neue Natürlichkeitsästhetik – obgleich genauso am Reißbrett entworfen wie die alte Perfektionsästhetik – ist durch derartige Einwände nicht aufzuhalten. Angefangen beim kometenhaften Erfolg des Magazins „Landlust" bis zu den Strohballen in den Auslagen New Yorker Edelboutiquen, widerfährt dem scheinbar Echten auf dem Höhepunkt seiner rückstandsfreien Simulation eine breite Renaissance. Man will sie zurück: die nette alte Tante Wirklichkeit. So langweilig und schlecht angezogen sie auch aussieht, hofft man wieder auf ihr menschenfreundliches Innenleben.

DIE ZEIT, 07.02.2010

1 anthropotechnisch = auf menschliche Eigenschaften, Möglichkeiten und Bedürfnisse abgestimmte angewendete technische Verfahren
2 Embonpoint = veralteter Ausdruck für Wohlbeleibtheit

4 **a)** Ordnen Sie Textsorte und Absicht einander passend zu.

Textsorte	Absicht
A appellativer Text **B** normativer Text **C** informativer Text **D** argumentativer Text	1. Sachverhalt wird möglichst objektiv dargestellt. 2. Leser wird mit einer begründeten Meinung konfrontiert. 3. Leser wird zu einer bestimmten Verhaltensweise aufgefordert. 4. Gewünschte oder notwendige Handlungen werden dargelegt.

b) Nennen Sie die Textsorte des obigen Textes.

BASISKOMPETENZ A

5 Notieren Sie jeweils die Zeile oder Zeilen, in denen die folgenden Strukturelemente zu finden sind.

Gründe für Kampagne der „Brigitte"
Beispiele für die neue Natürlichkeitsästhetik
Schlussfolgerung
Exemplarische Beschreibung von Amateurmodels
Thema
Einleitung
Kritische Einschätzung der Kampagne
Titel

6 Erläutern Sie die folgenden sprachlichen Auffälligkeiten des Textes.

A „naturtrübe Schönheiten" (Z. 20)
B „wie ein Echtholzarmaturenbrett und ein Porsche Cayenne" (Z. 23 f.)
C „den Faltenwurf, der sich wie ein weitverzweigtes Flussdelta [...] ausbreitet." (Z. 26 ff.)
D „den göttlichen Kleiderständern von früher" (Z. 36)
E „Der alte, in die Jahre gekommene Illusionismus der edlen Fleisch- und Leblosigkeit" (Z. 38 f.)
F „die neue Illusion des Echten und Ungezwungenen" (Z. 39 f.)
G „die nette alte Tante Wirklichkeit" (Z. 53)

7 Legen Sie dar, ob der Text Sie vollständig, teilweise oder gar nicht überzeugt hat.

8 Erläutern Sie die Wirkung der Glosse „Sicherheit im Stadion" von Andreas Rebers.

Andreas Rebers
Sicherheit im Stadion

Ich beobachte in den letzten Jahren, dass überall in unserer Gesellschaft das Thema „Sicherheit" immer stärker in den Mittelpunkt rückt. Ob es die Sicherheit am Arbeitsplatz ist, im alltäglichen Leben oder im Sport. [...]

Wir müssen mit allem rechnen. Ich gehe nicht mehr ohne Lawinenpieper in die U-Bahn, und zum Einkaufen nehme ich mittlerweile grundsätzlich einen Verbandskasten und Impfstoff gegen die Schweinegrippe mit.

Auch der Sport ist nicht mehr das, was er mal war. Früher hatte man einfach nur Turnzeug in einem Turnbeutel, und damit ging's zum Schulsport, zum Schwimmen, zum Fußball, fertig. Damals war Adidas die Marke mit den drei Streifen. Heute klingt die Produktpalette wie das Sicherheitskonzept für den bevorstehenden Krieg der Sterne. Höhepunkt des Auf- oder auch Ausrüstungswahns ist die unaufhaltsame Ausbreitung des Helms. Kinder, Frauen, Männer – für jeden Lebensbereich gibt es den passenden Helm. Zum Skifahren, zum Kajakfahren, zum Schlittschuhlaufen und zum Fahrradfahren. In meiner Familie sind gegenwärtig 26 verschiedene Helme im Einsatz. Und als ich neulich mit meinem Sohn zum Fußball gehen wollte, sagte meine Frau: „Setzt euch bitte die Helme auf. Nur zur Vorsicht!" [...] „Stell dir mal vor, du bekommst einen Ball an den Kopf!"

Als mein Sohn und ich die Integralhelme aufsetzten, fiel mir ein, dass Roberto Carlos mit 155 km/h inoffiziell den härtesten Schuss der Welt hat. Damit wäre er auf den Schweizer Autobahnen seinen Führerschein los. Und wenn du so einen Knaller vor die Rübe kriegst, dann ist erst mal Mittagsschlaf angesagt.

Na okay, sicher ist sicher. Auf dem Bolzplatz waren wir natürlich die totalen Honks[1], doch das muss man aushalten, wenn man Vorbild sein will. Beim Skifahren war's am Anfang genauso, keiner wollte. Und jetzt, wo die Profis alle Helm tragen, tragen auch die Normalos welche.

Ich denke, dass der Profifußball mittelfristig gefordert ist. Gerade Hammerschützen wie Naldo stellen eine potenzielle Gefahrenquelle dar, die eine zukünftige Helmpflicht im Stadion rechtfertigen könnte. Bisher hat die Prophylaxe im Fußball keine Rolle gespielt, aber das muss sich im Zuge der Verhelmisierung der Zivilgesellschaft einfach ändern. Und wenn wir schon dabei sind, die Sicherheitsstandards auf dem Rasen anzuheben, plädiere ich, wie meine Frau, für Leuchtwesten, die über dem Trikot getragen werden. Die eine Mannschaft rote, die andere gelbe. Es sieht zwar bescheuert aus, aber ist einfach sicherer.

Aus: kicker, 30.11.2009, S. 87

1 Honk = umgangssprachlich für einen Menschen, der sich nicht besonders klug anstellt

KOMPETENZBOX

Glosse

Die Glosse ist eine witzige Form des Kommentars. Der Verfasser macht seine eigene Meinung deutlich und stellt sie in den Mittelpunkt seines Textes.
Besonderes Merkmal: überspitzte und amüsante Darstellung eines Sachverhalts, Problems oder einer These.
Oft mit starkem Einsatz von „Ironie": Es wird das Gegenteil von dem gesagt, was gemeint ist.

A | **B** | C

So bauen Sie Ihre textgebundene Erörterung auf

„Hallo. Ich verstehe jetzt die Aufgabenstellungen und kann auch gut die Texte erschließen. Ich bin mir aber unsicher, wie ich eine textgebundene Erörterung aufbaue. Könnt ihr mir helfen?" (Anfrage aus dem Internet)

1 Lesen Sie die Kompetenzbox und beantworten Sie die Anfrage in eigenen Worten.

KOMPETENZBOX

Aufbau einer textgebundenen Erörterung

A Einleitung

1. Stellen Sie den Text vor: Titel, Autor/Autorin, Erscheinungsort und -zeit, Textsorte und Thema.

2. Geben Sie in einem Satz die Hauptaussage des Textes in eigenen Worten wieder, in dem Sie die Position der Autorin/des Autors und ihre/seine Intention darlegen.

B Hauptteil

1. Geben Sie den **Text strukturiert wieder**, benennen Sie also die Funktion der wiedergegebenen Aussagen (z. B. Argument, Gegenargument, Forderung), sodass der Aufbau des Textes zum Ausdruck kommt.

   BEISPIEL:
   Als wichtigstes Argument stellt er heraus, dass …
   Als Grund führt sie an, dass …

   Benutzen Sie die indirekte Rede, um Aussagen der Autorin oder des Autors wiederzugeben, und machen Sie immer deutlich, wer spricht.

2. Stellen Sie die Ergebnisse Ihrer **kritischen Auseinandersetzung** mit dem Text dar, indem Sie
   - Argumente, denen Sie zustimmen, mit eigenen Belegen oder Beispielen versehen,
   - zu Argumenten, denen Sie nicht zustimmen, ein Gegenargument entwickeln,
   - Argumenten, denen Sie nur teilweise zustimmen, Ihre differenzierte Meinung entgegensetzen,
   - eine eventuell unschlüssige Argumentation nachweisen,
   - die Eignung von Belegen oder Beispielen gegebenenfalls in Zweifel ziehen,
   - fehlende Argumente ergänzen,
   - Auswirkungen von Forderungen kritisch hinterfragen,
   - dabei sprachliche Besonderheiten erwähnen, die die Argumentation beeinflussen.

C Schluss

1. Äußern Sie Ihre grundsätzliche Einstellung zum Text (ablehnende oder befürwortende Haltung).

2. Zudem können Sie an den Leser appellieren oder einen Ausblick leisten.

Reflexion

Prüfen und verbessern Sie:
- Sprachliche Richtigkeit (Rechtschreibung, Zeichensetzung und Grammatik)
- Sachliche Stimmigkeit
- Aufbau und Kohärenz (Inhalt logisch verknüpft?)

Vergleichen Sie Ihren Text mit anderen Erörterungen und nehmen Sie nötige Änderungen vor.

2 **a)** Lesen Sie die folgenden zwei Einleitungen von Erörterungen des Textes „Echt Natur" von Iris Radisch (siehe S. 185).

b) Legen Sie dar, welche Version Ihrer Meinung nach geeignet ist.

A Die Präsentation von Kleidungsstücken durch professionelle und sehr dünne Models mit starken Auswirkungen besonders auf junge Frauen ist immer wieder Gegenstand von Diskussionen. Die Journalistin Iris Radisch beschäftigt sich in ihrem argumentativen Text „Echt Natur" aus der Wochenzeitung DIE ZEIT vom 07.01.2010 mit einer Reaktion der Frauenzeitschrift „Brigitte" auf diese Diskussionen. Die Zeitschrift zeigt ab diesem Jahr keine professionellen Models mehr und wird von der Autorin als Vertreterin einer neuen Welle von Naturästhetik dargestellt.

B Immer wieder wird in Deutschland diskutiert, warum Models so dünn sein müssen. Iris Radisch betont in ihrem interessanten Kommentar „Echt Natur" die Verbesserungen, die sich aus der neuen Kampagne „Brigitte ohne Models" ergeben. Zu Recht ist sie der Meinung, dass künstliche Frauen langweilig und echte Frauen viel spannender sind.

3 Entscheiden Sie, welche Sätze in einer strukturierten Inhaltswiedergabe des Textes auf S. 185 stehen könnten.

A Frau Radisch ist neidisch auf die perfekten Models.

B Die Verfasserin begründet ihre Aussage, dass Natürlichkeit nicht nur in der Frauenzeitschrift „Brigitte" wieder sehr gefragt sei, mit dem großen Erfolg des Magazins „Landlust" und dem Platzieren von Heuballen in teuren Modegeschäften in New York.

C Die meisten Amateurmodels sind aber auch dünn.

D Die Autorin hinterfragt die Motive der „Brigitte", in ihrer Zeitschrift keine professionellen Models mehr zu zeigen, indem sie mögliche finanzielle Gründe in den Raum stellt.

E Es ist herauszustellen, dass der alte, in die Jahre gekommene Illusionismus der edlen Fleisch- und Leblosigkeit durch die neue Illusion des Echten und Ungezwungenen ersetzt wird. Das ist aber ein deutscher Sonderweg, der die Anhänger klassischer formvollendeter Eleganz daran erinnern könnte, wie das Korsett durch das labbernde deutsche Reformkleid verdrängt wurde.

4 Nennen Sie die kritischen Bemerkungen aus einer Erörterung des Textes auf S. 185, denen Sie zustimmen können. Begründen Sie Ihre Wahl.

A Grundsätzlich widerspreche ich der Autorin Frau Radisch, da meiner Meinung nach die angeführten Beispiele nicht ausreichen, um davon zu sprechen, dass die „neue Natürlichkeitsästhetik [...] nicht aufzuhalten" sei. Cover von Modemagazinen wie „Vogue" oder von Frauenzeitschriften wie „Cosmopolitan" zeigen immer noch professionelle Models. Zudem spricht der Erfolg von Castingshows wie „Germany's Next Topmodel" und das Aussehen der Siegerinnen dagegen.

B Frau Radisch stellt in ihrem Artikel die Kampagne „Brigitte ohne Models" viel zu unkritisch dar, da es sich um einen Marketingtrick handelt, der die Zielgruppe der Zeitschrift, eher gebildete Frauen ab 25, davon überzeugen soll, dass „Brigitte" – anders als Modemagazine – ein natürliches Frauenbild zeigt. Die zahlreichen Diätvorschläge in dem Heft beweisen aber, dass die Kampagne nur aufgesetzt ist.

C Meiner Meinung nach ist die Kampagne der „Brigitte" sinnlos. Ich möchte Fotos von schönen Menschen in schöner Kleidung sehen. Mir ist es egal, ob diese schönen Menschen nur davon leben, sich als Models zu präsentieren, oder noch einen anderen Beruf haben.

D Ich stimme der Autorin Iris Radisch zu, dass Fotos von natürlich schönen Frauen in tollen Kleidern sehr attraktiv sein können. Ich denke aber, auch diese Kampagne wird nicht dauerhaft verhindern, dass neue Mode von sehr dünnen Models, ob auf professionellem oder amateurhaftem Niveau, präsentiert wird, da Kleider am besten fallen, wenn sie von sehr dünnen Frauen getragen werden. Somit werden Medien weiterhin die Botschaft transportieren, dass Mädchen, die schön sein wollen, dünn sein müssen.

5 Geben Sie wieder, wie der Autor Andreas Rebers in seinem Text „Sicherheit im Stadion" (siehe S. 186) die Bedeutung des Themas Sicherheit in unserer Gesellschaft darlegt und welche Forderungen er stellt. Setzen Sie sich anschließend mit seiner Auffassung kritisch auseinander.

A | B | C

So durchschauen Sie Strategien trickreicher Beeinflussung

1 Lesen Sie die Kompetenzbox.

KOMPETENZBOX

Mittel trickreicher Beeinflussung

Mittel zur trickreichen Beeinflussung werden eingesetzt, um die Adressaten für sich zu gewinnen und das eigene Anliegen auf jeden Fall durchzusetzen. Es gilt der Grundsatz: Je mehr Sympathie bei den Adressaten geweckt wird, desto wirkungsvoller die Aussage.

Trickreiche Mittel sind z. B.:
- Appellieren und emotionalisieren („... wir müssen unsere Kinder schützen, die hilflos ...")
- Verbrüdern („Freunde, wir sind doch alle ...")
- Übertreiben („Die richtigen Gamer würden doch auch noch im Grab zocken.")
- Unterstellen („Es ist doch offensichtlich, dass die Hersteller alle negativen Auswirkungen nur deshalb leugnen, weil sie mit den Süchtigen viel Geld verdienen.")
- Verwirren („Zwischen diesen beiden Aspekten besteht anscheinend, oder vielmehr scheinbar, denn dies wird nur vorgegaukelt, quasi wie in einem Maskenspiel vorgespielt, wie ein Mummenschanz, in dem ...")
- Ausweichen („Dies ist unbestritten ein ernstzunehmendes Problem. Aber ist es nicht auch so, dass es viel wichtiger ist, wenn ...")
- Veranschaulichen, z. B. durch Vermenschlichen („Das Gehirn ist wie ein Sportler, der jeden Tag intensiv trainieren muss, um Spitzenleistungen zu bringen.")
- Lächerlich machen, z. B. durch den Einsatz von Ironie („Natürlich wollen die Hersteller der Computerspiele kein Geld verdienen.")

2 **a)** Lesen Sie den folgenden Text und erklären Sie, ob Sie der Aussage von Hamid zustimmen können.

Hamid: „Diese ganz und gar sinnlose Forderung, dass auf allen Autobahnen ein generelles Tempolimit von 100 Stundenkilometern gelten soll, vertreten nur spießige Moralapostel, die uns alles verbieten wollen, was uns ein wenig Spaß macht. Die rasen wahrscheinlich selber wie die Weltmeister, fordern aber ein generelles Tempolimit, um ihre besorgten Wähler zu beruhigen, weil es wirklich sehr hilft, gefährliche Verkehrsunfälle zu vermeiden, wenn wir nachts auf der leeren Autobahn langsam fahren. Es ist sicher wichtig, Unfälle zu verhindern, aber wir müssen doch auch daran denken, dass wir unsere Rechte als freie Bürger verteidigen. Wir müssen uns dagegen wehren, dass unsere Freiheit durch den Gesetzgeber eingeschränkt wird."

b) Lesen Sie das folgende Muster.

MUSTER

Hamid bemüht sich in seiner Aussage, eine Verbrüderung mit den Adressaten herzustellen, indem er das Personalpronomen „wir" (z. B. Z. 9, 11) oft nutzt. Zudem übertreibt er an einigen Stellen, z. B. mit den Formulierungen „ganz und gar sinnlose Forderung" (Z. 1) oder „wie die Weltmeister"(Z. 6). Die Vertreter des Tempolimits macht er außerdem lächerlich, indem er ihre Einstellung mit einer ironischen Wendung verhöhnt (z. B. in Z. 8 f.: „weil es wirklich sehr hilft, gefährliche Verkehrsunfälle zu vermeiden, wenn wir nachts auf der leeren Autobahn langsam fahren").

c) Nennen Sie einen weiteren Beleg für mindestens eines der angeführten Mittel der trickreichen Beeinflussung.

d) Geben Sie weitere Mittel der Beeinflussung an, die Hamid in seiner Aussage anwendet. Nutzen Sie die Kompetenzbox.

Sprachliche Übungen

1 **a)** Schreiben Sie die Sätze ab und setzen Sie in die Lücken „dass“ oder „das“ korrekt ein.

b) Begründen Sie Ihre Entscheidung.

A Der Autor stützt seine Behauptung auf eine Vielzahl von Argumenten. Er schreibt z. B., ______ besonders an Wochenenden viele junge Menschen durch Verkehrsunfälle stürben, die sie selbst verursachten. ______ liege in seinen Augen an drei Faktoren.

B Er schreibt zudem, ______ ______ Risiko meistens von jungen Männern ausgehe, etwa 1/3 von ihnen gehe ______ erhöhte Risiko ein, einen Verkehrsunfall aufgrund der drei Faktoren zu verursachen.

C Die Zeitspanne zwischen 18 und 25 sei ______ Alter, ______ für Autofahrer die größte Gefahr darstelle.

D Am Ende des Artikels bemerkt der Autor, ______ 2/3 aller betrunkenen Fahrer der Altersstufe zwischen 18 und 35 Jahren angehörten.

E Er belegt mit Statistiken, ______ „im Jahr 1992 knapp 30 000 alkoholisierte Unfallfahrer ermittelt wurden“, von denen „20 000 unter 35 Jahren alt waren“.

2 **a)** Notieren Sie die folgenden Sätze in der richtigen Groß- und Kleinschreibung.

b) Begründen Sie bei den fett gedruckten Wörtern die jeweilige Schreibung.

A **zu beginn** des **textes** beschreibt er **beispielsweise** eine situation, in der ein 19-jähriger durch **mangelnde erfahrung** und zu **schnelles fahren** einen verkehrsunfall verursacht, bei dem er selbst umkommt.

B durch das **einarbeiten** von **aussagen** wie „die fachleute fanden noch mehr heraus“ bezieht er sich auf autoritäten, deren allgemein **anerkannte thesen** zu dem behandelten thema ein **erhöhen** der glaubwürdigkeit bewirken.

C die **klare struktur** und die vielseitigen beispiele aus dem alltag dienen der **guten verständlichkeit** des textes und machen den artikel übersichtlich.

D die warnungen vor den risiken infolge von zu schnellem fahren von **jungen menschen** sollten von warnungen vor den gefahren durch die mangelhafte konzentrationsfähigkeit **älterer fahrer** begleitet werden.

3 Schreiben Sie die unterstrichenen Wörter, die falsch geschrieben sind, korrekt.

Der Text schildert zunächst einen eher eintönigen Verlauf einer Woche. Ein älterer Mann steht jeden morgen um 6:00 Uhr auf. Er duscht täglich fünf Minuten, putzt anschließend drei Minuten seine Zähne, isst ein Käsebrot, trinkt einen Kaffee und geht zur Arbeit. Für den Weg zur Arbeit benutzt er morgens die Straßenbahn, am abend geht er aber manchmal zu Fuß. Er besucht montags abends die Sauna. Am mittwoch macht er eine kürzere mittagspause, geht dafür jedoch früher nach Hause. Samstags holt er in aller frühe zwei Brötchen, von denen er eins am morgen, das andere im Laufe des vormittags verzehrt. Er isst jeden samstagmittag eine große Portion Eintopf, eine kleinere wärmt er sich später am abend auf. Einen längeren Schlaf gönnt er sich sonntags. Mit einem Glas Wein lässt er die woche sonntagabends ausklingen.

4 Notieren Sie aus dem Text die Sätze, in denen Sie ein Komma setzen müssen.

Der Verfasser Sebastian S. genannt schildert seine Einstellung zum Heiraten anhand eines Beispiels aus seinem Bekanntenkreis. Sein bester Freund ein gut aussehender Mann hatte seiner Freundin Birte einer Dänin einen Heiratsantrag gemacht. Deren alter Vater war gegen die Hochzeit. Der Alte hielt seinen potenziellen Schwiegersohn für untreu und unzuverlässig. Er nannte ihn ständig Erik der Untreue oder Erik der Unzuverlässige. Der alte Mann kündigte sein Fernbleiben von der Hochzeitsfeier an. Daraufhin nahm Birte Erik ihrem Angebeteten ein Versprechen ab: Er sollte ihren Vater von seiner Treue und Zuverlässigkeit überzeugen. Dann erst könnte sie ihn heiraten. Erik dachte lange nach. Der Plan gab Eriks Nachbarin Heidi einer langbeinigen Schönheit die Rolle der Nebenbuhlerin. Erik wollte mit ihrer Hilfe Birtes skeptischem Vater seine Treue und Zuverlässigkeit beweisen. Sie sollte ihm beobachtet vom Vater der schönen Birte erfolglos schöne Augen machen.

Prüfungsvorbereitung

Aufgabe:
Geben Sie wieder, wie der Autor Alfred Neven DuMont die Situation von Tageszeitungen in Deutschland schildert und welche Begründungen er für diese Situation angibt. Setzen Sie sich anschließend mit seinen Auffassungen kritisch auseinander.

Eine untätige Politik bedroht die Zeitung
Von Alfred Neven DuMont

Geht nach der weltbewegenden Erfindung des Buchdrucks von Johannes Gutenberg im Jahre 1450 ein die Kultur Europas prägendes Zeitalter zu Ende? Die deutschen Tageszeitungen haben in den letzten zehn Jahren im Durchschnitt einen Auflagenverlust von nahezu 20 Prozent ihres damaligen Bestandes hinnehmen müssen, von den Boulevard-Zeitungen weit übertroffen. Die Tendenz geht weiter. Die Anzeigenentwicklung allein der Abonnementzeitungen mit einer Auflage von über 200 000 Exemplaren erreichte übers Jahr einen Rückgang von rund 20 Prozent.

Die zum Teil dramatische Zeitungskrise in der westlichen Welt, die vor allem in Amerika wie ein Orkan gewütet hat, wurde hervorgerufen durch die Jugend, die sich der Elektronik zugewandt hat und sich vom gedruckten Wort abwendet. Überlappend dazu hat die Finanzkrise im ausgehenden Jahr 2008 und in 2009 der Zeitungsbranche weltweit hart zugesetzt. In allen Staaten der westlichen Welt agierten die Repräsentanten des Staates, der Medien, der jeweiligen Industriezweige und der Banken von den jeweiligen Tatsachen ausgehend, der Vernunft folgend. Sie stehen den notwendigen Einsparungen oder Unterstützungen mit Verständnis gegenüber. So auch in Deutschland. Aber was ist mit unserer Zeitungswelt?

Gibt es einen Politiker, der in den letzten Jahren ein einziges Wort darüber verloren hat, dass er besorgt sei um den künftigen Lebensraum der deutschen Tageszeitungen? Antwort: Nicht bekannt, von unverbindlichen Sonntagsreden abgesehen. Das alleine spricht Bände. Nachdem die Anstalten des öffentlichen Rechts gebändigt sind, ist – bis auf gelegentliche Ausrutscher der Wochenzeitungen – nur noch von den Tageszeitungen eine ernsthafte kritische Haltung zu befürchten.

www.fr-online.de, abgerufen am 11.12.2009

MUSTERLÖSUNG

Texterörterung

Die Frage, ob Zeitungen eine Zukunft haben, wird besonders seit dem Boom des Internets in den neunziger Jahren des letzten Jahrhunderts intensiv diskutiert. Festzustellen ist, dass besonders Tageszeitungen an Umsätzen verloren haben.
← Einleitung
← Thema

Auch Alfred Neven DuMont weist in seinem Kommentar „Eine untätige Politik bedroht die Zeitung", abgerufen am 11.12.2009 auf www.fr-online.de, darauf hin, dass die Tageszeitungen in einer Krise sind. Hierbei vertritt der Autor die Meinung, dass der Staat die Verlage unterstützen sollte, sodass diese weiterhin Tageszeitungen veröffentlichen können.
← Quellenangabe, Autor
← Position des Autors

Der Autor unterstreicht zunächst den Stellenwert des Mediums, indem er es in seiner einleitenden Frage mit dem Verweis auf die Erfindung des Buchdrucks und dessen Bedeutung in den historischen Kontext einordnet.
← Strukturierte Textwiedergabe

Anschließend belegt er seine These einer Zeitungskrise in Deutschland mit den Faktenargumenten der sinkenden Verkaufszahlen (Z. 3 – 8).
Weiterhin gibt er zwei Begründungen für die von ihm postulierte Zeitungskrise an. Zum einen nennt er die Abkehr vom gedruckten Wort der jungen Menschen, zum anderen die Finanzkrise der beiden letzten Jahre, in welcher in seinen Augen die Zeitungsverlage von der Politik nicht die notwendige Unterstützung erhalten hätten. Schließlich deutet er als möglichen Grund für die mangelnde politische Unterstützung der Tageszeitungen an, dass diese als einziges Medium eine kritische Haltung hätten.

Prüfungsvorbereitung

Alfred Neven DuMont will mit seinem Text die gesellschaftliche Bedeutung der Zeitungsverlage herausstellen und die Politiker auffordern, diesen mit staatlicher Unterstützung durch die „dramatische Zeitungskrise" (Z. 12) zu helfen. ← *Intention*

Bei der kritischen Würdigung der im Text erkannten Argumentation stelle ich zunächst fest, dass der Autor seine These, die Zeitung stecke in einer Krise, mit Datenmaterial stichhaltig belegt, aber durch seine Wortwahl die Situation auch stark dramatisiert (Z. 12: „dramatische Zeitungskrise", Z. 16 f.: „die Finanzkrise [hat] im ausgehenden Jahr 2008 und in 2009 der Zeitungsbranche weltweit hart zugesetzt"). ← *Kritische Auseinandersetzung*

Besonders anschaulich ist hierbei der Vergleich in Zeile 13 f., dass die Krise „wie ein Orkan gewütet" habe. Die Aussage in Zeile 27 f., dass kein Politiker „besorgt sei um den künftigen Lebensraum der deutschen Tageszeitungen", setzt diese Medien mit Lebewesen gleich und verdeutlicht deren bedrohte Stellung. Als Kontrast hierzu dient die Formulierung „von unverbindlichen Sonntagsreden abgesehen", welche den verantwortlichen Politikern mangelnde Aktivität vorwirft (Z. 29 f.). ← *Sprachliche Besonderheiten*

Gegen seine Versuche, die Gründe für diese Krise darzulegen, ist allerdings einzuwenden, dass der Verfasser es sich zu leicht macht, wenn er den jungen Menschen die Schuld für die Entwicklung gibt. Denn zum einen sind die Auflagenverluste der Tageszeitungen auch durch die geringeren Verkäufe in älteren Zielgruppen zu erklären, die sich auch anderen Medien zuwenden. ← *1. Gegenargument*

Zum anderen setzt er sich nicht mit den Gründen auseinander, warum sich gerade „die Jugend [...] der Elektronik zugewandt hat und sich vom gedruckten Wort abwendet." Es ist zu hinterfragen, ob nicht auch die Angebote, die die Tageszeitungen jungen Leuten machen, diese zu wenig zum Kaufen und Lesen von Tageszeitungen motivieren. Beispielsweise beklagen Jugendliche in Befragungen, die sich mit der Leseunlust junger Menschen beschäftigen, oft, dass ihre Interessensgebiete in Zeitungen kaum thematisiert würden. ← *Beispiele* Zudem bedingt die viel schnellere Verbreitung von Informationen über das Internet, dass Printausgaben von Tageszeitungen sich anpassen sollten, indem sie stärker die Darstellung der Hintergründe von Nachrichten in ihren Fokus rücken. ← *Forderung* Diese Umstellung ist bei den deutschen Tageszeitungen nach Meinung von Medienexperten noch nicht abgeschlossen. Als Konsequenz verlieren Tageszeitungen an Attraktivität und Umsatz.

Zur zweiten Begründung, dass die Zeitungskrise ein Resultat der Finanzkrise der letzten beiden Jahre sei, ist anzumerken, dass die Krise der Tageszeitungen ein schon länger als zwei Jahre andauerndes Phänomen darstellt. ← *2. Gegenargument*

Letztlich zielt auch die Forderung Neven DuMonts, dass die Politik die Zeitungsverlage stärker unterstützen sollte, in die falsche Richtung. Der Staat sollte sich in der Finanzkrise darauf konzentrieren, sogenannte systemrelevante Unternehmen wie beispielsweise verschiedene Banken zu stützen, da sonst das gesamte Wirtschaftssystem in Gefahr geraten könnte. Sollte ein Zeitungsverlag dieses Kriterium erfüllen, sollte er die notwendige Unterstützung erhalten, sonst nicht. ← *3. Gegenargument*

Hinzuzufügen ist, dass die Andeutung nicht überzeugt, nur Tageszeitungen zeigten eine kritische Haltung. Heutzutage gehen beispielsweise Internetblogs oft viel kritischer mit der Politik um als Tageszeitungen. ← *4. Gegenargument*

Den Ausführungen des Autors kann ich somit nur teilweise zustimmen, weil er seine These einer Zeitungskrise zwar überzeugend belegt, aber bei der Ursachenforschung nicht konkret genug wird. Er fordert mehr staatliche Hilfe, anstatt sich damit ← *Fazit: Textbewertung*

Prüfungsvorbereitung

auseinanderzusetzen, was die einzelnen Tageszeitungen unternehmen können, um ihre Verkaufszahlen gerade bei den jungen Leuten zu erhöhen.
Die Zeitungsverlage sollten sich auf die veränderten Marktbedingungen einstellen und ihr Angebot für ihre Kunden attraktiver gestalten. Dann wird staatliche Unterstützung nicht nötig sein.

← *Appell*

Kompetenz-Logbuch

Online-Link 803501-0015

- Insgesamt bewerte ich die Lektion mit folgendem Smiley.
- Diese mir selbst gesteckten Ziele habe ich erreicht.
- Dies hat mir Schwierigkeiten bereitet.
- So habe ich mich beteiligt und in die Gruppe eingebracht.
- Das will ich noch lernen.
- Diese konkreten Schritte werde ich dazu unternehmen.

Projekte

1 Glossenmappe

Wählen Sie ein gemeinsames aktuelles oder anderweitig interessantes Thema. Erstellen Sie eine Glossenmappe: Finden Sie Glossen aus unterschiedlichen Quellen (Tageszeitung, Wochenzeitungen, Magazine, Blogs usw.), die sich mit diesem Thema auseinandersetzen. Vergleichen Sie die Texte.

2 „Unhöflichkeitsbarometer" für Glossen

Entwickeln Sie ein „Unhöflichkeitsbarometer" für Glossen, das auf einer Skala von eins bis zehn aufzeigt, welche Merkmale eine Glosse aufweisen muss, damit sie besonders mild (eins) oder besonders provokant (zehn) wirkt. Bewerten Sie verschiedene Glossen nach dieser Skala.

3 Glosse schreiben

Suchen Sie sich ein aktuelles Thema. Verfassen Sie eine sehr milde und eine sehr provokante Glosse zu diesem Thema.
Gestalten Sie mit Ihren Glossen eine Lesestunde und lassen Sie Ihre Ergebnisse prämieren.

4 Gemeinschaftswerk

Schreiben Sie gemeinschaftlich eine Texterörterung: Verständigen Sie sich zunächst auf einen Text. Bearbeiten Sie den Text in Einzelarbeit. Finden Sie sich in Gruppen zusammen. Beginnen Sie mit der gemeinsamen Erörterung. Geben Sie nach fünf Minuten Ihre Erörterung an Ihren Nachbarn/Ihre Nachbarin und nehmen Sie die Erörterung Ihres anderen Nachbarn/Ihrer anderen Nachbarin entgegen. Dann haben Sie zehn Minuten Zeit: Lesen Sie den fremden Text und führen Sie ihn mit Ihren eigenen Gedanken fort. Anschließend wiederholen Sie das Vorgehen mit jeweils höheren Zeitvorgaben, bis Sie wieder die Erörterung in den Händen halten, die Sie begonnen haben. Lesen Sie die gemeinsam erstellten Erörterungen vor.

16 Wie Sie appellierende Texte analysieren

Was Sie wissen und was Sie lernen können

„Wir können nicht ohne Werbung leben!“

1. Erläutern Sie, was mit dieser Behauptung gemeint sein könnte.

2. Entscheiden Sie, welche der folgenden Aussagen richtig, welche falsch sind.

Funktionen von Sachtexten
1. Sachtexte enthalten ausschließlich Informationen.
2. Sachtexte sind objektiv geschrieben.
3. In normierenden Texten finden sich Regeln.
4. Appellative Texte sind beispielsweise Gesetzestexte.

Vorbereitung der Analyse von Werbeanzeigen
5. In Werbeanzeigen werden Bedürfnisse angesprochen.
6. Bei der Vorbereitung einer Analyse genügt es, die sprachlichen Mittel zu untersuchen.
7. Produkt- und Imagewerbung lassen sich nicht unterscheiden.
8. Bei einer Werbeanalyse müssen Sie untersuchen, welche Zielgruppe angesprochen wird.

Schriftliche Analyse von Werbeanzeigen
9. In der Einleitung stellen Sie die Werbeanzeige vor.
10. Im Hauptteil analysieren Sie nur den Inhalt der Werbeanzeige.
11. Jede Werbung ist nach der AIDA-Formel aufgebaut.
12. Der Schlussteil beinhaltet Ihre Bewertung der Anzeige.

3. Vergleichen Sie Ihre Ergebnisse mit der Lösung im Kompetenzregister, S. 259.

4. Markieren Sie im Kompetenz-Logbuch für dieses Kapitel, in welchem Bereich Sie aufgrund der Ergebnisse von Aufgabe 2 Ihre Stärken sehen, und legen Sie Ihre persönlichen Schwerpunkte für den weiteren Lernprozess fest. **Online-Link** 803501-0016

A	B	C
Funktionen von Sachtexten	Vorbereitung der Analyse von Werbeanzeigen	Schriftliche Analyse von Werbeanzeigen

A | B | C

So erkennen Sie die Funktionen von Sachtexten

1 **a)** Nennen Sie die Absicht, in der Markus in Situation A seine Aussage macht.

b) Nennen Sie die Absicht, die der Aussage von Markus in Situation B zukommt.

Situation A
Markus B. will für seinen Freund ein paar Urlaubsbilder ausdrucken. Voller Stolz steht er vor seinem neuen Drucker und sieht, wie sich das Urlaubsbild mit seiner Freundin aus dem Drucker schiebt: „Es ist erstaunlich, wie gut die Farbfotos mit diesem Drucker werden. Du drückst auf diese Taste und die Farben werden wie auf echten Fotos."

Situation B
Markus ist in einem Werbespot zu sehen. Vor einem nagelneuen Drucker stehend sagt er: „Es ist erstaunlich, wie gut die Farbfotos mit diesem Drucker werden. Du drückst auf diese Taste und die Farben werden wie auf echten Fotos."

c) Formulieren Sie die wörtliche Rede so, dass sie ausschließlich informativ ist.

2 Bestimmen Sie die Absichten der folgenden Textausschnitte. Beachten Sie dabei die Kompetenzbox.

A Es ist notwendig, mehr Geld in die Bildungspolitik zu investieren, denn die Zukunft unseres Landes entscheidet sich dadurch, wie fit wir unsere jungen Leute für die zukünftigen Herausforderungen machen.

B Es ist erstaunlich, wie gut dieses Shampoo für die Haare ist. Der positive Effekt war nach kurzer Zeit deutlich spür- und sichtbar. Sie sollten es probieren.

C Der Aufenthalt in Gaststätten darf Kindern und Jugendlichen unter 16 Jahren nur gestattet werden, wenn eine sorgeberechtigte oder erziehungsbeauftragte Person sie begleitet oder wenn sie in der Zeit zwischen 5 Uhr und 23 Uhr eine Mahlzeit oder ein Getränk einnehmen.

D Ein gigantischer Eisberg treibt auf Australien zu. Er ist 19 Kilometer lang und 8 Kilometer breit und damit etwa doppelt so groß wie die Fläche Hongkongs.

KOMPETENZBOX

Funktionen eines Sachtextes

Man kann 4 Funktionen eines Sachtextes unterscheiden:

Argumentieren
Die Autorin oder der Autor liefert Gründe für, gegen oder für und gegen eine Position zu einem Thema oder Problem.

BEISPIELE: *Kommentar, Kritik, Erörterung*

Appellieren
Die Autorin oder der Autor will durch direkte Aufforderung oder die Erfüllung von Bedürfnissen zu einem bestimmten Handeln bewegen.

BEISPIELE: *Werbeanzeige, politische Rede, Flugblatt*

Normieren
Die Autorin oder der Autor stellt mit direkter Ansprache der Adressaten Regeln oder Gebote auf.

BEISPIELE: *Gesetze, Satzungen*

Informieren
Die Autorin oder der Autor will einen Sachverhalt möglichst objektiv darstellen.

BEISPIELE: *Nachricht, Bericht, Gebrauchsanweisung*

Besonderheiten
In den meisten Texten werden mehrere unterschiedliche Absichten verfolgt, sodass eine eindeutige Zuordnung einer gesamten Absicht manchmal nur schwer möglich ist.

A | **B** | C

So bereiten Sie die Analyse von Werbeanzeigen vor

1 Nennen Sie Werbeanzeigen, die Ihnen in letzter Zeit besonders aufgefallen sind, und erklären Sie die Gründe dafür.

2 Lesen Sie die Kompetenzbox.

KOMPETENZBOX

Werbeanzeigen analysieren

Bei der Analyse einer Werbeanzeige untersuchen Sie die bildliche Darstellung und den Text und überprüfen, mit welchen Mitteln welche Wirkung bei der Zielgruppe erzielt werden soll (**Produktwerbung**: Kaufwunsch, **Imagewerbung**: positiveres Bild einer Institution oder eines Unternehmens) und ob die Anzeige gelungen ist.

Vorarbeit
Erschließen Sie die Anzeige, indem Sie unter den folgenden Aspekten die Antworten auf die angegebenen Fragen als Stoffsammlung notieren:
Die **Werbeanzeige** selbst
- Wer wirbt wofür?
- Welche Quelle ist angegeben?
- In welchem Verhältnis stehen Text und bildliche Gestaltung?
- Welche Zielgruppe wird angesprochen?

Bildliche Darstellung
- Welche Elemente werden als Eye-Catcher vom Betrachter zuerst wahrgenommen und sprechen ihn emotional an?
- Welche Einzelheiten erkennen Sie?
- Wie wirken die grafische Gestaltung, die Komposition der Anzeige und die Farben?
- Welche Bedürfnisse werden geweckt?

Text
Inhalt
- Appelliert der Text offen oder versteckt?
- Welche Vorzüge werden herausgestellt?
- Welche Bedürfnisse werden im Text direkt oder indirekt angesprochen?

Sprache
- Welche sprachlichen Mittel werden eingesetzt?
- Wie wirken Slogan und der Claim (Werbeschlagwort zum Selbstverständnis des Unternehmens oder der Organisation)?
- Welche Schlüsselbegriffe finden Sie?

Bewertung der Anzeige (Fazit)
- Wie wirkt die Werbeanzeige auf Sie als Rezipienten?
- Wie hoch ist der Informationsgehalt?
- Werden Sie zum Kauf angeregt?
- Wird Ihr Bild des Werbenden positiv beeinflusst?

3 Betrachten Sie die Werbeanzeige genau.

4 Entscheiden Sie, welche der folgenden Zielgruppen durch die Anzeige von Q.CELLS (siehe S. 197) angesprochen werden soll.

A Paare mit Kind
B Naturliebhaber
C Junge Leute
D Umweltbewusste Hausbesitzer

5 Legen Sie dar, welche der folgenden Einzelheiten aus der Anzeige von Q.CELLS (siehe S. 197) aus Ihrer Sicht Eye-Catcher sind. Begründen Sie Ihre Wahl.

Bäume - Sonnenbrille - Wiese - Wolken - Himmel - Mann - Frau - Kind - Haus - Sonnenkollektoren

6 Entscheiden Sie, welche der folgenden Bedürfnisse von der Anzeige von Q.CELLS (siehe S. 197) angesprochen werden. Begründen Sie Ihre Wahl.

A Körperliche Existenzbedürfnisse (z. B. Schlaf, Wärme, Gesundheit, Essen)
B Sicherheitsbedürfnisse (z. B. Recht und Ordnung, Schutz vor Gefahren, festes Einkommen)
C Soziale Bedürfnisse (z. B. Familie, Freundeskreis, Partnerschaft)
D Verlangen nach höherer Wertschätzung (z. B. Status, Respekt, Anerkennung, Erfolge)
E Verlangen nach Selbstverwirklichung (z. B. Individualität, Talententfaltung)

7 Lesen Sie die Kompetenzbox.

KOMPETENZBOX

Sprachliche Mittel

In Werbeanzeigen wirken Bild und Text zusammen. Der Einsatz sprachlicher Mittel unterstützt die Wirkung des Werbetextes.

Mittel	Absicht	Beispiel
Alliteration	Schlüsselbegriffe betonen, Text rhythmisieren	*Milch macht mobil.*
Wiederholung	Schlüsselbegriffe betonen	*Mit der Umweltprämie Plus profitieren Sie von der staatlichen Umweltprämie.*
Anapher	Schlüsselbegriffe betonen, Text strukturieren	*X ist spannend, X ist sozial, X ist Ihr Tor zur Welt.*
Klimax (Steigerung)	Positive Aussage verstärken	*Jetzt können Sie genießen, sich himmlisch verwöhnen.*
Neologismus (Wortneuschöpfung)	Originalität zeigen, Aufmerksamkeit erregen	*Die Flasche ist unkaputtbar.*
Hyperbel (Übertreibung)	Anschaulichkeit steigern	*Blitzschnell ist Ihr Haar geglättet.*
Bilder	Anschaulichkeit steigern	*Spüren Sie den Herzschlag des Spiels.*
Häufung von Adjektiven	Positive Attribute herausstellen	*Der wendige, sparsame und spaßige kleine Flitzer*
Superlative	Positive Assoziationen erzeugen	*Die längste Praline der Welt*
Fachbegriffe	Qualität und Expertentum dokumentieren	*Ergonomiesitz mit Gütesiegel AGR*
Wortspiel	Neugierde wecken, amüsieren	*Es werde nicht licht, sondern dicht. Das neue XXX for men: Ein Gottesgeschenk. XXX macht Ihr Haar fit für Ihr ha(a)rtes Leben.*
Rhetorische Frage	Zustimmung suchen	*Möchten Sie endlich die Aufmerksamkeit bekommen, die Sie verdienen?*
Fremdwörter, Lehnwörter	Internationalität suggerieren	*Mein Lifestyle, mein Entertainment*
Reim	Schlüsselbegriffe betonen, Text rhythmisieren	*Es wird deinen Typ betonen und kaschiert die kleinen Problemzonen.*

8 Entscheiden Sie, zu welcher der folgenden Aufgabenstellungen die Ausführungen zur Anzeige von Q.CELLS (siehe S. 197) passen.

A Analysieren Sie die sprachliche Gestaltung der Anzeige.
B Analysieren Sie die Anzeige.
C Analysieren Sie die Farbgestaltung der Anzeige.

MUSTER

Als Schlagzeile dient die Aussage „Der einzige Störfall, den Sie erwarten müssen". Durch das Spielen mit dem Begriff „Störfall", der eigentlich die Störung einer technischen Anlage – wie z. B. eines Atomkraftwerks – bezeichnet, wird dem stark angstbesetzten Wort der Schrecken genommen, denn in dieser Werbung wird mit diesem Begriff nur die Störung der Ruhephase eines Elternpaares durch sein Kind beschrieben. Auch von der Verantwortung für eventuelle Störfälle ist das Paar befreit, wie diese spielerische Szene aufzeigt.
Der Appell in der zweiten Schlagzeile „Werden Sie Stromerzeuger!" spricht die Zielgruppe direkt an, sodass ihr die Möglichkeit suggeriert wird, selbst aktiv Störfälle vermeiden zu können. Außerdem spricht auch der zweite Satz „Und verdienen Sie langfristig sicheres Geld" das Sicherheitsbedürfnis des Betrachters an. An dieses Bedürfnis appelliert auch der danach folgende Text, indem die „höchste Qualität" der „besten Rohstoffe" des „Technologieführers" betont wird, sodass „Überraschungen erspart" bleiben. Das Siegel neben dem Text bürgt zusätzlich für die hohe Qualität, durch die auch der Wunsch nach Wertschätzung befriedigt werden soll.
Des Weiteren wird im Text „das starke Herz Ihrer Solaranlage" als Bild benutzt, um die Bedeutung der Solarzellen für den Betrachter zu veranschaulichen und ihnen einen hohen Stellenwert zu geben. Der Claim „Energized by Q.CELLS" unterstreicht Internationalität und Energie und passt sehr gut zu der durch die vielen Verben unterstützten Botschaft der Werbung, aktiv zu werden und seine Energie selbst zu erzeugen. Außerdem macht die Erwähnung der Homepage und der Partner, bei denen die Solarzellen zu erwerben sind, das Handeln für die Zielgruppe einfach.

9 Entscheiden Sie, welches Fazit als Bewertung der Anzeige geeignet ist.

A Die Anzeige spricht mich überhaupt nicht an, da ich keine Kinder habe. Meiner Meinung nach sollten in einer Werbeanzeige für ein Technologieunternehmen keine Kinder zu sehen sein, da diese nichts von Technik verstehen.

B Ich bin sehr angetan von der Anzeige, weil die dargestellte Atmosphäre mich anspricht. Die Farben Grün, Rot und Blau, die die Anzeige dominieren, lassen mich an Frische, Natürlichkeit und Lebensfreude denken und beeinflussen mein Bild von Solarzellen positiv.

C Die Aussage des Unternehmens, man könne mit Solaranlagen langfristig sicheres Geld verdienen, ist unrealistisch. Wer Solarzellen kauft, macht dies nur, weil er die Umwelt schützen möchte, auch wenn ihn das viel Geld kostet.

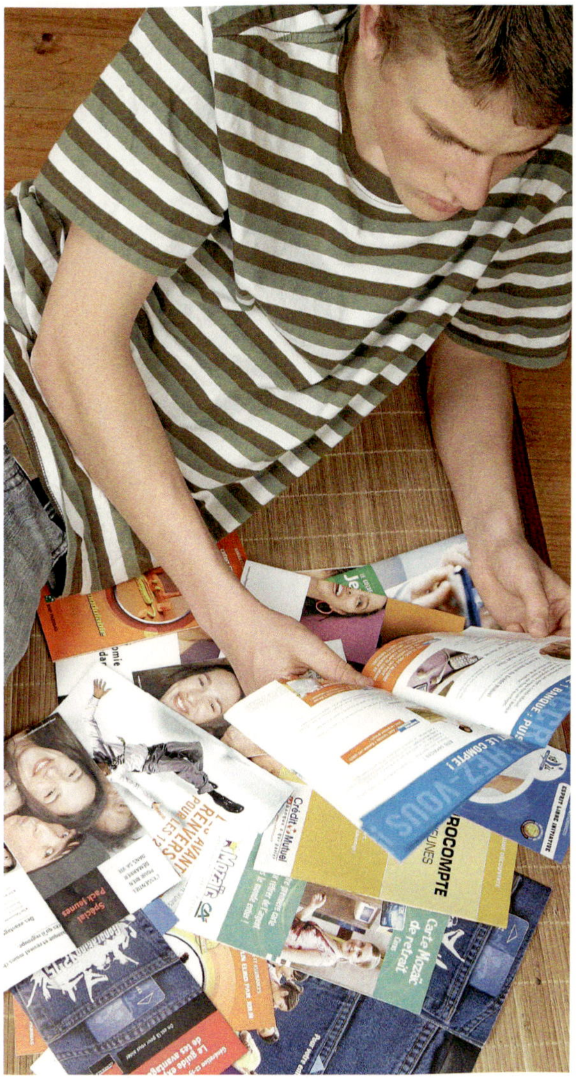

BASISKOMPETENZ C

A | B | C

So analysieren Sie Werbeanzeigen schriftlich

1 Lesen Sie die Kompetenzbox.

KOMPETENZBOX

Eine Werbeanzeige schriftlich analysieren

Aufbau

A Einleitung
Stellen Sie die Anzeige und ihre Zielgruppe vor.

B Hauptteil
Legen Sie die Ergebnisse der Analyse mit Blick auf die Absicht (Kaufwunsch auslösen oder Image verbessern) dar.
Aspekte:
- Was reizt zum Betrachten/Lesen?
- Beziehung zwischen Bild und Text
- Bildmaterial: Motiv, grafische und farbliche Gestaltung
- Inhalt des Textes: Informationsgehalt, Glaubwürdigkeit der Informationen, angesprochene Bedürfnisse
- Sprache: sprachliche Mittel/Satzbau, Wirkung von Schlagzeile, Slogan und Claim, Formulierungen für Zielgruppe, Funktion der Schlüsselbegriffe, Wortspiele, Andeutungen oder Zitate

C Schluss
Wie beurteilen Sie die Anzeige in Bezug auf die Qualität der Komposition und die Wirkung auf Sie als Rezipienten (siehe hierzu auch Kompetenzbox „AIDA-Formel“, S. 202)? Begründen Sie Ihre Bewertung.

Reflexion

Prüfen und verbessern Sie:
- Sprachliche Richtigkeit (Rechtschreibung, Zeichensetzung und Grammatik)
- Sachliche Stimmigkeit
- Aufbau und Kohärenz (Inhalt logisch verknüpft?)

Vergleichen Sie Ihren Text mit anderen Analysen und nehmen Sie nötige Änderungen vor.

2 Bringen Sie die Auszüge aus einer Analyse der Anzeige von Q.CELLS (siehe S. 197) in die richtige Reihenfolge.

A Das Wortmaterial ist recht umfangreich. Über dem Bild ist die Schlagzeile „Der einzige Störfall, den Sie erwarten müssen“ zu sehen.

B Der Himmel ist ebenso blau wie die Solarzellen, wodurch eine Verbindung zu den teilweise ebenfalls in Blau gehaltenen Anzeigenbestandteilen – Namen, 2. Schlagzeile und Qualitätssiegel – geschaffen wird. Zudem dominiert die Farbe Grün durch die Bäume und die Wiese, womit dem Betrachter Natürlichkeit suggeriert wird.

C In der Anzeige wirbt der Solarzellenhersteller Q.CELLS.

D Die Anzeige ist gelungen, da sie geschickt an das Sicherheitsbedürfnis der Zielgruppe appelliert und den Kauf von Solarzellen mit einem aktiven Lebensstil verbindet und so deren Image verbessert.

E Das witzige Wortspiel „Der einzige Störfall, den Sie erwarten müssen“ gibt dem Begriff „Störfall“ eine Doppeldeutigkeit und nimmt dem stark angstbesetzten Wort etwas seinen Schrecken.

F Eye-Catcher ist die Familie, besonders das junge Mädchen, das als „Störfall“ seine entspannt im sonnigen Garten liegenden Eltern erschrecken will. Gleichzeitig werden die Solarzellen auf dem Dach des Hauses wahrgenommen, weil sie direkt über dem Mädchen und seinen Eltern zu sehen sind.

3 Betrachten Sie die Werbeanzeige auf S. 201 genau.

4 **a)** Lesen Sie die Einleitung und den Hauptteil einer Analyse der Anzeige von „smart“.

MUSTER

In der zu analysierenden Anzeige wirbt das Unternehmen smart der Daimler AG für sein Produkt „smart fortwo“. Die Anzeige richtet sich besonders an umweltbewusste und moderne Stadtbewohner. Vier Fünftel der Anzeige werden nur für ein Wort verwendet, den Eye-Catcher, und die Nennung des Markennamens mit dem Logo und dem Claim rechts oben in der Ecke. Das letzte Fünftel der Anzeigenfläche ist durch einen weißen Strich getrennt, darunter befindet sich links der Werbetext in sehr kleiner Schrift und rechts in der Ecke ist das eigentliche Produkt sehr klein abgebildet. Das gesamte Plakat wird dominiert von der himmel- bis hellblauen Farbe, auf der sich die weiße Schrift, das helle Auto und der auf schwarzem Grund geschriebene Markenname mit Logo und der schwarz geschriebene Claim abheben. Schwarz wirkt markant in der Darstellung des Markennamens mit dem Claim, im durchgestrichenen „e“ des Eye-Catchers und bei den Konturen des Produkts.

Die Anzeige versucht, fast ausschließlich über den Werbetext zu wirken. Als Eye-Catcher dient ein Wortspiel: Das Schlagwort „emission“ wird durch das durchgestrichene „e“ zu „mission“. Mit dem Streichen des „e“ wird ein Bewusstseinswandel ausgedrückt. Das Wort „Emission“ wirkt sachlich, kalt und beschreibend. Das Wort „Mission“ hingegen hat eine emotionale Wirkung. Das wird durch das offensichtlich von Hand durchgestrichene „e“ unterstützt: Sofortiges Handeln ist angesagt. Es ist einerseits die „Mission“ des Unternehmens, andererseits die des Fahrers, Emissionen zu reduzieren. Dadurch ist die Werbung sowohl als Imagewerbung als auch als konkrete Produktwerbung zu verstehen.

Neben dem oben in der rechten Ecke platzierten Logo mit dem Markennamen „smart“ zusammen mit dem Claim „open your mind“ ist das Produkt das einzige Bildelement. Das Auto steht unten rechts in der Ecke und ist, besonders im Verhältnis zum Eye-Catcher, sehr dezent präsentiert, sodass beim Betrachter der Eindruck entsteht, dass der smart sich nicht in den Mittelpunkt stellen muss, um positiv zu wirken.

Im unteren Teil der Anzeige, der durch einen weißen Strich vom Rest abgegrenzt ist, sollen spitze Klammern „>>“, die aus der Internetkommunikation bekannt sind, Modernität suggerieren. Der Informationsblock darunter steht in Beziehung zu dem oben genannten Wortspiel und soll die Lösung nahelegen, dass „unter dem Strich“ nur smart den Anforderungen einer fortschrittlichen Mobilität gerecht wird. Verstärkt wird der Eindruck durch die Abbildung des Produkts auf der rechten unteren Seite.

Es wird deutlich, dass mit Schlüsselbegriffen wie „null Emissionen“ und „emissionslose Mobilität“ verantwortungsbewusste Autofahrer und ihr Sicherheitsbedürfnis angesprochen werden sollen. Durch die Formulierung „Unser Ziel heißt: null Emissionen. Unser Weg dorthin: smart intelligent drive“ wird dem Leser das Gefühl gegeben, mit dem Kauf eines smart ein zukunftsgerichtetes und umweltschützendes Produkt zu erwerben. Die überwiegend kurzen, zum Teil auch unvollständigen Sätze sollen den Eindruck unterstützen, dass das Unternehmen verstanden habe: Es ist keine Zeit mehr zu verlieren.

Auffallend sind die vielen Anglizismen wie „smart intelligent drive" oder „open your mind", die Internationalität suggerieren und den gebildeten Leser ansprechen sollen.
In der Anzeige dominieren die Farben Weiß und Blau und wecken Assoziationen an Schönwetterwolken und an eine unberührte Natur. Dies zieht sich bis in die Farbe des abgebildeten smart hinein fort.

Die Werbung appelliert eindeutig an das Bedürfnis nach Sicherheit und den Wunsch, aktiv die Gefahren der Umweltzerstörung abzuwehren. Außerdem soll dem Betrachter vermittelt werden, dass er durch den Kauf eines smart eine höhere Wertschätzung erlangen kann, da das Unternehmen Daimler AG eine sehr gute Reputation hat. Letztlich spricht die Werbung auch das Bedürfnis nach Individualität an, denn der smart ist aufgrund seiner besonderen Form ein ungewöhnliches Auto. Da der smart sehr bekannt ist, kann die Anzeige das Produkt sehr zurückhaltend präsentieren. Der Claim „open your mind" unterstützt dieses Image.

b) Verfassen Sie die Einleitung und den Hauptteil einer Analyse der Anzeige von Q.CELLS (siehe S. 197). Orientieren Sie sich am Muster.

5 Entscheiden Sie, welche der folgenden Bewertungen der Werbeanzeige für den „smart fortwo" auf die „AIDA-Formel" eingehen. Begründen Sie Ihr Urteil.

A Die Anzeige ist sehr gelungen, weil sie dem Betrachter durch das durchgestrichene „e", die Betonung eines umweltschonenden Fahrkonzepts und den unaufgeregten, aber nicht langweiligen Stil ins Auge fällt. Damit hebt sich der „smart fortwo" deutlich von anderen Autos ab und löst den Wunsch aus, mit dem Kauf dieses Kleinwagens das Gewissen zu beruhigen und trotzdem Fahrspaß zu haben.

B Die Werbung gefällt mir gar nicht, da sie sehr schlicht gehalten ist. Die Farben Blau, etwas Schwarz und Weiß unterstreichen noch diese Schlichtheit. Zudem sprechen mich die vielen Anglizismen im Text nicht an.

KOMPETENZBOX

AIDA-Formel

Werbeanzeigen wollen wirken. Sie benutzen dafür typischerweise den Aufbau nach der „**AIDA**-Formel":

Attention (Aufmerksamkeit): Die Werbung wird, insbesondere durch das Bildmaterial (z. B. Eye-Catcher oder effektvolle Farben), einen einprägsamen Slogan oder eine interessante Schlagzeile in den Aufmerksamkeitsbereich des Betrachters gerückt.

Interest: Interesse wird geweckt, indem z. B. der Adressat direkt angesprochen wird oder Probleme der Zielgruppe in den Fokus gerückt werden.

Desire (Wunsch): Dem Leser werden Bedürfnisse suggeriert oder Problemlösungen angeboten, besonders mit positiven Attributen im Text.

Action (Handlung): Dem Kunden wird die Umsetzung der Kaufentscheidung erleichtert, indem z. B. eine Bestelladresse genannt wird.

6 Verfassen Sie einen Schluss für die Analyse der Anzeige von Q.CELLS (siehe S. 197).

Sprachliche Übungen

1 Notieren Sie die folgenden Sätze in korrekter Groß- und Kleinschreibung.

A Dieser kaugummi überrascht mit fantastischer frische.
B Das gute genießen ist ihr gutes recht.
C Es gibt nichts gutes, außer man tut es – nutzen Sie unser sehr gutes wochenangebot.
D Neu und etwas besonderes: der rasierer für den mann und die frau.
E Damit sie beim vieltelefonieren nicht mehr als 60 Euro im monat zahlen: wir haben den besten tarif.
F Wir geben unser bestes, sie schenken uns ihr vertrauen.
G Dass wir die besten sind, erkennt der schlaue sofort.

2 **a)** Lesen Sie den folgenden Informationstext über Werbung.

b) Erläutern Sie die Bedeutung der unterstrichenen Begriffe in einem Satz, ohne Fremdwörter zu benutzen.

Radio
Rundfunkwerbung dient dazu, ein möglichst großes Publikum zu erreichen. Dabei spricht der Werbende die Wünsche und Bedürfnisse der Menschen auch durch den Einsatz von Jingles an. Um die Werbewirksamkeit zu verstärken, werden Informationen emotional übermittelt. Im Radio wird überwiegend für regionale Produkte geworben.

TV-Werbung
Bei Fernsehwerbung werden zu kommerziellen Zwecken Kurzfilme ausgestrahlt, in der Regel 30 bis 60 Sekunden lang. In den letzten Jahren haben sich auch andere Formen der Fernsehwerbung etabliert, z. B. Programmsponsoring oder Kurzunterbrechungen mit nur einem Spot. In den modernen Fernsehspots steht neben der zu übermittelnden Information die künstlerische Umsetzung im Vordergrund, insbesondere in der Imagewerbung, bei der besonders auf die Gefühle des Betrachters im Zusammenhang mit dem Produkt bzw. dem Unternehmen abgezielt wird.

Internetseiten
Wenn es um Werbung geht, so scheinen dieser im Internet kaum Grenzen gesetzt zu sein. Es werden Werbebanner und Popup-Fenster eingesetzt oder es wird mit Links im Text geworben.

3 Setzen Sie in den folgenden Sätzen die fehlenden Kommas.

A Wer ein schnelles Notebook haben möchte kommt an unserem Angebot nicht vorbei.
B Sie haben Klasse sind an Mode interessiert und suchen das Besondere? Menschen die sich nicht mit dem Geschmack der Masse zufriedengeben sind bei uns an der richtigen Adresse.
C Nicht Sie suchen die Lösungen für Ihr Softwareproblem sondern wir haben die Lösung schon gefunden. Unser neues System XY bietet alles was Sie jetzt noch suchen.
D Unser neuer Kleiner: kompakt sparsam umweltfreundlich und eine Augenweide.
E Wenn Sie viel telefonieren wollen ohne sich Sorgen um Ihre Telefonrechnung machen zu wollen haben wir ein tolles flexibles Angebot für Sie.
F Ein Handy ohne Vertrag aber trotzdem preiswert?
G Sie suchen Entspannung wissen aber nicht wo? Wir haben mehr Adressen als Sie sich erträumt haben.
H Wo Sie auch hingehen wir begleiten Sie.
I Um das Beste zu finden sollten Sie die Besten fragen.

4 Schreiben Sie den Text ab und fügen Sie die richtigen Pronomen im richtigen Fall ein. Trennen Sie die Sätze durch Komma ab.

A Unser neues Spiel wird (du) den Atem rauben und (du) in Welten reisen lassen von denen (du) Freunde nur träumen können.
B Das ist sicher (Du) Konsole wird weinen vor Freude.
C (Ihr) Freude wird grenzenlos sein wenn (ihr) endlich (wir) neue Kollektion über (ihr) begnadeten Körper werfen könnt.
D (Wir) sind stolz auf (wir) neuesten Produkte (sie) werden (wir) Welt revolutionieren.
E (Ich) bin mit (ich) zufrieden bist (du) mit (du) zufrieden?
F (Er) Wagen wird (du) schneller dorthin bringen wohin (ihr) wollt.
G (Sie) Ring glänzt wie (du) Lächeln wenn (sie) (du) (sie) Jawort gibt.

Prüfungsvorbereitung

Aufgabe:
Analysieren Sie den Text aus der Anzeige der AWO, der vom Kabarettisten Martin Kaysh stammt.

Werbetext

Jetzt stehen sie wieder rum, diese von klebrigen Kinderhänden speckig gestreichelten Zwerglamas. Manchmal trifft man in der City auch debile, verfettete Ponys, die angeblich zu einem verarmten Zirkus gehören. Ich bin mir sicher, die jämmerlichen Bonsaigäule leihen sich die dreisten menschlichen Mitleidserreger von „Karin's PferdeParadies" und zahlen die Miete dafür abends in Hochprozentigem, den sie von den Spendengeldern billig im Aldi gekauft haben.

Ach Weihnachten! Wer schon Ende August mit dem Verspeisen von Lebkuchen begonnen hat, soll aufpassen, dass er diesen Termin der Herzensgüte nicht schlicht verfrisst und erst vom Silvestergeböller daran erinnert wird, dass er die Chance zur punktuellen Barmherzigkeit wieder einmal verpasst hat.

Andere geben sich mehr Mühe. Die Weltschickeria hat ein neues Objekt der Güte entdeckt: Der Obdachlose ist das neue Pelztier. Die Meldungen häufen sich in letzter Zeit. In Belgien wählt man eine 59-Jährige zur Miss Obdachlos. Sie darf ein Jahr gratis wohnen; in Deutschland nennt sich diese Idee „Big Brother". Modemagazine und -schöpfer labern vom Homeless Chic, bei dem Obdachlose als Inspiration dienen. Fashionfreaks zeigen berührende Reaktionen in renommierten Street Style Blogs und gaffen Wohnungslose in juteartigen Overalls an, die auf die Runways der High Fashion Designer gejagt werden. Irgendwann werden sich in der Billigvariante dieser Mode Betroffene zur Adventszeit von zuckerwatteklebrigen Kinderhänden vorm Real-Markt streicheln lassen müssen.

[Ich werde mich auch als Weihnachtsgutmensch betätigen. Ich lade eine Frau ein, die unter der Wirtschaftskrise fast zerbrochen ist. Madeleine Quelle Schickedanz muss ja von einer Handvoll Euro leben und von dem, was der Garten hergibt. Was im Winter nicht so viel ist. Mitleid ist gerne die kleine Schwester der Niedertracht.]

Martin Kaysh

Je mehr Mitglieder die AWO hat, desto mehr kann sie in der Gesellschaft bewirken. Desto eher kann sie Menschen helfen, die Hilfe brauchen.
Werden auch Sie **Mitglied** in der AWO!

Aus: bodo. Das Straßenmagazin, 12/2009, S. 37

MUSTERLÖSUNG

Textanalyse

Der vorliegende Text aus einer Anzeige der Arbeiterwohlfahrt, veröffentlicht im Straßenmagazin bodo (12/2009, S. 37), wendet sich an sozial engagierte Menschen, die Obdachlose mit dem Kauf dieser Zeitung direkt und vor Ort unterstützen wollen. Außergewöhnlich für den Text einer Werbeanzeige ist zunächst, dass der Verfasser genannt wird. Der Kabarettist Martin Kaysh setzt sich kritisch mit der erhöhten Spendenbereitschaft zur Weihnachtszeit auseinander.
Zuerst prangert er die Spendensammler auf Weihnachtsmärkten an, die er als „die dreisten menschlichen Mitleidserreger" (Z. 6 f.) bezeichnet und denen er Geschäfte mit dem Mitleid unterstellt. Er spottet anschließend über die erhöhte Spendenbereitschaft zu Weihnachten, spricht von einem „Termin der Herzensgüte" (Z. 12) und der „Chance zur punktuellen Barmherzigkeit" (Z. 14 f.).
Dann äußert er sich sehr ironisch über das neue Interesse von Prominenten und Modedesignern an den Obdachlosen. Eine Vertreterin dieser „Weltschickeria" (Z. 16), Madeleine Schickedanz, möchte er sogar als angeblich Not leidendes Opfer der Wirtschaftskrise zu sich einladen. Dabei betont er durch die Namensergänzung „Quelle" ihren Status als Unternehmerin. Der Werbetext endet mit dem Appell der AWO, bei ihr Mitglied zu werden, um hilfsbedürftige Menschen zu unterstützen.
Kaysh spricht mit seinem Text indirekt das Bedürfnis der Zielgruppe an, sich von den Menschen abzugrenzen, die nur zu bestimmten Zeiten, wie z. B. in der Weihnachts-

← *Einleitung Quelle*
← *Zielgruppe*
← *Hauptteil*
← *Darlegung des Inhalts*
← *Bedürfnisse*

Prüfungsvorbereitung

zeit, sozial handeln. Er unterstützt das Gruppengefühl derjenigen, die nicht nur punktuell, sondern regelmäßig anderen Menschen helfen. Die Arbeiterwohlfahrt verbessert auf diesem Weg ihr Image, da sie sich mit der Veröffentlichung des Beitrags von Kaysh in ihrer Werbeanzeige ebenfalls von der zu Weihnachten aufflackernden Barmherzigkeit abgrenzt.

Der Text ist sprachlich ansprechend, da er nicht dem Klischee eines Werbetextes entspricht. Der Autor nutzt das Stilmittel der Ironie, wenn er z. B. in Zeile 17 die Obdachlosen als „neues Objekt der Güte" bezeichnet, in den Zeilen 24 und 25 „berührende Reaktionen in renommierten Street Style Blogs" mit „Homeless Chic" und „Fashionfreaks" in Verbindung bringt oder in Zeile 32 f. davon spricht, dass die Quelle-Erbin Madeleine Schickedanz „unter der Wirtschaftskrise fast zerbrochen" sei. Kaysh macht sich mit dem Gebrauch der Anglizismen im dritten Abschnitt auch über die Internationalität der Modebranche lustig. Durch umgangssprachliche Wendungen (z. B. „verfettete Ponys" in Z. 3 f., „verfrisst" in Z. 13, „gaffen" in Z. 25) wirkt der Text authentisch und frisch. Verstärkt wird dieser Eindruck durch einprägsame Alliterationen (z. B. „klebrigen Kinderhänden" in Z. 1 f. oder „menschlichen Mitleidserreger" in Z. 6 f.) und mit Wortneubildungen (z. B. „Bonsaigäule" in Z. 5 f.). Die Anzeige erscheint lebendig und trifft damit den Ton der Zielgruppe.

Insgesamt ist der Text interessant zu lesen und werbewirksam, weil er inhaltlich engagiert und kritisch sowie sprachlich originell geschrieben ist. Es besteht allerdings die Gefahr, dass die Arbeiterwohlfahrt mit diesem Text auch Menschen abschreckt, die sich von der Kritik genervt fühlen. Letztlich denke ich aber, dass der Text eine positive Wirkung auf die Zielgruppe hat und bei der Mitgliederwerbung helfen wird, da sich Käufer eines Straßenmagazins selber als sozial engagiert einschätzen und sich nicht von Kayshs Kritik getroffen fühlen.

- ← *Absicht*
- ← *sprachliche Besonderheiten*
- ← *Stilmittel*
- ← *Satzbau*
- ← *Schluss*
- ← *Bewertung*
- ← *Kritik*
- ← *Ausblick*

Kompetenz-Logbuch

Online-Link 803501-0016

→ Insgesamt bewerte ich die Lektion mit folgendem Smiley.
→ Diese mir selbst gesteckten Ziele habe ich erreicht.
→ Dies hat mir Schwierigkeiten bereitet.
→ So habe ich mich beteiligt und in die Gruppe eingebracht.
→ Das will ich noch lernen.
→ Diese konkreten Schritte werde ich dazu unternehmen.

Projekte

1 Werbung vergleichen

Vergleichen Sie die Werbung eines Unternehmens (z. B. eines Einrichtungshauses) in verschiedenen Medien (Zeitung, Fernsehen, Internet usw.). Ergänzen Sie anschließend den Vergleich mit der Werbung weiterer Unternehmen in unterschiedlichen Medien.

2 Antiwerbung

Suchen Sie sich die Werbung eines Unternehmens aus. Gestalten Sie als Konkurrent eine Antiwerbung für eines der beworbenen Produkte.
Stellen Sie die Ergebnisse Ihrer Arbeit in einer zehnminütigen Antiwerbesendung vor.

3 Werbeanzeige

Entwickeln Sie eine Werbeanzeige für ein Produkt Ihrer Wahl. Verändern Sie dabei das bestehende Image des Produkts.

4 Imagewerbung

Entwerfen Sie eine Imagewerbung für Ihre Klasse oder Schule. Analysieren Sie zunächst das bestehende Image und legen Sie dann fest, welches Image Sie anstreben.

5 Werbeanzeige ohne Text

Suchen Sie eine Werbeanzeige im Internet, entfernen Sie den Text und evtl. Claim und das Logo. Fügen Sie einen neuen Text/Claim hinzu und stellen Sie die beiden Varianten Ihren Mitschülern vor.

17 Wie Sie Präsentationen spannend und interessant gestalten

Was Sie wissen und was Sie lernen können

„Was heißt präsentieren? Eine Show muss man machen."

1. **a)** Berichten Sie von Situationen, zu denen diese Aussage passen könnte.
b) Diskutieren Sie Ihr Verständnis von „Präsentieren" und von „Show".

2. Entscheiden Sie, ob die Aussagen 1–12 richtig oder falsch sind.

Gestaltung des Vortrags
1. Jede Präsentation hat ein Ziel.
2. Eine Präsentation fängt man am besten damit an, dass man eine Folie zeigt.
3. Der Schwerpunkt einer Präsentation liegt auf dem mündlichen Vortrag.
4. Der Titel einer Präsentation sollte Interesse wecken.
5. Die Folien strukturieren den Vortrag.
6. Eine Präsentation sollte eine Choreografie haben.

Körperliche Präsenz
7. Selbstsicherheit kann man durch Körperhaltung demonstrieren.
8. Auf Gesten sollte man bei einer Präsentation verzichten.
9. Aufgerissene Augen signalisieren immer Aggressivität.
10. Zwischen Mimik und Gestik kann es keine unterschiedlichen Wirkungen geben.
11. Es ist gut, wenn man einen Zuhörer ständig anschaut.
12. Wenn man eine Präsentation hält, muss man festgeschriebene Kleiderordnungen beachten.

3. Vergleichen Sie Ihre Ergebnisse mit der Lösung im Kompetenzregister, S. 259.

4. Markieren Sie im Kompetenz-Logbuch für dieses Kapitel, in welchem Bereich Sie aufgrund der Ergebnisse von Aufgabe 2 Ihre Stärken sehen, und legen Sie Ihre persönlichen Schwerpunkte für den weiteren Lernprozess fest. **Online-Link** 803501-0017

A	B
Gestaltung des Vortrags	**Körperliche Präsenz**

A | B

So gestalten Sie Ihren Vortrag

1 **a)** Schreiben Sie auf, welche Vorarbeiten für eine Präsentation Sie bisher gemacht haben.

b) Vergleichen Sie Ihre Ergebnisse mit den Inhalten der Kompetenzbox.

KOMPETENZBOX

Ziele festlegen, Informationen strukturieren und Schwerpunkt setzen

Jede Präsentation, ob es um die Vorstellung eines Produkts, einen Vorschlag zur Lösung anstehender Vorhaben oder um Wissensvermittlung geht, verfolgt bestimmte **Ziele**. Legen Sie zuerst fest, welches Ziel Ihnen mit Ihrer Präsentation am wichtigsten ist und welche Ziele Sie daneben noch verfolgen. Es kann durchaus ein Ziel sein, das Publikum zu unterhalten. In den meisten Fällen wird dies aber nicht das wichtigste Ziel sein.
Weitere Eckpunkte der Präsentation sind das Thema und Ihr Publikum. Diese Eckpunkte erfordern eine **logische Struktur** und eine **Empfängerorientierung**. Eine Präsentation besteht aus dem mündlichen Vortrag und den unterstützenden Visualisierungen.

Schwerpunkt ist der mündliche Vortrag, der den Einsatz der visuellen Mittel strukturiert. Viele Experten empfehlen, mindestens 70 Prozent der Vorbereitungszeit in den mündlichen Vortrag zu investieren.

2 Schreiben Sie die Ziele auf, die Sie bei einer Präsentation von 15 Minuten in Ihrer Klasse anstreben könnten.

Themen
- **A** Der Schriftsteller Friedrich Schiller
- **B** Der Satzbau in der deutschen Sprache
- **C** Mein Vorschlag für die Klassenfahrt: Rom
- **D** Lernmethoden
- **E** Menüvorschläge für die Schülerkantine
- **F** Gefahren des Alkohols

3 **a)** Diskutieren Sie, inwieweit die folgenden Aspekte für die Empfängerorientierung wichtig sind, und nennen Sie konkrete Beispiele.

Vorwissen, Erwartungshaltung, Probleme, Alter, Geschlecht, Einstellungen, kulturelle Prägung, Wünsche

b) Schreiben Sie auf, wie die von Ihnen gewählten Aspekte aus Aufgabe a) für Ihre Klasse zum Thema „Gefahren des Alkohols" konkret umgesetzt werden können.

BEISPIEL ZUM VORWISSEN:
Meine Mitschülerinnen und Mitschüler sind allgemein über die Gefahren des Alkohols aufgeklärt, genaue medizinische Kenntnisse fehlen aber. Hier müssen einige Fakten benannt werden.

4 Beurteilen Sie folgende Einstiege (siehe unten stehende Kompetenzbox) mit Schulnoten von 1 bis 6 und begründen Sie Ihre Notengebung.

Thema der Präsentation
„Gefahren des Alkohols", gehalten vor jugendlichen Sportlern im Sportverein

- **A** Einen Betrunkenen spielen
- **B** Eine mit Wasser gefüllte Wodka-Flasche austrinken
- **C** Eine Flasche Bier auf den Tisch stellen
- **D** Story von der letzten Party
- **E** Zeitungsbericht über Jugendliche mit 4,3 Promille
- **F** Laut Statistik haben wir hier im Raum 5 Alkoholiker und 12 Gefährdete

KOMPETENZBOX

Aufbau einer Präsentation

- Begrüßen Sie das Publikum und stellen Sie sich vor.

- Wählen Sie einen **Einstieg ohne Folien**.
  - Erzählen Sie Ihrem Publikum eine unterhaltsame Geschichte,
  - bringen Sie einen Gegenstand mit oder

- tun Sie etwas Überraschendes, mit dem Sie Ihr Publikum fesseln.

Natürlich müssen alle diese Möglichkeiten zum Thema hinführen.

- Nennen Sie das **Thema** und die Dauer Ihrer Präsentation.

- Wählen Sie für Ihre Präsentation einen **Titel**, der neugierig macht und auf die Zielgruppe abgestimmt ist.

BEISPIELE:
„Die vier besten Methoden, um …",
„Das Einmaleins des …",
„Wie man in 3 Minuten …",
„So werden Sie Experte in …".

- Stellen Sie die Präsentierenden und den **Ablauf** der Präsentation vor.

- **Vortrag** mit visueller Unterstützung

- **Abschluss**

5 Beurteilen Sie, welcher Einstieg zum Thema „Der Schriftsteller Friedrich Schiller" für Ihre Klasse geeignet ist.

A In den nächsten 15 Minuten erfahren Sie etwas über einen Menschen, dessen Obduktion ergab, dass der linke Lungenflügel völlig zerstört war. Auch die Nieren waren fast aufgelöst. Der Herzmuskel hatte sich zurückgebildet und Milz und Galle waren stark vergrößert. Eigentlich hätte er schon längst tot sein müssen und man sagte, dass nur ein enorm großer Wille ihn noch so lange am Leben erhalten hatte.

B Könnt Ihr euch vorstellen, dass ihr mit 14 Jahren auf staatlichen Befehl auf ein Militärinternat befohlen werdet und dort das lernen müsst, was die Vorgesetzten befehlen?

C Was würdet ihr sagen, wenn heute jemand den Totenschädel eines guten Freundes entwendet und auf seinem Schreibtisch platziert? Ihr meint, so etwas gibt es nicht? Johann Wolfgang von Goethe hat dies getan, und der Schädel war der Friedrich Schillers. So dachte Goethe zumindest.

6 **a)** Formulieren Sie zwei unterschiedliche Einstiegsvarianten für eines der Themen in Aufgabe 2 (S. 208).

b) Vergleichen Sie Ihre Ergebnisse.

7 Entscheiden Sie, welche der folgenden Titel geeignet sind, um in Ihrer Klasse das Interesse an einer Präsentation zu Lessings Drama „Nathan der Weise" zu wecken.

A Werden Sie in 7 Minuten Lessing-Experte
B 5 Dinge, die Sie nie in Lessings Nathan vermutet hätten
C Lessings Nathan – Eine Prophezeiung für das 21. Jahrhundert?
D Die versteckten Botschaften in Lessings Nathan
E Nathan der Weise – Eine Anleitung zum Glücklichsein?
F Das wichtigste Theaterstück: Nathan der Weise

8 Schreiben Sie mithilfe der Stichwörter und der Informationen unten einen Redebeitrag zu der folgenden Folie auf, der die Prinzipien des Arrangements und der Choreografie (siehe Kompetenzbox) umsetzt.

Herzog Carl Eugen und Friedrich Schiller

Karlsschule (Militärakademie)
Medizinstudium und Regimentsarzt
Gefängnisaufenthalt und Schreibverbot
Flucht aus Stuttgart und Asyl

Herzog Carl Eugen: absolutistischer Herrscher, Gründer der Hohen Karlsschule
Karlsschule: unfreiwillig mit 14 Jahren, militärischer Drill, kaserniert, keine Ferien, Eliteschule des Herzogs Carl Eugen
Studium: durch Herzog vorgeschrieben, Schiller wollte Pfarrer werden, nach 2. Dissertation 1780 Militärarzt, galt nicht als guter Arzt
1776 Beginn der Arbeit an dem Theaterstück „Die Räuber", erfolgreiche Uraufführung in Mannheim 1781, Schiller trotz Verbot anwesend, 14 Tage Gefängnis, Verbot, Komödien „und dergleichen Zeugs" zu schreiben

1782 Flucht aus Stuttgart mit Freund Andreas Streicher nach Mannheim, Asyl in Bauerbach bei der Mutter eines Studienfreundes, Bruch mit Herzog Carl Eugen, Rückkehr nicht mehr möglich

KOMPETENZBOX

Vortrag und Folien (oder andere Visualisierungen)

Arrangement: Der Vortrag muss mit den Folien (oder anderen Visualisierungen) sinnvoll abgestimmt sein. Die Folien können eine Zusammenfassung des Vortrags (in Stichworten) und/oder grafische Elemente enthalten. Der Vortrag bietet wesentlich mehr Informationen und unterhaltende Elemente.

Choreografie: Beachten Sie, dass die Aufmerksamkeit des Publikums vom Vortragenden gelenkt werden muss: Weisen Sie auf Texte oder Bilder deutlich hin, sodass das Publikum nicht in die unangenehme Lage kommt, eine Information zu hören, aber eine andere zu sehen.

Dramaturgie: Bereiten Sie Folien in Ihrem Vortrag so vor, dass das Publikum auf die nächste Folie gespannt ist. Am einfachsten geschieht dies mit einer Fragestellung.

BEISPIEL: *„Die Folgen dieser Unterdrückung sind bedeutend. Schiller rächte sich an Herzog Carl Eugen. Aber auf welche besondere Art und Weise tat er das? Das zeige ich Ihnen jetzt …"*

9 Schreiben Sie auf, wie Sie die nächste Folie bzw. die nächsten Folien mündlich so vorbereiten, dass im Publikum eine Erwartungshaltung aufgebaut wird. Vergleichen Sie Ihre Lösungen.

Situation A
Bei der Präsentation zum Thema „Sprache und Denken" sollen nun die kulturellen Hintergründe als Ursachen der Unterschiede der Sprachen behandelt werden.

Situation B
Für eine Präsentation zum Thema „Bewerbung" gibt es u. a. Folien mit folgender Thematik:
Vorbereitung des Bewerbungsgesprächs – Begrüßung und Vorstellung – Körpersprache – Fragen an den Bewerber – Fragen des Bewerbers – Verabschiedung

10 **a)** Beurteilen Sie die folgenden Schlussworte zu einer Präsentation zu Friedrich Schiller auf einer Skala von 1 (sehr gut) bis 10 (sehr schlecht).

A Mein Vortrag ist jetzt zu Ende. Danke, dass ihr so lange ausgehalten habt.
B Vielen Dank fürs Zuhören. Habt ihr noch Fragen?
C Dies waren meine Worte zu Schiller. Schiller selbst hat uns mehr als 2 Millionen Worte hinterlassen. Schaut euch ein paar davon an.
D Das war das Leben Schillers. Wenn ihr jetzt noch etwas von ihm lest, dann leben seine Gedanken weiter.
E Okay. Vielen Dank. Noch Fragen?
F So, jetzt habt ihr es überstanden. Ich bin am Ende.
G Leider hatte ich viel zu wenig Zeit, um euch alles zu sagen. Na ja …
H Ich hoffe, ihr habt etwas über Schiller gelernt.

KOMPETENZBOX

Abschluss der Präsentation

Das Ende der Präsentation sollte noch einmal ein Höhepunkt sein. Vermeiden Sie deshalb Floskeln wie „Das war`s. Vielen Dank für Ihre Aufmerksamkeit."

Seien Sie **kreativ** und lassen Sie sich noch etwas für Ihr Publikum einfallen, woran es sich noch gerne erinnern wird.

Zum Schluss teilen Sie Ihr **Handout** aus, das die wichtigsten Inhalte übersichtlich darstellt.

b) Formulieren Sie Schlussworte für die Präsentation vor Ihrer Klasse zum Thema Friedrich Schiller. Vergleichen und diskutieren Sie Ihre Ergebnisse.

A | B

So zeigen Sie bei einer Präsentation körperliche Präsenz

1 **a)** Vergeben Sie für die abgebildeten Körperhaltungen Noten von 1 (wirkt souverän) bis 10 (geht gar nicht).

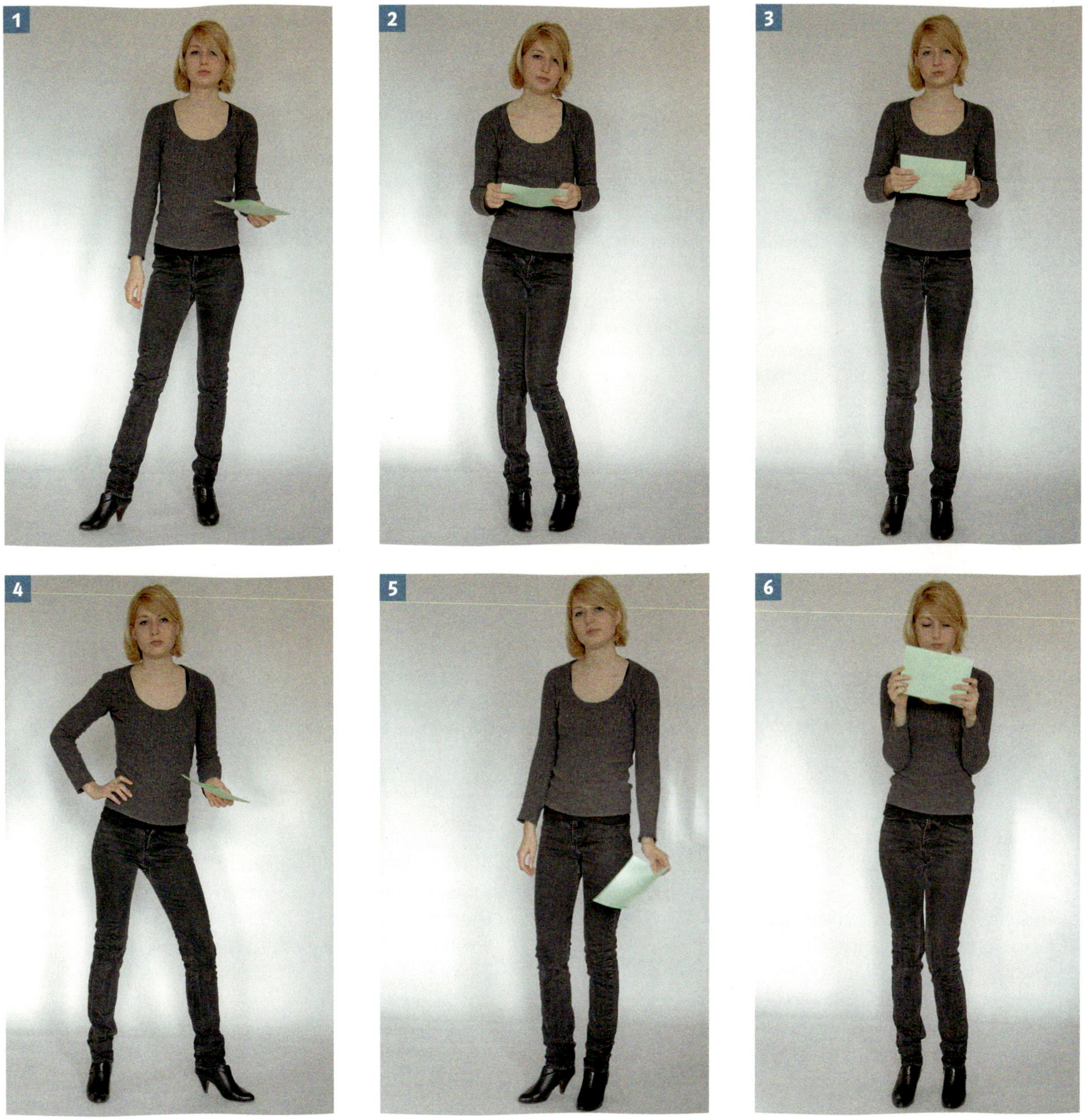

BASISKOMPETENZ B

b) Begründen und diskutieren Sie Ihre Beurteilungen.

KOMPETENZBOX

Körperhaltung

Mit Präsentationen wollen Sie informieren und überzeugen.
Dazu müssen Sie von Ihrem Publikum akzeptiert werden. Das Publikum muss sehen, dass Sie zu dem stehen, was Sie sagen.

Zeigen Sie sich also Ihrem Publikum und verstecken Sie sich nicht hinter Stehpulten o. Ä.

Demonstrieren Sie Ihrem Publikum durch selbstsicheres und freies Auftreten, dass Sie die Thematik souverän beherrschen.

Beginnen Sie mit offener Körperhaltung und freundlichem Blick, indem Sie ruhig Blickkontakt mit dem Publikum aufnehmen.

Halten Sie den nötigen Abstand zum Publikum, sodass Sie nicht abweisend, aber auch nicht aufdringlich wirken.

Bedienen Sie Ihre Medien in aufrechter Haltung.

2 **a)** Üben Sie das erste Auftreten selbstkritisch vor dem Spiegel oder vor anderen und holen Sie sich Rückmeldungen über Ihre Wirkung ein.

b) Legen Sie eine Liste an, auf der Sie Ihre Schwächen notieren und Befehle aufschreiben, wie Sie diese vermeiden können.

3 Bewerten Sie die 7 Fotos nach folgenden Kriterien, indem Sie Werte zwischen −5 (= linker Begriff) und +5 (= rechter Begriff) vergeben.

A Unsicherheit – Selbstsicherheit
B Künstlichkeit – Natürlichkeit
C Inkompetenz – Fachkompetenz
D Überheblichkeit – Bescheidenheit
E Verschlossenheit – Offenheit
F Aggressivität – Ausgeglichenheit
G Gleichgültigkeit – Interesse

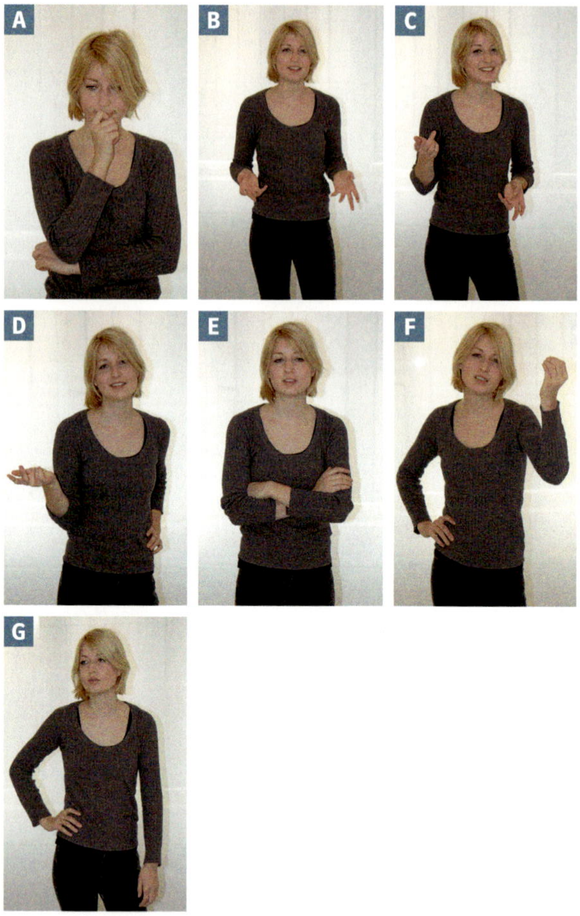

4 **a)** Entscheiden Sie, welche Gesten Sie insgesamt bei einer Präsentation als negativ und welche als positiv empfinden.

b) Formulieren Sie eine allgemeine Regel, die Ihren Einordnungen entspricht.

KOMPETENZBOX

Gestik

Auch Ihre Gestik gibt **Auskunft über Ihren seelischen Zustand**. Demonstrieren Sie also Selbstsicherheit und vermeiden Sie Gesten, die auf Nervosität, Anspannung und Unsicherheit hindeuten. Achten Sie z. B. darauf, was Ihre Hände während des Vortrags tun.
Mit selbstbewussten und kraftvollen Gesten wirken Sie nicht nur dynamischer, sondern auch überzeugender.

5 **a)** Ordnen Sie die folgenden Aussagen einzelnen Bildern zu, sodass eine Übereinstimmung zwischen Mimik und verbaler Aussage entsteht.

A Das weiß ich nicht so genau.
B Da wäre ich eher skeptisch.
C Das ist eher uninteressant.
D Da bin ich aber erstaunt.
E Das sage ich Ihnen offen und ehrlich.
F Das glaube ich Ihnen nicht.
G Jetzt werde ich leicht aggressiv.
H Das ekelt mich an.

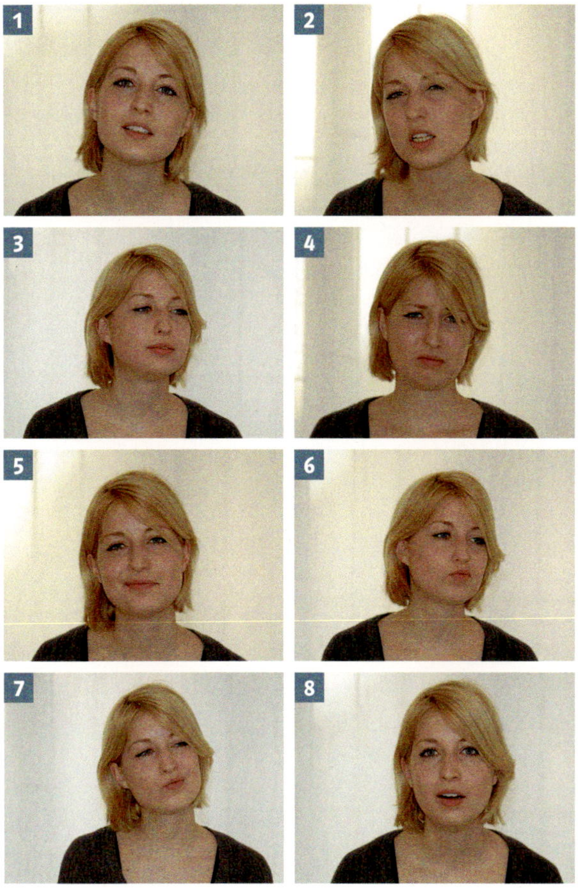

b) Begründen Sie Ihre Zuordnungen.

KOMPETENZBOX

Mimik

Mimik und verbale Aussagen sollten miteinander übereinstimmen, also **kongruent** sein und nicht konträr zueinander stehen. Es kann nämlich problematisch sein, wenn Sie **unbewusst Emotionen** zeigen, die Sie vermeiden wollten.
Wichtig ist der Blickkontakt zum gesamten Publikum, nicht nur zu einigen Zuhörern. Schauen Sie also weder auf den Boden noch in die Luft und starren Sie schon gar nicht auf Ihre Folien.

c) Üben Sie bestimmte Emotionen vor Publikum ein, indem Sie folgende Informationen mimisch ausdrücken.

A Freude
B Skepsis
C Ablehnung
D Aggressivität
E Offenheit
F Verständnis
G Unsicherheit

6 Diskutieren Sie, welche Auswirkungen unangemessene Kleidung haben könnte und führen Sie Beispiele an.

KOMPETENZBOX

Kleidung

Kleiden Sie sich **angemessen**:
– Machen Sie Ihre Kleidung in erster Linie vom Kriterium abhängig: Wie kann ich durch entsprechende Kleidung zum Erfolg meiner Präsentation beitragen?
– Fragen Sie sich: Fühle ich mich **in dieser Kleidung wohl** und kann ich meine Botschaft in dieser Kleidung dem Publikum übermitteln? Versuchen Sie, beide Kriterien in Übereinstimmung zu bringen.

7 Geben Sie an, welche Kleidung Ihnen für die folgenden Gelegenheiten angemessen erscheint.

A Präsentation vor der Klasse
B Präsentation als Abschlussprüfung
C Präsentation zum Schuljubiläum vor geladenen Gästen
D Präsentation für eine Besuchergruppe ausländischer Lehrerinnen und Lehrer mit Schülerinnen und Schülern
E Präsentation innerhalb einer Schüler-AG
F Präsentation vor der Lehrerschaft

Sprachliche Übungen

1 Finden Sie je ein Synonym oder eine gleichbedeutende Formulierung für die folgenden Begriffe.

A sehen
B beachten
C Abbildung
D demonstrieren
E beantworten
F Aufmerksamkeit
G Interesse

2 Notieren Sie das Prädikat der folgenden Sätze.

A Eine Präsentation benötigt viel Vorbereitung.
B Zuerst wird über das Thema informiert.
C Dann legt man das Ziel der Präsentation fest.
D Jetzt folgt die Strukturierung des Vortrags.
E Danach werden die Folien erstellt.
F Die Folien werden mit dem Vortrag abgestimmt.
G Sie haben immer bestimmte Funktionen.
H Dann folgt eine Übungsphase.
I Profis üben teilweise 2 Wochen vor der Präsentation.

3 Schreiben Sie die Sätze in der richtigen Groß- und Kleinschreibung.

A beim reden sollte man vor allem hauptsätze verwenden.
B eine klare und einfache sprache prägt sich beim zuhörer besser ein.
C wie man spricht, ist von nicht zu unterschätzender bedeutung.
D das sprichwort sagt ja: der ton macht die musik.
E darauf verweisen auch viele untersuchungen.
F aber natürlich darf man dabei nicht die inhaltlichen aspekte vergessen.

4 Schreiben Sie die folgenden Sätze in die indirekte Rede um.

A Am Anfang ist es wichtig, dass der Referent Kontakt zum Publikum herstellt.

BEISPIEL:
Am Anfang sei es wichtig, dass der Referent Kontakt zum Publikum herstelle.

B Das Publikum braucht am Anfang eine persönliche Ansprache.
C Ohne persönliche Ansprache bleibt das Publikum steif.
D Die Präsentation kommt dann nicht richtig an.
E Da können die Inhalte noch so gut sein.

5 Verbinden Sie die Sätze zu einem Satzgefüge, indem Sie aus einem der Sätze einen Nebensatz machen und diesen mit einer passenden Konjunktion einleiten.

A Meine eigene Einstellung ist wichtig. Ohne positive Einstellung kann ich nicht überzeugen.
B Das Publikum war sehr kritisch. Ich konnte es für das Thema begeistern.
C Ich hatte Erfolg. Ich hatte ja auch lange geübt. Das war der Grund.
D Ich werde diesen Vortrag nochmals halten. Ich erhalte eine bessere Bezahlung.

6 Notieren Sie jeweils drei weitere Varianten der folgenden Aussagen.

A Auf dieser Folie sehen Sie …
B Schauen Sie sich das Foto an …
C Das Foto zeigt …
D Diesen Begriff möchte ich Ihnen näher erläutern …
E Dazu möchte ich Ihnen ein Beispiel geben …
F Eine kleine Geschichte macht das lebendiger.
G Die Antwort sehen Sie auf der nächsten Folie.

7 Entscheiden Sie, ob eine Pluralbildung möglich ist, und schreiben Sie die richtige Form des Plurals auf. Schlagen Sie im Zweifelsfall in einem Wörterbuch nach.

A Thema
B Modus
C Publikum
D Chaos
E Forum
F Datum
G Hitze
H Praktikum
I Glück
J Album
K Klima
L Lexikon
M Plenum
N Risiko
O Universum
P Index

Prüfungsvorbereitung

Aufgabe:
Erstellen Sie Folien, die das Grundprinzip des Lernprozesses darstellen.
Zergliedern und kommentieren Sie dazu schrittweise die Inhalte.

MUSTERLÖSUNG

Folien erstellen

*Nach provokativem Einstieg werden die einzelnen Aspekte des Lernprozesses dargelegt. Beachten Sie, wie Arrangement, Choreografie und **Dramaturgie** jeweils umgesetzt sind.*

Was passiert in diesem Moment in Ihrem Kopf?

← *Ich kann Ihnen sagen, was in diesem Moment in Ihrem Kopf passiert. Das ist keine Magie, sondern reine Naturwissenschaft und beruht auf Fakten.* ***Was dort geschieht, das zeige ich Ihnen jetzt:***

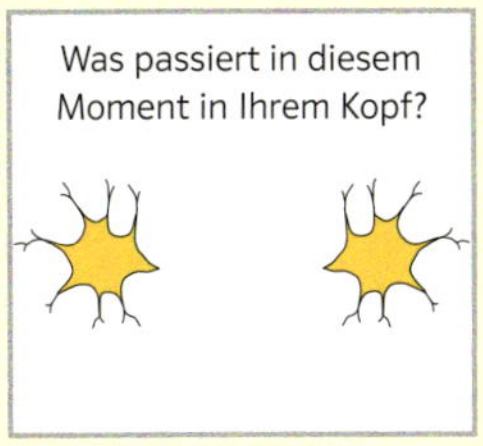

← *Das, was Sie hier vergrößert und ziemlich einsam sehen, sind Neuronen. Sie haben nicht nur zwei davon im Kopf, sondern bis zu 100 Milliarden. Was machen diese Neuronen? Sie sind aktiv oder nicht. Aber allein können sie nichts ausrichten.* ***Wenn Sie denken, dann müssen Ihre Neuronen ihre Isolation aufgeben. Wie machen sie das?***

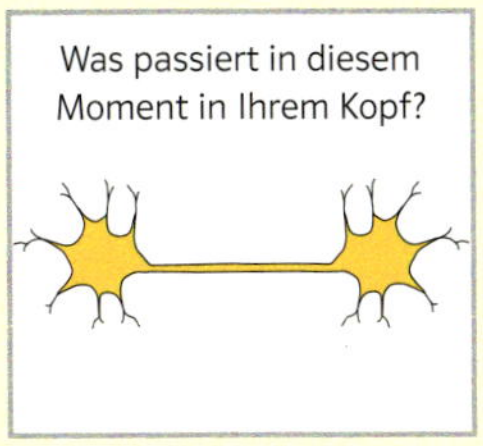

← *Nun, ganz einfach: Sie verbinden sich. Denken heißt also, dass sich Neuronen miteinander verbinden. Ein kleiner Gedanke besteht aus circa 50 000 Neuronen, die sich synchronisieren.* ***Wir fragen uns nun, was mit diesen Verbindungen möglich ist.***

← *Die Antwort ist einfach: Sie besteht aus vier Möglichkeiten, die alle hier aufgeführt sind. Mehr gibt es nicht. Verstärken – schwächen – löschen – neu herstellen.* ***Und das Fantastische ist Folgendes: Dieser Prozess findet immer statt, wenn Sie denken.***

← *Damit wissen wir, wie wir lernen. Der Lernprozess ist also nichts anderes als die Variation zwischen den Neuronen in Ihrem Kopf. Bedenken Sie aber immer, dass es nicht nur um zwei geht, sondern um 100 Milliarden.* ***Mit diesem Grundwissen können wir zur nächsten Frage kommen: Wie kann ich effektiv lernen?***

Kompetenz-Logbuch

Online-Link 803501-0017

- → Insgesamt bewerte ich die Lektion mit folgendem Smiley.
- → Diese mir selbst gesteckten Ziele habe ich erreicht.
- → Dies hat mir Schwierigkeiten bereitet.
- → So habe ich mich beteiligt und in die Gruppe eingebracht.
- → Das will ich noch lernen.
- → Diese konkreten Schritte werde ich dazu unternehmen.

Projekte

1 Kriterien für die Präsentationsbewertung

Diskutieren Sie die folgenden Kriterien für die Bewertung einer Präsentation und verändern und erweitern Sie die Kriterien.

Inhalt: Informationsgehalt, Erreichung der Ziele, Themeneingrenzung, Bezüge zu verwandten Themen, Anschaulichkeit der Inhalte

Vortrag: Sprache, Körpersprache, Beziehung zum Publikum, Sicherheit, Motivation

Medien: Visualisierung, Angemessenheit

2 Präsentationen im Internet

Finden Sie professionelle Präsentationen im Internet und bewerten Sie diese.

3 Checkliste für Präsentationen

Erstellen Sie eine persönliche Checkliste für die einzelnen Arbeitsschritte zur Vorbereitung und Durchführung einer Präsentation.

4 Häufig gestellte Fragen

Erstellen Sie eine Liste mit Fragen rund um das Thema Präsentation und beantworten Sie diese gemeinsam in Ihrer Klasse. Dokumentieren Sie Ihre Ergebnisse in Form einer Wandzeitung oder eines Plakats.

5 Videodokumentation Ihrer Präsentation

Halten Sie eine Präsentation zu einem vereinbarten Thema. Nehmen Sie die Präsentation per Video auf.

Lassen Sie sich eine ausführliche Rückmeldung geben. Ändern Sie die Präsentation entsprechend ab, sodass sie als Muster dokumentiert werden kann.

18 Wie Sie die Konstruktion epischer Großformen durchschauen

Was Sie wissen und was Sie lernen können

„Komm, erzähl mir keinen Roman!"

1. Berichten Sie von Situationen, in denen Sie dieser Aussage schon begegnet sind, und erklären Sie genau, was man in solchen Fällen unter „Roman" versteht.

2. Entscheiden Sie, ob die Aussagen 1–12 richtig oder falsch sind.

Raum- und Zeitgestaltung

1. Romane behandeln stets einen Zeitraum, der länger ist als die Zeit, die man zum Lesen braucht.
2. Romane sind immer im Präteritum geschrieben.
3. Im Gegensatz zu Gedichten gibt es im Roman keine Symbole.
4. Naturschilderungen können in Romanen auf psychische Zustände der Personen hinweisen.

Erzählverhalten und Erzählform

5. In einem Roman erzählt der Autor immer seine persönlichen Erlebnisse.
6. Der Autor ist der Erzähler.
7. Der Erzähler im Roman kann auch lügen.
8. In Romanen finden sich verschiedene Erzählverhalten.

Grammatik und Inhalt

9. Romane sind immer im Indikativ geschrieben.
10. Bei Gedichten sind Formulierungen ganz bedeutsam für das Verständnis, bei Romanen kann man sich ausschließlich auf den Inhalt konzentrieren.
11. Wenn man einen Roman richtig verstehen will, dann muss man auch die Funktion der Zeitformen verstehen.
12. Für das Verständnis eines Romans spielt die Wortwahl keine Rolle.

3. Vergleichen Sie Ihr Ergebnis mit der Lösung im Kompetenzregister, S. 259.

4. Markieren Sie im Kompetenz-Logbuch auf der Seite für dieses Kapitel, in welchem Bereich Sie aufgrund der Ergebnisse von Aufgabe 2 Ihre Stärken sehen, und legen Sie Ihre persönlichen Schwerpunkte für den weiteren Lernprozess fest. **Online-Link** 803501-0018

A	B	C
Raum- und Zeitgestaltung	Erzählverhalten und Erzählform	Grammatik und Inhalt

A | B | C

So erfassen Sie die Raum- und Zeitgestaltung von epischen Großformen

1 **a)** Ordnen Sie Gefühle und Gedanken (z. B. Gefahr, Einsamkeit, Reinigung, Traurigkeit, Neubeginn, Fröhlichkeit, Veränderung, Nachdenken) realen Erscheinungen (z. B. Windstille, Sturm, Gewitter, Regen, Tagesanbruch, Nacht, Sonnenschein, Kälte) zu, indem Sie die Begriffspaare (z. B. Gefahr – Sturm) aufschreiben. Wählen Sie dazu die in Klammern angegebenen Begriffe oder ergänzen Sie diese durch eigene.

KOMPETENZBOX

Raumgestaltung

Die Handlungsräume im Roman können real oder irreal sein. Reale Räume haben oft auch tiefere Bedeutungsebenen: So können Milieuschilderungen deutlich machen, welchen Einfluss das gesellschaftliche Umfeld auf handelnde Personen hat. Oft wird der reale Handlungsraum oder dessen Atmosphäre auch dazu benutzt, um Stimmungen, Gemütszustände von Personen oder sogar Vorahnungen auszudrücken.
Reale oder irreale Handlungsräume spiegeln häufig Gedankenwelten symbolisch-traumartig wider. Der geschilderte Raum steht dann als Symbol stellvertretend für etwas Gedachtes.

b) Vergleichen Sie Ihre Ergebnisse.

2 Notieren Sie für jeden Handlungsraum, der u. a. in Max Frischs Roman „Homo faber" vorkommt, stichwortartig mögliche symbolische Bedeutungen.

A Flughafen
B Wüste
C Urwald
D Großstadt
E Schiff
F Strand

BEISPIEL FLUGHAFEN:
Aufbruch, Veränderung, Übergang, Technik, Beherrschung der Natur, Freiheit, Flucht

! TIPP Sie können sich auch Anregungen bei Traumdeutungen holen.

3 Erläutern Sie anhand der Kompetenzbox die folgenden Zeit-Konstellationen, die Werke der Literatur im Verhältnis Autor, Handlung und Leser grafisch darstellen.

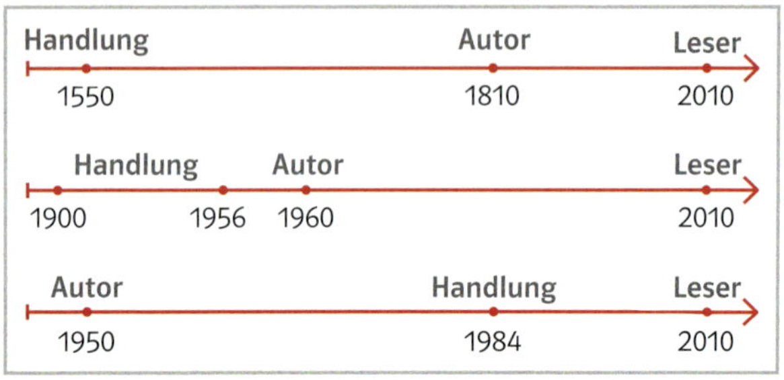

KOMPETENZBOX

Romanarten und Zeit

Der Gesellschaftsroman und der Zeitroman stellen die Gesellschaft, in der der Autor lebt, kritisch dar. Der **Gesellschaftsroman** besteht aus vielen Handlungssträngen, die die wesentlichen gesellschaftlichen Schichten umfassen, sodass die gesellschaftlichen Verhältnisse umfassend dargestellt werden. Der **Zeitroman** greift darüber hinaus die wesentlichen geistigen Strömungen der Zeit auf, sodass die Handlung etwas in den Hintergrund tritt.
Der **historische Roman** beschreibt Personen und Milieu einer Zeitepoche, die der Autor nicht miterlebt hat, und kann von den historischen Wahrheiten stark abweichen. Die Vergangenheit kann nur als Kulisse für die Handlung, als Hauptthematik oder als Aufhänger für die Darstellung gesellschaftlicher Probleme der Zeit des Autors dienen. Bei **utopischen Romanen** werden angestrebte Ideale oder befürchtete Fehlentwicklungen (in der Anti-Utopie) in die Zukunft des Autors projiziert.
Viele Romane lassen sich nicht eindeutig in diese Kategorien einordnen. Dennoch ist es wichtig, bei der Interpretation die Zeitbezüge zu berücksichtigen. Dabei sollte die Position des Lesers einbezogen und gefragt werden, ob **aktuelle Bezüge** zur Leserwirklichkeit hergestellt werden können und welche überzeitlichen Aussagen der Roman enthält.

4 Erstellen Sie einen Zeitpfeil für den Roman „Homo faber“ von Max Frisch, indem Sie die drei Elemente einbauen: Handlung, Autor, Leser.

„Homo faber“ erschien 1957. Max Frisch beschreibt in diesem Roman den Zeitraum von 1933 bis 1956 im Leben des Walter Faber, eines von Technik bestimmten Menschen. Dabei werden die Geschehnisse, die vor 1957 liegen, in Rückblicken dargestellt. Walter Faber glaubt als Ingenieur an das Rationale, Machbare und Planbare. Er lehnt Emotionalität, Romantik und Natürlichkeit ab und genießt das oberflächliche Leben in den USA. Durch die Liebesbeziehung zur jungen Studentin Elisabeth, von der er nicht weiß, dass sie seine Tochter ist, und durch ihren tragischen Tod verändert sich seine Denk- und Lebensweise. Er wendet sich vom American Way of Life ab und lernt, sich seinen Gefühlen zu stellen und sie zu leben, auch wenn es wohl zu spät ist, da sich Faber am Ende des Romans einer Krebsoperation unterziehen muss, über deren Ausgang nicht mehr berichtet wird.

5 Entscheiden Sie anhand der kurzen Inhaltsangabe und Ihres Zeitpfeils von Aufgabe 4, welche der folgenden Aussagen zutreffen. Begründen Sie, wenn Sie Behauptungen nicht beurteilen können.

	Aussagen
A	Der Roman stellt die geschichtlichen Ereignisse von 1957 dar.
B	Es handelt sich um einen historischen Roman.
C	Max Frisch benutzt die Zeit als Kulisse für die Liebesbeziehung zwischen Walter Faber und Elisabeth.
D	Der Roman thematisiert gesellschaftliche Probleme seiner Zeit.
E	Der Roman ist eine Anti-Utopie.
F	Aktuelle Bezüge zu heute können nicht hergestellt werden.
G	Der Roman thematisiert überzeitliche Probleme.
H	Es handelt sich um einen zeitkritischen Roman.
I	„Homo faber“ ist ein Zeitroman.

6 **a)** Erstellen Sie für eine Lektüre Ihrer Wahl eine Grafik zur Zeit-Konstellation wie in Aufgabe 3.

b) Erklären Sie Ihre Grafik schriftlich.

c) Formulieren Sie sinnvolle Zeitbezüge.

7 Lesen Sie die Kompetenzbox.

KOMPETENZBOX

Zeitgestaltung

Erzählzeit ist die Zeitspanne, die eine Leserin oder ein Leser für die Lektüre braucht. Die **erzählte Zeit** ist der Zeitraum, über den sich die Geschichte inhaltlich erstreckt. Setzt man beide Größen in ein Verhältnis, ergibt sich die **Erzählgeschwindigkeit:** zeitraffend, zeitdeckend, zeitdehnend. Beachten Sie, dass sich die Erzählgeschwindigkeit innerhalb eines Textes verändern kann.

Die **Chronologie** bezeichnet die zeitliche Abfolge der Ereignisse: linear (chronologisch) oder Umstellung der zeitlichen Reihenfolge (anachronisch) mit Rückblenden (Analepse) oder Vorausdeutungen (Prolepse).

BASISKOMPETENZ A

8 Untersuchen Sie Erzählzeit und Chronologie im folgenden Ausschnitt aus Patrick Süskinds Roman „Das Parfum".

a) Notieren Sie die Zeilen, in denen zeitraffend, zeitdeckend oder zeitdehnend erzählt wird.

b) Berichten Sie, welche Wirkung jeweils der Wechsel der Erzählgeschwindigkeit auf Sie hat.

c) Erklären Sie die chronologische Konstruktion dieses Romanausschnittes.

Grenouilles Mutter wünschte, daß alles schon vorüber wäre. Und als die Preßwehen einsetzten, hockte sie sich unter ihren Schlachttisch und gebar dort, wie schon vier Mal zuvor und nabelte mit dem Fischmesser das neugeborene Ding ab. Dann aber, wegen der Hitze und des Gestanks, den sie als solchen nicht wahrnahm, sondern nur als etwas Unerträgliches, Betäubendes wie ein Feld von Lilien oder wie ein enges Zimmer, in dem zuviel Narzissen stehen, wurde sie ohnmächtig, kippte zur Seite, fiel unter dem Tisch hervor mitten auf die Straße und blieb dort liegen, das Messer in der Hand.

Geschrei, Gerenne, im Kreis stehende glotzende Menge, man holt die Polizei. Immer noch liegt die Frau mit dem Messer in der Hand auf der Straße, langsam kommt sie zu sich.

Was ihr geschehen sei?

„Nichts."

Was sie mit dem Messer tue?

„Nichts."

Woher das Blut an ihren Röcken komme?

„Von den Fischen."

Sie steht auf, wirft das Messer weg und geht davon, um sich zu waschen.

Da fängt wider Erwarten die Geburt unter dem Schlachttisch zu schreien an. Man schaut nach, entdeckt unter einem Schwarm von Fliegen und zwischen Gekröse und abgeschlagenen Fischköpfen das Neugeborene, zerrt es heraus. Von Amts wegen wird es einer Amme gegeben, die Mutter festgenommen. Und weil sie geständig ist und ohne weiteres zugibt, daß sie das Ding bestimmt würde haben verrecken lassen, wie sie es im übrigen schon mit den vier anderen getan habe, macht man ihr den Prozeß, verurteilt sie wegen mehrfachen Kindermords und schlägt ihr ein paar Wochen später auf der Place de Grève den Kopf ab.

Patrick Süskind: Das Parfum. Diogenes Verlag, Zürich 1994, S. 8 f. Der Text ist in alter Rechtschreibung abgedruckt.

9 Ordnen Sie den folgenden chronologischen Comic so, dass er deutlich drei der vier Möglichkeiten der zeitlichen Abfolge wiedergibt.

10 Wandeln Sie den von Ihnen umgeordneten Comic schriftlich in einen kurzen Erzähltext um und setzen Sie dabei Zeitraffung und Zeitdehnung um.

A | **B** | C

So erkennen Sie Erzählverhalten und Erzählform

1 **a)** Bilden Sie Gruppen von 3 bis 5 Personen.

b) Erklären Sie mithilfe der Kompetenzbox die Grafik zum auktorialen Erzählverhalten.

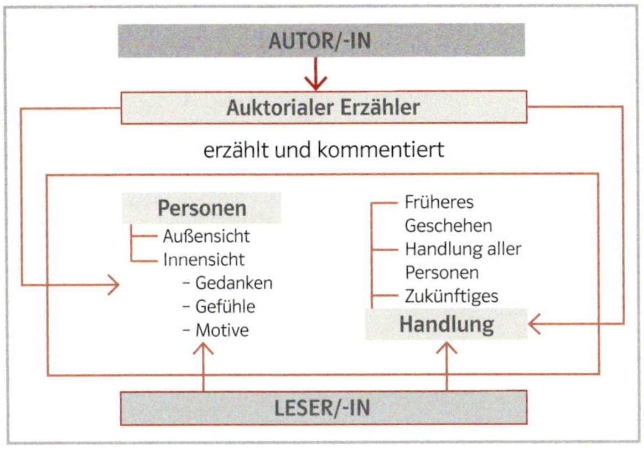

c) Formulieren Sie, welche Aspekte Ihnen durch die Grafik deutlich werden.

KOMPETENZBOX

Auktoriales Erzählverhalten

Der Erzähler steht außerhalb des Geschehens und schildert die Handlung allwissend. Er kennt vorangegangene und zukünftige Handlungen, sämtliche Gedanken und Gefühle von allen Personen. Er scheint eine „objektive" Position zu haben, von der aus er kommentieren und werten kann.
Der **auktoriale Erzähler** kann aber auch nur über beschränktes Wissen verfügen oder er kann durch übertriebene oder unglaubwürdige Erzählungen zum „unzuverlässigen" Erzähler werden, dem der Leser nicht glaubt und zu dem er eine kritische Distanz entwickelt.

Erzählform

Die Erzählung ist meistens in der dritten Person Singular verfasst. Es kommt aber auch ein **auktorialer Ich-Erzähler** vor, der das Geschehen aus einem Abstand heraus beschreibt.

2 Erstellen Sie eine Skizze, in der Sie das Prinzip des personalen Erzählverhaltens darstellen. Orientieren Sie sich dabei an der Grafik zum auktorialen Erzählverhalten.

KOMPETENZBOX

Personales Erzählverhalten

Im personalen Erzählverhalten nimmt der Erzähler die Perspektive von Personen der Handlung (**„Reflektorfiguren"**) ein. Dies können mehrere Personen sein, er kann sich aber auch monoperspektivisch auf eine einzelne Person beschränken. Die Sichtweise ist auf die Perspektive der Reflektorfigur beschränkt, sodass Gefühle und Gedanken anderer Personen aus der **Innenperspektive** der Reflektorfigur gesehen und deshalb nur vermutet werden können.

Erzählform

Neben dem **Ich-Erzähler** kommt als Erzählform auch der **Er-/Sie-Erzähler** vor.

3 **a)** Notieren Sie jeweils, für welches Erzählverhalten (auktorial oder personal) und für welche Erzählform (Ich- oder Er-/Sie-Erzähler) die Aussagen A – N zutreffen können.

BEISPIEL ZU AUSSAGE A:
Diese Aussage trifft für personales Erzählverhalten zu. Dabei kann sowohl ein Ich-Erzähler als auch ein Er-/Sie-Erzähler auftreten.

b) Begründen Sie Ihre Entscheidung in ein bis zwei Sätzen.

BEISPIEL ZU AUSSAGE A:
Da nur die Perspektive einer Person dargestellt wird, handelt es sich auf jeden Fall um personales Erzählverhalten. Als Erzählform kommt der Ich-Erzähler oder monoperspektivisch der Er-/Sie-Erzähler in Betracht.

A Der Erzähler nimmt eine subjektive Perspektive einer Person ein.
B Der Erzähler ist kein Teil der Erzählung.
C Der Erzähler kennt Gedanken und Gefühle aller Personen.
D Der Erzähler weiß alles.
E Die Erzählung zeigt eine Innenperspektive.
F Der Erzähler kennt Gedanken und Gefühle einzelner Personen.
G Alles ist aus der Perspektive einer Person geschrieben.
H Es wird in der 3. Person erzählt.
I Der Erzähler kennt zukünftige Geschehnisse.
J Der Erzähler wird dem Leser kaum bewusst.
K Der Erzähler steht außerhalb der fiktionalen Welt des Geschehens.
L Es handelt sich um ein scheinbar erzählerloses Erzählen.
M Das Ich erzählt aus einer späteren/anderen Einsicht.
N Das Ich ist direkt im Geschehen und hat keinen Abstand zu den eigenen Gedanken/Gefühlen.

4 Ordnen Sie die folgenden Sätze einer Erzählsituation (Erzählverhalten und Erzählform) zu und begründen Sie dies.

A Als Gregor Samsa eines Morgens aus unruhigen Träumen erwachte, fand er sich in seinem Bett zu einem ungeheueren Ungeziefer verwandelt. Er lag auf seinem panzerartig harten Rücken und sah, wenn er den Kopf ein wenig hob, seinen gewölbten, braunen, von bogenförmigen Versteifungen geteilten Bauch, auf dessen Höhe sich die Bettdecke, zum gänzlichen Niedergleiten bereit, kaum noch erhalten konnte. Seine vielen, im Vergleich zu seinem sonstigen Umfang kläglich dünnen Beine flimmerten ihm hilflos vor den Augen.

Franz Kafka: Die Verwandlung. Ernst Klett Verlag, Stuttgart 2007, S. 4

B Kohlhaas aber, als diese Frau zu ihm eintrat, meinte, an einem Siegelring, den sie an der Hand trug, und einer ihr vom Hals herabhängenden Korallenkette, die bekannte alte Zigeunerin selbst wieder zu erkennen, die ihm in Jüterbock den Zettel überreicht hatte; und wie denn die Wahrscheinlichkeit nicht immer auf Seiten der Wahrheit ist, so traf es sich, dass hier etwas geschehen war, das wir zwar berichten: die Freiheit aber, daran zu zweifeln, demjenigen, dem es wohlgefällt, zugestehen müssen …

Heinrich von Kleist: Michael Kohlhaas. Ernst Klett Verlag, Stuttgart 2003, S. 101

C Dass mein Großvater zu dem Zeitpunkt, als mich seine vorletzte Postkarte erreichte, bereits tot war, konnte ich nicht wissen.

Tilman Rammstedt: Der Kaiser von China. DUMONT Literatur und Kunst Verlag, Köln 2008, S. 7

D Im September 1828 verließ der größte Mathematiker des Landes zum ersten Mal seit Jahren seine Heimatstadt, um am Deutschen Naturforscherkongress in Berlin teilzunehmen. Selbstverständlich wollte er nicht dorthin.

Daniel Kehlmann: Die Vermessung der Welt. Rowohlt, Reinbek bei Hamburg 2008, S. 7

5 Diskutieren Sie mit einer Partnerin/einem Partner, welchen der folgenden Aussagen Sie zustimmen.

A Der auktoriale Erzähler ist so eine Art Gott, der alles weiß. Das ist einfach unnatürlich.

B Wenn die gesamte Handlung nur aus der Perspektive einer Person dargestellt wird, dann weiß man manchmal nicht, ob das eine wirkliche Handlung ist oder ob sie sich nur im Kopf der Person abspielt.

C Der Ich-Erzähler wirkt auf mich authentischer. Ich muss mich mit ihm auch nicht identifizieren. Es ist sogar originell, wenn das eine außergewöhnliche Person ist.

D Das kann aber schon sehr verwirrend sein, wenn man gar nicht merkt, aus welcher Reflektor-Perspektive jetzt erzählt wird und ob die Aussagen über eine andere Person Vermutung oder Wahrheit sind.

6 **a)** Nennen Sie die Stellen im folgenden Text, wo direkte Rede, indirekte Rede, erlebte Rede oder der innere Monolog verwendet wird (siehe Kompetenzbox).

b) Schreiben Sie den Text so um, dass direkte zu indirekter Rede und erlebte Rede zum inneren Monolog (und umgekehrt) umgewandelt werden.

Was sollte sie tun? Sollte sie sich für ihr Gefühl entscheiden? Nein, das wollte sie nicht mit allen Mitteln. „Ich muss meine Entscheidung noch überdenken", sagte sie schließlich zu ihrer Vermieterin und verließ das Haus, nachdem sie sich verabschiedet hatte. Die Vermieterin hatte gesagt, dass sie noch bis morgen Zeit habe, sich zu entscheiden. Bis dahin werde sie das Zimmer niemandem anbieten. Sie sagte sich: „Du solltest dich heute noch entscheiden, Anna. Sonst geht es dir wie beim letzten Mal und das Zimmer ist weg, bevor du dich entschieden hast. Sei einfach nicht so lahm. Die 20 Euro, die das Zimmer mehr als geplant kostet, kannst du doch auftreiben …"

KOMPETENZBOX

Rede- und Gedankenwiedergabe

Die **direkte Rede** gibt wortgetreu Aussagen wieder.

BEISPIEL: *Sie fragte: „Soll ich wirklich etwas sagen?"*

Die **indirekte Rede** gibt berichtend oder distanziert Äußerungen wieder. Die indirekte Rede steht im Konjunktiv I oder II.

BEISPIEL: *Sie fragte, ob sie wirklich etwas sagen solle.*

Die **erlebte Rede** ist ein Stilmittel zwischen direkter und indirekter Rede: Gedanken oder Bewusstseinsinhalte einer bestimmten Person werden im Indikativ der dritten Person und meist im Präteritum ausgedrückt. Oft ist es schwierig, zwischen der erlebten Rede und dem Erzählerbericht zu unterscheiden.

BEISPIEL: *Sollte sie ihm nun die Wahrheit sagen?*

Der **innere Monolog** wird zur Darstellung von Gedankenvorgängen gebraucht. Er kann in der ersten oder in der zweiten Person geschrieben sein.

BEISPIEL: *Soll ich wirklich etwas sagen? Ich habe doch gar keine Idee.*

BASISKOMPETENZ C

A | B | C

So erklären Sie Inhalte auf der Grundlage grammatikalischer Besonderheiten

1 Lesen Sie die ersten Sätze aus Franz Kafkas Romanfragment „Der Proceß".

Jemand musste Josef K. verleumdet haben, denn ohne dass er etwas Böses getan hätte, wurde er eines Morgens verhaftet. Die Köchin der Frau Grubach, seiner Zimmervermieterin, die ihm jeden Tag gegen acht Uhr früh das Frühstück brachte, kam diesmal nicht. Das war noch niemals geschehen. K. wartete noch ein Weilchen, sah von seinem Kopfkissen aus die alte Frau, die ihm gegenüber wohnte und die ihn mit einer an ihr ganz ungewöhnlichen Neugierde beobachtete, dann aber, gleichzeitig befremdet und hungrig, läutete er.

Franz Kafka: Der Proceß. Ernst Klett Verlag, Stuttgart 2007, S. 3

KOMPETENZBOX

Funktion des Konjunktivs II

Der **Konjunktiv II** wird auch Irrealis genannt, da er verwendet wird, um Unmögliches oder Unwahrscheinliches vor allem bei Bedingungen (falls, wenn) oder Folgen von Bedingungen auszudrücken. Der Konjunktiv II dient auch dazu, Zweifel an bestimmten Sachverhalten zum Ausdruck zu bringen.

Der Konjunktiv II wird darüber hinaus anstelle des Konjunktiv I gebraucht, wenn dieser mit dem Indikativ zusammenfällt.

2 Bearbeiten Sie folgende Aufgaben zum Text in Aufgabe 1.

A **a)** Bilden Sie den ersten Satz („Jemand musste Josef K. verleumdet haben") ohne Modalverb.

b) Formulieren Sie schriftlich, welche inhaltlichen Veränderungen sich durch die Änderung ergeben und welche Aussage im Vergleich dazu der Originalsatz beinhaltet.

BEISPIEL:
Jemand hatte Josef K. verleumdet. Aus einer Vermutung wird so eine Tatsache. Erzähltechnisch ändert sich die personale Erzählsituation des Originals: Es entsteht ein auktorialer Erzähler, der sein Wissen kundtut, dass jemand Josef K. verleumdet hat. Bei Kafka wird durch die Vermutung, die durch die Verwendung des Modalverbes „müssen" erzeugt wird, die Innenperspektive des Erzählers deutlich: Josef K. weiß nicht, warum er verhaftet wird und stellt eine Vermutung an.

B **a)** Wandeln Sie den Konjunktiv II im ersten Satzgefüge in den Indikativ um.

b) Notieren Sie, welche Änderungen dadurch entstehen und welche Bedeutung dem Konjunktiv II im Original zukommt.

C **a)** Ersetzen Sie in Zeile 2 das substantivierte Adjektiv durch ein sinnverwandtes Wort.

b) Schreiben Sie auf, welche Bedeutungsverschiebung dadurch zustande kommt und welche Bedeutung das Original hat.

D **a)** Setzen Sie in den Zeilen 3 – 5 den Hauptsatz ins Plusquamperfekt.

b) Notieren Sie, welche Aussage dadurch erreicht wird und welche inhaltliche Aussage mit dem ursprünglichen Präteritum verbunden ist.

E **a)** Benennen Sie die Zeitform und deren Funktion in Zeile 8 („wohnte").

b) Formulieren Sie schriftlich, welche inhaltliche Änderung die Verwendung des Präsens ergäbe und warum die Zeitform im Original sinnvoll ist.

F **a)** Schreiben Sie auf, welche inhaltliche Veränderung durch den Verzicht auf die Präposition „an" (Z. 8) erfolgt, wenn der Satz so lautete: „[…] die ihn mit einer ihr ganz ungewöhnlichen Neugierde beobachtete".

b) Erklären Sie, warum die Präposition für die personale Erzählhaltung notwendig ist.

KOMPETENZBOX

Funktion der Zeitformen

Das **Präsens** (Ich sehe) ist die Gegenwartsform und drückt aus, was jetzt oder auch regelmäßig geschieht. Es kann auch „ewige Wahrheiten" wiedergeben. Das Präsens wird auch benutzt, um Zukünftiges auszudrücken, besonders wenn Zeitangaben den Zukunftsbezug verdeutlichen.
Das **Präteritum** (Ich sah) ist die Vergangenheitsform für abgeschlossene Ereignisse oder Handlungen.
Das **Perfekt** (Ich habe gesehen) zeigt an, dass Handlungen oder Ereignisse, die in der Vergangenheit abgeschlossen wurden, noch einen deutlichen Gegenwartsbezug haben.
Das **Plusquamperfekt** (Ich hatte gesehen) wird benutzt, wenn Ereignisse oder Handlungen zeitlich vor den im Präteritum dargestellten Geschehnissen liegen.

3 **a)** Lesen Sie den folgenden Ausschnitt aus Alfred Döblins Roman „Berlin Alexanderplatz".

b) Notieren Sie sechs sprachliche Auffälligkeiten, die auf ein bestimmtes Erzählverhalten hinweisen.

c) Schreiben Sie alternative Formulierungen auf.

d) Beurteilen Sie die unterschiedliche Wirkung von Alternative und Original.

Wie Franz Biberkopf nach einer Woche mit einem Strauß in Seidenpapier gemächlich die Treppe hochsteigt, denkt er an seine Dicke, macht sich Vorwürfe, aber nicht ganz ernst, bleibt stehen, sie ist ein goldtreues Mädel, wat sollen die Zicken, Franz, pah, ist Geschäft, Geschäft ist Geschäft. Da klingelt er, lächelt in Vorahnung, schmunzelt, warmer Kaffee, ein kleines Püppchen. Da geht einer drin, das ist sie. Er wirft sich in die Brust, präsentiert vor der Holztür den Strauß, die Kette wird vorgelegt, sein Herz klopft, mein Schlips, ihre Stimme fragt: „Wer ist da?" Er kichert: „Der Briefträger."

Kleine schwarze Türspalte, ihre Augen, er bückt sich zärtlich herunter, schmunzelt, wedelt mit dem Bukett. Krach. Die Türe zu, zugeschlagen. Rrrrrr, der Riegel wird vorgeschoben. Donnerwetter. Die Tür ist zu. Son Biest. Da stehst Du. Die ist wohl verrückt. Ob die mich erkannt hat. Braune Tür, Türfüllung, ich steh auf der Treppe, mein Schlips sitzt. Ist gar nicht zu glauben. Muss nochmal klingeln, oder nicht. Er blickt auf seine Hände, ein Bukett, hab ich vorhin an der Ecke gekauft, für eine Mark, mit Seidenpapier …"

Alfred Döblin: Berlin Alexanderplatz. dtv, München 2008, S. 111

4 Schreiben Sie zu den folgenden Klappentexten die ersten Sätze eines Romans. Wählen Sie unterschiedliche Erzählverhalten und unterschiedliche Erzählformen. Stellen Sie Ihre Lösungen vor und diskutieren Sie diese.

A Moritz Netenjakob, Macho Man

Versteh einer die Frauen! Daniel, Anfang 30, ist gerade verlassen worden und das, obwohl er alles gemacht hat, was seine Freundin wollte. Schließlich haben ihm seine 68er-Eltern beigebracht, Frauen zu achten und zu respektieren. Das hat ihm als Jugendlicher auf Partys sehr geholfen: Während die Mädchen mit den anderen Jungs in der Ecke knutschten, hat er sie geachtet und respektiert. Und einer musste schließlich die ganzen Nudelsalate essen.

Um die Trennung zu verdauen, fliegt er in die Türkei. Dort passiert ein Wunder: Die schöne Aylin, in die der ganze Club verliebt ist, interessiert sich für ihn. Den Schattenparker. Daniel schwebt im siebten Himmel. Wird aber sehr schnell wieder auf den Boden der Tatsachen zurückgeholt, als er, zurück in Deutschland, Aylins türkische Großfamilie kennenlernt. Soll er nach dem Essen bei den Schwiegereltern in spe spülen helfen? Über Griechen-Witze lachen? Und was tun, als er ins Männercafé eingeladen wird und dann auch noch in die türkische Disco?

Moritz Netenjakob: Macho Man. Kiepenheuer & Witsch, Köln 2009

B Anne Cushman, Ich, mein Karma und Er

Amandas Leben ist ein ziemliches Chaos. Und realistisch betrachtet, sieht es nicht danach aus, dass sie zu ihrem 30. Geburtstag verheiratet, erfolgreich und spirituell erleuchtet sein wird. Im Gegenteil: Statt hoher Literatur verfasst Amanda immer noch dümmliche Reiseführer für einen Hungerlohn, und ihr Liebesleben ist eine einzige Warteschleife – denn ihr Freund Matt, seines Zeichens Hobby-Fotograf und Globetrotter, liebt vor allem das Abenteuer, die große Freiheit und andere Frauen. Kein Wunder also, dass Amanda langsam panisch wird. Da kommt ihr das Angebot ihrer Verlegerin gerade recht: Amanda soll nach Indien reisen und vor Ort für ein neues, ehrgeiziges Reiseführer-Projekt recherchieren: „Erleuchtung für Anfänger". Amanda ist sofort Feuer und Flamme und bricht ihre Zelte in Kalifornien ab. […]

Anne Cushman: Ich, mein Karma und Er. Goldmann Verlag, München 2009

Sprachliche Übungen

1 **a)** Schreiben Sie auf, um welche Zeitform es sich bei den folgenden Prädikaten handelt.

b) Erklären Sie die Funktion dieser Zeitform.

A Am Abend hatte er noch darüber gelacht.
B Jetzt war es Wirklichkeit geworden.
C Seine schlimmsten Befürchtungen waren eingetroffen.
D Nun musste er sich etwas überlegen.
E Gerade dieser Stoff wurde nun abgefragt.
F Damit hatte er nicht gerechnet.
G Da habe ich mich mal wieder verspekuliert.
H Er dachte lange nach.
I Das wird noch interessant werden.
J Aber irgendwann werden alle darüber hinweggekommen sein.

2 **a)** Setzen Sie einen Teil der folgenden Sätze sinnvoll in das Plusquamperfekt.

b) Zeigen Sie auf, welche Veränderungen sich für die Erzählperspektive ergeben.

Ich lag im Bett und las ein Buch. Das Fenster war offen und ein starker Lufthauch wehte in das Zimmer. Die Vorhänge flatterten im Wind und ein Motorrad dröhnte die Straße entlang. Plötzlich ging das Licht aus und ein leichtes Beben erschütterte das Haus …

3 Notieren Sie jeweils drei ähnliche Begriffe.

A Kneipe
B Glück
C Dunkelheit
D spüren
E wütend
F schimpfen
G wohnen
H Existenz
I Weg
J langsam

4 Schreiben Sie den Begriff auf, der nicht in die Reihe passt.

A Preis, Belohnung, Auszeichnung, Ansehen
B erstreben, vermeiden, fernbleiben, umgehen
C hinterlistig, verschlagen, klug, raffiniert
D frei, spontan, autonom, neutral
E schwermütig, böse, depressiv, trübsinnig
F Witz, Gedanke, Idee, Einfall
G belauschen, aufhorchen, bespitzeln, beobachten
H existieren, leben, durchhalten, vorkommen

5 Bilden Sie für die folgenden Sätze

a) den Konjunktiv I,

b) den Konjunktiv II.

A Er hat Glück.
B Er hat Glück gehabt.
C Sie sieht nicht.
D Sie sehen nicht.
E Sie laufen schnell.
F Sie liefen schnell.
G Er treibt sich herum.

6 Wandeln Sie die direkte Rede in indirekte Rede um.

„Er war die Liebe meines Lebens“, sagte Anna. „Und jetzt ist er fort und ich sitze hier hilflos rum.“ „Jetzt nimm es doch nicht so tragisch“, versuchte Lisa zu trösten. „Das kannst du nicht verstehen. Du hast so etwas ja noch nie erlebt“, konterte Anna trotzig, „ich hänge immer noch so an ihm.“ „Na ja, er hat eben die Freiheit gewählt“, versuchte Lisa zu erklären. Doch Anna konnte es einfach nicht akzeptieren: „Aber ich habe doch alles für ihn getan.“ Lisa konnte das Gejammer nicht mehr hören und wurde lauter: „Jetzt hör doch mit deinem Selbstmitleid auf. Dein Wellensittich wird schon ein neues Zuhause finden.“

7 Setzen Sie die richtige Form des Konjunktivs ein.

A Wenn mir eine Geschichte ______ (einfallen), ______ (erzählen) ich sie euch.
B ______ (haben) ich Fantasie, ______ (sein) ich ein Romanautor/eine Romanautorin.
C Dann ______ (können) ich die Bilder in meinem Kopf in Worte fassen.
D Dies ______ (bringen) mir viel Spaß und auch viel Geld ein.
E Natürlich ______ (halten) ich dann auch Lesungen ab, bei denen ich neue Leser ______ (gewinnen).
F Meine Helden ______ (sterben) nie, da ich immer Fortsetzungen ______ (schreiben).

Prüfungsvorbereitung

Aufgaben:

1) Skizzieren Sie von der Textstelle ausgehend die vorangegangene Handlung und den weiteren Verlauf.

2) Erklären Sie Fabers Wahrnehmung und Weltsicht.

3) Beschreiben Sie die Wandlung Fabers im Laufe des Romans und die Bedeutung der Textstelle. Erläutern Sie dazu sprachliche und erzähltechnische Mittel.

Ich habe mich schon oft gefragt, was die Leute eigentlich meinen, wenn sie von Erlebnis reden. Ich bin Techniker und gewohnt, die Dinge zu sehen, wie sie sind. Ich sehe alles, wovon sie reden, sehr genau; ich bin ja nicht blind. Ich sehe den Mond über der Wüste von Tamaulipas – klarer als je, mag sein, aber eine errechenbare Masse, die um unseren Planeten kreist, eine Sache der Gravitation, interessant, aber wieso ein Erlebnis? Ich sehe die gezackten Felsen, schwarz vor dem Schein des Mondes; sie sehen aus, mag sein, wie die gezackten Rücken von urweltlichen Tieren, aber ich weiß: Es sind Felsen, Gestein, wahrscheinlich vulkanisch, das müßte man nachsehen und feststellen. Wozu soll ich mich fürchten? Es gibt keine urweltlichen Tiere mehr. Wozu sollte ich sie mir einbilden? Ich sehe auch keine versteinerten Engel, es tut mir leid; auch keine Dämonen, ich sehe, was ich sehe: die üblichen Formen der Erosion, dazu meinen langen Schatten auf dem Sand, aber keine Gespenster. Wozu weibisch werden? Ich sehe auch keine Sintflut, sondern Sand, vom Mond beschienen, vom Wind gewellt wie Wasser, was mich nicht überrascht; ich finde es nicht fantastisch, sondern erklärlich.

Ich weiß nicht, wie verdammte Seelen aussehen; vielleicht wie schwarze Agaven in der nächtlichen Wüste. Was ich sehe, das sind Agaven, eine Pflanze, die ein einziges Mal blüht und dann abstirbt. Ferner weiß ich, daß ich nicht (wenn es im Augenblick auch so aussieht) der erste oder letzte Mensch auf der Erde bin; und ich kann mich von der bloßen Vorstellung, der letzte Mensch zu sein, nicht erschüttern lassen, denn es ist nicht so. Wozu hysterisch sein? Gebirge sind Gebirge, auch wenn sie in gewisser Beleuchtung, mag sein, wie irgendetwas anderes aussehen, es ist aber die Sierra Madre Oriental, und wir stehen nicht in einem Totenreich, sondern in der Wüste von Tamaulipas, Mexico, ungefähr sechzig Meilen von der nächsten Straße entfernt, was peinlich ist, aber wieso ein Erlebnis? Ein Flugzeug ist für mich ein Flugzeug, ich sehe keinen ausgestorbenen Vogel dabei, sondern eine Super-Constellation mit Motor-Defekt, nichts weiter, und da kann der Mond sie bescheinen, wie er will. Warum soll ich erleben, was gar nicht ist? Ich kann mich auch nicht entschließen, etwas wie die Ewigkeit zu hören; ich höre gar nichts, ausgenommen das Rieseln von Sand nach jedem Schritt. Ich schlottere, aber ich weiß: in sieben bis acht Stunden kommt wieder die Sonne. Ende der Welt, wieso? Ich kann mir keinen Unsinn einbilden, bloß um etwas zu erleben.

Ich sehe den Sand-Horizont, weißlich in der grünen Nacht, schätzungsweise zwanzig Meilen von hier, und ich sehe nicht ein, wieso dort, Richtung Tampico, das Jenseits beginnen soll. Ich kenne Tampico. Ich weigere mich, Angst zu haben aus bloßer Fantasie, beziehungsweise fanatisch zu werden aus bloßer Angst, geradezu mystisch.

Max Frisch: Homo faber. Suhrkamp Verlag, Frankfurt 1977, S. 24 f.
Der Text ist in alter Rechtschreibung abgedruckt.

MUSTERLÖSUNG

Literarische Textinterpretation (Romanausschnitt)

Max Frisch schildert in diesem Ausschnitt seines 1957 erschienenen Romans „Homo faber", wie die Hauptperson Walter Faber den Inhalt menschlicher Naturwahrnehmung immer wieder auf reine Rationalität beschränken will und aufkommende Zweifel an dieser technischen Weltsicht unterdrückt.

← *Nennen Sie in der Einleitung Autor und Werk, evtl. auch die Entstehungszeit des Werkes. Fassen Sie dann die gesamte Textstelle präzise zusammen.*

Prüfungsvorbereitung

Der Ingenieur Walter Faber ist nach der Notlandung des Flugzeuges, das ihn von Houston nach Mexiko City bringen sollte, mehrere Tage und Nächte der Wüste von Tamaulipas ausgesetzt. Eigentlich war er auf dem Weg nach Caracas, wo er im Auftrag der UNESCO Arbeiten an einem Wasserkraftwerk leiten soll. Durch den erzwungenen Aufenthalt in der Wüste lernt er seinen Mitpassagier Herbert Henke näher kennen und wird mit seiner eigenen Vergangenheit konfrontiert. 1936 beendete nämlich seine berufliche Karriere die Beziehung zu seiner schwangeren Freundin Hanna. Faber reiste in dem Glauben nach Bagdad, dass sein Freund und Arzt Joachim Henke eine Abtreibung vornehmen werde. In Herbert erkennt er den Bruder seines ehemaligen Freundes Joachim wieder, den er, als er ihn auf einer Tabakplantage besuchen will, tot auffindet. Durch Zufall verliebt sich Faber nach der Trennung von seiner amerikanischen Geliebten auf einer Schiffsreise nach Europa unwissentlich in seine eigene Tochter Elisabeth, die er Sabeth nennt. Es entwickelt sich auf der gemeinsamen Reise zu ihrer Mutter durch Frankreich und Italien nach Athen eine inzestuöse Beziehung, die mit dem tragischen Tod von Sabeth endet. Hanna klärt Faber kurz vorher auf, dass Sabeth seine Tochter ist. Diese Erlebnisse rütteln sehr stark an Fabers Weltanschauung, die die technische Welt als Ideal ansieht, in der sachliche Vernunft, Logik, Planung, Berechenbarkeit und Kontrolle Gefühle, Fantasie und Schicksalhaftigkeit ausschließen.

Um Fragen der Weltsicht geht es in der Wüste, als der Mond zwischen schwarzen Agaven aufgeht und Faber die Äußerung von Herbert Henke, der von einem Erlebnis spricht, zum Anlass nimmt, sich mit den Gedanken der „Leute" auseinanderzusetzen. Er macht deutlich, dass er gar nicht versteht, was die anderen mit einem Erlebnis meinen. Er sei Techniker und „gewohnt, die Dinge zu sehen, wie sie sind". Seine Wahrnehmungsfähigkeit beschränkt sich auf das, was er sieht und auf die naturwissenschaftliche Seite der Dinge. Alle emotionalen Aspekte schließt er aus, wenn er fragt: „... aber wieso ein Erlebnis?" Möglichen romantischen Interpretationen setzt er das Wissen gegenüber und verneint sie dadurch für sich. Er sieht auch keinen Sinn darin, die Natur zu deuten oder gefühlvoll und spielerisch mit Natureindrücken umzugehen. Diese rein rationale Ausrichtung sieht er wohl als männlich an, wenn er fragt: „Wozu weibisch werden?" Dies zeigt auch deutlich, dass er Irrationalität und Romantik als weibliche Eigenschaften ausgrenzt. Aber nicht nur das. Auch Erlebnisinhalte werden von ihm gänzlich abgelehnt, da er das Fantastische durch das Rationale ausschließt. Wo andere Leute Dämonen, Gespenster, verdammte Seelen fantasieren, sieht er nur die wissenschaftlich erfassbare, materielle Seite der Realität: „... Agaven, eine Pflanze, die ein einziges Mal blüht und dann abstirbt." Wenn andere Passagiere Befürchtungen und Ängste mit der Natur verbinden, indem sie das abgestürzte Flugzeug als ausgestorbenen Vogel, die Wüste als Totenreich und sich selbst als die letzten Menschen auf der Erde empfinden, stellt Faber dies als „fantastisch" und „hysterisch" dar und setzt diesen Empfindungen die nackte Wirklichkeit gegenüber. Ja, er weigert sich, so etwas wie die „Ewigkeit zu hören", und will nur das wahrnehmen, was als akustisches Signal an ein Ohr dringt, nämlich „das Rieseln von Sand". Auch Ängste in Anbetracht der misslichen Situation in der Wüste will er nicht zulassen, Ängste, die seiner Meinung nach Einbildung sind, die dazu führen, dass man „fanatisch" und sogar „mystisch" wird. Insgesamt wird deutlich, dass alles Emotionale, Unerklärliche, Zufällige nicht akzeptiert, sondern verdrängt wird und in seinem Leben, das nur naturwissenschaftliche Einsichten zulässt, keinen Platz hat. „Ich bin Techniker", sagt

← *Wenn die Textstelle in den Handlungsverlauf eingebettet werden soll, dann gehen Sie nicht chronologisch vor. Benutzen Sie folgendes Schema:*
1. Zusammenfassung der Handlung in der Textstelle
2. Darstellung der vorausgegangenen Handlung
3. Schilderung der weiteren Handlung
Beachten Sie, dass dies nur eine Teilaufgabe ist. Beschränken Sie sich deshalb auf die wesentliche Handlung.

← *Stellen Sie zum Abschluss dieser Teilaufgabe einen Anknüpfungspunkt für die weitere inhaltliche Auseinandersetzung mit der Textstelle dar. In der Musterlösung ist dies der Hinweis auf die Weltanschauung.*

← *Die Schwerpunkte ergeben sich aus der Aufgabenstellung: In diesem Fall muss man zuerst vom Text ausgehend darstellen, was Faber wie wahrnimmt und Erklärungen für diese Art der Wahrnehmung liefern. In den meisten Fällen wird man – unabhängig von der Aufgabe – der Chronologie der Textstelle folgen. Verwenden Sie dabei die Zeitform des Präsens und die indirekte Rede für die Wiedergabe von Aussagen oder Gedanken. Verwenden Sie den Indikativ dann, wenn Sie selbst das Verhalten beurteilen oder interpretieren.*

← *Bauen Sie Zitate in den Satzfluss ein und benutzen Sie Anführungszeichen zu deren Kennzeichnung. Klären Sie ab, ob die Angabe der Zeilen verlangt wird.*

Prüfungsvorbereitung

Faber, und später wird deutlich, dass er sich dem Leben entzieht, ja, dass es ihn sogar vor der Natur und dem Leben ekelt.

← Stellen Sie eine inhaltliche Verbindung zwischen den verschiedenen Teilen Ihres Aufsatzes so her, dass der Übergang logisch und fließend wirkt.

Dies spricht Faber aber nicht aus, es sind vielmehr seine Gedanken, die er in Form eines inneren Monologes Monate später in Caracas nach dem Tod seiner Tochter niederschreibt. Max Frisch hat seinen Roman, den er selbst sachlich „Bericht" nennt, so konstruiert, dass der erste Teil rückblickend geschrieben ist. Die Textstelle zeigt also nicht Walter Faber, wie er tatsächlich zur Handlungszeit denkt, sondern seine Gedanken sind durch seine späteren Erlebnisse gefiltert, sodass eine Art auktorialer Ich-Erzähler entsteht, der aber nur sehr vorsichtig spätere Ereignisse andeutet oder vorwegnimmt. Der erste „Bericht" ist zu einem Zeitpunkt verfasst, an dem die Verwandlung Fabers erst beginnt und noch lange nicht so radikal ist wie später. So zeigt die Textstelle einen Walter Faber, der sich zu rechtfertigen versucht und eine mögliche Schuld an dem Geschehen zurückweisen will. Dies wird in der Konstruktion der Textstelle deutlich, die immer zwischen möglichen emotionalen Erlebnisinhalten und ihrer Reduzierung auf die naturwissenschaftliche Sichtweise wechselt. Sprachlich spiegelt sich das in dem Wechsel zwischen Fragen und Antworten wider, wobei die Antworten immer als Widerspruch („aber") formuliert sind. Interessant ist auch, dass nicht nur die allgemeinen Überlegungen, sondern auch die realen Wahrnehmungen im Präsens geschildert werden („Ich schlottere, aber ich weiß …"). Die Erlebnisse werden nochmals nachempfunden. Faber versucht, die emotionale Sicht zu diskreditieren, indem er sie mit Worten wie „weibisch", „hysterisch" und „fanatisch" beschreibt. Letztendlich wird aber deutlich, dass er sich „weigert", Ängste zu erkennen und auf seine Gefühle zu hören. Auch die Ellipsen in seiner Rede zeigen, dass er sich dem Unerklärlichen entziehen will.

← Verbinden Sie Ihre Ausführungen zu den erzähltechnischen Mitteln immer mit inhaltlichen Problematiken. Machen Sie dabei deutlich, was die Aufdeckung der erzähltechnischen Struktur zum Verständnis der Textstelle beiträgt.

← Stellen Sie die sprachliche Gestaltung immer in ihrer Verbindung zu inhaltlichen Aussagen dar.

Dies wird sich erst später ändern, wenn Faber mit dem „American Way of Life" bricht und er Trauer, Schuldgefühle und Nähe zulassen wird. Auch oder gerade weil es für ihn zu spät ist, führt seine Entwicklung zu der Wertschätzung dessen, was Leben bedeutet, und zur Relativierung des Materiellen.

← Schließen Sie Ihren Aufsatz mit einer allgemeinen Aussage über den Gesamttext.

Kompetenz-Logbuch

Online-Link 803501-0018

- → Insgesamt bewerte ich die Lektion mit folgendem Smiley.
- → Diese mir selbst gesteckten Ziele habe ich erreicht.
- → Dies hat mir Schwierigkeiten bereitet.
- → So habe ich mich beteiligt und in die Gruppe eingebracht.
- → Das will ich noch lernen.
- → Diese konkreten Schritte werde ich dazu unternehmen.

PROJEKTE

Projekte

1 Einen Romananfang umschreiben

Schreiben Sie den folgenden Romananfang so um, dass er durch Änderungen im Erzählverhalten, in der Erzählform und Erzählzeit moderner wird.

Das Rad an meines Vaters Mühle brauste und rauschte schon wieder recht lustig, der Schnee tröpfelte emsig vom Dache, die Sperlinge zwitscherten und tummelten sich dazwischen; ich saß auf der Türschwelle und wischte mir den Schlaf aus den Augen; mir war so recht wohl in dem warmen Sonnenscheine. Da trat der Vater aus dem Hause; er hatte schon seit Tagesanbruch in der Mühle rumort und die Schlafmütze schief auf dem Kopfe, der sagte zu mir: „Du Taugenichts! da sonnst du dich schon wieder und dehnst und reckst dir die Knochen müde und lässt mich alle Arbeit allein tun. Ich kann dich hier nicht länger füttern. Der Frühling ist vor der Tür, geh auch einmal hinaus in die Welt und erwirb dir selber dein Brot." – „Nun", sagte ich, „wenn ich ein Taugenichts bin, so ists gut, so will ich in die Welt gehen und mein Glück machen."

Joseph von Eichendorff: Aus dem Leben eines Taugenichts. Ernst Klett Verlag, Stuttgart 2006, S. 3

2 Merkmale eines Romanausschnittes kreativ verändern

Schreiben Sie Romanausschnitte Ihrer Wahl um, indem Sie eines oder mehrere der folgenden Merkmale ändern.

A Erzählverhalten
B Zeit
C Raum
D Charakter/Besonderheit der Hauptpersonen

3 Lyrische und dramatische Texte umarbeiten

Schreiben Sie Teile dramatischer oder lyrischer Texte in einen epischen Prosatext um, der Teil eines Romans sein könnte.

4 Plots entwerfen

Entwerfen Sie einen Ereignisverlauf für einen Liebesroman, einen Kriminalroman, einen Science-Fiction-Roman oder einen Bildungsroman und schreiben Sie dazu den Anfang.
Informieren Sie sich dazu über typische Handlungsmuster im Internet.

5 Neuere Romane vorstellen

Informieren Sie sich im Internet oder in einer Buchhandlung über moderne deutschsprachige Romane und stellen Sie einen Ihrer Klasse vor. Behandeln Sie dabei die Aspekte

A Handlung in Raum und Zeit,
B Personen und ihre Rede,
C Erzählform und
D Sprache.

6 Vergleiche „Roman – Film" präsentieren

Erstellen Sie eine Präsentation zum Thema: „Raum-Zeitgestaltung, Erzählverhalten/Erzählform und Filmgrammatik im Film meiner Wahl."

19 Wie Sie Gedichte verstehen und interpretieren

Was Sie wissen und was Sie lernen können

„Das ist ein Gedicht."

1. Erzählen Sie von Situationen, in denen Sie dieser oder einer ähnlichen Aussage schon einmal begegnet sind, und diskutieren Sie, welche Bedeutung das Wort „Gedicht" in diesem Fall hatte.

2. Entscheiden Sie, ob die Aussagen 1–11 richtig oder falsch sind.

Persönliche Bezüge zum Gedicht

1. Gedichte sind verdichtete Texte.
2. Gedichte und Lieder haben Gemeinsamkeiten.
3. Ein Gedicht kann man auch für sich selbst ganz subjektiv auslegen.

Thematik und Aussagen

4. Die Thematik eines Gedichtes ergibt sich aus der Überschrift.
5. Eine Gedichtinterpretation muss widerspruchsfrei sein.
6. Alle denkbaren Deutungen sollten in einer Interpretation enthalten sein.

Sprachliche Mittel erkennen

7. Hyperbeln sind Übertreibungen.
8. Es gibt mehrere Arten von Metaphern.

Formale Mittel erkennen

9. Im Gedicht kann es Zeilensprünge geben.
10. Es gibt männliche und weibliche Reime.
11. Die Metrik eines Gedichtes besteht aus Strophen und Versen.

3. Vergleichen Sie Ihre Ergebnisse mit der Lösung im Kompetenzregister, S. 259.

4. Markieren Sie im Kompetenz-Logbuch für dieses Kapitel, in welchem Bereich Sie aufgrund der Ergebnisse von Aufgabe 2 Ihre Stärken sehen, und legen Sie Ihre persönlichen Schwerpunkte für den weiteren Lernprozess fest. Online-Link 803501-0019

A	B	C	D
Persönliche Bezüge zum Gedicht	Thematik und Aussagen	Sprachliche Mittel erkennen	Formale Mittel erkennen

BASISKOMPETENZ A

A | B | C | D

So stellen Sie persönliche Bezüge zu Gedichten her

1 Lesen Sie das folgende Lied und schreiben Sie stichwortartig auf, welche Eindrücke es auf Sie macht.

Refrain:
Immer wenn es regnet muss ich an dich denken,
wie wir uns begegnen und kann mich nicht ablenken
Nass bis auf die Haut so stand sie da
um uns war es laut und wir kamen uns nah
Immer wenn es regnet muss ich an dich denken
Wie wir uns begegnet sind und kann mich nicht
ablenken
Nass bis auf die Haut so stand sie da
A-N-N-A

Pitsch patsch nass floh ich unter das
Vordach des Fachgeschäfts
vom Himmel goss ein Bach ich schätz'
es war halb acht doch ich war hellwach
Als mich Anna ansah anlachte
Ich dachte sprich sie an denn sie sprach mich an
Die Kleidung ganz durchnässt klebte an ihr fest
Die Tasche in der Hand stand sie an der Wand
Die dunklen Augen funkelten wie 'ne Nacht in Asien
Strähnen im Gesicht nehmen ihr die Sicht
Mein Herz das klopft die Nase tropft ich schäme mich
Benehme mich dämlich bin nämlich eher schüchtern
„Mein Name ist Anna" sagte sie sehr nüchtern
Ich fing an zu flüstern Ich bin Max aus dem „SCHOSS
DER KOLCHOSE"
Doch so 'ne Katastrophe, das ging mächtig in die Hose
Mach' mich lächerlich doch sie lächelte „Ehrlich wahr
Mann"
Sieh' da Anna war ein HipHop-Fan …

T+K: Max Herre, Philippe Alexander Kayser, Martin Welzer © Arabella Musikverlag GmbH/Four Music Publ. GmbH. Die Schreibweise entspricht dem Original.

2 Lesen Sie die Kompetenzbox.

KOMPETENZBOX

Was ist ein Gedicht?

Gedichte unterscheiden sich von dramatischen oder epischen Texten vor allem durch ihre Dichte (sprachliche Ökonomie), ihre Form und durch Subjektivität in Inhalt und Sprache. Auch die äußere Form wurde im Laufe der Zeit freier und subjektiver.

Der Gattungsbegriff „Lyrik", der auf das klassische Musikinstrument der Lyra zurückgeht, zeigt die enge Verwandtschaft von Musik und Dichtkunst.

Umgang mit Gedichten

Der erste Zugang zu einem Gedicht oder einem Liedtext ist meistens sehr persönlich. Man fühlt sich positiv angesprochen oder negativ berührt. Vielleicht versteht man auch wenig oder gar nichts. Man nimmt das Gedicht für sich auf, so wie man es selbst auffassen will. Dies ist ein wichtiger Schritt zum Verständnis eines Gedichtes, auch wenn Ihr Eindruck sehr subjektiv ist und andere dieses Verständnis nicht teilen müssen.

3 Stellen Sie in der Klasse den Text eines Liedes vor, der Ihnen besonders gefällt. Erklären Sie, warum Sie dieser Text anspricht.

4 Lesen Sie das Gedicht „In den Autos“.

Wolf Wondratschek: **In den Autos**

Wir waren ruhig,
hockten in den alten Autos,
drehten am Radio
und suchten die Straße
nach Süden.

Einige schrieben uns Postkarten aus der Einsamkeit,
um uns zu endgültigen Entschlüssen aufzufordern.

Einige saßen auf dem Berg,
um die Sonne auch nachts zu sehen.

Einige verliebten sich,
wo doch feststeht, dass ein Leben
keine Privatsache darstellt.

Einige träumten von einem Erwachen,
das radikaler sein sollte als jede Revolution.

Einige saßen da wie tote Filmstars
und warteten auf den richtigen Augenblick,
um zu leben.

Einige starben,
ohne für ihre Sache gestorben zu sein.

Wir waren ruhig,
hockten in den alten Autos,
drehten am Radio
und suchten die Straße
nach Süden.

Wolf Wondratschek: Chuck's Zimmer. Gedichte – Lieder. Heyne, München 1982, S. 82

5 Schreiben Sie eine persönliche Stellungnahme zu dem Gedicht, indem Sie auf mindestens vier der folgenden Aspekte eingehen.

- Was mir an dem Gedicht gefällt.
- Welches Bild habe ich beim Lesen/Hören vor meinem inneren Auge?
- Was mir an dem Gedicht nicht gefällt.
- Was ich an dem Gedicht nicht verstehe.
- Was ich persönlich mit der Überschrift verbinde.
- Was mir zu einzelnen Teilen des Gedichtes einfällt.
- Welche Aussage ich in dem Gedicht erkennen kann.
- Gegebenenfalls: Warum ich keine Aussage erkennen kann.

6 **a)** Formulieren Sie in Stichworten, welche Inhalte und welche Aussagen Sie in ein Gedicht mit dem Titel „In den Autos“ aufnehmen würden.

b) Diskutieren Sie die Frage, welche Bezüge sich von dem Gedicht zu heutigen Themen oder aktuellen Problemen herstellen lassen.

c) Stellen Sie Ihre Überlegungen der Klasse vor.

7 Bilden Sie Gesprächspaare und formulieren Sie thesenartig mögliche Bezüge des Gedichtes zum Autor (siehe Informationstext) und der Entstehungszeit des Gedichtes.

Informationstext

Wolf Wondratschek wurde 1943 in Rudolstadt/Thüringen geboren und wuchs in Karlsruhe auf. Er studierte in Heidelberg, Göttingen und Frankfurt Literaturwissenschaft, Soziologie und Philosophie, brach aber 1967 das Studium ab und lebt seitdem hauptberuflich als Schriftsteller.

Seine ersten Arbeiten fallen in die Zeit der 68er-Bewegung, die als Protest vor allem der studentischen Jugend gegen die Bürgerlichkeit, gegen Autoritäten, nationalsozialistische Elemente und gegen den Vietnamkrieg gesehen werden kann. Ideale waren unter anderem Freiheit und Selbstverwirklichung jenseits gesellschaftlicher Zwänge.

So formulieren Sie Thematik und Aussage eines Gedichtes

1 Lesen Sie die Kompetenzbox.

KOMPETENZBOX

Grafische Darstellung der Worte eines Gedichtes

Wenn Sie nach mehrmaligem Lesen kein Thema des Gedichtes erkennen, dann gehen Sie nach folgender Methode vor: Erfassen Sie die Thematik eines Gedichtes, indem Sie die einzelnen Begriffe visualisieren oder in ihrer Häufigkeit erfassen und darstellen. Suchen Sie hierzu evtl. auch Begriffspaare, Gegensatzpaare, Wiederholungen.

BEISPIEL:

Sie können diese Erfassung im Internet mit (www.wordle.net) in eine grafische Form bringen. Dabei werden die häufiger genannten Begriffe größer dargestellt.

BEISPIEL: *(wordle.net)*

Quelle: www.wordle.net, erstellt am 10.02.2010

2 Entscheiden Sie, welche thematischen Aussagen aufgrund der Grafiken in der Kompetenzbox sinnvoll erscheinen:

A In dem Gedicht geht es um einige Autos.
B Das Thema des Gedichtes ist, dass einige Autos suchten.
C In dem Gedicht geht es sehr häufig um „einige".
D Das Gedicht thematisiert die Handlungen einer Personengruppe, die als „wir" bezeichnet wird.
E Es geht um eine Fahrt in den Süden.
F Es geht um Personen, die sich im Auto eingeengt fühlen, ruhig dasitzen müssen und sich drehen wollen.
G Es geht um Personen, die verliebt sind.
H Das Radio spielt eine zentrale Rolle in dem Gedicht.
I Es geht in dem Gedicht darum, dass man sich verliebt.

3 Formulieren Sie die mögliche inhaltliche Aussage des Gedichtes in einem oder wenigen Sätzen.

KOMPETENZBOX

Abstrahierende Aussagen

Zum Verständnis eines Gedichtes können Sie vorläufige Interpretationshypothesen formulieren, indem Sie die inhaltlichen Aussagen zusammenfassen. Achten Sie darauf, dass die Aussagen in den Zusammenhang passen.
Erst dann sollten Sie von den Begriffen oder Sinneinheiten des Gedichtes ausgehend assoziieren und eine abstrakte (generalisierende, allgemeine) Aussage formulieren, die die größtmögliche gemeinsame Menge bildet. Stellen Sie diese dann als Interpretationsmöglichkeit dar.

BEISPIEL:
„und suchten die Straße nach Süden" (Mit Süden verbinde ich Sonne und Urlaub/die Straße nach Süden, das ist für mich Freiheit, weg von daheim, in den Urlaub/wenn man die Straße sucht, dann weiß man den Weg nicht/vielleicht wollen sie weg, aber wissen nicht wie/die wissen nicht, wo sie sind/Sommer, Sonne, Liebe)

***Interpretationshypothese**: Dass eine Gruppe die „Straße nach Süden" sucht, könnte so interpretiert werden, dass diese Leute dem Alltag entfliehen wollen, Lebensgenuss und Freiheit suchen, aber noch orientierungslos sind.*

4 **a)** Notieren Sie zu der Textstelle „wir … drehten am Radio" passende Assoziationen.

b) Formulieren Sie eine Interpretationshypothese, indem Sie einen Satz schreiben, der möglichst viele Assoziationen auf abstrakterer Ebene wiedergibt.

5 Schreiben Sie stichwortartig auf, welche Assoziationen Sie zu der Textstelle „Wir … hockten in den alten Autos" haben und formulieren Sie schriftlich eine Interpretationshypothese für diese Sinneinheit.

6 **a)** Lesen Sie die Kompetenzbox und entscheiden Sie, welche Sätze gestrichen werden müssten, um zu einer widerspruchsfreien Interpretation zu gelangen.

A Die erste Zeile handelt davon, dass die Gruppe nicht aufbegehrte. In der zweiten Zeile geht es wohl um Oldtimerfans, die in alten Autos sitzen. Die nächste Zeile zeigt, dass die Menschen etwas suchten und die letzten Zeilen beinhalten die Sehnsucht nach Freiheit.

B Die erste Zeile handelt davon, dass die Gruppe nicht aufbegehrte. In der zweiten und dritten Zeile geht es wohl um die Arbeit von Automechanikern, die Autoradios reparieren. Die letzten Zeilen beinhalten die Suche nach Freiheit oder Lebensgenuss.

KOMPETENZBOX

Widerspruchsfreiheit

In einer Gedichtinterpretation müssen Sie die Einzelaussagen inhaltlich so ordnen, dass sie aufeinander abgestimmt sind und sich nicht widersprechen. Evtl. müssen Sie also vorgenommene Aussagen variieren oder umdeuten, um zu einer widerspruchsfreien Interpretation zu kommen. Es geht darum, Einzelheiten zu einem sinnvollen, widerspruchsfreien Ganzen zusammenzuführen (**Kohärenz**).

Was tun, wenn Aussagen unklar sind?
Sie müssen nicht versuchen, mit aller Gewalt alles bis in das letzte Detail zu erklären. Wenn Sie die allgemeine Aussage widerspruchsfrei formuliert haben, dann können Sie auch bestimmte Dinge als unklar bezeichnen. Deuten Sie nur an, wie man sie interpretieren könnte, und formulieren Sie deutlich, dass dies nur eine Möglichkeit ist.

b) Formulieren Sie aufgrund der Ergebnisse in a) eine Interpretationshypothese für die erste Strophe.

7 **a)** Entscheiden Sie, welche Aussagen (1 oder 2) zu Wondratscheks Gedicht „In den Autos" sich jeweils zu einer kohärenten Interpretation zusammenfügen lassen, die auch dem Gedicht entspricht.

A
1 Es werden verschiedene Gruppen gegenübergestellt.
2 Einer Wir-Gruppe werden andere Menschen gegenübergestellt.

B
1 Die erste Gruppe ist auf Lebensgenuss aus.
2 Die erste Gruppe will in den Urlaub fahren.

C
1 Einige träumen zu viel.
2 Sie sind überzogen revolutionär.

D
1 Einige lieben es, Postkarten zu schreiben.
2 Einige kritisieren die Wir-Gruppe.

b) Formulieren Sie eine Gesamtaussage für das Gedicht. Verwenden Sie dabei den Begriff des lyrischen Ichs.

KOMPETENZBOX

Das lyrische Ich

Ähnlich wie beim Erzählen sollten die Aussagen in Gedichten nicht direkt der Autorin oder dem Autor unterstellt werden. Was im Bereich der Epik der Erzähler ist, übernimmt in der Lyrik das lyrische Ich. Es ist also eine Rolle, die der Autor einnimmt.

So erkennen Sie sprachliche Mittel

1 **a)** Ordnen Sie die folgenden Beispiele den bildlichen Stilmitteln (Vergleich, Metapher, Personifikation, Symbol, absolute Metapher, Metonymie) zu (siehe Kompetenzbox).

A Sie trug das Kreuz der Erinnerung.
B Die Wolke wälzte sich am Himmel entlang.
C Lies Lessing.
D Das Blut gefror zu Eis.
E Es war heiß wie in einem Hochofen.
F Wir trinken das trübe Wasser des Abends.

KOMPETENZBOX

Bildlichkeit

Subjektivität und Dichte werden in der Lyrik häufig durch Bildlichkeit verwirklicht. Unterscheiden Sie die folgenden Arten:
Vergleich: Zwei Bereiche werden ausdrücklich (wie, als ob) miteinander in Beziehung gesetzt: *rot wie Blut*.
Metapher: Die bildhafte Übertragung geschieht ohne ausdrückliche sprachliche Hinweise: *Blut schwitzen*.
Wenn durch die Metapher Dinge oder Vorgänge vermenschlicht werden, spricht man von einer **Personifikation**: *Der Himmel weint*. Sind Metaphern kulturell festgelegt, dann werden sie **Symbole** genannt: *Taube als Friedenssymbol*.

Manche Metaphern lassen sich nur sehr schwer oder gar nicht deuten (dunkle oder absolute Metapher): *„Ein Maler würde das Blau imitieren"*. Metaphern, die wie eine Geheimsprache zu entziffern sind, nennt man **Chiffren**.
Metonymie: Der eigentlich gemeinte Begriff wird durch einen anderen ersetzt: *sein Brot verdienen*.

b) Formulieren Sie die einzelnen Bilder so um, dass der Inhalt erhalten bleibt, aber keine bildhafte Sprache verwendet wird.

c) Erklären Sie die Wirkung der einzelnen Bilder im Unterschied zur neuen Formulierung. Interpretieren Sie dabei die absolute Metapher nach Ihren eigenen Assoziationen.

BEISPIEL:
„Schieße deine Liebe auf den Mond" wird umformuliert zu „Vergiss deine Liebe, sie hat keine Zukunft." Die neue Formulierung wirkt sehr sachlich, während die bildhafte Formulierung ungenauer, aber dafür auch direkter wirkt."

2 **a)** Notieren Sie zu einem der folgenden Themen Sätze und Ausdrücke, in denen Sie alle in der Kompetenzbox erwähnten bildlichen Stilmittel verwenden.

Themen
Liebe, Heimatverlust und Exil, Naturerlebnis, Gesellschaftsprobleme, Lebensführung/Sinn des Lebens

b) Erklären Sie deren Wirkung.

3 Nennen Sie die bildlichen Stilmittel in dem folgenden Gedicht von Heinrich Heine und erklären Sie deren Wirkung und Aussagen.

Heinrich Heine: **Anno 1839**

Oh, Deutschland, meine ferne Liebe,
Gedenk ich deiner, wein ich fast!
Das muntre Frankreich scheint mir trabe,
Das leichte Volk wird mir zur Last.

Nur der Verstand, so kalt und trocken,
Herrscht in dem witzigen Paris –
Oh, Narrheitsglöcklein, Glaubensglocken,
Wie klingelt ihr daheim so süß!

Höfliche Männer! Doch verdrossen
Geb ich den art'gen Gruß zurück. –
Die Grobheit, die ich einst genossen
Im Vaterland, das war mein Glück!

Lächelnde Weiber! Plappern immer,
Wie Mühlenräder stets bewegt!
Da lob ich Deutschlands Frauenzimmer,
Das schweigend sich zu Bette legt.

Und alles dreht sich hier im Kreise,
Mit Ungestüm, wie 'n toller Traum!
Bei uns bleibt alles hübsch im Gleise,
Wie angenagelt, rührt sich kaum.

Mir ist, als hört' ich fern erklingen
Nachtwächterhörner, sanft und traut;
Nachtwächterlieder hör ich singen,
Dazwischen Nachtigallenlaut.

Dem Dichter war so wohl daheime,
In Schildas teurem Eichenhain!
Dort wob ich meine zarten Reime
Aus Veilchenduft und Mondenschein.

Heinrich Heine: Sämtliche Werke. Band 1. Gedichte. Artemis und Winkler, Düsseldorf und Zürich, 2001, S. 245 f.

4 **a)** Ordnen Sie die gelb markierten Textstellen im Heine-Gedicht den verschiedenen sprachlichen Mitteln (siehe Kompetenzbox) zu.

b) Ersetzen Sie die gelb markierten Textstellen durch jeweils zwei ähnliche Begriffe und erklären Sie die unterschiedliche Wirkung zum Originaltext.

c) Formulieren Sie die rot markierten Textstellen in vollständige Sätze um.

d) Erklären Sie die Besonderheiten des Satzbaus bei den rot markierten Textstellen und deren Wirkung.

KOMPETENZBOX

Wortwahl und Stil

Neben der lexikalischen Bedeutung von Begriffen (Denotation) sind deren **konnotative Bedeutungen** (mitschwingende Bedeutungen) wichtig. Beschönigende Begriffe nennt man **Euphemismen**.
In Gedichten kommen neben Übertreibungen (**Hyperbeln**) auch häufig Wortneuschöpfungen (**Neologismen**) vor.
Achten Sie besonders auf **Ironie**, die das Gegenteil des Gesagten ausdrücken will.

Satzbau

Im Deutschen wird z. B. das Subjekt im Normalfall zuerst genannt. Umstellungen im Satzbau (**Inversion:** *„Das Gedicht las ich."* Anstatt *„Ich las das Gedicht."*) und unvollständiger Satzbau (**Ellipse**) führen zu besonderen Betonungen.

5 Verändern Sie eine Strophe Ihrer Wahl mit den in der Kompetenzbox aufgezeigten Stilmitteln des Satzbaus.

6 Formulieren Sie die folgenden Sätze so um, dass jeweils eines der in der Kompetenzbox erwähnten sprachlichen Mittel umgesetzt wird.

A Jetzt haben wir uns eine schöne Wohnung eingerichtet.
B Man sollte nicht so sehr an das Materielle denken.
C Deine bösen Worte haben mich tief getroffen.
D Ich sehne mich nach meinem Heimatland.

So erkennen Sie formale Mittel

1 Lesen Sie die Kompetenzbox und entscheiden Sie, ob die folgenden Aussagen zu dem Heine-Gedicht auf S. 236 f. sachlich richtig sind. Begründen Sie Ihre Entscheidungen.

A Das Heine-Gedicht besteht aus sechs Strophen mit jeweils vier Versen.
B Das Gedicht weist männliche Reime auf.
C Das Gedicht weist weibliche Reime auf.
D Die Anordnung der Endreime variiert im Gedicht.
E Es gibt viele Stabreime.
F Das Gedicht weist keine regelmäßige Metrik auf.
G Das Versmaß der meisten Zeilen ist der Jambus.
H Das Versmaß der meisten Zeilen ist der Trochäus.
I Das Versmaß der meisten Zeilen ist der Anapäst.
J Ausnahmen in der metrischen Konstruktion führen zu besonderen Betonungen.

KOMPETENZBOX

Die gebundene Form

Traditionell sind Gedichte durch ihre gebundene Form (Vers, Metrik, Strophen) gekennzeichnet: Es lassen sich Regeln erkennen, die **Verse** (Zeilen) und **Strophen** betreffen. So besteht zum Beispiel ein Sonett aus zwei Strophen mit je vier und zwei Strophen mit je drei Versen. Beachten Sie auch den **Zeilensprung** (Enjambement), der einen Satz auf mehrere Verse verteilt und einzelne Aussagen betont.

Viele Gedichte weisen auch **Reime** auf. Neben dem einsilbigen (männlichen) und dem zweisilbigen (weiblichen) Endreim gibt es noch Reime innerhalb der Verse oder am Anfang von Wörtern (Stabreim/ Alliteration).

Das **Versmaß** (Metrik) weist in vielen Gedichten auch eine Regelmäßigkeit auf: Die Abfolge von betonten (eher hoch und lang gesprochenen [X]) und unbetonten (eher tief und kurz gesprochenen [x]) Silben ist durchkonstruiert. Dies ist die Grundlage für den **Rhythmus** des mündlich vorgetragenen Gedichtes, der durch die persönliche Vortragsweise bestimmt wird. Die wichtigsten Metren sind: Jambus (xX), Trochäus (Xx), Anapäst (xxX) und Daktylus (Xxx). Achten Sie bei der Metrik besonders auf Brüche im Versmaß.

2 Tragen Sie das Gedicht vor und diskutieren Sie die Wirkung der äußeren Form anhand folgender Aussagen.

A Der Rhythmus wirkt schwer und leidend.
B Der Rhythmus erzeugt Leichtigkeit und Witz.
C Der männliche Reim verstärkt die Pointe der Strophe.
D Der männliche Reim wirkt kurz und bündig.
E Die gebundene Form wirkt künstlerisch.
F Die gebundene Form wirkt plump.
G Die gebundene Form hat Liedcharakter.

3 Lesen Sie das Gedicht von Dragica Rajčič und schreiben Sie auf, wodurch es sich

a) in der äußeren Form,
b) in der Rechtschreibung und Zeichensetzung vom Heine-Gedicht (S. 236 f.) unterscheidet.

Dragica Rajčič: **Emigranten**

von der zeit war die rede und immer wieder vom krieg und entgegenhalten
von menschen war die rede und von kindern welche nicht mehr da sind von meer war die rede
und von gerüchen des windes
von fleisch war die rede und von dem dass wir immer wieder dort und hier nie sind
und als die rede auf
widerrede stoss[1]
als nach mitternacht
köpfe rot
hälse trocken
lungen voll von schmerz
sich in ein Lied gossen

(verstossen hat man uns sangen die stimmen)
ich gab dir meine hand unter dem tisch
und sang mit dir um mit dir zu singen.

Dragica Rajčič: Emigranten. Aus: © Neue Sirene. Zeitschrift für Literatur Nr. 15, Mai 2002, München, S. 66. Die Schreibweise entspricht dem Original.

1 Entspricht dem Original

KOMPETENZBOX

Die freie Form

Viele moderne Gedichte spiegeln Subjektivität auch in der äußeren Gestaltung wider: Sie haben dann keine regelmäßige äußere Form, keine Reime, keine feste Metrik und sie setzen sich auch über die Sprachregeln hinweg. Was macht dann ein Gedicht noch aus? Neben der durch besondere sprachliche Mittel verdichteten, subjektiven Aussage ist dies formal dann in erster Linie das bewusste Setzen des Zeilensprungs, das zu individuellen Betonungen führt, also die formale Gestaltung des Textes.

BEISPIEL:
Heines Gedicht kritisiert auf ironisch leichte Weise die Zustände in Deutschland. Die Reime tragen dazu bei, dass das Gedicht insgesamt trotz ernsten Hintergrundes leicht und unterhaltsam wirkt. Dies wird noch durch witzige Wortneuschöpfungen wie „Narrheitsglöcklein" oder „Nachtwächterlieder" unterstützt. Damit die Ironie erkennbar wird, stellt Heine den Satzbau oftmals um, sodass seine Betonungen deutlicher werden.

4 **a)** Notieren Sie sich sprachliche Merkmale des Gedichtes von Rajčič.

b) Formulieren Sie, wie formale Elemente, sprachliche Besonderheiten und inhaltliche Aussagen zueinander in Beziehung stehen.

5 **a)** Entscheiden Sie, ob zu den folgenden Anlässen eher ein Gedicht in gebundener oder freier Form passt.

b) Begründen Sie Ihre Entscheidung.

A Geburtstag
B Liebesgedicht an die Freundin/den Freund
C Liebesgedicht für das Tagebuch
D Schulabschlussfeier
E Hochzeit
F Politisches Gedicht für Schülerzeitung
G Persönliche Notiz zu etwas, das einen bewegt hat
H Urlaubseindrücke auf Postkarte an die Eltern

Sprachliche Übungen

1 Schreiben Sie drei Synonyme und bedeutungsverwandte Wörter für folgende Begriffe auf: schön, hässlich, kaufen, rufen, schrecklich, vielleicht.

2 Formulieren Sie jeweils zwei Alternativen zu folgenden Aussagen.

A Das Gedicht handelt von …
B In der ersten Strophe steht …
C Damit will der Autor ausdrücken, dass …
D Der Satzbau ist einfach.
E Der Autor verwendet viele Adjektive.
F Der Autor meint wahrscheinlich …
G Die Gesamtaussage des Gedichtes ist …

3 Formulieren Sie die elliptisch gestalteten Sätze in vollständige Sätze um. Dazu müssen Sie teilweise Inhalte hinzufügen.

A Nächtliche Träume ohne Schlaf.
B Träume deutlich und in der Erinnerung.
C Träumen! Sein Wunsch.
D Träumen können.
E Erreicht: endlich Schlaf.
F Kein Schlaf. Leiden!
G Alpträume ohne Ende. Der Wahnsinn.

4 Schreiben Sie die Sätze, die Inversionen enthalten, in standardmäßigem Satzbau.

A Seltsam fühlte sich der Geschmack an.
B Deutlich sah er die Umrisse eines Menschen.
C Unruhig war sie aufgewacht.
D Er schmeckte nichts mehr.
E Vieles war ihm neu.
F Befremdend und beunruhigend empfand er das Flüstern an seinem Ohr.
G Eingeschlafen wäre er am liebsten.

5 Notieren Sie die Sätze in korrekter Rechtschreibung.

A das lyrische ich bleibt im wesentlichen objektiv.
B es scheint so, als ob das gedicht aus einem zeitlichen abstand geschrieben wurde.
C das lyrische des textes ist durch verdichtung und durch metaphorik gekennzeichnet.
D die wesentlichen aussagen des dichterischen werkes bleiben verschlossen.

6 Notieren Sie die Sätze und setzen Sie die Kommas ein. Unterstreichen Sie die Hauptsätze.

A In dem Gedicht „Liebe am Horizont" von Ursula Krechel von 1977 geht es um eine Liebe die „vom Himmel auf die Erde fällt" und die nach himmlischen Hochgefühlen im weltlichen Alltag erlischt.
B Ein Schlüsselerlebnis in dieser Entwicklung scheint wohl zu sein dass „er" ein Handtuch „achtlos" über die Schreibmaschine warf.
C Auf der anderen Seite mag man sich wundern dass jemand seine „Liebe" nicht nur in einer Schublade verschließen kann sondern sie dort auch „zwischen Plunder" „in Vergessenheit" geraten lässt.
D Es scheint so dass die Beziehung der beiden Partner in absoluter Kommunikationslosigkeit und Entfremdung endet.

7 Schreiben Sie auf, welche grammatikalischen Aussagen (z. B. Genus, Numerus, Tempus, Kasus, Modus, Wortart, Satzteil) Sie über die unterstrichenen Worte im folgenden Gedicht machen können.

Unterwegs
<u>Keiner</u> flüstert dir ins Ohr
Was du <u>erleben wirst</u>
Auf dem Weg zu <u>dir</u>.
<u>Wüsstest</u> du wie sich die Sonnenstrahlen
<u>An</u> der Costa Smeralda
In <u>deine</u> Haut brennen werden
<u>Könntest</u> du spüren
Wie <u>sich</u> die Härchen deiner <u>Liebsten</u>
<u>Morgens</u> im Hotel in Murta Maria
<u>Bei</u> der leisesten <u>Berührung</u> aufstellen werden
<u>Sähest</u> du den Marienkäfer
Der sich <u>frech</u> auf dein Glas Pinot Grigio setzen wird.
<u>Wo</u>
Wärst du <u>jetzt</u>?
<u>Genieße</u> deine Dummheit und streichle deine <u>Sinne</u>
<u>Angesichts</u> deiner Unwissenheit.

Prüfungsvorbereitung

Aufgabe:
Interpretieren Sie das Gedicht.

Ursula Krechel
Liebe am Horizont (1977)

Der Mann hat eine schreckliche
Unordnung in ihr Leben gebracht. Plötzlich
waren die Aschenbecher voller Asche
die Laken zweifach benutzt, verschwitzt
und alle Uhren gingen anders.
Einige Wochen lang schwebte sie
über den Wolken und küsste den Mond.
Erst im Tageslicht wurde ihre Liebe
kleiner und kleiner. Achtlos
warf er das Handtuch, blaukariert
mit dem kreuzgestichelten Monogramm
(wenn das die Mutter wüsste)
über die Schreibmaschine. Bald
konnte sie ihre Liebe schon
in einer Schublade verschließen.
Eingesperrt zwischen Plunder
geriet sie in Vergessenheit.
Später, als der Mann sie rief
wünschte sie, stumm zu sein.
Als er wieder rief, war sie schon taub.

Ursula Krechel: Liebe am Horizont. Aus: Nach Mainz! Gedichte, Luchterhand, Darmstadt/Neuwied 1977, S. 372

MUSTERLÖSUNG

Literarische Textinterpretation (Gedicht)

Der Horizont ist die Grenze zwischen sichtbarer Erde und Himmel. In dem Gedicht „Liebe am Horizont" von Ursula Krechel von 1977 geht es um eine Liebe, die nach himmlischen Hochgefühlen im weltlichen Alltag erlischt.

← Geben Sie am Anfang den Autor, den Titel und das Erscheinungsjahr des Gedichtes an und formulieren Sie eine allgemeine Thematik.

Ursula Krechel konstruiert ein lyrisches Ich, das die Entwicklung einer Beziehung zwischen einer Frau und einem Mann scheinbar objektiv kommentierend darstellt. In zwanzig reimlosen Versen, die keine gebundene Form haben und unterschiedlich lang sind, stellt die Autorin in neun Sätzen diese Entwicklung trotz der Verwendung vieler Metaphern sehr distanziert dar. Der männliche Partner wird nur durch den Begriff „der Mann" oder das Pronomen „er" benannt, während die Frau nur durch das Pronomen „sie" vertreten ist. Dennoch scheint das lyrische Ich nah an der Frau positioniert, da deren Gedanken und Gefühle wiedergegeben werden, während beim Mann nur Handlungen dargestellt sind. Auch der in Klammern gesetzte Einwurf „(wenn das Mutter wüsste)" verstärkt den Eindruck, dass sich das lyrische Ich an der Frau orientiert, da auf das Possessivpronomen „ihre" verzichtet wird.

← Geben Sie danach einen kurzen, allgemeinen Überblick über die Form des Gedichtes und benennen Sie das lyrische Ich.

Nach einem ersten Hinweis, dass „[d]er Mann" eine schreckliche Unordnung in ihr Leben gebracht habe, wird in diesem Gedicht dargestellt, wie die erste Zeit der Liebe der beiden aussah. Diese Zeit wird so beschrieben, dass die Frau sie als sehr glücklich empfunden haben muss. Dies wird in den Metaphern deutlich, dass sie „über den Wolken" schwebte und den Mond „küsste". Dieser rauschhafte Zustand, der „[e]inige Wochen" angehalten habe, wird als eine Zeit der sinnlichen Leidenschaft geschildert, in der die Laken „zweifach benutzt" und „verschwitzt" waren. Sogar die Zeit sei anders und subjektiv wahrgenommen worden. So ist wohl der Hinweis, dass „alle Uhren" anders gingen, zu verstehen. Wie massiv diese Leidenschaft und die Entfernung von der Realität gewesen sein müssen, wird in der Formulierung deutlich, dass „alle" Uhren anders gegangen seien. Dass in dieser Zeit auch die Aschenbecher „voller Asche" waren, mag wohl ein Hinweis darauf sein, dass in dieser Zeit nicht die Vernunft, sondern purer, auch unüberlegter Lebensgenuss im Mittelpunkt stand. Und dass dies

← Erklären Sie die Inhalte der einzelnen Sinnabschnitte.

← Sie können das Gedicht chronologisch darstellen. Teilen Sie es dazu in einzelne Sinnabschnitte ein.

← Verdeutlichen Sie durch Abschnitte, wenn ein weiterer Sinnabschnitt behandelt wird.

Prüfungsvorbereitung

„[p]lötzlich" so war, macht deutlich, dass diese leidenschaftliche Liebe – man könnte auch von Verliebtheit sprechen – nicht das Resultat vernünftiger Überlegungen, sondern die Folge emotionaler, unkontrollierbarer Explosivität war.

Aber der wochenlange sinnliche Rausch verfliegt. Das lyrische Ich stellt dar, dass „im Tageslicht" „ihre Liebe kleiner und kleiner" geworden sei. Die Metaphorik des Tageslichts ist eindeutig: Dies ist eine leidenschaftslose und rationale Betrachtung aus der Perspektive gestillter Leidenschaft.

← Es ist auch möglich, besondere sprachliche Merkmale in dieser chronologischen Reihenfolge einzubauen. Beachten Sie dabei, dass Sie sprachliche Besonderheiten immer auf Inhalte beziehen.

Ein Schlüsselereignis in dieser Entwicklung scheint wohl zu sein, dass „er" ein Handtuch „[a]chtlos" über die Schreibmaschine warf. Dies mag banal klingen. Aber es handelt sich hierbei nicht um irgendein Handtuch, sondern um das blaukarierte „mit dem kreuzgestichelten Monogramm". Die Bedeutung des Handtuchs wird durch mehrere Hinweise deutlich: Krechel benutzt nicht nur den bestimmten Artikel („das Handtuch"), sondern stellt auch durch den in Klammern gesetzten Hinweis („wenn Mutter das wüsste") klar, dass es sich um ein ganz besonderes Handtuch handelt, das vielleicht von der Mutter in Handarbeit speziell für die Tochter mit einem Monogramm, also mit den Anfangsbuchstaben des Namens, versehen worden war. So mag dieses Handtuch ein Symbol von Zuneigung, Liebe und Wertschätzung sein. Der Begriff „achtlos" zeigt deutlich an, dass der Mann, der namenlos und dadurch unpersönlich dargestellt ist („er"), gleichgültig und lieblos handelte und den Gefühlen der Frau nicht den gewünschten Respekt entgegenbrachte. Die elliptische Satzkonstruktion hebt sich hier deutlich vom Rest des Gedichtes ab und zeigt die Betroffenheit und das Befremden der Frau. Welche Bedeutung die Tatsache, dass der Mann das Handtuch „über die Schreibmaschine" geworfen hat, haben mag, bleibt unklar. Vielleicht ist die Schreibmaschine das Arbeitsgerät der Frau, was die Respektlosigkeit und Geringschätzung durch den Mann noch stärker erscheinen ließe. Achtlosigkeit, Unachtsamkeit oder Gleichgültigkeit scheinen aber die Eigenschaften des Mannes zu sein, die dazu führten, dass die Liebe von ihr „in einer Schublade" verschlossen werden konnte. Diese Metapher veranschaulicht, wie klein und unbedeutsam ihre Liebesgefühle zu diesem Zeitpunkt waren. Es scheint so, dass Liebe mehr bedarf als sinnliche Leidenschaft, nämlich Achtsamkeit und Respekt dem Partner gegenüber. Auf die Dauer scheint die Leidenschaft keine genügende Basis für eine befriedigende Partnerschaft zu sein.

← Stellen Sie Vermutungen als solche dar. In diesem Beispiel werden diese durch das Wort „wohl" eingeleitet, später durch andere Begriffe (vielleicht, mag …) fortgeführt.

← Erklären Sie die Metaphern.

← Verbinden Sie Wortwahl und Besonderheiten im Satzbau mit inhaltlichen Aussagen.

Auf der anderen Seite mag man sich wundern, dass jemand seine „Liebe" nicht nur in einer Schublade verschließen kann, sondern sie dort auch „zwischen Plunder" „in Vergessenheit" geraten lässt. Ist hier nicht auch eine versteckte Distanzierung zu der Frau spürbar, deren Ordnungsliebe übertrieben wirkt und sie dadurch ebenfalls gefühlskalt und oberflächlich erscheint? Aus dieser Perspektive betrachtet wäre auch der „Handtuchwurf" als Achtlosigkeit überbewertet und die Rolle der Frau kritischer dargestellt, da sie auch ihren Anteil am Absterben der Liebe hat. Ja, vielleicht ist diese Frau gar nicht in der Lage, eine gefühlvolle Partnerschaft einzugehen, da ihre Ordnungsliebe übertrieben ist. Sie scheint überall Ordnung halten zu wollen und eine Störung dieser Ordnung wird als „schrecklich" empfunden. Selbst Sinnlichkeit und Leidenschaft passen in diesen Augen nicht in diese Ordnung, bekommen durch die Hinweise auf die vollen Aschenbecher und die „zweifach[e]" Benutzung und das

← Beachten Sie, dass das lyrische Ich nicht mit dem Autor oder der Autorin übereinstimmen muss, sodass im Gedicht auch eine kritische Distanz zum lyrischen Ich enthalten sein kann.

Prüfungsvorbereitung

Verschwitzen der Laken einen ekeligen Beigeschmack. Und zeigt nicht auch das Bild des geküssten Mondes eine gewisse Gefühlskälte der Frau?

Dies bleibt aber unklar, ebenso wie die drei letzten Verse des Gedichtes, die sich einer eindeutigen Interpretation entziehen. Es scheint so, dass die Beziehung der beiden Partner aber in absoluter Kommunikationslosigkeit, Entfremdung und totaler Abschottung endet. Auf der einen Seite ist die Entwicklung der Frau, die vom Wunsch, stumm zu sein, bis zur Taubheit führt. Auf der anderen Seite ist der Mann, der „rief" und „wieder rief", was sich fast nach einem Hilferuf anhört. Vielleicht ist es aber auch ein Ruf, der Befehlscharakter hat und der metaphorisch so zu verstehen ist, dass der Wunsch des Mannes nach (körperlicher) Nähe als unangenehme Forderung wahrgenommen wird und durch die Wiederholungen penetranter wirkt.

← Benennen Sie die offenen Fragen, die das Gedicht bei der Interpretation hinterlässt.

Ist das aber nicht oft das, was sich im Leben abspielt? Da führt eine Beziehung, die leidenschaftlich angefangen hat, die man als Liebe definiert hat, in einen Zustand der Trostlosigkeit und des gegenseitigen Schuldzuweisens und niemand kann eigentlich sagen, wer oder was letztendlich dazu geführt hat.

Vielleicht will Ursula Krechel genau dies ausdrücken, indem sie in den ersten beiden Versen des Gedichtes schreibt, dass der Mann „eine schreckliche Unordnung in ihr Leben gebracht" hat. Die Verwendung des Perfekts – im Gegensatz zur sonstigen Verwendung des Präteritums – betont deutlich den Gegenwartsbezug. Die Verwendung des Adjektivs „schrecklich" zeigt aber auch, dass die Rolle der Frau in diesem Prozess unklar bleibt. Sie stellt auch – genauso wie der Mann – eigentlich andere Bedürfnisse über eine mögliche Liebe. So gesehen bekommt die Überschrift des Gedichtes einen weiteren Sinn: Die Liebe scheint für beide in unerreichbarer Ferne zu sein.

← Schließen Sie Ihre Interpretation durch weitere Überlegungen ab. In diesem Fall wird der Inhalt der Einleitung aufgegriffen und ergänzt.

Kompetenz-Logbuch

Online-Link 803501-0019

- → Insgesamt bewerte ich die Lektion mit folgendem Smiley.
- → Diese mir selbst gesteckten Ziele habe ich erreicht.
- → Dies hat mir Schwierigkeiten bereitet.
- → So habe ich mich beteiligt und in die Gruppe eingebracht.
- → Das will ich noch lernen.
- → Diese konkreten Schritte werde ich dazu unternehmen.

Projekte

1 Visualisierung von Gedichten mit einem Präsentationsprogramm

Wählen Sie ein Gedicht Ihrer Wahl und erstellen Sie mithilfe eines Präsentationsprogramms eine (animierte) Visualisierung, indem Sie den Text unterschiedlich formatieren, mit Farben arbeiten und evtl. den Text animieren.

2 Visualisierung von Gedichten mit Bildern

Kombinieren Sie ein Gedicht Ihrer Wahl mit Bildern und stellen Sie es der Klasse in geeigneter Weise vor.

3 Ein Gedicht erstellen

Nehmen Sie einen Prosa-Text Ihrer Wahl (Literatur oder Sachtext) und formen Sie ihn zu einem Gedicht um, indem Sie nur die Zeilensprünge festlegen. In weiteren Schritten können Sie dann auch einzelne Teile des Textes verdichten, den Satzbau verändern und (subjektive) Bilder einsetzen. Dokumentieren Sie die einzelnen Phasen Ihrer Umarbeitung.

4 Gedichte umarbeiten

Modernisieren Sie ein traditionelles Gedicht.

Stellen Sie die moderne Fassung und das ursprüngliche Gedicht in einer Gedichtsammlung zusammen.

5 Konkrete Poesie

Informieren Sie sich über „Konkrete Poesie“ und erstellen Sie ein entsprechendes Gedicht.

Stellen Sie die Gedichte in einer Ausstellung vor.

6 Japanische Kurzgedichte

Informieren Sie sich über das japanische Kurzgedicht „Haiku“ und machen Sie in Ihrer Klasse einen Haiku-Wettbewerb.

7 Rap

Stellen Sie in Ihrer Klasse eine Untersuchung an, wodurch Rap inhaltlich und formal gekennzeichnet ist und welche stilistischen Mittel es gibt.

Stellen Sie die Ergebnisse Ihrer Untersuchung in Form eines Rap vor.

8 Poetry-Slam-Wettbewerb

Führen Sie einen Poetry-Slam-Wettbewerb durch. Vorarbeiten: Schreiben Sie ein Gedicht, das Ihre Gedanken zu einem Thema oder einem Gefühl zum Ausdruck bringt. Üben Sie, das Gedicht wirkungsvoll vorzutragen.

20 Wie Sie dramatische Texte untersuchen und interpretieren

Was Sie wissen und was Sie lernen können

„Mach doch kein Drama daraus."

1. Berichten Sie von Situationen, in denen Sie diese Aussage gehört oder selbst gemacht haben.

2. Erläutern Sie, was in solchen Situationen unter „Drama" zu verstehen ist.

3. Entscheiden Sie, ob die folgenden Aussagen 1–8 richtig oder falsch sind.

Wiedergabe einer literarischen Textvorlage

1. Die Einleitung einer Inhaltsangabe enthält Angaben zum Titel, zum Autor, zur Textsorte und zum Thema.
2. Die Inhaltsangabe wird im Präteritum verfasst.

Einordnung eines Textauszugs in den Gesamtzusammenhang

3. Wenn man den Textauszug wiedergibt, kann ihn der Leser in den Gesamtzusammenhang einordnen.
4. Zum Verständnis eines Textauszugs benötigt der Leser Hintergrundinformationen, die über den vorgelegten Text hinausgehen.
5. Das Leben des Autors muss bei der Einordnung einer Textstelle in den Gesamtzusammenhang berücksichtigt werden.

Anwendung unterschiedlicher Analyseverfahren

6. Bei einer textimmanenten Analyse konzentriert man sich nur auf die Textvorlage.
7. Bei einer textüberschreitenden Analyse spielt die Raum- und Zeitgestaltung keine Rolle.
8. Bei jedem Analyseverfahren werden die Figuren des Dramas untersucht.

4. Vergleichen Sie Ihre Entscheidungen mit der Lösung im Kompetenzregister, S. 259.

5. Markieren Sie im Kompetenz-Logbuch auf der Seite für dieses Kapitel, in welchem Bereich Sie aufgrund der Ergebnisse von Aufgabe 3 Ihre Stärken sehen, und legen Sie Ihre persönlichen Schwerpunkte für den weiteren Lernprozess fest. **Online-Link** 803501-0020

A	B	C
Wiedergabe einer literarischen Textvorlage	**Einordnung eines Textauszugs in den Gesamtzusammenhang**	**Anwendung unterschiedlicher Analyseverfahren**

A | B | C

So geben Sie den Inhalt einer literarischen Textvorlage korrekt wieder

1 Lesen Sie den folgenden Textauszug aus Gotthold Ephraim Lessings Drama „Nathan der Weise“ aus dem Jahre 1779 und die Randbemerkungen.

Auszug aus I, 1 (= erster Aufzug, erster Auftritt)

(Szene: Flur in Nathans Hause.)
Nathan von der Reise kommend. Daja ihm entgegen.

DAJA: Er ist es! Nathan! – Gott sei ewig Dank,
Daß Ihr doch endlich einmal wiederkommt.
NATHAN: Ja, Daja; Gott sei Dank! Doch warum *endlich?*
Hab' ich denn eher wiederkommen wollen?
Und wiederkommen können? Babylon
Ist von Jerusalem, wie ich den Weg,
Seitab bald rechts, bald links, zu nehmen bin
Genötigt worden, gut zweihundert Meilen;
Und Schulden einkassieren, ist gewiß
Auch kein Geschäft, das merklich födert, das
So von der Hand sich schlagen läßt.
DAJA: O Nathan,
Wie elend, elend hättet Ihr indes
Hier werden können! Euer Haus …
NATHAN: Das brannte.
So hab' ich schon vernommen. – Gebe Gott,
Daß ich nur alles schon vernommen habe!
DAJA: Und wäre leicht von Grund aus abgebrannt.
NATHAN: Dann, Daja, hätten wir ein neues uns
Gebaut; und ein bequemeres.
DAJA: Schon wahr! –
Doch Recha wär' bei einem Haare mit
Verbrannt.
NATHAN: Verbrannt? Wer? meine Recha? sie? –
Das hab' ich nicht gehört. – Nun dann! So hätte
Ich keines Hauses mehr bedurft. – Verbrannt
Bei einem Haare! – Ha! sie ist es wohl!
Ist wirklich wohl verbrannt! – Sag nur heraus!
Heraus nur! – Töte mich: und martre mich
Nicht länger. – Ja, sie ist verbrannt.
DAJA: Wenn sie
Es wäre, würdet Ihr von mir es hören?
NATHAN: Warum erschreckest du mich denn? –
O Recha!
O meine Recha!
DAJA: Eure? Eure Recha?
NATHAN: Wenn ich mich wieder je entwöhnen müßte,
Dies Kind mein Kind zu nennen!
DAJA: Nennt Ihr alles,
Was Ihr besitzt, mit eben so viel Rechte
Das Eure?
NATHAN: Nichts mit größerm! Alles, was
Ich sonst besitze, hat Natur und Glück
Mir zugeteilt. Dies Eigentum allein
Dank ich der Tugend.

Gotthold Ephraim Lessing: Nathan der Weise. Ernst Klett Verlag, Stuttgart 2004, S. 4 f. Der Text ist in alter Rechtschreibung abgedruckt.

← (Zusätzliche Information: Die Christin Daja ist Rechas Gesellschafterin.)

← *Daja ist erleichtert, dass Nathan wieder daheim ist.*
Nathan berichtet vom Grund (Geldgeschäfte) und Verlauf seiner Reise.
(födert = vorangeht)
(von der Hand schlagen = rasch erledigen)

← *Während Nathans Abwesenheit hat es in seinem Haus gebrannt.*

← *Beinahe wäre Recha* (zusätzliche Information: Nathans Pflegetochter) *in dem Feuer umgekommen.*
Nathan glaubt, das Wichtigste in seinem Leben verloren zu haben.

← *Recha ist nicht Nathans leibliche Tochter.*

← *Nathan sieht aber Recha als sein eigenes Kind an. Er glaubt, dass er aufgrund seines vorbildlichen Lebens Recha seine Tochter nennen darf.*
(Zusätzliche Information: Seine Frau und seine Kinder wurden ermordet, Nathan nahm jedoch keine Rache.)

2 Lesen Sie die Hintergrundinformationen zu dem Drama.

Hintergrundinformationen
G. E. Lessings dramatisches Gedicht in fünf Aufzügen „Nathan der Weise" wurde 1783 uraufgeführt und gilt als das bedeutendste Drama der deutschen Aufklärung. Das Drama spielt während des dritten Kreuzzuges (1189 - 1192) in Jerusalem, das unter der Herrschaft von Sultan Saladin nach einem Waffenstillstand mit Richard I. christlichen Pilgern freien Zugang gewährte.

Recha, die Pflegetochter des jüdischen Kaufmanns Nathan, wird von einem jungen christlichen Tempelherrn aus dem Feuer eines brennenden Hauses gerettet. Dieser Ordensritter wiederum verdankt sein Leben der Begnadigung durch den muslimischen Herrscher, Sultan Saladin. Der Sultan begnadigt den jungen Mann, da dieser seinem Bruder Assad ähnlich sieht.

Saladin lässt Nathan zu sich rufen, damit Letzterer ihm Geld leiht. Er gibt vor, Nathans Weisheit prüfen zu wollen, und fragt nach der „wahren" Religion. Nathan antwortet mit der Ringparabel, deren Botschaft die Gleichwertigkeit der drei monotheistischen Religionen ist. Davon tief beeindruckt, entwickelt der Sultan eine enge Freundschaft zu dem jüdischen Kaufmann.

Unterdessen hat sich der Tempelherr in Recha verliebt und möchte sie heiraten. Beide stellen sich jedoch als die verschollenen Kinder Assads, des Bruders des Sultans, heraus.

3 Schreiben Sie eine Einleitung für die Wiedergabe des Dramenauszugs I, 1 aus Gotthold Ephraim Lessings „Nathan der Weise".

KOMPETENZBOX

Inhaltliche Wiedergabe einer Textvorlage

Vorarbeit
Text genau lesen und bearbeiten
- Schlüsselwörter markieren
- Wichtiges unterstreichen
- Unbekannte Wörter nachschlagen
- Randbemerkungen zum inhaltlichen Aufbau machen

Aufbau
Einleitung
- Quellenangabe (Autor, Textsorte, Titel des Werkes, Erscheinungsjahr)
- Nennung des Themas (= das der Handlung zugrunde liegende Problem)

Hauptteil
- Zusammenfassung der wesentlichen Aspekte ohne Deutungen in eigenen Worten

Sprache
- Sachlich
- Keine wörtlichen Übernahmen aus der Textvorlage
- Zeitform: Präsens

Besonderheit
Unter Umständen müssen *kurz* zusätzliche Informationen über vorangegangene Ereignisse und über die handelnden Personen hinzugefügt werden.

4 Beurteilen Sie die folgenden inhaltlichen Zusammenfassungen des vorliegenden Dramenauszugs.

A Der Auszug aus I, 1 des Dramas „Nathan der Weise" aus dem Jahre 1779 handelt von der Heimkehr eines jüdischen Kaufmanns. Während seiner Abwesenheit kam es in seinem Haus zu einem Brand, bei dem beinahe seine Tochter Recha ums Leben gekommen wäre, was Nathan sehr erschreckt.

B In dem Auszug wird die Frage thematisiert, welche Rolle Besitz im Leben eines Menschen spielt. Der jüdische Kaufmann Nathan kehrt nach einer Geschäftsreise nach Jerusalem zurück, wo ihn seine Angestellte Daja über den Brand in seinem Haus informiert. Da seine Ziehtochter Recha beinahe in diesem Brand ums Leben gekommen ist, ist Nathan emotional tief getroffen.

C Im vorliegenden Auszug I, 1 erfährt Nathan bei seiner Ankunft von dem Brand und der Rettung Rechas.

5 Fassen Sie die wesentlichen Aspekte des Dramenauszugs I, 1 in eigenen Worten zusammen.

A B C

So ordnen Sie einen Textauszug in den Gesamtzusammenhang ein

1 Lesen Sie den folgenden Dramenauszug.

Gotthold Ephraim Lessing, „Nathan der Weise", V, 4:

NATHAN und der KLOSTERBRUDER.

NATHAN *(im Näherkommen)*:
Habt nochmals, guter Bruder, vielen Dank!
KLOSTERBRUDER: Und Ihr desgleichen!
NATHAN: Ich? von Euch? wofür?
Für meinen Eigensinn, Euch aufzudringen,
Was Ihr nicht braucht? – Ja, wenn ihm Eurer nur
Auch nachgegeben hätt'; Ihr mit Gewalt
Nicht wolltet reicher sein, als ich.
KLOSTERBRUDER: Das Buch
Gehört ja ohnedem nicht mir; gehört
Ja ohnedem der Tochter; ist ja so
Der Tochter ganzes väterliches Erbe. –
Je nu, sie hat ja Euch. – Gott gebe nur,
Daß Ihr es nie bereuen dürft, so viel
Für sie getan zu haben!
NATHAN: Kann ich das?
Das kann ich nie. Seid unbesorgt!
KLOSTERBRUDER: Nu, nu!
Die Patriarchen und die Tempelherren …
NATHAN: Vermögen mir des Bösen nie so viel
Zu tun, daß irgend was mich reuen könnte:
Geschweige, das! – Und seid Ihr denn so ganz
Versichert, daß ein Tempelherr es ist,
Der Euern Patriarchen hetzt?
KLOSTERBRUDER: Es kann
Beinah kein andrer sein. Ein Tempelherr
Sprach kurz vorher mit ihm; und was ich hörte,
Das klang darnach.
NATHAN: Es ist doch aber nur
Ein einziger itzt in Jerusalem.
Und diesen kenn ich. Dieser ist mein Freund.
Ein junger, edler, offner Mann!
KLOSTERBRUDER: Ganz recht;
Der nämliche! – Doch was man ist, und was
Man sein muß in der Welt, das paßt ja wohl
Nicht immer.
NATHAN: Leider nicht. – So tue, wer's
Auch immer ist, sein Schlimmstes oder Bestes!
Mit Euerm Buche, Bruder, trotz' ich allen;
Und gehe graden Wegs damit zum Sultan.
KLOSTERBRUDER: Viel Glücks! Ich will Euch denn nur
hier verlassen.
NATHAN: Und habt sie nicht einmal gesehn? – Kommt ja
Doch bald, doch fleißig wieder. – Wenn nur heut
Der Patriarch noch nichts erfährt! – Doch was?
Sagt ihm auch heute, was Ihr wollt.
KLOSTERBRUDER: Ich nicht.
Lebt wohl! *(Geht ab.)*
NATHAN: Vergeßt uns ja nicht, Bruder! – Gott!
Daß ich nicht hier gleich unter freiem Himmel
Auf meine Kniee sinken kann! Wie sich
Der Knoten, der so oft mir bange machte,
Nun von sich selber löset! – Gott! wie leicht
Mir wird, daß ich nun weiter auf der Welt
Nichts zu verbergen habe! daß ich vor
Den Menschen nun so frei kann wandeln, als
Vor dir, der du allein den Menschen nicht
Nach seinen Taten brauchst zu richten, die
So selten seine Taten sind, o Gott! –

Gotthold Ephraim Lessing: Nathan der Weise. Ernst Klett Verlag, Stuttgart 2004, S. 129 f. Der Text ist in alter Rechtschreibung abgedruckt.

2 Fassen Sie den Inhalt des Dramenauszugs zusammen.

3 Lesen Sie das dramatische Gedicht „Nathan der Weise" oder informieren Sie sich (z. B. im Internet oder in einem Literaturlexikon), was in den vorhergehenden Auftritten geschehen ist und wie die Handlung nach dem Auszug fortgeführt wird.

4 Beschreiben Sie den Aufbau der folgenden Einordnung des Dramenauszugs in den Gesamtzusammenhang.

MUSTER

Das Gespräch zwischen Nathan und dem christlichen Klosterbruder steht im Mittelpunkt des fünften Aufzugs. Der Dialog handelt von der Angst vor christlichen Eiferern und zeigt eine mögliche Lösung des Konflikts, der Nathan und seine Umgebung beherrscht.

Nathan, der hofft, dass seine Pflegetochter Recha als Nichte des Sultans vor dem Zugriff christlicher Eiferer verschont und er selbst nicht mehr gefährdet sein wird, erhält in diesem Auftritt den schriftlichen Beweis für die von ihm vermuteten Verwandtschaftsverhältnisse. Zudem erfährt Nathan, dass der Tempelherr bereits mit dem Patriarchen über die Erziehung der Christin Recha durch einen jüdischen Kaufmann gesprochen hat.

Im weiteren Verlauf der Handlung löst Nathan schließlich die verworrenen Verwandtschaftsverhältnisse auf: Aus dem christlichen Tempelherrn und dem vom Juden Nathan erzogenen christlichen Mädchen Recha werden Neffe und Nichte des muslimischen Herrschers von Jerusalem, Saladin.

5 Ordnen Sie den Dramenauszug I, 1 (S. 246) nach dem vorhergehenden Muster in den Gesamtzusammenhang ein. Beachten Sie, dass der Auszug direkt zu Beginn des Dramas steht.

KOMPETENZBOX

Textauszug in den Gesamtzusammenhang einordnen

Wenn Sie einen Textauszug (= Teil einer Gesamthandlung) in den Gesamtzusammenhang, den **Kontext**, einordnen, sollten Sie folgende Fragestellungen berücksichtigen:

- Was geht diesem Textauszug voraus und ist unmittelbar **für** dessen **Verständnis wichtig**?
- Um welchen **Akt/Aufzug** (= Hauptabschnitt der dramatischen Handlung, siehe auch Kompetenzbox, S. 250) und welche **Szene**/welchen **Auftritt** (= Unterabschnitt der dramatischen Handlung) handelt es sich?
- Welche **Funktion** hat der Textauszug im Drama?
- Handelt es sich um einen Aspekt der Haupt- oder Nebenhandlung?
- Welche Form des dramatischen Sprechens liegt hier vor:
  - **Monolog** (Selbstgespräch einer Figur),
  - **Dialog** (abwechselnd geführtes Gespräch),
  - **Beiseitesprechen** (eine Figur spricht zum Publikum, ohne dass dies die Dialogpartner hören)?
- Welche Hintergrundinformationen muss ein Leser zum direkten Verständnis Ihrer Arbeit erhalten? *Beispielsweise sind im vorliegenden Auszug die Religionszugehörigkeit der handelnden Personen und ihr gesellschaftlicher Status von zentraler Bedeutung.*
- Welche Auswirkungen hat das Geschehen auf die weitere Handlung?

KOMPETENZBOX

Aufbau des klassischen Dramas

Nach Aristoteles musste das Drama eine geschlossene Einheit aus Ort, Zeit und Handlung bilden; das bedeutet, dass Ortsveränderungen, Zeitsprünge und Nebenhandlungen ausgeschlossen sind.

1. Akt: **Exposition** – Einstieg in die Handlung mit Vorstellung der Figuren, des Ortes und der Zeit; Skizzieren des Konfliktes/Problems

2. Akt: **steigende Handlung** – Die Handlung wird durch ein steigerndes Moment vorangetrieben, der Konflikt wird deutlich.

3. Akt: **Höhepunkt/Klimax oder Wendepunkt/ Peripetie** – Der Konflikt kommt zum Ausbruch, seine Unlösbarkeit wird zum entscheidenden Wendepunkt im Schicksal einer Figur.

4. Akt: **fallende Handlung/retardierendes Moment** – Es werden z. B. Möglichkeiten einer Lösung aufgezeigt, um die eigentliche Lösung oder Katastrophe hinauszuzögern. Auf diese Weise wird noch einmal Spannung in den Handlungsablauf gebracht.

5. Akt: **Schluss/Katastrophe** – Der Handlungskonflikt führt zum Untergang des Helden oder hat negative Auswirkungen für die Figuren.
In einer Komödie entspannt sich die Situation am Ende. Es gibt eine Art Happy End aus Sicht der Sympathieträger.
Ein dramatisches Gedicht kann unterschiedliche Absichten verfolgen. Am Ende kann es sowohl zur Katastrophe als auch zum glücklichen Ausgang kommen.

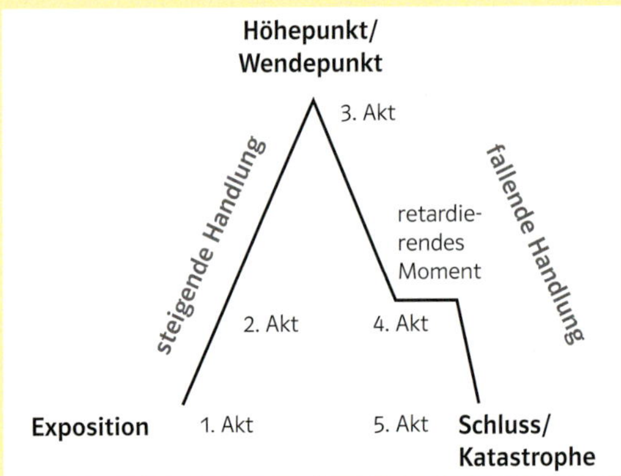

Das epische Theater

Neben dem klassischen Drama gibt es noch die literaturgeschichtlich jüngere Form des **offenen Dramas oder epischen Theaters**, bei dem lediglich die zentralen Figuren eine Einheit bilden. Es kann jedoch mehrere Handlungsstränge geben. Das epische Theater nutzt zudem den Verfremdungseffekt, dazu wird die eigentliche Handlung durch Kommentare oder **Zwischenspiele** (meist komische Szenen) unterbrochen. Weitere Merkmale dieser Form können auch **Prolog** (Vorrede, die in die Thematik einführt) oder **Epilog** (Nachspiel, das die Handlung reflektiert) sein, die allerdings auch im klassischen Drama vorkommen.

A | B | **C**

So wenden Sie unterschiedliche Analyseverfahren an

1 Lesen Sie die Kompetenzbox.

KOMPETENZBOX

Analyseverfahren

Man unterscheidet grundsätzlich zwei unterschiedliche Zugangsweisen, um einen dramatischen Text zu analysieren.

1. Textimmanentes Analyseverfahren
Sie beschränken Ihre Betrachtungsweise ausschließlich auf das, was im Text enthalten ist.
Das bedeutet, dass Sie sich auf
- die **Figuren des Dramas**,
- deren Äußerungen sowie
- mögliche Regieanweisungen
- und die **Raum- bzw. Zeitgestaltung** des Dramas

konzentrieren und Interpretationsansätze innerhalb dieser im Text enthaltenen (textimmanenten) Informationen finden.
Für textimmanente Analyseverfahren benötigen Sie ausschließlich die Textvorlage. Sie lesen den Text sorgfältig und markieren sich Textstellen, die einen Rückschluss auf die jeweilige Fragestellung geben.

Textimmanente Verfahren sind beispielsweise:
- Charakterisierung
- Untersuchung des Handlungsverlaufs
- Sprachanalyse (Neben der Form des dramatischen Sprechens werden hier die rhetorischen Figuren und andere Stil- und Wirkungsmittel untersucht.)

2. Textüberschreitende Analyseverfahren
Sie beschränken sich nicht auf die textimmanente Analyse, sondern weiten Ihre Betrachtungsweise über den Text hinaus. So
- sammeln Sie Hintergrundinformationen, z.B. über den Autor, die Epoche,
- betrachten Sie Ihre eigene Lebenswelt,
- stellen Sie eine Verbindung zwischen Drama und der Gegenwart her o.Ä.

Diese Betrachtungsweise lenkt das Lesen des Textauszuges.

So könnten Sie beispielsweise bei der Analyse eines Textauszuges aus „Nathan der Weise“ vor dem Hintergrund der Epoche der Aufklärung nach Ansatzpunkten suchen, die für einen selbstständig denkenden Menschen sprechen.
Sie können die Textvorlage auch im Hinblick auf Anzeichen untersuchen, die Aspekte der Hintergrundinformationen widerspiegeln oder ungewöhnlicherweise von ihnen abweichen.

Die folgenden drei Schwerpunkte kann man bei einer textüberschreitenden Analyse zu „Nathan der Weise“ berücksichtigen:
- die Epoche der Aufklärung,
- das Leben und Werk Gotthold Ephraim Lessings,
- politisch-soziale Aspekte der Entstehungszeit.

2 Erläutern Sie, weshalb die folgenden Aspekte wichtig für eine Textanalyse sein können, und ordnen Sie diese nach Wichtigkeit.

Untersuchungsaspekte
A Perspektive des Zuschauers (z.B. Bedeutung des literarischen Werkes für meine Lebenswelt)
B Biografie und Werk des Autors (z.B. Kindheit, andere Werke des Autors)
C Literaturgeschichtlicher Zusammenhang (z.B. literarische Epoche, Gattungsgeschichte)
D Historische Epoche (z.B. politisch-soziale und geistesgeschichtliche Situation)
E Handlungsverlauf/Konflikt (z.B. Haupt- oder Nebenhandlung, Spannungselemente)
F Figuren und Figurenkonstellation (z.B. Charakterisierung, Beziehungsgeflecht, d.h. wie die Figuren zueinander stehen)
G Strukturelemente (z.B. Szene, Akt)
H Dramatisches Genre (z.B. klassisches, episches Theater)

I Wirkungsmittel (z. B. rhetorische Figuren, Sprechen in Versen oder Prosa, Register/Stilart, Tempo, außersprachliche Mittel wie Mimik oder Bühnenbild)

J Dramatisches Sprechen (z. B. Monolog, Dialog)

3 Lesen Sie die folgenden Sätze aus textüberschreitenden Analysen und ordnen Sie sie einem der Schwerpunkte zu.

- Epoche der Aufklärung
- Leben und Werk Gotthold Ephraim Lessings
- Politisch-soziale Aspekte der Entstehungszeit

A Nathan gilt als Leit- bzw. Vorbild toleranter Humanität, was insbesondere bei den agitierenden Nationalisten und Antisemiten des 18. und 19. Jahrhunderts auf Ablehnung stieß.

B Gotthold Ephraim Lessing schrieb zahlreiche Werke während der Epoche der Aufklärung.

C Lessing erklärte am 07. November 1778: „Mein Stück hat mit den jetzigen Schwarzröcken nichts zu tun; und ich will ihm den Weg nicht selbst verhauen, endlich doch einmal aufs Theater zu kommen, *wenn es auch erst nach hundert Jahren wäre*. Die Theologen aller geoffenbarten Religionen werden freilich innerlich darauf schimpfen; doch dawider sich öffentlich zu erklären, werden sie wohl bleiben lassen."

Aus: Kritische Friedrich-Schlegel-Ausgabe. Herausgegeben von Ernst Behler unter Mitwirkung von Jean-Jacques Anstett und Hans Eichner. Erste Abteilung: Kritische Neuausgabe. Band 2. München, Paderborn, Wien: Schöningh; Thomas Verlag, Zürich 1967.

D Ein Ziel der Aufklärung ist, jede Art von Entlohnungsmoral zu unterbinden. Lessing plädierte dafür, das Gute um des Guten willen zu tun. Dies spiegelt sich in der Figur Nathans und seinem Handeln wider.

E Lessings Leben ist geprägt vom vorurteilslosen Umgang mit jüdischen Zeitgenossen. Seine Einstellung bildete einen deutlichen Gegensatz zu dem damals herrschenden Gesellschaftsbild.

F Aufgeklärte Menschen sind allgemein gegen die Aristokratie und höfische Etikette. Betrachtet man das Zusammentreffen Nathans mit dem Herrscher von Jerusalem, …

G Das klassische Drama „Nathan der Weise" ist der letzte Beitrag Lessings zu einem heftig ausgetragenen Religionsdisput, den der Dramatiker vornehmlich dazu nutzte, die Zahl der Zuschauer seiner Stücke zu erhöhen.

H Die Ringparabel gilt als Votum für eine tolerante und undogmatische Religionsausübung und für allgemeine Denkfreiheit im Sinne eines geistesgeschichtlichen Ansatzes. Geistesgeschichte bezeichnet jene Wissenschaften, die sich mit der Entstehung, Formung und Wirkung von intellektuellen – geistigen – Strömungen befassen.

I „Nathan der Weise" war Lessings letztes Drama. Es entstand nach einer schweren Phase seines Lebens. Sein Sohn und seine Frau starben innerhalb eines Jahres.

4 **a)** Lesen Sie den Textauszug III, 6 aus „Nathan der Weise“. Achten Sie auf die Randbemerkungen.

Monolog	NATHAN *allein*	
Blankvers	Hm! hm! – wunderlich! – Wie ist	*Emphase*
(= reimloser	Mir denn? – Was will der Sultan?	
fünfhebiger	was? – Ich bin	
jambischer	Auf Geld gefaßt; und er will –	*Allitera-*
Vers)	Wahrheit. Wahrheit!	*tion*
Sultan	Und will sie so, – so bar, so	
erwartet	blank, – als ob	*Vergleich*
eine	Die Wahrheit Münze wäre! – Ja,	
Wahrheit,	wenn noch	
die so	Uralte Münze, die gewogen ward! –	*Metapher:*
solide	Das ginge noch! Allein so neue	*schnel-*
und über-	Münze,	*leres*
prüfbar	Die nur der Stempel macht, die	*Herstel-*
wie eine	man aufs Brett	*lungsver-*
Münze ist	Nur zählen darf, das ist sie doch	*fahren,*
	nun nicht!	*Wert(e)-*
	Wie Geld in Sack, so striche man	*verlust*
	in Kopf	
	Auch Wahrheit ein? Wer ist denn	
	hier der Jude?	
Ellipse	Ich oder er? – Doch wie? Sollt' er	
	auch wohl	
	Die Wahrheit nicht in Wahrheit	
	fordern? – Zwar,	
	Zwar der Verdacht, daß er die	
	Wahrheit nur	
	Als Falle brauche, wär' auch gar	
	zu klein! –	
Anapher	Zu klein? – Was ist für einen	
	Großen denn	
	Zu klein? – Gewiß, gewiß: er	
	stürzte mit	
	Der Türe so ins Haus! Man pocht	*Parallelis-*
	doch, hört	*mus*
	Doch erst, wenn man als Freund	
	sich naht. – Ich muß	
	Behutsam gehn! – Und wie? wie	
	das? – so ganz	
	Stockjude sein zu wollen, geht	
	schon nicht. –	
	Und ganz und gar nicht Jude,	
	geht noch minder.	
deutet	Denn, wenn kein Jude, dürft' er	
an:	mich nur fragen,	
Saladin	Warum kein Muselmann? – Das	*Ellipse*
wird nicht	wars! Das kann	
die ge-	Mich retten! – Nicht die Kinder	
wünschte	bloß, speist man	*Inversion*
Antwort	Mit Märchen ab. – Er kömmt. Er	*heraus-*
erhalten	komme nur!	*fordernd*

Gotthold Ephraim Lessing: Nathan der Weise. Ernst Klett Verlag, Stuttgart 2004, S. 76. Der Text ist in alter Rechtschreibung abgedruckt.

b) Verfassen Sie den Hauptteil einer textimmanenten Analyse des vorliegenden Dramenauszugs unter besonderer Berücksichtigung der sprachlichen Gestaltung. Beachten Sie, dass Sie die sprachlichen Mittel nicht nur aufzählen, sondern immer auch ihre Wirkung auf den Leser beschreiben.

KOMPETENZBOX

Hauptteil der Analyse eines Dramenauszugs

Aufbau

1. Einordnung der Szene in den Gesamtzusammenhang (siehe Muster, S. 249)
2. Inhalt und Aufbau der Szene
3. Analyse der Szene nach den in der Aufgabenstellung vorgegebenen Kriterien

5 Listen Sie textüberschreitende Analyseaspekte auf, um die man die Analyse der vorliegenden Szene erweitern könnte.

6 Verfassen Sie den Schluss einer textimmanenten Analyse zum Textauszug III, 6 aus „Nathan der Weise“.

KOMPETENZBOX

Schluss der Analyse eines Dramenauszugs

Ihr Schlussteil ist der letzte Eindruck, den Sie beim Leser hinterlassen. Geben Sie kurz einen Überblick über die Aussage der Dramenszene. Beschreiben Sie ihre Wirkung. Sie können auch noch eine kurze persönliche Bewertung der Szene oder des gesamten Dramas im Hinblick auf ihre oder seine Bedeutung für die heutige Zeit verfassen.

BEISPIEL:

Nathan sammelt seine eigenen Gedanken vor dem alles entscheidenden Gespräch mit Saladin. Er ist sich bewusst, dass er nur mit einer List ans Ziel gelangen kann. Nathan möchte überzeugen, nicht belehren.

Gerade heute kann Lessings „Nathan der Weise“ den Menschen wieder eine Richtung weisen. In einer Zeit, in der religiöser Fundamentalismus an Bedeutung gewinnt, sollten Beispiele der Toleranz und Humanität wieder vermehrt in den Mittelpunkt der Gesellschaft rücken.

Sprachliche Übungen

1 Notieren Sie die folgenden Texte mit den nötigen Satzzeichen und in korrekter Groß- und Kleinschreibung. Entscheiden Sie, wo Sie einen Punkt setzen, um die Lesbarkeit zu erleichtern.

A unter aufklärung versteht man also sowohl einen individuellen als auch einen gesellschaftlichen emanzipationsprozess der die allein auf dem glauben an autoritäten beruhende denkweise kritisch hinterfragt man fordert den menschen auf sich seines eigenen verstandes zu bedienen sein leben und denken selbst zu bestimmen sowie die vorgaben der obrigkeit oder zwänge von mode und zeitgeist nicht mehr als bindend zu betrachten

B menschen- und bürgerrechte traten in den vordergrund vernunftgemäßes denken sollte vorurteile und religiösen eifer bzw. aberglauben verdrängen gegen letzteren wurde eine „vernunftreligion" entwickelt wissenschaft und bildung sollten gefördert werden sodass man sie in allen schichten verbreiten konnte

2 **a)** Formulieren Sie die Sätze so um, dass Sie jeweils einen Haupt- und einen Nebensatz bilden, ohne den Sinn der Sätze zu ändern. Trennen Sie den Nebensatz durch Komma vom Hauptsatz.

A Dazu führt die erste Begegnung zwischen dem Tempelherrn und Recha: Beide verlieben sich.
B Man erkennt deutlich seinen inneren Konflikt. Durch seine Liebe zu Recha entsteht er.
C In seiner Rolle als Tempelherr weiß er: Er ist an ein Keuschheitsgelübde gebunden.
D Der Tempelherr zeigt sich wieder impulsiv und wenig überlegt. Er wird von Saladin zurechtgewiesen.
E Später kann er die Situation ohne Weiteres akzeptieren. Anstelle einer Frau wird er eine Schwester haben.
F Er liebt Recha. Zunächst will er enthaltsam leben.

b) Erklären Sie in Stichworten, woran Sie einen Nebensatz erkennen.

3 Schreiben Sie die Sätze neu und vermeiden Sie dabei stilistisch unpassende Wortwiederholungen.

A Das Zusammentreffen mit dem Patriarchen stellt für den Tempelherrn zunächst einen Rückschritt dar. Das Zusammentreffen gefährdet das Leben Nathans und auch die Liebe zu Recha.
B In einem weiteren Monolog des Tempelherrn wird ein weiterer Entwicklungsschritt des Tempelherrn deutlich.
C Der Tempelherr sieht seine Liebe zu Recha gerade darin begründet, dass sie charakterlich so ist, wie sie Nathan charakterlich geformt hat. Er möchte sie charakterlich nicht anders haben.
D Zu dem Zeitpunkt, als der Tempelherr Nathan von seinem Besuch beim Patriarchen erzählt, hat er bereits eine selbstkritische und distanzierte Haltung zu seinem Handeln entwickelt. Er reflektiert selbstkritisch seine unbesonnene Spontaneität und distanziert sich von seinem intoleranten Standpunkt.

4 Führen Sie die Sätze fort und fügen Sie Teile der Textpassagen als Zitat in Anführungszeichen so ein, dass der Satzbau nicht verändert wird.

A *Daja zu Nathan: Daß Ihr doch endlich einmal wiederkommt.*
Daja ist dankbar und freut sich …
B *Nathan: Und Schulden einkassieren, ist gewiß*
Auch kein Geschäft, […] das
So von der Hand sich schlagen läßt.
Nathan erzählt …
C *Nathan: Dann, Daja, hätten wir ein neues uns*
Gebaut; und ein bequemeres.
Nathan geht zunächst sehr gelassen mit der Nachricht über den Brand seines Hauses um …
D *Nathan: Warum erschreckest du mich denn? –*
O Recha!
O meine Recha!
Nathan betrachtet Recha als …

5 Kopieren Sie die folgenden Sätze und fügen Sie die Ausdrücke in Klammern im richtigen Kasus ein.

A Entgegen ____________ (alle Erwartungen) entlässt Saladin den Tempelherrn aus der Gefangenschaft.
B Nach ____________ (der Brand) verliebt sich der Tempelherr in Recha.
C (Der Arbeitgeber und langjährige Freund Nathan) ____________ zuliebe versucht Daja, ihm die Ereignisse schonend näherzubringen.
D Seit ____________ (ihre erste Begegnung) ist der Tempelherr innerlich zerrissen.
E (Seine Rolle als Tempelherr) ____________ entsprechend will der junge Mann der Liebe entsagen.

Prüfungsvorbereitung

Aufgaben:

1) Ordnen Sie den Monolog in den Gesamtzusammenhang der Handlung ein.
2) Verdeutlichen Sie anhand der vorliegenden Textstelle den inneren Konflikt des Tempelherrn.
3) Zeigen Sie auf, auch über die Textstelle hinausgehend, was den Tempelherrn veranlasst, seine „Vorurteile" (Z. 25) abzulegen.

Text:

DER TEMPELHERR
(geht, mit sich selbst kämpfend, auf und ab; bis er losbricht):
– Hier hält das Opfertier ermüdet still. –
Nun gut! Ich mag nicht, mag nicht näher wissen,
Was in mir vorgeht; mag voraus nicht wittern,
Was vorgehn wird. – Genug, ich bin umsonst
Geflohn! umsonst. – Und weiter *konnt'* ich doch
Auch nichts, als fliehn! – Nun komm', was kommen
soll! –
Ihm auszubeugen, war der Streich zu schnell
Gefallen; unter den zu kommen, ich
So lang und viel mich weigerte. – Sie sehn,
Die ich zu sehn so wenig lüstern war,
Sie sehn, und der Entschluß, sie wieder aus
Den Augen nie zu lassen. – Was Entschluß?
Entschluß ist Vorsatz, Tat: und ich, ich litt',
Ich litte bloß. – Sie sehn, und das Gefühl
An sie verstrickt, in sie verwebt zu sein,
War eins. – Bleibt eins. – Von ihr getrennt
Zu leben, ist mir ganz undenkbar; wär'
Mein Tod, – und wo wir immer nach dem Tode
Noch sind, auch da mein Tod. – Ist das nun Liebe:
So – liebt der Tempelritter freilich, – liebt
Der Christ das Judenmädchen freilich. – Hm!
Was tut's? – Ich hab in dem gelobten Lande, –
Und drum auch mir *gelobt* auf immerdar! –
Der Vorurteile mehr schon abgelegt. –
Was will mein Orden auch? Ich Tempelherr
Bin tot; war von dem Augenblick ihm tot,
Der mich zu Saladins Gefangnen machte.
Der Kopf, den Saladin mir schenkte, wär'
Mein alter? – Ist ein neuer; der von allem
Nichts weiß, was jenem eingeplaudert ward,
Was jenen band. – Und ist ein bessrer; für
Den väterlichen Himmel mehr gemacht.
Das spür' ich ja. Denn erst mit ihm beginn'
Ich so zu denken, wie mein Vater hier
Gedacht muß haben; wenn man Märchen nicht
Von ihm mir vorgelogen. – Märchen? – doch
Ganz glaubliche; die glaublicher mir nie,
Als itzt geschienen, da ich nur Gefahr
Zu straucheln laufe, wo er fiel. – Er fiel?
Ich will mit Männern lieber fallen, als
Mit Kindern stehn. – Sein Beispiel bürget mir
Für seinen Beifall. Und an wessen Beifall
Liegt mir denn sonst? – An Nathans? – O an dessen
Ermuntrung mehr, als Beifall, kann es mir
Noch weniger gebrechen. – Welch ein Jude! –
Und der so ganz nur Jude scheinen will!
Da kömmt er; kömmt mit Hast; glüht heitre Freude.
Wer kam vom Saladin je anders? – He!
He, Nathan!

Gotthold Ephraim Lessing: Nathan der Weise. Ernst Klett Verlag, Stuttgart 2004, S. 84 f. Der Text ist in alter Rechtschreibung abgedruckt.

MUSTERLÖSUNG

Literarische Textinterpretation (Dramenauszug)

Im achten Auftritt des dritten Aufzuges aus Gotthold Ephraim Lessings dramatischem Gedicht „Nathan der Weise" von 1779, das im Jahre 1783 uraufgeführt wurde, erkennt der christliche Tempelherr in einem Selbstgespräch, dass seiner Liebe zu Recha nichts mehr entgegenstehe, da er bereits durch seine Gefangennahme, das Todesurteil und die folgende Begnadigung vom Keuschheitsgelübde befreit worden sei.

← *Nennen Sie in der Einleitung Autor, Textsorte und Titel des Werks, evtl. auch die Entstehungszeit. Fassen Sie dann die gesamte Problematik der Textstelle präzise zusammen.*

Dieser Auftritt folgt unmittelbar auf den Höhepunkt des Dramas, der sogenannten Ringparabel, in der der jüdische Kaufmann Nathan dem muslimischen Sultan Saladin mithilfe einer Erzählung die drei großen monotheistischen Religionen als

← *Zunächst folgt eine Anbindung der Handlung an die vorhergehende.*

Prüfungsvorbereitung

gleichwertig darstellt. Das moralisch richtige Verhalten sei nicht an eine Religion gebunden, so Nathan, sondern entstehe aus vernunftgeprägten und humanistischen Gründen. Die eigene religiöse Identität spiele somit eine untergeordnete Rolle.

Beschränken Sie sich auf die wesentliche Handlung, die für das Textverständnis von Bedeutung ist. Wichtig sind in dieser Textvorlage der innere Konflikt des Tempelherrn, der durch seine religiöse Prägung bedingt ist, sowie die daraus resultierenden Vorurteile. Die Ringparabel bietet einen möglichen Ausweg aus dem Dilemma.

Nach dieser Selbsterkenntnis spricht der Tempelherr mit Nathan. Dieser verhält sich reserviert, als der Tempelherr ihm seine Liebe zu Recha gesteht. Nathan ahnt zu diesem Zeitpunkt bereits, dass Recha und der Tempelherr Geschwister sein könnten.

← *Dann folgt ein kurzer, prägnanter Ausblick auf die folgende Handlung.*

Betrachtet man den vorliegenden Monolog des Tempelherrn, so erkennt man deutlich seinen inneren Konflikt, der durch seine Liebe zu Recha entsteht. Dies veranschaulicht bereits die Regieanweisung, die ihn „mit sich selbst kämpfend" darstellt. Durch seine Rolle als Tempelherr ist er an ein Keuschheitsgelübde gebunden.

← *Schaffen Sie sprachlich einen Anknüpfungspunkt für den nächsten Teil, indem Sie auf die Textstelle eingehen und die Aufgabenstellung miteinbeziehen.*

Inhaltlich kann man von einer vierstufigen Entwicklung sprechen. Zunächst sieht der Tempelherr sich als „Opfertier", das „ermüdet" sei (Z. 1). Für seine christliche Rolle war er entschlossen, weiter enthaltsam zu leben. Diese Grundhaltung ändert sich im zweiten Entwicklungsschritt wenig später, als er seine Versuche, der Liebe zu Recha zu entfliehen, als gescheitert betrachtet: „Und weiter *konnt'* ich doch/Auch nichts, als fliehn! – Nun komm', was kommen soll!" (Z. 5 ff.) In der dritten Stufe des Entwicklungsprozesses gesteht sich der Tempelherr seine Liebe und Begierde ein, da „[...] das Gefühl/An sie verstrickt, in sie verwebt zu sein, [eins wäre]" (Z. 15 ff.). Ohne diese Liebe empfindet er am Ende dieser Entwicklungsphase seine Existenz als sinnlos, eher sehne er sich den Tod herbei, „[v]on ihr getrennt zu leben" sei ihm „undenkbar" (Z. 17 f.). Zugleich ist er sich des Unterschiedes zwischen sich, dem Christen, und Recha, dem „Judenmädchen", und den daraus resultierenden Problemen bewusst (Z. 21 ff.).

← *Zitate müssen in den Satzfluss eingearbeitet werden und durch Anführungszeichen gekennzeichnet werden. Klären Sie, ob Zeilenangaben von Ihnen verlangt werden.*

Sein Eingeständnis der tiefen Liebe ist eng verbunden mit der Erkenntnis, dass durch sie für ihn ein neues Leben beginnt. Seine alte Existenz als Tempelherr ist beendet. Er begibt sich am Ende dieses Entwicklungsprozesses in eine ihm unbekannte, sicherlich ungewisse Zukunft. Lessing bedient sich an dieser Stelle der Metapher des „Kopfes" (Z. 29 ff.), der „alte" wird durch einen „neuen" ersetzt. Das Bild des „Kopfes" steht für Denken und Verantwortung. Beides sind Grundhaltungen, die man allgemeinhin als typische Merkmale der Epoche der Aufklärung betrachtet. Der Tempelherr ist nun frei von dem, was der Orden ihm beigebracht hat oder – wie er selbst sagt – ihm „eingeplaudert" (Z. 31) wurde, der Kopf – die Ratio – ist befreit von der kirchlichen Doktrin.

← *Verknüpfen Sie die inhaltliche Deutung mit der Analyse des sprachlichen Ausdrucks.*

Der Monolog ist äußerst emotional, was durch unterschiedliche sprachliche Besonderheiten deutlich wird. So gibt es zahlreiche elliptische Formulierungen, wie etwa

Prüfungsvorbereitung

die Frage „An Nathans?“ (Z. 44). Der Tempelherr beantwortet diese Frage mit dem Ausruf „O“, wodurch sein emotionaler Zustand noch einmal unterstrichen wird. Ferner zeigen Inversionen, wie sehr der Tempelherr leidet: „So – liebt der Tempelherr freilich, – liebt/Der Christ das Judenmädchen freilich.“ (Z. 21 ff.)

Am Ende seines Monologs zeigt sich der Tempelherr zuversichtlich und voller Tatendrang. Er hat alle Zweifel hinter sich gelassen, zaudert nicht mehr. Als Nathan erscheint, tritt der Tempelherr ihm zum Handeln entschlossen entgegen. Er sieht den Juden Nathan trotz der religiösen Differenzen als vorbildlichen Menschen an. Nathan hat dem Tempelherrn gezeigt, wie er dem kirchlichen Dogmatismus entkommen kann, sodass auch er Juden bzw. Andersgläubigen zukünftig anders begegnen wird. Sprachlich gestaltet Lessing diese Entwicklung, indem er den Tempelherrn sich ständig selbst verbessern lässt, so sagt er beispielsweise: „Was Entschluß?/Entschluß ist Vorsatz, Tat: und ich, ich litt',/Ich litte bloß“ (Z. 13 ff.). Der Tempelherr ersetzt schwächere Ausdrücke, wie im genannten Beispiel das Wort „Entschluß“, durch präzisere oder schlagkräftigere, in diesem Fall durch „Vorsatz“, was seine Befähigung zur Selbstkritik und -korrektur widerspiegelt.

← *Ihre Ausführungen zu der sprachlichen Gestaltung müssen immer mit inhaltlichen Problematiken verbunden werden.*

Zwar ist diese Entwicklung in wesentlichen Zügen durch sein Verliebtsein initiiert, doch haben die unerwartete bzw. zunächst unerklärliche Begnadigung durch Saladin und das mildtätige, humanistische Handeln Nathans, das von Vernunft geprägt ist, wesentlichen Anteil am Sinneswandel des Tempelherrn. Er begegnete Menschen, die wider seine Erwartung handeln. Tief beeindruckt lernt er, dass nicht die religiöse Identität das eigene Handeln bestimmen darf, sondern Toleranz zusammen mit Nächstenliebe die Maxime des Lebens sein muss.

Lessings dramatisches Gedicht „Nathan der Weise“ zeigt, wie Großmut Menschenverachtung stoppen kann.

← *Zum Schluss äußern Sie sich zur allgemeinen Aussage des Gesamtdramas.*

Kompetenz-Logbuch

Online-Link 803501-0020

- Insgesamt bewerte ich die Lektion mit folgendem Smiley.
- Diese mir selbst gesteckten Ziele habe ich erreicht.
- Dies hat mir Schwierigkeiten bereitet.
- So habe ich mich beteiligt und in die Gruppe eingebracht.
- Das will ich noch lernen.
- Diese konkreten Schritte werde ich dazu unternehmen.

PROJEKTE

Projekte

1 „Nathan der Weise" und die Epoche der Aufklärung

Sammeln Sie Informationen zur Epoche der Aufklärung und halten Sie einen Vortrag über den Einfluss der Epoche auf Gotthold Ephraim Lessings dramatisches Gedicht „Nathan der Weise".

2 Leben und Werk Lessings

Verfassen Sie eine kurze Abhandlung (drei Seiten) oder eine Präsentation mithilfe des Computers (fünf Folien) über Leben und Werk Gotthold Ephraim Lessings. Betrachten Sie insbesondere die Frage, inwieweit sich Bezüge zwischen dem Verlauf seines Lebens und seiner Themenwahl feststellen lassen.

3 Einfluss religiöser Haltung auf Lessings „Nathan der Weise"

Sammeln Sie Informationen über Lessings religiöse Haltung und deren Einfluss auf sein Drama „Nathan der Weise". Hierzu müssen Sie sich u. a. mit dem Fragmentenstreit zwischen Lessing und dem Hamburger Pastor Goeze beschäftigen. Tragen Sie Ihr Wissen in einer kurzen Präsentation vor.

4 Eine Szene aufführen

Bereiten Sie mit einigen Mitschülerinnen und Mitschülern eine kurze szenische Aufführung von „Nathan der Weise" (z. B. III, 5 oder III, 6) vor.

5 Eine Szene in die moderne Sprache übersetzen

Übersetzen Sie die folgende Passage aus Goethes „Faust" in die heute übliche Ausdrucksweise. Nutzen Sie ein Wörterbuch für Ihnen unbekannte Ausdrücke.

Am Brunnen
Gretchen und Lieschen mit Krügen.
LIESCHEN: Hast nichts von Bärbelchen gehört?
GRETCHEN: Kein Wort. Ich komm' gar wenig unter
Leute.
LIESCHEN: Gewiß, Sybille sagt' mir's heute!
Die hat sich endlich auch betört.
Das ist das Vornehmtun!
GRETCHEN: Wieso?
LIESCHEN: Es stinkt!
Sie füttert zwei, wenn sie nun ißt und trinkt.
GRETCHEN: Ach!
LIESCHEN: So ist's ihr endlich recht ergangen.
Wie lange hat sie an dem Kerl gehangen!
Das war ein Spazieren,
Auf Dorf und Tanzplatz Führen,
Mußt überall die Erste sein,
Kurtesiert ihr immer mit Pastetchen und Wein;
Bild't' sich was auf ihre Schönheit ein,
War doch so ehrlos, sich nicht zu schämen,
Geschenke von ihm anzunehmen.
War ein Gekos' und ein Geschleck';
Da ist denn auch das Blümchen weg!
GRETCHEN: Das arme Ding!
LIESCHEN: Bedauerst sie noch gar!
Wenn unsereins am Spinnen war,
Uns nachts die Mutter nicht hinunterließ,
Stand sie bei ihrem Buhlen süß,
Auf der Türbank und im dunklen Gang
Ward ihnen keine Stunde zu lang.
Da mag sie denn sich ducken nun,
Im Sünderhemd Kirchbuß' tun!
GRETCHEN: Er nimmt sie gewiß zu seiner Frau.
LIESCHEN: Er wär' ein Narr! Ein flinker Jung'
Hat anderwärts noch Luft genung.
Er ist auch fort.
GRETCHEN: Das ist nicht schön!
LIESCHEN: Kriegt sie ihn, soll's ihr übel gehn,
Das Kränzel reißen die Buben ihr,
Und Häckerling streuen wir vor die Tür!

Johann Wolfgang Goethe: Faust. Der Tragödie erster Teil. Ernst Klett Verlag, Leipzig 2004, S. 115 f. Der Text ist in alter Rechtschreibung abgedruckt.

Lösungen

„Was Sie wissen und was Sie lernen können"

Kapitel	Aufg.	Lösung
01	4	1r, 2r, 3f, 4f, 5f, 6f, 7f, 8f, 9r, 10r
02	3	1r, 2f, 3f, 4f, 5r, 6f, 7r, 8f, 9f, 10f, 11r
03	2	1r, 2f, 3r, 4f, 5f, 6r, 7r, 8r
04	2	1f, 2f, 3r, 4r, 5f, 6r, 7f, 8r, 9f
05	2	1r, 2f, 3f, 4f, 5f, 6r, 7f, 8f, 9r
06	2	1f, 2r, 3r, 4f, 5f, 6f, 7f, 8f, 9r
07	3	1f, 2r, 3f, 4f, 5f, 6r, 7r, 8f, 9f, 10r, 11r
08	2	1f, 2r, 3f, 4f, 5r, 6r, 7f, 8f, 9r
09	3	1f, 2r, 3f, 4r, 5r, 6r, 7f, 8f, 9f, 10r, 11r, 12r
10	2	1r, 2f, 3r, 4r, 5f, 6r, 7f, 8r, 9r, 10f

Kapitel	Aufg.	Lösung
11	3	1r, 2r, 3f, 4f, 5r, 6f, 7r, 8f
12	2	1r, 2r, 3r, 4f, 5r, 6f, 7f, 8r
13	2	1f, 2r, 3r, 4f, 5f, 6r, 7r, 8r, 9r, 10f
14	2	1f, 2r, 3f, 4f, 5f, 6f, 7r, 8r, 9f, 10f, 11f, 12r
15	2	1f, 2f, 3r, 4r, 5f, 6r, 7f, 8r, 9f, 10r
16	2	1f, 2r, 3r, 4f, 5r, 6f, 7f, 8r, 9r, 10f, 11f, 12r
17	2	1r, 2f, 3r, 4r, 5f, 6r, 7r, 8f, 9f, 10f, 11f, 12f
18	2	1f, 2f, 3f, 4r, 5f, 6f, 7r, 8r, 9f, 10f, 11r, 12f
19	2	1r, 2r, 3r, 4f, 5r, 6f, 7r, 8r, 9r, 10r, 11f
20	3	1r, 2f, 3f, 4r, 5f, 6r, 7f, 8r

Kompetenzregister

Kompetenz-Logbuch (Schülerbeispiel)

Kompetenz-Logbuch

Name Jan Felix

Lösung zu S. 217, Aufgabe 2

1 f, 2 f, 3 f, 4 r, 5 f, 6 f, 7 r, 8 r, 9 f, 10 f, 11 r, 12 f

	A	B	C
	Raum- und Zeitgestaltung 1 2 3 4	Erzählverhalten und Erzählform 5 6 7 8	Grammatik und Inhalt 9 10 11 12
1 Hier sehe ich aufgrund.des.Tests meine **Stärken**. (ankreuzen)		X	
Kurze Begründung:		Wir haben diesen Aspekt schon in meiner früheren Schule behandelt. Die Umformulierung von Texten (Änderung der Erzählform) hat Spaß gemacht.	
2 Hierauf lege ich meine persönlichen Schwerpunkte. (ankreuzen)	X		

Ausführliche Darstellung der Ziele von Punkt 2

Das will ich unbedingt lernen:

Mich reizt vor allem die Deutung von Texten, speziell von Darstellungen mit symbolischem Charakter. Auch die Art und Weise, wie in Texten mit der Zeit umgegangen wird, interessiert mich. Ich möchte z.B. selbst erkennen können, ob die Zeit gedehnt oder gerafft wird, ohne dass mich jemand erst einmal darauf hinweisen muss.

Logbuch.FHR
ISBN-13: 978-3-12-803501-7

Seite ______

1 Insgesamt bewerte ich die Lektion mit folgendem Smiley:

2 Diese mir selbst gesteckten Ziele (siehe vorhergehende Seite) habe ich erreicht:

Den Aspekt der Zeit kann ich nun ganz gut analysieren. Ich habe auch einen Überblick erhalten, wie in Romanen Zeitgeschehen aus der Vergangenheit oder Gegenwart verarbeitet wird.

3 Dies hat mir Schwierigkeiten bereitet:

Probleme habe ich nach wie vor mit der Erkenntnis der Bedeutung grammatikalischer Besonderheiten für die Interpretation.

4 So habe ich mich beteiligt und in die Gruppe eingebracht:

In der Gruppe habe ich sehr gerne gearbeitet. Ich glaube, dass ich auch viele Ideen für die Bearbeitung der Aufgaben eingebracht habe.

5 Das will ich noch lernen:

Ich möchte mich noch besser in der Grammatik auskennen. Bisher ist mein Wissen eher bescheiden. Über die wichtigsten Fachbegriffe und Phänomene der Grammatik will ich Bescheid wissen.

6 Diese konkreten Schritte werde ich dazu unternehmen:

Ich werde mich im Internet informieren und eine Grammatik aus der Bücherei ausleihen. Sehr schnell möchte ich zunächst einmal die grammatikalischen Begriffe beherrschen.

Logbuch FHR
ISBN-13: 978-3-12-803501-7

Operatoren kennen – Arbeitsaufträge verstehen

Operatoren	Definitionen	Beispiele
Anforderungsbereich I: Wiedergabe von Kenntnissen		
(Be)nennen	Zielgerichtet Informationen zusammentragen, ohne diese zu kommentieren	*Benennen Sie wesentliche Merkmale der literarischen Epoche …*
Beschreiben	Textaussagen oder Sachverhalte in eigenen Worten strukturiert, genau und sachlich darstellen	*Beschreiben Sie den Aufbau des Gedichts.* *Beschreiben Sie, was der Verfasser des Textes unter … versteht.*
Bestimmen	Etwas, z. B. Ursachen, Motive, Ziele, prägnant, akzentuiert und kriterienbezogen feststellen	*Bestimmen Sie aufgrund dieser Aussage, welche psychologischen Konsequenzen der Arbeitsplatzverlust für die Betroffenen haben kann.*
Darstellen/Darlegen	Einen Sachverhalt, Zusammenhang, ein Problem, eine methodische Entscheidung strukturiert und sachbezogen ausführen; Strukturen, Situationen usw. objektiv abbilden	*Stellen Sie das zentrale Problem des Textes … dar.* *Legen Sie dar, welche der folgenden Argumentationen Ihrer Meinung nach schlüssiger ist.*
Formulieren	Ein Ergebnis, einen Standpunkt, einen Eindruck usw. knapp, präzise, pointiert – zumeist mit eigenen Worten – zum Ausdruck bringen	*Formulieren Sie zu den einzelnen Abschnitten Überschriften.*
Skizzieren	Ein Persönlichkeitsbild, eine Handlung usw. auf Grundlegendes begrenzt akzentuiert darstellen	*Skizzieren Sie einen Handlungsverlauf …*
Wiedergeben	Inhalte, Zusammenhänge strukturiert, zusammenfassend in eigenen Worten fachsprachlich richtig formulieren	*Geben Sie den Inhalt der Kurzgeschichte/des Sachtextes … wieder.*
Zeigen/Aufzeigen	Textinhalte und/oder Textformen sachbezogen, teils deskriptiv, teils analytisch darlegen, verdeutlichend herausstellen	*Zeigen Sie auf, welche Auswirkung das kritisierte Verhalten auf andere, Sie und Ihre Gefühle hat.*
Zusammenfassen	Inhalte, Aussagen, Zusammenhänge komprimiert und strukturiert sachbezogen richtig wiedergeben	*Fassen Sie die zentralen Aussagen des Textes … zusammen.*
Thesenartig zusammenfassen	Den Text auf zentrale Textaussagen reduzieren (vollständige Sätze)	*Fassen Sie die zentralen Ideen Schillers zu den Aufgaben des Theaters thesenartig zusammen.*
Anforderungsbereich II: Anwenden von Kenntnissen		
Analysieren/ Untersuchen	Zerlegen eines Textganzen in Einzelheiten des Inhalts und der Form: strukturierendes, systematisches Erschließen und Darstellen der einzelnen Textelemente für sich und in ihrer Wechselbeziehung; bei literarischen Texten Grundlage des Interpretierens	*Analysieren Sie den Romananfang unter den Gesichtspunkten der Erzählperspektive und der Figurenkonstellation.*
Begründen	Analyseergebnisse, Positionen, Auffassungen, Einschätzungen, Wertungen, Urteile usw. kausal bestimmen, argumentativ nachvollziehbar herleiten und stützen, fachlich und sachlich absichern durch entsprechende Belege, Beispiele, Argumentation	*Begründen Sie Ihre eigene Auffassung aufgrund Ihrer Erfahrung als Leser(in) …*
Charakterisieren	Sachverhalte, Vorgänge, Personen usw. in ihren spezifischen Eigenheiten pointiert darstellen, treffend und anschaulich schildern bzw. unter leitenden Gesichtspunkten kennzeichnen, Wesentliches gewichtend hervorheben	*Charakterisieren Sie einen der Protagonisten in dem vorgegebenen Textauszug.*

Einordnen	Einen Inhalt, eine Aussage, eine Problemstellung, einen Sachverhalt aspekt- und kriterienorientiert in einen vorgegebenen oder selbst gewählten Kontext stellen	*Ordnen Sie die Szene in den Gesamtzusammenhang des Dramas ein.*
Erklären	Textaussagen, Sachverhalte auf der Basis von Kenntnissen und Einsichten differenziert darstellen; einen Sachverhalt in einen Begründungszusammenhang stellen; etwas kausal schlussfolgernd herleiten	*Erklären Sie das Verhalten der Figur … in dem Drama … unter Berücksichtigung ihrer Situation und ihres sozialen Standes.*
Erläutern	Einen Sachverhalt durch zusätzliche Informationen und Beispiele veranschaulichen, verdeutlichen; etwas einsichtig machen	*Erläutern Sie die Wirkung der erzählerischen Mittel anhand von Beispielen in …*
Gliedern	Ein vorgegebenes Ganzes unter bestimmten Aspekten strukturieren und systematisierend, in gleichordnender und/oder hierarchisierender Form, in seinen Teilen darstellen	*Gliedern Sie den Text in Sinnabschnitte.*
Herausarbeiten	Strukturen, Leitgedanken, Strategien usw., gegebenenfalls unter bestimmten Aspekten, aus einem Textganzen herauslösen und in textbezogener Vorgehensweise akzentuiert, auf Wesentliches konzentriert herausheben	*Arbeiten Sie die Ihrer Meinung nach wesentliche Aussage der Kurzgeschichte heraus und erläutern Sie, mit welchen sprachlichen und erzählerischen Mitteln die Autorin diese unterstützt.*
In Beziehung setzen	Analyseergebnisse, Textaussagen, Sachverhalte, Problemstellungen mit vorgegebenen oder selbstgewählten Aspekten in Verbindung bringen	*Setzen Sie Nathans Position in Beziehung zur Philosophie zur Aufklärung.*
Klären	Verhaltensweisen, Positionen, Situationen usw. differenziert betrachten, ergründen, verdeutlichen; gegebenenfalls Lösungen erarbeiten	*Klären Sie bei den folgenden Situationen, ob die Maximen der Kooperation eingehalten wurden.*
Untersuchen, erschließen	An Texten, Textaussagen, Problemstellungen, Sachverhalten kriterienorientiert bzw. aspektgeleitet arbeiten	*Untersuchen/erschließen Sie die gedankliche Struktur/die Argumentationsstruktur des Textes …*
Vergleichen	Texte, Textaussagen, Problemstellungen, Sachverhalte unter vorgegebenen oder selbst gewählten Aspekten auf der Grundlage von Kriterien gegenüberstellen, in Beziehung setzen und analysieren, um Gemeinsamkeiten, Unterschiede, Teil-Identitäten, Ähnlichkeiten, Abweichungen oder Gegensätze ermitteln zu können; gewichtend ein Ergebnis formulieren	*Vergleichen Sie das Erzählverhalten in den beiden Texten/Textauszügen …;* *Vergleichen Sie, wie in den beiden Gedichten das Motiv der nächtlichen Natur dargestellt wird.* *Vergleichen Sie die beiden Gedichte/Texte unter von Ihnen selbst gewählten wesentlichen Aspekten.*
Anforderungsbereich III: Problemlösen und Werten		
Beurteilen	Zu einem Text, einer Textaussage, der ästhetischen Qualität eines Textes, einem Sachverhalt, einer Problemlösung, einer Problematik ohne subjektiven Wertebezug mit Bezug auf Fachwissen und -erkenntnis zu einem selbstständigen, begründeten Sachurteil gelangen	*Beurteilen Sie die Angemessenheit der Rezension und ….* *Beurteilen Sie das Regiekonzept auf der Grundlage Ihres Textverständnisses.*
Bewerten	Wie Operator „beurteilen“, verbunden mit der Offenlegung begründeter eigener Wertmaßstäbe, die sich aus ausgewiesenen Normen und Werten ableiten	*Bewerten Sie Noras Handlungsweise am Schluss des Dramas.*
Deuten	Einen Text oder Sachverhalt darstellen, verständlich machen und auslegen	*Deuten Sie die Aussage/Szene vor dem Hintergrund …*

Diskutieren	Sich argumentativ mit einem Thema, einer Frage, einem Problem befassen; freiere, offenere Variante des methodisch und strukturell stärker festgelegten „Erörterns"	*Diskutieren Sie die Funktion der Grafik und ob zusätzliche Grafiken oder Bilder es erleichtern würden, den Text zu verstehen.*
Entwerfen	In Verbindung mit einer Textvorlage auf der Grundlage einer konkreten Arbeitsanweisung einen eigenen Text unter Benennung der notwendigen Entscheidungen und Arbeitsschritte planen	*Entwerfen Sie im Anschluss an den Dialog … in der Szene … einen Monolog der Figur …*
Erörtern	Sich mit einem Thema kritisch, differenziert und argumentativ befassen; in schlussfolgender Abwägung das Für und Wider unter Berücksichtigung unterschiedlicher Perspektiven ein begründetes Urteil fällen; lineare oder dialektische Grundstruktur (Pro-/Kontra-Argumentation) Operatoren des Erörterns sind: Sich auseinandersetzen, Stellung nehmen, diskutieren, kommentieren, (über-)prüfen, (be-)werten, (be-)urteilen	*Erörtern Sie eine der folgenden strittigen Fragen.* *Erörtern Sie den Vorschlag, die Buchpreisbindung aufzuheben.* *Erörtern Sie, inwiefern sich das Menschenbild in Büchners „Woyzeck" von dem Menschenbild in Goethes „Faust" unterscheidet.*
Gestalten	Basisoperator des gestaltenden Interpretierens: Ein Textprodukt (innerer Monolog, Tagebucheintrag, Brief usw.) orientiert am Vorlagetext und zugleich eigenständig-kreativ inhaltlich und sprachlich erarbeiten und formen	*Gestalten Sie im Anschluss an den Brief der Figur … in Kapitel … einen Antwortbrief der Tochter/des Sohnes … eine Parallelszene zu … mit den Figuren X und Y.*
Interpretieren	Basisoperator des Interpretationsaufsatzes: Hermeneutisches, d. h. auf Erkennen und Verstehen gerichtetes Arbeiten am Text; erklärende und wertende Textauslegung; Untersuchung von Textinhalt und Textform und ihrer Wechselbeziehung mit Hilfe textanalytischer Mittel und Verfahren; Synthese analytisch gewonnener Ergebnisse	*Interpretieren Sie das Gedicht/den Romanauszug …*
Kommentieren	Einen Sachverhalt kritisch erläutern und bewerten	*Kommentieren Sie die Auffassung des Autors.*
Reflektieren	Behauptungen im Zusammenhang prüfen und anhand eigenständig gewählter Kriterien eine Aussage über Richtigkeit, Wahrscheinlichkeit, Angemessenheit in einer längeren Argumentationsreihe entwickeln	*Reflektieren Sie, wie sich das Spannungsverhältnis zwischen Freiheit und Bindung an gesellschaftliche Zwänge seit der Zeit Fontanes geändert hat.*
Sich auseinandersetzen mit	Zu einer (fachlichen) Problemstellung oder These eine Argumentation entwickeln, die zu einem begründeten und nachvollziehbaren Ergebnis führt; lineare wie auch dialektische Struktur: offenes, sich verzweigendes, auf die Breite des thematischen Spektrums ausgerichtetes Erörtern, das Sachverhalte skizziert, Ursachen und Folgen reflektiert	*Setzen Sie sich anhand Ihrer Leseerfahrungen mit dieser These auseinander.*
Stellung nehmen, kritisch	Sich zu einer Fragestellung argumentativ, fazitorientiert und urteilend positionieren	*Nehmen Sie begründet Stellung zu der Auffassung des Verfassers.*
Überprüfen/prüfen	Eine Textaussage, These, Argumentation, ein Analyseergebnis, einen Sachverhalt auf der Grundlage eigener Kenntnisse, Einsichten oder Textkenntnis auf ihre/seine Angemessenheit hin kriterienorientiert betrachten und bewerten	*Überprüfen Sie die Schlüssigkeit der Argumentation im Text …*

Methodenteil: Projektarbeit

Projektarbeit dient dazu,
- sich persönlich weiterzuentwickeln,
- fachlich hinzuzulernen,
- methodisch kompetenter zu werden und
- in der Gruppe zurechtzukommen.

Projektphasen

1. Vorarbeit
- Das Thema auswählen und eingrenzen
- Mitarbeiter/innen finden
- Einen „Projektmanager" wählen, der den Überblick über die Projektplanung hat und dafür sorgt, dass alle Gruppenmitglieder ihren Aufgaben im gestellten Zeitrahmen nachkommen.

2. Planung
- Fragen klären:
  - Welches Ziel verfolgen wir?
  - Wo könnten sich Schwierigkeiten ergeben?
  - Wie finden wir Material für unser Projekt?
  - (Recherchieren Sie, ob Ihre Internetquelle wirklich zuverlässig und aktuell ist, verwenden Sie für Ihre Materialsuche auch andere Quellen.)
- Zeitleiste erstellen
  - Wer übernimmt welche Aufgaben?
  - Bis wann soll die Aufgabe erledigt sein?

3. Durchführung
- Das notwendige Material beschaffen
- Das Produkt fertigen
- Die Präsentation vorbereiten
- Die Dokumentation anfertigen
- Kontakt zu den Gruppenmitgliedern halten, um die Projektarbeit zu koordinieren.

4. Präsentation
- Das Produkt präsentieren
- Die Dokumentation abgeben

5. Auswertung
Das Produkt und den Prozess bewerten

Datum	Projektphase	Aufgaben	Verantwortliche für die Aufgabe
xx.xx.xx	1. Projektplanung		
xx.xx.xx	2. Materialsuche und Auswertung mit Zusammenfassung der wesentlichen Informationen		
xx.xx.xx	3. Konzept der Dokumentation erstellen und Zwischenziele überprüfen		
xx.xx.xx	4. Auswertung der Projektergebnisse, um die Inhalte der Präsentation und der Dokumentation festzulegen, sowie Beginn der Schreibphase		
xx.xx.xx	5. Manuskript lesen und Korrekturvorschläge einarbeiten		
xx.xx.xx	6. Vorbereitung der Präsentation		
xx.xx.xx	7. Korrektur der Visualisierungen (Folien, Plakate usw.) und der Dokumentation		
xx.xx.xx	8. Zeitpuffer		
xx.xx.xx	9. Projektpräsentation und Abgabe der Dokumentation		

Methodenteil: Dokumentation

Eine Dokumentation fasst die Ergebnisse und Erkenntnisse einer Projektarbeit/Facharbeit zusammen. Im schulischen Bereich hat die Dokumentation üblicherweise einen Umfang von 8–12 Seiten.

Formale Vorgaben regeln die Gestaltung Ihrer Dokumentation (siehe Beispiele).

Deckblatt (Beispiel)

Dokumentation ← *Überschrift mit Projektthema*

zum Thema

„Ökotextilien aus der Nische zum Trendprodukt"

im

Projekt „Ökologische Textilien" ← *Projektname*

der Klasse OG 22 V ← *Klasse*

am Berufskolleg Raabestraße ← *Schule*

vorgelegt von

Nadia Claußen, Timo Ehrich, Chantal Löwe ← *Autorinnen/Autoren*

Leiter des Projekts: Herr S. Meyer ← *Projektleiter/in*

Schuljahr 20XX/XX ← *Schuljahr*

Inhaltsverzeichnis (Auszug)

Inhaltsverzeichnis

1. Vorbemerkung 1
2. Einleitung 2
3. Ökotextilien – was steckt dahinter? 3
   3.1 Die textile Kette 3
   3.2 Die Kennzeichnung von Ökotextilien 4
4. Entscheidungsgrundlagen 5
   4.1 Umfrageergebnisse zur Kaufentscheidung für Ökotextilien 5
   4.2 Mögliche Zielgruppen 6

[…]

X. Schlusswort 10

Vorbemerkung (Beispiel)

1. Vorbemerkung

„Ökologisch nachhaltig produzierte Bekleidung ist heutzutage angenehm zu tragen, bunt, trendy, schick und sogar salonfähig. Besondere Herausforderung stellt die Produktion von ökologischer Baby- und Kindermode dar. Sie soll nicht nur schadstoffarm sein, sondern auch den hohen Ansprüchen modebewusster Eltern genügen." **Mitarbeiter einer Münchener Ökoboutique**[1]

Gibt es wirklich Ökotextilien, die all diesen Kriterien gerecht werden? Trendy? Schick? Schadstoffarm?

Ohne die Unterstützung vieler Personen wäre unsere Suche nach Antworten auf diese Fragen nicht möglich gewesen. Dafür möchten wir uns an dieser Stelle bedanken
- bei der Schulleitung sowie einigen Lehrerinnen und Lehrern des BK Raabestraße,
- bei den ehrenamtlichen Mitarbeiterinnen unserer Schulbibliothek,
- den Mitarbeiterinnen des Wollinstituts,
- bei Herrn Dr. Egyptien der hiesigen Hochschule für seine fachkundige Unterstützung.

[1] http://www.muenchen-lebt-bio.de/index.php?id=3, abgerufen am 04. 11. 2009

← ***Inhalt***
Eine kurze Vorbemerkung soll die Leserin und den Leser auf das Thema einstimmen.

← ***Form***
Überschrift: fett, zwei Punkte größer als übriger Text
Ränder: übliche Textformatierung
Schriftart: Arial, Tahoma u. a. 10–12pt.
Flattersatz
1,5-zeilig

← ***Sprache***
Sachlich, darf aber auch sehr persönliche Aussagen enthalten

← *Fußnoten am Seitenende*

Einleitung (Auszug)

2. Einleitung

Ökologisch nachhaltig produzierte Mode erobert Laufstege und Glamour-Partys. Sogar die Londoner Modewoche zeigt „Haute Couture mit gutem Gewissen". Kleidung aus ökologisch korrekter Produktion ist modern wie nie zuvor. Berichte über Ökotextilien häufen sich in den Medien. Besonders in den USA und in England steigt das Angebot an ökologisch nachhaltig produzierter Mode beständig. Wie sieht die Vermarktung hier in Deutschland aus?

Die folgende Dokumentation beginnt mit einer allgemeinen Darstellung, was Ökotextilien eigentlich sind. Dazu betrachten wir die textile Kette und die Kennzeichnung der Ökotextilien. Als nächsten Aspekt untersuchen wir die Entscheidungsgrundlagen für den Erwerb ökologisch nachhaltig produzierter Mode anhand von Umfrageergebnissen und möglichen Zielgruppen. [...]
Zunächst haben wir in verschiedenen Geschäften geforscht, ob sie Öko-T-Shirts vorrätig hätten. Wir mussten feststellen, dass lediglich eine größere Bekleidungskette Waren anbot, die nach ökologischem Standard hergestellt worden sind. In den meisten Geschäften konnte man uns keine Auskunft geben, warum dies so ist. Da uns dieser Aspekt sehr überrascht hat, wollten wir in unserem Projekt auch versuchen, die Gründe für das unzureichende Angebot an ökologisch einwandfreien Textilien herauszufinden.

← ***Inhalt***
- *Begründung/Eingrenzung des Themas*
- *Ziel der Arbeit*
- *Eventuell eine Definition zentraler Begriffe*
- *Beschreibung der Gliederung*
- *Ferner soll Ihr Lernvorgang niedergeschrieben werden. Darin beschreiben Sie Ihre persönlichen Erfahrungen bei der Auseinandersetzung mit dem Thema, sofern sie für Ihre Arbeit relevant sind.*

← ***Sprache***
Sachlich,
Lernvorgang persönlich

Hauptteil (Auszug aus einem Hauptteil)

3.1 Die textile Kette

Betrachtet man die Vermarktung nachhaltiger Ökotextilien genauer, ergeben sich …
[…]

3.2 Die Kennzeichnung von Ökotextilien

Im Bereich Ökotextilien gibt es zahlreiche Kennzeichnungen, sogenannte Labels. All diese Labels werden für Textilien vergeben, die nach festgelegten Kriterien produziert und geprüft werden. Vergeben werden die Zertifikate entweder von Firmen oder von Verbänden und Organisationen wie etwa Fair Trade. Die Labelvielfalt kann bei den Konsumenten für Verwirrung sorgen.
Betrachtet man die Labels genauer, so stellt man fest, dass sie unterschiedliche Maßstäbe ansetzen. Fair Trade beispielsweise kontrolliert, ob bei der „Produktion die Einhaltung sozialer Standards" gewährleistet wird. Eco Flower kennzeichnet Textilien, die humanökologische und zum Teil ökologische Kriterien einhalten. Das bekannteste Label ist das Zeichen Öko-Tex Standard 100. Ferner gibt es Labels, die die Schadstoffrückstände im Endprodukt bewerten.
[…]
Die Produktion von Ökotextilien ist nicht gesetzlich geregelt. Lediglich für die Produktion biologischer Rohstoffe, wie etwa Baumwolle, gibt es Vorschriften. Die weiteren Schritte der textilen Kette werden von der jeweiligen Zeichenvergabestelle kontrolliert.

← ***Inhalt***
- *Beschreibung der Probleme/Fragestellung, die untersucht werden sollen, sowie des methodischen Vorgehens zur Lösung der Probleme/Fragestellung*
- *Auswertung der Literatur, Befragung, Tests, Versuche o.Ä.*
- *Darstellung/Bewertung der Ergebnisse*

← ***Form***
- *Einheitliche Formatierung (auch bei Tabellen, Bildunterschriften etc.)*
- *Systematischer Aufbau, d.h. Nummerierung der Gliederungspunkte, Tabellen etc.*
- *Quellenangabe bei Textübernahmen*

← ***Sprache***
Sachlich
Normgerecht

Schlussteil (Auszug aus einem Schlussteil)

X. Schlusswort

[…]
Obwohl jedes Label genaue Kriterien für seine Vergabe hat, gibt es immer noch „schwarze Schafe" in der Branche. Diese Lücken im System will die Zentrale für Ökotextilien schließen, und nach unseren Untersuchungsergebnissen befindet sich die Branche auf einem guten Weg. Ein namhafter deutscher Versandhandel hat Ökotextilien in sein Sortiment aufgenommen, was zur weiteren Verbreitung der Produkte beitragen und ihr Image nachhaltig verändern könnte. Wir konnten mit unserem Projekt nur einen kurzen Einblick in die Problematik gewinnen, deshalb sind die hier getroffenen Aussagen mit der nötigen Skepsis zu betrachten.
[…]
Langfristige Untersuchungen werden sicherlich zeigen können, ob der Trend für Ökotextilien auch im Zeichen der Wirtschaftskrise anhält. Interessant wäre zu untersuchen, ob ökologisch einwandfrei produzierte Ware zukünftig für alle erschwinglich sein wird. Ferner könnte man Überlegungen zur Vereinheitlichung der Labels für Ökotextilien erarbeiten.

← ***Inhalt***
- *Beziehen Sie sich noch einmal auf die anfänglich in der Vorbemerkung/Einleitung formulierte grundlegende Fragestellung.*
- *Ziehen Sie ein Fazit. Werten Sie dessen Bedeutung aus. Reflektieren Sie kritisch Ihre eigene Arbeit.*
- *Zeigen Sie Möglichkeiten der Weiterführung Ihres Projektes auf.*

← ***Sprache***
Sachlich mit persönlichen Wertungen

Methodenteil: Moderation

Moderationsmethode

Die Moderationsmethode hilft einer Gruppe, Ideen und Meinungen zu einem Problem oder einer Aufgabe zu sammeln, diese Ideen und Meinungen zu strukturieren sowie danach eine demokratische Entscheidung zu treffen.

Die Moderatorin/Der Moderator

Aufgaben bei der Vorbereitung einer Moderation

- Tagesordnung festlegen und die Gruppenmitglieder darüber informieren,
- Materialien besorgen,
- Raum für das Plenum und mögliche Gruppenarbeitsräume herrichten,
- Sitzordnung (z. B. Stuhlkreis) im Plenum organisieren,
- Ablauf der Moderation vorstrukturieren,
- Moderationswände mit Packpapier bespannen,
- Überschriften notieren,
- Tagesordnung aushängen

Verhalten

Der Moderator leitet und strukturiert den Ablauf der Moderation.
- Inhaltlich hält er sich aus der Diskussion heraus und nimmt eine neutrale Haltung ein.
- Er achtet auf die Einhaltung der vorgegebenen Zeit.

Wegen der Fülle der Aufgaben ist es ratsam, die Moderation zu zweit durchzuführen.

Möglicher Ablauf der Moderation

1. Einstieg in die Arbeit: Stimmungsabfrage

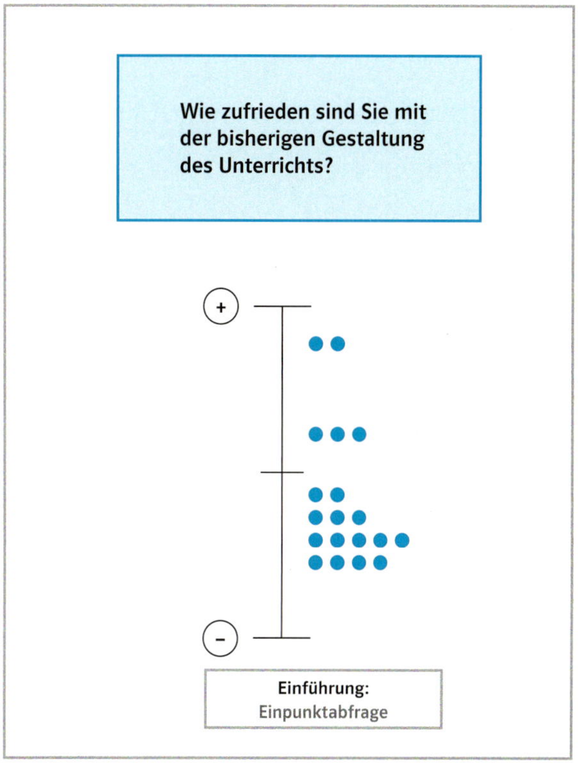

Aufgaben der Moderatorin/des Moderators in dieser Phase:
- Gruppe begrüßen,
- Tagesordnung vorstellen,
- Ablauf der Moderation darlegen,
- Ausgangssituation kurz beschreiben
- Zum Kleben der Punkte auffordern (1 Punkt pro Person)

2. Wie-Frage zum Thema

Aufgaben der Moderatorin/des Moderators in dieser Phase:
- Frage vorlesen
- Aufgabe der Gruppe erläutern
- Auf Beschriftungsregeln hinweisen:
  - Schrift soll noch in drei Metern Entfernung gut lesbar sein
  - Mit der Kante des Filzstiftes schreiben
  - Groß- und Kleinschrift benutzen
  - 3-zeilig schreiben
  - Nur einen Gedanken auf einer Karte notieren, damit man später eventuell die Zuordnung ändern kann
  - Verständliche Stichworte verwenden
  - Korrekt schreiben
- Moderationskarten einsammeln und mischen
- Karten laut vorlesen, dem Publikum zeigen und anheften
- Karten durch Publikum ordnen (clustern) lassen
- Oberbegriffe für Cluster finden lassen, notieren und als Überschrift anheften

3. Ideen gewichten

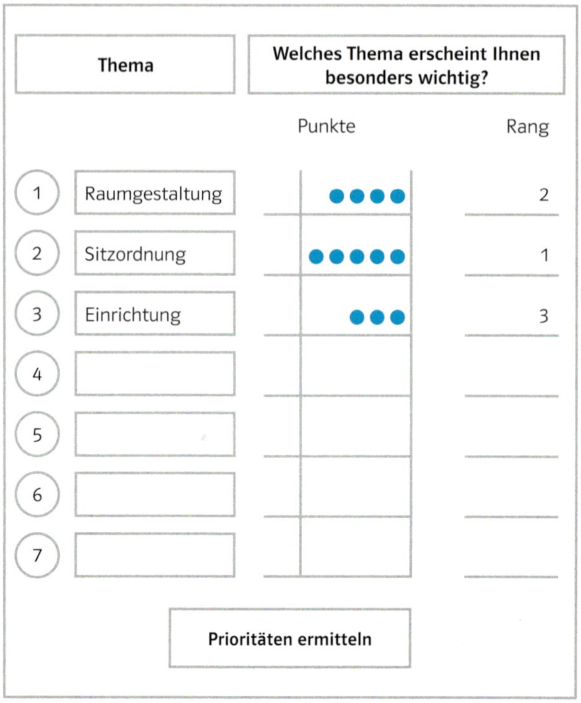

Aufgaben der Moderatorin/des Moderators in dieser Phase:
- Methode zur Themenauswahl (z. B. Mehrpunkt-Abfrage) erläutern
- Festgelegte Anzahl an Klebepunkten (z. B. 3 Punkte pro Person) verteilen und zum Kleben auffordern
- Punkte auszählen und Punktzahl notieren
- Rangfolge aufschreiben

4. Arbeit in Kleingruppen (Visualisierung der Arbeitsergebnisse für das Plenum)

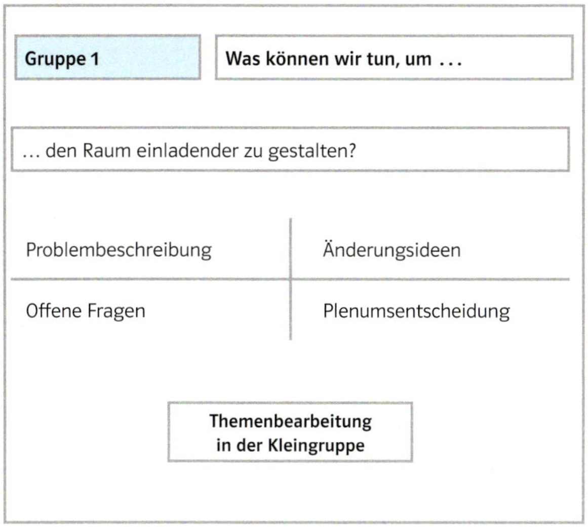

Aufgaben der Moderatorin/des Moderators in dieser Phase:
- Gruppen bilden (lassen)
- Aufgaben verteilen
- Zeitrahmen für Gruppenarbeit festlegen
- Material für die Gruppenarbeit bereitstellen
- Form der Visualisierung der Ergebnisse erläutern
- Vorstellung der Ergebnisse der einzelnen Gruppen moderieren

5. Tätigkeitsliste erstellen

Tätigkeiten

	WAS?	WER?	MIT WEM?	BIS WANN?	FORM?
1.					
2.					
3.					
4.					
5.					
6.					
7.					

Tätigkeitsliste

Aufgaben der Moderatorin/des Moderators in dieser Phase:
- Tätigkeiten im Plenum in Partnerarbeit oder 3er-Gruppen formulieren und auf Papierstreifen schreiben lassen, dann Papierstreifen anheften
- Für die visualisierten Tätigkeiten Verantwortliche für die Aufgabe, Zeitpunkt und Form der Erledigung der Aufgabe notieren

6. Rückmeldung (Feedback)

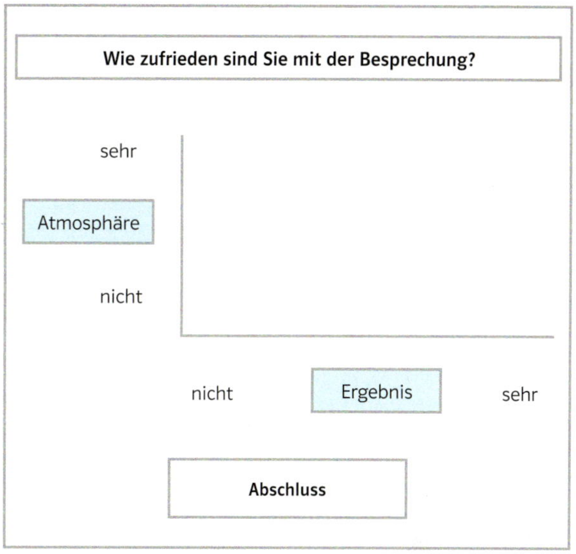

Aufgaben der Moderatorin/des Moderators in dieser Phase:
- Ein-Punkt-Abfrage erläutern und durchführen lassen
- Hinweis geben, dass Stimmungsbild auch in Worten visualisiert werden kann
- Moderation abschließen
- Gruppe verabschieden

Grundregeln der Rechtschreibung

Regeln	Beispiele
1 Jedem Vokal (Selbstlaut) und jedem Konsonanten (Mitlaut) sind im Deutschen grundsätzlich bestimmte Buchstaben zugeordnet. Dies gilt auch für die Schreibung der meisten Fremdwörter.	*zuhören, dir* *Risiko*
2 Vor l, m, n, r steht oft ein h, wenn der Vokal davor lang gesprochen wird.	*fa**h**ren, ne**h**men, Bo**h**rer*
3 Das lang gesprochene **i** wird in deutschen Wörtern meist **ie** geschrieben. Gleiches gilt für Fremdwörter auf **-ieren**. Sie werden immer mit „**ie**" geschrieben (auch die entsprechenden Substantive (Hauptwörter), die auf **-ierung** enden).	*s**ie**ben, sie l**ie**st* *inform**ie**ren, Regul**ie**rung*
4 Wenn auf einen kurzen, betonten Vokal (Selbstlaut) nur ein Konsonant folgt, wird dieser verdoppelt. k- und z-Laute schreibt man nach kurzem, betontem Vokal (Selbstlaut) **ck** und **tz**. **kk** und **zz** gibt es nur in Fremdwörtern.	*ste**ll**en* *ba**ck**en, He**ck**e, se**tz**en, Bli**tz*** *A**kk**usativ, Ma**kk**aroni, Pi**zz**a, Ski**zz**e*
5 Substantive (Hauptwörter) auf **-in** und **-nis** verdoppeln das **-n** bzw. **-s** im Plural (Mehrzahl).	*die Ärzt**in** – die Ärzt**innen*** *das Geheim**nis** – die Geheim**nisse***
6 Nach einem kurzen Vokal (Selbstlaut) schreibt man den stimmlosen s-Laut mit **ss**. Der stimmlose (scharfe) s-Laut wird nach einem langen Vokal (Selbstlaut) oder Diphthong (Doppellaut) **ß** geschrieben.	*Flu**ss**, Ha**ss*** *Spa**ß**, Strau**ß***
7 „**Das**" kann durch „dieses" oder „welches" ersetzt werden und bezieht sich meistens auf ein Substantiv (Hauptwort). „**Dass**" leitet einen Nebensatz ein, es kann nicht durch ein anderes Wort ersetzt werden. Es steht gelegentlich in Verbindung mit „so" oder „ohne".	***das** Auto* = Artikel (Begleiter) *das Ziel, **das** er sich gesetzt hatte* = Relativpronomen (rückbezügliches Fürwort) ***das** weiß ich nicht* = Demonstrativpronomen (= hinweisendes Fürwort) *Ich weiß, **dass** sie nicht kommen kann.* *Er verlor das Gleichgewicht, **so dass/sodass** sie umfiel.* *Sie verschwand, **ohne dass** es jemand bemerkte.*
8 Substantive (Hauptwörter) schreibt man mit großem Anfangsbuchstaben.	***A**usdauer, **V**erbesserung*
9 Am Satzanfang wird der erste Buchstabe großgeschrieben. Dies gilt auch nach einem Doppelpunkt.	***I**ch muss zugeben: **W**ir lernten viel.*
10 Adjektive, Verben, Pronomen, Zahlwörter und andere Wortarten, die als Substantive (Hauptwörter) verwendet werden, schreibt man mit großen Anfangsbuchstaben.	*Dort wirst du viel **S**chönes erleben.* *Hier ist **R**auchen verboten.* *Ich bot ihm das **D**u an.* *Jeder **D**ritte gewinnt.* *Sie erhält nur ein **V**iertel.*
11 Tageszeiten, die Substantive (Hauptwörter) sind, werden großgeschrieben. Tageszeiten, die auf -s enden, werden kleingeschrieben.	*Am **A**bend bin ich meist zu müde, um zu lesen.* *Wir sehen uns **h**eute* (= Adverb) ***A**bend* (= Substantiv). *Am **M**ontagvormittag habe ich Zeit.* *Lieber lese ich **n**achmittags.*
12 Die höflichen Anredepronomen (Anredefürwörter) „Sie" und „Ihr" und die flektierten (gebeugten) Formen „Ihnen", „Ihrem" usw. werden großgeschrieben. Das Anredepronomen „du" und seine abgeleiteten Formen werden kleingeschrieben. Im Brief kann man sie auch großschreiben.	*Wenn **S**ie ein Buch lesen, erschließt sich **I**hnen eine ganze Welt.*

Regeln	Beispiele
13 Namen von Straßen, Plätzen usw. schreibt man getrennt und groß, • wenn der erste Bestandteil ein Adjektiv (Eigenschaftswort) ist. • wenn deren erster Bestandteil auf -er von Ortsbezeichnungen abgeleitet ist. Meistens aber werden Straßennamen zusammengeschrieben. Besteht der Name aus mehreren Wörtern, werden Bindestriche gesetzt.	 *Schmale Straße* *Kieler Straße, Schwarzwälder Platz, Erfurter Allee* *Siemensstraße* *Albrecht-Dürer-Weg*
14 Verben, die mit Adjektiven und Substantiven verbunden sind, werden zusammengeschrieben, wenn durch die Verbindung eine neue Bedeutung entsteht. Gleiches gilt für Verben, die mit „bleiben" oder „lassen" verbunden sind.	*schwerfallen* (= Mühe verursachen) *richtigstellen* (= einen Irrtum ausräumen) *liegenbleiben* (= unerledigt bleiben) *platzenlassen* (= ausfallen lassen)
15 Wortverbindungen mit „zusammen" werden meist zusammengeschrieben. Getrennt werden diese Wortverbindungen dann geschrieben, wenn „zusammen" so viel wie „gemeinsam" oder „gleichzeitig" bedeutet. Immer getrennt geschrieben wird die Verbindung von „zusammen" mit dem Verb „sein."	*zusammenhalten, zusammenkommen* *Sie können das Stück Weg nicht zusammen laufen.* („zusammen" = „gemeinsam") *Er möchte immer mit ihr zusammen sein.*
16 Kardinalzahlen (Grundzahlen) unter einer Million und alle Ordinalzahlen (Ordnungszahlen) werden zusammengeschrieben.	*achtzehntausend* *einundzwanzigste*
17 Zusammensetzungen mit Ziffern, Einzelbuchstaben und Abkürzungen schreibt man mit Bindestrich. Zur Hervorhebung einzelner Bestandteile von Zusammensetzungen kann ein Bindestrich gesetzt werden. In Aneinanderreihungen setzt man Bindestriche zwischen die einzelnen Wörter oder Ziffern.	*5-mal, T-Shirt, Kfz-Mechaniker, Musik-CD, 17-jährig, die 17-Jährige* *Ich-Form oder Ichform* *3-Zimmer-Wohnung, Mund-zu-Mund-Beatmung, zum Aus-der-Haut-Fahren*
18 Wörter werden nach Sprechsilben getrennt. Die Buchstabenfolgen ch, ck, rh, sch und th werden nicht getrennt, wenn sie als ein Laut gesprochen werden. Zusammengesetzte Wörter und Wörter mit Vorsilbe werden nach ihren Bestandteilen getrennt. Fremdwörter können sowohl nach ihren Bestandteilen als auch nach ihren Sprechsilben getrennt werden. Nicht abgetrennt wird ein einzelner Vokal am Anfang oder am Ende eines Wortes. Trennungen, die beim Lesen in die Irre führen, sollte man vermeiden.	*Bre-zel, ei-lig, Fens-ter, freund-lich, Ka-ta-log, Mee-re, rutsch-te, sit-zen* *la-chen, Brü-cke, Fla-sche, Stro-phe, Myr-rhe, Ca-shew-nuss, Diph-thong* *Dank-bar-keit, Bio-müll* *in-ter-es-sant oder in-te-res-sant* *Abend, Fei-er-abend, Aue, Kleie, Treue* *Ur-einwohner* (nicht: Urein-wohner) *An-alphabet* (nicht: Anal-phabet)
19 Der Apostroph (Auslassungszeichen) zeigt an, dass ein Buchstabe oder mehrere Buchstaben in einem Wort ausgelassen worden sind. Er wird auch genutzt, um den Genitiv (Wesfall) deutlich zu machen, falls am Wortende ein s, ss, ß, tz, z oder x steht. Wenn eine Präposition (Verhältniswort) und ein Artikel (Geschlechtswort) miteinander verschmelzen, setzt man in der Regel keinen Apostroph.	*„Ah, Sie sind's schon wieder!"* *„Ich hab's geahnt, dass Sie keine Zeit haben."* *„Max' Bücher liegen wieder einmal zu Hause!"* *„Elias' Lösungsvorschläge waren auch sehr gut."* *ins* (= „in das"), *ans* (= „an das"), *hinterm* (= „hinter dem"), *unterm* (= „unter dem")

Grundregeln der Zeichensetzung

Regeln	Beispiele
1 Am Schluss eines Aussagesatzes steht ein Punkt. Kein Punkt steht nach Überschriften. Aussagesätze können auch durch Komma oder Semikolon (Strichpunkt) getrennt werden, wenn man deren Zusammengehörigkeit betonen will.	*Mein Kollege arbeitet noch.* *Preise steigen nur langsam* *Die Angelegenheit ist erledigt; darum wollen wir nicht länger streiten.*
2 Aufzählungen (einzelne Wörter, Wortgruppen, Teilsätze oder ganze Sätze) werden durch Komma abgetrennt. Sind die gleichrangigen Teilsätze, Wortgruppen oder Wörter durch „und“, „oder“, „beziehungsweise/bzw.“, „sowie“ (= „und“), „wie“ (= „und“), „entweder ... oder“, „nicht ... noch“, „sowohl ... als (auch)“, „sowohl ... wie (auch)“ oder durch „weder ... noch“ verbunden, so setzt man kein Komma.	*Der Kollege ist höflich, belastbar, flexibel.* *Die Praktikantin zeigt viel Engagement, hat großes Interesse an der Mitarbeit in unserem Betrieb, ist den Kolleginnen und Kollegen gegenüber sehr aufgeschlossen.* *Ihre Botschaft kam an, das spürte man.* *Wir haben weder Zeit noch Geld.*
3 Nebensätze werden von Hauptsätzen durch Komma abgetrennt. Nebensätze werden auch von anderen Nebensätzen durch Komma abgetrennt.	*Das Buch, **das** du mir ausgeliehen **hast**, war sehr interessant.* *Ich habe es in zwei Tagen gelesen, **weil** es so spannend war.* *Du weißt, **dass** ich solche Bücher mag, **obwohl** du mich sonst nicht so genau kennst.*
4 Infinitivgruppen werden durch Komma abgetrennt, wenn sie • mit „als“, „anstatt“, „außer“, „ohne“, „statt“, „um“ eingeleitet werden, • von einem Substantiv abhängen, • mit einem hinweisenden Wort angekündigt oder wieder aufgenommen werden. Auch bei den übrigen Infinitivgruppen sowie erweiterten Partizipialgruppen empfiehlt es sich, ein Komma zu setzen, um Missverständnisse zu vermeiden.	*Es gibt Schöneres, **als** hier Stunden **zu** warten.* ***Ohne** ihn an**zu**schauen, grüßte er nur beiläufig.* *Er kam, **um** sich aus**zu**sprechen.* *Es besteht die **Möglichkeit**, die Arbeit nachzuholen.* *Er neigt **dazu**, sich zu viel zuzumuten.*
5 Mehrteilige Zeit-, Datums- und Wohnungsangaben werden durch Komma getrennt.	*Wir sehen uns am Montag, dem 19. September, um 18:00 Uhr.* *Dienstag, den 16. Juni, 14:00 Uhr[,] findet die Sitzung statt.* *Sie wohnt in Wiesbaden, Mainzer Str. 17.*
6 Entgegensetzungen, Zusätze und Nachträge werden durch Komma abgetrennt.	*Einerseits war er sehr freundlich, andererseits aber auch etwas seltsam.* *Die Klassensprecherin, eine begabte Rednerin, überzeugte alle.* *Es gab viel zu beschließen, z. B. die Höhe der Abgaben im nächsten Jahr.*

Regeln	Beispiele
7 Beginn und Ende der wörtlichen Rede werden durch Anführungszeichen gekennzeichnet.	*Er fragte: „Wo ist das Protokoll der letzten Sitzung?“*
Nach der wörtlichen Rede muss ein Komma stehen, wenn der Begleitsatz ganz oder teilweise folgt.	*„Wo ist das Protokoll der letzten Sitzung?“, fragte er.* *„Ich bringe es Ihnen gleich zur Durchsicht“, antwortete Sven.*
8 Ein Zitat ist eine wörtliche Wiedergabe einer Textstelle oder einer Äußerung. Beim Zitieren ist Folgendes zu beachten: • Zitate müssen wörtlich, d. h. ohne sprachliche Veränderungen, wiedergegeben werden und stehen in Anführungszeichen.	***Originaltext**: Beispielsweise könnten gute Verhandlungspartner mehr Jahresurlaub durchsetzen.* ***Zitat**: Wer gut verhandelt, kann auch mal „mehr Jahresurlaub durchsetzen“.*
• Auslassungen werden durch eckige Klammern mit drei Punkten […] gekennzeichnet.	*Es ist denkbar, dass „beispielsweise […] gute Verhandlungspartner mehr Jahresurlaub durchsetzen“.*
• Am Ende eines Zitates gibt man in Klammern die Zeile (evtl. Seite) des Textes an, den man zitiert, bzw. bei Gedichten die Strophe (römische Zahlen) und den Vers (arabische Zahlen).	*„Wir sahen uns an“ (I, 3), heißt es am Ende der ersten Strophe.*
Das Einbinden eines Zitates in den eigenen Text mithilfe eines Begleitsatzes ist – wie bei der wörtlichen Rede – auf dreierlei Arten möglich.	*„Diese Informationen sind für mich sehr wichtig“, betonte er.* *Er betonte: „Diese Informationen sind für mich sehr wichtig.“* *„Diese Informationen“, betonte er, „sind für mich sehr wichtig.“*

Grundwissen Grammatik

Wortarten

Verb (Tätigkeitswort)

- drückt Tätigkeit, Geschehen oder Zustand aus
- wird konjugiert und wird durch Person (z. B. *ich, Peter*), Numerus (Zahl), Tempus (Zeit) und Modus (Indikativ, Konjunktiv, Imperativ) bestimmt; man unterscheidet auch zwischen Aktiv und Passiv.
- endet im Infinitiv (Grundform) auf *-(e)n*.

Vollverben	**Modalverben**	**Hilfsverben**
z. B. *gehen, lächeln*	z. B. *können, dürfen, müssen, sollen*	*haben, sein, werden*
	verbinden sich mit einem Vollverb im Infinitiv	dienen zur Bildung der Zeiten
	Ich konnte das Schiff in der Ferne erkennen.	*Ich habe Karten gespielt.*

Man unterscheidet

Starke (unregelmäßige) **Verben**	**Schwache** (regelmäßige) **Verben**
kleinere, aber sehr häufig vorkommende Gruppe, erkennbar am Wechsel des Stammvokals, Partizip Perfekt: Endung *-en*	die weitaus größte Gruppe, zeigen keine Stammveränderung, Partizip Perfekt: Endung *-t*
z. B. *ich **gehe**, wir **gingen**, sie sind **gegangen***	z. B. *ich **spiele**, wir **spielten**, sie haben **gespielt***

Transitive Verben (z. B. *sehen*)	**Intransitive Verben** (z. B. *helfen*)
können mit Akkusativobjekt ergänzt werden, können aktiv oder passiv gebraucht werden	können kein Akkusativobjekt bei sich stehen haben und können daher keine Passivform bilden
z. B. *Ich **sehe** die Frau. Die Frau **wird gesehen**.*	z. B. *Ich helfe dir.*

Finite (konjugierte) **Verbformen**	**Infinite** (nicht konjugierte) **Verbformen**
z. B. *ich spiele*	z. B. *gespielt, singend*

Tempus (Zeitform)

Plusquamperfekt (vollendete Vergangenheit)	*Wir waren ins Kino gegangen.*
Präteritum (einfache Vergangenheit)	*Gestern gingen wir ins Kino.*
Perfekt (abgeschlossene Handlung in der Vergangenheit mit Gegenwartsbezug)	*Eben sind wir ins Kino gegangen.*
Präsens (Gegenwart)	*Wir gehen ins Kino.*
Futur I (Zukunft)	*Wir werden ins Kino gehen.*
Futur II (vollendete Zukunft)	*Wir werden ins Kino gegangen sein.*

Modus

Indikativ (Wahrheitsform)		*ich spiele, du spielst, er spielt, wir spielen, ihr spielt, sie spielen*
Konjunktiv I (Präsens) (Möglichkeitsform)	Bildung Konjunktiv I Aus der 1. Person Indikativ Präsens + **e** in der Endung	*ich spiele, du spielest, er spiele, wir spielen, ihr spielet, sie spielen*
	Fällt die Konjunktivform mit der Indikativform zusammen, wird der Konjunktiv II stattdessen gebraucht.	*Er sagt: „Wir spielen.“* *Er sagt, sie ~~spielen~~ **spielten**.*
Konjunktiv II (Präteritum)	Bildung Konjunktiv II - Regelmäßige Verben: Wie Indikativ Präteritum	*ich spielte, du spieltest, er spielte …*
	- Bei unregelmäßigen Verben erhält der Konjunktiv II ein zusätzliches **e**.	*ich liefe, du liefest, er liefe, ihr liefet …*
	Wenn der Stammvokal **a**, **o** oder **u** ist, dann wird dieser zu **ä**, **ö** oder **ü**	*du hälfest* *er trüge* *sie frören*
	Bei veraltet klingenden Formen und in der gesprochenen Sprache tritt oft die Umschreibung mit *würde* auf.	*sie würden frieren*
Imperativ (Befehlsform)		*spiel(e)! (Singular)* *spielt! (Plural)*

Der Konjunktiv als Modus hat unterschiedliche Funktionen. Er wird häufig in der **indirekten Rede** verwendet, kann aber auch z. B. Wünsche ausdrücken *(Edel sei der Mensch.)*.

Aktiv	**Passiv**
Die Mechaniker reparieren das Auto.	Vorgangspassiv (mit werden + Partizip II) *Das Auto wird repariert.* Zustandspassiv (mit sein + Partizip II) *Das Auto ist repariert.*

Aktiv/Passiv beschreiben eine Perspektive auf ein Geschehen.

Substantiv (Hauptwort)

wird dekliniert (in die einzelnen Fälle gesetzt) und besitzt ein grammatisches Geschlecht (Genus); dieses ist erkennbar am bestimmten Artikel im Singular:

- Maskulinum (männlich): *der Mann*
- Femininum (weiblich): *die Frau*
- Neutrum (sächlich): *das Kind*

Konkreta (gegenständlich, dinglich)	**Abstrakta** (nicht gegenständlich)
Mann, Haus, Birne, Tiger	*Liebe, Hass, Freiheit*

Kasus (Fall)

Nominativ	Dativ	Genitiv	Akkusativ
die große Frau	*dem kleinen Kind*	*des großen Mannes*	*den großen Mann*

Adjektiv (Eigenschaftswort)

- wird dekliniert und gleicht sich in Numerus (Zahl), Genus (Geschlecht) und Kasus (Fall) an das Substantiv an.
- ist steigerbar.
  - Positiv (Grundstufe): *groß*
  - Komparativ (Vergleichsstufe): *größer*
  - Superlativ (Höchststufe): *am größten*

Adverb (Umstandswort)

beschreibt die Umstände (z. B. Art und Weise, Zeit, Ort) einer Handlung.

Er kam schnell um die Ecke, er ging gestern nach Hause.

Konjunktion (Bindewort)

verbindet Wörter, Wortgruppen und Teilsätze und stellt Beziehungen zwischen diesen her.

Nebenordnende Konjunktionen	*und, oder, sondern, sowie, denn …*
verbinden Satzglieder oder Teilsätze miteinander. Hier ändert sich die Satzstellung nicht, die konjugierte Form des Verbs steht an zweiter Stelle.	*Peter und Paul haben keine Zeit.* *Ich bin froh und du bist es auch.* *Er kommt und sie geht nach Hause.*
Unterordnende Konjunktionen (Subjunktionen)	*weil, obwohl, damit, dass*
leiten Nebensätze ein.	*Er kommt, weil/obwohl/damit sie nach Hause geht.*
In Nebensätzen steht die konjugierte Form des Verbs in der Regel am Ende des Satzes.	*Er kommt nach Hause, obwohl sie bereits ins Kino gegangen ist.*

Pronomen (Fürwort)

Stellvertreter von Substantiven

Personalpronomen (persönliches Fürwort)	*er, sie, es, wir, ihr …*
Interrogativpronomen (Fragefürwort)	*wer, welcher, was …*
Demonstrativpronomen (hinweisendes Fürwort)	*der, dieser …*
Relativpronomen	*der, die, welche, welches …*
Indefinitpronomen (unbestimmtes Fürwort)	*manche, alle, keiner, niemand …*
Possessivpronomen (besitzanzeigendes Fürwort)	*meines, deine, unsere …*
Reflexivpronomen (rückbezügliches Fürwort)	*sich …*

Präposition (Verhältniswort)

gibt ein Verhältnis zwischen Wörtern, Sätzen, Satzgliedern etc. an. Sie steht in der Regel vor (prae-positio = das Vorangestellte) dem Wort, dessen Kasus (Fall) sie bestimmt. (z. B. *auf, unter, bei, neben, für, nach, … zuliebe, halber*)

Er ist bei seiner Mannschaft – Er ist für seine Mannschaft.

Satzarten

Inhaltliche Unterscheidung:

Aussagesatz	Fragesatz	Aufforderungssatz
Ich habe keine Zeit.	– Entscheidungsfrage: *Hast du Zeit?* – Ergänzungsfrage: *Wie hat Deutschland gestern gespielt?*	*Hilf mir doch! Seien/Sind wir doch ehrlich. Alle aussteigen!*

Syntaktische Unterscheidung:

Hauptsatz	Nebensatz
besteht aus Subjekt, Prädikat (und Objekt) und ist von keinem anderen Satz im Satzgefüge abhängig. *Ich schlafe.* *Ich habe keine Zeit.* *Ich gab ihm das Buch.* *Er informierte sie über die Probleme.*	– Subjektsatz – erfragt mit: wer oder was? *Mich ärgert, dass der Bus schon weg ist.* – Objektsatz – erfragt mit: wen oder was? *Ich habe bemerkt, dass der Bus schon weg ist.* – Attributsatz – genauere Bestimmung des Substantivs im Hauptsatz. *Er sieht den Bus, der gerade losfährt.* – Adverbialsatz (siehe S. 278)

Satzverknüpfung

Koordinative (nebenordnende) Satzverbindungen, auch Parataxe oder Satzreihe	Subordinative (unterordnende) Satzverbindungen, auch Hypotaxe oder Satzgefüge, bestehen aus Haupt- und mindestens einem Nebensatz
– ohne Konjunktion (asyndetische Konstruktion) *Ich habe keine Zeit, mein Bus fährt gleich.* – mit Konjunktion (syndetische Konstruktion) *Ich habe keine Zeit, denn mein Bus fährt gleich.*	– mit Konjunktion *Ich habe keine Zeit, <u>weil</u> mein Bus gleich fährt.* – mit Relativpronomen *Es ist mein Bus, <u>der</u> gleich fährt.* – uneingeleitet *Er sagt, es sei mein Bus.*

Satzglieder

können im Satz nur als Ganzes ersetzt oder verschoben werden. Sie können durch die Umstell- oder Weglassprobe ermittelt werden. Die Zahl der Ergänzungen (Subjekt und Objekte) ist von der Valenz des Verbs abhängig, also von der Zahl der möglichen oder nötigen Ergänzungen.

Prädikat	Subjekt	Objekt
Zentraler Bestandteil des Satzes, von dem die anderen Satzglieder abhängig sind. Es enthält immer mindestens ein Verb. *Peter <u>schläft</u>.*	steht im Nominativ und ist Träger der Handlung. *<u>Die kleinen Kinder</u> singen.*	**Akkusativobjekt:** *Ich lese <u>das Buch</u>.* **Dativobjekt:** *Ich helfe <u>ihm</u>.* **Genitivobjekt:** *Ich gedenke <u>seiner</u>.* **Präpositionalobjekt:** *Er denkt <u>an sie</u>.*

Adverbiale Bestimmung (nicht zwingend notwendig, sondern fakultative [freiwillige] Ergänzung) liefert genauere Informationen (Ort, Art und Weise, Grund, …) über ein Geschehen.

Adverbialsatz

drückt verschiedene inhaltliche (semantische) Beziehungen aus.

Art	Bestimmung durch die Frage	eingeleitet durch	Beispiel
Temporalsatz (Zeit)	Wann? Wie lange?	während, seit(dem), als, bis …	*Er kam, als der Film bereits angefangen hatte.*
Lokalsatz (Ort)	Wo? Wohin? Woher?	wo, wohin, woher	*Er ging bis zur Stelle, wo das Meer beginnt.*
Modalsatz (Art und Weise)	Wie? Auf welche Art (und Weise)?		
– **Instrumentalsatz** (wie)		indem, (damit/dadurch …) dass	*Er beruhigte sich, indem er tief durchatmete.*
– **Komparativsatz** (Vergleich)		wie	*Wir bleiben so lange, wie es uns gefällt.*
Kausalsatz (Ursache, Grund, Wirkung,...)	Warum? Wozu? Weshalb?		
– **Kausalsatz im engeren Sinn** (Ursache)		weil, da	*Er las das Buch, weil er es toll fand.*
– **Konditionalsatz** (Bedingung)		falls, wenn	*Sie kommt nicht, falls es regnet.*
– **Konzessivsatz** (Einräumung)		obwohl	*Er ging ins Kino, obwohl er den Film nicht mochte.*
– **Konsekutivsatz** (Folge)		sodass, ohne dass, dass	*Es regnet, sodass wir nicht ins Freibad gehen können.*
– **Finalsatz** (Zweck)		um zu, damit	*Sie beeilte sich, um den Bus noch zu erreichen.*
Adversativsatz (Gegensatz)	Im Gegensatz wozu?	wohingegen, während, anstatt	*Sie ging ins Kino, anstatt für Mathe zu lernen.*

Sprachvarietäten

Sprachvarietäten

Vor allem in der Sprachverwendung (gesprochene Sprache) wird deutlich, dass eine Sprache in mehreren Varietäten existiert, die sich phonetisch, im Wortschatz (Lexik), in der Syntax und unter kommunikativen Aspekten unterscheiden. Wichtige Varietäten sind:

Dialekte (Mundarten)
regionale Ausprägungen der gesprochenen Sprache, die geschichtlich auf die verschiedenen germanischen Stämme der Völkerwanderungszeit zurückzuführen sind (Stammeslandschaften) und sich vor allem durch die verschiedenen Phasen der Lautentwicklung ausdifferenziert haben (Sprachgeschichte). Dabei bildeten sich durch die zweite (hochdeutsche) Lautverschiebung Grenzen zwischen niederdeutschen und hochdeutschen Dialekten heraus. Eine differenzierte Erforschung unter phonetisch-phonologischen, morphologischen, lexikalisch-semantischen und syntaktischen Aspekten leistet die Dialektgeografie durch empirische Erhebungen (Sprachatlas, Wortatlas).

Fach- und Sondersprachen
Die Ausdifferenzierung der Lebenswelt durch die Entwicklung von Wissenschaften, Berufen, Verwaltung, Sport, … führt zur Herausbildung sachbezogener (Sprache der Verwaltung, des Rechts, …) und gruppenbezogener Varietäten (Jugendsprache, Gaunersprache, …). Unterschiede bestehen vor allem im Sachbezug und bei gruppenspezifischen Lebenswelten im Wortschatz und in idiomatischen Wendungen. Gruppensprachen (z. B. Jugendjargon) sind auch Ausdruck des (sozialen) Zugehörigkeitsgefühls ihrer Sprecher (Identität).

Soziolekte
Bezeichnung für Sprachvarietäten, die durch soziale Faktoren wie soziale Schicht, Alter, … bedingt sind. Das Interesse der Soziolinguistik richtet sich z. B. auf Unterschiede zwischen der Sprache der Unterschicht (restricted code) und der Mittelschicht (elaborated code) im Wortschatz, in der Dialektprägung und in der Komplexität der Syntax, aus denen sich soziale Benachteiligungen der Sprecher der Unterschicht ergeben (Sprachbarrieren).

Standardsprache
vor allem durch die Entwicklung der Schriftsprache beeinflusste überregionale Sprachform einer Sprachgemeinschaft, die den öffentlichen Sprachgebrauch (Medien, Politik, Verwaltung, Bildungswesen, …) bestimmt (Hochsprache) und anders als Dialekte und die Umgangssprache durch allgemein als verbindlich anerkannte sprachliche Normen (z. B. Rechtschreibung) geprägt ist.

Sprachliche Mittel

1. Gedankenfiguren: Bildliche Stilmittel

	Erklärung	Funktion	Beispiele
Vergleich	Zwei Begriffe werden unter einem bestimmten Aspekt in Beziehung gesetzt. Sprachlich ist der Vergleich an den Wörtern „wie“, „als“ und „als ob“ erkennbar.	Veranschaulichung, Verdeutlichung	*schnell wie eine Gazelle, schneller als eine Gazelle* *Sie fühlte sich, als ob sie eine Gazelle sei.*
Metapher	Bildhafte Übertragung nicht näher bestimmter Eigenschaften eines Begriffes auf einen anderen. Bei der „dunklen Metapher“ sind die Ähnlichkeitsbezüge sehr schwer herzustellen.	Unscharfe Veranschaulichung mit Interpretationsbreite und Bedeutungsvariationen	*die Blechlawine auf der Autobahn* *das Salz des Morgens*
Personifikation	Bildhafte Vermenschlichung von Tieren, Pflanzen, Objekten oder Ideen	Veranschaulichung, Verdeutlichung	*das launische Wetter*
Symbol	Sinnbild/Zeichen, das durch Tradition mit Inhalten belegt und innerhalb einer Kultur ähnlich verstanden wird, interkulturell aber in der Bedeutung variieren kann	Veranschaulichung, Verdeutlichung mit klarem Hinweis auf innere Sinnhaftigkeit	*Taube* (als Friedenssymbol), *Kreuz* (als Symbol für Religiosität oder für den christlichen Glauben)
Chiffre	Geheimzeichen in einem Text oder im Gesamtwerk eines Autors mit komplexen Bedeutungen, das nur mit einem Schlüssel dechiffriert werden kann	Subjektive Veranschaulichung, Verdeutlichung mit geheimem Hinweis auf innere Sinnhaftigkeit	*das blaue Klavier* (bei Else Lasker-Schüler als Symbol für ihre Kindheit)

Allegorie	Auf Rationalität beruhende bildliche Darstellung von abstrakten Begriffen und Gedankengängen. Im Unterschied zum Symbol erscheint sowohl die wörtliche als auch die übertragene Bedeutungsebene sinnvoll.	Der tiefere Sinn wird rational und komplex versteckt und erfordert die Enträtselung (Allegorese)	*Gerechtigkeit als Justitia mit Waage und verbundenen Augen, Amor mit Pfeil und Bogen als Allegorie der Liebe*
Metonymie	Ersetzung eines gebräuchlichen Ausdrucks durch einen anderen aus demselben Sachbereich	Aufmerksamkeit erregend	*ein guter Jahrgang* (für einen guten Wein)
Synekdoche	Ersetzung eines Begriffes durch einen Ober- oder Unterbegriff oder durch einen Begriff mit engerer oder weiterer Bedeutung	Veranschaulichung, Aufmerksamkeit erregend	*mit dem Schwert ein Land erobern* (Waffen), *der Deutsche* (die Mehrheit der Deutschen)

2. Wortfiguren

Alliteration	Stabreim, gleiche Anlaute in wiederkehrender Folge	Einprägsamkeit	*mit Mann und Maus*
Akkumulation	Häufung, Reihung von Begriffen ähnlicher Bereiche anstelle eines Oberbegriffes	Steigerung des Gesamteindrucks	*Die Menschen sind Richter, Ärzte, Schriftsteller, ...*
Archaismus	Altertümlicher Ausdruck	Betonung der Tradition	*Jungfer, Minne, Anbeginn*
Euphemismus	Beschönigende Umschreibung (oft als Metapher)	Milderung oder Verschleierung von Fakten	*hinscheiden, Entsorgungspark*
Hyperbel	Übertreibung (oft als Metapher)	Steigerung des Ausdrucks, Dramatisierung	*blitzschnell, todmüde, Schneckentempo*
Ironie	„Vortäuschung“, das Gegenteil des Gemeinten wird zum Schein behauptet	Kritik an Personen oder Sachverhalten (nur aus dem Kontext erschließbar)	*Sie sind aber ein fleißiger Schüler.*
Klimax	Steigernde Abfolge von Wörtern	Intensivierung der Aussage	*mein Freund, mein Engel, mein Gott*
Oxymoron	Verbindung zweier sich ausschließender Begriffe	Darstellung paradoxer (scheinbar widersprüchlicher) Sachverhalte	*Hassliebe, stummer Schrei*
Neologismus	Wortneubildung (oftmals Übernahme in den allgemein gebräuchlichen Wortschatz)	Ausdruck von Individualität oder Modernität	*Knabenmorgenblütenträume, simsen*
Wortspiel	Geistreiche und/oder humorvolle Variation von Begriffen	Witz und überraschende Gedankengänge	*Leidenschaft, die Leiden schafft*

3. Satzfiguren

Anapher	Wiederholung von Wörtern oder Wortgruppen am Beginn aufeinanderfolgender Sätze	Verstärkung von Gefühlen und Aufmerksamkeit	*Er kam. Er sah. Er siegte.*
Antithese	Gegensatz, Gegenüberstellung	Ausdruck von Spannung oder Zerrissenheit	*Der Wahn ist kurz, die Reu ist lang.*
Chiasmus	Kreuzstellung von Wörtern oder Satzgliedern	Neue, überraschende Verbindungen und Gedanken	*Der Einsatz war groß, klein war der Gewinn.*
Ellipse	Grammatikalisch unvollständiger Satz	Spontaneität	*Voller Liebe sein Herz.*
Inversion	Wortfolge, die von der üblichen Reihenfolge abweicht	Betonung einzelner Wörter	*Bestraft muss er werden.*
Parallelismus	Wiederholung der Syntax in aufeinanderfolgenden Sätzen	Steigerung der Eindringlichkeit oder Betonung der Gegensätzlichkeit	*Tod, wo ist dein Stachel? Hölle, wo ist dein Sieg?*
Parenthese	Einschub eines Satzes oder Gedankens in einen anderen Satz	Gleichzeitigkeit von Gedanken oder Sachverhalten	*Komm – ich bitte dich – nicht wieder zu spät.*
Rhetorische Frage	Frage, die keine Antwort erwartet und eine Antwort suggeriert	Nachdrücklichkeit der Aussage	*Sehen Sie das nicht auch so?*

Gattungslexikon: Lyrik

Lyrische Genres

Sonett
Reimgedicht in fester Bauform mit 14 Zeilen und 4 Strophen: 2 vierzeilige (Quartette) und 2 dreizeilige (Terzette), meistens mit steigenden (jambischen) Versen (im Barock: Alexandriner); die Reime sind in der Regel verschränkt (Kreuzreim, umschließender Reim).

Lied
Einfaches, singbares Gedicht, in der Regel gereimt (auch reimlos möglich) mit strophischer Gliederung; bis zum Barock oft mit Melodie verbunden, später oft vertont; kunstvolle Sonderformen sind die Ode und die Hymne.

Ode
Gedicht, das sich durch Feierlichkeit und Erhabenheit auszeichnet, mit ursprünglich in feststehendem Strophenschema gegliederter, langer Form, meist ohne Endreim, die einem festen Metrum folgt; der Würde und Größe des Themas angemessen wird meist ein hoher, pathetischer Sprachstil verwendet.

Ballade
Gedicht, das eine Geschichte enthält und Gestaltungsmittel der Lyrik, des Dramas und des Erzählens miteinander verknüpft; im Mittelpunkt stehen oft ein Held, seine Taten oder herausragende Ereignisse.

Erzählgedicht
Erzählendes Gedicht, das nicht die Geschlossenheit der Ballade teilt; in der modernen Dichtung wird besonders auf Alltägliches verwiesen und ohne das Element des Dramatischen erzählt.

Freie Rhythmen
Reimlose und metrisch ungebundene Gedichte mit beliebiger Verslänge, dennoch rhythmisch stark bewegt.

Klanggestalt
Das Gedicht erzielt seine Wirkung und Ausdruckswerte vor allem über die Klanggestalt der Verse: Klangfarbe, Lautmalerei und Reim erzeugen wesentliche akustische Reize.

Klangfarbe
Helle oder dunkle Vokale, weiche oder harte Konsonanten, d. h. die Tönung durch die Aussprache einzelner Laute oder Worte, können verschiedene Natureindrücke oder Gefühlszustände spiegeln:

Riechst du, wie die Flammen rauchen,
brenzlig, brutzlig, brandig schmauchen …

Lautmalerei
Die Onomatopoetik ahmt akustische Eindrücke durch sprachliche Bildungen (Wort oder Satz) nach, um im Leser die gleichen Sinneseindrücke zu erzeugen:

Wie der Regen tropft, Regen tropft,
an die Scheiben klopft!

Anfang und Ende des Verses sind hinsichtlich der Klanggestalt besonders hervorgehoben:

Ein **Auftakt** liegt vor, wenn der Vers mit einer oder mehreren unbetonten Silben beginnt.

Es schlug mein Herz, geschwind zu Pferde …

Der Begriff der **Kadenz** beschreibt die metrische Struktur des Versendes.

Folgt auf die letzte betonte noch eine unbetonte Silbe, spricht man von einer **klingenden oder weiblichen Kadenz:**

Festgemauert in der Erden …

Verszeilen, die mit einer Betonung enden, haben eine **stumpfe oder männliche Kadenz.**

… Steht die Form, aus Lehm gebrannt.

Reim
Gleichklang zweier oder mehrerer Wörter von ihrem letzten betonten Vokal an *(Rang/Gang – leben/streben)*. Wichtig ist es auch hier, nicht allein die Fachbegriffe richtig zu verwenden, sondern die Formelemente auf ihre **Wirkung** (sinnlich-emotionaler Eindruck), auf die Verknüpfungsidee oder **Bedeutung** hin zu erläutern.

Nach der Stellung des Reims im Vers unterscheidet man Anfangsreim, Binnenreim und Endreim.

Anfangsreim
Die ersten Silben zweier aufeinanderfolgender Zeilen reimen sich.

Krieg! Ist das Losungswort.
Sieg! Und so klingt es fort.

Binnenreim
Zwei oder mehrere Wörter in einer Zeile reimen sich.

Bei stiller Nacht zur ersten Wacht …

Endreim
Die letzten Silben am Ende zweier oder mehrerer Verse reimen sich.

Würmer im Gewissen
Kleider wohl zerrissen

Häufig auftretende Formen des Endreims:

Paarreim:
aa/bb verknüpft Verse z. B. zu einem Bedeutungspaar

Kreuzreim:
ab/ab verschränkt Inhalte und Klänge

Schweifreim:
aab/ccb …

umschließender (umarmender) Reim:
abba schafft einen klanglich-inhaltlichen Binnenraum und einen Rahmen

Haufenreim:
aaa, bbb …

Sprecher / lyrisches Ich oder Wir

Kann als Ich / Wir präsent sein oder nur indirekt erscheinen (nicht genannter Beobachter, Selbstansprache). Das lyrische Ich ist nicht mit dem Autor identisch, sondern eine Rolle, in die er schlüpft. Es vermittelt Erlebnisse, Erfahrungen, Gedanken und Gefühle, die beim Leser emotionale oder gedankliche Resonanz auslösen, Identifikation/Ablehnung, ... ermöglichen.

Autor ↔ lyrisches Ich / Wir

Thema und Motiv

Thema
Grundgedanke, aus dem sich der Sinn- oder Problemgehalt eines Gedichts ergibt

Motiv
Baustein des Textes, Bestandteil des literarischen Stoffs, der noch nicht durch Ort, Zeit, Personen etc. konkretisierte Situationen umfasst (z. B. Vatermord, Mann zwischen zwei Frauen, ...). Durch Wiederholung kann ein Bild / Bildkomplex, ein Gegenstand oder eine Situation zum Motiv werden. In der wenig handlungsbetonten und verdichteten Lyrik sind die Motive oft auf Bilder und Bildkomplexe reduziert. Häufig auftretende lyrische Motive sind z. B. der Mond, die Nacht, die Einsamkeit, der Abschied.

Vers und Strophe

Der **Vers** – nicht der Reim – macht das Gedicht zum Gedicht. Während ein Prosatext als Fließtext gestaltet ist, ist das Gedicht durch den Zeilenbruch gekennzeichnet. Stimmen Satzende und Zeilenende überein, spricht man von **Zeilenstil.** Überspringt der Satz das Zeilenende und wird im folgenden Vers fortgesetzt, liegt ein **Enjambement** (Zeilensprung) vor.

Die **Strophe** bündelt die einzelnen Verse zu einer relativen Einheit (Klang- und Sinneinheit). Es gibt freie Strophenformen, aber auch solche, die durch ihre Reimform oder durch die Metrik festgelegte Gedichtformen bilden: so z. B. das Sonett oder das Volkslied.

Rhythmus und Metrum

Jede Form des Sprechens hat einen **Rhythmus.** Die Abfolge von betonten (Hebung: –) und unbetonten Silben (Senkung: v) und die Sprechweise (Betonung, Lautstärke, Tempo, Pausen) machen den Rhythmus aus. Er bestimmt die Wirkung/Aussage des Gedichts mit (fließend, spröde, tänzerisch, ...).

Das **Metrum** bindet die Hebungen und Senkungen in einer regelmäßigen Abfolge. Mehrere Takteinheiten (in denen es jeweils nur eine Hebung gibt) bilden den Vers. Dieser wird deshalb als zwei- oder drei- oder vierhebig (usw.) bezeichnet. Die Einheit selbst heißt **Versfuß** oder Metrum.

Wichtig ist es, die Formelemente nicht nur zu benennen, sondern auf ihre **Wirkung** (sinnlich-emotionaler Eindruck) oder **Bedeutung** hin zu erläutern.

Die am häufigsten auftretenden metrischen Begriffe sind:

Jambus v –
wirkt aufsteigend, beschleunigend
Es sang vor langen Jahren

Trochäus – v
wirkt abfallend, beruhigend
Mitten wir im Leben sind/Mit dem Tod umfangen.

Daktylus – v v
wirkt fallend
Pfingsten, das liebliche Fest, war gekommen

Anapäst v v –
durch die ewige Frage: wozu?

Alexandriner v –/v –/v –/v –/v –/v –/(v)
Was dieser heute baut, reißt jener morgen ein.

Hexameter – v v/– v v/– v v/– v v/– v v/– v
Pfingsten, das liebliche Fest, war gekommen; es grünten und blühten ...

Pentameter – v v/– v v/– //– v v/– v v/–
Aber der große Moment findet ein kleines Geschlecht

Freier Vers
Verse von unterschiedlicher Länge mit wechselnder Hebungszahl, aber meistens alternierend (mit regelmäßigem Wechsel von Hebung und Senkung)

Der Geist der Medizin ist leicht zu fassen!
Ihr durchstudiert die groß und kleine Welt,
Um es am Ende gehen zu lassen,
Wie's Gott gefällt.

Gattungslexikon: Epik

Epische Genres

Anekdote
epische Kleinform um eine historische Persönlichkeit oder Begebenheit, bei der in einem pointierten Schluss Zusammenhänge blitzartig erleuchtet werden. Die historische Wahrheit ist nicht verbürgt, erscheint aber plausibel.

Epos
früheste epische Großform; in Versform abgefasst, steht neben der jüngeren Entwicklung des Romans. Das Epos berichtet in Breite und Ausführlichkeit von einem bedeutenden, als historisch real verstandenen Ereignis. Die Verfasser sind z. T. unbekannt.

Erzählung
längerer, ästhetisch konzipierter erzählender Text, der nicht die Breite des Romans und nicht die dramatische Komposition der Handlung der Novelle besitzt.

Fabel
kurze Geschichte, in der meist Tiere auftreten, die typische menschliche Eigenschaften und Verhaltenweisen verkörpern und sich oft als Spieler und Gegenspieler gegenüberstehen. Die Fabel will an Tierbeispielen belehren oder menschliche Schwächen bloßstellen; typischer Aufbau: Ausgangssituation, Handlung, Gegenhandlung, Lösung, Moral.

Heldensage
überliefert zunächst mündlich oder in Liedern bedeutende Ereignisse der frühen Geschichte der Völker (griechisch, germanisch, keltisch, ...); später als Epos aufgeschrieben. Die Hauptfigur hebt sich durch Eigenschaften und Taten von anderen Menschen ab. Sagen von gleichen Figuren oder Ereignissen bilden Sagenkreise (Ilias, Odyssee, Artussage, ...).

Kalendergeschichte
kurze volkstümliche Erzählung mit lehrhafter Absicht. Sie wurde früher in Kalendern für Bauern und Handwerker veröffentlicht.

Kurzgeschichte
erzählt besondere Begebenheit, Ausschnitt aus dem Leben nur weniger Figuren unter Verknappung der Handlung zum Nach- und Weiterdenken. Die Figuren werden nur durch Merkmale gezeichnet, die für die Geschichte wichtig sind; der Einstieg ist oft ohne Einleitung, meist gibt es einen offenen Schluss.

Legende
ursprünglich eine mittelalterliche Leidensgeschichte von Märtyrern, Heiligen und religiösen Autoritäten, die bei kirchlichen Anlässen verlesen wurde, später Bezeichnung für die schriftlich fixierten Lebensgeschichten der Heiligen.

Lügengeschichte
erzählt meist in der Ich-Form von Abenteuern, Reisen, ..., in denen im Verlauf der Handlung die Vorgänge zunehmend fantastischer werden und Unwirkliches geschieht (z. B. Münchhausen-Geschichten).

Novelle
kleine Neuigkeit; längere Erzählung in geschlossenem Aufbau. Ähnlich wie im Drama entwickelt sich ein zentraler Konflikt in der Konfrontation von Neuem, Ungewöhnlichem mit dem Herkömmlichen. In der Regel nimmt ein Schicksal auf einem Höhe- und Wendepunkt einen jähen Umschlag. Die Handlung entwickelt sich zumeist linear, auf eine episch breite Erzählweise wird verzichtet.

Parabel
von griech. parabole: nebeneinander werfen; Erzählung, in der eine konkrete Ebene (Bildteil) auf eine allgemeine geistige Ebene (Sachteil) verweist. Aus dem Verhältnis der Ebenen zueinander ergibt sich die Bedeutung. In lehrhaften Parabeln kann das Verständnis aus dem Beispielcharakter der Bildebene erschlossen werden.

Roman
Länge und Komplexität grenzen ihn von anderen epischen Formen ab. Ideengehalt, Handlungsverlauf und Figurengestaltung sind vielschichtig. Es gibt eine große Vielzahl an Romantypen, wie z. B. den Kriminalroman, den Entwicklungsroman, den Jugendroman, den Briefroman, ...

Sage
ursprünglich mündlich erzählte kurze Geschichte. Sie handelt von Orten (Ortssagen), Personen, Ereignissen oder auch Naturerscheinungen, hat also einen realen Kern, der mit fantastischen oder übernatürlichen Figuren und Vorgängen (Riesen, Hexen, Teufeln, ...) ausgestaltet wird.

Schwank
kurze Erzählung in Er-/Sie-Form oder ein Theaterstück mit lustigem, oft derbem Inhalt; unterhaltend, manchmal auch belehrend. Alltagssituation mit einfacher Handlung, die oft auf einen witzigen Höhepunkt (Pointe) hinausläuft. Personen werden als Dummlinge oder Schelme gezeichnet (Eulenspiegel-Geschichten, Schildbürger-Geschichten).

Erzähler

Der Erzähler in epischen Texten ist nicht mit dem Autor identisch. Vielmehr „erfindet" oder „wählt" der Autor den Erzähler (die Erzählerfigur, die Erzählform), der gleichsam zwischen Autor und Leser vermittelt und dem Leser die „erzählte Welt", die fiktive Geschichte mit ihren Figuren, dem Raum und der Zeit, der Handlung präsentiert. Die Präsenz und Aktivität der Erzählerrolle hängen eng zusammen mit der Erzählstrategie, d. h. der bewussten Verwendung der verschiedenen Darstellungsformen und Techniken des Erzählens.

Autor ↔ **Erzähler**

Darstellungsformen und Rede- und Gedankenwiedergabe

Der Erzähler verfügt über unterschiedliche Darstellungsformen, um dem Leser das Geschehen zu präsentieren. Er kann selbst erzählen oder aber er lässt seine Figuren sprechen, z. B. in direkter oder indirekter Rede, in „erlebter Rede" oder „innerem Monolog".

Darstellungsformen (Erzähler)	*Rede- und Gedankenwiedergabe (Figuren)*
Bericht straffe, geraffte Darstellung der Handlung in zeitlicher Abfolge	**direkte Rede**
Beschreibung anschauliche Darstellung z. B. von Schauplätzen, Figuren, Gegenständen	**indirekte Rede**
szenische Darstellung breite Erzählweise, meistens mit erzählter Figurenrede und Entfaltung der Situation (vgl. Szene im Drama)	**erlebte Rede** Wiedergabe von Gedanken und Gefühlen einer Figur in der 3. Person (ohne direkte oder indirekte Rede)
Kommentar Eingreifen des Erzählers mit Bemerkungen, Urteilen oder Überlegungen	**innerer Monolog** Wiedergabe von Gedanken und Gefühlen einer Figur in der 1. Person

Erzählhaltung

Die Erzählhaltung ist die Einstellung, mit der der Erzähler dem Leser die fiktionale Welt vermittelt (sachlich, ironisch, humorvoll, kritisch, melancholisch, …). Diese wirkt sich auf die Art der Darstellung und die Sprachverwendung aus.

Erzählform

Der Autor wählt mit dem Erzähler auch eine bestimmte Erzählform (Er-/Sie-Erzähler oder Ich-Erzähler).

Er/Sie **Ich**

Erzählperspektive

Die Erzählperspektive ist die Position des Erzählers (Blickwinkel) gegenüber den von ihm erzählten Geschehnissen (Nähe, Abstand/Distanz). Diese können aus der Innen- oder Außenperspektive erzählt werden.

Innenperspektive **Außenperspektive**

Erzählverhalten

Beim **auktorialen Erzählverhalten** hat der Erzähler einen Überblick über das Geschehen und das Innere der Figuren (allwissender Erzähler). Er kann sich einmischen, kommentieren usw. und damit die Sicht- und Wahrnehmungsweise des Erzählten durch den Leser lenken. Sein Standort liegt außerhalb des Geschehens.

Beim **personalen Erzählverhalten** übernimmt der Erzähler eine Figurenperspektive und erzählt aus deren Sicht. Er ist am Geschehen unmittelbar beteiligt.

Sowohl der Er-/Sie-Erzähler als auch der Ich-Erzähler können jeweils auktorial oder personal erzählen.

Beim **neutralen Erzählverhalten** scheint der Erzähler ganz zu verschwinden. Das Geschehen wird dem Leser scheinbar unvermittelt vor Augen gestellt.

auktorial **personal** **neutral**

Figurenkonstellation

Der Erzähler plant die Beziehungen zwischen den Figuren sorgfältig, sodass man diese in einem Figurenkonstellationsschema abbilden kann. Es gibt Haupt- und Nebenfiguren. Dabei kommen Grundkonstellationen immer wieder vor:

Protagonist vs. Antagonist (Spieler – Gegenspieler)

„Held", Zentralfigur

Dreieckskonstellation

Figurenkonzeption

Der Erzähler kann seine Figuren (Personen) auf vielfältige Weise gestalten, er kann sie z.B. direkt charakterisieren (beschreibend oder wertend) oder eine Figur eine andere (direkt) charakterisieren lassen; er kann sie auch indirekt charakterisieren, sodass sich der Leser/die Leserin aus dem Verhalten und den Äußerungen der Figur selbst ein Bild von deren Charakter machen muss.

Der Gestaltung einer Figur liegt eine bestimmte Figurenkonzeption zugrunde: Figuren können gestaltet sein als Typen, individuelle Charaktere, statisch oder dynamisch (Entwicklung) etc.

direktes Charakterisieren einer Figur	→	durch den Erzähler, durch eine andere Figur, durch die Figur selbst
indirektes Charakterisieren einer Figur	→	durch die Art der Darstellung, aus der der Leser Rückschlüsse auf Eigenschaften etc. der Figur zieht

Aspekte der Charakterisierung können sein:

das äußere Erscheinungsbild	→	Alter, Aussehen, Kleidung, ...
das äußere Verhalten	→	Sprechweise, Mimik und Gestik, Gebärdensprache, Handeln, ...
die innere Einstellung	→	Interessen, Absichten, Gedanken, Gefühle ...
die Lebensumstände	→	das gesellschaftliche Umfeld, Beruf, ökonomische Lage, ...
die Entwicklung	→	Lernprozess, Entscheidungsprozess, Reifung, Verfall, ...

Handlung

Der Autor gestaltet in seinem erzählenden Text einen **Stoff**, der ihm als Ausgangs- und Rohmaterial dient (geschichtlicher Stoff, Kriminalfall, Liebesgeschichte, ...). Die Ereignisse „komponiert" der Autor, d.h. er verknüpft sie zu einem sinnvollen Zusammenhang mit Anfang und Ende und sich schlüssig auseinander entwickelnden Geschehnissen. Dieses durch Komposition gestaltete Gesamtgeschehen nennt man **Handlung**. Von den Mythen bis zu Geschichten in Filmen haben sich in der kulturellen Entwicklung bestimmte Handlungsmuster herausgebildet, die Autoren aufgreifen und umgestalten (Liebestragödie, Rettung der Welt vor dem Bösen, abenteuerliche Reise des Helden, Figuren in Konflikten, Roadmovie, ...). Sie hängen eng mit den verschiedenen Erzählgenres zusammen.

Man kann unterscheiden zwischen
- **Haupthandlung** und **Nebenhandlung(en)**
- **Rahmen-** und **Binnenhandlung**
- **äußerer Handlung** (äußere Ereignisse) und **innerer Handlung** (Gefühle, Gedanken, ... der Figuren)

Die Handlung kann strukturiert sein:
- durch die zeitliche **Abfolge** der Ereignisse (z.B. synchron – diachron; kontinuierlich – diskontinuierlich)
- durch die **Handlungsstränge** (einsträngig/linear – mehrsträngig, verflochten)
- durch ein oder mehrere **Motive** (wiederkehrende thematische Elemente)
- durch andere erkennbare **formale Strukturen** (Spiegelungen, Kreisform, Simultaneität, montagehaft, multiperspektivisch, ...)

Fiktionalität

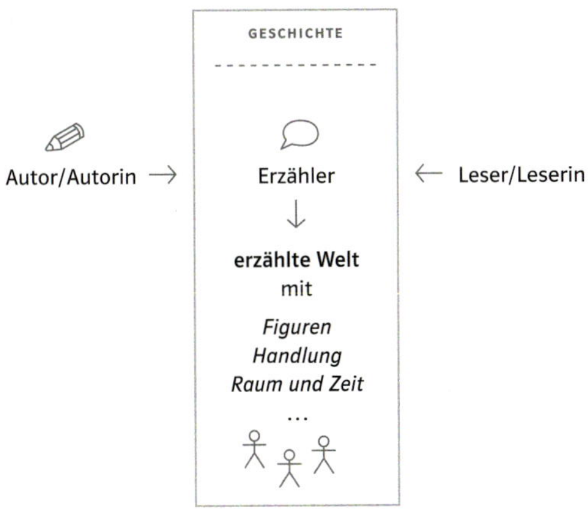

Handlung

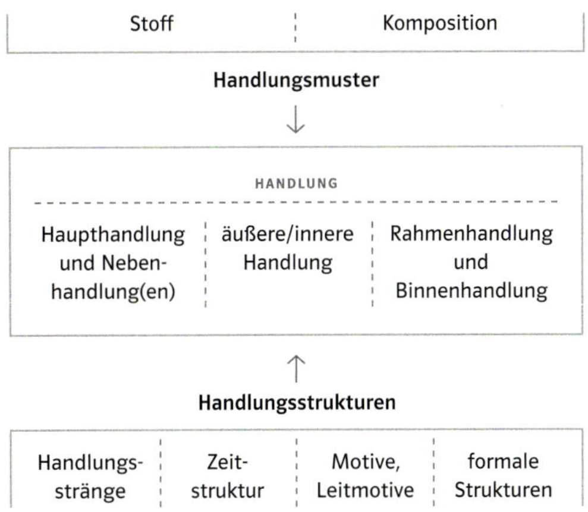

Raum/Raumgestaltung

Der Erzähler kann den Schauplatz oder „Raum" der Handlung gestalten, je nachdem, welche Bedeutung und Funktion er haben soll. Man kann Grundfunktionen der Schauplatzgestaltung unterscheiden:

Schauplatz, Ort
Der Schauplatz der Handlung an sich kann bedeutungskonstituierend sein (Innenraum, öffentlicher Raum, …); die einfache Beschreibung des Ortes kann bereits Aufschluss über Figurenkonstellationen oder Handlungszusammenhänge geben.

soziales Milieu
die soziale Umwelt in ihrer Funktion als kausal-determinierendes Milieu, das die Figur in ihrem Denken, Fühlen, Handeln, Sprechen prägt; die soziale Umwelt als Ausdruck des gesellschaftlichen Lebensstils einer Figur; Widerspiegelung der gesellschaftlichen Umwelt der Figur, z. B. in der Kleidung, Wohnung, Haltung, …

Stimmungsraum
Unterstreichung des Gemütszustandes einer Figur durch eine bestimmte Atmosphäre, z. B. Gewitterschwüle (kurz vor einer emotionalen Eruption der Figur), Sonnenschein (Heiterkeit und Gelassenheit der Figur), Regen (Traurigkeit der Figur)

symbolischer Raum
Verdichtung der gesamten Thematik, z. B. eines Romans, in anschaulichen, bedeutsamen Bildern (Symbolen) mit Verweisfunktion

Roman: Merkmale

- erzählende Großform von mindestens hundert bis zu mehreren hundert Seiten, also wesentlich umfangreicher als epische Kleinformen wie z. B. Kurzgeschichte, Kalendergeschichte, Parabel, Novelle usw.
- meistens „mehrsträngige" Handlung, also mehrere, miteinander verflochtene Erzählstränge mit verschiedenen Schauplätzen und Zeiten
- meist durch vielfältige Beziehungen (z. B. Liebe, Neid, Eifersucht, Hass, Rachedurst, Hilfsbereitschaft, …) miteinander verknüpfte Figuren
- Figurenkonstellation oft gekennzeichnet durch Grundmuster wie z. B. den „Helden" oder die „Mittelpunktsfigur", „Spieler und Gegenspieler" oder ein „Dreiecksverhältnis"
- Entfaltung eines breiten Wirklichkeitsausschnitts, z. B. einer bestimmten geschichtlich-gesellschaftlichen Situation, die sich in den Beziehungen der Figuren spiegelt

Roman: Typen

Man unterscheidet die Romane teils nach **Stoffen und Themen**, z. B.

- Kriminalroman,
- Abenteuerroman,
- historischer Roman,
- Künstlerroman,
- Eheroman,
- Bildungsroman,

teils nach der **Form**, z. B.

- Briefroman,
- Reportageroman.

Zeit/Zeitgestaltung

Der Erzähler kann die Zeit unterschiedlich gestalten. Dabei ist zu unterscheiden zwischen **erzählter Zeit**, also der Zeit, über die sich das erzählte Geschehen erstreckt, und der **Erzählzeit**, also der Zeit, die man zum Erzählen oder Vortragen bzw. zum Lesen braucht. Der Erzähler kann die erzählte Zeit raffen (**Zeitraffung**), dehnen (**Zeitdehnung**) oder Deckungsgleichheit zwischen Erzählzeit und erzählter Zeit herstellen (**Zeitdeckung**). Er kann auch zeitneutral erzählen (z. B. beim Beschreiben oder beim Erzählerkommentar), er kann in der Zeit springen (**Zeitsprung**), er kann zurückspringen (**Rückblende**) oder auf Künftiges vorausdeuten (**Vorausdeutung**).

Mit der Art der erzählerischen Zeitbehandlung korrelieren die Darstellungsformen. So wird z. B. im Erzählerbericht das Geschehen gerafft, die Erzählzeit ist also kürzer als die erzählte Zeit. Bei der szenischen Darstellung entsprechen sich in der Regel Erzählzeit und erzählte Zeit, es herrscht also Zeitdeckung. Zeitdehnung kann z. B. bei langen Figurenmonologen (z. B. beim inneren Monolog) vorkommen.

Wenn man, z. B. in einem Roman, Erzählzeit und erzählte Zeit in Zusammenhang bringt, bekommt man eine „Erzählkurve", die die Zeitgestaltung anzeigt.

erzählte Zeit
Zeitraum, über den sich das erzählte Geschehen erstreckt, markiert durch Anfang und Ende der Geschichte

Erzählzeit
Zeit, die man zum Erzählen oder Vortragen bzw. zum Lesen der erzählten Geschichte braucht

Zeitgestaltung	Darbietungsform	Verhältnis von Erzählzeit und erzählter Zeit
zeitraffendes Erzählen	Erzählerbericht	Erzählzeit < erzählte Zeit
zeitdeckendes Erzählen	szenische Darstellung	Erzählzeit = erzählte Zeit
zeitdehnendes Erzählen	Erzählerkommentar, Erzählerreflexion	Erzählzeit > erzählte Zeit
zeitdehnendes Erzählen	innerer Monolog, Bewusstseinsstrom	Erzählzeit > erzählte Zeit

Gattungslexikon: Drama

Aufbau des Dramas

Das sogenannte aristotelische Drama ist meist in fünf Akte eingeteilt. Jeder Akt erfüllt eine bestimmte Funktion im Handlungsaufbau.

Der 1. Akt dient der **Exposition.** Sie macht den Zuschauer mit der Vorgeschichte bekannt, führt die Figuren ein und präsentiert die Verhältnisse, aus denen der dramatische Konflikt sich entwickelt.

Im 2. Akt entwickelt sich der Konflikt (**steigende Handlung**).

Im 3. Akt wird der Konflikt auf den **Höhepunkt** geführt und voll entfaltet. Oft ist der Höhepunkt zugleich auch **Wendepunkt** des Geschehens (**Peripetie**), d. h. die Handlung nimmt eine unvorgesehene Wendung.

Im 4. Akt führt die Handlung (**fallende Handlung**) dann scheinbar zum unvermeidlichen Schluss hin, wird aber meist durch ein sogenanntes **retardierendes Moment** aufgehalten. Das verzögernde Moment bringt noch einmal Spannung in den Handlungsablauf.

Im 5. Akt wird die dramatische Handlung dann abgeschlossen. Dieser Handlungsaufbau des traditionellen Dramas wird häufig in Form einer Pyramide wiedergegeben:

1. Akt	2. Akt	3. Akt	4. Akt	5. Akt
Exposition	steigende Handlung	Höhepunkt, Wendepunkt	fallende Handlung	Schluss, Katastrophe

Drama

Drama (von griech. *drama:* Handlung) ist die Darstellung eines konfliktbestimmten Geschehens durch handelnde und sprechende Figuren auf der Bühne. Es ist ein literarischer Text in Dialogform, den man lesen kann oder der szenisch aufgeführt wird. Während bei Prosatexten der Erzähler als Vermittler zwischen der dargestellten fiktiven Welt und dem Leser fungiert, gibt es beim Drama eine solche Vermittlungsinstanz nur im sogenannten **Nebentext** (Titel, Personenverzeichnis, Bühnenhinweise, Regieanweisungen). Die vielschichtige Handlung ist untergliedert in Akte, Szenen oder Bilder.

Akt (von lat. *agere:* handeln, auch Aufzug)
In sich abgeschlossener, größerer Handlungsabschnitt, der seit dem 17. Jahrhundert durch den sich öffnenden und schließenden Vorhang markiert wird. Die Entwicklung des Konflikts (Einführung, Wende- oder Höhepunkt, Lösung) spiegelt sich im Akt-Aufbau.

Szene (von griech. *skene:* Bühne, Zelt)
Im mehraktigen Drama Untereinheit des Aktes, die durch das Auf- bzw. Abtreten von Personen markiert wird. Szenen werden deshalb auch Auftritte genannt.

Bild
Das moderne Drama kennt häufig keine Gliederung in Akte, sondern reiht Bilder aneinander.

Dramatische Genres

Die **Tragödie** ist neben der Komödie eine Hauptform des Dramas. Sie gestaltet einen tragischen Konflikt. Meist sind es Personen von hohem Stand, die ein über sie verhängtes Schicksal zu bewältigen haben oder an der sittlichen Weltordnung scheitern. Die Tragödie endet in der Katastrophe, d. h. dem Untergang des Helden, der entweder stirbt oder ins Elend gerät. Nach der Poetik des Aristoteles hat die Tragödie eine kathartische (reinigende) Wirkung auf den Zuschauer, der mit dem Protagonisten mitleidet. Über Mitleid und Furcht soll er nach Lessing in diesen beiden Gefühlen gereinigt werden. Er soll lernen, mit demjenigen Mitleid zu haben, der es verdient, und sich vor den Dingen zu fürchten, die er selbst auch fürchten muss.

Die **Komödie** spielt bis ins 18. Jahrhundert meistens unter Personen niedrigen Standes. Lessing macht dieser **Ständeklausel** mit „Minna von Barnhelm" ein Ende. Die Komödie entlarvt die Unzulänglichkeiten und Schwächen der Menschen und des menschlichen Lebens. Häufige Themen sind das Missverhältnis von Schein und Sein. Erheiternde Wirkung wird meist durch Sprach- und Situationskomik erzeugt.

Die **Tragikomödie**, die erstmals im Sturm und Drang entwickelt wurde, verbindet Tragik und Komik unauflöslich miteinander. Komische Momente verstärken die Wirkung der tragischen Zusammenhänge.

Die drei Einheiten des Aristoteles

Jahrhundertelang hat die auf die Poetik des Griechen Aristoteles zurückgehende Vorstellung der sogenannten drei Einheiten die Gestaltung von Dramen beeinflusst:

- Einheit des Ortes (weitgehende Vermeidung von Ortsveränderungen)
- Einheit der Zeit (weitgehende Vermeidung von Zeitsprüngen)
- Einheit der Handlung (Reduzierung von Nebenhandlungen)

Figurenrede im Drama

Durch die Figurenrede wird die fiktive Welt auf die Bühne gebracht. Man unterscheidet zwischen **Dialog** (Gespräch zwischen zwei oder mehreren Personen) und **Monolog** (Selbstgespräch einer Figur). In der Figurenrede wird die Handlung vorangetrieben, werden Figuren charakterisiert, Beziehungen dargestellt, Informationen über Beweggründe gegeben etc.

Im **Botenbericht** schildert eine Bühnenfigur vergangene Ereignisse, die auf der Bühne nicht dargestellt werden können. Der Botenbericht ist, wie die Teichoskopie, ein Mittel zur Wahrung der drei Einheiten im geschlossenen Drama.

In der **Teichoskopie** (Mauerschau) werden durch den Bericht eines Beobachters – oft von erhöhter Warte aus – gleichzeitig ablaufende Ereignisse vergegenwärtigt, die auf der Bühne nicht darstellbar sind, z. B. Schlachten oder Schiffskatastrophen.

Beiseitesprechen nennt man die Situation, in der eine Bühnenfigur etwas sagt, das ihre Dialogpartner auf der Bühne nicht hören, wohl aber das Publikum.

Untertext nennt man Gedanken, die eine Figur in bestimmten Momenten haben könnte, aber nicht ausspricht.

Der **Chor** ist im antiken Drama eine Gruppe von Figuren, die durch Sprechgesänge die Handlung auf der Bühne kommentiert, aber auch die Bühnenfiguren wie die Zuschauer direkt anspricht.

Wichtige Untersuchungsaspekte bei der **Dialoganalyse** sind: Thema des Gesprächs, Gliederung des Gesprächs, Gesprächsverhalten der Figuren (Intentionen, Strategien), Gesprächsergebnis.

Figurengestaltung im Drama

Hauptfiguren sind in der Regel als komplexe **Charaktere** entworfen, die mit individuellen Eigenschaften und Merkmalen ausgestattet sind. Charaktere haben ein unverwechselbares Schicksal, bestimmen den Gang der Handlung entscheidend mit, sprechen eine eigene Sprache, zeigen individuelle Eigenschaften. Viele **Nebenfiguren** dagegen sind nicht wegen ihres Charakters wichtig, sondern für den Fortgang der Handlung nötig. Häufig sind diese Figuren auf einen Charakteraspekt reduziert – man spricht dann von **Typen**.

Konflikt

Das Aufeinandertreffen von Personen mit gegensätzlichen Auffassungen oder Absichten führt zur Parteienbildung und zum Konflikt. In traditionellen Dramen eröffnet und bestimmt der Konflikt den Verlauf der Handlung (über einen Höhe- und Wendepunkt zur Lösung). Konfliktlösungsmuster führen zur Bildung dramatischer Genres: In der **Tragödie** endet der Konflikt meist mit der **Katastrophe**, in der **Komödie** mit Auflösung aller Verwicklungen und einem **glücklichen Ende.**

Handlung

Es wird zwischen verschiedenen Arten von Handlung unterschieden:

äußere Handlung
Geschehen auf der Bühne oder auf anderen Handlungsschauplätzen

innere Handlung
Vorgänge und Entwicklungen, die sich im Inneren der Figuren abspielen

offene Handlung
auf der Bühne sichtbare Handlung

verdeckte Handlung
Geschehen, das auf der Bühne nicht sichtbar ist und dem Zuschauer durch Figurenrede vermittelt wird. Botenbericht oder Teichoskopie sind Möglichkeiten, für den Zuschauer nicht sichtbare Handlung wiederzugeben.

Die geschlossene Form des Dramas	Die offene Form des Dramas
einsträngige Haupthandlung, die auf ein Ziel hinführt, Nebenhandlungen sind auf die Haupthandlung bezogen, kausale und überzeugende Schrittigkeit der Handlung (Einheit der Handlung)	oft mehrere gleichgewichtige Handlungsstränge, lockere Struktur der Einzelszenen, Zusammenhang wird über Figuren oder Leitmotive geschaffen
mündige, selbst bestimmte Figuren, die das Geschehen durch ihr Handeln bestimmen	Antihelden, die von ihrem sozialen Umfeld bestimmt werden, wenig Gestaltungsspielraum
wenige Personen, unterteilt nach Haupt- und Nebenfiguren, übersichtliche Figurenkonstellation, oft Held und Gegenspieler oder auch Dreieckskonstellation	Vielzahl von Figuren, die oft den unterschiedlichsten sozialen Schichten entstammen, Figurenkonstellation spiegelt Abhängigkeiten, soziale Kontexte
eindeutiger Anfang, markiert durch das Eintreten einer Konfliktsituation, eindeutige Lösung am Schluss, Klären der Vorgeschichte in einer Exposition (Einheit der Zeit)	unvermittelter Beginn, Vorgeschichte wird nicht geliefert, oft offener Schluss
Kunstsprache, meist Verssprache, jedoch individuelle Charakterisierung der Figuren durch die Sprache möglich	realistische Alltagssprache, oft mangelnde Artikulationsfähigkeit, bis hin zur Sprachlosigkeit
Handlung spielt innerhalb eines kurzen Zeitraums	Handlung umspannt längeren Zeitraum, oft Jahre
wenige Schauplätze (Einheit des Ortes)	häufig viele Handlungsorte, die weit voneinander entfernt sein können
Bühnenwelt als idealisiertes Bild der Wirklichkeit	Bühnenwelt als Abbild der Wirklichkeit, die in ihrer Komplexität kaum zu erfassen ist
Die geschlossene Form ist charakteristisch für das klassische Theater.	Das epische Theater kann zur offenen Form des Dramas gezählt werden.

Figurenkonstellation

Die Beziehungen der Personen in einem Drama können unterschiedlich gestaltet sein. Besonders häufig ist die Beziehung Held (Protagonist) und Gegenspieler (Antagonist). Sie treiben durch ihr Handeln das Geschehen voran. Auch Dreieckskonstellationen sind häufig anzutreffen. Die Beziehungsmuster sind durch die historischen Verhältnisse der Entstehungszeit und die Intention des Autors geprägt.

Protagonist vs. Antagonist (Spieler – Gegenspieler)	**Held im Mittelpunkt**, Akzentuierung einer Zentralfigur	**Dreieckskonstellation**

Charakterisierung der Figuren

Figuren werden **direkt charakterisiert** durch
- äußere Merkmale (Aussehen, Kleidung, ...)
- innere Merkmale (Eigenschaften, Einstellungen)
- sozialen Stand
- Regieanweisungen, Nebentext
- durch Äußerungen anderer Figuren
- durch eigene Äußerungen der Figur

Figuren werden **indirekt charakterisiert** durch
- ihre Sprache und Sprechweise
- ihre Handlungsweise, ihr Verhalten
- den Vergleich mit Kontrastfiguren

Raumgestaltung im Drama

Der Dramatiker kann den Schauplatz oder Raum der Handlung gestalten, je nachdem, welche Bedeutung und Funktion er haben soll. Man kann Grundfunktionen der Schauplatzgestaltung unterscheiden:

Handlungsraum
Raum, in dem die Handlung abläuft

soziales Milieu
soziale Umwelt in ihrer Funktion als kausal-determinierendes Milieu, das die Figur in ihrem Denken, Fühlen, Sprechen, Handeln, Lebensstil prägt

Stimmungsraum
Raum, der die Stimmung der Figuren veranschaulicht und unterstreicht oder die Grundstimmung einer Szene zum Ausdruck bringt

Symbolraum
Verdichtung der gesamten Thematik in anschaulichen, bedeutsamen Bildern (Symbolen) mit Verweisfunktion

Figurenkonzeption

Der Gestaltung einer Dramenfigur liegt eine bestimmte Figurenkonzeption des Autors zugrunde. Figurenkonzepte und Figurengestaltung sind geschichtlich bedingt und verändern sich in der historischen und kulturellen Entwicklung. Bei der Untersuchung der Figuren kann man folgenden Fragen nachgehen:
- Ist die Figur statisch oder dynamisch angelegt? Macht sie eine Entwicklung durch?
- Handelt es sich um eine komplexe oder um eine eher eindimensionale Figur? Handelt es sich um Charaktere oder um Typen?
- Sind die Figuren in ihrem Handeln frei oder durch die Verhältnisse bestimmt?
- Handelt es sich um eine offen oder um eine geschlossen angelegte Person, d. h. wird die Figur in ihren Handlungsweisen nachvollziehbar oder bleiben Handeln und Verhalten rätselhaft?

Sprache im Drama

Im klassischen Drama wird meist eine Kunstsprache verwendet, d. h. alle Personen sprechen auf der gleichen hohen Ebene und in Versform. In Aufklärung und Klassik war der Blankvers die meist verwendete Versform im Drama. Der Blankvers ist ein ungereimter fünfhebiger Jambus. Er ermöglicht häufige Enjambements und steht der Prosa nahe. Dialoge in klassischen Dramen sind gekennzeichnet durch
- eine klare thematische Entfaltung
- die Hinführung auf ein Ergebnis
- die Verzahnung der Äußerungen (Rede und Gegenrede)
- die Verdeutlichung von Handlungen und Gefühlen.

Im modernen Drama nähert sich die Sprache der Umgangssprache, die Figurenrede ist nicht mehr metrisch gebunden. Kommunikationsschwierigkeiten sind häufig anzutreffen: Die Figuren gehen nur mehr oder weniger aufeinander ein, monologisieren oder reden aneinander vorbei.

Zeitgestaltung im Drama

Der Dramatiker muss seine Handlung zeitlich genau konzipieren und verschiedene Entscheidungen treffen.

Eingrenzung
Wann soll die Darstellung der Handlung beginnen, wann ein Ende finden?

Dauer
In welchem Verhältnis stehen Spielzeit (Zeit auf der Bühne) und gespielte Zeit (Dauer der Handlung)?

Abfolge
Werden die Ereignisse in chronologischer Abfolge dargeboten oder nicht?

Ausschnitte
Welche Ausschnitte aus der fiktiven Handlung werden dargeboten, damit in der Vorstellung des Zuschauers ein Bild der Handlung entsteht?

Medienlexikon

Mediengesellschaft

Bezeichnung für die moderne Lebenswelt, in der Wahrnehmungen, Erfahrungen, Wissen, Kommunikations- und Interaktionsmuster durch die Entwicklung der neuen Medien geprägt sind. Kennzeichen sind:

- die zunehmende Bedeutung audiovisueller Eindrücke,
- der mobile Zugriff auf Informationen (Laptop),
- die Verfügbarkeit riesiger Informationsmengen durch digitale Datenbanken,
- die Globalisierung der Kommunikationsmöglichkeiten (Internet), die permanente Erreichbarkeit und Kontaktmöglichkeit (Handy, Mail, Chat, ...),
- die Bedeutung virtueller Welten (Online- und Computerspiele). Kulturkritischen Sichtweisen, die vor der Überflutung durch Information, der Banalisierung durch Unterhaltung, dem Rückgang unmittelbarer sinnlicher Erfahrungen, dem Wirklichkeitsverlust durch digitale Scheinwelten etc. warnen, stehen positive Einschätzungen der neuen medialen Interaktions- und Kommunikationsmöglichkeiten gegenüber, die deren Leistungen betonen (Flexibilität, Schnelligkeit, Kreativität, ...).

Empirische Untersuchungen der Rezeptionsweisen der Zuschauer liefern nicht zuletzt für die Fernsehanstalten und ihre Programmangebote selbst wichtige Daten. Die Untersuchung der Medienfrequentierung insgesamt zeigt (Fernsehen, Rundfunk, Zeitungen, Internet, ...), dass jeder Erwachsene fast 50 % der Zeit zwischen 5 und 24 Uhr Medien nutzt. Dem Fernsehen als Informationsmedium erwächst dabei durch das Internet starke Konkurrenz.

Massenmedien

Durch technische Entwicklungen ist die Menge von Medienrezipienten stetig gewachsen. Damit gingen Veränderungen der gesellschaftlichen Kommunikation einher (Massenkommunikation). Die Entwicklung setzt mit der Massenpresse im 19. Jahrhundert ein, der im 18. Jahrhundert die zunehmende Lesefähigkeit vorausgeht. Sie ist durch die Entwicklung von Film, Rundfunk, Fernsehen, Video, Computer, Internet im 20. Jahrhundert geprägt. Einschätzungen schwanken zwischen kulturkritischer Perspektive (Unterhaltungsindustrie, Kommerzialisierung, Entpolitisierung, Entindividualisierung von Bedürfnissen, Wahrnehmungs- und Denkweisen in der Massengesellschaft) und positiver Einschätzung des medialen Modernisierungsprozesses (öffentliche Kontrolle in den modernen Demokratien durch die „vierte Gewalt", Vielfalt der Informationsmöglichkeiten, Reindividualisierung durch Aktivierung von Rezipienten, Globalisierung der face-to-face-Kommunikation durch das Internet).

Zeitung

Seit dem 19. Jahrhundert entwickeln sich Zeitungen und Zeitschriften als Massenmedium für die Information und Meinungsbildung und sind damit ein wesentliches Element der Öffentlichkeit in der modernen Gesellschaft. Als Bereiche der Information durch Zeitungen bilden sich die klassischen Ressorts Politik, Wirtschaft, Kultur, Sport, Lokales sowie Anzeigenseiten heraus, als journalistische Genres: Nachricht, Kommentar, Leitartikel, Reportage, Rezension, Interview. Informationsquellen sind Nachrichtenagenturen oder Recherche durch Korrespondenten und Journalisten vor Ort. Auswahl und Gestaltung der Informationen erfolgen in Redaktionen, die das Profil einer Zeitung prägen.

Aus der Funktion der Zeitung, Öffentlichkeit herzustellen, ergaben sich Muster und Normen der Berichterstattung wie Sachlichkeit, Objektivität, Trennung von Nachricht und Meinung, argumentative Qualität von Kommentaren und Rezensionen etc. Aus verlegerischem Interesse an wirtschaftlichem Erfolg befriedigt die Zeitung Publikumsbedürfnisse wie Unterhaltung, Neugier, Sensationslust, ... Durch die Entwicklung anderer Medien (vor allem des Fernsehens) steht die Zeitung in einer Medienkonkurrenz, die vor allem im Umgang mit Bildern deutlich wird.

Zeitungen können in ihrem Profil genauer untersucht werden durch

- die Berücksichtigung der Nachrichtenwerte: Sachinformation, Hintergrundwissen, Meinungsbildung, Gesprächs- und Unterhaltungswert, ...
- Aufbau und Gestaltung von Titelseiten: Themen, Schlagzeilen, Bildauswahl, ...
- Gestaltung der Artikel: harter Nachrichtenstil, Aufbau im Lead-Stil; emotional geprägte human-interest-stories, ...
- Anpassung an den digitalen Wandel: Kombination von Printmedien und online-Version, Blogs, ...

Fernsehen

Das Fernsehen hat sich als audiovisuelles Medium seit den 1950er Jahren als Leitmedium etabliert. Die Ausdehnung der Sendezeiten, eine wachsende Zahl von Programmen (vor allem durch das kommerzielle Fernsehen), steigende Zuschauerzahlen und die Zunahme der täglichen Sehdauer machen das Fernsehen zum immer bedeutungsvolleren Massenmedium.

Neue Medien

Die **digitale Revolution** (digitale Daten, elektronische Übertragung, Speichern großer Datenmengen in kurzer Zeit) brachte neue Medien (elektronische, digitale, interaktive Medien: E-Mail, World Wide Web, DVD, MP3, ...) hervor, die die traditionellen Medien (Zeitung, Literatur, Film, Radio, Fernsehen, ...) beeinflussen und die Lebenswelt in Arbeit (Computerarbeitsplatz, Telearbeit, ...) und Freizeitgestaltung entscheidend prägen. Charakteristisch für die neue Medienwelt sind:

- der Verbund herkömmlicher und neuer Medien (Multimedia),
- die globale Vernetzung,
- die Entstehung neuer Vernetzungsstrukturen (Hypertext),
- die Mobilität der Kommunikation (Laptop, drahtlose Netze, Handy),
- durch Computertechnologie erzeugte virtuelle Welten.

Filmanalyse

Beschreibung und Interpretation von Filmen auf der Grundlage eines medienspezifischen Instrumentariums. Wichtige Aspekte sind

Filmgenre
Einordnung der Filme nach Gestaltungskonventionen wie z. B. Krimi, Western, Liebesfilm, Science-Fiction-Film, Thriller, …

Dialog
Gespräch zwischen zwei oder mehreren Figuren; bildet im Drama und Film den Haupttext (Figurenrede), der in der literarischen Vorlage/im Drehbuch/Storyboard durch Nebentexte ergänzt wird (Figurennamen, Hinweise zu Handlung, Ort, Zeit, Szene, Verhaltensweisen der Figuren, …). Sprechweise und Körpersprache (Mimik, Gestik, Körperhaltung) machen deutlich, was die Figuren denken und fühlen.

Einstellung
kürzeste Einheit zwischen zwei Schnitten (Cuts)

Einstellungsgröße
Nähe der Kamera zu den Figuren bzw. zum Hauptmotiv; Bildausschnitt

Figurenkonzeptionen
Figuren in Literatur und Film sind Konstrukte des Autors bzw. Regisseurs, der Informationen auswählt, um Eigenschaften, Denken und Fühlen sowie Verhaltensweisen der Figuren darzustellen. Leben gewinnen Figuren erst im Kopf des Rezipienten, der sich identifizieren, sie kritisch wahrnehmen oder ablehnen kann und eigene Vorstellungen in die Figuren projiziert. Konzepte und Gestaltung von Figuren sind geschichtlich bedingt und verändern sich mit der historischen und kulturellen Entwicklung.

Kameraperspektive
Einstellungswinkel der Kamera wie Froschperspektive, Vogelperspektive, …

Kameraeinstellung
Totale, Halbtotale, Amerikanische (erfasst bis Kniehöhe), Halbnah, Nah, Detail

Schnitt/Montage
Auswahl und Zusammensetzung von Bild- und Tonteilen zu einem Film; Bilderfolgen konstituieren spezifische Sinnzusammenhänge.

Storyboard
zeichnerische oder skizzenhafte Version des Drehbuchs; die Einstellungen, die in der Art eines Comics entworfen werden, geben dem Filmteam eine Vorstellung davon, wie der Film in Bezug auf Kameraeinstellungen, Dialoggestaltung, Musik, Geräusche, Atmosphäre, … aussehen soll.

Synchronisierung
Nachvertonung eines Films unter Abstimmung von Ton und Bild; Übertragung der Originalfassung in eine andere Sprache

Zeitgestaltung
Verhältnis der Erzählzeit zur erzählten Zeit: Zeitdehnung = *slow motion*, parallele Zeitführung, Zeitraffung, Zeitsprünge, Rückblenden = *flashback*, Vorausdeutungen

Literaturverfilmung

Die filmische Adaption und Umsetzung berühmter literarischer Werke spielt von den Anfängen des Mediums bis in die Gegenwart eine wichtige Rolle, von der Verfilmung von Goethes „Faust" durch den Franzosen Louis Lumière 1896 bis zu „Das Parfum" (2006), „Die Buddenbrooks" (2008) oder „Effi Briest" (2009). Es gibt Versuche, literarische Texte eher werkgetreu oder eher mit einer eigenen Aussage in das andere Medium zu transformieren, wie z. B. Rainer Werner Fassbinders „Effi Briest" (1974). Oder es gibt die bloße Adaption von berühmten Stoffen der Weltliteratur wie Wolfgang Petersens „Troja" (2004), die kalkuliert auf den Publikumserfolg im Kino hinarbeiten.

Vergleichen lassen sich Film und literarische Vorlage, indem Text und Film in ihrem Eigenwert, also in ihrer Medien- oder Gattungsspezifik, betrachtet werden (Literatur: Analyse nach Erschließungsaspekten epischer Texte; Film: Analyse unter filmspezifischen Gesichtspunkten) und die Ergebnisse einander gegenübergestellt werden. Vergleichsaspekte können sein:

- **erzählte Geschichte**: inhaltliche Übereinstimmungen und Unterschiede, Auslassungen, Kürzungen, neue Szenen, …
- **Komposition**: Handlungsaufbau, Szenenauswahl und Gewichtung, Segmentierung, …
- **Anlage und Handlungsmuster**: Problemgehalt, Genre, z. B. Fokussierung auf eine Lovestory, Kriminalgeschichte, …
- **Figurenkonzeption**
- **Perspektivgestaltung**
- **Dialoggestaltung**: im literarischen Text und im Drehbuch
- **Gestaltungsmittel und Darstellungsweisen**: medienspezifisch

Epochenlexikon: Barock 1600–1720

Hauptthemen

- das Elend der Menschen ohne Gott
- Vergänglichkeit der Welt (vanitas)
- Leben im Bewusstsein des Todes
- irdisches Jammertal (Krieg)
- moralische Erziehung des Menschen
- Kontrolle der Affekte und Leidenschaften
- Weltentsagung
- Glückseligkeit in Gott

Motive / Schlüsselwörter

Diesseits – **Jenseits**

carpe diem – **memento mori**

Vanitas mundi
Vergänglichkeit der Welt
Ewigkeit

Wollust – **Tugend**

Schein – **Sein** – **Spiel** – **Ernst**

Gattungen / Genres

- Sonett, Elegie, Ode, Lied, Epigramm, Emblem
- Trauerspiel, Komödie
- Schelmenroman, Schäferroman, Schwank, Satire
- literaturtheoretische Schriften

Epochenmerkmale

Konflikte

weltliches Leben	⟷	ewiges Leben
Laster und Egoismus	⟷	Tugend

- Intrigen um Macht und Liebe
- Verlust hoher Stellungen
- Verschwörung und Fürstenmord

Sprache / Stil

Formelhafter Charakter der Sprache: feste Wendungen, Emblematik, rhetorische Figuren, Allegorie und Metaphorik, feste Formen (Sonett), Pathos/Manierismus, mythologische Andeutungen

Figuren

- Tragödie: adelige Helden als Vorbilder an Großmut und moralischer Standhaftigkeit (Ständeklausel)
- Komödie: bürgerliche und bäuerliche Figuren; Kritik an und Spott über Prahlerei und Großmannssucht

Theoretische Reflexionen:

Martin Opitz (1597–1639): zusammengestellte Regeln in dem *Buch von der Deutschen Poeterey* (1624)

1600

Autoren

Johannes Kepler 1571–1630

Jakob Böhme 1575–1624

Thomas Hobbes 1588–1679

Martin Opitz 1597–1639

René Descartes 1596–1650

Paul Gerhardt 1607–1676

Friedrich von Logau 1604–1655

Paul Fleming 1609–1640

Werke

1617
Gründung der **Fruchtbringenden Gesellschaft** durch Fürst Ludwig von Anhalt-Köthen

1624
Buch von der Deutschen Poeterey
Martin Opitz

1633
Aufrichtige Tannengesellschaft in Straßburg

1648–53
Poetischer Trichter. Die Teutsche Dicht- und Reimkunst
Georg Philipp Harsdörffer

Historische Ereignisse

1618–1648
Dreißigjähriger Krieg

1649
Hinrichtung des englischen Königs Karl I.

1650
erste deutsche Tageszeitung in Leipzig

1653
Inquisitionsprozess gegen Galileo Galilei

Durchsetzung des **Absolutismus** in Europa

Epochenbild

Barock: Starke Spannungen zwischen dem **Diesseits**, besonders der Prunksucht der absolutistischen Herrscher, und dem **Jenseits**, der Sehnsucht nach einer Befreiung von einer tief empfundenen Weltangst in Gott, sind die bestimmenden Merkmale dieser Epoche. Die Literatur spiegelt eine von Unsicherheit, Krankheit, Krieg und Zerstörung (Dreißigjähriger Krieg 1618–1648) gezeichnete Gesellschaft, in der trotzdem größere Städte mit bürgerlichem Reichtum entstehen und adelige Herrscher prunkvolle Feste feiern und beeindruckende Bauten errichten.

Trotz der wissenschaftlichen und geistigen Umbrüche (Astronomie, Medizin, Philosophie) am Beginn der Neuzeit ist das Weltbild vom christlichen Glauben an eine Schöpfungsordnung geprägt, aus der sich Sinn und Normen des menschlichen Lebens ergeben. Für die humanistisch gebildeten Schriftsteller zählt deshalb nicht die Wahrnehmung der individuellen Gefühle, sondern das Erfassen der höheren Ordnung hinter dem weltlichen Schein und die sich daraus ergebende Lehre vom richtig gestalteten Leben. Die radikalen Gegensätze von Lebensfreude und Weltzuwendung (carpe diem = ergreife/nutze/genieße den Tag) sowie gleichzeitig Weltverneinung (vanitas = Vergänglichkeit alles Irdischen, memento mori = sich seiner eigenen Sterblichkeit bewusst sein) und tugendhafte Beständigkeit (Stoizismus) sind der Hintergrund für die künstlerische Gestaltungsweise.

Die Dichtersprache ist stark formorientiert. Sie speist sich aus festen Redewendungen und verweist damit auch auf einen gemeinsamen Bildungshorizont von Dichter und Publikum. Die Schriftsteller stammen aus dem gehobenen Bürgertum – Professoren, Juristen, Pastoren, Ärzte – und dem Adel.

Gattungen

Lyrik: Sie ist in der Orientierung an festen Schemata einer Regelpoetik kunstvoll geformt. Das gesellige Leben an den Höfen bietet vielfältige Anlässe für Liebes-, Trink-, Hochzeits-, Natur- und einfache Schäfergedichte ebenso wie für religiöse Lieder. Außerordentlich beliebt ist das aus Italien stammende Sonett (sonare = tönen), häufig finden sich auch Lied, Ode, Hymne und besonders Epigramme. Die Liebeslyrik thematisiert keine individuellen Gefühle, sondern stellt Rollenbeziehungen der Geschlechter dar: Preis weiblicher Schönheit, Klage über die unerfüllte Liebe; Haltung des carpe diem in der Aufforderung zu Liebesgenuss angesichts der Vergänglichkeit von Schönheit.

Auf die Erkenntnis der göttlichen Weltordnung und christlich orientierter Lebenseinstellungen zielen geistliche Lyrik (Gryphius, Kirchenlied) und lehrhafte weltliche Lyrik im Geist des Stoizismus.

Drama: In den Auseinandersetzungen zwischen Reformation und Gegenreformation sind Jesuitendrama und protestantisches Schultheater Mittel der Stärkung des richtigen Glaubens. Das Drama des Barock wird als Welttheater verstanden, das große Stoffe aus der Antike verwendet.

Prosa: Sie orientiert sich an französischen und italienischen Vorbildern: der heroisch-galante Roman, in dem sich adelige Liebespaare in Abenteuern bewähren, der Schäferroman, der Liebesgeschichten in idyllisch-arkadische Lebenswelten verlegt, und vor allem der Schelmenroman (Picaroroman), in dem ein Held aus unteren Schichten als Spitzbub die Gesellschaft mit ihren Lastern spiegelt (Grimmelshausen: „Simplicissimus"). Daneben stehen Reisebeschreibungen und Predigten in großer Zahl, ebenso Schwänke, Satiren und Sprücheliteratur.

Geistige Grundlagen

Welt- und Menschenbild des 17. Jahrhunderts sind geprägt von den überlieferten christlichen Vorstellungen, konfessionellen Gegensätzen und den geistigen Umbrüchen der kopernikanischen Wende. Das aus neuen Berechnungen der Planetenbewegungen (Kopernikus, Kepler, Galilei, Newton) entwickelte heliozentrische Weltbild (Sonne als Weltmittelpunkt) bedroht das christliche Weltbild mit dem kosmischen Zentrum Erde.

Die politisch-gesellschaftliche Entwicklung staatlicher Macht ist begleitet vom Nachdenken über politisches Handeln, Rechtfertigung von Herrschaft und Grenzen staatlicher Gewalt (Machiavelli, Hobbes, Bodin).

Eine Wende im Nachdenken über die Möglichkeiten des Erkennens leitet Descartes ein (1596–1650), indem er sich von überlieferten Anschauungen löst und auf das denkende Subjekt zurückgeht (cogito, ergo sum = ich denke, also bin ich), das durch die richtige Methode zu Erkenntnissen gelangen kann.

Die Entwicklung einer eigenständigen deutschen Kultur wird durch die Sprachgesellschaften gefördert, welche sich um eine Pflege der deutschen Sprache durch die Abwehr von Fremdeinflüssen und mundartlichen Ausdrücken ebenso bemühen wie um eine einheitliche Orthografie.

1720

Andreas Gryphius 1616–1664

Angelus Silesius 1624–1677

Daniel Casper von Lohenstein 1635–1683

Isaac Newton 1642–1727

Johann Christian Günther 1695–1723

Hans Jakob Christoffel von Grimmelshausen um 1621–1676

John Locke 1642–1704

Gottfried Wilhelm Leibniz 1646–1716

1650
Leo Armenius
Andreas Gryphius

1658
Absurda Comica oder Herr Peter Squentz
Andreas Gryphius

1663
Horribilicribrifax. Teutsch. Wehlende Liebhaber
Andreas Gryphius

1665
Agrippina
Daniel Casper von Lohenstein

1669
Der Abentheurliche Simplicissimus Teutsch
Hans Jakob Christoffel von Grimmelshausen

1661
Ludwig XIV. übernimmt die Regierung in Frankreich

1683
Belagerung Wiens durch die Türken

1688/69
„Glorreiche Revolution" in England, Anerkennung der **„Bill of Rights"** (Grundrechte), England wird konstitutionelle Monarchie

1697
Sieg Prinz Eugens von Savoyen über die Türken

1701
Preußen wird Königreich

Epochenlexikon: Aufklärung 1720–1785

Hauptthemen
- Vorrang der Vernunft (Rationalismus)
- Selbstverantwortung und Mündigkeit des Menschen
- moralische Erziehung des Menschen
- Gleichheit der Menschen von Natur aus
- religiöse Toleranz
- läuternde Funktion von Literatur und Theater (Furcht und Mitleid)
- kirchliche Dogmen verlieren durch naturwissenschaftliche Erkenntnisse an Einfluss
- nützen/belehren und erfreuen/unterhalten (prodesse et delectare)

Motive / Schlüsselwörter
Vernunft · Verstand · Licht · Tugend · Moral · Erziehung · Toleranz · Furcht und Mitleid · Nachahmung der Natur · Vervollkommnung · Mündigkeit

Gattungen / Genres
- bürgerliches Trauerspiel
- Typenkomödie, Charakterkomödie
- Lehrgedicht
- Fabel
- Aphorismus
- moralische Wochenschrift
- literaturtheoretische Schriften
- Enzyklopädie
- Aufklärungsroman
- Briefroman
- Brief

Epochenmerkmale

Konflikte

adelige Willkür	↔	bürgerliche Tugend
kirchliche Dogmen	↔	subjektive religiöse Empfindung
soziale/religiöse Differenzen	↔	Gleichheit, Toleranz

Sprache / Stil
- antike Gedicht- und Versformen
- Blankvers
- Verzicht auf Pathos
- klare Sprache (Prosa)

Figuren
- der aufgeklärte, mündige Mensch
- Verantwortung für das eigene Handeln
- Entwicklung zur Tugend

Theoretische Reflexionen:

J. Ch. Gottsched: *Versuch einer Critischen Dichtkunst vor die Deutschen* (1730)
G. E. Lessing: *Briefe, die neueste Literatur betreffend* (1759–1765), *Laokoon* (1766), *Hamburgische Dramaturgie* (1767–1769)
I. Kant: *Was ist Aufklärung?* (1784)

1720

Autoren

- Christian Wolff 1679–1754
- Johann Christoph Gottsched 1700–1766
- Gottfried Wilhelm Leibniz 1646–1716
- Barthold Hinrich Brockes 1680–1747
- Johann Jakob Bodmer 1698–1783
- Christian Fürchtegott Gellert 1715–1769

Werke

- 1721–1748 *Irdisches Vergnügen in Gott* Brockes
- 1748–1773 *Der Messias* Klopstock
- 1751–1780 *Enzyklopädie in 35 Bd.* Diderot / d'Alembert & Enzyklopädisten
- 1755 *Miss Sara Sampson* Lessing
- 1759 *Fabeln (Prosa)* Lessing

Historische Ereignisse

- 1740–1745 **Schlesische Kriege:** Kriege Friedrichs II. gegen Österreich um den Besitz Schlesiens
- 1740–1780 **Maria Theresia,** österreichische Kaiserin, aufgeklärter Absolutismus
- 1740–1786 **Friedrich II., der Große** (der Alte Fritz), Musik- und Kunstliebhaber, aufgeklärter Absolutismus, Großmachtstreben

Epochenbild

Aufklärung: „Aufklärung ist der Ausgang des Menschen aus seiner selbst verschuldeten Unmündigkeit." Dieser Satz von Immanuel Kant drückt den politischen Anspruch des Bürgertums nach Selbstbehauptung aus und stellt die Vorrechte des Adels in Frage; er richtet sich gegen Vorurteile und Autoritätsgläubigkeit.

Die Aufklärung ist eine europäische Bewegung, die sich auf den Fortschritt der Naturwissenschaften seit dem 16. Jahrhundert gründet. Es entsteht die Überzeugung, dass die Welt durch rational erkennbare Naturgesetze bestimmt ist; die wissenschaftliche Erkenntnis gilt als höchste Ausprägung der menschlichen Vernunft (**Rationalismus**).

Handel und Manufakturwesen entwickeln sich. Das aufstrebende Bürgertum wird zum Träger der Ideen der Aufklärung als einer vor allem städtischen Bewegung. Die Bürger grenzen sich selbstbewusst vom moralisch und politisch zweifelhaften, verschwenderisch und ausschweifend lebenden Adel ab. Durch ihren diesseitigen Blick auf das Leben dient die Religion ihnen zunehmend zur sittlichen Orientierung, wird zur eher privaten Angelegenheit. In Deutschland beschränkt sich der Fortschrittsglaube, bedingt durch die politische Zersplitterung, auf die Vision einer Umwandlung des Absolutismus in eine konstitutionell gebundene Macht (aufgeklärter Absolutismus). Das private und politische Streben nach irdischem Glück auf der Basis von **Tugend, Vernunft und Toleranz** verlangt die Achtung des Mitmenschen (Menschenrechte). Die Theorie vom Gesellschaftsvertrag stützt die Obrigkeitskritik.

Gattungen

Drama: Das Theater ist ein Ort der bürgerlichen Öffentlichkeit. Die Helden – bisher nach dem antiken aristotelischen Modell des Dramas und der Ständeklausel im Barock dem Adel vorbehalten – werden mit bürgerlichen Figuren besetzt, die in tragisch verlaufenden Konflikten mit adeligen Gegenspielern das Publikum zur Identifikation einladen. Die auf Aristoteles zurückgehende Regel der Einheit der Handlung, des Ortes und der Zeit wird aufgegeben. Das Tragische ist durch die innere Haltung der Protagonisten und nicht mehr durch Heldentaten motiviert. Die Konflikte spiegeln die realen Lebensumstände (Prinzip der Kausalität) und zielen auf die Erregung von **Furcht und Mitleid** (Katharsis, Prinzip der Finalität).

Wegweisend für das bürgerliche Trauerspiel ist Lessing mit „Miss Sara Sampson" und „Emilia Galotti". Auch Schillers Drama „Kabale und Liebe" (1784) trägt zur Aufklärung bei.

Der tragische Ausgang der Tragödie entspricht jedoch nicht dem bürgerlichen Weltbild. Die Ideen der Humanität und Toleranz legen friedliche, von Vernunft geleitete Lösungen nahe wie in Lessings Schauspiel „Nathan der Weise". Die Leitideen der **Humanität** und Toleranz sind die Basis für die Entwicklung der Klassik.

Epik: Besonders beliebt sind Kleinformen wie Fabeln, die in einfacher, bilderreicher Sprache geistreichpointiert unterhalten und belehren. Auch Parabel, Satire, Erzählung, Epigramm und Aphorismus sowie Briefe, Dialoge und kleine Versepen mit didaktischer Funktion entstehen.

Die Aufklärung koppelt im Roman sittlich-moralische Darstellungen mit Erziehungsfragen in Anlehnung an englische Vorbilder (Laurence Sterne, Daniel Defoe) oder Jean-Jacques Rousseaus utopische und freiheitlich-erzieherische Romane.

Lyrik: Die Lyrik der Aufklärung besticht durch Einfachheit, Klarheit und Emotionalität. Der natürliche Ton wird durch freie Rhythmen gefördert.

Geistige Grundlagen

In der Aufklärung entstehen folgerichtig Enzyklopädien, die umfassende lexikalische Darstellungen des Wissens der Zeit enthalten. Zeitschriften informieren, verbreiten Erkenntnisse der Naturwissenschaften und debattieren die eigene Situation innerhalb eines bürgerlichen Lesepublikums. Es entstehen Lesezirkel, Bildungs- und Tischgesellschaften sowie Orden als Formen bürgerlich öffentlicher Selbstverständigung über Tugend, Moral, Erziehung, Bildung und literarischen Geschmack.

Naturrechtslehre: Vor allem Johannes Althusius (1563–1638) und Samuel Freiherr von Pufendorf (1632–1694) entwickelten die Naturrechtslehre: Eine in der Natur liegende Schöpfungsordnung bildet die Grundlage für eine menschliche Ordnung. Sie ist wichtig für die Formulierung der Menschenrechte, die Französische Revolution und die Unabhängigkeitserklärung der Vereinigten Staaten von Amerika.

Rationalismus: Versuch der rationalen und systematischen Erfassung und Erklärung der Welt, wie sie der Franzose René Descartes (1596–1650) verfolgte: „Cogito, ergo sum" (Ich denke, also bin ich). Lehre von der voraussetzungslosen Erkenntnis: Neben der Existenz Gottes als einziger Gewissheit gilt nur das als wahr, was erkannt werden kann.

Deismus: Glaube an Gott aus Gründen der Vernunft. Gott ist der Schöpfer der Welt, im Anschluss daran folgt diese jedoch ihren eigenen Gesetzen und der Mensch ist für ihre Gestaltung verantwortlich (siehe Naturrecht).

Kategorischer Imperativ: Kant: „Handle so, dass die Maxime deines Willens zugleich als Prinzip einer allgemeinen Gesetzgebung gelten könne".

1785

Immanuel Kant 1724–1804

Gotthold Ephraim Lessing 1729–1781

Friedrich Nicolai 1733–1811

Christian Friedrich Daniel Schubart 1739–1791

Friedrich Gottlieb Klopstock 1724–1803

Christoph Martin Wieland 1733–1813

Georg Christoph Lichtenberg 1742–1799

Karl Philipp Moritz 1756–1793

1766/67 ***Die Geschichte des Agathon*** Wieland

1767 ***Minna von Barnhelm*** Lessing

1772 ***Emilia Galotti*** Lessing

1779 ***Nathan der Weise*** Lessing

1785–1790 ***Anton Reiser*** Moritz

1756–1763 **Siebenjähriger Krieg:** Preußischer Krieg um die Ablösung von Gebieten von Österreich

1775–1783 Nordamerikanischer **Unabhängigkeitskrieg** gegen England

1776 **Unabhängigkeitserklärung** der nordamerikanischen Kolonien

Epochenlexikon: Empfindsamkeit, Sturm und Drang 1740–1785

Hauptthemen
- Aufgehen in Liebe und Freundschaft, Freundschafts- und Gefühlskult
- Natur in ihrer Ursprünglichkeit und Vielfalt
- Konflikt des Einzelnen mit der Gesellschaft, Rebellion
- persönliche Freiheit, Selbstverwirklichung des Ich
- Geniekult: Vergötterung des herausragenden Einzelnen

Motive / Schlüsselwörter
Herz · Gefühl · Idylle · Natur · Ursprünglichkeit · Einfachheit · Freundschaft · Empfindung · Seele · Ich · Vielfalt · Begeisterung · Charakter · Kraft · Genie · Rebell · Selbstbestimmung

Gattungen / Genres
- Tragödie, Schauspiel, Tragikomödie,
- Farce
- Lied, Ballade
- Briefroman, Entwicklungsroman

Epochenmerkmale

Konflikte

fühlender Mensch	⟷	kalte, abweisende Welt
der individuell Einzelne	⟷	die Willkür der gesellschaftlichen Verhältnisse
Leidenschaft	⟷	herrschende Sitte und Moral

Sprache / Stil
- metaphorische Gefühlsausdrücke, ausdrucksstarke Gefühlssprache (Ausrufe, Ellipsen, …)
- einfache Liedform, Knittelverse, freie Rhythmen
- Prosa, natürliche bis derbe Ausdrucksweisen

Figuren
- empfindsamer, naturverbundener, liebender Mensch
- Genie, Rebell, Einzelkämpfer für Recht und Gerechtigkeit

Theoretische Reflexionen:

J. W. v. Goethe: *Zum Shakespeares Tag* (1771)
J. G. Herder: *Von deutscher Art und Kunst* (1773)
J. M. R. Lenz: *Anmerkungen übers Theater* (1774)

1740

Autoren

Christian Friedrich Daniel Schubart 1739–1791

Matthias Claudius 1740–1815

Johann Gottfried Herder 1744–1803

Gottfried August Bürger 1747–1794

Werke

ab 1748 *Der Messias* Klopstock

1770–1775 *Wandsbeker Bothe* Claudius

1771 *Sesenheimer Lieder* Goethe

1773 *Götz von Berlichingen* Goethe

Historische Ereignisse

1756–1763 **Siebenjähriger Krieg**

1769 Beginn der **industriellen Revolution:** Dampfmaschine des James Watt

1772 **Erste Teilung Polens:** Friedrich der Große, Katharina II., Joseph II.

Epochenbild

Empfindsamkeit und **Sturm und Drang** sind literarische Strömungen zwischen 1740 und 1770 bzw. 1760 und 1785 parallel zur Aufklärung. Die Dichtung der **Empfindsamkeit** möchte der Fülle des Herzens und des Erlebens Ausdruck geben. Gegenstand ist der fühlende, ganz im Miteinander, in der Liebe und in der Freundschaft aufgehende Mensch. Aber auch das religiöse Empfinden (s. auch Pietismus) und ein einfaches, ursprüngliches Naturerleben stehen im Mittelpunkt.

Die Bezeichnung **Sturm und Drang** geht auf das gleichnamige Drama von Maximilian Klinger (1776) zurück. Junge Dichter im Alter zwischen zwanzig und dreißig Jahren rebellieren gegen Untertanengeist und gesellschaftliche Beschränkungen ihrer Vätergeneration. Sie behaupten radikal ihre individuelle Freiheit. Angeprangert werden lebensfeindliche Moral, Repressalien und Fürstenwillkür ebenso wie die als unnatürlich wahrgenommenen Ständeschranken. Künstlerisch folgen daraus die Sprengung sprachlicher und formaler Grenzen und die kraftvolle Formulierung individueller Ansprüche. Der Künstler ahmt die Welt nicht nach, er wird als Schöpfer angesehen, der in seiner besonderen Individualität unabhängige Werke von Einzigartigkeit schafft (**Originalgenie**). Als Urbild dieses höheren Menschen und Schöpfers erscheint beispielsweise die Figur des Prometheus, der im Konflikt mit den Mächtigen (Zeus) aufbegehrt.

Gattungen

Drama: Das Drama ist die wichtigste Gattung der Epoche. Das große Vorbild und Inbegriff des Genies ist William Shakespeare. Freier Umgang mit der Zeit, wechselnde Schauplätze und Massenszenen führen zu verzweigten Handlungen, die auch durch den Zufall bestimmt sein können. Die Konflikte des Einzelnen und seine Auseinandersetzung mit dem gesellschaftlichen Ganzen entstehen durch den Anspruch auf Selbstverwirklichung. Thematisiert wird das leidenschaftliche Aufbegehren des Einzelnen gegen moralische, politische und religiöse Unterdrückung.

Epik: Der Roman ist nur mit wenigen Beispielen vertreten. Hier zeigt er aber psychologisch genau persönliche innere Leidenschaften und Gefährdungen. Mit der Darstellung des individuellen Lebens und Leidens (Goethe: „Werther") etablieren sich subjektive Erzählweisen wie der **Briefroman** oder der **Entwicklungsroman**.

Lyrik: In der Lyrik werden menschliche Grunderfahrungen der Natur und der Liebe sichtbar gemacht (Goethe: „Sesenheimer Lieder"). Die **Erlebnislyrik** ist durch einen intensiven persönlichen Ausdruck gekennzeichnet. Gepaart mit einer sprachlich oft schlichten Gestaltung und der Liedstrophe rückt sie in die Nähe der Volkslieder. Bezüge zur Volksdichtung zeigen auch die **Balladen**. Durch ihre Anbindung an den Bänkelgesang enthalten sie parodistische Elemente; erzählt werden Begebenheiten mit magischen und mystischen Inhalten (z. B. Goethe: „Erlkönig", 1782) oder sozialkritischen Tendenzen (Bürger: „Lenore"). Die besonders starke Ergriffenheit drückt sich in den Lob- und Preisgesängen von Hymne und Ode aus.

Geistige Grundlagen

Pietismus: Diese religiöse Bewegung des Protestantismus setzte den Dogmen des Glaubens und dem Einfluss der Kirche die direkte und unmittelbare Beziehung zu Gott, die tief empfundene religiöse Erfahrung der Schöpfung, also von Natur und Mensch, entgegen.

Auch der **Naturgedanke** des Genfer Schriftstellers, Philosophen und Naturforschers Jean-Jacques Rousseau (1712–1778) war von bedeutendem Einfluss. Demnach sei der Mensch von Natur aus gut, durch die menschliche Gesellschaftsentwicklung aber verdorben worden. Er könne die verlorene Natürlichkeit aber durch höhere Anschauung und Gefühlstiefe wiedererlangen.

Besonders die **Briefkultur** erlebt im Europa des 18. Jahrhunderts als Mittel der persönlichen und intellektuellen Diskussion eine Blütezeit. Der Brief wurde auch als Möglichkeit verstanden, den Empfindungen der Seele Ausdruck zu verleihen. Für das Lesepublikum, besonders auch für die auf Familie und Haus bezogenen Frauen, waren Briefe eine gute Möglichkeit, eigene Gefühle zu erkunden und sich vertraulich mitzuteilen.

1785

Johann Wolfgang von Goethe
1749–1832

Jakob Michael Reinhold Lenz
1751–1792

Friedrich Schiller
1759–1805

Friedrich Maximilian Klinger
1752–1831

1773
Der Bauer: An seinen durchlauchtigen Tyrannen; Lenore
Bürger

1774
Prometheus, Die Leiden des jungen Werthers
Goethe

1774
Der Hofmeister
Lenz

1781
Die Räuber
Schiller

1784
Kabale und Liebe
Schiller

Epochenlexikon: Klassik 1786–1832

Hauptthemen
- der allseits gebildete, individuell entfaltete Mensch im Dienst der Menschheit
- Veredelung des Charakters durch Veranschaulichung des Wahren, Guten, Schönen in der Kunst (ästhetische Erziehung)
- Entwicklung und sittliche Läuterung des Individuums in Denken und Handeln
- Vorbild: Stoffe, Formen, Themen der Antike

Motive / Schlüsselwörter
Maß · Gesetz · Form · Bildung · Harmonie · Wahres · Gutes · Schönes · Humanität · Ideal · Autonomie · Vervollkommnung · Mündigkeit

Gattungen
- antike Formen: Tragödie, Epos, Elegie, Ode
- Bildungsroman
- Lied, Ballade, Sonett
- Gedankenlyrik
- ästhetische und historische Schriften

Epochenmerkmale

Konflikte
Wahrheit, Autonomie, Humanität	⟷	Intrige, Macht, Fremdbestimmung

- durch Selbstüberwindung, Läuterung, Liebe, … im Weltganzen aufgehen (Goethe)
- irdisches Scheitern als Erfüllung schicksalhafter Fügung und Gewinn innerer Freiheit (Schiller)

Sprache / Stil
- komplexe Syntax (Hypotaxe), betont kunstvolle Anordnung
- thematische Verzahnung durch Leitbegriffe (Stichomythie)
- reich an rhetorischen Figuren
- metrisch gebunden
- strenge Form

Figuren
- Mann als Kämpfer
- Frau als Bewahrende
- Figuren als Ideenträger, Verkörperung von Wertvorstellungen

Theoretische Reflexionen:
I. Kant: *Kritik der reinen Vernunft* (1781), *Kritik der praktischen Vernunft* (1788), *Kritik der Urteilskraft* (1790)
J. G. Fichte: *Beitrag zur Berichtigung der Urteile des Publikums über die französische Revolution* (1793)
J. G. Herder: *Briefe zur Beförderung der Humanität* (1793/97) / **G. E. Lessing:** *Die Erziehung des Menschengeschlechts* (1780)

1786

Autoren
- Johann Joachim Winckelmann 1717–1768
- Immanuel Kant 1724–1804
- Christoph Martin Wieland 1733–1813
- Johann Gottfried Herder 1744–1803

Werke
- 1787 *Iphigenie* Goethe
- 1787 *Don Carlos, Balladen* Schiller
- 1788 *Egmont* Goethe
- 1790 *Torquato Tasso* Goethe
- 1795 *Römische Elegien* Goethe
- 1795/96 *Wilhelm Meisters Lehrjahre* Goethe
- 1797 *Hermann und Dorothea* Goethe
- 1797/99 *Hyperion* Hölderlin

Historische Ereignisse
- 1789 **Französische Revolution** Terrorherrschaft der Jakobiner in Paris: 1789–1794
- 1790 **erstes Dampf-Walzwerk** in England
- 1792–1797 **erster Koalitionskrieg**
- 1793 **Hinrichtung Ludwigs XVI.**

Epochenbild

Als **Klassik** bezeichnet man in der deutschen Literatur die kulturelle Hoch-Zeit zwischen 1786 und 1832, die vor allem durch Goethe und Schiller geprägt wurde und in der Weimar zum geistigen Zentrum des kulturell und politisch zersplitterten Deutschlands wurde (Weimarer Klassik).

Menschenbild und Kunstverständnis der **Weimarer Klassik** wurden entscheidend von den politisch-gesellschaftlichen Spannungen bestimmt, die sich in der Französischen Revolution ausdrückten, auf deren Entwicklung Schiller und Goethe mit Abscheu reagierten. Humanisierung der Gesellschaft setzte für Schiller die Humanität des Einzelnen voraus, die durch eine **ästhetische Erziehung** geleistet werden sollte. Die Kunst sollte zur Bildung des ganzen Menschen, also zur Humanität beitragen.

In Abgrenzung vom Gefühls- und Geniekult der Empfindsamkeit und des Sturm und Drang setzte die Klassik auf Werte wie **Humanität**, **Toleranz**, maßvolles Empfinden und **sittliche Läuterung**, **Harmonie** und Versöhnung. Die Idee des Weltbürgertums und das Interesse an z. B. Alexander von Humboldts Forschungen verbreiteten sich auch außerhalb der Weimarer Grenzen.

Gattungen

Drama: Mit der Abgrenzung von ihrer eigenen Sturm-und-Drang-Periode wenden sich Goethe und Schiller sowohl vom bürgerlichen Trauerspiel als auch vom Vorbild Shakespeare ab. Sie entwickeln in der Auseinandersetzung mit dem antiken Drama ein neues Formideal, das durch strenge Komposition und einen hohen Stil in der Figurenrede gekennzeichnet ist. Konflikte ergeben sich nicht mehr aus zeitbedingten Standesgegensätzen, sondern werden ins Innere der Figuren verlagert. Diese versuchen zwischen Ideal und Wirklichkeit, Autonomieanspruch und Macht der Verhältnisse ihr Selbst zu bewahren („Iphigenie"). Andere scheitern tragisch („Wallenstein") oder finden ihre Freiheit im Tod („Maria Stuart").

Epik: Das homerische Epos als antike Großform erzählender Dichtung in gehobener Sprache und in Versen wird für die Klassik zum Muster einer Kunst, die nicht mehr erreicht werden kann. Goethe greift in „Hermann und Dorothea" auf die Formstrenge des Hexameterverses zurück, um mit einer modellhaften Idylle des Liebes- und Familienglücks eine Gegenwelt zur Französischen Revolution darzustellen. Mit dem Bildungsroman „Wilhelm Meisters Lehrjahre" und der Darstellung der Entwicklungsgeschichte eines Individuums in der Auseinandersetzung mit der Gesellschaft gelingt Goethe ein vorausweisendes, bis heute gültiges Modell des Erzählens.

Lyrik: Auch in der Lyrik ist der Weg zur Klassik durch eine Distanz gegenüber der Erlebnislyrik der Sturm-und-Drang-Periode gekennzeichnet. Goethe entwickelt die Gefühlssprache in Liedern zu einer symbolisch verdichteten Liebeslyrik. Die Lyrik der Klassik wird auch zum Medium weltanschaulicher und ästhetischer Reflexion.

Geistige Grundlagen

Angeregt durch Johann Joachim Winckelmanns (1717–1768) Bewunderung der Kunst der Griechen wird die idealisierte **Antike** zum Vorbild. Sie verkörpert für das Ideal der Klassik, Geist und Körper, Sinnlichkeit und Vernunft, Individuum und Gesellschaft zu einer harmonischen Einheit zu bringen. Anders als die Aufklärung sucht die Klassik eine solche Einheit nicht mehr durch politisch-gesellschaftliche Veränderungen zu erreichen, sondern durch die Erziehung des Einzelnen zur vollkommenen Persönlichkeit.

Wielands Bildungsroman „Geschichte des Agathon" (1766/67) wird dabei ebenso zum Wegbereiter wie Lessings Glaube an die Möglichkeit vernunftgeleiteter Konfliktlösung im „Nathan" und Johann Gottfried Herders Vorstellung der Bildungsfähigkeit des Menschen zu Humanität. Wilhelm von Humboldt setzt diese Bildungsidee schließlich in der humanistischen Reform des Universitäts- und Bildungswesens in Preußen um.

Prägend war auch der **Idealismus** in der Philosophie. Immanuel Kant sieht die Freiheit des Willens als Voraussetzung der Autonomie und fordert ein sittliches Handeln aus Einsicht in das moralische Gesetz.

Schiller entwickelte seine Auffassungen einer „ästhetischen Erziehung" in Auseinandersetzung mit der Philosophie Kants. Das Weltbild Goethes wurde durch eigene Beobachtung und Erforschung der Natur geprägt. An Stelle des Gegensatzes von Mensch und Natur sieht Goethe das Verbindende zwischen beiden.

Theoretische Schriften Goethes und Schillers sowie ihr Briefwechsel begleiten die Entwicklung der Kunstauffassung der Klassik.

1832

Johann Wolfgang Goethe 1749–1832

Wilhelm von Humboldt 1767–1835

Friedrich Hölderlin 1770–1843

Friedrich Schiller 1759–1805

Johann Gottlieb Fichte 1762–1814

Alexander von Humboldt 1769–1859

Heinrich von Kleist 1777–1811

1798 ***Balladen*** Goethe

1799 ***Wallenstein-Trilogie*** Schiller

1800 ***Maria Stuart*** Schiller

1801 ***Die Jungfrau von Orleans*** Schiller

1803 ***Die Braut von Messina*** Schiller

1804 ***Wilhelm Tell*** Schiller

1808 ***Faust I*** Goethe

1821 ***Wilhelm Meisters Wanderjahre*** Goethe

1833 ***Faust II*** Goethe

1798–1802 **zweiter Koalitionskrieg**

1802/03 **Säkularisation**

1804 Erhebung Österreichs zum Kaiserreich, **Kaiserkrönung Napoleons** in Frankreich

1806 Besetzung Preußens durch französische Truppen, Gründung des **Rheinbundes** und Ende des Heiligen Römischen Reiches

Epochenlexikon: Romantik 1795–1840

Hauptthemen
- Romantisierung der Wirklichkeit
- Priorität von Gefühl, Leidenschaft, Erleben, Fantasie, …
- Vereinigung von Kunst, Musik und Literatur
- Individualität, Subjektivität
- Liebe, Freundschaft, Geselligkeit, Abgrenzung vom Spießbürgertum
- Religiosität, Katholizismus
- Vergangenheit, Geschichte, Mittelalter
- Volkskultur, Volksmärchen, Volkslied
- Mysterium, Dämonen, Spuk, Irrwitz
- Abgrenzung von Aufklärung und Klassik

Motive / Schlüsselwörter
Wandern · Reisen · Ferne · Sehnsucht · Nacht · Mond · Natur · Jahreszeiten · blaue Blume · Lied · Musik · Tanz · Poesie · Kunst · Liebe · Glaube · Jenseits · Müßiggang · Doppelgänger · Mittelalter · Spuk · Fabelwesen · Fantasie

Gattungen
- Gedichtsammlungen, Volkslied, Kunstlied, Lyrik
- Volksmärchen, Kunstmärchen, Märchensammlungen
- Erzählung, Novelle, Roman, Epos
- Satire, Groteske, Humoreske
- Aphorismus, Essay, Glosse, Brief
- Tragödie, Komödie, Puppenspiel, Singspiel, Posse, …
- Zeitschriften

Epochenmerkmale

Konflikte

Fantasie, Nacht, Traum	⟷	Tag, Wirklichkeit
Geschichte, Mittelalter, Vergangenheit	⟷	Gegenwart, neue Zeit
Künstler	⟷	(Spieß-)Bürger

Sprache / Stil
- Volkslied, Märchen
- Bilderreichtum: romantische Chiffre, Symbol, Synästhesie
- Vokalismus, Reim, fließende Rhythmen
- romantische Ironie
- romantische Universalpoesie: Stil- und Genreverbindungen

Figuren
- der Wanderer / Reisende, der Heimatlose, der Suchende, …
- der unabhängige Künstler, der Träumer, der Außenseiter, der Taugenichts
- der Liebende
- der Doppelgänger

Theoretische Reflexionen:

F. Schlegel: *Vorlesungen über die Geschichte der europäischen Literatur*, 1803. Hrsg. der Zeitschrift *Athenäum*
A. W. Schlegel: *Über dramatische Kunst und Literatur*, Vorlesungen 1809–11; **J. Grimm:** *Deutsche Grammatik*, 1819
J. Grimm: *Geschichte der deutschen Sprache*, 1848; **J. und W. Grimm:** Begründung des *Deutschen Wörterbuchs*, 32 Bände 1852 ff. (Abschluss 1961);
Zeitung für Einsiedler, hrsg. von **A. v. Arnim** (1808), Programm und Publikationsorgan der Heidelberger Romantik

1795

Autoren

- Caroline Schlegel-Schelling 1763–1809
- August Wilhelm Schlegel 1767–1845
- Novalis (Friedrich Freiherr von Hardenberg) 1772–1801
- Jean Paul 1763–1825
- Rahel Varnhagen 1771–1833
- Friedrich Schlegel 1772–1829
- Ludwig Tieck 1773–1853

Werke

- 1796/97 *Siebenkäs* Jean Paul
- 1798–1800 *Athenäum* Schlegel
- 1799 *Heinrich von Ofterdingen* Novalis
- 1800 *Hymnen an die Nacht* Novalis
- 1806/08 *Des Knaben Wunderhorn* Arnim, Brentano
- 1814 *Peter Schlemihls wundersame Geschichte* Chamisso

Historische Ereignisse

- 1789–94 **Französische Revolution**
- 1806 Besetzung Preußens durch napoleonische Truppen, Rheinbund, Ende des Heiligen Römischen Reiches
- 1813–1815 **Befreiungskriege**
- 1815 Neuordnung Europas auf dem **Wiener Kongress**, Gründung des **Deutschen Bundes**
- 1817 **Wartburgfest** der deutschen Burschenschaften, Verkündung natio naler und liberaler Forderungen

Epochenbild

Romantik: Sie ist eine Reaktion auf den Vernunftglauben der Aufklärung und die Umwälzungen durch die Französische Revolution. Anders als die Klassik, die den Problemen der Wirklichkeit Harmonie und Maß entgegensetzt, betont die Romantik das Emotionale, Mystische, Fantastische, das mit dem Verstand nicht Fassbare. Es herrscht ein freier Geist mit radikalem Sinn für individuell Eigenartiges und Einzigartiges. Literarische Salons – vor allem von Frauen gepflegt – fördern die Geselligkeit zur Ausbildung von Humanität und ästhetischer Bildung. Die Briefkultur der Empfindsamkeit setzt sich fort.

Es werden poetische Wahrnehmungen der Welt propagiert, die dem **Gefühl** zugänglich sind und das begriffliche Denken der Vernunft ablehnen. Die Romantisierung der Wirklichkeit, das Erzeugen von Stimmungen, das Spiel mit dem Wort, die Erfahrung des Grenzenlosen werden als spannungsreich erlebt (z. B. Novalis, Tieck, Schlegel und Schelling).

Die Erschließung des deutschen Altertums und der volkstümlichen Dichtung werden befördert, und in den Sammlungen der Volkslieder, Volksbücher und Märchen wird die Bindung an die Gemeinschaft von Kirche und Staat hervorgehoben sowie das Mittelalter poetisch belebt und idealisiert (Achim von Arnim, Clemens Brentano, Karoline von Günderode u. a.).

Später werden durch Autoren wie beispielsweise E. T. A. Hoffmann auch Nachtseiten der menschlichen Psyche (Schauerromantik) mit surrealen Elementen (Alb, Spuk, verdrängte Ängste, …) thematisiert. Zugleich gibt es eine erneute Abrechnung mit der Aufklärung, verbunden mit einer Hinwendung zum Katholizismus und zu aristokratischen Ordnungsmustern.

Gattungen

Lyrik: Der Romantisierung der Welt kommt die Lyrik besonders entgegen. Sie wird als (Wort-)Musik verstanden; bezaubernde und verzaubernde Wohllaute vermitteln Sinneseindrücke von Sehnsucht, Traum und Liebe. Als herausragende Beispiele gelten Brentanos „Abendständchen" und „Wiegenlied", aber auch die Seelenlieder von Eichendorff, z. B. „Mondnacht". Die Lyrik der Romantik besticht durch ihr kunstvolles Spiel mit sprachlichen Bildern, Klängen und Formen, aber auch schlichte, volkstümliche Elemente werden verarbeitet. Bedeutsam ist die Volksliedsammlung „Des Knaben Wunderhorn", die 1806 bis 1808 von den Freunden Achim von Arnim und Clemens Brentano herausgegeben wurde.

Epik: Märchen, Erzählungen, Novellen, Romane, Versepen, Glossen, Essays, Satiren, Humoresken, Aphorismen dokumentieren die erzählerische Vielfalt der Romantik. Die spielerische Kunstfertigkeit der Lyrik findet ihre Fortsetzung in der Epik. Oft werden Gedichte und dramatische Elemente in die Erzählhandlung eingearbeitet. Vieldeutigkeit, symbolische Dichte sowie eine manchmal verwirrende Handlung und das Vorkommen rätselhafter Erscheinungen verweisen geheimnisvoll auf fantastische oder innere Welten [Novalis: „Heinrich von Ofterdingen"; Chamisso: „Peter Schlemihls wundersame Geschichte"; Eichendorff: „Das Marmorbild", „Aus dem Leben eines Taugenichts"; E. T. A. Hoffmann: „Der Sandmann" (1817), „Der goldene Topf" (1814), „Die Elixiere des Teufels" (1816), „Das Fräulein von Scuderie" (1819)].

Drama: Der Beliebtheit des Theaters in der Romantik entspricht eine große Zahl von Stücken. Dennoch wurden sie kaum aufgeführt, sie galten als unspielbar. Verehrt wurde Shakespeare für seine Ursprünglichkeit. Berühmt sind die Übersetzungen durch Ludwig Tieck und August Wilhelm Schlegel.

Die heute noch bedeutsamen Bühnenwerke dieser Zeit von Heinrich von Kleist [„Der zerbrochene Krug" (1803–06), „Penthesilea" (1808), „Prinz Friedrich von Homburg" (1809–11)] sind nicht in den literaturgeschichtlichen Zusammenhängen von Romantik oder Klassik erfassbar.

Geistige Grundlagen

Die Romantik wirft der Aufklärung eine Überbetonung der Vernunft und der Klassik eine Vorherrschaft formaler Strenge und Ordnung vor. Die philosophischen Grundlagen dazu kommen von Johann Gottlieb Fichte (1762–1814), der die absolute Freiheit des schöpferischen Geistes propagiert und so die romantische Forderung nach grenzenloser **Geistesfreiheit** untermauert.

Die Romantik hat trotz ihres betonten Antirationalismus in der Kunst einen großen Anteil an der Entwicklung der Wissenschaften: Die Sprachwissenschaften, die Romanistik und Germanistik entstehen, die Rechtsphilosophie und Staatslehre bekommen neue Impulse, ebenso die Medizin und die Naturwissenschaften.

1840

E. T. A. Hoffmann 1776–1822

Clemens Brentano 1778–1842

Achim von Arnim 1781–1831

Jacob Grimm 1785–1863

Wilhelm Grimm 1786–1859

Wilhelm Müller 1794–1827

Heinrich von Kleist 1777–1811

Karoline von Günderode 1780–1806

Adalbert von Chamisso 1781–1838

Bettina von Arnim 1785–1859

Joseph von Eichendorff 1788–1857

1812–1815
Kinder- und Hausmärchen
Brüder Grimm

1815
Ahnung und Gegenwart
Eichendorff
Die Elixiere des Teufels
E. T. A. Hoffmann

1819
Das Marmorbild
Eichendorff

1820/22
Kater Murr
E. T. A. Hoffmann

1826
Aus dem Leben eines Taugenichts
Eichendorff

1837
Gedichte
Eichendorff

1819
Karlsbader Beschlüsse des Deutschen Bundestages: Verschärfung der Zensur gegenüber revolutionären Umtrieben

1830
Julirevolution in Frankreich, Sturz Karls X., Nachwirkungen der Revolution in großen Teilen Europas

1832
Versammlung in der Pfalz zum **Hambacher Fest**, Forderung nach Souveränität und Einheit Deutschlands

1834
Gründung des **Deutschen Zollvereins**

Epochenlexikon: Biedermeier und Vormärz 1815–1848

Hauptthemen

Biedermeier
- Heimat, Ehe, Familie, einfaches Leben
- Liebe, Natur
- Religiosität, Geschichte

Junges Deutschland/Vormärz
- Kritik an Restauration, Monarchie, Religion
- Kritik an Ausbeutung, Unterdrückung, Armut, Elend
- für Recht, Gerechtigkeit, Emanzipation der Frau

Motive / Schlüsselwörter

Biedermeier

Heimat, Gemütlichkeit, Bescheidenheit, Liebe, Schönheit, Natur, Fleiß, Pflicht, häusliches Glück

Junges Deutschland/Vormärz

Deutschland, Volk, Gerechtigkeit, Freiheit, Nation, Zensur, nationalliberal, Verfassung, Nationalstaat

Gattungen / Genres

Biedermeier
Novelle, Erzählung, Bildungsroman, Volksstück, historisches Drama, Lied, Ballade

Junges Deutschland/Vormärz
Reiseliteratur, Versepen, Satire, politische Lyrik, Spottgedichte, Flugblätter, Zeitschriften, Zeitungen, Sozialreportagen, Briefe

Epochenmerkmale

Konflikte

Biedermeier
- ländliche Heimat ⟷ gesellschaftliche Bedrohung
- geheimnisvolle Natur und menschliche Schicksale

Junges Deutschland/Vormärz
- Leiden an gesellschaftlichen Zuständen
- Angst, Flucht, Verfolgung, …
- Künstler ⟷ (Spieß-)Bürger

Sprache / Stil

Biedermeier
Stimmungsbilder, Einfachheit, Schlichtheit

Junges Deutschland/Vormärz
appellativer Stil, rhetorische Figuren, Ellipse, Ironie, Stil- und Genremix

Figuren

Biedermeier
- der/die Genügsame, Gerechte, Ehrliche, Fleißige, Häusliche
- der Verirrte, Zerrissene, …

Junges Deutschland/Vormärz
- der Engagierte, Kämpfer für Freiheit und Gerechtigkeit
- der Reisende, Heimatlose, Verfolgte, …
- Arme, Entrechtete

Theoretische Reflexionen:
L. Wienbarg: *Ästhetische Feldzüge*, 1834
L. Börne: *Briefe aus Paris*, 1830
H. Heine: *Die romantische Schule*, 1836; *Über Ludwig Börne. Eine Denkschrift*, 1840

1815

Autoren

Biedermeier
- Ludwig Uhland 1787–1862
- Franz Grillparzer 1791–1872
- Jeremias Gotthelf 1797–1854
- Annette von Droste-Hülshoff 1797–1848

Junges Deutschland/Vormärz
- Bettina von Arnim 1785–1859
- Ludwig Börne 1786–1837
- Heinrich Heine 1797–1856
- August Heinrich Hoffmann von Fallersleben 1798–1874

Werke

- 1819/1844 — *Die Welt als Wille und Vorstellung* Schopenhauer
- 1823 — *König Ottokars Glück und Ende* Grillparzer
- 1826–1831 — *Reisebilder* Heine
- 1827 — *Scherz, Satire, Ironie und tiefere Bedeutung* Grabbe
- 1830er Jahre/Verbot 1835 — *Schriften und Lyrik des Jungen Deutschland*

Historische Ereignisse

- 1815 — **Wiener Kongress** (Restauration)
- 1817 — **Wartburgfest**
- 1819 — **Karlsbader Beschlüsse** (Demagogenverfolgung)
- 1830 — **Julirevolution** in Frankreich, Sturz Karls X., Nachwirkungen der Revolution in großen Teilen Europas

Epochenbild

Biedermeier und Junges Deutschland/Vormärz: Die Zeit zwischen dem Wiener Kongress und der Revolution von 1848 ist in der Literatur geprägt vom Gegensatz zwischen **Restauration** und **Revolution**. Politische Umbrüche und die vorandrängende Industrialisierung führen zur Auseinandersetzung mit der Wirklichkeit. Besonders das **Biedermeier** versucht den Spannungen der gesellschaftlichen Wandlung mit liebevollem Blick auf die bescheidene Lebensweise privaten Glücks (Familiensinn, Pflichterfüllung, ...) zu entgehen. Das Alltägliche wird zum Thema und zeigt sich in schlichter Sprache und detailreicher Beschreibung von Natur und Lebensumfeld.

Im Gegensatz dazu reagieren die politisch radikalen Schriftsteller des (sich nicht als Gruppe verstehenden) **Jungen Deutschland** (Gutzkow, Wienbarg, Heine) und des **Vormärz**. Das Signal der Studenten auf dem Wartburgfest 1817, vor allem aber die Forderungen nach einer demokratischen Verfassung und der Einheit Deutschlands in Folge der Julirevolution in Frankreich verstärken die Kritik an den politischen und sozialen Verhältnissen. Es entsteht eine Tendenzdichtung (Heine), die leidenschaftlich Partei für die Schwachen und Entrechteten ergreift. Zur Verbreitung der Gedanken von Freiheit, sozialer Gerechtigkeit, einer geeinten deutschen Nation publizieren die Schriftsteller in journalistischen Medien. Sie kämpfen gegen die Pressezensur und die Verfolgung radikaler Demokraten (Demagogenverfolgung) durch den Staat.

Gattungen

Epik: Das Biedermeier nimmt in der Haltung der Innerlichkeit und Selbstbescheidung die Ideale des Guten und des Schönen aus der Klassik auf. In Erzählungen, Novellen und Romanen stellt es die Gefährdungen sittlicher Ordnung durch die Leidenschaften des Einzelnen und die gesellschaftlichen Veränderungen dar, so in Gotthelfs „Die Schwarze Spinne" oder „Die Judenbuche" von Droste-Hülshoff. In der Tradition des Bildungsromans thematisiert Stifter in seinem Roman „Der Nachsommer" die Selbstfindung des Individuums in einer gesellschaftsfernen Gegenwelt.

Im Gegensatz dazu stehen sowohl die Novelle „Lenz" des Frührealisten Georg Büchner, in der bereits die Angst vor dem Nichts als Phänomen der Moderne dargestellt wird, als auch Heines zeitkritische Reisebilder.

Drama: Die Theaterstadt des Biedermeier ist Wien. Hier wirkten Grillparzer, der in seinen Dramen auf antike und historische Stoffe zurückgriff („König Ottokars Glück und Ende"), und Nestroy, der mit seinen humoristischen Dialogen in der Tradition des **Volkstheaters** steht. Formen des modernen Dramas finden sich in Büchners sozialkritischer Szenenfolge „Woyzeck" und in dem Revolutionsdrama „Dantons Tod".

Lyrik: Die Lyrik des Biedermeier zeigt epische Züge beispielsweise in den Balladen und Gedichten von Droste-Hülshoff („Der Knabe im Moor", 1841). Die Natur- und Liebesdichtung von Lenau, Mörike und Uhland steht mit ihrer liedhaften Innerlichkeit in krassem Gegensatz zur agitatorisch politischen Lyrik des Jungen Deutschland und des Vormärz (Herwegh, Freiligrath, Weerth). Die Spottgedichte Heinrich Heines ragen heraus: Ironisch souverän spielt er mit der Motiv- und Formtradition der Romantik, setzt lyrische Stilmittel innovativ auch in politisch-zeitkritischen Gedichten und in der Satire „Deutschland. Ein Wintermärchen" ein.

Der **politische Journalismus** erlebte einen starken Aufschwung. Neben Flugschriften wie Büchners „Der Hessische Landbote" prägten engagierte politische und feuilletonistische Beiträge die Zeit, so die Sozialreportagen Bettina von Arnims oder Börnes „Briefe aus Paris". Karl Marx redigierte die „Rheinische Zeitung", für die unter anderem auch Herwegh schrieb.

Geistige Grundlagen

Für das Biedermeier sind Forschungen zur Kultur und Geschichte interessant gewesen, z. B. das neue historische Denken in der Rechtslehre Friedrich Karl von Savignys oder in der Geschichtswissenschaft Leopold von Rankes. Die von Hegel formulierte dialektische Betrachtungsweise wird von den Sozialisten aufgegriffen und später von Karl Marx (1818–1883) zur Begründung seiner revolutionären Ideen herangezogen. Die Autoren des Jungen Deutschland knüpfen an die Ideen der Aufklärung an und verbinden die Forderung nach Freiheit und politischer Selbstbestimmung mit sozialistischen Positionen. 1848 verfassen Karl Marx und Friedrich Engels (1820–1895) das „Manifest der kommunistischen Partei".

1848

Johann Nestroy 1801–1862
Nikolaus Lenau 1802–1850
Eduard Mörike 1804–1875
Adalbert Stifter 1805–1868
Christian Dietrich Grabbe 1801–1836
Ferdinand Freiligrath 1810–1876
Karl Gutzkow 1811–1878
Georg Büchner 1813–1837
Georg Herwegh 1817–1875

1834 ***Der Hessische Landbote*** Büchner
1834–1839 ***Briefe aus Paris*** Börne
1835 ***Lenz; Dantons Tod*** Büchner
1836 ***Die romantische Schule*** Heine; ***Woyzeck; Leonce und Lena*** Büchner
1842 ***Die Judenbuche*** Droste-Hülshoff; ***Die Schwarze Spinne*** Gotthelf
1844 ***Deutschland. Ein Wintermärchen*** Heine
1857 ***Der Nachsommer*** Stifter

1832 **Hambacher Fest**, Forderung der Einheit Deutschlands
1834 Gründung des Deutschen Zollvereins
1837 Ausweisung der „Göttinger Sieben" (protestierende Professoren, Brüder Grimm)
1844 Aufstand der schlesischen Weber
1848 **Märzrevolution**
1848 **Deutsche Nationalversammlung** in der Paulskirche zu Frankfurt

Epochenlexikon: Realismus 1840–1900

Hauptthemen

- menschliche Grunderfahrungen wie Liebe, Leid, Tod, … in der zeitgenössischen Ausprägung der bürgerlichen Welt
- bürgerlicher Alltag, wirklichkeitsnahe Lebensschilderungen
- Kritik an der Ehe als Institution
- gesellschaftliche Zusammenhänge der Zeit

Motive / Schlüsselwörter

Wirklichkeit, Mensch, Gesellschaft, Gegenwart, Vergangenheit, Heimat, Fremde, Schicksal, Leben, Liebe, Tod, Stadt, Land, Natur

Gattungen

- Bildungs- und Entwicklungsroman, Gesellschaftsroman
- Erzählung, Novelle
- Ballade, oft historische Stoffe
- Gedankenlyrik
- das Drama spielt eine geringe Rolle

Epochenmerkmale

Konflikte

gesellschaftliche Konvention	⟷	persönliches Leben
tradierte Lebensform	⟷	neue Zeit
Glück, Fühlen, Treue	⟷	Ordnung, Notwendigkeit, Pflicht

Sprache / Stil

- Wahrhaftigkeit in der Darstellung der Wirklichkeitsausschnitte
- epische Breite, Detailreichtum
- Entwicklungen über längere Zeiträume
- Alltagssprache
- distanziert-humorvolle, hintergründige Schilderungen
- Rahmenerzählung

Figuren

- das private Individuum in der Auseinandersetzung mit gesellschaftlichen Normen und Werten
- Bürger, Kleinbürger in der alltäglichen Lebensbewältigung
- liebenswerte Außenseiter, Sonderlinge in trügerischer Idylle

Theoretische Reflexionen:
O. Ludwig: *Shakespeare-Studien* (1874)
Th. Fontane: *Unsere lyrische und epische Poesie seit 1848* (1853);
Was soll ein Roman? Rezension des Romans „Die Ahnen" von Gustav Freytag (1875);
Brief an seine Frau vom 14.06.1883

1840

Autoren

- **Annette von Droste-Hülshoff** 1797–1848
- **Jeremias Gotthelf** 1797–1854
- **Adalbert Stifter** 1805–1868
- **Friedrich Hebbel** 1813–1863
- **Georg Büchner** 1813–1837

Werke

- 1835: *Lenz* Büchner
- 1842: *Die Judenbuche* Droste-Hülshoff; *Die Schwarze Spinne* Gotthelf
- 1843/44: *Maria Magdalena* Hebbel
- 1854/55 und 1879/80: *Der grüne Heinrich* Keller
- 1856/1874: *Die Leute von Seldwyla* Keller
- 1856: *Die Chronik der Sperlingsgasse* Raabe
- 1857: *Der Nachsommer* Stifter
- 1866: *John Maynard* Fontane

Historische Ereignisse

- 1848: **Revolution in Deutschland**
- 1849: Scheitern der Verhandlungen in der Paulskirche
- 1866: Krieg zwischen Österreich und Preußen, **Norddeutscher Bund**
- 1869: Juristische Gleichstellung von Juden
- 1870/71: **Deutsch-Französischer Krieg**

Epochenbild

Der deutsche **Realismus** erscheint als poetischer Realismus, während der französische und der englische deutlicher sozialkritische Züge zeigen. Wirksam wurde der deutsche Realismus vor allem nach der Revolution von 1848.

Vorläufer waren Autoren des Jungen Deutschland und des Vormärz, vor allem Büchner und Heine, gerade auch in ihrer Abgrenzung von der idealistischen Epoche, insbesondere von der Romantik. Im Umkreis der Revolution wandte sich ein kunstorientierter Teil des Bürgertums (Mörike, Grillparzer) im Biedermeier von der gesellschaftlichen Wirklichkeit ab und den kleinen, privaten Dingen des Lebens zu. Diese Orientierung auf den Alltag und das Privatleben wurde im Realismus weiter verfolgt, dabei aber die Begrenzung des Biedermeier aufgehoben. Die private Sphäre wurde nun in die gesellschaftlichen Zusammenhänge eingeordnet und betrachtet. Realismus ist für Fontane „die Widerspiegelung alles wirklichen Lebens, aller wahren Kräfte und Interessen im Elemente der Kunst".

Der **poetische Realismus** – der Begriff ist von Otto Ludwig um 1860 geprägt worden – ist durch die Orientierung an gesellschaftlichen Erfahrungen, ein auktoriales Erzählverhalten (das den Schein der Objektivität verleiht und dennoch die subjektive Sichtweise eines Erzählers nutzt) und eine humorvoll distanzierte Erzählhaltung gekennzeichnet. Das Erzählte soll für den Leser wahrscheinlich sein, die Episoden müssen in einem erkennbaren Zusammenhang erscheinen. Die bloße Wiedergabe der Realität wird allerdings abgelehnt: Durch die künstlerische Verarbeitung soll das Schöne, das in der Wirklichkeit verborgen liegt, freigelegt werden. Figuren, Handlungen, Konflikte und Widersprüche sollen ohne Idealisierung dargestellt werden. Dieser künstlerische Wahrheitsbegriff schließt die Darstellung extremer Seiten der Realität – des Hässlichen – aus. Der deutsche Realismus zeigt damit eine Tendenz zu ästhetischer Überhöhung. Wegen der Zurückhaltung in der Sozialkritik wird diese literarische Richtung auch als **bürgerlicher Realismus** bezeichnet.

Gattungen

Epik: Die Literatur des Realismus ist vor allem epische Literatur. Dabei kommt dem **Bildungsroman** für die Schilderung des bürgerlichen Selbstverständnisses eine besondere Bedeutung zu. Er zeigt die innere Entwicklung, die Ausbildung der Anlagen und Fähigkeiten eines Menschen – gegebenenfalls auch in seinem Scheitern. Der Roman gestaltet die inneren Vorgänge des Menschen in seinem privaten Umfeld, in der Familie. So entfaltet das Individuum seine Kräfte zur Selbstverwirklichung in der durchaus leidvollen Auseinandersetzung mit der Umwelt. (Gustav Freytag: „Soll und Haben", 1855; Keller: „Der grüne Heinrich"; Stifter: „Der Nachsommer").

Der **Gesellschafts-** oder **Zeitroman** behandelt umfassendere zeitgeschichtliche und gesellschaftliche Situationen: Geschildert werden Figuren, die sich an gesellschaftlichen Normen und Konventionen reiben, die z. B. eine aussichtslose Liebe, oft über Standesgrenzen hinweg, durchleben. Die bürgerliche Ehe wird in ihren Rollenmustern und sozialen Ausprägungen der Zeit kritisch gespiegelt. (Fontane: „Irrungen und Wirrungen", „Frau Jenny Treibel", „Effi Briest").

In der **Novelle** erscheint der Protagonist in eine zentrale Begebenheit verstrickt, die ihm Entscheidungen abverlangt und glücklich oder in der Katastrophe endet. Die Geschichte wird häufig in historische oder heimatgeschichtliche Kontexte eingebettet und mit aktueller Thematik versehen, oft auch mit einer pädagogisch motivierten **Rahmenhandlung** verbunden. Beliebt und populär wurde die Novelle unter anderem durch die Verbreitung in Fortsetzungsteilen von Zeitschriften (Droste-Hülshoff: „Die Judenbuche", Keller: „Kleider machen Leute", 1856; Storm: „Der Schimmelreiter"; Meyer: „Das Amulett").

Mehr noch als das Buch sorgten **Familienzeitschriften** (herausragend: „Die Gartenlaube", ab 1853) für die Verbreitung von – insbesondere unterhaltender – Literatur. In bunter Mischung erschienen Fortsetzungsromane und Novellen, Geschichten und Gedichte namhafter Autoren sowie Artikel über die Gesellschaft und Kultur.

Lyrik: Gedichte von Storm, Keller und Conrad Ferdinand Meyer, vor allem Balladen von Fontane („John Maynard", „Die Brück' am Tay") sind heute noch bekannt, dennoch bleiben sie, gemessen an den großen Erzählwerken, eine Randerscheinung. Populär waren eher sentimentale Gedichte des Alltags oder auch patriotische Gedichte, die in den Illustrierten publiziert wurden.

Drama: Das Drama hatte keine herausragende Bedeutung. Eine Theaterzensur führte dazu, dass hauptsächlich Klassiker oder Stücke mit unverfänglichen Stoffen sowie Operetten und Opern aufgeführt wurden. Literaturgeschichtlich überlebt hat Hebbels „Maria Magdalena", ein an der bürgerlichen Tragödie des Sturm und Drang orientiertes soziales Drama, das den gesellschaftlichen Umbruch der Industriegesellschaft behandelt; es wurde massiv kritisiert und kaum gespielt.

Geistige Grundlagen

Der bürgerliche Realismus stand den großen philosophischen Systemen des Idealismus eher ablehnend gegenüber. Wahrgenommen wurden vor allem naturwissenschaftliche Studien, besonders Charles Darwins „Über den Ursprung der Arten" (1859) und auch der Kulturpessimismus von Arthur Schopenhauers „Die Welt als Wille und Vorstellung" (1819/1844).

1900

Theodor Storm 1817–1888

Theodor Fontane 1819–1898

Conrad Ferdinand Meyer 1825–1898

Gottfried Keller 1819–1890

Wilhelm Raabe 1831–1910

1873	1874	1879	1882	1888	1888	1892	1894/95	1896	1899
Das Amulett C. F. Meyer	***Kleider machen Leute*** Keller ***Pole Poppenspäler*** Storm	***Die Brück' am Tay*** Fontane	***Hans und Heinz Kirch*** Storm	***Irrungen, Wirrungen*** Fontane	***Der Schimmelreiter*** Storm	***Frau Jenny Treibel*** Fontane	***Effi Briest*** Fontane	***Die Akten des Vogelsangs*** Raabe	***Der Stechlin*** Fontane

1871	1871–1890	1873	1871–1887	1878–1890	1883/84
Deutsches Kaiserreich unter Wilhelm I.	**Bismarck** ist Reichskanzler	**Gründerkrach** (Börsenkrise)	**Kulturkampf:** Konflikt zwischen dem preußischen Staat und der katholischen Kirche	**Sozialistengesetze,** Verbot sozialdemokratischer Aktivitäten	**Sozialgesetze,** Reaktion auf die soziale Not der Industrialisierung

Epochenlexikon: Naturalismus 1880–1900

Hauptthemen
- Armut, Ausbeutung, Not
- Determiniertheit menschlichen Denkens und Handelns
- Abhängigkeit von Soziallage, sozialer Rolle, Milieu
- Großstadtleben
- Verhältnis von Mensch und Technik

Motive / Schlüsselwörter
Not · Elend · Milieu · Determinismus · Kausalität · Kunst = Natur – x · Großstadt · soziale Gerechtigkeit

Gattungen/Genres
- soziales Drama
- Skizzen, Novellen
- Großstadtlyrik

Epochenmerkmale

Konflikte
protziger Wilhelminismus ↔ verelendetes Proletariat

Sprache / Stil
- Nachahmung von Alltags- und Umgangssprache, Soziolekt, Dialekt bis hin zu Stottern, Stammeln, Atemgeräuschen, … (fonografische Genauigkeit)
- offene Dramenform
- detailgetreuer Reportage- und Dokumentationsstil, Sekundenstil

Figuren
- „das Volk" als dramatische Person
- Alltagsmenschen, Benachteiligte, Ausgestoßene, Süchtige, Verbrecher, …

Theoretische Reflexionen:
W. Bölsche: *Die naturwissenschaftlichen Grundlagen der Poesie* (1887); **H. Hart:** *Die realistische Bewegung* (1889)
A. Holz: *Die Kunst, ihr Wesen und ihre Gesetze* (1891); **E. Zola:** *Le roman expérimental* (1880), deutsch: *Der Experimentalroman* (1904)

Epochenbild

Naturalismus: Im Naturalismus werden einerseits Zielsetzungen des Realismus fortgesetzt, andererseits aber auch radikaler literarisch umgesetzt. Der Dichter soll die sinnlich erfahrbare Wirklichkeit sichtbar machen und dabei auch die ungeschönte Darstellung der hässlichen und abstoßenden Lebensumstände nicht aussparen. Die Lebensverhältnisse der Verelendeten und Ausgebeuteten, von Arbeitern und Kleinbürgern, Süchtigen und Geistesgestörten rücken ins Blickfeld. Die Themen ergeben sich aus den Folgen der Industrialisierung: Elend, Armut, Krankheit, Laster, Verbrechen. Der Naturalismus bricht mit der These, der Mensch sei ein selbstbestimmtes und unabhängiges Wesen. Er zeigt ihn in der Abhängigkeit von den Verhältnissen (**Determinismus**). Gleichzeitig glaubt er – anders als die Moderne – an die Erkennbarkeit der Welt durch die Wissenschaften.

Gattungen

Im **Drama** soll die Wirklichkeit direkt auf die Bühne gebracht werden. Mit genauen Regieanweisungen wird die Zuspitzung der sozialen Katastrophe angestrebt. Die Inszenierung der hässlichen Wirklichkeit ist eine Provokation des an die schöne Literatur gewöhnten Zuschauers. Das Drama ist ein **soziales Drama** mit analytischer Struktur (Ibsen) und offenem Schluss (offene Dramenform).

Theaterskandale begleiteten Stücke wie „Vor Sonnenaufgang", „Die Weber" und „Der Biberpelz" von Hauptmann. Die Umgehung der Zensur (Stücke von Ibsen z. B. wurden in Berlin verboten) führte 1889 zur Gründung des Theatervereins Freie Bühne (1000 Mitglieder), der intern naturalistische Stücke aufführte.

Prosa: Dazu zählt u. a. die Novelle „Bahnwärter Thiel" von Hauptmann. Ein abbildungsgetreuer Erzählstil, der Reportagestil, sowie der sogenannte Sekundenstil (Deckung von Erzählzeit und erzählter Zeit) wurden ebenso wie Umgangssprache und Dialekt eingesetzt.

Die **Lyrik** zeigt sich traditioneller, auch wenn die Stoffe (soziale Not etc.) aufrührend sind.

Geistige Grundlagen

Wesentlich wirkte der Satz Claude Bernards („Einführung in das Studium der experimentellen Medizin", dt. 1865): „Der Keim ist nichts, das Milieu ist alles." Auch die Theorie des Positivismus und der geschichtlichen Notwendigkeit von Auguste Comte, die Evolutionslehre von Charles Darwin (dt. 1859) und die Milieutheorie Hippolyte Taines waren maßgeblich, ebenso die revolutionären Gesellschaftsanalysen und kommunistischen Utopien von Karl Marx und Friedrich Engels.

1880 — 1900

Autoren

Henrik Ibsen	Emile Zola	Gerhart Hauptmann	Johannes Schlaf	Arno Holz
1828–1906	1840–1902	1862–1946	1862–1941	1863–1929

Werke

1885	1887	1888	1889	1892	1893	1898
Das Buch der Zeit. Großstadtgedichte Holz	*Papierne Passion* Holz/Schlaf	*Bahnwärter Thiel* Hauptmann	*Papa Hamlet* Holz; *Vor Sonnenaufgang* Hauptmann	*Die Weber* Hauptmann	*Der Biberpelz* Hauptmann	*Phantasus* Holz

Epochenlexikon: Literatur nach 1900: Jahrhundertwende bis ca. 1930

Epochenmerkmale

Hauptthemen

Fin de Siècle
- Weltschmerz, Untergang, Trauer, Verlust
- Liebe, Tod, Sehnen, Verlangen
- Einsamkeit, Ich
- Ohnmacht, Rettung

Expressionismus
- Traum, Wahnsinn, Rausch, Chaos
- Vereinzelung, Entfremdung, Auflösung, Verdinglichung
- Masse, Geschwindigkeit, Großstadt, Wir
- Aufbruch, neuer Mensch, Revolution

Motive / Schlüsselwörter

Fin de Siècle

Schönheit, Stil, Symbol, Décadence, Natur, Gefühl, Liebe, Ich, Verlust, Verlorenheit, femme fatale, Bohème, Ophelia

Expressionismus

Großstadt, Masse, Krieg, Angst, Hass, Schrecken, Traum, Seele, Gefühl, animalische Natur, neuer Mensch, Kampf

Gattungen / Genres

Fin de Siècle

symbolistische Lyrik, impressionistische Lyrik, Roman, Novelle, Satire, Einakter

Expressionismus

Großstadtlyrik, Sonett, Parodie, moderner Roman, Erzählung, Stationendrama

Konflikte

Fin de Siècle
- Ich-Spaltung/Traum und Realität
- die verlorene Seele
- Leben und Kunst

Expressionismus
- Vater-Sohn-Konflikt
- ausgeliefertes Ich ↔ undurchschaubar-absurde Welt
- Bedrohung durch technische Massenvernichtung

Sprache / Stil

Fin de Siècle

hohes Form- und Stilbewusstsein: Symbol, Chiffre, Klangbilder, Farb- und Lautsymbolik, Synästhesie

Expressionismus

Reihungsstil, Simultantechnik, moderne Chiffre, Neologismus, Verben der Bewegung, Perspektivenwechsel, Kinostil, Collage, Reflexion, Ironie, innerer Monolog, erlebte Rede, Bewusstseinsstrom

Figuren

Fin de Siècle
- das verlorene, fühlende, suchende Ich
- der Meister, Führer
- der ironisch sich selbst reflektierende Mensch

Expressionismus
- Künstler ↔ Bürger
- der Kämpfer, Erneuerer
- die gequälte Seele
- der Zerstörte

Theoretische Reflexionen:

F. Nietzsche: *Die Geburt der Tragödie aus dem Geist der Musik* (1872), *Unzeitgemäße Betrachtungen* (1873–76), *Also sprach Zarathustra* (1883/91)
S. Freud: *Die Traumdeutung* (1900), *Der Witz und seine Beziehung zum Unbewussten* (1905), *Drei Abhandlungen zur Sexualtheorie* (1905)
O. Spengler: *Der Untergang des Abendlandes* (1918)

1890

Autoren

- **Arthur Schnitzler** 1862–1931
- **Frank Wedekind** 1864–1918
- **Ricarda Huch** 1864–1947
- **Stefan George** 1868–1933
- **Else Lasker-Schüler** 1869–1945
- **Heinrich Mann** 1871–1950
- **Karl Kraus** 1874–1936

Werke

- 1891 ***Frühlings-erwachen*** Wedekind
- 1895 ***Liebelei*** Schnitzler
- 1900 ***Leutnant Gustl; Reigen*** Schnitzler
- 1901 ***Buddenbrooks*** Th. Mann
- 1902 ***Chandos-Brief*** Hofmannsthal
- 1903 ***Tonio Kröger*** Th. Mann; ***Ausgewählte Gedichte*** Hofmannsthal
- 1905 ***Professor Unrat*** H. Mann
- 1906 ***Unterm Rad*** Hesse
- 1906 ***Die Verwirrungen des Zöglings Törleß*** Musil

Historische Ereignisse

- 1870/71 **Deutsch-Französischer Krieg**
- 1871 Gründung des **Deutschen Reiches**
- 1873 **Gründerkrach** (Börsenkrise)
- 1874 erste Ausstellung der französischen Impressionisten
- 1884 Das Deutsche Reich wird Kolonialmacht.
- 1888–1918 **Wilhelminismus, Kaiser Wilhelm II.**

Epochenbild

Die Zeit um die Jahrhundertwende wird oft als der Beginn der Moderne bezeichnet. Sie ist von verschiedenartigen Stilrichtungen und geistigen Strömungen gekennzeichnet, denen der Verlust eines bürgerlichen Selbstverständnisses und eines verbindlichen, einheitlichen Systems der Welterklärung gemeinsam ist.

In der Zeit zwischen 1890 und 1930 entstehen nebeneinander und sich überlagernd vielfältige Stile und Strömungen. Überkommene Ordnungsmuster geraten in krassen Widerspruch zum rasanten gesellschaftlichen Wandel. Mit der beschleunigten technischen und wirtschaftlichen Entwicklung nach dem Deutsch-Französischen Krieg (1870/71) und der Gründung des Deutschen Reiches ist das soziale und kulturelle Dasein unübersichtlich geworden. Übergeordnete Sinnzusammenhänge (Werte, Religion, Tradition) bieten keine Orientierung mehr. Der Ruf nach einem politischen und kulturellen Neuanfang wird laut und gewinnt nach dem Ersten Weltkrieg noch einmal erneut an Kraft.

Literatur und Kunst der Moderne erscheinen als Spiegel und zugleich als Initiativkräfte der tiefgreifenden kulturellen Krise.

Im **Symbolismus** (der Kreis um Stefan George, aber auch Hugo von Hofmannsthal und Rainer Maria Rilke) wird die äußere Welt nicht abgebildet, sondern erscheint als bildhaftes Zeichen, als Symbol. Die Dichtung will eine künstliche Welt eigener Schönheit gestalten.

Zeitgleich wächst wie in der Malerei die literarische Strömung des **Impressionismus** (1890–1910): Der spontane sinnliche, einmalige Eindruck soll gefasst, die Welt als Stimmung wahrgenommen werden; äußere Handlungen und Gegenstände lösen sich darin auf. Gedichte von Rilke und Hofmannsthal zählen dazu; Romane von Eduard von Keyserling, auch Erzählungen von Hesse, Thomas Mann („Tonio Kröger", „Der Tod in Venedig") und Ricarda Huch stehen in diesem Zusammenhang.

Dieser nach innen gerichteten Dichtung völlig entgegengesetzt ist der **Expressionismus** (1910–1923). Der Begriff wird zunächst für die Beschreibung von Bildern verwendet, dann aber auch auf die Literatur übertragen, wenn auch die Dichter dieser Zeit sich selbst nicht als Expressionisten bezeichneten. Gemeinsam sind den expressionistischen Dichtern das Aufbegehren gegen das autoritätshörige Bürgertum des deutschen Kaiserreichs und der leidenschaftliche Wunsch nach einer Zerstörung des Alten, um einer neuen und besseren Zukunft den Weg zu bereiten. Viele Dichter begrüßen deshalb den Beginn des Ersten Weltkrieges. Nach der Erfahrung des Massensterbens in den Materialschlachten jedoch werden sie zu Kriegsgegnern und Pazifisten. In der Kriegsphase (1914–1918) wird das Grauen der Vernichtung auch in der Literatur und Kunst verarbeitet.

Auch die Entwicklungen der Industrie und Technik und die Veränderungen des Lebens in den Großstädten spiegeln sich in der Literatur des Expressionismus ebenso wider wie die dadurch ausgelösten Ängste und der Sinnverlust der Menschen in einer sich rasant ändernden Welt.

Die **Neue Sachlichkeit** (1919–1923) grenzt sich vom Expressionismus ab und will die Zeit objektiv und distanziert bis ironisch sehen (Kästner, Tucholsky, Kisch, Fallada). Gesellschaftliche Tatbestände und selbst zwischenmenschliche Beziehungen werden nüchtern erfasst und – oft desillusioniert – literarisch gestaltet (z. B. in der Lyrik Kästners).

Neben dem Buchdruck eröffnen die neuen Medien Hörfunk und Film dem Publikum auch neue Zugänge zur Literatur, z. B. in Hörspielen oder im Film (seit 1929 in Deutschland auch im Tonfilm). Kunstwerke werden nun auch beliebig reproduzierbar und für ein Massenpublikum zugänglich.

Gattungen

Lyrik: Die Dichtung des **Symbolismus** (Rilke, Trakl, Hofmannsthal) schafft wirklichkeitsferne, verrätselte Bilder (Chiffren) und Stimmungen. Reim, Assonanz, Lautmalerei, Bilder und syntaktische Muster formen sich zu einem klanglichen Gesamtausdruck. Im **Impressionismus** werden aus dem Moment hervorgehende flüchtige Sinneseindrücke in farbig-sinnlichen Bildern gestaltet. Dagegen fallen in der **expressionistischen Lyrik** ausdrucksstarke, drastische Darstellungen, das Aufbrechen von Satzstrukturen und grammatischen Formen, Wortneuschöpfungen und eine Farbsymbolik auf, die auch in der Malerei ihre Entsprechungen findet (z. B. bei Franz Marc, Otto Dix u. a.). Durch den Reihungsstil wird die gleichzeitige Wahrnehmung unterschiedlichster Wirklichkeitsebenen verarbeitet und wiedergegeben. Thema ist u. a. der Verlust von Individualität in der Massenkultur der Großstadt. Personifikationen der Gegenstandswelt und die Zentrierung von Gegenständen („Dinggedicht") deuten auf eine Entmachtung des Menschen in seiner Umwelt hin (August Stramm, Gottfried Benn: „Morgue", Jakob van Hoddis, Else Lasker-Schüler, Georg Heym u. a.).

Epik: Das frühe Werk Thomas Manns zeigt in der Darstellung des untergehenden Bürgertums kulturpessimistische Züge (Gesellschaftsroman „Buddenbrooks", 1901; Künstlernovelle „Tonio Kröger", 1903); es ist dabei zwar kunstvoll, aber dennoch traditionell erzählt. Ausführlich reflektieren die Figuren, auch in ironischen Brechungen, über ihr Dasein.

Eine Ausnahme in der Prosa stellt das Werk von Franz Kafka dar. In seinen Romanen „Das Urteil" (1913) und „Der Prozess" (1925, posthum) oder der Erzählung „Die Verwandlung" (1915) erzählt er zwar scheinbar konventionell, doch sind die Hauptmotive (Einsamkeit, Leere, anonyme Bedrohung, Ausgeliefertsein an eine feindliche Welt,

Autoren

- **Hugo von Hofmannsthal** 1874–1929
- **Rainer Maria Rilke** 1875–1926
- **Thomas Mann** 1875–1955
- **Hermann Hesse** 1877–1962
- **Alfred Döblin** 1878–1957
- **Georg Kaiser** 1878–1945
- **Robert Musil** 1880–1942

Werke

1907	1910	1911	1912	1912	1913	1915	1917	1918
Der siebente Ring George	***Die Aufzeichnungen des Malte Laurids Brigge*** Rilke	***Jedermann*** Hofmannsthal	***Der Tod in Venedig*** Th. Mann ***Das Urteil*** Kafka	***Morgue und andere Dichtungen*** Benn	***Gedichte*** Trakl	***Die Verwandlung*** Kafka	***Gesammelte Gedichte*** Else Lasker-Schüler	***Der Untertan*** H. Mann

Historische Ereignisse

1890	1895	1899	ab 1898	1914–1918
Der deutsche Kaiser Wilhelm entlässt Reichskanzler Bismarck.	In Berlin und Paris werden erstmals Filme vor dem Publikum vorgeführt.	**1. Internationale Friedenskonferenz** in Den Haag	Erweiterung des Kolonialbesitzes, Flottenpolitik	**Erster Weltkrieg**

Vater-Sohn-Konflikt) und die absurd und undurchschaubar gestalteten Szenerien typisch moderne Erfahrungen.

Hofmannsthal und Schnitzler beleuchten das Innere ihrer Figuren, erforschen und zergliedern die Seelenregungen (innerer Monolog, erlebte Rede) – diese Schilderung inneren Erlebens steigert sich in den 1920er Jahren zum modernen Erzählmittel par excellence: Der **Bewusstseinsstrom** (stream of consciousness) ist das Ausdrucksmittel, um die Fülle von Sinneseindrücken, die auf das Individuum einwirken, literarisch zu gestalten. Bahnbrechend und traditionsbildend wirkt dabei der Roman „Berlin Alexanderplatz" (1929) von Döblin: Letzte kausale Handlungszusammenhänge fehlen, Figuren erscheinen losgelöst von der Logik konstruktiver Erzählberichte. Dem modernen Film sind abrupte Perspektiv- und Tempuswechsel nachgebildet (Kinostil).

Drama: Das Theater der Moderne wird psychologisch; Heuchelei, Doppelmoral, Prüderie und verlogener Dünkel werden gezeigt. Emporkömmlinge, Spekulanten, Ellenbogenmenschen sind das entsprechende dramatische Personal. Neben den traditionellen Formen wird der Einakter zur Intensivierung des Spiels weiterentwickelt. Die Figuren können episodenhaft in einer konzentrierten dramatischen Situation zugespitzt zu Lösungen geführt werden (Schnitzler, Hofmannsthal).

Das Drama erlebt 1919–1923 eine Hochphase im Expressionismus. Moderne Bühnen und das elektrische Licht bieten neue Möglichkeiten der Inszenierung. Besonders das Berliner Theater des Regisseurs Max Reinhardt bringt die Stücke des Expressionismus auf die Bühne (Walter Hasenclever: „Antigone"; Ernst Toller: „Masse Mensch"; Ernst Barlach: „Der blaue Boll"; Bertolt Brecht: „Baal"; Georg Kaiser: „Von morgens bis Mitternacht").

Auch der **Film** wird zu einem bedeutenden Medium expressionistischer Kunst; als Blütezeit des expressionistischen Films wird die erste Hälfte der 20er Jahre angesehen (Robert Wiene: „Das Cabinet des Dr. Caligari", 1920; Fritz Lang: „Metropolis", 1926). Fantastische Motive, stilisierte Bildmittel, grotesk anmutende Kulissen, krasse Licht- und Schattenkontraste und eine übertriebene Gestik der Schauspieler sind die künstlerischen Mittel des expressionistischen Films.

Neu ist das Kabarett, wichtige Vertreter sind Wedekind, Tucholsky, Ringelnatz und die Dadaisten.

Geistige Grundlagen

Hofmannsthals „Ein Brief des Lord Chandos an Francis Bacon" ist 1902 als fingierter Brief der Essay zur modernen **Erkenntniskrise**. Der Zusammenhang der Erscheinungen scheint sprachlich nicht mehr erfassbar.

Auch der Sprachwissenschaftler Ferdinand de Saussure (1857–1913) betrachtet Sprache nicht mehr als Erkenntnisinstrument, sondern als durch Konvention geregeltes Zeichensystem. Worte können unterschiedlich verstanden werden, ihre Bedeutung ändere sich mit der Zeit und dem Betrachterhorizont.

In „Die Welt als Wille und Vorstellung" (1819/1844) zeigte Arthur Schopenhauer die Welt als abhängig vom Subjekt, sie sei eine Vorstellung des Betrachters.

Von wesentlichem Einfluss waren die Betrachtungen Friedrich Nietzsches. Er wertet die Verfallserscheinungen seiner Zeit als Erschöpfungs- und Auflösungszustände. In „Also sprach Zarathustra" (1883/91) entwirft Nietzsche das Gegenbild – den Übermenschen – und fordert auf, wie ein Seiltänzer diesem Neuen entgegenzugehen. In der „Umwertung aller Werte" zeichnet er dieses neue Menschenbild. Der Einfluss auf die Schriftsteller der Moderne ist außerordentlich.

Ähnlich schwerwiegend wirkte Sigmund Freuds Entdeckung des Unbewussten und Triebhaften im Handeln des Menschen. Damit trifft er die Erkenntniszweifel der Moderne und beeinflusst die nach psychologischer Genauigkeit strebende Literatur nachhaltig.

1930

Stefan Zweig 1881–1942

Franz Kafka 1883–1924

Gottfried Benn 1884–1956

Arnold Zweig 1887–1968

Georg Trakl 1887–1914

Ernst Toller 1893–1939

Josef Roth 1894–1939

Bertolt Brecht 1898–1956

1918/19	1920	1923	1924	1925	1926	1927	1929
Die letzten Tage der Menschheit Karl Kraus	***Baal***, Brecht ***Menschheitsdämmerung*** Hg.: Pinthus	***Duineser Elegien; Sonette an Orpheus*** Rilke	***Der Zauberberg*** Th. Mann ***Fräulein Else*** Schnitzler	***Der Prozess*** Kafka	***Verwirrung der Gefühle*** St. Zweig	***Der Steppenwolf*** Hesse ***Der Streit um den Sergeanten Grischa***, A. Zweig	***Berlin Alexanderplatz*** Döblin

1917	1918/19	1919	1919–1933	1920	1923	1926	1929
Oktoberrevolution in Russland	**Novemberrevolution, Räteregierungen**	**Vertrag von Versailles**	**Weimarer Republik**, nach der Reichsverfassung Mischung aus parlamentarischer und präsidialer Demokratie	**Kapp-Putsch** von Rechts	**Inflation**	Aufnahme Deutschlands in den Völkerbund	**Weltwirtschaftskrise**

Epochenlexikon: Vergangene Gegenwart: 1930er-Jahre bis 1990

Epochenbild

Die Literatur zwischen 1930 und 1945/Exilliteratur/„Verbrannte Dichter"

Den Experimenten der Moderne, den neuen Erzählhaltungen (Kafka, Döblin) sowie dem distanzierten bis ironischen Realismus der **Neuen Sachlichkeit** in der Literatur der 1920er Jahre bereitet der Nationalsozialismus ein abruptes Ende. Autoren, die bei der Bücherverbrennung 1933 auf dem politischen Index stehen, und offene Gegner des Faschismus sind gezwungen, Deutschland zu verlassen. Andere werden in Konzentrationslagern inhaftiert (Karl von Ossietzky, Bruno Apitz).

Deutsche Literatur entsteht unter den Bedingungen des Exils im Ausland: zunächst in Südfrankreich (Heinrich und Thomas Mann, Arnold Zweig, Lion Feuchtwanger), dann in den USA (Brecht, die Manns) oder Südamerika (Anna Seghers, Stefan Zweig). Anders als die Autoren der **Exilliteratur** ziehen sich in Deutschland gebliebene Schriftsteller in die **innere Emigration** zurück (Benn, Kästner), indem sie sich dem Zwang zur Politisierung verweigern, schweigen oder für die Schublade schreiben.

Erwünscht ist unter den Nationalsozialisten nur noch eine faschistische Blut- und Bodenliteratur mit Propaganda für Partei, Heimat, Volksgemeinschaft, soldatisches Heldentum etc. Ein bedeutendes propagandistisches Mittel war auch der Film, der nationalsozialistische Ideologie an ein Massenpublikum herantrug und besonders während der letzten Kriegstage eine Flucht vor der Wirklichkeit und Ablenkung von Krieg, Hunger und Zerstörung ermöglichte (z. B. E. v. Borsody, „Wunschkonzert", 1940 oder J. v. Báky, „Münchhausen", 1943).

Die Nachkriegssituation 1945–1949

Die Literatur in den westlichen Besatzungszonen reagiert nach Kriegsende auf die materielle und geistige Trümmerlandschaft infolge des Nationalsozialismus. Oft reduziert auf wenige Worte in schlichter parataktischer Reihung belegen die Texte eindringlich und unsentimental den Willen zur Wahrhaftigkeit in der **Kahlschlag- oder Trümmerliteratur** (Eich, Borchert, Schnurre). Diese Nachkriegszeit ist aber keine „Stunde Null", wie oft behauptet, sondern es wird an die in der Moderne entwickelten Schreibweisen und Konzepte angeknüpft.

Die sowjetische Besatzungszone sieht sich in der Nachfolge des Bundes proletarisch-revolutionärer Schriftsteller der Weimarer Republik und versteht die Kunst als Mittel des Klassenkampfes. Kriegsverbrecher werden enteignet, aktive Nazis verurteilt, aus dem Exil zurückkehrende Autoren positiv aufgenommen. Der **Antifaschismus** wird zur politischen und kulturellen Grundorientierung auch der Literatur (Bruno Apitz, Johannes R. Becher, Willi Bredel, Anna Seghers, Friedrich Wolf).

Autoren aus der Weimarer Republik publizieren in diesen Jahren erneut ihre Bücher, Exilromane werden verlegt, neue Werke der Vorkriegsschriftsteller entstehen (Thomas Mann, Arnold Zweig, Bertolt Brecht, Gottfried Benn).

Aufschwung, Aufbruch, Krise 1950–70

Bundesrepublik: Die Währungsreform 1948, die Verkündung des Grundgesetzes und die Gründung der Bundesrepublik 1949 führen in das Wirtschaftswunder der 1950er Jahre. Das ist allerdings verbunden mit der Verdrängung der Vergangenheit. Der Kalte Krieg – die Auseinandersetzung der Systeme in Ost und West – fordert die Aufmerksamkeit und begünstigt die Verdrängung der nationalsozialistischen Vergangenheit. Diese Situation des kollektiven Schweigens begleiten die Schriftsteller literarisch kritisch (u. a. Böll, Koeppen, Grass). Engagierte Autoren haben sich bereits 1947 unter der Leitung von Hans Werner Richter zur **Gruppe 47** zusammengeschlossen (Böll, Grass, Koeppen, Johnson, Walser). Eckpunkte sind eine realistische Schreibweise, die Ablehnung ästhetisierender Formen und eine zeitgeschichtlich-sozialkritische Grundhaltung. Erzählt wird von der Sinnlosigkeit des Krieges, von Erfahrungen von Menschlichkeit im Krieg, vom Wiederaufstieg alter Nazis oder dem Einfluss von Unternehmen und Kirche nach dem Krieg.
Die Themen ändern sich, als der dauerhaft geglaubte Aufschwung des Wirtschaftswunders in den 1960er Jahren krisenanfällig wird. Im politischen Patt der Großen Koalition nach 1966 versucht die neue Kraft der Außerparlamentarischen Opposition (APO) als studentische Protestbewegung gesellschaftlich einzugreifen. Der Protest hat sich mit dem Auschwitz-Prozess 1963–1965 und dem Vietnamkrieg der USA entfaltet. Die Protestbewegung greift auch prinzipielle Fragen der Lebenseinstellung auf. Expressive Rockmusik, eine eigene Art der Kleidung, alternative Lebensstile sind Zeichen einer antibürgerlichen Subkultur. Als am 2. Juni 1967 der Student Benno Ohnesorg während einer Demonstration in Berlin von einem Polizisten getötet und im folgenden Jahr ein Attentat auf den Wortführer des Sozialistischen Deutschen Studentenbundes (SDS), Rudi Dutschke, verübt wird, erfährt der studentische Protest eine Wendung. Es spaltet sich eine kleine terroristische Gruppe ab, die den als faschistisch deklarierten Staat gewaltsam bekämpft, während der allgemeine studentische Protest allmählich zerfällt. Das politische Engagement der 1960er Jahre ergreift auch die Schriftsteller (Enzensberger, Fried, Hochhuth). Die Phase der **engagierten Literatur** währt allerdings nur kurz.

DDR: Die Gründung der DDR im Oktober 1949 wird als ein wirklicher Neuanfang gesehen. Der Staat lenkt die Wirtschaft und herrscht mittels der SED. Kulturpolitisch erwartet wird die Mitwirkung an der Bildung eines neuen Menschen im Geiste der antifaschistischen Umerziehung und des Sozialismus. Anna Seghers, Arnold Zweig, Bertolt Brecht – Autoren, die aus dem Exil zurückgekehrt sind und in der DDR leben – setzen sich in eigener Weise kritisch mit der jüngsten Vergangenheit auseinander. Die sogenannte **Aufbauliteratur** setzt auf klare Inhalte und einen Verzicht auf experimentelle Schreibweisen, die als **Formalismus** geächtet werden. Das Konzept des **Sozialistischen**

1930

Autoren

West: Nelly Sachs 1891–1970 | Wolfgang Koeppen 1906–1996 | Günter Eich 1907–1972 | Max Frisch 1911–1991 | Alfred Andersch 1914–1980 | Peter Weiss 1916–1982 | Heinrich Böll 1917–1985

Ost: Bertolt Brecht 1898–1956 | Anna Seghers 1900–1983 | Peter Huchel 1903–1981 | Erwin Strittmatter 1912–1994 | Stefan Heym 1913–2001

Werke

West:
- 1947: ***Doktor Faustus*** Th. Mann; ***Draußen vor der Tür*** Borchert
- 1948: ***Abgelegene Gehöfte*** Eich
- 1951: ***Wo warst du, Adam*** Böll
- 1952: ***Mohn und Gedächtnis*** Celan
- 1953: ***Die gestundete Zeit*** Bachmann; ***Das Treibhaus*** Koeppen
- 1954: ***Felix Krull*** Th. Mann; ***Stiller*** Frisch

Ost:
- 1946: ***Das siebte Kreuz*** Seghers
- 1956: ***Die Tage der Commune*** Brecht; ***Der Lohndrücker*** Müller
- 1958: ***Nackt unter Wölfen*** Apitz; ***Der Müller von Sanssouci*** Hacks
- 1960: ***Schatten und Licht*** Heym
- 1961: ***Ankunft im Alltag*** Reimann

Historische Ereignisse

1939–1945	1945–1946	1947	1949	1950–1953	1953	1955
Zweiter Weltkrieg	**Kriegsverbrecherprozesse** in Nürnberg	Beginn des **Marshallplans:** amerikanische Wirtschaftshilfe	Gründung der **Bundesrepublik** und der **DDR**	**Koreakrieg**	**Arbeiteraufstände** in der DDR (17. Juni)	Beitritt der Bundesrepublik zur Nato, Beitritt der DDR zum Warschauer Pakt

Realismus sieht die Gestaltung von Figuren mit Vorbildcharakter vor; die Probleme des Lebens sollen realistisch dargestellt werden, allerdings mit konstruktiver sozialistischer Tendenz (J. R. Becher, Hermann Kant, Erwin Strittmatter, Erik Neutsch). Widersprüche bleiben aber nicht verborgen, sie zeigen sich deutlich in den Unruhen des 17. Juni 1953. Auch der Aufstand in Ungarn im Jahre 1956 verweist auf politische Probleme der Akzeptanz der sozialistischen Ordnungspolitik.

Um die Literatur auf die sozialistische Entwicklung zu verpflichten, wird 1959 mit Schriftstellern in Bitterfeld die kulturpolitische Initiative entwickelt, die Arbeiter mit der Parole „Greif zur Feder, Kumpel!" auffordert, selbst zu schreiben. Gleichzeitig sollen sich Schriftsteller in längeren Betriebspraktika über die Arbeitswelt kundig machen. Der **Bitterfelder Weg** führt zu einer Thematisierung des Arbeitsalltags in der Literatur, bringt aber auch einen Qualitätsverlust mit sich.

In den 1960er-Jahren festigt sich die DDR, man setzt sich mit dem Alltag auseinander, behandelt Fragen der Selbstverwirklichung (Brigitte Reimann, Christa Wolf).

Schließlich wird die Förderung der Laienschriftsteller in einer zweiten Bitterfelder Konferenz 1964 wieder eingeschränkt und dafür eine Erziehungsoffensive durch große Literatur aufgelegt. Die Rückbesinnung auf professionelle Autoren bedeutet durchaus eine Liberalisierung, die paradoxerweise durch den Bau der Mauer 1961 und die Isolation der DDR möglich geworden ist.

Schriftsteller entwickeln zudem Strategien, sich entgegen den kulturpolitischen Auflagen in ihrem eigenen Denken und Schreiben zu behaupten. Es entstehen kulturelle Nischen, die allerdings wieder aufgehoben werden, als 1968 im Prager Frühling der Tschechoslowakei Ideen eines humanen Sozialismus propagiert werden. Die DDR reagiert autoritär, das Strafrecht und die Zensur werden verschärft. Systemkritiker erfahren Repressalien (Robert Havemann, Wolf Biermann, Reiner Kunze, Stefan Heym, Heiner Müller).

Literatur von 1970–1990

Bundesrepublik: Die Gesellschaft ist offener und demokratischer geworden, doch die von den Protesten 1968 eingeklagten Korrekturen im Machtgefüge von Parteien, Staat, Kirche und Gesellschaft bleiben aus. Die Konsequenz ist der Rückzug auf das eigene Ich. Eine Neue Innerlichkeit oder Spielarten einer **Neuen Subjektivität** entstehen: Erfahrungen mit der Realität werden nachgezeichnet, die Befindlichkeit des Ich wird zum facettenreichen Thema der Literatur bis in die 1980er-Jahre hinein, auch weil eine neue Phase des von Ost und West betriebenen massiven Wettrüstens Ängste auslöst.

DDR: In den 1970er-Jahren können die wirtschaftlichen Erwartungen der Menschen in der DDR durch das Neue Ökonomische System nicht erfüllt werden. Unzufriedenheit macht sich breit, die nur vermittelt zum Ausdruck gebracht wird. Die internationale Öffnung der DDR und Massenmedien („Westfernsehen") ermöglichen umfassendere Information. Auch in der DDR richtet sich der Blick auf den Einzelnen. Auf den Neuen Subjektivismus reagiert der Staat nicht mit Zensur oder Strafen, er gewährt Spielräume, engt sie jedoch ein, wo sie allzu weit genutzt werden. Eine solche Zäsur findet mit der Ausbürgerung des Liedermachers Wolf Biermann 1976 statt. Der breiten Solidarisierung mit Biermann folgt eine Welle der Emigration (Thomas Brasch 1976, Sarah Kirsch, Reiner Kunze, Jurek Becker 1977, Günter Kunert 1979, Klaus Schlesinger 1980).

Erste öffentliche Treffen von West- und Ost-Autoren gibt es erst Anfang der 1980er-Jahre. Erfahrungen der Verunsicherung durch die Entwicklung der Gesellschaft, Probleme der Modernisierung, individuelle Schicksale verbunden mit einem Blick auf den normalen Alltag werden wichtiger als das unmittelbar Politische. Beschädigte Individuen kommen zum Vorschein, Irrtümer und Brüche im Lebenslauf werden sichtbar sowie der Versuch selbstbestimmter Lebensläufe, ein Leben in gesellschaftlichen Nischen (Heiner Müller, Reiner Kunze, Günter Kunert oder Christa Wolf). In der Wahrnehmung der Leser ist die Wirkung der Literatur in der DDR dennoch die der unmittelbaren politischen Kritik. Der uneingelöste Anspruch der Gemeinschaft schärft den Blick für die Fremdheit des Menschen. Auch westliche Leser finden sich in der Beschreibung der Fremdheit wieder (Ulrich Plenzdorf: „Die neuen Leiden des jungen W.", 1972; Christoph Hein: „Der fremde Freund", 1982/BRD „Drachenblut", 1983).

Gattungen

Bundesrepublik:

Lyrik: Die Vorbehalte gegenüber der vom Nationalsozialismus missbrauchten Sprache werden in der Lyrik besonders augenfällig. Das lyrische Ich tritt hinter die Gegenstände der Umwelt zurück und zeigt sich in einfachen Formen und lakonischer Sprache (Eich: „Inventur", 1945). Andererseits wird versucht, das Unfassbare der nahen Vergangenheit sprachlich zu fassen (Sachs, Celan). Jüngere Dichter wie Ingeborg Bachmann („Die gestundete Zeit", 1953) und der direkter auf die konkrete Wirklichkeit ausgerichtete Lyriker Hans Magnus Enzensberger („Verteidigung der Wölfe", 1957) verbinden den Blick in die Vergangenheit mit stark kritischen Akzenten gegenüber der Gegenwart.

Um 1970 knüpfen Autoren der **Konkreten Poesie** sprachspielerisch an experimentelle Formen des Dadaismus an, erweitern durch akustische und visuelle Elemente die ästhetische Wahrnehmung (Eugen Gomringer, Helmut Heißenbüttel, H. C. Artmann, Franz Mon).

Mit der Politisierung in den 1960er-Jahren wird zugleich die gesellschaftliche Wirklichkeit ein zentrales Thema in der Literatur.

Die **Neue Subjektivität** ist das herausragende Charakteristikum der Lyrik der 1970er-Jahre. Das lyrische Ich drückt seine individuellen Befindlichkeiten aus (Rolf Dieter Brinkmann, Nicolas Born). Die Lyrikerin Ulla Hahn („Herz über Kopf", 1981) umkreist das Lieben und das Leiden an der Liebe.

Epik: Mit der neuen Form der Kurzgeschichte,

Paul Celan 1920–1970 | Wolfdietrich Schnurre 1920–1989 | Wolfgang Borchert 1921–1947 | Erich Fried 1921–1988 | Friedrich Dürrenmatt 1921–1990 | Ernst Jandl 1925–2000 | Ingeborg Bachmann 1926–1973

Johannes Bobrowski 1917–1965 | Franz Fühmann 1922–1984 | Erich Loest *1926 | Hermann Kant *1926 | Peter Hacks 1928–2003 | Günter Kunert *1929

1955 ***Der Besuch der alten Dame*** Dürrenmatt
1957 ***Verteidigung der Wölfe*** Enzensberger
1959 ***Die Blechtrommel*** Grass; ***Mutmaßungen über Jakob*** Johnson
1961 ***Andorra*** Frisch
1962 ***Die Physiker*** Dürrenmatt
1963 ***Der Stellvertreter*** Hochhuth; ***Die Wand*** Haushofer
1963 ***Ansichten eines Clowns*** Böll

1962 ***Das Judenauto*** Fühmann
1963 ***Der geteilte Himmel*** Wolf; ***Ole Bienkopp*** Strittmatter
1963 ***Chausseen, Chausseen*** Huchel
1965 ***Die Aula*** Kant; ***Provokation für mich*** Braun
1966 ***Litauische Claviere; Schattenland, Ströme*** Bobrowski

1956 **Ungarnaufstand**, Unruhen in Polen, Verbot der KPD in der Bundesrepublik
1961 Bau der **Berliner Mauer**
1962 **Kubakrise:** Streit um russischen Raketenstützpunkt auf Kuba
1963–1965 Auschwitzprozess in Frankfurt
1964 Eskalation des **Vietnamkrieges**
1966 **Große Koalition**, Entstehen der APO
1968 Studentenunruhen in Westeuropa, **Prager Frühling**, Eingriff der Truppen des Warschauer Pakts

die dem Vorbild der amerikanischen Short Story folgt (Hemingway), gelingt der Anschluss an die internationale Entwicklung (Borchert, Weyrauch, Krolow).

An die Stilformen der Moderne – Montagetechnik, simultanes Erzählen, Überlagerung personaler Erzählsituationen, das Werk von Franz Kafka – wird ganz unmittelbar angeknüpft (Koeppen, Grass, Johnson). Die Chronologie der Erzählhandlung ist aufgelöst, der Überblick der Figuren über ihre Existenz gestört. So weiß der Leser mehr als die Figuren, wird zum Mitautor, indem er eigene Deutungsansätze entwickelt. Besonders die Autoren der Gruppe 47 schreiben gesellschaftskritische Romane in engagierter Auseinandersetzung mit der unmittelbaren Gegenwart: Sinnlosigkeit und Folgen des Krieges, die problematische Identität des modernen Menschen im Wirtschaftswunderland des Wiederaufbaus u. a. Zu nennen ist hier auch der Schweizer Max Frisch („Stiller", 1954, „Homo faber", 1957). Große zeitgeschichtliche Romane entstehen, die sich mit dem Nationalsozialismus und der Nachkriegszeit befassen: Günter Grass: „Die Blechtrommel" (1959), Siegfried Lenz: „Die Deutschstunde" (1968).

Im Zusammenhang mit dem rebellischen Aufbegehren der Jugendlichen, die eine direkte Einflussnahme auf gesellschaftliche und politische Strukturen erwarten, entsteht eine dokumentarische Literatur. Als ein Genre zwischen Sachtext und literarischer Fiktion gibt sie mit authentischen Erfahrungsberichten, Interviews, Reportagen ein Bild problematischer gesellschaftlicher Verhältnisse vornehmlich der Arbeitswelt (Günter Wallraff; Erika Runge: „Bottroper Protokolle", 1968).

In „Die verlorene Ehre der Katharina Blum" (1974) zeigt Heinrich Böll politisch und menschlich eindeutig die Härte der Reaktionen einer geschwächten, sich angegriffen fühlenden Staatsmacht gegenüber dem Individuum.

Peter Handke erklärt dagegen bereits 1966 demonstrativ, kein anderes Thema als sich selbst zu haben. Literatur sei ein Medium der Selbstklärung. Die Beschreibungen einer Außenwelt seien Verweise auf die Wahrnehmung der Innenwelt („Der kurze Brief zum langen Abschied", 1972; „Der Chinese des Schmerzes", 1983).

Selbstbesinnung, Selbstfindung, auch als Ausdruck der Einsamkeit in der Welt belangloser Alltäglichkeit, wird zum herausragenden Thema und Grundmotiv der 1970er und 1980er Jahre: die Unfähigkeit zu lieben, Beziehungslosigkeit, Langeweile.

Dagegen behält Günter Grass sein Konzept des **Zeitromans** bei, greift aktuelle Themen auf, die er in historische Zusammenhänge stellt. Uwe Johnsons „Jahrestage" (1970–1983) und Peter Weiss' „Die Ästhetik des Widerstands" (1975–1981) sind große Zeit- und Entwicklungsromane, die den Bogen weit über das gesamte 20. Jahrhundert schlagen.

Zudem zeigt sich in den 1980er Jahren bereits deutlich die Entwicklung **postmoderner Schreibstrategien** wie beispielsweise bei Patrick Süskind („Das Parfum", 1985) oder auch bei dem Österreicher Christoph Ransmayr („Die letzte Welt", 1988).

Drama: Wolfgang Borcherts Stück „Draußen vor der Tür" (1947) zeichnet ein repräsentatives Bild der inneren Zerstörung des Menschen – der Kriegsheimkehrer wie Daheimgebliebenen. Viel gespielt wurde Carl Zuckmayers Schauspiel „Des Teufels General" (1946). Beide Stücke knüpfen an moderne Darstellungsformen der 1920er Jahre wie das Stationendrama und das Volkstheater an.

Wichtige Impulse kommen von den Schweizer Autoren Max Frisch und Friedrich Dürrenmatt. So regt Frisch u. a. zur Auseinandersetzung mit dem Faschismus an (Frisch: „Biedermann und die Brandstifter", 1957; „Andorra", 1961). Diese Dramen zeigen, wie Manipulationen und Vorurteile Feindbilder entstehen lassen und zu inhumanem Handeln des Durchschnittsmenschen führen (Brandstiftung, Mord an einem vermeintlichen Juden). Die moderne Welt entzieht sich nach Ansicht Friedrich Dürrenmatts der Berechenbarkeit. Seine Stücke zeigen, wie der Zufall planvolles Handeln von Menschen durchkreuzt Daraus ergibt sich das Genre der **Tragikomödie** („Der Besuch der alten Dame", 1955; „Die Physiker", 1962). Dürrenmatt'sche Stücke korrespondieren z. T. mit zeitgenössischen englischen oder französischen Entwicklungen, wie sie das **Absurde Theater** (Becket: „Warten auf Godot", 1952; Ionesco, Pinter) aufgreift.

Die Politisierung der 1960er Jahre findet im Drama den stärksten Ausdruck. Mit der Form des **Dokumentarischen Theaters** werden Ereignisse der Zeit rekonstruiert und dramatisch wirksam gestaltet (Hochhuth: „Der Stellvertreter", 1963; Heinar Kipphardt: „In der Sache J. Robert Oppenheimer", 1964; Peter Weiss: „Die Ermittlung", 1965).

Die Dramen und szenischen Texte von Botho Strauß („Groß und klein", 1978), Elfriede Jelinek („Wolken. Heim", 1988) und Thomas Bernhard („Der Theatermacher", 1984) begleiten die zeitgenössischen Individuen in ihren zerbrechlichen oder zerbrochenen Lebensweltbezügen.

DDR: In der **Lyrik** zwingt die Absage an die Stilformen der literarischen Moderne in der **Aufbauliteratur** (Johannes R. Becher) zu traditionellen Texten.

Einige Autoren bleiben subjektiven Aspekten treu. Genaues Lesen lässt feine Nuancen aufscheinen (Peter Huchel, **Naturlyrik**). Bertolt Brecht und Johannes Bobrowski versehen die betont einfache Sprache mit feinsinnigen Brechungen und Mehrdeutigkeiten. Die pointierte Kurzlyrik Günter Kunerts warnt vor Fehlern der Vergangenheit und euphorischen Fortschrittshoffnungen.

Zunächst kritisch-enthusiastisch für den Aufbau des Sozialismus eingenommen, sieht Volker Braun zunehmend seine Hoffnungen enttäuscht. Mit seiner sprachlich sensiblen und in einer wirksamen Bildsprache komponierten Lyrik begleitet er die Zeit. Während Sarah Kirsch sich in ihrer kritischen Haltung auf Persönliches zurückzieht, verhält sich der Liedermacher Wolf Biermann deutlicher, geradezu respektlos. Er kritisiert die Verhältnisse radikal aus linker Perspektive: Bürokraten, Parteifunktionäre mit Angst vor der Wahrheit. Biermann, von der Staatssicherheit überwacht, aus der

Autoren

West: Siegfried Lenz *1926 · Günter Grass *1927 · Martin Walser *1927 · Hans Magnus Enzensberger *1929 · Thomas Bernhard 1931–1989 · Rolf Hochhuth *1931 · Uwe Johnson 1934–1984

Ost: Christa Wolf *1929 · Heiner Müller 1929–1995 · Reiner Kunze *1933 · Brigitte Reimann 1933–1973 · Ulrich Plenzdorf 1934–2007

Werke

West:
- 1965 *Die Ermittlung* Weiss
- 1966 *und Vietnam und* Fried; *Laut und Luise* Jandl
- 1966 *Publikumsbeschimpfung* Handke
- 1967 *Biedermann und die Brandstifter* Frisch
- 1968 *Deutschstunde* Lenz
- 1970 *Wo mir der Kopf steht* Born; *Jahrestage (1970–83)* Johnson

Ost:
- 1967 *Landaufenthalt* Kirsch; *Amphytrion* Hacks
- 1968 *Nachdenken über Christa T.* Wolf
- 1969 *Jakob der Lügner* Becker
- 1972 *Die neuen Leiden des jungen W.* Plenzdorf; *Guten Morgen du Schöne* Wander

Historische Ereignisse

- 1971 Friedensnobelpreis für Bundeskanzler Brandt, Machtwechsel in der DDR: Honecker Nachfolger Ulbrichts
- 1972 Unterzeichnung der Ostverträge, neue Ostpolitik durch Gewaltverzicht
- 1973 Aufnahme der Bundesrepublik und der DDR in die UNO, Waffenstillstand in Vietnam
- 1975 Unterzeichnung der KSZE-Akte in Helsinki, Höhepunkt Ost-West-Entspannung

Partei ausgeschlossen, bekommt Auftrittsverbot, Hausarrest und wird schließlich 1976 in die Bundesrepublik abgeschoben. Der Gedichtband „Die Drahtharfe" kann 1965 nur in der Bundesrepublik erscheinen.

Epik: Aus den Werken der in der DDR aufgelegten und stark rezipierten Literatur des Exils fällt der KZ-Roman von Anna Seghers „Das siebte Kreuz" auf (1942/1946). Erzählt wird die Flucht von Georg Heisler und anderen Gefangenen. Von sieben im KZ errichteten Kreuzen bleibt eines, das von Georg Heisler, frei. Ihm gelingt die Flucht, weil er als Kommunist mit anderen zusammen agiert, während die anderen allein umkommen. In Frankfurt am Main wurde Seghers dafür der Büchnerpreis verliehen. Auch als Präsidentin des Schriftstellerverbandes der DDR (1952–1978) war sie weniger angreifbar als viele ihrer Kollegen. Der Roman wird in der DDR als Zeichen des Widerstandes betrachtet und später zum Musterbeispiel des **Sozialistischen Realismus** erklärt. Zu den späteren Repressalien gegen systemkritische Autoren der DDR hat Seghers konsequent geschwiegen.

Die Gestaltung positiver Helden überwiegt zunächst gegenüber Außenseiterfiguren. Experimentelle Schreibweisen waren kulturpolitisch geächtet, der Spielraum für individuelle Gestaltungsweisen gering.

Ein exponiertes Beispiel des Scheiterns an der Doktrin des Sozialistischen Realismus ist Uwe Johnson. Sein Roman „Mutmaßungen über Jakob" kann 1959 nur in der Bundesrepublik erscheinen. Die experimentelle Gestaltung und das DDR-kritische Thema eines ungeklärten Todes unmittelbar nach der Rückkehr aus dem Westen schaffen nicht nur Verdachtsmomente gegen den Staat, der Leser ist vielmehr in die Aufklärung eines Kriminalfalls einbezogen. Johnson verlässt 1959 die DDR und geht nach Westberlin.

Franz Fühmann („Das Judenauto", 1952), Jurek Becker („Jakob der Lügner", 1969), Johannes Bobrowski („Levins Mühle", 1964), Hermann Kant („Der Aufenthalt", 1977) – die Schriftsteller schlagen die Brücke von der Schilderung der Zeit des Nationalsozialismus und der Verstrickung in Schuld hin zur Psyche der Opfer. In der Auseinandersetzung mit der Vergangenheit geraten die Gegenwart und die Befindlichkeit des Einzelnen in den Blick. Die Orientierung am Alltag DDR wird zunehmend programmatischer. Ein Beispiel ist Christa Wolf mit ihrem Konzept der **subjektiven Authentizität**. Ihr Roman „Der geteilte Himmel" (1963) erzählt eine Liebesgeschichte, die damit endet, dass die Ich-Erzählerin ihren in den Westen übersiedelten Geliebten verlässt und in der DDR bleibt, weil sie in ihrem Umfeld wirken will, sich im Westen nicht wohlfühlt.

1977 wird der Liedersänger und Lyriker Wolf Biermann wegen seiner Kritik an der DDR ausgebürgert; die folgende Übersiedlung bspw. von Kirsch, Kunert und Kunze in die Bundesrepublik sind auf der literarischen Ebene spürbare Verluste.

In den achtziger Jahren verhandelt Christa Wolf in „Kassandra" (1983) und „Medea" (1996) in antikem Gewand mahnend Probleme der Lebenswirklichkeit der DDR, der Position als Frau und der Bedrohungen durch die Systemauseinandersetzungen. Christoph Hein gibt mit „Der fremde Freund" (1982), „Drachenblut" (1983) ein in Ost und West gleichermaßen verstandenes Bild der Selbstentfremdung und der Sehnsucht nach Liebe und Erfüllung. Er zeichnet eine sich gegen ihre Vereinsamung mit einem Gefühlspanzer wappnende, funktionierende Frau in einer funktionellen Gesellschaft. Durch Rückblenden auf Familie und Schule werden die Ursachen der Verkrustungen freigelegt.

Das **Drama** der DDR ist vor allem von Bertolt Brecht, Heiner Müller und Peter Hacks bestimmt. Bertolt Brecht, in der DDR eine Institution, verfolgt sein Konzept des **revolutionären Theaters**, das den Wünschen der Kulturfunktionäre eher widerspricht, als sie zu vertreten. Brecht verhindert dramaturgisch die Identifikation mit Helden. Statt ein Angebot zur Nachahmung zu machen, zwingt er die Zuschauer zu distanzierter und reflektierter Wahrnehmung. In „Kleines Organon für das Theater" (1949) legt er seine Theorie des **Epischen Theaters** dar. Nicht alle Texte können in der DDR gespielt werden. Einige jedoch, die Brecht selbst im von ihm 1949 gegründeten Berliner Ensemble inszeniert hat, gelten als Klassiker („Herr Puntila und sein Knecht Matti", 1940; „Mutter Courage und ihre Kinder", 1941). Eine Variante des kritischen Theaters kommt von Heiner Müller. Er führt seine Figuren in innere Widersprüche, entlarvt sie damit und stellt sie zur Diskussion („Der Lohndrücker", 1957; „Germania Tod in Berlin", 1971; „Die Hamletmaschine", 1977).

Der Dramatiker, Essayist und Lyriker Peter Hacks – aufgrund seines hohen Formbewusstseins und der Bearbeitung antiker Dramen zunächst als sozialistischer Klassiker gefeiert („Ein Gespräch im Hause Stein über den abwesenden Herrn von Goethe", 1974) – siedelt 1955 von München in die DDR über.

Nach den Jahren des Aufbaus und der Stücke aus der Produktion (Volker Braun: „Die Kipper", 1972) werden in den 1970er Jahren Fragen nach Selbstverwirklichung und Glück in der Auseinandersetzung mit gesellschaftlichen Zwängen lauter, z. B. Plenzdorf: „Die neuen Leiden des jungen W." (1972), „Die Legende von Paul und Paula" (1973/83).

Ende der Achtziger Jahre häufen sich Stücke mit Endspiel-Charakter, Szenarien der Stagnation und Katastrophe (Christoph Hein: „Die Ritter der Tafelrunde", 1989; Volker Braun: „Die Übergangsgesellschaft", 1988; Heiner Müller: „Wolokolamsker Chaussee", 1984–1986).

1990

Nicolas Born 1937–1979 | **Uwe Timm** *1940 | **Rolf Dieter Brinkmann** *1940 | **Peter Handke** *1942 | **Botho Strauß** *1944 | **Elfriede Jelinek** *1946 | **Martin Suter** *1948 | **Patrick Süskind** *1949

Sarah Kirsch *1935 | **Wolf Biermann** *1936 | **Jurek Becker** 1937–1997 | **Volker Braun** *1939 | **Monika Maron** *1941 | **Christoph Hein** *1944

1974 ***Die verlorene Ehre der Katharina Blum*** Böll
1975 ***Westwärts 1 & 2*** Brinkmann; ***Die Ästhetik des Widerstands (1975–81)*** Weiss
1976 ***Die wunderbaren Jahre*** Kunze
1977 ***Die Hamletmaschine*** Müller; ***Unterwegs nach Utopia*** Kunert
1978 ***Ein fliehendes Pferd*** Walser
1981 ***Paare, Passanten*** Strauß
1982 ***Der fremde Freund (Drachenblut)*** Hein
1983 ***Die Klavierspielerin*** Jelinek
1983 ***Kassandra*** Wolf; ***Der Laden (1983–93)*** Strittmatter
1985 ***Hinze und Kunze*** Braun
1988 ***Heldenplatz*** Bernhard

1977 Deutscher Herbst, Eskalation des Terrorismus in der Bundesrepublik
Seit den 80er Jahren PC (Personal Computer)
1982 Misstrauensvotum gegen Kanzler Schmidt (SPD), Kohl (CDU) wird neuer Kanzler
1985 Gorbatschow Generalsekretär der UdSSR, Glasnost (Transparenz), Perestroika (Umgestaltung)
1985 Privatfernsehen in der Bundesrepublik
1989 Öffnung der Grenze der DDR zur Bundesrepublik
1990 Beitritt der DDR zur Bundesrepublik

Epochenlexikon: Literatur nach dem Fall der Mauer/Wege in die Postmoderne und ins 21. Jahrhundert

Die Öffnung der Grenze der ehemaligen DDR zur Bundesrepublik 1989 und die Wiedervereinigung 1990 markieren einen wesentlichen Einschnitt in der Geschichte der beiden deutschen Staaten und leiten politisch und wirtschaftlich eine Phase des Aufbruchs, aber bald auch der Ernüchterung und Enttäuschung ein. Die Annäherungen zwischen Ost und West werden – auch auf kulturellem Gebiet – überschattet durch Auseinandersetzungen um Stasi-Mitarbeit oder zumindest fehlende kritische Distanz einzelner Schriftsteller zum damaligen DDR-Machtapparat. Verschiedene literarische Werke thematisieren die jüngste deutsche Geschichte (Thomas Brussig: „Helden wie wir", 1995; Erich Loest: „Nikolaikirche", 1995; Christa Wolf: „Was bleibt", 1990; Günter Grass: „Ein weites Feld", 1995; Uwe Tellkamp: „Der Turm", 2008).

In dieser Phase bedeutender gesellschaftlicher und politischer Veränderungen lassen sich in der Literatur keine einheitlichen Entwicklungstendenzen oder gar typische Epochenmerkmale festhalten. Der Weg in die Zeit der sogenannten **Postmoderne** (= **nach** der Moderne) spiegelt viele mediale und kulturelle Veränderungen wider. Ernste, anspruchsvolle Themen und auf der anderen Seite unterhaltende, triviale Formen sind in literarischen Texten vermischt anzutreffen; es finden sich Mischungen verschiedenster Erzählweisen, Stilrichtungen und Themen. Literatur spiegelt eine Vielzahl von Wirklichkeiten und Sichtweisen wider, zum Teil knüpft sie an traditionelle literarische Formen an, wie den Familienroman (John von Düffel: „Houwelandt", 2004) oder den Wissenschaftsroman (Daniel Kehlmann: „Die Vermessung der Welt", 2005).

Seit Einführung des kommerziellen Fernsehens Mitte der 80er Jahre in der Bundesrepublik und infolge einer rasanten technischen Entwicklung im Bereich der Telekommunikation und Unterhaltungselektronik bekommt die Literatur i. e. S. immer größere Konkurrenz. Sie wird oft in Form von Literaturverfilmungen oder als Fernsehserie konsumiert. Bücher existieren nicht mehr allein in gedruckter Form, sondern sind als Hörbucher, im Internet oder auf tragbaren elektronischen Lesegeräten zugänglich. Literatur und Buch unterliegen verstärkt – wie andere Waren – den Gesetzen des Marktes; Bestsellerlisten und Literatursendungen im Fernsehen und im Internet ersetzen für ein Massenpublikum die klassische Literaturkritik. Die Auswirkungen von Literaturkritik und die Rache eines betroffenen Autors werden auch Themen eines Romans (Martin Walser: „Tod eines Kritikers", 2002).

Mit Beginn des neuen Jahrtausends werden die Herausforderungen – nicht nur der westlichen Gesellschaften – durch Globalisierung, terroristische Bedrohung, Klimawandel und strukturelle Veränderungen in der Wirtschaft spürbarer. Eine Sinn- und Identitätssuche, die Suche nach verlässlichen und bleibenden Werten jenseits von Ideologien, eine allgemeine Suche nach Orientierung und Sicherheit in einer zunehmend verunsichernden Arbeits- und Lebenswelt finden auch Eingang in literarische Texte. Die Kehrseiten der schillernden Finanz- und Businesswelten regen Autoren zur literarischen Gestaltung an, in epischer wie dramatischer Form (Martin Suter: „Business Class", 2000; Uwe Timm: „Kopfjäger", 2001; Urs Widmer: „Top Dogs", 1997).

Auch historische Rückblicke auf bisher tabuisierte Phasen deutscher Geschichte werden aufgegriffen, so z. B. die Vertreibung der Deutschen aus dem Osten (Günter Grass: „Im Krebsgang", 2002; Siegfried Lenz: „Fundbüro", 2003), die Studentenbewegung der 68er Jahre und die RAF (Uwe Timm: „Der Freund und der Fremde", 2005; Christoph Hein: „In seiner frühen Kindheit ein Garten", 2006; Bernhard Schlink: „Das Wochenende", 2008).

1990

Autoren

Durs Grünbein *1962 · Peter Stamm *1963 · Thomas Brussig *1964 · John von Düffel *1966 · Wladimir Kaminer *1967

Ingo Schulze *1962 · Feridun Zaimoglu *1964 · Christian Kracht *1966 · Albert Ostermaier *1967

Werke

1990 (bzw. 1979)	1995	1997	1998	2000	2001
Was bleibt Wolf	***Ein weites Feld*** Grass ***Der Vorleser*** Schlink ***Nikolaikirche*** Loest ***Helden wie wir*** Brussig ***Faserland*** Kracht	***Top Dogs*** Widmer	***Sommerhaus, später*** Hermann ***Simple Storys*** Schulze	***Business Class*** Suter ***Russendisko*** Kaminer	***Kopfjäger*** Timm ***Ungefähre Landschaft*** Stamm

Historische Ereignisse

Ab Anfang der 90er	1991	1992
Globalisierung/Öffnung des Weltmarkts, World Wide Web Hörbücher	1. Golfkrieg Zusammenbruch der Sowjetunion und des Ostblocks ab 1991 Kriege im ehemaligen Jugoslawien	Vertrag von Maastricht (EG wird EU)

2001

Autoren

Uwe Tellkamp *1968 · Judith Hermann *1970 · Julia Franck *1970 · Juli Zeh *1974 · Daniel Kehlmann *1975 · Tillman Rammstedt *1975 · Clemens Meyer *1977

Werke

2001	2003	2004	2005	2006	2007	2008	2009
Tod eines Kritikers Walser ***Im Krebsgang*** Grass	***Fundbüro*** Lenz	***Houwelandt*** von Düffel	***Die Vermessung der Welt*** Kehlmann ***Der Freund und der Fremde*** Timm	***In seiner frühen Kindheit ein Garten*** Hein ***Als wir träumten*** Meyer	***Die Mittagsfrau*** Franck ***Für den Anfang der Nacht*** Ostermaier	***Das Wochenende*** Schlink ***Der Turm*** Tellkamp ***Der Kaiser von China*** Rammstedt	***Corpus Delicti*** Zeh ***Hinterland*** Zaimoglu

Historische Ereignisse

2001	2002	2003	2005	2007
Terroranschläge in den USA	Einführung des Euro	Krieg im Irak	„Hartz IV" tritt in Kraft	E-Books, E-Papers

Sachregister

Bildquellennachweis

Cover.li. Avenue Images GmbH RF (Corbis/Greg Hinsdale), Hamburg; **Cover.re.** Masterfile Deutschland GmbH (David Muir), Düsseldorf; **7** iStockphoto (Carlos Martinez), Calgary, Alberta; **11** Thinkstock (Keith Brofsky), München; **12.1** Die Bildstelle, Hamburg; **12.2** Klett-Archiv (Markus Bünger, Stuttgart), Stuttgart; **17.1** Klett-Archiv (Weccard), Stuttgart; **17.2** Getty Images (Frank and Helena/Cultura), München; **19** Avenue Images GmbH RF (Image Source RF), Hamburg; **23.1** Thinkstock (Comstock Images), München; **23.2** Thinkstock (Ciaran Griffin), München; **24** Thinkstock (Goodshoot), München; **25** Fotosearch Stock Photography (Illustration Works), Waukesha, WI; **31** Klett-Archiv (Anne Schminke, Olpe), Stuttgart; **33** Dreamstime LLC (Franz Pfluegl), Brentwood, TN; **34** Klett-Archiv (Thomas Weccard), Stuttgart; **35** Bauer, Jan, Berlin; **36** Mauritius Images (Image State), Mittenwald; **41.1** Picture-Alliance (Steenvinkel-Nordenhof/dpa), Frankfurt; **43** iStockphoto (Winston Davidian), Calgary, Alberta; **49** Picture-Alliance (dpa/Waltraud Grubitzsch), Frankfurt; **50.1** Getty Images (Andreas Rentz), München; **50.2** Getty Images (Sean Gallup), München; **53.1** Picture-Alliance (ZB), Frankfurt; **53.2** Picture-Alliance (Sander), Frankfurt; **55** Keystone (Volkmar Schulz), Hamburg; **59.1** Thinkstock (Goodshoot), München; **59.2** Masterfile Deutschland GmbH, Düsseldorf; **61.1** Imago, Berlin; **62** Imago, Berlin; **67** Thinkstock (Medioimages/Photodisc), München; **69** Mauritius Images (AGE), Mittenwald; **71** Klett-Archiv (Ulrich Mezger, Stuttgart), Stuttgart; **72** Klett-Archiv (Ulrich Mezger, Stuttgart), Stuttgart; **73.1** Imago, Berlin; **73.2** Keystone (Volkmar Schulz), Hamburg; **79** Getty Images (Frank and Helena/Cultura), München; **83** Klett-Archiv (Ulrich Mezger, Stuttgart), Stuttgart; **86** Picture-Alliance (dpa-infografik), Frankfurt; **87** CCC, www.c5.net (Rulle), Pfaffenhofen a.d. Ilm; **89** laif (Yorck Maecke/GAFF), Köln; **90** Klett-Archiv (Ulrich Mezger, Stuttgart), Stuttgart; **92** Corbis (William Manning), Düsseldorf; **95** Getty Images (Fancy), München; **97** Picture-Alliance (Jens Ressing dpa/lno), Frankfurt; **99.1–100.3** Württembergische Landesbibliothek, Stuttgart; **100.4** Fotolia LLC (Jaimie Duplass), New York; **101** Thinkstock (Pixland), München; **102.1** Fotex GmbH (Thomas Lauterbach), Hamburg; **102.2** Klett-Archiv (Ulrich Mezger, Stuttgart), Stuttgart; **105.1** Imago, Berlin; **105.2** Fotolia LLC (detailblick), New York; **107** Mauritius Images (Uwe Umstätter), Mittenwald; **114.1** Corbis (Bernd Vogel), Düsseldorf; **114.2** Corbis (Rob Lewine/Tetra Images), Düsseldorf; **114.3** Corbis (amanaimages), Düsseldorf; **115.1** Plakatwettbewerb der Aktion Europa zur Europawahl 2009: Gestaltung: Barbara Lata, Claudia Lo Cicero, Daniel Koerver, Yashar Khosravani www.europa-plakatwettbewerb.de © „Aktion Europa"/Euro-Informationen – Agentur für Verbraucherkommunikation, Berlin; **115.2** Plakatwettbewerb der Aktion Europa zur Europawahl 2009: Gestaltung: Amelie Abendroth, Dawid Wozniakowski, Jenny Auerbach, Julia Hofmann www.europa-plakatwettbewerb.de © "Aktion Europa"/Euro-Informationen – Agentur für Verbraucherkommunikation, Berlin; **117.1** Getty Images, München; **117.2** shutterstock (Yuri Arcurs), New York, NY; **119** Mauritius Images (Image Source), Mittenwald; **133.1** Fotolia LLC (Dmytro Konstantynov), New York; **133.2** Thinkstock (iStockphoto), München; **135** Thinkstock (BananaStock), München; **137** Ullstein Bild GmbH (CARO/Teschner), Berlin; **138** Klett-Archiv (Thomas Weccard), Stuttgart; **143** Thinkstock (Stockbyte), München; **145** Picture-Alliance (M.i.S.), Frankfurt; **148** Imago, Berlin; **149** Ullstein Bild GmbH (Eckel), Berlin; **150.1** Corbis (Mike Kemp/Rubberball), Düsseldorf; **152** laif (Huber H.-B.), Köln; **155.1** iStockphoto (a-wrangler), Calgary, Alberta; **157** Kids Images (Jacques Alexandre), München; **161** Fotolia LLC (Meddy Popcorn), New York; **162** Bananastock, Watlington/Oxon; **166** Picture-Alliance (dpa), Frankfurt; **171** Thinkstock (Goodshoot), München; **172** Thinkstock (Christopher Robbins), München; **174** Thinkstock (Jupiterimages), München; **177** Thinkstock (Pixland), München; **178.1** Mauritius Images (AGE), Mittenwald; **178.2** Joker, Bonn; **181** Helga Lade (John Powell), Frankfurt; **183** Ullstein Bild GmbH (INTRO/Ausserhofer), Berlin; **188** Imago, Berlin; **193** Thinkstock (Digital Vision), München; **195** Imago, Berlin; **197** mit freundlicher Genehmigung von Q-CELLS SE, Thalheim/HEYMANN BRANDT DE GELMINI Werbeagentur AG, Berlin; **199** Picture-Alliance (BSIP/LEMOINE), Frankfurt; **201** Daimler AG (BBDO Team smart, Düsseldorf), Sindelfingen; **207** Fotolia LLC (Kzenon), New York; **209.1** Interfoto (Sammlung Rauch), München; **209.2** Ullstein Bild GmbH (AISA), Berlin; **210–213.8** Klett-Archiv (Ulrich Mezger, Stuttgart), Stuttgart; **217** Klett-Archiv (Andreas Wänke, Leipzig), Stuttgart; **219** Cinetext GmbH, Frankfurt; **220** Kim Schmidt Comic – Cartoons – Illustrationen, Dollerup; **222** Intro (David Ausserhofer), Berlin; **223** Getty Images (Image Source), München; **231** Imago, Berlin; **232** f1 online digitale Bildagentur (sodapix), Frankfurt; **233** Corbis (Heide Benser), Düsseldorf; **234** http://www.wordle.net (Creative Commons Attribution license 3.0/Ulrich Mezger); **237** Bildagentur Geduldig, Maulbronn; **238** Mauritius Images, Mittenwald; **239** Thinkstock (istock), München; **245** Mauritius Images, Mittenwald; **248** © Das Meininger Theater, Meiningen. Fotos: Erhard Driesel, Meiningen; **249** © Das Meininger Theater, Meiningen. Fotos: Erhard Driesel, Meiningen; **250.1** © Das Meininger Theater, Meiningen. Fotos: Erhard Driesel, Meiningen; **250.2** © Das Meininger Theater, Meiningen. Fotos: Erhard Driesel, Meiningen; **252** culture-images (Lebrecht Music & Arts), Köln; **Umschlag innen links** Fotolia LLC (Günter Menzl), New York; **rechts** Avenue Images GmbH RF (Image Source/RF), Hamburg

Sollte es in einem Einzelfall nicht gelungen sein, den korrekten Rechteinhaber ausfindig zu machen, so werden berechtigte Ansprüche selbstverständlich im Rahmen der üblichen Regelungen abgegolten.